经以济世
甜德润身
贺教育部
人文社会科学
重点研究基地

教育部哲学社会科学研究重大课题攻关项目
"十三五"国家重点出版物出版规划项目

扩大消费需求的长效机制研究

RESEARCH ON THE LONG-TERM
MECHANISM OF EXPANDING
CONSUMPTION DEMAND

臧旭恒
等著

中国财经出版传媒集团
经济科学出版社
Economic Science Press

图书在版编目（CIP）数据

扩大消费需求的长效机制研究/臧旭恒等著.—北京：经济科学出版社，2019.3

教育部哲学社会科学研究重大课题攻关项目

ISBN 978-7-5218-0421-8

Ⅰ.①扩… Ⅱ.①臧… Ⅲ.①顾客需求-研究-中国 Ⅳ.①F126.1

中国版本图书馆 CIP 数据核字（2019）第 058124 号

责任编辑：于海汛
责任校对：杨　海
责任印制：李　鹏

扩大消费需求的长效机制研究

臧旭恒　等著

经济科学出版社出版、发行　新华书店经销
社址：北京市海淀区阜成路甲 28 号　邮编：100142
总编部电话：010-88191217　发行部电话：010-88191522
网址：www.esp.com.cn
电子邮件：esp@esp.com.cn
天猫网店：经济科学出版社旗舰店
网址：http://jjkxcbs.tmall.com
北京季蜂印刷有限公司印装
787×1092　16 开　44.25 印张　840000 字
2019 年 3 月第 1 版　2019 年 3 月第 1 次印刷
ISBN 978-7-5218-0421-8　定价：150.00 元
（图书出现印装问题，本社负责调换。电话：010-88191510）
（版权所有　侵权必究　打击盗版　举报热线：010-88191661
QQ：2242791300　营销中心电话：010-88191537
电子邮箱：dbts@esp.com.cn）

课题组主要成员

杨蕙馨　刘国亮　曲　创　盖晓敏　尹　莉
于永宁　宋明月　贺　洋　李　剑　李燕桥

编审委员会成员

主 任 吕 萍
委 员 李洪波 柳 敏 陈迈利 刘来喜
　　　　 樊曙华 孙怡虹 孙丽丽

总　序

哲学社会科学是人们认识世界、改造世界的重要工具，是推动历史发展和社会进步的重要力量，其发展水平反映了一个民族的思维能力、精神品格、文明素质，体现了一个国家的综合国力和国际竞争力。一个国家的发展水平，既取决于自然科学发展水平，也取决于哲学社会科学发展水平。

党和国家高度重视哲学社会科学。党的十八大提出要建设哲学社会科学创新体系，推进马克思主义中国化、时代化、大众化，坚持不懈用中国特色社会主义理论体系武装全党、教育人民。2016年5月17日，习近平总书记亲自主持召开哲学社会科学工作座谈会并发表重要讲话。讲话从坚持和发展中国特色社会主义事业全局的高度，深刻阐释了哲学社会科学的战略地位，全面分析了哲学社会科学面临的新形势，明确了加快构建中国特色哲学社会科学的新目标，对哲学社会科学工作者提出了新期待，体现了我们党对哲学社会科学发展规律的认识达到了一个新高度，是一篇新形势下繁荣发展我国哲学社会科学事业的纲领性文献，为哲学社会科学事业提供了强大精神动力，指明了前进方向。

高校是我国哲学社会科学事业的主力军。贯彻落实习近平总书记哲学社会科学座谈会重要讲话精神，加快构建中国特色哲学社会科学，高校应发挥重要作用：要坚持和巩固马克思主义的指导地位，用中国化的马克思主义指导哲学社会科学；要实施以育人育才为中心的哲学社会科学整体发展战略，构筑学生、学术、学科一体的综合发展体系；要以人为本，从人抓起，积极实施人才工程，构建种类齐全、梯队衔接的高校哲学社会科学人才体系；要深化科研管理体制改革，发挥高校人才、智力和学科优势，提升学术原创能力，激发创新创造活力，建设中国特色新型高校智库；要加强组织领导、做好统筹规划、营造良好学术生态，形成统筹推进高校哲学社会科学发展新格局。

哲学社会科学研究重大课题攻关项目计划是教育部贯彻落实党中央决策部署的一项重大举措，是实施"高校哲学社会科学繁荣计划"的重要内容。重大攻关项目采取招投标的组织方式，按照"公平竞争，择优立项，严格管理，铸造精品"的要求进行，每年评审立项约40个项目。项目研究实行首席专家负责制，鼓励跨学科、跨学校、跨地区的联合研究，协同创新。重大攻关项目以解决国家现代化建设过程中重大理论和实际问题为主攻方向，以提升为党和政府咨询决策服务能力和推动哲学社会科学发展为战略目标，集合优秀研究团队和顶尖人才联合攻关。自2003年以来，项目开展取得了丰硕成果，形成了特色品牌。一大批标志性成果纷纷涌现，一大批科研名家脱颖而出，高校哲学社会科学整体实力和社会影响力快速提升。国务院副总理刘延东同志做出重要批示，指出重大攻关项目有效调动各方面的积极性，产生了一批重要成果，影响广泛，成效显著；要总结经验，再接再厉，紧密服务国家需求，更好地优化资源，突出重点，多出精品，多出人才，为经济社会发展做出新的贡献。

作为教育部社科研究项目中的拳头产品，我们始终秉持以管理创新服务学术创新的理念，坚持科学管理、民主管理、依法管理，切实增强服务意识，不断创新管理模式，健全管理制度，加强对重大攻关项目的选题遴选、评审立项、组织开题、中期检查到最终成果鉴定的全过程管理，逐渐探索并形成一套成熟有效、符合学术研究规律的管理办法，努力将重大攻关项目打造成学术精品工程。我们将项目最终成果汇编成"教育部哲学社会科学研究重大课题攻关项目成果文库"统一组织出版。经济科学出版社倾全社之力，精心组织编辑力量，努力铸造出版精品。国学大师季羡林先生为本文库题词："经时济世 继往开来——贺教育部重大攻关项目成果出版"；欧阳中石先生题写了"教育部哲学社会科学研究重大课题攻关项目"的书名，充分体现了他们对繁荣发展高校哲学社会科学的深切勉励和由衷期望。

伟大的时代呼唤伟大的理论，伟大的理论推动伟大的实践。高校哲学社会科学将不忘初心，继续前进。深入贯彻落实习近平总书记系列重要讲话精神，坚持道路自信、理论自信、制度自信、文化自信，立足中国、借鉴国外、挖掘历史、把握当代、关怀人类、面向未来，立时代之潮头、发思想之先声，为加快构建中国特色哲学社会科学，实现中华民族伟大复兴的中国梦做出新的更大贡献！

教育部社会科学司

摘　要

基于我国居民消费需求的现实背景，本书从影响我国居民消费需求的三大因素：消费潜力、消费预期与消费环境入手，尝试建立扩大消费需求的长效机制。

消费潜力直接决定了居民能够实现既定消费目标的能力，本书主要分析了决定消费潜力的两个重要因素，即收入分配格局和中等收入阶层的形成。不同于已有的研究，本书将消费潜力的研究重点放在了上述两个方面。这是因为，近十年来，我国收入分配差距过大和中等收入群体不断壮大，是影响居民消费潜力的两个典型事实，深入分析这两个方面对居民消费的影响，不但有助于理解当前居民消费需求的现状，而且有助于把握未来居民消费需求的演变。消费预期的研究则是居民在现实经济存在不确定性风险的情况下对未来消费状况的判断，因而会直接影响居民消费需求的变动。本书关于消费预期主要涉及流动性约束和预防性储蓄两个方面。本书测算了预防性储蓄的强度以及预防性储蓄在我国居民总储蓄中所占的比重。同时分析了居民家庭资产作为应对风险的一种广义"储蓄"，在居民遇到流动性约束时可以通过"变现"在整个生命周期内平滑消费。消费环境是居民顺利实现消费需求，获得相应效应的制度保障。消费环境主要包括公共品供给、网络消费、政府居民消费政策、消费者权利保护四个方面。通过对上述因素做出系统研究，得出了本书的主要结论。

本书在研究内容、数据分析和研究方法的选择上均具有一定的创新性，对相关问题的研究提供了参考和借鉴。

第一，本书选题紧扣当前我国经济转型实践，研究内容致力于将国内外消费经济领域最新的研究成果与我国经济发展中的重大现实问题相结合,从消费能力、消费预期、消费环境三个方面入手,构建了一个包含收入分配格局、中等收入阶层扩张、流动性约束、预防性储蓄、公共物品供给、网络消费、政府居民消费政策、消费者权益保护等因素的分析框架,并在此基础上进一步考察了家庭资产与消费信贷对居民消费的影响,对近十几年来我国居民消费需求的状况做出了一个更为深入的分析,较为全面地提出了扩大消费需求长效机制的应对措施。

第二,本书较为系统地分析了近年来日益引起学界关注的中产阶层崛起、家庭金融的扩张、网络消费的繁荣、消费者权益保护等新兴问题对居民消费需求的影响。中产阶层的崛起不但提升了我国居民整体的消费能力,而且由于该群体往往接受过良好的教育,因而更加注重消费品的品质。消费者群体对产品品质的追求将改变消费者传统的效用函数,与之相伴随的则是对消费者权益保护问题的重视。健全的消费者权益保护体系将为消费者所处的消费环境构筑起稳固的制度保障,大幅减少因权益纠纷带来的"交易成本",进而提升消费者福利。网络消费借助"互联网+"经济业态的兴起,得以迅速繁荣,极大地便捷了居民的消费方式和支付手段,为居民提供了与传统消费迥异的消费体验。本书较为系统地阐述了上述系列新兴因素影响居民消费的作用机制以及影响的程度,完善了现有相关研究,不论在理论上还是在实践上均有重要的借鉴意义。

第三,本书充分考虑到我国经济体制变革带来的经济结构的不稳定性,在各项实证分析中,严格遵循统计分析的基本原则,利用实证经济分析中最新的检验方法(如面板门限回归模型、分位数回归、系统GMM、匹配双重差分分析等)就结构突变点的位置进行了检验,从而避免了根据某一事件或政策对样本区间进行主观设定所导致的估计结果的不准确。同时,为确保研究结果的稳健性,在研究过程中均基于多种不同的理论框架、实证方法,对目标问题进行多重检验,增强了结论的可信度。在论证过程中,还注重宏观数据与微观数据的结合,较为全面地使用了我国目前已有的各类微观数据集,如中国家庭动态追踪调查(CFPS)、中国家庭金融调查(CHFS)、中国健康与养老追踪调查（CHARLS）、中国健康与营养调查（CHNS）等，在现有数据条件下，尽可能充分地考虑了居民家庭异质性对消费行为的影响，弥补了宏观数据相关研究的不足。

Abstract

Based on the reality of the household consumption demand in China, this book tries to construct the long-term mechanism of expanding consumption demand from three major factors that influence the consumption demand of Chinese residents, including consumption ability, consumption expectation and consumption environment.

The household consumption potentiality directly determines their ability of realizing the stated consumption object. Two key factors that determine the consumption potentiality are analyzed in this project: the income-distribution structure and the formation of the middle-income group. Being different with the existing study, this book focuses on these two factors as two typical facts that influence household consumption potentiality in the past ten years are the ever-growing income gap and the expansion of middle-income group. The thorough analysis of these two factors is conducive to the understanding of not only the status quo of the household consumption demand but also their development in the future. Consumption expectation refers to household's judgement on future consumption situation when there are risks of uncertainty in the real economy, which will directly determine the change of household consumption demand. Two aspects of the consumption expectation are involved: precautionary saving and liquidity constraint. This book calculates the intensity of the precautionary saving and their proportion in household gross saving. In addition, the household asset, as a "saving" in broader terms, can be used to smooth the consumption when the residents run into liquidity constraint in the whole lifecycle. Consumption environment is the system guarantee to achieve their consumption demand and gain corresponding effect. The consumption environment mainly includes public goods supply, internet consumption, government's policy on resident's consumption and customer's right protection. The main conclusions of this book are drawn with the thorough analysis of the above mentioned factors.

This book makes some innovations in the research contents, data analysis and research method. It also provides some reference for the related study.

First, the topic of this book focuses on the practice in the economic restructure in China. It tries to integrate the up-to-date research findings in the field of consumption economy at home and abroad with the significant practical issues in the process of Chinese economic development. Starting from consumption ability, consumption expectations, and consumption environment, this book constructs a theoretical analysis framework which takes into full consideration of the income-distribution structure, expansion of middle-income group, liquidity constraint, precautionary saving, public goods supply, internet consumption, government's policy on household consumption and the protection of customers' rights. On this basis, the impact of the household asset and consumption credit to household consumption is analyzed, so is the situation of the consumption demand in China in recent decades. Measures to construct the long-term mechanism of expanding consumption demand are provided.

Second, this book analyzes comprehensively the influence of the emerging issues on household consumption demand, which includes the expansion of middle-income group, the expansion of family finance, the prosperity of internet consumption and the protection of customer's right. The rising of the middle-income group promotes the overall consumption ability of the residents in China. In addition, they think highly of the quality of the consumption goods as most of them are well-educated. The traditional utility function will be changed if the consumer group pays more attention to the product quality. As a result, customer's right protection will be attached more importance. A sound customer's right protection system will provide a firm system guarantee for the consumption environment and reduce the transaction cost caused by right disputes, so the consumer welfare will be promoted. The internet consumption is booming with the rising of the "Internet +", which is of great convenience for consumers' consumption and payment and provides totally different consumption experience to them. This study explains the influence mechanism of the above mentioned emerging factors on household consumption and the influence degree, which perfects the existing research and is of great referential significance to the development of the theory and practice.

Third, taking into full consideration of the fact that the economic structure is not stable with the economic transformation, this book uses the newest test methods (such as panel threshold regressive model, quantile regression, system GMM regression and difference-in-difference with matching) to test the changing point so as to avoid the inaccuracy of the estimated results. Besides, multiple tests are carried out based on different theoretical framework and empirical methods to ensure the credibility and robustness of the result. In the process of the analysis, we also lay stress on the integration of the macroeconomic and microeconomic data and make a relatively comprehensive use of existing micro-data, such as the CFPS, CHFS, CHARLS, CHNS and so on. With the available data, we take into full consideration of the influence of the family heterogeneity on consumption behavior, which makes up for the deficiency of macro-data research.

目 录
Contents

第一章 ▶ 引言 1

　第一节　研究的背景与意义　1
　第二节　研究方法　2
　第三节　研究思路　4
　第四节　研究创新与待研究方向　5

第二章 ▶ 文献综述 8

　第一节　现代消费理论综述　8
　第二节　有关我国扩大消费需求长效机制的文献综述　15
　第三节　居民消费影响因素研究的综述　25

第三章 ▶ 我国居民消费特征及影响因素 57

　第一节　农村居民消费行为特征　57
　第二节　城镇居民消费行为特征　59
　第三节　影响城乡居民消费行为的因素　64

第四章 ▶ 居民收入与居民消费需求 84

　第一节　初次分配与居民消费　84
　第二节　中等收入阶层规模与居民收入　92
　第三节　收入分配格局调整与消费潜力释放　111
　第四节　各收入阶层与居民平均消费倾向的关系研究　125
　第五节　城镇各收入阶层消费函数的总体检验　137

第五章 ▶ 流动性约束、预防性储蓄与居民消费需求　152

　　第一节　消费过度敏感性与流动性约束　152
　　第二节　基于不同效用函数的流动性约束影响居民消费的理论分析　155
　　第三节　居民预防性储蓄动机与消费者行为　160
　　第四节　居民预防性储蓄比例的测算　170

第六章 ▶ 消费信贷与居民消费　186

　　第一节　消费信贷影响我国城镇居民消费行为的作用渠道及检验　187
　　第二节　消费信贷降低中国居民储蓄率的效果验证　204
　　第三节　消费者个体特征与消费信贷借款额度决定因素研究　215

第七章 ▶ 家庭资产对我国居民消费影响的研究　229

　　第一节　家庭金融资产财富效应　229
　　第二节　家庭住房资产财富效应　240
　　第三节　家庭资产财富效应微观横截面数据的实证检验　287
　　第四节　家庭资产结构与居民消费倾向　300

第八章 ▶ 网络消费与居民消费政策　318

　　第一节　我国网络消费的现状与发展趋势　318
　　第二节　我国网络消费影响因素的实证分析　326
　　第三节　"家电下乡"对农村居民消费的影响　345

第九章 ▶ 公共物品供给与居民消费（一）
　　　　　　——政府公共物品供给与居民消费　359

　　第一节　我国政府公共物品供给不足的特征事实　360
　　第二节　我国政府公共物品供给不足的原因　372
　　第三节　公共物品供给不足对居民消费的影响　382
　　第四节　结论和政策建议　390

第十章 ▶ 公共物品供给与居民消费（二）
　　　　　　——生活基础设施供给与居民消费　393

　　第一节　我国生活基础设施发展特征事实　394
　　第二节　生活基础设施发展水平国内外比较　407

第三节 生活基础设施供给对居民消费的影响　416
第四节 政策建议　430

第十一章 ▶ 公共物品供给与居民消费（三）
　　——交通基础设施与居民消费　432

第一节 中国交通基础设施建设的现状　433
第二节 交通基础设施发展中的问题　455
第三节 交通基础设施对居民消费的影响——以公路、铁路数据为实证研究对象　462
第四节 政策建议　468

第十二章 ▶ 人口年龄结构与居民消费　470

第一节 中国人口年龄结构对消费模式的影响研究　470
第二节 中国人口老龄化对居民消费的影响分析　493

第十三章 ▶ 消费者权利的法律保护
　　——以金融消费者为例　509

第一节 金融消费者：一个既有概念的扩张　511
第二节 金融消费者的法律权利　532
第三节 各国金融消费者保护制度与评价　544
第四节 中国金融消费者权利保护的路径选择　568

参考文献　594

后记　671

Contents

Chapter 1 Introduction   1

1.1 Research background and significance   1
1.2 Research methods   2
1.3 Research thinking   4
1.4 Main innovation and future research   5

Chapter 2 Literature Review   8

2.1 Review of modern consumption theories   8
2.2 Review of literatures on long-term mechanism of expanding consumption demand   15
2.3 Review of literatures on influence factors of household consumption   25

Chapter 3 The Characteristics of the Household Consumption and the Influence Factors in China   57

3.1 Characteristics of rural household consumption behavior   57
3.2 Characteristics of urban household consumption behavior   59
3.3 Influence factors of urban and rural household consumption behavior   64

Chapter 4 The Household Income and Their Consumption Demand   84

4.1 Primary distribution and household consumption   84
4.2 Scale of middle-income group and household income   92
4.3 Income-distribution structure and consumption potentiality   111

4.4　Relationships of different income groups and average propensity to consume　125

4.5　Overall test of consumption function of different urban income groups　137

Chapter 5　Liquidity Constraint, Precautionary Saving and Consumption Demand　152

5.1　Excessive sensitivity to consumption and liquidity constraint　152

5.2　Theoretical analysis of the influence of liquidity constraint on household consumption based on different utility functions　155

5.3　Motivation of household precautionary saving and consumers' behavior　160

5.4　Calculation of household precautionary saving proportion　170

Chapter 6　The Consumption Credit and the Household Consumption　186

6.1　Channel and test on impacts of consumer credit to household consumption behavior in China　187

6.2　Effect verification of consumer credit to the household saving rate in China　204

6.3　Determinants of consumer's individual characteristics and borrowing limit of consumer credit　215

Chapter 7　The Influence of Household Asset on Household Consumption　229

7.1　Wealth effect of household financial assets　229

7.2　Wealth effect of household housing assets　240

7.3　Empirical tests of micro cross sectional data on the wealth effect of household assets　287

7.4　Household asset structure and propensity of household consumption　300

Chapter 8　The Internet Consumption and the Household Consumption Policy　318

8.1　Current situation and development trend of the internet consumption in China　318

8. 2　Empirical analysis of influence factors of the internet consumption in China　326

8. 3　Influence of Chinese government's consumer electronics subsidy program on rural household consumption　345

Chapter 9　The Public Goods Supply and the Household Consumption（1）
——The Government's Public Goods Supply and the Household Consumption　359

9. 1　Stylized facts of the insufficiency of government's public goods supply　360

9. 2　Reason of the insufficiency of government's public goods supply　372

9. 3　Impact of the insufficiency of government's public goods supply to household consumption　382

9. 4　Conclusion and policy suggestions　390

Chapter 10　The Public Goods Supply and the Household Consumption（2）
——The Living Infrastructure Supply and the Household Consumption　393

10. 1　Stylized facts of the development of living infrastructure　394

10. 2　Comparison of the living infrastructure development at home and abroad　407

10. 3　Impact of living infrastructure supply to household consumption　416

10. 4　Policy suggestions　430

Chapter 11　The Public Goods Supply and the Household Consumption（3）
——The Transportation Infrastructure and the Household Consumption　432

11. 1　Status quo of transportation infrastructure construction in China　433

11. 2　Problems in the process of transportation infrastructure development　455

11. 3　Impact of transportation infrastructure to household consumption—a case study of the highway and railway　462

11. 4　Policy suggestions　468

Chapter 12　The Population Age Structure and the Household Consumption　470

12. 1　Influence of population age structure on household consumption　470

12. 2　Influence of aging of population on household consumption　493

Chapter 13　The Protection of Customers' Rights
　　　　　　——A Case Study of the Financial Consumers　509

　　13.1　Financial consumers: expansion of an existing concept　511

　　13.2　Legal right of the financial consumers　532

　　13.3　Different countries' protection of the financial consumers and the evaluation　544

　　13.4　Route choice of financial consumers' right protection in China　568

References　594

Postscript　671

第一章

引 言

第一节 研究的背景与意义

改革开放以来，中国经济实现了年均 9.9% 的高速增长，创造了经济增长领域的"中国奇迹"。伴随着中国经济的崛起，传统发展模式的弊端也在不断呈现，长久积累的体制性、结构性矛盾日益突出，尤其是以投资为主导的增长方式越来越难以为继。党的十八大提出"到 2020 年，实现国内生产总值和城乡居民人均收入比 2010 年翻一番"的居民收入倍增目标，以及"要牢牢把握扩大内需这一战略基点，加快建立扩大消费需求长效机制"的战略要求，旨在保证国民经济平稳健康发展的同时，使城乡居民共享改革发展成果。提升居民消费的比重，优化总需求结构比例，探寻一条更加公平、全民共享的可持续经济增长道路已成为学术界和决策者共同关注的问题。

据统计，自改革开放以来，社会经济体制的变革使得经济获得了快速增长，按当年价计算的人均国内生产总值从 1978 年的 385 元增加到 2016 年的 53 980 元。尤其是 20 世纪 90 年代以来，我国改革开放的进程进一步加快，人均国内生产总值年均保持 10% 以上的增长率，相应地，2012 年城镇居民人均可支配收入和农村居民人均纯收入分别是 1990 年的 16.27 倍和 11.54 倍。然而，在过去 30 年经济和居民收入快速增长的同时，居民消费率（居民消费支出占支出法国内生产总值的比重）却呈现出总体下降趋势。

统计数据显示，我国居民消费率在20世纪80年代基本维持在50%以上的水平，1981年达到最高点53.41%，随后居民消费率不断下降。特别是2000年以来，居民消费率呈现加速下降态势，2010年居民消费率下降到35.92%的最低点。而同期美国居民消费率为70.6%，日本为58.5%，英国为64.4%，巴西为60.3%，印度为59.4%，南非为59.4%。[①] 可见，中国居民消费率不仅仅远远低于世界发达国家，而且低于与我国经济发展水平接近的发展中国家。

居民消费率持续走低严重制约了国民经济的可持续发展。深入探究居民消费率下降的原因及应对机制，对于构筑我国经济增长的内需动力，促进经济增长方式的转型，让广大居民更为广泛地分享经济增长红利，均具有重要的现实意义。

中国居民的低消费现象具有显著的"中国特色"，居民消费率快速下降的时期也正是中国经济快速转型的时期。随着中国经济从计划经济体制向市场经济体制转型，由传统的农业经济向工业经济、信息经济转型，居民的收入来源、所享有的社会保障体制、面临的各类风险、社会文化变迁，以及对未来的预期均发生了显著的变化。当前中国经济已步入新常态发展时期，经济增速由高速增长时代进入"中高速"增长时代，又使得居民面对的外部环境进一步发生了改变。而西方主流经济理论根植于发达经济体，在解释中国居民消费相关的经济事实时，其表现并不能令人满意。在这一背景下，深入研究我国居民消费变动的特征及相应的原因，从我国经济发展的现实中探索建立扩大居民消费的长效机制，有助于完善主流消费经济理论，使其更好地反映以中国为代表的转型经济体所呈现出的经济变动特征以及经济发展经验。

第二节 研究方法

本书在研究过程中，广泛采用了以下研究方法：

一、比较分析研究方法

本书在实施过程中，对中国的转型经济发展与发达国家和其他发展中国家的

---

① 资料来源：世界银行WDI数据库。

历史经验进行了比较研究，对中国不同地域以及城镇与农村等分别进行了充分的比较分析，有效控制了地区差异和国别差异的影响。

二、归纳研究与案例分析

消费需求在中国的地域间、城乡之间、时期之间等不对称不均衡非常普遍，本书对这种变化过程进行了归纳总结和案例分析，从而形成趋势性和规律性的认识。例如，从城乡居民消费的基本事实特征中，归纳出当前以及未来影响我国居民消费的主要因素；以"家电下乡"为例，归纳探究农村居民消费政策对居民消费行为的影响等。

三、统计与计量模型的实证研究

在研究居民的消费行为特征及各类影响因素的作用机制时，首先通过统计分析得出典型的经济事实，提出理论假设，进而通过构建计量模型进行实证分析，从而较为客观地分析出各类因素影响居民消费的作用机制和作用渠道，同时借助实证模型对消费需求以及各类影响机制的未来变化趋势做出预测，将短期和长期的分析统一于坚实的数理框架之中，为构建扩大消费需求的长效机制提供了可靠的依据。

四、实地考察、问卷调查

对新兴消费业态的分析由于缺乏有效的数据，因此需要通过问卷调查加以研究。同时，对于影响居民消费行为的文化习俗变迁、消费者权益保护等因素，难以纳入数理分析模型，因而需要通过实地考察、问卷调研等方式归纳得出相应的结论。

五、专家咨询和研讨会的方法

研究过程中课题组就有关成果和研究设计多次举行研讨会和专家咨询会，以交流相关研究成果，修改补充研究计划和理论假说。

第三节 研究思路

本书研究思路以居民消费能力、消费预期、消费环境为核心逐步展开，具体如图1-1所示。

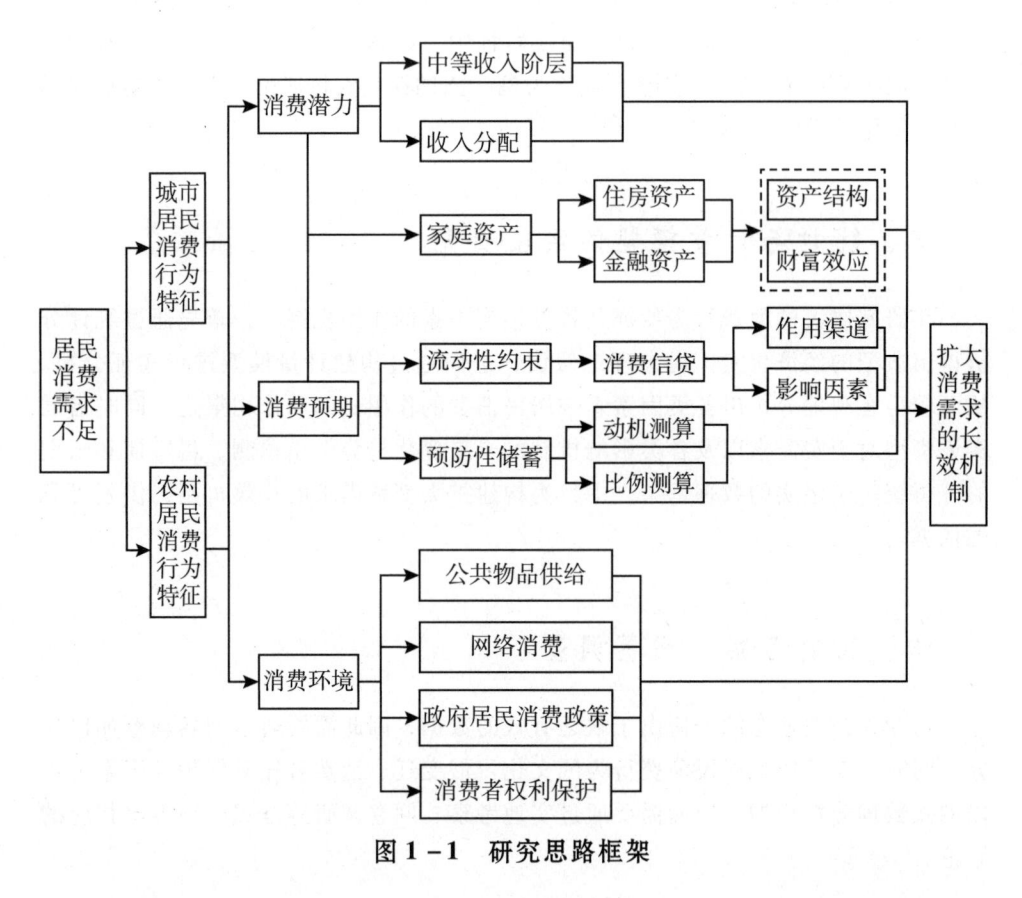

图1-1 研究思路框架

居民消费需求不足 → 城市居民消费行为特征 / 农村居民消费行为特征

- 消费潜力
  - 中等收入阶层
  - 收入分配
  - 家庭资产
    - 住房资产 → 资产结构
    - 金融资产 → 财富效应
- 消费预期
  - 流动性约束 → 消费信贷
    - 作用渠道
    - 影响因素
  - 预防性储蓄
    - 动机测算
    - 比例测算
- 消费环境
  - 公共物品供给
  - 网络消费
  - 政府居民消费政策
  - 消费者权利保护

→ 扩大消费需求的长效机制

本书基于我国居民消费需求不足的现实背景，从城乡居民的消费行为特征入手，归纳出当前背景下影响我国居民消费需求的三大因素：消费潜力、消费预期与消费环境。消费潜力直接决定了居民能够实现既定消费目标的能力；消费预期则是居民在现实经济存在不确定性风险的情况下对未来经济发展状况的判断，因而会直接影响居民消费需求的演变；消费环境是居民顺利实现消费需求，获得相应效应的制度保障。

具体来看，消费潜力主要包括收入分配和中等收入阶层两个方面。不同于已有的多数研究，本书将消费潜力的研究重点放在了上述两个方面。这是因为，近10年来，我国收入分配格局不断恶化，以及中等收入群体不断壮大，是影响居民消费潜力的两个典型事实，而且引起了学术界和决策者的共同关注。因而，深入分析这两个方面对居民消费的影响，不但有助于理解当前阶段居民消费需求的下降，而且有助于把握未来居民消费需求的演变。消费预期主要包括流动性约束和预防性储蓄两个方面。本书分别分析了二者的变现形式和影响居民消费的作用机制。并在此背景下，分析了消费信贷的发展对居民消费的影响。同时，测算了预防性储蓄的强度以及预防性储蓄在我国居民总储蓄中所占的比重。随着我国经济的发展，以及资本市场的不断完善，居民的家庭资产也得以不断积累。家庭资产一方面可以产生财产性收入，提升居民的消费潜力；另一方面还可以作为应对风险的一种广义"储蓄"，在居民遇到流动性约束时可以通过"变现"在整个生命周期内平滑消费。消费环境主要包括公共品供给、网络消费、政府居民消费政策、消费者权利保护四个方面。通过对上述因素做出系统研究，得出本书的主要结论。

第四节　研究创新与待研究方向

本书在研究内容、数据分析和研究方法的选择上均具有一定的创新性，对相关问题的研究提供了参考和借鉴。具体来讲：

第一，本书选题紧扣当前我国经济转型实践，研究内容致力于将国际上消费经济领域最新的研究成果与我国经济发展中的重大现实问题相结合。在我国经济发展逐步步入"新常态"的背景下，国内消费需求不足已经开始成为制约国民经济健康发展的重要问题。已有的研究从不同侧面解释了中国居民消费不振的原因，但学者们并未就此形成一致意见，造成这种现象的可能原因在于，这些研究基于不同的理论基础、模型设定和样本区间，特别是这些研究未能综合考虑我国经济转型时期各影响居民消费的因素。基于上述现实和理论背景，本书从消费能力、消费预期、消费环境三个方面入手，构建了一个包含收入分配、中等收入阶层扩张、流动性约束、预防性储蓄、公共物品供给、网络消费、政府居民消费政策、消费者权益保护等因素的分析框架，并在此基础上进一步考察了家庭资产与消费信贷对居民消费的影响，对近年来我国居民消费需求不足的原因做出了一个更为全面的解释，较为全面地提出了扩大消费需求长效机制的应对措施。

第二，本书较为系统地分析了近年来日益引起学界关注的中产阶层崛起、家庭金融的扩张、网络消费的繁荣、消费者权益保护等新兴问题对居民消费需求的影响。随着我国居民生活水平的不断提高，居民消费需求呈现出一系列新的发展趋势。中产阶层的崛起不但提升了我国居民整体的消费能力，而且由于该群体往往接受过良好的教育，因而更加注重消费品的品质。消费者群体对产品品质的追求将改变消费者传统的效用函数，与之相伴随的则是对消费者权益保护问题的重视。健全的消费者权益保护体系将为消费者所处的消费环境构筑起稳固的制度保障，大幅减少因权益纠纷带来的"交易成本"，进而提升消费者福利。网络消费借助"互联网+"经济业态的兴起，得以迅速繁荣，极大地便捷了居民的消费和支付，为居民提供了与传统消费迥异的消费体验。本书较为系统地阐述了上述系列新兴因素影响居民消费的作用机制以及影响的程度，完善了现有相关研究，不论在理论上还是在实践上均有重要的借鉴意义。

第三，本书充分考虑到我国经济体制变革（资本市场发展、住房体制改革等）所伴随的经济结构不稳定性会降低分析的准确性，因此，在各项实证分析中，严格遵循统计分析的基本原则，利用实证经济分析中最新的检验方法（如面板门限回归模型、分位数回归、系统GMM、匹配双重差分分析等）就结构突变点的位置进行了检验，从而避免了根据某一事件或政策对样本区间进行主观设定所导致的估计结果的不准确。同时，为确保研究结果的稳健性，在研究过程中均基于多种不同的理论框架、实证方法，对目标问题进行多重检验，增强了结论的可信度。在论证过程中，还注重宏观数据与微观数据的结合，较为全面地使用了我国目前已有的各类微观数据集，如中国家庭动态追踪调查（CFPS）、中国家庭金融调查（CHFS）、中国健康与养老追踪调查（CHARLS）、中国健康与营养调查（CHNS）等，在现有数据条件下，尽可能充分地考虑了居民家庭异质性对消费行为的影响，弥补了宏观数据相关研究的不足。

限于时间限制，本书在以下方面仍有待进一步研究：

第一，本书的理论分析有待进一步完善。本书基于生命周期—持久收入模型就流动性约束、家庭资产对消费的影响进行了研究，从研究方法上看属于局部均衡的分析方法，但现实中居民消费与整个经济体系之间的联系是多方面的，而流动性约束、家庭资产与消费的关系作为其中一部分或者一个环节必然会受到这些联系的影响，因此这就需要将居民消费、流动性约束与家庭资产放置在一个包含了消费环节、生产环节、容纳了多个宏观经济变量的更一般的均衡分析框架里来进行研究，才能得出更为客观、准确的结论。但这也会相应加大研究的难度，并降低研究的可行性。

第二，本书在实证中所采用的数据多数为总量加总数据。尽管此类数据在消费实证文献中的应用较为广泛，且具有一定的优势，但它明显的缺陷是不能区分具体消费者的个体差异。如果能够利用微观统计数据对消费者的住房持有数量进行区分，同时对消费者的个体特征加以控制，那么对房价波动与消费者行为的检验将会更加科学和准确。当前可获得的微观数据多为横截面数据，难以进行动态分析。同时，家庭资产相关的微观数据在样本容量上仍难以满足研究的需要。随着我国微观数据库的逐步完善，有望进一步对本书做相关拓展分析。

第二章

文献综述[*]

  我国当前经济发展中内需不足已成为一个显著的问题。扩大居民消费需求，从而释放居民消费来促进经济增长已经在学术界达成普遍共识。消费问题一直是经济学界研究的重点，西方消费理论也是经济学理论的重要组成部分。本章将在综述西方消费理论发展脉络的基础上，梳理我国扩大内需战略的始末，并总结影响居民消费的诸多因素。

第一节 现代消费理论综述

  消费是人类活动的一个关键点，因此经济理论中有关消费的争论一直存在着。从15世纪重商主义倡导节俭，到古典经济学家们关于生产和消费的争论，再到边际学派使用边际效用价值论解决了"钻石与水的悖论"，消费在经济学界的地位逐渐受到重视。后来以马歇尔（Marshall）为代表的新古典主义提出了需求弹性、消费者剩余等一系列重要概念，奠定了消费者行为研究的重要基础。到了20世纪30年代，以凯恩斯为代表的现代消费理论兴起，出现了绝对收入假说、相对收入假说以及生命周期假说、持久收入假说。其中较长一段时间内，生命周期—持久收入假说作为一个确定性等价的经典模型，成为研究居民消费及储蓄问题

---

[*] 本部分内容主要由课题组成员臧旭恒、曲创、宋建、宋明月、贺洋、马星、李曦萌、宋甜、赵学菊、南永清、耿君、朱擎擎等承担完成。

的主要分析框架。直至后来不确定性因素被引入模型，出现了随机游走假说、预防性储蓄理论及流动性约束假说。经济学界中有关消费的争论仍然在持续着，下面我们从 20 世纪 30 年代以来出现的现代消费理论开始，对消费理论做一个梳理。

一、绝对收入假说

20 世纪 30 年代，世界性的经济危机爆发，凯恩斯（Keynes）在《就业、利息和货币通论》一书中提出了绝对收入假说，以解释有效需求不足的问题。与新古典经济学中微观视野的消费者效用理论的分析框架截然不同，凯恩斯创造性地将收入引入消费的分析，从宏观经济学视角将两者联系起来。他认为居民的当期消费水平取决于当期的绝对收入水平，即：

$$C_t = \alpha + \beta Y_t \qquad (2-1)$$

其中，C_t 为当期消费；α 为刚性的基本消费，也称作自发性消费；β 为边际消费倾向（凯恩斯假定 $0 < \beta < 1$ 即消费增量在收入增量中所占的比例是递减的，即边际消费倾向递减规律），Y_t 为当期的绝对收入，两者的乘积构成了引致消费。该公式的思想为居民当期消费为自发性消费与引致消费之和。

凯恩斯认为，居民的消费主要受三大因素影响：所得数量、客观因素、主观因素。所得数量指的是所得的收入；客观因素包括收入预期、工资变动、时间贴现率等一系列影响消费行为的宏观因素；主观因素包括人的一部分心理动机，如谨慎、贪婪、享受、炫耀等。由于短期内客观因素及主观因素变动不会太大，并且多因素间不同方向的变动可能存在抵消作用，因此这两大因素可以忽略不计。因此，短期内对于消费水平影响最大的就是收入水平（更严格地说，是可支配收入水平），即消费是收入的函数。

由于边际消费倾向是递减的，那么平均消费倾向也是递减的，即低收入者有较高的平均消费倾向，而高收入者有较低的平均消费倾向。这也预示了收入分配的重要性，因为收入分配的均衡程度决定了整个社会平均消费倾向的水平。

绝对收入假说强调了消费支出与现期收入的关系，并认为边际消费倾向是递减的，导致经济萧条的直接原因是消费不足，因此提倡政府应采取鼓励消费的政策来干预经济。这在经济萧条期确实起到了一定的作用，然而，绝对收入假说限于分析短期消费与收入之间的关系，且对大萧条之后经济状况的预测也出现了偏差。

二、相对收入假说

库兹涅茨（Kuznets）发现居民消费倾向并非如凯恩斯所说的那样，随收入增加而递减,从长期看,居民的消费倾向是稳定的,这就是所谓的"库兹涅茨悖论"。针对绝对收入假说的局限,后来的经济学家相继进行了补充与发展。1949年,杜森贝里(Duesenberry)在其著作《收入、储蓄和消费者行为理论》中提出了相对收入假说,认为决定消费水平的不是当期的绝对收入,其消费会受到以往消费水平的影响,消费过程中存在棘轮效应和示范效应。示范效应是指居民消费受到其他人消费行为的影响;棘轮效应是指当收入增加时,消费会随之增加,但收入减少时,消费却不可能出现明显地减少,即消费的下降存在着一个棘轮式的阻滞。杜森贝里从消费者行为的分析入手,提出了持久消费与持久收入间的函数方程:

$$C_t = a(k-b)Y^* + bY_t \qquad (2-2)$$

其中,C_t 为持久消费水平;Y_t 为持久收入水平,Y^* 为 t 期之前的最高收入水平,可以理解为所谓的相对收入;k 为长期的边际消费倾向;b 为短期的边际消费倾向。

杜森贝里的相对收入假说相比较绝对收入假说有一定的进步,极大地拓展了研究思路,但还是不能严格地解释"库兹涅茨悖论"。

三、生命周期假说与持久收入假说

莫迪利安尼(Modigliani)与弗里德曼(Friedman)认为消费者不是"后顾"的,而是"前瞻"的,分别在确定性等价下的跨期选择模型框架下提出了生命周期假说与持久收入假说。

莫迪利安尼等人提出的生命周期假说认为,消费既不是绝对收入的函数,也不单单是相对收入决定的,每个消费者都是根据整个生命周期内的全部预期收入来安排自己的当期消费支出,平滑一生的消费,进而实现一生消费效用最大化。若暂时性的收入不足以应付支出,那么这时消费信贷可以将后续各期的收入前移;反之,则可以通过储蓄将多余的收入后移。这样就能够将生命周期各阶段的消费平均化,实现消费的平滑。其消费函数如下:

$$C_t = a[A_t + Y_t + (N-t)Y^*] \qquad (2-3)$$

其中,C_t 是当期消费;A_t 为当期财富;Y_t 为当期收入水平;$N-t$ 为工作年限;Y^* 为平均年预期收入;a 为比例系数。可以看出,当期消费的大小取决于当前财富与生命周期内收入的预期。消费者在其拥有的总资源约束下追求一生消费的平滑,根据一生的全部预期收入来安排消费和储蓄,以达到整个生命周期内的消费效用最大化。

莫迪利安尼的生命周期假说强调了收入、财富和年龄分布在消费中的重要性,解释了短期消费波动、长期消费稳定的原因,财富的引入也解释了不同阶层家庭消费行为的差异,并侧重分析了储蓄动机,对于宏观领域的影响也是深远的。但由于没有引入不确定性的问题,因而降低了该理论的解释效果。

1957年,货币主义学派的代表人物弗里德曼提出了持久收入假说,认为居民消费支出不是取决于当期收入,而是主要取决于其持久收入(也称为永久收入或恒久收入)。持久收入可以理解为消费者能够预计的比较固定的长期收入,弗里德曼用连续多期收入的均值来表示,其消费函数为:

$$C = kY_p \qquad (2-4)$$

其中,C为持久消费;Y为持久收入;k为长期边际消费倾向。从消费函数可以看出,当消费者短期内收入增加时,消费者不能完全预期到收入的增加会一直持续下去,因此不会立即增加当期消费;反之,收入减少时也不会立即减少消费。只有当消费者能够判断收入变动是持久的,其消费才会与新的收入水平对应起来。按照持久收入假说,凯恩斯的当期收入与当期消费之间并不存在稳定的关系。持久收入假说已经被大量的有关消费行为的调查数据所验证,且无论在定量还是定性方面,都没有出现严重偏差。

生命周期假说和持久收入假说有着很大的相似性,如二者都假设消费者是"前瞻"的,即消费不只是同当期收入相关,而以一生的或持久的收入作为消费决策的依据;再如二者均认为暂时性的收入变化不会引起太大的消费支出变动等。因此学者们往往将两者结合进行分析,称为生命周期—持久收入假说(LC-PIH)。该假说综合了两者的部分观点,认为影响消费的主要是消费者拥有的财富和持久收入,而理性的消费者会根据跨期选择的原则,将一生中的收入及消费平均分配,以达到生命周期中消费效用最大化。然而这一切均限于确定性的假设,没有真正考虑到不确定性预期。

四、随机游走假说

20世纪70年代中后期,基于不确定性分析和对收入风险、理性预期的研究成果,经济学界逐渐形成了不确定性条件下的消费函数理论。代表性的有随机游走假说、预防性储蓄假说、流动性约束假说等。

1978年,霍尔(Hall)在《生命周期—持久收入假说的随机解释:理论和证据》一文中,以LC-PIH和理性预期为基础,通过将不确定性引入消费函数,提出了随机游走假说,消费理论进入新的发展阶段。霍尔认为,过去的消费与收入的信息,对当期消费的变化不会有任何影响。也就是说,如果消费者行为是最优的,那么当期所有可能得到的有用信息都反映在当期消费中,则在时间t,能

预测下期消费 C_{t+1} 的变量只有 C_t。随机游走假说的消费函数模型为：

$$C_t = C_{t-1} + e_t \qquad (2-5)$$

其中，e_t 是一个白噪声。说明各期的消费量是服从随机游走过程的，下一期的消费只与当期消费有关，而与以前的消费、收入、财富等其他因素均无关。因此，消费是随机的，消费的变化也是不可预测的。

后来的经验研究结论却与随机游走假说明显不符，在20世纪80年代中期以后还遭遇了"过度敏感性"和"过度平滑性"的挑战，从而引发了后续大量相关经验假说，其中以预防性储蓄假说和流动性约束假说为代表。

五、预防性储蓄假说

预防性储蓄是指风险厌恶者为预防未来不确定性导致的消费下降，从而进行的储蓄。费希尔（Fisher）、弗里德曼和利兰德（Leland）等人的研究发现，人们在未来收入可能存在风险时，会有预防性的动机，从而把收入更多地储蓄起来，这种储蓄实际上是为了应对不确定性而采用的自保险手段。扎德斯（Zeldes）等人的研究表明，在不确定性的条件下，相比较随机游走假说，预防性储蓄通过引入不确定性及消费者跨期最优选择行为，能更好地解释过度敏感性和过度平滑性。不确定性在这里主要指未来收入的不确定性，当未来收入可预测时，消费存在过度敏感性；而当未来收入不可预测时，则表现为过度平滑性。下面以预防性储蓄假说的代表人物分别介绍。

（一）利兰德的预防性储蓄思想

利兰德1968年发现，未来收入不确定性程度的上升，会提高未来消费的预期边际效用，从而吸引居民进行更多的储蓄。他引入效用函数的三阶导数来刻画消费者的谨慎性动机，当效用函数的三阶导数大于零时，相比较确定性的情况下，面临不确定性的消费者会进行预防性储蓄。而这类消费者若在低收入时期无法通过借贷保持正常的消费水平时，就面临着流动性约束。因此消费者进行储蓄的动机有两个：一是为平滑跨期消费的动机；二是为预防未来不确定性的谨慎动机。然而在数学模型中加入谨慎动机后，模型很难得到解析解。

（二）扎德斯的预防性储蓄模型

扎德斯在1989年研究了收入随机波动的情况下，不确定性对消费最优行为的影响，验证了不确定性对于消费决策的影响力度。他假定一个消费者固定生活

T 期，未来劳动收入是不确定的，消费者在每一期都追求一生剩余时间的预期效用最大化，则消费者最优的问题可以表示为：

$$E_t \sum_{j=0}^{T-t} \left(\frac{1}{1+\delta}\right)^j U(C_{t+j})$$
$$W_{t+1} = (W_t - C_t)(1 + r_t) + Y_{t+1} \quad (2-6)$$
$$C_t \geq 0$$
$$W_t - C_t \geq 0$$

其中，W_t 代表消费者 t 期的财富值；Y_t 代表 t 期的劳动收入；C_t 代表 t 期消费水平；r_t 代表 t 期利率；E_t（条件期望）代表在所有可用信息下对未来的预期；δ 为贴现因子；$U(C_t)$ 代表效用函数，扎德斯使用了常相对风险厌恶效用函数（CRRA）。

引入不确定性后，储蓄同时具有了保险的作用。与生命周期假说相比，预防性储蓄假说的消费者更加谨慎和厌恶风险。

（三）卡罗尔（Carroll）的缓冲存货模型

缓冲存货的概念最早由迪顿（Deaton, 1991）提出，卡罗尔对之进行了发展，于 1992 年提出了储蓄的缓冲存货理论，并证实该理论模型与美国宏观经济数据的大量消费与储蓄的特征相符，即消费者在工作时间进行缓冲存货储蓄，到了 50 岁左右开始为退休储蓄，此时缓冲储蓄的动机变为生命周期的动机。卡罗尔将消费者的谨慎和缺乏耐心同时纳入了模型，谨慎意味着多储蓄，而缺乏耐心意味着多消费，同时具备两种特性的消费者倾向于维持一个固定的目标储蓄—财富比。两种心理状态转换的条件是目标财富水平与实际财富积累的关系，即当财富积累超过目标财富水平时，消费者缺乏耐心的程度比谨慎程度更强烈，将倾向于消费；反之则倾向于储蓄，以使财富积累达到目标财富的水平。

迪顿 1991 年发现，预防性储蓄动机会激励那些面对流动性约束的行为人进行储蓄，从而提出加入流动性约束的缓冲存货模型基本形式：

$$\max_{C_t} \sum_{t=s}^{T} \beta^{t-s} U(C_t)$$
$$Y_t = PV_t \quad (2-7)$$
$$X_t = R(X_{t-1} - C_{t-1}) + Y_t$$
$$W_t \geq 0$$

其中，β 为贴现因子；$R = (1 + r)$，r 为利率；Y_t 为家庭在 t 期的劳动收入；P 为家庭持久劳动收入；V_t 收入在 t 期遇到的暂时的乘性冲击；$W_t = R(X_{t-1} - $

C_{t-1}）为家庭 t 期持有的财富，则 X_t 可称为手持现金，用于 t 期的消费支出，流动性约束下手持现金一定是大于等于零的。

后来卡罗尔在 2001 年验证了流动性约束的存在与否并不改变消费者的稳态行为，即使完全没有流动性约束，居民也不会进行借贷。缓冲存货理论是众多预防性储蓄研究中理论基础最完善的一个，为消费领域的研究提供了一种新的方法。

六、流动性约束假说

经济学界在对随机游走模型进行实证研究时发现了消费的过度敏感性，即消费对于预期收入明显正相关。流动性约束理论是在解释消费的过度敏感性的背景下提出来的，认为信贷市场的不完善致使年轻的消费者及那些受到暂时性收入影响的消费者不能通过信贷来平滑整个生命周期的消费。即流动性约束理论放弃了传统模型中消费者可以以相同利率进行自由借贷的假设条件，认为消费者的借款利率通常要高于储蓄利率，并且许多人往往不能以任意利率借入较多的款项。

很多文献中流动性约束也被习惯得称作信贷约束，是指消费者从金融机构以及非金融机构和个人取得贷款时所受到的限制。流动性约束使得消费者无法进行跨期配置与一生总收入等价的消费水平，从而表现出实际消费比消费需求要少。

在流动性约束理论提出后，学者们便对其含义界定、表现形式、作用机制、影响程度等进行了广泛研究。其中，扎德斯（1989）将流动性约束定义为某一较低的资产水平（相当于其两个月的收入），如消费者所拥有的财产低于其两个月的收入，则该消费者便是受流动性约束的。

"生命周期—持久收入假说"（LC – PIH）假定消费者能随心所欲的贷款消费，这显然是以完全信息和充分发达的信贷市场为前提的，即假设不存在流动性约束或信贷约束。但实际上，即使是在发达的金融市场上，由于信贷市场的信息不对称等原因，流动性约束是必然存在的。在发展中国家，除了信贷市场信息不对称的基本原因之外，信贷市场的不完善使得流动性约束的情况更为严重。

流动性约束从两个途径降低消费：第一，当前面临的流动性约束使消费者的消费相对于其想要的消费要少，如消费者受到严重的流动性约束，那么消费者就不能够容易地平滑其一生的消费；当消费者处于低收入阶段时，即便其有较高的收入预期，其也借不到款项，因此只能进行较低的消费；这时，消费者提高消费水平的唯一方法就是积累财富或者延迟消费，直到高收入时期的到来。第二，未来可能发生流动性约束的预期也会降低消费者现期的消费，假设消费者在 t – 1 期存在收入下降的可能，如果消费者不面临流动性约束，那么其会通过借贷等方式来避免消费在下一期的下降；如果消费者面临着流动性的约束，那么收入在下一期的下降将会导致消费的下降，除非消费者拥有一定的储蓄。

因此，流动性约束的存在会导致个人减少现期消费，增加储蓄。这一点与预防性储蓄的作用类似，卡罗尔和金伯尔（Carroll & Kimball, 2001）说明流动性约束和不确定性因素对消费的影响具有类似之处。

第二节 有关我国扩大消费需求长效机制的文献综述

我国居民消费率长期低迷，学者们也从各角度进行了研究，尤其是有关居民消费需求影响因素及扩大内需战略。本节将对国家扩大消费需求的战略进行文献梳理，下一节将综述有关居民消费需求的影响因素。

一、内需不足问题的提出

经济增长理论中，供给与需求两种力量共同作用推动经济增长。根据短边法则，只有供给与需求相互适应，保持平衡比例关系，社会再生产才能顺利进行。即在总供给不足时，经济增长主要由供给决定；在需求不足时，经济增长主要由需求决定。经济发展到今天，供给能力已得到大大的提高，一般是生产过剩型经济，企业主要根据市场需求组织生产，需求决定生产和投资的规模，并主导经济增长。随着经济体制的逐步转轨，生产力的极大提高，我国经济增长的主要约束已由资源供给约束转变为市场需求约束，需求也成为决定生产和投资规模的主要因素。需求包括国内消费需求、投资需求和外部需求三个方面，而我们也一直把投资、消费、出口形象地比喻为拉动GDP（国内生产总值）增长的"三驾马车"，三者相互协调发展，是促进经济稳定和发展的最主要力量。其中，消费需求是经济增长的重要因素，也是保证经济长期持续增长的最终动力。

我国内需不足的问题由来已久。首先是计划经济时期，我国实行的重工业优先发展的"赶超战略"，形成了"高积累、低消费"的发展模式。改革开放后，中国推行了以渐进式改革为核心的转型战略，各地按照比较优势发展经济，中国经济迎来了持续30多年的高速增长期，但"高积累、低消费"的需求结构特征并未转变，而投资对经济增长的拉动作用得到了充分发挥，有力地支撑了中国经济的快速起飞。并且，2001年中国加入WTO（世界贸易组织）后，为过剩产能打开了巨大的国外消费市场，大量企业趁机转向国际市场，用市场结构调整代替产业结构升级,缓解了收入分配调整和扩大消费内需的压力,形成投资和出口主导型增长模式(史晋川、黄良浩,2009)。2008年国际金融危机爆发后,出口需求急剧萎缩引起总需求不足,导致我国经济增长速度快速下滑。从国内形势看,支撑中国经济30多年快速增长的"人口红利"开始逐渐消退,劳动力从无限供给到相对短缺的"刘易斯转折点"即将出现。传统经济增长方式面临终结,构建消费主导、创新驱动型的新发展模式日趋迫近。当前中国再次处于加快调整总需求结构、转变经济发展方式的重要历史时期(刘志彪,2012)。程磊(2011)的研究指出,1978~2009年期间中国居民的消费率呈下降趋势,从1978年的48.8%下降到2009年的35%,而同期美国、英国、日本、印度和俄罗斯的居民消费率分别大约是71%、65%、56%、60%和55%。这说明中国居民消费意愿不足,消费需求不旺盛,已成为一个既定的事实。胡志平(2013)更加指出,中国式的内需失衡并不仅仅是通常意义的消费与投资的失衡,更重要的还在于居民与政府之间的消费失衡、城市居民与农村居民的消费失衡,是"三重"失衡。

在一个开放的经济体中,假定政府自身收支平衡,从GDP增长的供需平衡可以得出国民净储蓄等于外贸顺差。1994年以来,我国国际收支持续出现大规模顺差,这在世界经济发展中十分罕见,有其合理因素,也必然有不合理之处。樊纲等(2009)的研究指出,40%的贸易顺差是不合理的,是我们国内体制上的问题导致的价格扭曲与内部比例失衡所导致的顺差,是可消除顺差。我国经济结构内部比例失衡具体表现在,国民总储蓄占GDP的比例在2007年达到51.2%,而消费只有48.8%,其中扣除政府消费14%之后,居民消费占GDP的比率只有34.8%。国内消费需求占如此低的比例,可以十分确定地说明我们自己的结构出现了严重失调。

江小涓(2010)基于GDP支出法核算恒等式进行因素分解,估算了我国内需与外需的贡献。结果显示,虽然从数额比例看外需在我国总需求中居次要地位,但是与其他大国的相同发展阶段相比,外需对经济增长的贡献相对较大。我们不能否认外需在经济增长中的积极作用,事实上,改革开放以来外需在调节国内要素结构失衡、增加就业、提高劳动者收入、缓解资源环境压力等方面发挥的作用不可替代。当然,外需的重要地位也是中国发展模式有别于其他大国的一个显著标志,是解释中国经济持续高速增长、结构调整和体制改革的重要因素;但这也从另外的方面说明,内需特别是消费需求没有发挥其在大国发展中应有的作用。

由此,提出扩大内需的政策十分符合当时的经济形势。王天义、王睿(2011)的研究指出,扩大内需特别是居民消费需求,是我国经济长期平稳较快发展的必然选择。首先,巨大的内需将是推动我国经济增长的主要力量;其次,扩大内需特别是消费需求，是实现我国经济均衡发展的根本途径；再次，扩大内需特别是消费需求，是增强抵御国际经济风险能力的迫切需要；最后，扩大内需特别是消费需求，是促进经济社会协调发展的内在要求。

要设计扩大内需的长效机制，我们首先要明白我国内需不足的成因。国内学者大多结合中国经济转型发展的阶段性特征，定性分析需求结构失衡成因。史晋川、黄良浩（2011）将其归纳为五种：一是经济发展阶段成因论，认为中国处于工业化和城市化加快推进阶段，城镇建设和产业投资较多，但经济粗放式增长，投资效率不高，因此投资率较高。二是体制机制成因论，认为国有企业、地方政府存在投资冲动，社会保障体系不健全等，增加了居民的不确定性预期，导致投资率偏高和消费率持续偏低。三是收入分配失衡论，认为近年消费率下降主要是居民消费率下降，根本原因是居民收入增长缓慢，收入差距拉大。四是商品供给结构失衡论，认为国内商品生产与消费结构不匹配，造成国内有效需求不足和出口增强。五是文化环境成因论，认为中国长期存在"重储蓄、轻消费"的行为习惯，消费政策不完善，从而导致投资率攀升和消费率走低。

二、有关扩大内需政策的研究

国内扩大内需政策的研究众多，每个方面均有涉及，归纳起来有以下几点。

（一）调整收入分配制度

不平等的收入分配等同于将大部分本应分配于低收入阶层的财富聚集在高收入群体中，这一过程必然导致两个极端，即低收入阶层的消费能力下降，而高收入阶层消费奢侈品的需求则增加。一般地，在收入分配不平等较为严重的社会中，由于社会财富聚集在极少部分群体中，而各个群体间消费倾向差异很大，也就是说收入分配不平等越严重，居民的总体消费水平也就越低，其对经济增长的贡献也就越弱。实际上，因分配不平等所带来的消费的减少转化成了高额的储蓄，这一机理极为符合中国现阶段"高储蓄和低消费"的经济现实（李子联，2011）。所以调整收入分配结构和缩小居民收入差距是优化经济结构和实现经济可持续发展的最为根本的措施之一。

调整收入分配结构、实现收入分配的公平化不仅能够短期内提高大部分低收入阶层的收入水平，从而提高其消费能力，还能长期内适当降低高额的储蓄率，从而使资金得到更为有效的利用。缩小居民收入差距是扩大内需、促进经济平稳快速发展的必由之路。丁任重、张素芳（2010）指出，收入分配制度不完善是内需不足的重要原因，合理的收入分配制度是社会公平的重要体现，也是当前扩大内需,保持经济平稳较快发展的重要决定因素。并且,深化收入分配制度改革,一个重要的原则就是初次分配和再分配都要处理好效率与公平的关系,再分配更加注重公平。这就要求我们,必须通过建立健全市场经济运行机制,以达到初次分配中处理好公平与效率的关系;必须通过加强和改善宏观调控体系主要是公共财政职能来实现再分配中更加注重公平。张屹山、陈默(2012)把衡量收入差距的泰尔指数引入消费模型,运用中国1992~2010年的相关数据对收入分配和有效需求之间的关系进行了实证研究。结果显示:收入分配的变化会严重影响总消费规模和总消费倾向,收入分配差异会严重影响有效需求。收入分配差异和消费支出之间存在着反向的因果关系。内需不足已经成为制约中国经济发展的瓶颈,而由现行收入分配制度所带来的收入差距拉大,则是阻碍中国扩大内需战略实施及经济增长方式转变的根本因素。

杨灿明、郭慧芳、赵颖(2010)的研究指出,长期以来,中国实行"先扣除后分配、高扣除低分配"的分配模式,强调国家对社会经济的发展进行全方位的控制与干预,背离经济活动的实际,也违背了市场经济的交换法则,影响经济效率的提高及市场公平与社会公平的实现。因此,为适应经济发展模式的转变和社会主义市场经济体制的建立,中国的分配方式应逐步地走向"先分配后扣除,适当地分配适当地扣除"模式,大力提高居民收入水平。程磊(2011)提出如下缩小收入差距的具体政策建议:首先,政府需要进一步完善所得税制,强化对高收入者的征税力度,减轻中低收入者负担;完善社会保障和社会转移支付力度保障低收入阶层的基本生活,加大转移支付的力度,千方百计扩大就业,解决因下岗失业而导致的贫困问题,有计划、有步骤地提高收入分配中低收入的比重。同时,还应该打击非正当收入。非法非正当收入的存在是导致我国居民收入差距扩大的重要原因之一,因此在发展国民经济的同时,应加强法制建设,坚决取缔非法收入。其次,以调整产业结构为契机缩小收入差距。长期以来,中国产业政策的主导原则是如何促进经济的增长,以维持较高的经济总量增长率为目标导向,而对收入的分配则考虑的不多。但是,现阶段和今后相当长的一段时间内,我国仍是一个劳动力丰裕的国家,发展劳动密集型产业,可以有效地解决就业问题,而实现充分就业乃是缩小收入差距的根本措施。因此,现阶段仍应实施促进劳动密集型产业发展的政策,以缓解我国的就业压力。最后,缩小城乡居民收入差距是扩大内需的重要举措。具体而言,政府应该破除城乡分割的体制障碍,完善农村的社会养老、医疗保险体系;继续扩大新型农村社会养老保险的覆盖范围,采取家庭养老、社会养老和商业保险相结合的养老保险模式;逐步消除城乡差别和社会养老保险制度的不公平问题,解除农村居民的后顾之忧,避免逐步显现的老龄化态势给本来就不活跃的中国农村消费市场带来负面影响。

收入分配是影响经济发展的主要激励，不合理的收入分配会诱发社会矛盾冲突，影响经济效益提升，制约投资和消费发展。我国收入差距过大，与改革开放以来一直施行"资本偏向型"收入分配制度密不可分。如果说实施内生发展战略是加快转变经济发展方式的必然选择，那么建立"劳动偏向型"收入分配制度，就是实施内生发展战略的必要制度支撑。推进收入分配从"资本偏向型"向"劳动偏向型"转变，概括起来需要在三个方面实现突破：一是宏观国民收入分配调整实现突破，主要是提高劳动报酬在初次分配中的比例，建立有中国特色的福利型社会。二是城乡二元收入分配调整实现突破，主要是提高农村居民、农民工的收入和公共服务水平，促进农村居民、农民工市民化，增强其致富能力和持续消费能力。三是中等收入阶层培育实现突破。中国中等收入群体不仅出现晚，而且规模小。培育壮大中等收入阶层是持续扩大消费内需的主要支撑，应当在今后一个时期的转型发展中给予高度重视（史晋川、黄良浩，2011）。

（二）城镇化的策略提出

倪建伟、胡彩娟（2010）的研究指出，在传统二元制度结构下，就城市而城市化的路径选择造成了城乡居民就业机会"财产制度"公共服务和消费市场等多方面的分割，使农村消费长期"启而不动"。为此，必须打破思维惯性，建立以城乡一体化为导向，以制度创新为手段，推进城市向农村"延伸"发展的城市化战略，才能有效释放和激发农村消费潜力，真正启动农村消费大市场。罗富政、罗能生（2013）的论文探讨了城镇化扩大内需的路径，并以省级面板数据为基础实证分析了城镇化扩大内需的区域效应，指出我国城镇化与内需的关系呈现出"U"型结构，即内需开始随着城镇化的推进不断下降，当城镇化达到一定程度后则可以有效地推动内需的扩大。这说明，盲目推行城镇化并不能达到扩大内需的作用，城镇化扩大内需需要一定的经济条件和产业结构条件支持，而决定"U"型结构中正向促进作用到来的外在条件是区域的经济发展水平。分区域实证分析表明，我国城镇化扩大内需的经济条件和产业结构条件已经达到，城镇化也已成为我国扩大内需的重要手段，相对于中西部而言，东部区域城镇化扩大内需的效果更为显著，这种差异的出现是由区域经济发展水平的差异决定的。并且，中西部区域存在着城镇化拉动内需的重要契机，即产业结构调整。中西部区域相对东部而言，第一产业比重较高，其在劳动力释放和生产效率提高方面的潜力相对较大，对内需拉动的效果也相对较为显著。城乡消费观念、消费结构及消费水平的差距通过消费趋同难度的增加，显著地负向影响了我国城镇化扩大内需的效果。国务院发展研究中心课题组（2010）的研究也指出，农民工市民化将促进居民消费和固定资产投资增长，降低经济增长对出口的依赖程度，可以提高服务业比重，优化经济结构，因此加快农民工市民化步伐是促进我国发展方式转变的重要途径。

（三）财税改革

李树培、白战伟（2009）运用 SVAR 模型考察了改革开放 30 年来，税收与政府支出对经济增长、居民消费和企业投资的影响关系。结果显示，就整体政府支出而言，它对经济增长，带动内需都起到了积极的作用。对于促进经济增长，带动居民消费，不管是从政策效力上，还是反应效率上，扩大政府支出的影响都要优于减税所带来的效果。而对于带动企业投资来讲，则是减税政策更加有效；但是，对于经济增长和居民消费政府支出和税收对它们的解释力都不够强，这意味两者对促进经济增长和带动居民消费的能力偏弱。所以，在当前的宏观经济刺激方案中，除了扩大政府支出和减税要双管齐下、两措并举之外，还要注重货币政策、产业政策等多方面的配合、协同。魏杰（2009）也指出，要通过启动内需而保增长，就必须要有效调整货币政策和财政政策，实行扩张性的财政政策和货币政策，并且，应该更多地注重运用财政政策而慎用货币政策。陶开宇（2011）说明，财政政策优化资源配置、稳定经济增长、公平收入分配的三大职能有利于促使财政政策在扩大消费需求中发挥有效作用。首先，财政政策的配置职能为扩大消费需求提供了方向，引导更多资源进入消费领域；其次，财政政策的稳定职能为扩大消费需求提供了平台，推动了消费需求与经济总量的联动；再次，财政政策的公平职能为扩大消费需求提供了前提，影响到消费函数的真实水平。并提出，下一步财政拉动消费的基本思路是调控机制更长效、调控目标更多元和调控手段更灵活，应当分别从提高消费能力、完善消费条件和培育消费热点三方面采取措施。周建元（2009）的研究更进一步指出，生产建设财政、双元财政、公共财政等模式都不能满足当前我国建设社会主义市场经济对财政体制的要求，调控型公共财政才是我国当前乃至今后相当长时间内财政体制的必然选择。陈明艺、赵聪聪（2012）研究结果表明，我国增值税的税率设计并不合理，尤其是药品、医疗器具和通信工具等必需品的增值税税率偏高。据此，以合理引导居民消费、优化居民消费结构为目标，为增值税税率的结构性调整提供了改革依据。

（四）社会保障

我国社会保障呈现两个显著特点：一是社会保障的整体水平不高；二是结构性不平衡，即农民、农民工和私营个体企业劳动者等低收入群体的社会保障缺失，而国有企业、事业单位和公务员等高收入群体的社会保障则相对完善。针对农村保障制度不健全，农村居民消费倾向过低的情况，学者们也提出了各种各样的建议。杜凤华（2010）研究指出，我们的消费格局突出的问题是城乡消费差距大，占全国人口2/3的农村只消费了全国1/3的商品，原因是社会保障制度不够完善和农业投资很难获得金融部门的信贷支持。因此，扩大内需的重点应注重扩大农村居民消费。姜百臣等（2010）通过构建协整模型和误差修正模型，证实了社会保障对农村居民消费行为有引致效应，且在长期上影响相对较大，在短期上影响相对较弱。随着农村社会保障制度的不断完善，这种影响的方式和程度可能会有所改变。农村社会保障对提升农村居民消费的影响和扩大内需的作用将会越来越大。吴焰（2009）的进一步研究表明，保险作为一种市场化的风险转移机制、社会互助与管理机制，在扩大内需、促进改革、保障和改善民生等社会建设中，具有独到的优势，可以大有作为。尤其是加强面向农民的保障能力建设、鼓励和支持农民对农业生产的投入、放大支农惠农财政投入的效应等方面。岳爱等（2013）以消费和储蓄生命周期理论为基础，结合我国新农保政策实践，构建了新农保政策实施对农村居民消费影响的研究框架并提出待检验假说。在此基础上基于具有全国代表性的农户层面随机抽样调查数据，分析了新农保参保对农村居民家庭日常费用支出的作用机制和影响。利用新农保采用先试点，逐步推广的特点构建工具变量，很好地解决了估计中可能存在的内生性问题，并利用倾向得分匹配法对上述分析结果进行稳健性检验。研究结果表明在控制其他因素影响的条件下，新农保政策实施后参保农户的家庭日常费用支出显著高于未参保农户。这一研究结果为通过提高农村社会保障水平，降低农村家庭养老等的预防性储蓄，提振消费，并进而扩大内需提供了佐证。今后国家应着力健全我国居民，特别是农村居民养老保障体系，加大新农保政策的宣传力度，改善政策设计，鼓励更多农户参与新农保。

（五）其他策略研究

杨继瑞（2009）指出，在国际金融危机向实体经济传导的背景下，当前采取的向民众发放购物券以刺激消费，从而带动实体经济的发展的措施具有相当大的局限性。并提出要刺激居民消费，关键在于要树立老百姓的消费信心，从而要着力完善包括医疗、失业、教育、住房等在内的保障体系，提高中低收入者的收入水平，促进股市的稳定与健康发展，加大基础设施建设的投资力度，使居民在创造财富的进程中支撑其有支付能力的消费水平的提升，从而才能克服国际金融危机对我国实体经济的影响，借以促进我国经济的持续健康发展。

扩大农村居民消费。要扩大农村居民消费，可以从以下三个方面入手：增加农民的可支配收入，免除农业税；提高农村居民的消费倾向，应该从完善养老教育保障入手；切实采取惠农消费政策，如家电下乡、汽车下乡、以旧换新、农机补贴等政策。李伟群、程世勇（2009）提出启动农村消费是拉动内需的根本制度选择，并且，挖掘农村地区消费潜力、快速拉动内需，必须积极探索完善城乡统一的市场经济体制、建立健全现代农村社会保障体制、增加土地要素资产性收入、增加农村金融服务等方面的制度创新。杨灿明等（2010）通过对消费能力的简单随机模型和收入增长的随机模型进行理论分析，以及运用回归模型对中国的消费需求与经济增长进行实证检验，得出在中国广大的农村地区，还隐藏着巨大的消费需求和消费潜力，扩大内需应提高农村居民的收入水平，完全启动和挖掘广阔的农村居民消费市场。

产权制度。文贯中（2010）研究了中国的土地制度，指出中国现行的土地制度已经造成两种结构性扭曲。第一种扭曲表现为中国未能在农业比重急剧下降的同时相应减少农村人口的比重，造成城市化的严重滞后和城乡收入差的恶化。第二种扭曲表现为中国未能将其服务业的就业比重提高到世界的平均水平，造成农村的普遍隐性失业和集聚效应的浪费。中国必须改革其土地制度以降低高昂的城市化成本，才能提振内需，走上可持续增长道路。林木西、曾祥炎（2010）研究指出，导致中国内需不足的根本原因在于转型期中国形成了"过度保护的资本产权"、"保护不足的劳动力产权"及"受损的土地产权"的产权制度。因此，任何单纯依赖"刺激"内需的积极宏观政策都难以完全解决问题，其效果也只会是短期的。要从根本上解决中国内需不足的问题，必须建立利益均衡的产权制度。并进一步提出要在深化微观产权制度改革的基础上推进扩展的产权制度改革；扶持弱势群体，培育势力均衡的利益集团体系；最重要的是加快经济体制转型，实现从政府主导型向市场主导型市场经济体制的过渡，因为这恰恰是建立扩大内需长效机制的制度性基础。

消费信贷。臧旭恒、李燕桥（2012）在一个扩展的 C-M 消费函数框架内，利用 2004~2009 年中国省际面板数据对消费信贷与我国城镇居民消费行为的关系进行了实证检验。研究结果表明，城镇居民消费行为对收入变动和信贷条件变动同时呈现出"过度敏感性"，但信贷敏感性系数要远远小于收入敏感性系数；当前的消费信贷主要缓解了居民当期流动性约束，促进了耐用品消费的增长，但对非耐用品与服务消费的影响较弱；不同收入的居民对信贷条件变化的敏感程度明显不同，中等收入组和较高收入组居民的信贷敏感性系数最高，高收入组居民次之，而低收入组和较低收入组居民最低。因此，尽管消费信贷对拉动内需具有一定的效果，但仍然受到诸多因素制约，应采取多种措施努力打破消费信贷发展的限制。阮小莉、仲泽丹（2013）通过对四川省内城市居民、农村居民的实际问卷调查，运用规范分析和实证分析相结合的方法，从消费者视角对城乡居民消费信贷差异化进行定性和定量的分析。结果表明：城乡居民在消费信贷观念、能力、层次和环境方面均存在较大差异,四川省城市居民的消费观念比农村居民更为开放,对消费信贷的接受意愿更加强烈,四川省城市居民的消费信贷能力比农村居民更高,城市居民的生活质量和生活水平都高于农村居民。因而,城乡居民消费信贷层次的差距明显。

人口经济学。李通屏、郭熙保(2011)从人口经济学的角度出发研究指出,人口增长对消费率的提高贡献很大,而对投资率的提高有显著的抑制作用。近年来,我国"低人口增长、高经济增长"的人口经济格局对生产能力过剩、消费能力稀缺形成推波助澜之势。既控制人口,又扩大内需,世界上没有先例,更没有成功的案例。没有人口增长或不容忍人口增长的扩大内需短期可能有效,但长期很难奏效。实现由严格控制人口增长到允许人口适度增长的扩大内需转变,应是一项审时度势、与时俱进的选择。

流通业。商品流通作为生产通往消费的重要桥梁和纽带,在扩大内需中具有重要作用。流通业的发展水平和结构,直接影响着消费的实现。祝合良、李晓慧(2011)的研究指出,我国流通业发展不畅,导致其在扩大内需中的作用没有得到应有的发挥,而要有效地发挥流通业的应有作用,可以通过流通结构的调整,构建现代化、高效率、低成本的商品流通体系,从而形成流通发展与消费增长的良性机制。具体措施为:一要加强农村流通网络建设,搞活农村流通,扩大农村消费;二要强化商业服务功能,大力发展现代服务业和生活服务业,促进城市消费;三要完善商业网点布局,优化商业空间结构,为消费需求的实现提供便利;四要加快推进流通现代化,着力发展现代物流业,适应消费需求升级;五要加大信息技术投入,提高流通效率,降低流通成本,促进居民消费;六要提高产业组织化水平,增强企业竞争力,满足居民消费需求的增长;最后,促进商业业态均衡发展,积极推进业态创新,满足消费需求。

消费习惯。项松林(2011)通过在消费习惯的基础上,建立最优消费的跨时贸易理论模型,然后运用 GMM 及 2S – 2SLS 对中国在 1978 ~ 2009 年的消费习惯和对外贸易进行实证分析。结论表明:消费者的消费习惯在国际贸易中起重要的作用,习惯降低了持久性收入对跨时贸易的影响,延长了对外贸易顺差持续时间(消费习惯的影响,东部最低,中部次之,西部最大。消费习惯在降低净产出与贸易顺差负相关关系的同时,又扩大了前期贸易余额与贸易顺差的正相关关系)。影响贸易顺差的因素很多,在不考虑其他因素影响下,消费习惯也是中国贸易顺差快速增加的重要原因。叶德珠等(2012)从消费文化方面进行了研究,得出的主要理论结论是:居民受儒家文化影响越深,自我控制力越强,则消费率越低;受欧美文化影响越深,自我控制力越弱,则消费率越高。

三、政府在扩大居民消费需求中的功能相关研究

居民消费需求的主体是居民,因为居民消费多少、消费什么、怎样消费、何时消费完全是居民自己的事,那么,是不是就意味着政府是无所作为的呢?

赵振华、尹依灵(2012)给出的答案是否定的,并指出政府的功能定位主要体现在以下几个方面:一是市场监管,确保提供到市场上的商品是质量合格的商品,让消费者放心消费。近年的食品药品安全等事件可以说是层出不穷,既损害了消费者的人身安全和身体健康,更损害了消费者的消费信心。表面上看,这些事件都是企业违背职业道德,做了伤天害理之事,实则是政府监管不到位甚至缺位造成的。因为企业是市场主体,自然要追求利润最大化,尽管绝大多数企业能够做到合法经营,但总是会有一些企业为了追求利润而进行非法生产,获得非法利润,这是市场机制自身的缺陷,也是市场本身无法克服的,需要政府加强监管,在任何一个国家或社会都是如此,我国也不例外。因此,要扩大居民消费需求,首先要树立消费信心,让消费者放心消费。二是要解决居民消费的后顾之忧。由于我国的社会保障制度不健全,教育以及住房制度改革不到位,导致居民有诸多的后顾之忧而不敢消费。要扩大居民消费需求,显然需要解决居民的后顾之忧,进一步完善养老、医疗、失业等社会保障制度,深化教育制度改革,均衡教育资源,让更多的孩子接受优质初等、中等教育和低廉的大学教育。要深化住房制度改革,为低收入者提供廉租房,为中等收入者提供低息或贴息房贷,让高收入者在市场上以市场价格购买更好的房子。此外,政府应对城乡居民、社会各阶层提供均等化的服务。三是为提高居民收入创造条件。政府除了可以直接给公务人员提高工资之外,不能直接给企业员工、自雇人员和农民等其他人员涨工资,但是可以创造条件提高他们的工资,比如政府通过降税减费让利给企业,企业让利给员工,不断提高最低工资基数等,而且我国财政收入连年大幅度增加,为降税减费提供了可能性。只有居民收入提高了,在消费倾向不变的条件下才能扩大消费。

刘晴、张燕(2013)建立了一个可以解释我国企业选择行为的异质性企业贸易模型,该模型表明贸易成本是影响企业国内外市场选择行为的关键因素。所以,政府可以通过改变贸易的相对成本拉动内需。当国内贸易成本相对于加工贸易成本降低时,部分加工贸易企业会转为纯内销企业,这会增加国内市场的产品供给,降低国内市场产品的均衡价格,拉动国内市场的内部需求。因此,政府可以通过投资基础设施建设以及实施结构性减税来降低国内贸易的可变成本,以达到增加内部需求的目标。

第三节 居民消费影响因素研究的综述

一、居民收入与消费

在影响居民消费的各类因素中,居民收入无疑是最重要的影响因素。居民的可支配收入作为居民消费能力的主要构成部分,与收入分配格局的变动密切相关。由于不同收入群体在消费习惯、消费意愿等方面存在差异,一国收入阶层的结构及其变动,也会对居民消费产生影响。

(一)国民收入分配格局与居民消费

围绕中国初次分配格局的变动和居民消费之间的关系,国内学者多从劳动报酬占比下降这一现象入手展开了相关研究。李扬(2007)较早使用《中国资金流量表》相关数据分析了中国高储蓄率问题,发现自1992年以来,居民的劳动报酬、财产收入和再分配收入占比均有所下降,企业和政府对劳动报酬的挤占制约了国内消费率的提升。安体富和蒋震(2009)通过计算国民收入初次分配和最终分配的基本格局,发现我国当前的收入分配格局"是向政府和企业倾斜",居民最终分配比重不断下降。陈璋等(2011)通过模型分析认为改善当前短期结构性矛盾的关键在于通过调整收入分配结构扩大消费需求。此外,还有不少学者围绕初次分配中劳动报酬与资本报酬对居民消费的影响进行了实证分析(储德银和闫伟,2011;刘东皇和沈坤荣,2012;谢琦,2013;骆祚炎,2010)。

显然,初次分配中的劳动份额占比过低已成为当前中国经济一个不争的事实。提高劳动报酬占比,进而提升居民消费率,理应是当前中国经济结构转型的应有之义。不少学者由此探讨了我国收入分配格局变动与经济增长和结构调整的关系。如龚刚、杨光(2010)发现劳动力过剩背景下,当前发展模式推动的经济增长所带来的利益大部分转化为利润而非工资,导致了中国收入分配的持续恶化。李稻葵、徐翔(2013)则认为随着"刘易斯拐点"的到来,在市场机制的推动下,工资会逐步提升进而推动劳动报酬占比的提升。林毅夫、陈斌开(2013)通过理论分析,认为重工业优先发展的赶超战略所衍生的制度遗留是导致我国收入分配恶化的主要原因,政府应推行比较优势发展战略以逐步改善收入分配状况。

国外的相关研究多基于 Bhaduri-Marglin 模型,该模型认为初次分配中劳动报酬的提高一方面会因为劳动报酬的边际消费倾向高于资本报酬的边际消费倾向，导致消费需求的提升；另一方面，会通过提升劳动力成本对投资需求产生负面影响，同时导致本国产品国际竞争力的下降，对净出口需求产生不利影响。因而初次分配中劳动份额的提升对总需求和经济增长的影响可归结为实证问题，如海因和沃格尔（Hein & Vogel, 2008）、斯托克哈默等（Stockhammer et al., 2009）、奥纳兰等（Onaran et al., 2011）、鲍尔斯（Bowles, 2013）等分别研究了不同国家和地区的经济增长驱动模式。若劳动份额提升对总需求产生正向影响，则经济体属于"工资驱动型"增长；反之，则为"资本驱动型"增长。国内学者刘盾等（2014）最早运用这一模型对我国宏观经济的增长属性进行了研究，发现现阶段我国经济增长为"工资驱动型"。

（二）阶层收入分配格局对总消费的影响

尽管很多消费研究是建立在单一同质商品假说和存在代表性消费者的基础上，但是不同收入水平消费者的消费品种类大多不同，而代表性消费者存在的条件是收入分布大体成正态分布，即大多数人处于中等收入水平。又因为收入分配差距很大的情况下，代表性消费者或者加总数据往往掩盖了不同收入群体对不同商品的偏好，进而导致消费路径的偏差。所以，要研究收入分配对总消费的影响需要关注不同收入群体的收入和消费情况。鉴于目前从收入分配角度考察收入差距对居民消费的作用方向的研究并未得出一致结论，本部分更多从实证方面对相关研究进行综述。目前针对该问题的研究出现了双群模型、三群模型和分位数回归等不同的实证方法，同时各阶层对总消费的不同影响可能与国家的富裕水平或者经济发展阶段有关。

凯恩斯的绝对收入假说提出边际消费倾向随着收入增加而递减，故富人的消费倾向高、穷人的消费倾向低，进而提出增加穷人的收入可以增强总的购买力。布林德（Blinder, 1975）利用生命周期模型证明，当存在遗赠动机且消费的边际效用弹性大于遗赠的边际效用弹性的情况下，才能保证边际消费倾向随收入递减；但是布林德基于1947～1972年美国的时间序列的实证分析却得出平均主义的收入再分配对总消费不起或者略微相反作用的结论。他从杜森贝里的相对收入假说那里找到解释之一，个人的消费不仅依赖其收入水平，也跟比其收入高的参照组成某一比例，如果收入更平等则参照组消费水平降低，总消费也降低；另一个解释是数据没有体现出收入不平等的降低。同时布林德还指出，如果不受数据限制的话，"唯一严谨的检验总消费方程是否存在分配效应的方法就是直接检验各收入阶层的不同边际消费倾向。"艾伦和恩迪库马纳（Allen & Ndikumana, 1999）建立了一个基于等级商品和异质消费者的短期拉姆齐经济增长模型，并采用了三种商品、三种代表性消费者和三分位数的贝塔分布函数（Tertiles of a Beta Distribution）。分析结果表明，在低收入国家，高的收入不平等会阻碍消费增长；在高收入国家，收入不平等对于增长可能是中性的；而且跨国数据显示，中等收入阶层的收入份额与总消费之间具有显著的正的相关性。

与艾伦和恩迪库马纳（1999）发现的收入分配效应在高收入国家不显著相反，早期一些学者的研究证明收入分配对消费的抑制作用可能只存在于高收入国家。威莱和欧古奇（Valle & Oguchi, 1976）利用加总的跨国数据检验收入分配与总消费之间的关系。同时包括发达国家和不发达国家的回归分析支持布林德（1975）的实证结论，但是只用 10 个发达国家的数据进行回归得出收入平等有助于总消费提高；在用发达国家数据时，用来描述收入分配状况的指标除了基尼系数之外还包括最大平等百分数（maximum equalization percentage, MEP）和不同百分位数的收入份额，对 APC 的回归发现中等和中上百位数（41%～95%）衡量的收入不平等具有正的系数，最高（96%～100%）和最低（0～40%）的系数为负。穆斯格雷夫（Musgrove, 1980）认为超出维持基本生活的费用以上的超额收入才对家庭消费倾向产生影响，收入的集中度和收入分配的形状都对消费产生影响，而随着收入的上升收入分配效应会下降。对只有高收入组国家的收入不平等对消费的负效应显著，对低收入组国家和全部样本则不明显。布朗（Brown, 2004）的研究可能解释了上述分歧，那就是后来高收入国家消费信贷的发展有可能抵消了收入不平等带来的负效应。布朗通过模拟以泰尔指数衡量的组间不平等对美国有效需求的影响，结果显示收入不平等会降低社会平均消费倾向，特别是考虑到组间不平等的累积效应；分析指出，增加的信贷获得性（widened credit availablity）为中低收入群体（APC 较高）购买力的扩张提供了条件，也提高了他们的消费倾向。从对提高消费倾向的作用来讲，相当于收入不平等的下降；在消费信贷造成的软预算约束和开放自由的信贷消费观念下，一定程度的收入不平等对于刺激消费甚至是有利的。

把人群按照五分位或者十分位进行划分是研究不同收入水平家庭的消费和储蓄行为以及对总消费的影响的非常有效的方法。布鲁雅和夏普（Borooah & Sharpe, 1986）利用英国 1963～1982 年的家庭支出调查（FES）数据检验五等分的年收支数据。结合生命周期消费函数，对不同的分位数家庭运用了不同的回归模型来考察各个分位数之间以及与加总的数据之间是否有显著不同的消费和储蓄行为。研究揭示了第二分位数和第三分位数对于居民储蓄率的上升作用不大，进而验证了不同分位数之间消费和储蓄行为的不同。以基尼系数作为不平等指标加入对加总数据的回归，只有 OLS 回归结果显著且为负，支持了收入不平等对于消费扩大的阻碍作用，但是也暗示了在加总数据中引入收入不平等指标并不能很好地捕捉收入分配对消费的作用。旺德（Wunder，2012）支持家庭支出债务驱动商业周期的非传统观点，把家庭收入分为不同的五分位数以分析先前的债务积累如何影响不同分位数上的消费行为。沿用制度学派的传统建立了一个描述性的地位消费模型——家庭为了展示其社会地位而制定消费决策。炫耀性消费的竞争促进了前20年美国各收入阶层的债务积累，极大促进了经济增长。当房屋价格崩溃，金融环境导致家庭消费行为改变，变借债为储蓄，因而导致经济衰退。关键在于哪些收入阶层的人们能够成功地去杠杆化，经济复苏也将依赖于他们。文中把住户调查中最高的20%人口看作高收入阶层，把第二高的20%人口看作中等收入阶层，剩下的60%人口看作低收入阶层，三个收入阶层占居民总收入的份额分别约为50%、20%和30%。对数据的统计分析发现，高收入阶层稍微提高的储蓄率使得消费恢复到危机前促进了经济增长，但是中等收入阶层增加过高的储蓄率减慢了经济增长，低收入阶层的作用不明显。总的来说，消费驱动的美国经济主要依赖于最高两个五分位数的家庭，但是这样有偏的和集中的收入分布导致了经济的不稳定。

上述研究肯定了中等收入阶层扩大对消费的促进作用，但对于收入差距的作用却并未得出一致的结论。本顿（Bunting，2001）分析指出，凯恩斯的绝对收入假说揭示的横截面数据的规律，库兹涅茨悖论的存在是由于应用时间序列数据，如果将横截面数据相加的话会得出与时间序列数据一致的结论。而加总的数据稀释了收入分配效应，因为长期平均消费倾向对于大量的低收入群体来说太少，对于少量的高收入群体来说又太大。加西亚-礼赞纳和佩雷斯-莫雷诺（García-Lizana & Pérez-Moreno，2012）重新审视了凯恩斯思想下的消费与收入分配的关系，结合对各理论与实证研究的梳理，得出以下结论：要同时注重加总数据和不同收入组的分解数据的研究及二者的联系，注意不同的收入组可能面临不同的效应函数和不确定水平；要注意不同收入组在长期和短期条件下消费行为的不同，以及收入增长与收入分配的可能的互补效应，还应该注意具体环境的改变，包括经济的、社会的和心理因素等方面。

（三）消费倾向及消费函数的阶层差异

国内多数研究都支持消费倾向随收入增长下降的结论，但是也有一些研究结果表明了不同收入阶层之间的消费倾向变化规律并非线性，出现了倒"U"型、"U"型甚至"M"型。这可能与阶层之间除收入之外的因素的综合影响超出了收入不同造成的差异，以及中国不同时间段的宏观经济环境和特殊的消费文化有关。

随着收入等级的提高，阶层消费倾向呈倒"U"型的研究结论直接证明了扩大中等收入阶层有利于总消费提高，但是相关的实证研究并不多。朱国林等（2002）的理论分析表明预防性储蓄动机仅存在于低收入阶层，遗赠动机主要存在于少数富裕群体，中等收入群体由于预防性储蓄动机和遗赠动机都不强，因此具有最高的平均消费倾向，直接证明了在总收入一定时，中等收入阶层的规模越大，总消费越大。杨汝岱、朱诗娥（2007）基于凯恩斯模型比较了1995年和2002年的城乡微观数据得出中等收入阶层的边际消费倾向高于低收入阶层和高收入阶层，但是该研究的数据年份恰逢社会保障和住房改革前后，对此造成的影响不能忽视。曾康霖、范俏燕（2009）借鉴杨汝岱、朱诗娥（2007）的研究思路推导中等收入阶层的边际消费倾向是否最高，在收入分配呈标准正态分布以及公平的收入分配能扩大总需求的假设条件下证明了中等收入阶层确实具有最高的边际消费倾向，原因解释与朱国林等（2002）类似。但是目前还缺乏有力的实证研究，杨汝岱、朱诗娥（2007）仅选择了1995年和2002年两年的数据进行对比。张世伟、郝东阳（2011）利用2002年住户抽样调查数据进行分位数回归，发现随着家庭消费分布从低分位数向高分位数过渡，收入效应呈现出先上升后下降的倒"U"型趋势，也并非对该问题的直接研究。

还有一些实证研究甚至得出中等收入阶层的消费倾向相比高低收入阶层更低的结论，不过并不代表中等收入阶层的消费水平低。总的来说，目前中等收入阶层的消费目前处在稳定状态。朱红恒（2009）对1990年、1995年、2000年和2004～2007年30个省份的农村居民家庭计算边际消费倾向，发现随收入水平提高，农村居民的边际消费倾向呈明显的"U"型特征，中等收入组的MPC低是由于基本需要已经满足，对于家庭设备和奢侈品的需要还处于积累阶段。朱建平、朱万闯（2011）对1978～2007年28个省市居民的消费和收入构成的面板数据进行分位数回归，发现不同分位点的消费和收入关系并不稳定，低收入群体和高收入群体的边际消费倾向上升很快，但是中等收入群体的边际消费倾向比较稳定，全体居民的边际消费倾向呈现"U"型。杨文辉（2012）利用2003年、2006年和2008年CGSS微观数据实证发现各阶层的边际消费倾向呈"M"型，中等收入阶层边际消费倾向出现"塌陷"，虽然塌陷的程度随时间在缩小；但是中等收入阶层的消费水平相比低收入阶层并不低。

对上述不规则变化规律的解释之一可能是，在不同的收入水平，不同收入阶层居民的消费倾向变化规律本来就不同。贺京同、侯文杰（2010）基于前景理论和2002～2008年城乡分层数据实证得出，我国居民边际消费倾向呈现分段线性，在收入低于损失规避参考点时，MPC接近于1；当收入高于参考点时，MPC远小于1，且参考点一直随时间在上移。易行健（2011）利用状态空间模型估计出对1985～2008年我国城镇居民的边际消费倾向波动趋势，发现最低收入阶层从

1990 年开始 MPC 持续上升，并于 2004 年后开始下降，其他六个阶层的 MPC 从 1988 年开始持续快速下降，1994 年后下降趋缓，但是 2004 年后又开始快速下降。

从全社会整体来看，低收入阶层的消费水平尚处于生存阶段，中等收入阶层处于发展和升级阶段，高收入阶层完成了消费升级，处于炫耀性消费阶段。同时，各收入阶层内部也呈现消费行为的异质性。不同收入阶层的消费差异与作为主流经济学分析基础的"代表性消费者"假设相悖，只有拥有足够数量的中等收入阶层或者收入分布呈正态分布的情况下"代表性消费者"才可成立。但是对于中国近年来收入分布的某些研究得出了中国目前的收入分布呈偏态分布的结论（王海港，2006；章上峰等，2009；王亚峰，2012；陈娟，2013）。因此，对不同的收入群体设定不同的消费函数，更能准确刻画其消费行为。

一些应用现代消费函数对居民总体消费行为所做的研究表明了不同收入群体消费的异质性，进而为不同的收入阶层设定不同的消费函数提供了理论依据。也有不少研究直接对不同收入阶层的消费函数进行了设定与检验，但是还存在一些不足。而除掉各阶层所特有的收入等因素之外，同时影响所有阶层消费行为的消费环境等因素也对各阶层消费函数的变迁起了一定作用。总的来看，不论相比高低收入阶层是否具有最高的消费倾向，中等收入阶层都更具有扩大总需求的实力和潜力。而这种实力建立在一定的经济发展水平之上，这种潜力的实现需要消费环境的进一步改善。

前述中等收入阶层的相对和绝对定义体现了阶层特征的相对性和绝对性，相应地，阶层消费除了具有绝对意义之外，也受相对水平的影响。主流的消费函数理论一般假定消费者具有独立的效用函数且具有"前瞻性"，而杜森贝里的相对收入假说指出消费者具有相互依赖的效用函数和依赖过去消费行为的"后顾倾向"。该假说认为消费者的消费行为不仅与其过去的最高收入相关，也与其所在群体的平均消费有关，即存在棘轮效应和示范效应，否定了凯恩斯假定消费者的消费是彼此独立的传统观点。因此，除了收入因素以外，不同消费者之间还存在偏好的相互影响，导致不同的消费者对同一商品的消费存在不同的相互影响。科内（Knell，1999）将这些影响概况为阶层内的比较（within-class comparison）、向上比较（upward comparison）以及社会范围内的比较（society-wide comparisons）。

例如，凡伯伦（Veblen）在其《有闲阶级论》（1899）中指出，富裕的阶层通过炫耀性消费彰显其社会地位，因而消费者愿意对功能相同的商品支付更高的价格以炫耀其财富（这种行为因而被称为"凡伯伦效应"（Veblen effects））。凡伯伦还区分了人们进行炫耀性消费的两种动机——歧视性对比（invidious comparison）和金钱竞赛（pecuniary emulation），分别适用于高收入阶层和低收入阶层。

而相对收入假说中的示范效应（demonstration effect）是指较低收入水平的消费者参照更高收入水平家庭的消费，具有模仿性和攀比性。波拉克（Pollak，1976）则在一个两阶层模型（two class model）中假定低收入阶层的个人消费线性依赖于高收入阶层的平均消费；高收入阶层的消费仅依赖于消费习惯。约翰逊（Johnson，1951）进一步将其他家庭分为两类，分别是比自己家富裕和贫穷的家庭，进而得出不同消费者的偏好互相影响的两种类型。一种是更加注重"赶上别人家"（keeping up with the Joneses）的家庭或者称为"模仿"（emulation）效应，该情况下消费者对于比自己收入高的家庭的消费赋予比自己家庭的消费更高的权重；另一种更加注重"超过别人家"（keeping ahead of the Smiths）的家庭或者称为"优越感"（superiority）效应，该情况下消费者对于比自己收入低的家庭的消费赋予更高的权重，而对比自己收入高的家庭的消费赋予相对较低的权重；收入分配对总消费的作用方向取决于社会中模仿和优越感这两种态度的相对大小，在"劫富济贫"的情况下，如果模仿效应占大多数，则总消费会降低，优越感效应占大多数则会导致总消费上升。格特纳（Gaertner，1974）将其他消费者分为三类，分别是与消费者相似的群体、差别很大的群体以及不产生影响的群体。考恩等（Cowan et al.，1997）从消费进化论的角度同样将其他家庭分为三类，分别是同辈群体（peer group）、相反家庭（contrast group）和领导性消费群体（aspirational group），与格特纳（1974）不同的是第三类群体的设定。消费者试图与第一组家庭分享一些消费活动，试图与第二组家庭的消费区别开来，并试图模仿第三组家庭的消费；强调了除商品属性之外的消费者之间相互作用的愿望和区隔效应（aspiration and distinction effect）。

而在需求函数的设定中，加入相对收入或者相对消费（包括炫耀性消费）的影响比单独考虑绝对收入和绝对消费更能全面解释消费行为，而消费的相互影响更多出现在长期之中。波拉克（1976）利用线性支出系统（LES）建立了包含互相依赖的偏好（interdependent preferences）的短期个人需求函数和长期平均需求函数，为了分析的方便假设偏好的相互依赖取决于所有消费者的过去消费，但是也讨论了同期依赖（simultaneous interdependence）的概念，即认为也可采用其他所有人的当期消费；二者的区别在于前者包含了消费者本人的消费习惯（即消费者本人的过去消费），同时认为只有在长期连续的观察中消费习惯和偏好的相互依赖才能得以区分。同样利用LES，卡普坦等（Kapteyn et al.，1997）利用横截面数据建立了偏好依赖的系数取决于对照组的当前（消费）数量的需求函数，并且考虑了家庭规模的影响。阿莱西和卡普坦（Alessie & Kapteyn，1991）在构建几乎理想需求系统（AIDS）时加入了习惯形成、偏好依赖以及家庭规模的影响，其中消费者与其他消费者的偏好依赖体现于他们在制定预算约束时考虑参照组滞后一期的平均预算约束。

在效用函数的设定上，相对收入或相对消费的引入也完善了人们对消费行为的理解，因为随着经济的发展，对相对经济地位的追求极大地影响了人们的效用，甚至超过了绝对收入的影响；而相对量或者用差额（additive comparison）或者用比值（ratio comparison）表示，也可直接表示。巴格韦尔和伯恩海姆（Bagwell & Bernheim，1996）直接将炫耀性消费（奢侈品消费）纳入效用函数，但是仅仅考虑了社会中均存在贫富两种群体的情况；克拉克等（Clark et al.，2008）将相对收入引入效用函数，其中的相对收入由消费者的收入与参照组的收入之比表示，体现了主要由相对收入表示的社会地位对效用的影响，而相对收入也带有炫耀性消费或地位消费的特点。布朗等（2011）把相对消费引入效用函数，并用消费者与其他消费者对同一商品的消费之差表示相对消费，或者直接把其他人的消费纳入效用函数中。阿尔皮萨尔等（Alpizar et al.，2005）则同时考虑了相对收入和相对消费。帕利（Palley，2010）建立了相对—持久收入模型（RPI），把相对消费和相对财富引入效用方程，提出相对收入对效用的影响决定于绝对收入水平，当绝对收入水平很低时，相对收入对效用的影响很小；经验研究也证实了只有当绝对收入超过一定水平时相对收入才起作用，或者说富人更加关心相对收入的影响。

不少中国学者对相对收入假说进行了实证检验。针对中国不同收入群体的消费函数选择的实证结果大多没有表明相对收入假说对全体居民的适用性（谢瑞巧，2003；许冰，2006；刘毅，2008；焦鹏，2009；仲云云、仲伟周，2010）。因此，相对收入假说也许仅对某些发展阶段下一定收入水平的群体起作用。臧旭恒（1994）对我国1981~1991年期间城镇和农村居民的实证研究发现示范效应对于城乡居民都存在，且农村居民的示范效应要强于城镇居民。张慧芳和王晔（2004）证明了"棘轮效应"和"示范效应"对1979~1998年的城乡居民都适用。陈建宝等（2009）的分位数回归证明了相对收入假说仅存在于较低收入阶层。金烨等（2011）指出在地位寻求的动机下，居民会进行更多的储蓄包括教育投资以进入更高的社会等级，这对于收入较低和较年轻的家庭更加明显。但是，这些研究关于相对消费的定义大多是与社会平均水平相比，没有关注不同收入阶层之间的相互影响。

由上面的研究可以看出，阶层之间相对收入或者相对消费的影响对于总消费具有不可忽略的影响。而阶层消费之间的互相影响可能通过对较高收入阶层的模仿，也可能通过对较低收入阶层消费的区别诉求；可通过收入之比或消费差额的形式表现阶层相对差异，而根据研究时间的长短和数据类型，可采用所有人的过去消费，也采用所有其他人的当前消费；家庭规模的影响，也应在考虑之中。

目前我国不同收入阶层的消费结构已经出现了分化。李中明（2010）从机制设计理论分析了我国的消费分层机制，把我国城乡居民分为贫困阶层、拮据阶层、小康阶层、宽裕阶层和富有阶层五个群体，并指出目前消费分层的弊端是中低阶层的比例过高，贫困阶层尤其农村贫困居民的基本生活没有得到足够保障，中低消费阶层的住房、医疗和教育消费存在诸多困难。2014年7月北京大学社会学调查中心发布了《中国民生发展报告（2014）》，其中根据各项消费品的消费水平拥有比例将目前中国家庭的消费模式分成五种，分别是贫病型、蚂蚁型、蜗牛型、稳妥型和享乐型，并称从全国来看，中国家庭消费模式已呈现出两极分化，一边是消费极少、抑制消费的如蚂蚁型家庭或医疗、教育、住房负担沉重的如蜗牛型和贫病型家庭，一边是享受着丰富物质生活的享乐型家庭等；农村地区多贫病型家庭，稳妥型和享乐型家庭较少，城镇反之。从阶层来看，贫病型、蚂蚁型和蜗牛型属于中低收入阶层消费水平，稳妥型属于中等消费家庭，而享乐型家庭包括高收入家庭。

不同收入阶层居民对同一商品的价格和收入弹性也各不相同；随收入的增长，对同一商品的消费倾向也不同。张世伟、郝东阳（2010）利用2002年中产家庭收入项目调查数据将城镇居民分为低收入群体、中低收入群体、中高收入群体和高收入群体，利用AIDS模型计算发现，交通通讯消费对低收入群体和高收入群体价格弹性很大，但是收入较低家庭的教育娱乐消费价格弹性又高于收入较高家庭的教育娱乐消费，对于中等收入群体来说，教育娱乐、家庭用品、医疗保健和居住富有支出弹性，家庭用品、交通通讯、衣着和居民富有价格弹性。冯婷婷、张森（2012）利用改进后的扩展型线性消费支出模型（ELES）对我国2000~2009年城镇居民按收入水平分组的38项消费支出数据进行分析，发现中低收入城镇居民的基本需求消费占较大比重，食品和衣着居主要地位，交通通讯和居住也具有较大的边际消费倾向；较高收入水平的城镇居民主要集中于享受型消费，交通、在外用餐、文化娱乐、文娱耐用消费品和住房的消费具有较大的边际消费倾向；中低收入居民的发展和享受型消费受价格变动的影响较大。张涛（2010）结合产品生命周期的不同阶段以及个人收入的增长，说明了在同一产品的生命周期内同一个消费者对该商品的偏好变化，个人处于低收入时该产品相当于奢侈品，高收入时期该产品相当于必需品，则中等收入时期产品的边际消费倾向最高，从一个侧面证实了中等收入阶层对于成长期和成熟期产品的极大需求。

不同时间不同地区的中等收入群体的消费也具有很大的不同，反映出中等收入阶层的消费与地区特征以及经济发展阶段有关。李培林、张翼（2000）分析了1999年重庆的消费分层，指出中等消费阶层的消费抑制主要不是经济收入不足引起的，而是由于社会保障前景不明和通货紧缩形势下产生的"买涨不买跌"的消极消费心理和储蓄心理。黄维德、陈欣（2004）调研了上海中等收入群体的消费结构和未来消费趋势，发现中等收入群体的边际消费倾向在下降，即期消费谨慎，应分层次引导中等偏上收入者购房买车，引导中等偏下收入者增加其文化娱乐教育方面的消费以及对耐用消费品的更新换代。刘毅（2008）分析了1986~2004年珠江三角洲城镇中产阶层家庭的消费结构演变趋势，发现中产阶层家庭的平均消费倾向高于高收入阶层和低收入阶层，处于发达国家的中间水平，并指出中产阶层的高消费倾向来自于稳定的高收入和良好的未来发展预期以及独特的文化背景，比如追求享乐以及自我实现和自我表达。

　　国内不少研究已经探讨了不同收入阶层所适用的消费函数，但是并未得出一致的结论。谢瑞巧（2003）按照60%的固定比例法划分高中低收入阶层，利用1986~2000年的城镇住户调查分组数据的经验研究发现，低收入群体依照经验规则和一定的风险预期进行消费，中等收入群体按照生命周期理论进行消费，也受到一定程度的流动性约束和风险预期的影响；高收入群体完全依照生命周期理论进行消费。刘毅（2006）以当地当年恩格尔系数为0.4的家庭户的人均年可支配收入的平均值为中等收入阶层的收入下限，以2004年价格衡量的人均年可支配收入17万元为收入上限①划分中等收入阶层，对珠三角的住户调查数据实证发现，当地的中等收入阶层适用绝对收入模型，这可能与珠三角的经济发展水平高，中等收入阶层对未来的预期好有关。焦鹏（2009）利用全距法划分中等收入阶层，并对1985~2006年间的城镇住户调查数据的实证分析发现，城镇低收入群体符合理性预期假说，中高收入群体适用绝对收入假说。田青（2010）同样按照60%的固定比例法划分高中低收入阶层，对1985~2008年城镇不同收入组家庭的研究发现，各收入阶层的边际消费倾向随收入提高而降低，符合绝对收入假说，并猜测1985~2008年间居民的消费行为出现了结构性变化。仲云云和仲伟周（2010）对1997~2007年间的城乡收支数据的实证研究得出，最低收入阶层（包括最低收入户、低收入户和中等偏下户）和农村居民符合绝对收入假说，次低收入阶层（中等收入户）同时受到当期收入和收入不确定性的影响，导致边际消费倾向更低；中等收入群体（包括中等偏上户和高收入户）满足持久收入假说，但同时具有"两栖型"消费特征；高收入群体（最高收入户）符合持久收入假说，但是带有炫耀性消费特征。郭庆旺（2013）结合绝对收入假说、相对收入假说、生命周期假说和持久收入假说构造了收入阶层消费函数，认为各阶层的边际消费倾向不同，且各阶层对于当期收入、可预期一生收入（持久收入）和当期该收入阶层的平均收入的关系呈梯级变化趋势，但是没有进行实证检验。

---

① 由国家统计局城调队提出的户年收入50万元得出（刘毅，2006）。

上述分析从各个阶层的收入函数出发，避免了对整体人群进行统一的消费函数设定，具有一定的合理性；不足之处在于或者对各阶层消费函数分开进行实证分析或者用不同的消费函数对同一阶层进行检验，因而忽略了阶层消费之间的相互影响。

二、流动性约束与居民消费

流动性约束作为影响居民消费的重要因素，许多研究分析了金融自由化、信贷市场改革以及收入来源多样化通过缓解居民家庭面临的流动性约束，进而对消费产生的影响。如卡斯特罗（Castro，2006）利用1980~2005年葡萄牙宏观经济数据，研究了消费对可支配收入的过度敏感性，认为过度敏感性是因存在流动性约束型的消费者，结果表明66%的可支配收入被受到流动性约束影响的消费者所有；在20世纪80~90年代，随着金融自由化和利息率的下降，葡萄牙的流动性约束程度显著减少，而在90年代后期，随着家庭债务负担水平的上升，流动性约束程度有所增加；金融自由化和流动性约束间的线性关系表明，金融自由化程度越高，则由流动性约束型消费者持有的可支配收入比重越低，同时，流动性约束和名义利率或失业率的线性关系表明，名义利率或失业率越高，则由流动性约束型消费者持有的可支配收入比重越高。哈比布拉（Habibullah，2006）利用误差修正模型估计了10个亚洲发展中国家（地区）在1950~1994年间受到流动性约束影响的消费者比重，发现受到流动性约束影响的消费者比重介于25%~98%之间；同时研究了金融自由化对流动性约束的影响，发现只有韩国、斯里兰卡和中国台湾地区的金融自由化导致了流动性约束的降低；金融管制放松后，居民家庭可通过借贷来平滑其消费，作为金融自由化的结果，消费将对财富变得更为敏感，而消费与当期收入的关系受到弱化。奥塞尼和温特斯（Oseni & Winters，2009）基于尼日利亚全国层面的代表性农户家庭样本数据，利用工具变量法研究了农户非农活动对农业生产的影响，发现参与非农活动可以缓解农户家庭面临的信贷约束并且减少潜在的风险，因此可以帮助农户家庭改善农业生产和平滑消费，至于通过非农活动获得的收入被使用的方式，则依赖于不同区域农户家庭的具体经营方式。莱思—彼得森（Leth-Petersen，2010）基于丹麦1987~1996年的年度面板数据集，研究了1992年信贷市场改革导致获得信贷便利程度的增加对家庭总消费支出和负债的影响，信贷市场改革使房屋所有者可以使用住房资产作为消费贷款的抵押品。结果表明信贷市场改革对消费和负债存在显著影响，但是影响系数比较小，同时，年轻家庭信贷的消费效应和负债效应最大。

同时，有研究检验了流动性约束理论和"生命周期—持久收入"假说分析居民消费行为的有效性和适用性。如帕斯（Paz，2006）利用巴西的季度数据检验了流动性约束和凯恩斯类型的消费者是否为拒绝生命周期假说的原因。结果表明流动性约束和短视性消费者仅能够导致消费对预期收入下降的敏感性，一个可能的解释是消费者具有某种类型的损失规避偏好，可以认为"生命周期—持久收入"假说并不适合用于分析巴西消费者的行为，但其背后的具体原因需要做进一步探讨。奥古斯托等（Augusto et al.，2010）利用1950~2003年南美洲巴西、哥伦比亚、秘鲁和委内瑞拉的消费数据，基于坎贝尔和曼昆（Campbell & Mankiw，1989）提出的方法，检验了"生命周期—持久收入"假说对南美洲四个国家消费行为的解释能力，发现"生命周期—持久收入"假说并不能够解释这四个国家的消费增长率。同时，基于谢伊（Shea，1995）模型提出的流动性约束、短视性和反常不对称三个假说，解释"生命周期—持久收入"假说不适用的原因，结果表明巴西和哥伦比亚的消费行为支持流动性约束假说，秘鲁支持反常的不对称假说，而对于委内瑞拉的消费行为，并不能识别其拒绝"生命周期—持久收入"假说的具体原因。

此外，也有研究分析了流动性约束或信贷状况的衡量问题。如帕克和利姆（Park & Lim，2004）利用新加坡1978年第一季度至2001年第三季度的季度时间序列数据，基于强制储蓄系统和非线性的工具变量估计方法，检验了流动性约束是否为消费对预期收入增长产生过度敏感性的主要原因，如果消费者面临流动性约束，相对于消费者信贷增长，强制储蓄率是一个衡量劳动者信贷状况的更好指标，结论表明流动性约束并不是过度敏感性的一个主要原因。约翰逊和李（Johnson & Li，2010）利用美国消费者金融调查数据（SCF）和消费者支出调查数据（CE）发现，与其他居民家庭相比拥有较高偿债比率（DSR）的居民家庭更可能会拒绝贷款，同时对于受到流动性约束影响的居民家庭，其消费增长对过去收入表现出更强的敏感性；并以流动性资产与收入比重来识别拥有较低流动性资产的流动性约束家庭，以须偿还债务占可支配个人收入比重来识别不能及时获得贷款的借贷约束家庭；认为单独使用流动性资产与收入比重或者须偿还债务占可支配个人收入比重指标并不能识别出约束型家庭，而同时存在流动性约束和借贷约束的居民家庭的消费增长对滞后收入表现出更强的过度敏感性，其将此类家庭定义为受到约束的家庭。

最后，部分文献在流动性约束框架内，检验了不确定性和消费习惯对居民消费行为的影响。如赛克因（Seckin，2000）在一个存在流动性约束和收入不确定性的跨期消费—储蓄模型中，引入了消费习惯偏好，发现个体的习惯行为越强，则当期和预期流动性约束的重要性越低；因此，习惯偏好可通过让不耐心的消费者选择低水平消费来缓解其面临的流动性约束。李和泽田（Lee & Sawada，2010）

利用巴基斯坦农村家庭面板数据研究了流动性约束与预防性储蓄间的关系，并试图区分由不确定性和流动性约束引起的预防性储蓄，结论表明巴基斯坦农村家庭存在显著的预防性储蓄，与不存在流动性约束的居民家庭相比，面临流动性约束的家庭的审慎程度更高，也就是说，当家庭发现其接近信贷市场的能力受到限制后，其预防性动机会变得更强。

有关流动性约束理论在中国的具体应用情况，已有研究主要从不确定性、预防性储蓄、消费信贷、短视模型与前景理论及其他因素等五个方面展开。

第一，关于引入不确定性的流动性约束理论应用。万广华等（2001）通过测试罗伯特·霍尔的消费函数及其拓展模型，分析了流动性约束、不确定性在中国居民消费行为演变过程中起到的作用。周好文、潘朝顺（2002）通过建立一个包含不确定性与流动性约束的模型，并用该模型发现我国居民消费行为具有明显的"短视性"和阶段性特征，认为居民的消费是在即期与最近的将来间进行平滑，而不是以一生为时间跨度，并且消费者在每一期都有一个储蓄目标和支出高峰。申朴、刘康兵（2003）通过对坎贝尔和曼昆消费过度敏感性模型的拓展，采用工具变量法分析了转轨时期城镇居民消费的过度敏感性及不确定性、流动性约束、实际利率对居民消费增长率的影响；发现不确定性、流动性约束对消费有显著的负效应，这将使城镇居民减少当期消费、增加储蓄，最终导致消费疲软和总需求不足。

第二，关于引入预防性储蓄的流动性约束理论应用。裴春霞、孙世重（2004）建立了同时包含流动性约束与不确定性的中国居民消费的 ECM 模型，研究发现，中国居民的消费受到明显的流动性约束与强烈的预防性储蓄的反作用，而利率在绝大多数情况下对消费具有微弱的负影响；此外，在市场取向的体制改革不断推进的过程中，城乡居民面临着巨大的收入不确定性，而流动性约束的存在进一步强化了居民的谨慎动机。田岗（2004）对农村居民储蓄行为特点进行实证检验，发现我国农村居民的预防性储蓄行为受到勤俭节约美德的影响，也是针对经济转轨过程中收入分配不合理，收入增长缓慢，社会保障体系不健全等不确定性因素，以及缺乏良好的外部融资环境下的流动性约束的决策结果。臧旭恒、裴春霞（2004）发现中国居民消费受到强烈的预防性储蓄动机和明显的流动性约束的反作用；在市场取向的体制改革的改革过程中，城乡居民的未来收入预期具有很大的不确定性，而流动性约束又进一步强化了居民的谨慎动机，从而表现出日益明显的预防性储蓄倾向。

第三，关于引入消费信贷的流动性约束理论应用。赵霞、刘彦平（2006）发现自 1999 年我国大力发展居民个人消费信贷业务以来，居民个人消费信贷的发展在一定程度上降低了城镇居民受到的流动性约束，促进了居民消费增长率的提高。

叶耀明、王胜（2007）根据拓展的"生命周期—持久收入"假说，构建了欧拉方程，采用 GLS 面板数据考察了金融市场化对我国各地区消费增长的作用，研究表明，金融市场化降低了消费者面临的流动性约束，释放了消费需求。臧旭恒、李燕桥（2012）基于拓展的 C-M 消费函数框架，分析了消费信贷与我国城镇居民消费行为间的关系，研究发现，城镇居民消费行为对收入变动与信贷条件变动都表现出过度敏感性，但是收入敏感性系数要远小于信贷敏感性系数；当前的消费信贷主要缓解了居民当前的流动性约束，促进了耐用品消费的增长，但对非耐用品与服务消费的影响较弱；不同收入组居民对消费信贷条件变化的敏感性程度明显不同。

第四，关于引入短视模型、前景理论的流动性约束理论应用。叶海云（2000）在分析国外宏观消费理论应用于我国消费需求的局限性基础上，建立了短视消费模型，不同于传统消费理论的地方在于强调了边际消费倾向与短期储蓄目标的关系，研究发现当前消费需求疲软的根本原因在于短视行为与流动性约束太强。孔东民（2005）基于行为经济学的"前景理论"，并结合流动性约束与短视行为，对城镇居民的消费行为进行了研究，研究表明中国城镇居民具有比较明显的损失规避倾向，并支持了"前景理论"假设的成立；拒绝了城镇居民存在明显的短视行为与即期的流动性约束；随着制度的变革，城镇居民的消费行为并没有发生明显变化；城镇居民的消费行为也存在部分的过度敏感性。

第五，关于引入其他因素的流动性约束理论应用。张继海、臧旭恒（2008）通过计算机动态模拟的方法模拟了典型消费者在确定寿命、不确定寿命和流动性约束下的消费与储蓄行为，研究发现，居民在寿命不确定与流动性约束情况下会增加储蓄而降低当期消费。戴丽娜（2010）综合考虑了习惯形成、不确定性与流动性约束对城乡居民消费的影响，研究表明习惯形成对城乡居民的消费具有显著影响，消费存在"棘轮效应"；不确定性对城镇居民消费有显著影响，但对农村居民的影响不够显著；城乡居民的消费都具有过度敏感性，但城镇居民消费的过度敏感性具有不对称性，支持了"前景理论"假说，不支持即期流动性约束与"短视行为"假说，而农村居民的过度敏感性呈现对称性特点，支持了"短视行为"理论。黄昊（2010）构建了一个包含购房支出的流动性约束模型，认为过度强调"只售不租"的商品房政策、住房供给与城镇居民购买力脱节、住房金融发展滞后以及城镇化进程加快是引发居民在当前或未来因购房而发生流动性约束的四大原因。屠俊明（2012）发现政府消费与流动性约束分别通过增强其对居民消费替代作用和弱化居民消费跨期优化能力的渠道来增加居民消费波动，且前者弱于后者；此外，政府消费替代比例的增加会提高居民福利，而流动性约束的增加会减损居民福利。

就国内研究而言，学者们从不同角度运用不同方法对流动性约束与中国居民消费行为间的关系进行了广泛研究，但是存在以下一些问题：第一，上述文献大多说明了中国居民面临较强的流动性约束,而欧阳俊等(2003)研究发现中国居民整体消费增长与流动性变量的一阶滞后项显著正相关,整体上,流动性并没有对中国居民的消费行为构成有效约束,认为缩小收入差距、增加当前收入等政策措施并不能通过提高居民流动性的方式来刺激消费增长;同时,尽管万广华等(2001)基于霍尔(1978)的分类方法,运用拓展敏感性检验方法分析了我国居民流动性约束问题,但欧阳俊等(2003)认为拓展敏感性检验只能说明是否存在短视消费者,而不能确定短视消费是否由流动性约束引起。第二,上述研究大多忽视了制度变迁对中国居民消费行为的影响,虽然万广华等(2001)研究表明,随着中国经济改革的不断深入,中国居民消费行为在20世纪80年代的早期发生了结构性转变,但其未能充分考虑中国经济社会改革渐进性的事实,以及居民消费行为"稳定性"的特点,通过Chow系列检验方法对样本期进行划分的做法尚需商榷。第三,虽然叶海云(2000),周好文、潘朝顺(2002)分别从理论上证明了流动性约束与居民储蓄与消费间的关系,但是他们并没有为相关结论提供有力的实证证据。第四,上述文献大多将城镇和农村居民作为一个整体进行分析,即便有部分单独研究城镇和农村居民消费行为的文献,但更多的是对城镇居民消费行为的分析,同时,现有文献很少将不同收入组居民的消费行为纳入研究框架,鉴于中国典型的"二元"经济特征、城乡居民不同的消费行为特点以及城乡居民内部收入差距的事实,有必要单独研究城镇或农村居民消费行为。第五,上述文献大多忽视了消费信贷和非正规金融对居民消费行为的影响,尽管赵霞、刘彦平(2006)分析了消费信贷对城镇居民消费行的影响,但其用虚拟变量表示消费信贷的做法没有考虑消费信贷业务发展的渐进性特点。

三、家庭资产与居民消费

家庭资产作为居民持有的财富的重要组成部分,对于居民的消费行为有重要的影响。一般而言,居民家庭资产主要分为住房资产和金融资产两大类。国内外学者对于这两类资产的特性、所产生的财富效应以及影响居民消费行为的作用渠道进行了探讨。

(一)住房资产与居民消费[①]

首先,来看住房资产与居民消费。国外学者通常是在财富效应的框架内来分

---

① 课题组成员李剑承担与本部分内容相关的子课题研究,所获得的课题阶段性成果也形成她博士学位论文《住房资产、价格波动与中国城镇居民消费行为》的一部分。

析房价波动与消费间的关系，就其具体的研究框架而言，主要围绕以下三个方面展开：房价波动对消费的影响效果，影响的异质性分析，房价波动影响消费支出的具体传导途径。

第一，关于影响效果的测度，国外相关研究基本上都是以生命周期—持久收入（LC - PIH）模型为基准模型来估计房地产财富效应的大小；从测度指标上看，有的采用对数形式估计房地产财富的消费弹性，有的采用差分或比值形式估计房地产财富的边际消费倾向；从研究数据看，或是利用宏观总量数据即时间序列数据和面板数据，或是利用微观数据。

从使用的计量方法看，基于总量时间序列数据的研究多是在协整的框架下进行实证分析（如 Mehra，2001）。其中，苏萨（Sousa，2008）进一步考虑到不同来源（永久性和暂时性）的住房财富的变动对消费的影响不同，利用 VECM 模型对美国房地产财富的变动来源进行了区分，发现尽管美国股票市场财富波动主要是暂时性变动，但非股票市场财富（包括房地产财富）的波动主要是永久性变动。威尔曼和邓斯坦（Veirman & Dunstan，2010）使用新西兰的数据，也发现房地产财富的绝大多数变动都是永久性变动，对消费有滞后影响，在长期中房地产净财富的消费弹性为 0.09；但考虑到经济中结构不稳定性因素的存在，部分学者放弃协整的分析方法，尝试了其他的分析方法，如布雷迪和斯蒂默（Brady & Stimel，2011）直接利用 VAR 模型研究资产与消费间的动态关系。卡罗尔等（Carroll et al.，2006，2011）利用基于消费粘性的测度方法将住房财富对消费的影响分解为速度和强度两个维度进行估计，根据美国 1960 ~ 2007 年的季度数据发现房地产财富的即期边际消费倾向很小，仅为 2 美分，而经过一段时间的平均累积值则可达到 9 美分。斯拉卡勒克（Slacalek，2009）利用同样的方法对 16 个 OECD 国家的财富效应（包括住房财富）进行研究，发现长期中平均累积的边际消费倾向为 1 ~ 5 美分。此外，多纳休和阿夫拉缅科（Donihue & Avramenko，2007）、苏等（Su et al.，2011）还运用门限误差修正模型（TECM）检验房地产财富效应中非对称性的存在。基于面板数据的研究既有采用静态面板数据模型进行估计的，也有采用动态面板数据模型进行分析的（Dvornak et al.，2007；Case et al.，2005；Peltonen et al.，2012；Ciarlone，2011），也都发现了显著的财富效应。从估计结果看，多数研究都认可房产财富或房价对总量消费支出有显著的正向影响。

第二，关于影响的异质性分析。由于住房资产的如下特征：兼具消费品属性（Sinai & Souleles，2005；Buiter，2008）、资产增值收益的变现较为困难（Muellbauer，2007）等，人们往往会倾向于将其归入长期持有的"心理账户"（Dvornak & Kohler，2007），或是作为身份和地位的象征为持有而持有（Case et al.，

2005），甚至出于担心子女未来面临更高的房价使生活质量下降，而存在较强的遗赠动机。导致房地产财富效应的大小会受房地产市场的发展程度、住房拥有率的高低、金融自由化程度、金融产品创新程度、家庭居住观念、消费观念等多方面因素的影响，而在不同地区、不同时间段、不同人群间表现出较大的异质性。卡特等（Catte et al., 2004）对 10 个 OECD 国家住房财富的边际消费倾向进行估计后发现，房价对消费影响最大的是那些抵押市场非常活跃的国家，如美国、英国、加拿大、澳大利亚及荷兰，其住房财富的长期边际消费倾向在 0.05~0.08 之间，而在日本、意大利等抵押市场不活跃的国家，这个值仅在 0.01~0.02 之间。斯拉卡勒克（2009）、佩尔托宁等（2012）、恰洛内（2011）、赵（Cho）（2011）、哈里法（Khalifa, 2013）在进行跨国分析时也得出了类似的结论。

此外，考虑到消费者对不同消费品购买决策行为的差异以及购房本身带来的引致效应的存在，一些研究还注意区分不同消费品支出对房价波动反应的不同，如博斯蒂克等（Bostic et al., 2009）、陈等（Chen et al., 2010）将总消费品支出区分为耐用品消费和非耐用品消费支出，来分析它们对住房财富波动反应的差异。

第三，关于房价波动影响消费的传导途径。尽管部分学者认为，房价与居民消费表现出共同运动的轨迹，可能是由于预期收入、利率、金融自由化等第三方因素在影响房价的同时也影响了消费所导致的，而并非存在因果关系（Aoki et al., 2004; Attanasio et al., 2005）。但波特巴（Poterba, 2000）、爱迪生和斯洛克（Edison & Slok, 2001）指出，虽然我们无法在两者的相关性中排除这种非因果渠道的可能，但没有理由不相信财富的变动会引起消费的变动，且这种影响是不可忽视的。因此，多数研究都认为住房价格的波动能够通过居民拥有的房地产财富的变动影响消费支出，但考虑房地产财富具有与金融财富不一样的特性，因此其影响消费支出的传导渠道可能不同于金融市场。对此，国外学者就房价波动对消费的影响渠道进行了不同的划分，如路德维格和斯洛克（Ludwig & Slok, 2004）认为房地产价格或财富主要通过以下几条渠道影响消费：一是住房所有者已实现的财富效应；二是住房所有者未实现的财富效应；三是对住房所有者的流动性约束影响；四是对租户的预算约束影响；五是欲购买新住房的家庭的替代效应。类似的研究还有卡罗尔等（2006）、帕耶拉（Paiella, 2009）、本尼托等（Benito et al., 2006）等。

在实证检验中，研究者常通过对不同组别家庭住户的消费行为进行分析，来有效区分不同的传导渠道。如博斯蒂克等（2008）、卡尔卡尼奥等（Calcagno et al., 2009）利用美国和意大利的住户微观调查数据进行检验，均发现：历年老住户对房地产财富变动的消费反应明显大于年轻者的反应，从而支持了直接财富效应传导渠道的存在。赵（2011）基于高收入阶层的住房持有量一般要大于低收入阶层这一事实，利用韩国不同收入阶层的面板数据分析了房价上升对不同收入阶层居民的影响效应，发现虽然房价上升对总量消费的影响并不明显，但对高收入阶层却表现出显著的正财富效应，从而也验证了直接财富效应渠道的结论。坎贝尔和陈等（Campbell & Chen et al.，2010）将居民信贷情况区分为受约束和不受约束的两种，利用 Hansen 的门限模型进行估计发现，受约束的预期到的房价变动对耐用消费品消费支出的影响明显增强，说明房价波动时居民的消费行为与抵押效应的描述是一致的。甘（Gan，2010）运用香港住户的面板数据对居民的房产财富和消费行为进行了研究，发现无流动性约束的住户其消费对房产财富变动反应是显著的，而高杠杆率住户对房产财富变动的反应不显著，说明抵押效应不是房产财富影响消费的主要渠道，缓冲储备效应才是房价冲击下推动消费变化的主要原因。哈里发（2013）借鉴坎贝尔和科科（Campbell & Cocco，2007）的方法，应用静态面板门槛模型，发现由收入门槛分隔的收入区域住房财富效应存在明显差异，从而验证了流动性约束渠道和预防性储蓄渠道的存在。

国内的学者主要从影响效果、影响机制两方面做了相关的研究，并在此基础上与金融资产对消费的影响进行对比分析。

目前我国房价与消费关系的实证分析基本上都是围绕生命周期—持久收入假说展开，通过研究消费、收入、住房财富之间的关系来研究房价上涨对消费的影响。但由于采用的计量方法不同，选取的样本数据不同，导致得到的结论也大不相同，认为我国房地产财富效应微弱、显著为正和显著为负的都有。如周建军、鞠方（2009）选取1999~2007年全国城镇居民收入、消费及房地产价格指数的季度数据，运用协整和误差修正模型，发现房地产表现出显著的财富效应。宋勃、王子龙（2007），许箫迪、徐浩然（2009）利用类似数据也发现无论从长期还是短期分析，房屋价格变动都会对居民消费带来财富效应。黄静、屠梅曾（2009）利用家庭微观调查数据的分析结果也支持了上述结论。而黄平（2006）、骆祚炎（2007）、林霞、姜洋（2010）、杜冰（2010）利用类似宏观数据则得出房地产价格上涨对消费影响不显著的结论。此外，张存涛（2007），刘红（2009），杜莉（2010），谭政勋（2010）等则发现房价上升对居民消费有抑制作用。

可以看出，这些研究大部分是利用全国总体宏观数据，在协整的框架下利用误差修正模型进行分析，在研究方法、指标选择上并不存在太大差异的情况下，最终得出的结论却差异巨大。究其原因可能是：单方程的误差协整分析总是先验性的假定财富是外生的，因而无法如实的描述房价与消费间的动态变化关系，无法识别住房资产变动的来源，从而影响了对协整分析结果的解释。另外，在样本区间的选择上有较大的随意性，没有考虑到可能存在的结构突变及协整关系的不稳定性，导致实证结果的可靠性有待检验。最后，在模型的设定和估计方法的选择上，很少考虑到房价和消费之间双向因果关系带来的内生性偏差，以及是否存在重要变量的遗漏问题，这可能会导致研究结论稳健性不佳。虽也有一些学者利用微观数据或者其他的计量方法来分析房地产财富效应（黄静、屠梅曾，2009；况伟大，2011；陈健、高波，2010；杜莉，2010；王柏杰等，2011），但总的看来在实证方法上仍较单一。

关于房价波动对居民消费的影响机理，目前我国相关的分析基本上都是借鉴国外学者的相关研究，并且仅停留在描述性分析层面，缺乏相应的实证检验。如宋勃（2007），周建军、欧阳立鹏（2008）认为房价的波动主要通过住房所有者已兑现的财富效应、住房所有者未兑现的财富效应、住房所有者的流动性约束效应、租房者的预算约束效应和欲购买新住房家庭的替代效应这五条渠道影响消费。黄静、屠梅曾（2009）进一步指出，由于房地产市场是宏观经济的先行指标，其价格的趋势性变动往往反映了未来收入预期与价格预期的变动趋势，因此房价的上涨还会通过信心效应拉动消费。邓婕、张玉新（2011）将信贷传导机制引入 LC－PIH 的消费分析框架，证明了房价上升可以通过放松流动性约束和促进跨期消费替代效应来间接地影响消费

总的看来，目前我国就消费与房价关系的研究仍较为粗糙，有待进一步地深化和系统化。主要体现在：从研究结论看，已有的研究并没有就房地产价格波动对消费的影响程度和大小形成一致的、公认的结论；从研究视角看，现有研究基本局限于房价变化是否影响居民消费这个问题上，较少进一步探讨房价变化对居民消费的影响在时间上的动态性，而这对宏观经济政策的制定是非常重要的；从研究层面看，现有研究主要集中在房价波动对消费影响的总量检验上，较少分析总量背后存在的结构性差异：空间上的、不同收入阶层间的、不同消费类别间的，这对于政府制定差别化的房地产调控政策尤为重要；最后，从研究深度看，对房地产价格波动是如何影响消费的，即其影响渠道问题，既缺乏理论上的分析也没有相应的实证检验，导致仍无法把握究竟房价波动对居民的消费行为带来怎样的影响。

（二）金融资产、流动性约束与居民消费

接下来，综述金融资产与流动性约束视角下财富效应的相关研究。国外学者主要从三方面研究财富效应。

一是研究财富效应的有效性。萨洛蒂（Salotti S.，2010）运用美国 1989~2007 年的面板数据，通过比较青年家庭和老年家庭，分析得出老年家庭金融资产的流动性更强，财富效应更高。哈里发等（2011）将居民分为高收入家庭和低

收入家庭，得出高收入家庭的金融资产对消费的影响更显著。雷蒙德（Raymond，2007）等在研究中国香港地区居民金融资产的财富效应时引入了货币供给因素发现，当考虑到货币供给时，股票市场对居民消费影响具有显著性。

二是研究财富效应的非对称性。伯根等（Berben et al.，2006）发现财富产生的正效应和负效应对消费的影响有差异，负收益导致储蓄增长，负收益对储蓄的影响是正收益影响的三倍。理论界关于居民消费对金融资产的冲击产生非对称反应主要有以下几种解释：第一，金融资产的流动性不同（德沃拉克，2003）；第二，不同资产产权所带来的效用不同（波特巴，2000）；第三，不同收入群体资产的分配方式不同（Banks & Blundell，2002）；第四，测度难易程度（可追踪特性）（苏萨，2003）；第五，心理因素（Shefrin，1988）。

三是比较金融资产和房产财富效应的相关研究。部分学者认为非金融资产对消费根本没有影响（Elliot，1980）。相当一部分学者认为金融资产对消费的影响要远远超过房产对消费的影响。例如，德沃拉克（2003）通过研究澳大利亚居民金融资产和房产发现，金融资产的财富效应大于房产的财富效应。路德维格（Ludwig，2004）、凯思（2005）分别对14个和16个OECD国家宏观数据进行研究，发现金融资产的消费弹性明显比房产的消费弹性大。苏萨（2010）对欧盟各国居民的财富效应进行了研究，认为金融资产的财富效应较大，房产的财富效应几乎为零。大部分学者研究发达经济体的财富效应时发现房产市场的财富效应大于金融市场的财富效应。对此持有肯定态度的有本杰明和唐纳德（Benjamin & Donald，2004），他们发现一美元房产财富的变化带来的消费支出增加额要比一美元股票资产带来的消费支出增加额高4倍左右。奎格利等（Quigley et al.，2013）通过对1975~2012年的数据分析得出结论：房产对消费的财富效应对大于股票市场。

我国学者也对居民资产财富效应做了理论和实证上的研究。理论方面，吕立新（2005）指出，早期经济学家把财富效应仅限于产品市场的货币余额变化及其影响而进行考察和研究的。熊建庆（2011）指出，金融资产财富效应是由于金融资产价格上涨使资产持有者财富存量增加，从而引致消费总支出发生改变的经济现象。何小松（2003）将现代意义上的财富效应定义为居民的资产净值的变化对于居民消费需求的影响。刘建江等（2005）定义房地产财富效应是由于房产价格上涨（或下跌），导致房产所有者财富的增长（或减少），其资产组合价值增加（或减少），进而导致消费增加（或减少），影响短期边际消费倾向，促进（或抑制）经济增长的效应。

居民金融资产财富效应特性的实证研究主要基于有效性和非对称性两个方面。一是研究财富效应的有效性。陈红、田农（2007），俞静、徐斌（2009）等学者都认为中国股市短期存在微弱的财富效应，长期不具有财富效应，甚至会存在挤出效应。解垩（2012）将年龄、婚姻状况、性别、省份、学历程度等变量引入消费模型中，研究这些变量对财富效应是否存在显著性影响。薛永刚（2012）认为居民的股票资产与消费之间存在长期协整关系，相对于收入指标而言，股票资产对消费的影响较小。朱旭强、张忠涛（2013）基于 LC – PIH 模型得出股票等资产性收入具有一定的财富效应。国内大部分学者主要以财富效应的非对称性作实证研究。二是研究财富效应的非对称性。骆祚炎（2011）定义财富效应非对称性是指资产价值的增加或减少分别对消费产生不同方向和程度的影响。周德才等（2012）应用马尔科夫状态转移模型发现了股市的负向冲击效应是正向冲击效应的 2.45 倍。陈国进等（2009）基于生命周期消费模型，利用门限协整、惯性—门限协整及 DOLS 模型，考察了我国股市"下跌"阶段，人们迅速调整其消费，因而实际消费与目标消费间误差调整的收敛速度比较快；相反，在股市"上涨"阶段，由于我国股市在长期上更多地体现出"挤出效应"，说明人们没有将从股市中获得的收益进行消费，而是由于非理性躁动的投机动机而将获得的收益用于股市的再投资，从而在短期内进一步推动股市的继续上涨，并使得实际消费与长期均衡消费之间的差距保持一定的持续性，最终导致误差调整的非对称性。

通过对国内文献的梳理可以看出，我国对于居民金融资产对消费影响的研究主要集中于实证分析，在实证分析中对股票市场的研究文献较多，对于金融资产中的居民储蓄存款、债券等资产的财富效益研究较少。居民金融资产细化分类的横向比较研究以及外界环境变量冲击对金融资产的影响更是为数不多。

四、公共品供给与居民消费

（一）政府公共品供给不足对居民消费的影响

公共物品作为一国经济发展的基石，其在国家建设中发挥着十分重要的作用。研究公共支出在经济发展中发挥的作用，也成为现代经济理论的一个重要研究方向。长期以来，学界对于政府公共支出对经济增长产生的影响，并没有形成统一的定论，传统观点认为，公共支出的增长有助于经济增长，不仅是因为政府支出本身就是 GDP 的组成部分，更是因为政府通过公共支出的增加，更有能力提供大量的具有外部性的公共物品和服务，从而对经济的外部运行环境进行改善，带动国内投资和消费。

拉姆（Ram，1986）对 115 个国家运用两部门生产函数模型，对政府规模与经济增长的相关性进行了研究分析，表明政府支出具有较强的外部效应，政府支出增加能够促进经济增长。加利（Ghali，1998）针对10个OECD国家的公共支出与经济增长的关系，运用协整分析的方法进行研究，结果显示政府规模和经济增长之间存在着格兰杰因果关系。但是，随着学界相关经济理论的不断发展，很多研究结果显示，政府公共支出的增长对经济的增长产生了阻碍，因为政府扩大支出容易造成低效率的资源配置，公共物品的外部性也大大降低，另外，政府支出的增大往往导致政府机构臃肿，容易滋生腐败和寻租。福斯特等（Folster et al.，2001）运用30个国家的短期面板数据，证明公共支出与经济增长间存在着稳定的反向关系。高希（Ghosh，2009）基于美国1950~1998年间的数据，运用多方程模型，研究经济增长与支出的关系，也得出了政府规模的扩大会阻碍经济增长的结论。随着我国经济发展，国内也涌现出不少学者，研究我国政府公共支出与经济发展和人民生活水平的关系。张晏、龚六堂（2005）认为财政政策可以影响公共物品的供给，而公共物品供给则对经济增长产生作用。邢福俊（2000）则运用乘数效应进行研究分析，说明了公共支出能够促进城市经济增长。李真男（2009）结合两级政府、三种支出类型的内生增长模型得出，消费性支出对经济增长有副作用，其他类型的政府支出对经济增长率影响的正负作用由支出的初始值和支出的相对生产率因素决定。

关于政府支出与居民消费之间的关系，学界一直都存在着悬而未决的争议。传统的凯恩斯理论认为：一方面，在社会有效需求不足的情况下，增加政府支出可以通过乘数、加速数原理对国民经济起到倍增的刺激作用，进而带动居民收入增长；另一方面，政府对公共产品和服务的投资，能节约居民公共品性质的消费支出，并与消费者居民物品性质的消费形成互补关系。但是随着20世纪70年代美国经济出现滞涨现象，凯恩斯理论遭到了质疑，古典与新古典经济学派则认为，在完全理性、消费期无限和资本市场完善的情况下，政府支出增加会导致税负上升从而减少人们的预期可支配收入，因此它对居民消费有挤出效应。柏雷（Bailey，1971）最先研究政府支出和居民消费之间的关系，他认为公共物品与居民消费是相互替代的，财政扩张会引起居民消费的减少。阿肖尔（Aschauer，1985）使用持久收入模型对美国的数据进行了研究，发现美国政府支出与居民消费之间存在明显的替代关系。吴松（Tsung-wu，2001）对经合组织24个工业国的政府支出与居民消费之间的关系进行研究，发现多国政府支出对居民消费存在明显的挤出效应。国外另一些学者却认为政府支出对居民消费有拉动效应。卡拉斯（Karras，1994）用多国资料研究居民消费与政府支出的关系，发现政府支出同居民消费之间存在互补关系，这种互补关系的强度与政府规模存在负相关关系，政府支出增加将使居民消费支出上升。加仑萨利多和瓦尔斯（GalSalido & Valls，2007）使用新凯恩斯主义宏观模型，引入价格黏性和非竞争性劳动力市场，论证了政府支出对居民消费具有正向影响。阿塔纳西奥斯和唐卡拉斯基（Athanasios & Tagkalakis, 2008）运用 1970 ~ 2001 年 19 个经合组织国家的面板数据，分析财政政策对居民消费的影响，发现在经济萧条时期扩张性的财政政策更能刺激居民消费。国内相关文献也很丰富，刘溶沧、马栓友（2001）认为中国政府支出与社会总需求间存在着正相关关系，政府支出的增加可以刺激内需，增加总需求。李广众（2005）的研究认为，改革开放以来政府支出与居民消费之间表现为互补关系，且政府支出对城镇居民消费的影响明显大于其对农村居民消费的影响。李友永、丛树海（2006）从财政政策有效性的微观基础入手，构建了中国加总的社会消费函数。结果认为致力于总需求管理的财政政策，不仅没有对居民部门的消费产生挤出效应，反而对居民部门的消费有带动效应，两者间互补关系明显。也有部分学者认为政府支出对居民消费具有挤出效应。黄赜琳（2005）利用 RBC 模型引入政府实证结果表明，政府支出的增加导致居民消费的减少，二者存在一定的替代关系。关于政府分类支出对消费的影响，石柱鲜等（2005）认为无论是在长期还是短期，政府消费支出对居民消费均存在挤出，政府投资支出则存在挤入，经济建设支出对居民消费都是挤出的，而教育文化支出、行政管理支出则是挤入的。

（二）生活基础设施供给对居民消费的影响

研究基础设施对居民消费影响代表性的国内文章有：樊纲、王小鲁（2004）通过建立消费条件模型考察了影响我国不同省份人均消费水平的各种因素，包括交通运输与通讯等经济性基础设施，社会保障、消费者信用手段等社会性基础设施，还有基尼系数、劳动力流动性等方面；研究结果为：不同因素在不同省份对人均消费水平的影响程度不同。刘伦武（2010）采用随机系数模型研究了我国 30 个省、市的农村基础设施发展和农村消费之间的关系，得到类似结论。

除上边两篇文章外，剩余研究大部分都侧重于基础设施与居民整体消费水平的分析。王秀美（2008）以农村耐用消费品为例，运用 OLS 与 DID（双重差分）模型分别研究了农民耐用品拥有量与对应基础设施，农村电网改造和农户消费需求之间的关系；得出基础设施对农村居民的消费需求具有显著促进作用的结论。荣昭等（2002）采用改进的 Probit 模型研究了中国农村农户家电需求的影响因素，最终发现这些因素主要包括供水、供电、电视信号、电价等方面。楚尔鸣等（2007）运用消费者效用最大化理论与面板数据模型，研究了农村公共物品供给对消费的影响，所得结论为：公共物品供给给农民带来正向的消费效应，并且生活性基础设施带来的对居民消费的直接促进作用大于生产性基础设施带来的间接促进作用。张书云、周凌瑶（2011）也通过建立面板数据模型，利用历年我国农村公共物品及农村居民各类消费支出数据，实证分析了农村道路、电力、通讯教育和医疗卫生五类代表性公共物品对农村居民进行消费结构的影响；结果表明不同类别的公共物品对居民消费都有明显的促进作用，只不过存在作用大小的差异。臧旭恒、曲创（2002）在对公共物品进行分类后，从理论上分别研究了制度类与基础设施类公共物品对居民消费需求的影响。

除此之外，诸多学者对基础设施与经济增长、产业变动间的关系做了大量的研究。我们仅列举若干篇有代表性的文章。经济增长方面：骆永民（2008）基于分工理论的动态和静态均衡模型，发现基础设施供给的改善可以通过提高交易效率和劳动效率促进分工演进和经济增长。刘生龙、胡鞍钢（2010）以分析各地区 TFP 差异为切入点，利用面板模型与各省份 20 年的基础设施与经济增长数据，研究了三大网络性基础设施对各省经济增长的溢出效应。刘生龙、胡鞍钢（2010）利用空间计量模型估计了交通基础设施投资对经济增长的直接贡献与由于外部性导致的间接贡献，两者对 GDP 增长 1% 的贡献率分别为 0.22% 与 0.06%。产业行业变动方面：蒋冠宏、蒋殿春（2012）应用 DID 倍差法检验了我国不同省份的交通、邮电以及能源等类型基础设施对当地产业增长的影响。结果表明由于邮电、交通两类基础设施的发展水平与产业变动较为匹配，因此对产业增长产生了显著的正向作用；能源基础设施则恰好相反。陈磊等（2012）构建了包含公共基础设施投入在内的三要素生产函数，通过对函数参数的分析以及后续的实证检验，发现公共基础设施会通过规模效应和结构效应两种渠道影响不同行业的生产成本。总体结果显示公共基础设施投入会降低其平均生产成本，但可能引发劳动力收入份额下降的负面效果。

国外对基础设施的研究也主要集中于分析其与经济增长的联系，对于和居民消费关系的研究相对比较缺乏。而且由于前者研究数量众多、方法各异，因此我们借鉴托里西（Torrisi，2009）的分类方式将以往国外文献通过四个视角整理如下：第一，生产函数方法。阿肖尔（1989）、穆奈尔（Munnell，1990）、弗纳尔德（Fernald，1999）都通过此方法研究了美国经济增长与基础设施资本存量之间的关系，前两者解释了美国 20 世纪 70 年代经济增长迟缓的原因在于基础设施存量增长速度的滞后；后者的结果表明基础设施建设与经济增长可能存在非线性关系，保持经济的持续增长不可能过度依赖于基础设施的持续投资。第二，成本函数方法。科恩和莫里森（Cohen & Morrison，2004）使用空间计量模型结合此方法精确度量了 1982~1996 年美国私人制造企业生产效率与成本受基础设施投资水平直接与溢出效应的影响；埃斯库拉等（Ezcurra et al.，2005）也通过此方法发现西班牙三大产业当中私人企业的生产成本与效率受公共基础设施供给水平的正向作用比较明显。第三，增长模型方法。伊斯特利和里贝罗（Easterly & Rebelo，1993）将各类政府公共投资（农业、教育、住房、交通、通信等）作为内生变量引入新古典经济增长模型（Solow，1956）中，用混合回归面板方法估计了经济增长受这些投资因素的影响水平；科瑞弗德和邦卡贝安（Crihfield & Panggabean，1995）运用两阶段 OLS 先对基础设施为生产要素带来的影响做了估计，然后又对生产要素和经济发展水平（人均收入）做回归，间接得到基础设施对经济增长的影响。第四，向量自回归方法（VAM）：在使用普通回归方法分析两者的关系时会存在遗漏变量、逆向因果等谬误情形，因此有学者（Sturm et al.，1995；Pereira & Oriol，2007）应用 VAR 方法对基础设施与生产率之间的关系进行了分析。

除以上四种角度外，海因茨等（Heintz et al.，2009）研究美国就业拉动情况与经济增长水平受政府在四大核心基础设施领域（交通、能源、供水系统以及公共教育设施建设）投资影响时使用了投入产出法；斯特劳布和寺田—荻原（Straub & Terada-Hagiwara，2010）指出基础设施对经济增长存在直接与间接两方面影响，前者指其对其余生产要素的带动性、积聚性；后者是指其对全要素生产率的提升程度。

对基础设施与居民消费支出间关系进行研究的文献主要有：费伊和莫里森（Fay & Morrison，2007）指出基础设施所提供的服务及物品中大约有 1/3~1/2 被用于居民日常最终消费；因此基础设施的发展和完善不仅能够促进居民消费水平的提高，而且也有利于减轻贫困状况。巴特查里亚（Bhattacharyay，2010）论述了交通、电力、排污等类型基础设施的建设与发展对促进亚洲各国家乃至各区域的经济增长与集聚，贫困程度的降低，居民生活质量的提高等多层面的积极影响。查克拉博蒂等（Chakraborty et al.，2012）也同样指出了印度农村地区核心基础设施的完善对村民在就业、消费、福利以及缩减贫困等方面的正向效应。不过，陈和姚（Chen & Yao，2011）通过使用 GDP 支出恒等式分析了政府基础设施投资对居民消费造成的影响，得到了与大多数研究相反的结论；政府加大基础设施投资会从两个渠道挤占居民消费：第一，基础设施投资为资本密集型，劳动者获得的收入份额更少；第二，工业部门获得更多收入用于资本积累与再生产，从而导致消费份额的减少。

（三）交通基础设施对居民消费的影响

在交通事业迅速发展的同时，我国从 20 世纪 90 年代末以来开始出现需求不足的问题。与中国经济高增长形成鲜明反差的是，国内居民消费占 GDP 的比重即居民消费率却呈长期下降趋势。2008 年次贷危机以后，外需迅速萎缩，拉动内需刺激居民消费就成为推动经济增长的重要手段。从理论上讲，交通基础设施建设能够促进加强地区联系，降低出行成本，增加贸易往来，扩大市场规模，加速城镇化发展，这些都能对居民消费产生非常积极的影响。由此看来，从交通基础设施建设的角度来考虑拉动居民消费是非常有意义的，我们可以考虑把交通基础设施建设当作一项促进居民消费的重要手段。

国外文献中，就交通基础设施方面对于居民消费的影响，扎兰等（Jalan et al.，2002）以中国农村消费增长为研究对象建立模型，研究发现公路密度对中国农民的消费支出有正向效应：每公里公路投资增加1%，农民消费上涨0.08%。国内研究中，陈斌开（Binkai Chen，2011）等使用1978～2006年的中国省级面板数据进行实证研究，结果发现：政府对于基础设施的投资每增加1%就会带来居民消费在GDP中的比重减少0.31%。因此可以得出在基础设施方面的政府投资会对居民消费产生挤出效应的结论。但是基础设施投资除了交通设施投资外还包括通讯、能源、农林水利、科教文卫、市政、国防等方面，而文中并没有对政府在交通基础设施方面投资的效果进行具体分析，所以交通基础设施的投资对居民消费的影响可以进行深入的研究。此外，王小鲁（2004）建立了消费条件模型来考察影响中国人均消费变化的各因素，其结论也提出交通基础设施对居民消费有重要影响。

就目前所搜集的文献来看，都是从基础设施投资或者政府公共财政支出的角度来分析基础设施对于居民消费的影响，鲜少有专门针对交通基础设施这一具体的基础设施分类来研究其对居民消费的影响，所以对于这个问题的研究可以帮助人们从经济学意义上完善当前对居民消费问题的实证研究。另外，从现实意义上来讲，交通基础设施不仅与居民的日常生活关系密切，还是政府公共建设的一部分，因此研究交通基础设施对居民消费的影响也有利于政府在促进国内居民消费这个问题上考虑如何从公共建设的角度来采取措施。

五、人口年龄结构与居民消费

近年来，人口老龄化问题日益引起人们关注。虽然不同国家或地区老龄化的状况有所不同，但伴随着人口年龄结构的转变，势必会影响该国家或地区的消费水平、消费结构和消费习惯。

学术界对人口年龄结构变动对消费的影响一直保持关注。莫迪利安尼（1966）最早采用跨国横截面数据，对人口年龄结构和消费之间的关系进行研究。他将人口按照不同的年龄段分为少儿人口、劳动年龄人口和老年人口，然后分别计算出少儿人口和老年人口在劳动年龄人口中所占的比例（即少儿抚养比和老年抚养比），通过分析得出少儿抚养比和老年抚养比与储蓄率负相关的结论。莱夫

（Leff，1969）在莫迪利安尼（1966）的基础上建立莱夫模型，采用更多的跨国横截面数据做了一个经验分析。他将全部样本的74个国家分成两组，一组是发达国家，一组是不发达国家。无论是所有这些国家还是两个子组的回归结果都与莫迪利安尼（1966）的结论相同。卡特勒等（Cutler et al.，1990）认为，短期内劳动年龄人口数量减少会导致积累的储蓄用于消费，社会总消费会暂时增加；长期内劳动年龄人口数量的减少降低了产出水平，人均消费将会下降。但考虑到劳动年龄人口减少将会诱导技术进步从而抵消因劳动年龄人口下降而引起的产出和居民消费下降，长期净影响取决于两个相反效应的大小。韦伊（Weil，1999）认为，生育率的下降一方面引起劳动年龄人口数量减少，另一方面会导致少儿人口所占比重下降、老年人口所占比重上升。如果假设人均资本存量不变，因为劳动年龄人口下降而节约的资本便可以转变为消费，人均消费便会上升。如果少儿人口比重下降所引起的消费增加大于老年人口比重上升所引起的消费减少，则人均消费水平便会上升；反之则反是。霍克和韦伊（Hock & Weil，2006）通过实证研究得出短期内出生率下降会促进消费，长期中老年人口所占比重的上升会抵消这种影响的结论。柯蒂斯等（Curtis et al.，2011）利用我国1963～2008年储蓄数据，采用数值模拟法发现抚养系数显著影响储蓄率。

随着现代消费数据的完善，尤其是美国消费者支出调查的发展，一些实证的文章通过检验退休人员是否在退休后仍继续维持原有的支出水平来验证生命周期理论。海莫梅什（Hamermesh，1984）利用纵向历史数据研究了老年人的消费模式，得出了与生命周期理论相反的结论。海莫梅什认为美国退休后难以维持原有的生活水平是因为家庭储蓄不足、社会保障不充分。海莫梅什的研究影响深远，他对莫迪利安尼和布伦伯格（Modigliani & Brumberg，1954）的生命周期理论对现实世界的解释力提出质疑。此后，一些使用面板数据的其他实证研究得出类似的结论，如班克斯等（Banks et al.，1998）；伯恩海姆等（Bernheim et al.，2001）；米尼亚奇（Miniaci et al.，2003）；卢萨尔迪（Lusardi，1996）。

然而近些年来一些基于面板调查数据的研究并没有发现退休后的人群消费有大幅度下降的迹象。这些研究中的一些只是发现食品支出和与工作相关的支出会有一些小的下降。其他一些研究发现只是整体消费水平有所改变，如赫德和罗威德（Hurd & Rohwedder，2006）；赫斯特（Hurst，2008）；费希尔等（Fisher et al.，2005）；乌卡尔（Ulker，2004）。

还有一些研究认为只是在特定的人群中消费水平会出现下降。例如，史密斯（Smith，2004）研究发现：到了退休年龄而未退休的人群消费水平急剧下滑；而自愿退休的人群消费水平保持不变。这提高了弱势群体消费水平下滑的可能性。赫德和罗威德（2006，2008）将人口总体作为研究对象时并未发现消费水平的显著下滑，但将身体状况欠佳的人群作为研究对象时发现了消费水平的显著下滑。

国外不同学者关于人口年龄结构与消费关系的研究，由于研究方法不同，得出的结论也各不同。目前主要有两种观点：一种观点认为人口年龄结构对居民消费有显著影响。如康建英（2009）将35～55岁间的人口定义为黄金储蓄年龄人口，分别从长期和短期两个角度采用协整理论考察我国人口年龄结构变动对居民消费的影响，研究发现黄金年龄人口所占比例与居民消费水平显著负相关。陈佳瑛（2009）在生命周期与永久收入模型的理论假设基础上，引入主要储蓄人口比①的概念对人均家庭消费进行分析，研究表明：人口结构变化对总消费影响显著，中年与青年人群的消费边际倾向不同，年龄结构变量对家庭消费影响较大。刘雯（2009）选取1988～2007年湖南省内数据，采用回归分析法，考察人口年龄结构变化对居民消费率产生影响。实证结果表明，人口年龄结构因素是湖南省现阶段消费率过低的原因之一，其中儿童抚养比对居民消费率有正向促进作用，老年抚养比对居民消费率有负向抑制作用，总抚养比与居民消费率正相关。另一种观点认为人口年龄结构对居民消费没有显著影响，如李文星等（2008）利用我国1989～2004年的省际面板数据，采用动态面板GMM估计方法，考察我国人口年龄结构（儿童和老年抚养系数）变动对居民消费的影响。实证结果表明，我国儿童抚养系数与居民消费负相关，但这种影响并不大，我国老年抚养系数变动对居民消费的影响不显著。

考虑到目前我国人口年龄结构变动的最大特点是人口老龄化问题突出，不少学者围绕老龄化与居民消费之间的关系展开了研究。一部分研究是关于人口老龄化对总量消费的影响，有三种观点即人口老龄化对消费有促进作用，人口老龄化对消费有抑制作用和人口老龄化对消费影响并不显著。另一部分研究是关于人口老龄化对消费结构的影响。国内对这一问题的研究较少，少数几篇文献停留在定性分析的层面上。人口老龄化会导致社会负担加重，劳动生产率下降、技术创新受阻，同时还会导致消费模式和消费领域发生变化，给我国经济发展提出新的挑战。马晓君（2012）认为我国未富先老，快速进入老龄化社会，我国老龄化的特点将会对消费结构中的医疗保健消费、娱乐教育文化服务和养老服务等产生潜在的深远影响。另有少量文献引入灰色关联模型，实证分析了人口老龄化对消费结构的影响。李洪心、高威（2008）采用灰色系统的相关理论与方法，通过对不同年龄段人口占比与不同消费品消费数量间关联度的计算，得出60岁以上年龄段的人口与食品、衣着两项消费品的关联度小于另外两个年龄段与这两项消费品之

---

① 主要储蓄人口比：由麦克米仑和贝泽尔（McMillan & Baesel）在1990年提出，指主要储蓄年龄段人口数（50～55岁人口+20～29岁人口）/其他成年人口数（15～19岁人口+30～49岁人口）。

间的关联度；60岁以上年龄段的人口与医疗保健、交通通信、教育文化娱乐服务三项消费品间的关联多明显大于另外两个年龄段。

不难发现，国外研究相对成熟，但由于研究过程中使用样本和技术方法的不同，使得一些研究领域所形成的结论仍存在争议；国内研究中，理论探讨相对较少，多为利用国外已有理论进行实证的定量研究。

六、网络消费

随着网络消费的发展，越来越多的学者们开始对这一新型消费模式进行研究，他们大多是从影响消费者对网络消费感知有用性和感知易用性的外部影响因素，如个人特征、便利条件、行业支持、社会影响和网络建设等来探究影响我国消费者采用网络消费这一渠道的影响因素。

（一）消费者个人特征

消费者个人特征是指网络消费中消费者的年龄、性别、教育程度、工作类型等。在网络消费的研究中，不同的学者有着不同的看法。李和拉塞尔（Li & Russell，1999）研究表明了用户特征可以解释4%的购物变差，人口统计特征对网络消费者的行为有一定的影响力。而巴特纳格尔等（Bhatnager et al.，2000）则指出人口统计因素对消费者网上消费行为的影响作用并不显著。根据艾瑞咨询提供的《2012~2013中国网络购物用户行为报告》显示，在我国2012~2013年的网购用户调查中2011年男女比例为51.7∶48.3，2012年中该比例为52.3∶47.7，与我国的总人口的男女比例基本持平，由此可以看出性别对网络购物行为的影响很小。在其对我国网络购物用户年龄分布的报告中显示，2012年我国网购用户年龄处于25~30岁的比例最高，占到33.6%，其次是19~24岁，占到27.2%，31~35岁的比例是16.4%，由此可以看出19~30岁是我国网络购物用户的主力军；在职业调查中白领及在校学生合计占比近三成；专业人士、技术人员及教师职业占比相当，均在8%左右，由此可以看出我国人口统计特征在一些方面也是我国网络消费者消费行为的影响因素。马丁等（Martin et al.，2011）研究指出网络消费市场适合各年龄段、各收入水平和不同性别的人，因此个人统计特征对网络消费行为的影响并不显著。福赛思和史（Forsythe & Shi，2003）在文章中指出，已有的网民中43%拥有大学学历，但是在新加入的网民中拥有该学历的只有29%，另外中等收入个体是网络消费的主体。王希希（2001）在自己的研究中强调了人口统计因素对消费者采取网上消费行为的影响。科尔戈卡（Korgokar，1999）通过研究表明人口统计变量——年龄、性别、收入、工作类型等都会影响消费者的网络消费行为，但是对网络消费的发展不存在决定性的作用。钟小娜（2005）的研究发现，基本人口统计特征不同的消费者在网络购物认知上的差异很小，只发现不同年龄和收入的消费者在认知有用和财务风险上存在一些差异。

（二）便利条件

戴维斯（Davis，1989）认为，个体认为某项新技术能够提高其工作效率就是感知有用性，而个体认为使用新技术的成本较低则是感知易用性。穆罕默德和利迈延（Mohamed & Limayem，2003）在文献中指出购物过程（订货、付款、交付和售后服务）的方便性，商品的质量、品种和客户服务是影响网络消费者行为的突出因素。徐木荣（2003）分析比较了网络消费与实体消费的区别，指出网络消费的情境性、直接性、流动性、便捷性等使得网络消费成为一种经济事实和社会时尚现象。耶尔和帕兹盖尔（Iyer & Pazgal，2003）研究得出平台商通过提供同质商品的价格对比和减少价格搜索成本来增加消费者剩余，从而吸引消费者，促进以其为平台的网络零售方式的发展。特里等（Terry et al.，2001）等在TAM模型的基础上，从实用主义和享乐主义的角度出发建立了一个消费者态度模型，检验了网络消费环境下的便利性、交互性等因素对网络消费者态度形成具有重要的预测作用。苏柏全（Bo-chiuan su，2002）通过理论和实证研究，对消费者网上购买意图进行了全面分析，比较了价格、搜索成本、评价成本、获得时间和消费者风险态度对消费者网络消费行为的影响。德杰拉图（Degeratu，2000）通过建立消费者选择模型和实证分析，指出网络消费的价格弹性要大于实体消费，是因为网上促销中价格折扣是最明显的信号；另外还指出产品品牌效应和搜索属性对于网络消费的影响均大于实体消费。沃尔芬巴格和吉利（Wolfinbarger & Gilly，2003）的研究表明网络消费的四个因素——网站设计、可靠性、隐私/安全性和客户服务对于消费者消费的满意度和忠诚度具有很强的相关关系。莫苏维（Mousuwe，2004）在其文章中指出消费者特征、产品特点、情境因素、网购经验和对网购的信任程度是影响网络消费者购买意图的5个外生变量。伍丽君（2001）在网上消费者行为分析中，认为影响消费者网络消费行为的主要网有心理、价格、安全可靠等因素。程华（2003）基于技术接受模型对网络消费者的意向决定因素进行了实证研究，他认为消费者感知网上购物有用、感知网上购物方便、感知网上购物安全是影响其网络消费态度和意向的关键性因素，其中感知网上购物有用影响网上购物的态度和意向。德凯和大卫（Tak-Kee and David，2006）研究发现高学历的网络消费者能够觉察到网络消费能够提供更好的价格和更多的成本节约。网络消费的整个过程是通过网络在线的方式完成，便利的条件，简化的程序，使购物过程的进行十分简洁，这使得网络消费这一新型消费模式完全符合了消费者感知有用性和感知易用性的条件。

（三）社会影响

传统消费中信息的传播主要靠消费者的亲人和朋友之间的口头传播，影响范围十分有限，而网络消费是基于互联网平台所进行的，而这个平台是开放与互动的，相对于传统经济环境，网络消费中无论是亲朋好友还是不相识的网民之间都具有更强的相互影响力，他们之间的作用可以用示范效用、消费的外部性及形成习惯等较成熟理论加以阐述。弗雷德里克·W. 安德森（Fredrik W. Anderson，2009）认为当一个人采取或放弃某种消费行为时，能够对他人消费产生了示范效应或外部性，引发他人的认同和采取相应行动，并对自己的下一步的消费也产生了影响或形成习惯。莫苏维等（2004）不仅考虑到感知有用和感知易用的技术因素，同时也考虑到购物的娱乐性等购物过程中的情感因素，而且还确定了情境因素、网络购物经验、感知风险、他人评价等影响网络消费者购物行为的变量。卡斯和费内奇（Cass & Fenech, 2003）在技术接受模型基础上，也引入了消费者特征（接受能力和购物冲动）、网络经验（对网站的使用和感知网络安全等）以及购物导向等三类外生变量。程华和宝贡敏（2003）在技术接受模型的基础上验证了消费者对互联网态度、网络经验和在线评价也是影响我国的网络消费者行为的变量。库法里斯（Koufaris，2002）用技术接受模型和环境心理学理论共同解释了消费者的网上购买行为，经过实证调查和数据分析发现，消费者第一次参观网上商店的情感和认知反应会影响他们对该商店的再次光顾及无计划的购买行为。马丁等（2006）研究指出利用图片展示线上零售的商品可以提升消费者的满意度，从而产生更大的购买倾向。另外物流配送是社会影响的一个方面，也是网络消费中最后也是最重要的一个环节，及时、保质、保量的配送是影响消费者购买意愿的重要因素。根据 CNNIC 的调查结果，我国网络零售中需要改善的问题之一就是物流配送及时性，居所有需要改善问题中第二位。

（四）网络建设

霍夫曼和诺瓦克（Hoffman & Novak，1996）的研究指出，基于互联网技术的虚拟购物环境将会形成市场消费模式的新格局。黄明辉（Ming-Huihuang，2006）运用结构性模型检验了网络信息的复杂性和新颖性对于消费者网络消费行为的影响，指出了在网页设计中坚持消费者导向的重要性。兰加纳坦和加纳帕蒂（Ranganathan & Ganapathy，2002）根据214网络消费者的问卷调查分析，得出网络消费网站的四个关键因素：信息内容、设计、安全性和私密性，这些方面对消费者的网上购买意图具有重要的影响作用。梅农和卡恩（Menon & Kahn，2002）

重点研究了消费者网络消费过程中对产品展示和网站设计的体验会对他们未来的购物行为产生影响。狄拉特和卡恩（Dellaert & Kahn，1999）通过4个基于计算机的实验验证了信息载入的等待时间对消费者对网站表现的认知有负相关关系。刘和阿内特（Liu & Arnett，2000）通过对网络技术在电子商务中广泛应用的研究，认为信息和服务的质量、系统使用、系统设计质量和愉悦感是电子商务成功的4个主要决定因素。白和罗（Bai & Law，2008）认为，网站的质量对网络消费满意度有直接和积极的影响，反过来网络客户满意度对消费者网购意图也有直接和积极的影响。赖斯（Rice，1997）研究发现网站的设计特色和情感体验是用户重复登录某网站重要影响变量。黎志成和刘枚莲（2002）在对消费者行为研究的基础上建立了网络消费者行为模型，他们认为网络的可靠性和安全性、网页设计风格、进入网站的方便可行性、产品的类型和特点以及企业形象等因素影响了消费者的网上购买行为。鲁耀斌和周涛（2005）利用结构方程模型作了实证分析对B2C环境下影响消费者网上初始信任因素进行了研究。他们认为消费者的初始信任由网站有用性、网站声誉、网站安全和消费者信任倾向决定，而初始信任决定了消费者的网上购买动机。钟小娜（2005）基于技术接受模型探讨了网站特质和消费者个体特征对消费者网上购买意向的影响，研究发现网站特性与消费者认知密切相关，网站知识性、互动性与认知易用正相关，而消费者的认知又会对其购物意图和购物行为产生影响。施（Shih，2004）基于TAM的研究认为网页安全性，进入成本、感知有用、感知易用、消费者满意都会积极影响消费者网上购物态度。

第三章

我国居民消费特征及影响因素[*]

本章在利用相关宏观数据分析的基础上,从时间和组成结构两个维度入手,分别归纳出我国农村居民和城市居民的消费特征及影响因素,为后面的相关研究提供事实依据。

第一节 农村居民消费行为特征

中国城乡居民不同消费特征的典型表现之一体现在消费结构上面,居民消费结构指居民各种具体消费内容形式及其互相配合、作用的方式,从不同的维度可以分为消费支出结构、消费层次结构、消费形态结构等,其中,消费支出结构是基于居民对吃、穿、住、用、行等消费形式表现出来的对食品、衣着、居住、家庭设备用品及服务、医疗保健、交通和通信、娱乐教育文化服务、居住以及其他等商品与服务的支出结构。故我们将主要从消费支出结构(以下除有特殊指明外,消费结构均指消费支出结构)角度探讨农村和城镇居民的消费特征。

第一,农村居民消费结构由生存型向享受型、发展型转变。农村居民消费水平显著改善、消费结构优化的典型标志是,生活消费结构中满足基本生存的"一

---

[*] 课题组成员王立平、南永清承担了与本部分内容相关的子课题研究,这一部分作为所获得的课题阶段性成果也形成南永清硕士学位论文《流动性约束与中国居民消费行为分析》的一部分。

吃、二住、三穿"等生活资料占比不断下降，而发展型和享受型资料的比重不断提高。

表 3-1 给出了中国农村居民不同类型消费支出及占比情况。从表 3-1 可以发现，1990 年农村居民消费支出结构的典型特征是，食品消费支出占总消费支出的比重为 58.80%，衣着消费支出占 7.77%，居住消费支出占 17.34%，家庭设备及用品占 5.29%，交通通信消费支出占 1.44%，文教娱乐消费支出占 5.37%，医疗保健消费支出占 3.25%，其他消费支出占 0.74%，食品、衣着和居住消费支出占据了总消费支出的 83.91%。农村居民消费支出具有典型的"一吃二住三穿"特征，具有明显的生存需求特征。但是，由于在农村市场中竞争机制逐步引入、农产品流通体制改革以及农业产业化经营的发展，农村居民的收入状况获得了极大改善；相应地，2013 年农村居民消费支出结构中，除食品和衣着消费支出占比有所下降外，其余类型的消费支出占比都有所上升，其中，食品消费支出占比下降了 21.14 个百分点，而交通通信、医疗保健以及文教娱乐消费支出占比分别上升了 10.57、6.02 以及 1.96 个百分点。

表 3-1　　　　　　　中国农村居民不同类型消费支出及占比

类型	1990 年		2000 年		2010 年		2013 年	
	消费支出（元）	支出构成（%）	消费支出（元）	支出构成（%）	消费支出（元）	支出构成（%）	消费支出（元）	支出构成（%）
食品	343.76	58.80	820.52	49.13	1 800.67	41.09	2 495.45	37.67
衣着	45.44	7.77	95.95	5.75	264.03	6.03	438.29	6.62
居住	101.37	17.34	258.34	15.47	835.19	19.06	1 233.63	18.62
家庭设备	30.90	5.29	75.45	4.52	234.06	5.34	387.15	5.84
交通通信	8.42	1.44	87.57	5.58	461.10	10.52	795.96	12.01
文教娱乐	31.38	5.37	93.13	11.18	366.72	8.37	485.95	7.33
医疗保健	19.02	3.25	186.72	5.24	326.04	7.44	614.24	9.27
其他	4.34	0.74	52.46	3.14	94.02	2.15	174.87	2.64
合计	584.63	100.00	1 670.13	100.00	4 381.82	100.00	6 625.53	100

资料来源：根据《中国统计年鉴》相关数据计算整理所得。

第二，农村不同收入阶层居民的生存性、温饱型以及小康型、富裕型消费并存。由于现阶段农村居民内部呈现较大的收入差距，相应地，农村居民的收入状况直接决定了不同收入阶层居民的消费水平，使农村不同收入户居民消费呈现出典型的多层次的消费形态。具体来说，低收入居民的消费结构具有典型的生存性、温饱型特征，其消费主要是满足吃穿住等需求；而中等收入户，特别是中等偏上收入户以及高收入户居民的消费，已经开始从满足生活必需品需求为主向追求非生活必需品需求转移，从实物消费为主向可以提高个人生活品质的文教娱乐和医疗保健等消费转移。农村居民的这种消费行为特征在一定程度上可以从表3-2中得到体现。

表3-2　　2012年中国农村不同收入阶层*居民消费支出及占比

类型	低收入户（元）	支出构成（%）	中等偏下户（元）	支出构成（%）	中等收入户（元）	支出构成（%）	中等偏上户（元）	支出构成（%）	高收入户（元）	支出构成（%）
食品	1 620.32	43.30	1 902.73	42.62	2 197.42	40.47	2 672.60	38.60	3 622.70	35.26
衣着	246.10	6.58	287.59	6.44	358.37	6.60	466.07	6.73	717.82	6.99
居住	637.66	17.04	775.19	17.36	990.72	18.24	1 341.22	19.37	1 952.78	19.00
家庭设备	197.38	5.27	250.08	5.6	319.07	5.88	406.68	5.87	618.4	6.02
交通通信	360.26	9.63	412.69	9.24	546.92	10.07	732.45	10.58	1 418.83	13.81
文教娱乐	230.24	6.15	294.22	6.59	386.79	7.12	533.11	7.70	918.93	8.94
医疗保健	370.88	9.91	439.12	9.84	499.13	9.19	595.70	8.60	737.12	7.17
其他	79.41	2.12	102.71	2.30	131.90	2.43	176.37	2.55	288.71	2.81
合计	3 742.25	100.00	4 464.34	100.00	5 430.32	100.00	6 924.19	100.00	10 275.30	100.00

注：*按照国家统计局的划分标准，农村居民的收入划分标准为低收入户（20%）、中等偏下收入户（20%）、中等收入户（20%）、中等偏上收入户（20%）和高收入户（20%）5类，每组均占农村居民总人数的20%。

资料来源：根据《中国统计年鉴》相关数据计算整理所得。

第二节　城镇居民消费行为特征

20世纪90年代以来，中国城镇居民消费行为发生了巨大变化，主要呈现以下几方面主要特点。

首先，城镇居民消费结构不断升级，消费结构更趋合理。从表3-3中国城镇居民不同类型消费支出及占比情况可以发现，城镇居民食品衣着消费、家庭设备以及其他消费支出不断下降，而居住、交通通信、文教娱乐以及医疗保健等消费支出趋于上升。在衣着消费支出方面，城镇居民开始较多地注重衣着的外在品质以及视觉效果，不仅注重衣着消费的内在质量，而且讲究其衣着的装饰性作用；在食品消费支出占总消费支出的比重下降的同时，城镇居民开始更加注重膳食的合理性以及营养结构的搭配，谷物类消费逐步减少，而奶制品、肉制品、蛋制品等消费品占比逐步上升；尤其是，交通通信、文教娱乐以及医疗保健消费支出的迅速增加，直接推动了城镇居民消费结构的优化升级，使其消费结构更趋合理。

表 3-3　　　　　　中国城镇居民不同类型消费支出及占比

类型	1990 年 消费支出（元）	1990 年 支出构成（%）	2000 年 消费支出（元）	2000 年 支出构成（%）	2010 年 消费支出（元）	2010 年 支出构成（%）	2013 年 消费支出（元）	2013 年 支出构成（%）
食品	693.77	54.25	1 971.32	39.44	4 804.71	35.67	6 311.92	35.02
衣着	170.90	13.36	500.46	10.01	1 444.34	10.72	1 902.02	10.55
居住	60.86	4.76	565.29	11.31	1 332.14	9.89	1 745.15	9.68
家庭设备	108.45	8.48	374.49	7.49	908.01	6.74	1 215.07	6.74
交通通信	40.51	3.17	426.95	8.54	1 983.70	14.73	2 736.88	15.19
文教娱乐	112.26	8.78	669.58	13.40	1 627.64	12.08	2 293.99	12.73
医疗保健	25.67	2.01	318.07	6.36	871.77	6.47	1 118.26	6.20
其他	66.57	5.21	171.83	3.44	499.15	3.71	699.36	3.88
合计	1 278.89	100.00	4 998.00	100.00	13 471.45	100.00	18 022.64	100

资料来源：根据《中国统计年鉴》相关数据计算整理所得。

其次，城镇居民消费模式由"雷同型"转变为"多样性"。所谓"雷同型"消费结构，是指当不同收入阶层居民收入差距不大时，城镇各收入阶层居民的消费类型大致相同，即各类消费品类型，以及同一类型消费品的高、中、低档品种的结构比例基本相同。在20世纪90年代以前，中国城镇居民消费结构基本属于雷同型消费结构，食品和衣着消费支出是两大主要的消费支出，1990年城镇居民食品和衣着消费占总消费支出的67.61%，而到2013年这一比例下降到了45.57%。但是，随着近年来城镇居民收入水平的迅速增加，城镇居民消费的选择空间增大，消费结构开始变得更为多样；同时，城镇居民内部收入差距也在不断拉大，相应地形成了不同收入阶层居民多样性的消费结构，较上年分别上升12.0个、10.1个、5.8个和7.8个百分点。表3-4给出了2012年中国城镇不同收入阶层居民消费支出情况，可以发现最低收入户、中等收入户以及最高收入户居民形成了更为多样型的消费结构。

表 3-4　　2012 年中国城镇不同收入阶层居民*消费支出及占比

类型	最低收入户（元）	支出构成（%）	中等偏下户（元）	支出构成（%）	中等收入户（元）	支出构成（%）	中等偏上户（元）	支出构成（%）	最高收入户（元）	支出构成（%）
食品	3 310.41	45.34	5 028.58	40.95	6 061.37	38.56	7 102.41	35.82	10 323.06	27.41
衣着	706.80	9.68	1 408.21	11.47	1 765.93	11.23	2 213.83	11.16	3 928.48	10.43
居住	832.60	11.40	1 160.43	9.45	1 384.31	8.81	1 708.68	8.62	3 123.28	8.29
家庭设备	405.35	5.55	760.00	6.19	1 033.64	6.58	1 346.21	6.79	2 807.29	7.45
交通通信	602.83	8.26	1 392.97	11.34	2 063.25	13.13	2 960.62	14.93	7 971.14	21.17
文教娱乐	722.96	9.90	1 326.62	10.80	1 785.45	11.36	2 449.14	12.35	5 431.59	14.42
医疗保健	548.33	7.51	832.93	6.78	1 096.04	6.97	1 248.92	6.30	1 951.11	5.18
其他	172.09	2.36	371.10	3.02	529.94	3.37	800.35	4.04	2 125.73	5.64
合计	7 301.4	100.0	12 280.8	100.0	15 719.9	100.0	19 830.2	100.0	37 661.7	100.0

注：*按照国家统计局的划分标准，城镇居民的收入划分标准为最低收入户（10%）、较低收入户（10%）、中等偏下收入户（20%）、中等收入户（20%）、中等偏上收入户（20%）、较高收入户（10%）和最高收入户（10%）7 类，其中，中等偏下收入户、中等收入户以及中等偏上收入户各组占城镇居民总人数的 20%，其余各组均占城镇居民总人数的 10%。

资料来源：根据《中国统计年鉴》相关数据计算整理所得。

最后，网络消费快速发展，贷款消费日趋普遍。随着互联网技术的日益普及，以及物流业的迅猛发展，越来越多的城镇居民通过网络订购机票、预订旅馆、购物、学习以及娱乐消遣等。根据工信部提供的统计数据显示，2012 年全国与网络消费密切相关的信息消费规模达到 1.72 万亿元，同比增长 29%，带动相关行业新增产出 9 300 亿元。其中，新型信息消费规模达到了 1.03 万亿元，同比增长 61%。同时，根据中国人民银行发布的 2013 年中国区域金融运行报告，2013 年末全国人民币个人消费贷款余额同比增长 24.3%，较上年末上升 6.7 个百分点，其中个人住房贷款余额占 69.1%。分地区看，东部、中部、西部和东北地区人民币个人消费贷款余额同比分别增长 23.0%、30.6%、23.6% 和 24.9%，较上年分别上升 12.0 个、10.1 个、5.8 个和 7.8 个百分点。由此可见，网络消费和贷款消费将成为今后城镇居民消费升级的另一大热点。

为更为清晰地反映农村和城镇居民不同类型消费支出的动态变化趋势，图 3-1 列出了 1990~2012 年主要时间点城镇与农村居民家庭各类消费品人均现金消费支出①构成，其中每个相同花色的柱形中，左侧为农村样本，右侧为城镇样本。

```
55
50
45
40
35
30
25
20
15
10
 5
 0
         1990           2000           2010           2012      （年份）
   ▨食品  ▤衣着  ▥居住  ■家庭设备  ▦交通通信  ▧文教娱乐  ▨医疗保健  □其他
```

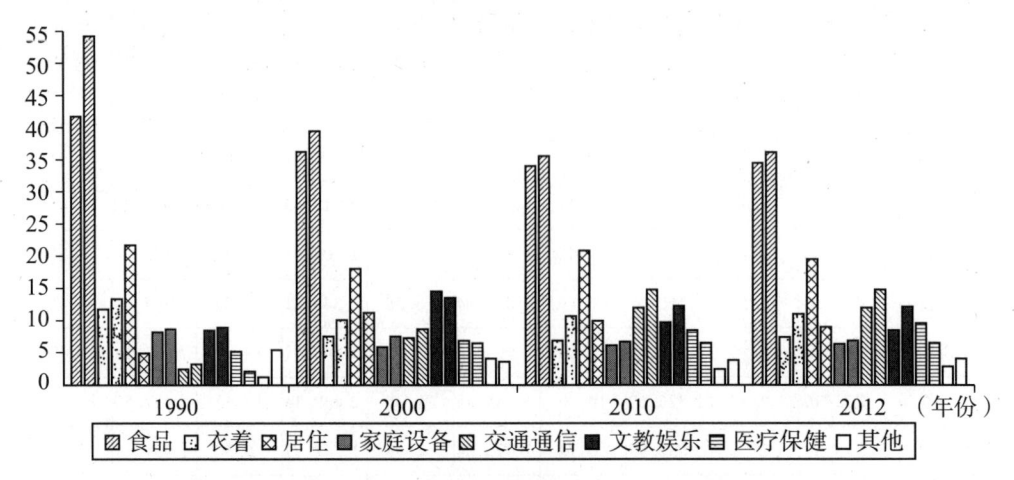

图 3-1 城乡居民不同类型消费支出（消费结构）对比

注：本图是城乡居民不同类型消费支出（消费结构）柱状图，以 1990 年为例，第一、二个柱状分别代表农村、城镇居民家庭食品消费支出，第三、四个柱状分别代表农村、城镇的衣着消费支出，按照图中的图例以此类推，第十五、十六个柱状分别代表农村、城镇的其他消费支出；其余年份的做法类似。

资料来源：根据 2012~2013 年《中国统计年鉴》计算整理所得。

从图 3-1 可以发现，农村居民在食品、衣着、家庭设备、交通通信支出的比重要低于城镇居民，而在居住、医疗保健方面的支出比重相应地要高于城镇居民；同时，文教娱乐消费支出并没有呈现出一致的变动趋势。究其原因，农村居民在食品、衣着、家庭设备、交通通信支出方面相对比重较低，部分归结于农村居民消费的"自给"性以及"层次低"等特点，而在居住、医疗保健刚性支出相对比重较高，在另一方面反映了其较低的收入水平。

此外，城乡居民消费差异在耐用品消费方面表现得尤为突出。由于耐用品的特点是一次性支出大，购买与消费在时空上分离，因此其更能反映出居民消费状况与生活水平。据统计，以与日常生活非常紧密的洗衣机拥有量为例，1990 年城镇每百人洗衣机拥有量是 48.41 台，在 2012 年这一数字达到 98.02；而同期农村居民每百人洗衣机拥有量仅仅为 9.12 与 67.22 台。在这一点上，

---

① 考虑到城乡居民不同类型消费支出的可比性及数据可得性，我们采取了现金消费支出；尽管农村居民在食品、衣着（在 20 世纪以及 21 世纪前几年）、居住等方面的部分消费支出具有"自给"的特点，人均现金消费支出的衡量方法会降低农村居民在食品、衣着、居住消费支出的占比，而提升家庭设备、交通通信、文教娱乐、医疗保健等方面的消费支出比重。但如果考虑到居民消费需求的市场化以及受到的流动性约束等情况，这一做法具有一定的合理性。

城镇居民拥有量分别为农村居民拥有量的 5.31 倍和 1.46 倍。尽管城乡差距在缩小，但是如果考虑到城乡居民消费的耐用品质量或档次等方面的因素，城乡居民在耐用品消费方面的差距将更为凸显。在城镇中低档的电冰箱、中等的空调器、照相机等消费品在农村地区仍是一种中档或中高档消费品，同时在城镇的部分中高档享受型消费品如组合音响、淋浴热水器、健身器材、家用汽车等，在农村依然少见。

另一方面，由于食品消费是人类最重要的也是最基本的一类消费需要，食品消费在居民总的消费支出的份额往往代表了一定的消费结构水平和生活水平。因此，恩格尔系数也可作为表征居民消费支出结构高度的重要指标之一；所以，我们将以恩格尔系数作为表征居民消费结构的另一指标。

从图 3-2 可以发现以下几个特点：第一，农村居民家庭的恩格尔系数始终要高于城镇居民，从侧面反映了农村居民收入水平低于城镇居民的典型事实；第二，城乡居民的恩格尔系数整体呈现出下降趋势，城镇恩格尔系数由 1978 年的 57.5% 下降到 2012 年的 36.2%，相应地，农村居民恩格尔吸收则由 67.7% 下降到 39.3%；第三，城乡恩格尔系数之差并没有呈现缩小趋势，1978~2012 年城乡恩格尔系数平均之差为 5.92%，其中，在 1978~1983 年以及 1999~2012 年，城乡恩格尔系数之差呈现缩小趋势，1983 年达到最低点 0.2%。此外，1984~1999 年城乡恩格尔系数之差显现出增加趋势，并达到最高点 10.5%。

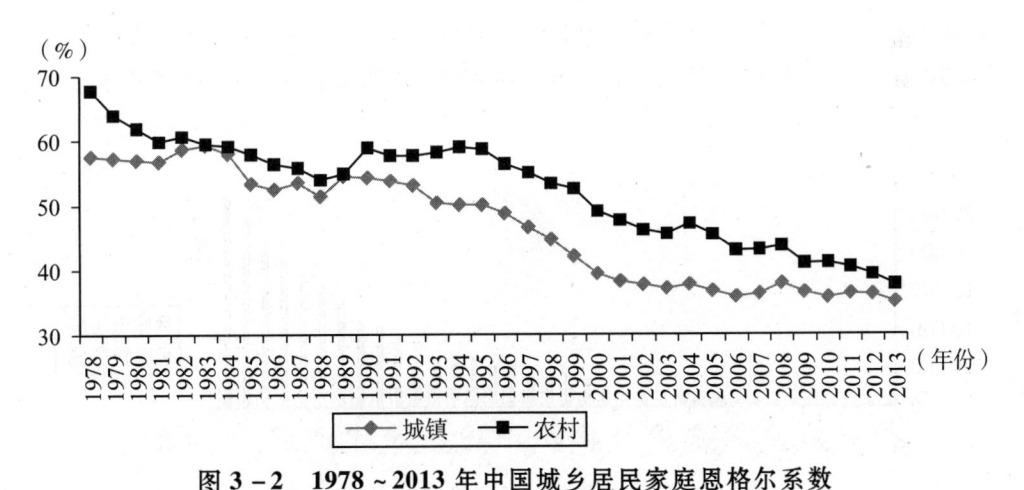

图 3-2　1978~2013 年中国城乡居民家庭恩格尔系数

资料来源：历年《中国统计年鉴》。

第三节 影响城乡居民消费行为的因素

根据已有研究成果,收入状况、消费信贷被认为是影响居民流动性约束程度与消费的最主要因素。此外,还存在其他一些影响居民流动性约束与消费的因素,包括制度变迁、不确定性、人口特征、消费习惯、利息率等,鉴于研究重心需要以及篇幅所限,我们接下来将主要从以下五个方面来分析这些因素对居民流动性约束及其消费的影响。

一、收入状况

改革开放以来,城乡居民人均收入呈现出持续增长态势,尤其是20世纪90年代以来,这种上升趋势更为明显(见图3-3),农村居民人均纯收入与城镇居民人均可支配收入分别从1978年的133.6元、343.4元上升到2013年的8 895.9元、26 955.1元,年均名义增长率为12.76%与13.38%。同时,无论从收入总量还是从增长速度来看,城镇居民人均收入一直高于农村居民,导致城乡居民收入差距持续扩大,城乡人均收入比从1978年的2.57扩大到2012年的3.03,相应地,两者的差额从期初的209.8元扩大到目前的18 059.2元;如果考虑到城乡居民在享有的医疗、教育等公共服务方面的差异,城乡居民的实际收入差距还可能更大。

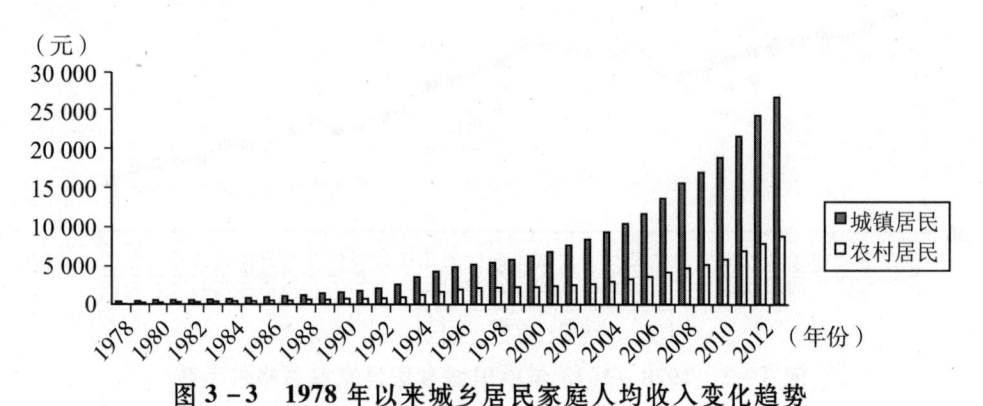

图3-3 1978年以来城乡居民家庭人均收入变化趋势

资料来源:历年《中国统计年鉴》。

此外,不仅城乡居民间存在巨大的收入差距,农村、城镇居民内部不同收入组间也具有巨大的收入差距,图3-4与图3-5分别反映了农村与城镇不同收入组居民家庭人均纯收入与人均可支配收入变化趋势。就农村居民不同收入组收入差距来看，2000年高收入组与低收入组农户收入差距比是6.47（低收入组为1），到2013年这一比例达到8.23，相应地，人均收入差距从4 388.0元扩大到18 689.5元。就城镇居民不同收入组收入差距来看，2000年高收入组与低收入组农户收入差距比是3.61，到2013年这一比例达到4.93，相应地，人均收入差距从8 167.0元扩大到44 955.8元。

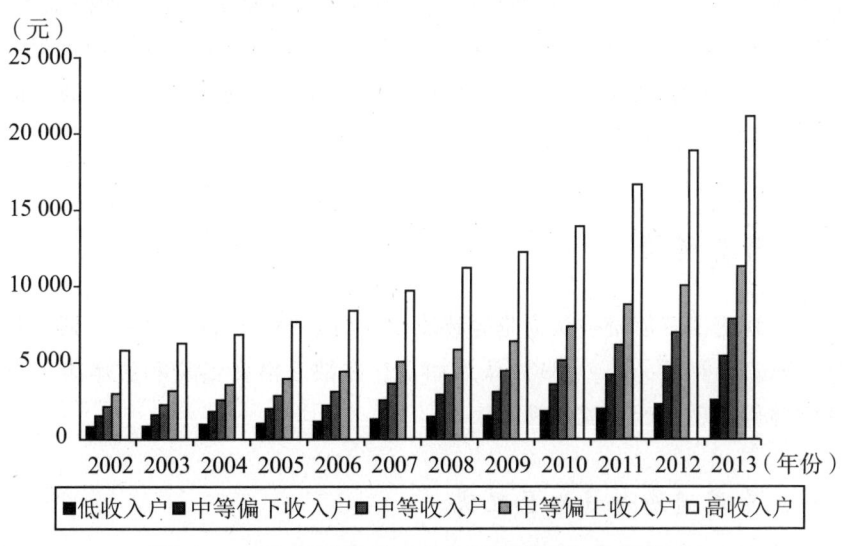

图3-4　农村不同收入组居民家庭人均纯收入

资料来源：根据2003~2004年《中国统计年鉴》计算整理所得。

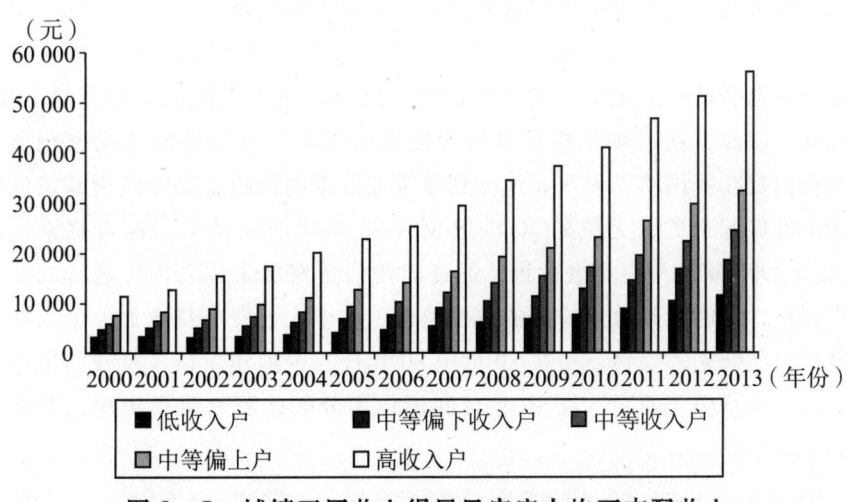

图3-5　城镇不同收入组居民家庭人均可支配收入

资料来源：根据2003~2014年《中国统计年鉴》计算整理所得。

综上所述①，就城乡对比来看，农村居民是中国最大的低收入群体，无论从收入总量还是收入增长速度来看，农村居民收入偏低并在收入分配格局中地位恶化的现象不容忽视；同时，农村与城镇居民内部不同收入组也存在巨大的收入差距现象，典型的事实是农村与城镇居民内部不同收入组间的收入差距已经远远大于城乡居民间的收入差距。根据多恩布什、费希尔（1997）的研究，低收入居民确实受到了流动性约束；收入水平越低，居民面临流动性约束的可能性越大（扎德斯，1989）。可以认为，与城镇居民相比农村居民可能面临更大的流动性约束，同时，将城乡居民分开研究可以发现，低收入组居民面对的流动性约束程度相应地要高于高收入组居民，由此可见，中国居民面临的流动性约束具有典型的多层次结构。

二、消费信贷

通常，缺乏消费信贷被认为是导致流动性约束的主要因素之一。斯蒂格利茨和韦斯（Stiglitz & Weiss, 1981）认为如果存在缺乏消费信贷和资本市场不完全等体制性障碍，就会产生流动性约束。

（一）中国消费信贷发展现状

消费信贷②是指"由金融机构向消费者提供资金，用以满足消费需求的一种信贷方式，其是以刺激消费、提高居民生活水平为目的，用居民未来收入作担保，由金融机构向消费者提供的以特定商品为对象的贷款"。

1993年3月，中国人民银行发布了《关于开展个人消费信贷的指导意见》，标志着个人消费信贷的全面、实质性启动。但是，由于我国消费信贷起步较晚，起点较低，因此，在市场规模和发达程度方面都无法与经济发达国家相比。另外，消费信贷在我国的发展明显地受到政策性因素的影响，是在政府政策的驱使与引导下发展起来的，无论是20世纪80~90年代的消费信贷试点探索，还是1997年与2008年为应对金融危机，通过消费信贷发展来拉动内需进行的经济增长方式调整，都能看到政府扮演的重要角色。在个人消费信贷方面，个人住房贷款是最早发展起来的项目。早在20世纪80年代，中国建设银行就开始试办了少量的个人住房贷款，而后，在90年代我国住房分配体制改革逐步深入并在全国

---

① 居民间收入差距也是导致居民间消费行为差异的因素之一，万广华、张茵、牛建高（2001）研究表明消费者之间收入水平差距越大，其消费行为出现差异的可能性就越大。

② 详见中国人民银行货币政策司发布的"中国消费信贷发展报告"（2002）。

大面积推广以后,个人住房贷款得到了迅速发展。到目前为止,我国的消费信贷已经发展到包括个人住房贷款、汽车贷款、大额耐用消费品分期付款信贷、助学贷款、旅游贷款等类型,其中,除个人住房贷款外,最受人们关注的是耐用消费品贷款、助学贷款及个人消费额度贷款。

表 3-5   1997~2013 年我国消费信贷发展状况

年份	规模 (亿元)	同比增长 (亿元)	同比增长 (%)	占 GDP 比重 (%)	占金融机构人民币贷款余额比重 (%)
1997	172.00	—	—	0.22	0.23
1998	456.00	284.00	165.12	0.54	0.53
1999	1 406.00	950.00	208.33	1.57	1.50
2000	4 265.20	2 859.20	203.36	4.30	4.29
2001	6 990.30	2 725.10	63.89	6.37	6.22
2002	10 699.20	3 708.90	53.06	8.89	8.15
2003	15 736.00	5 036.80	47.08	11.59	9.90
2004	19 882.00	4 146.00	26.35	12.44	11.16
2005	21 945.00	2 063.00	10.38	11.87	11.27
2006	24 089.00	2 144.00	9.77	11.14	10.69
2007	32 729.00	8 640.00	35.87	12.31	12.51
2008	37 267.00	4 538.00	13.87	11.87	12.28
2009	55 080.63	17 813.63	47.80	16.16	13.78
2010	75 000.00	19 919.37	36.16	18.68	15.65
2011	88 717.00	13 717.00	18.29	18.50	16.19
2012	104 357.00	15 640.00	17.63	20.11	16.57
2013	129 721.00	25 364.00	19.55	22.80	18.04

资料来源:根据《国民经济和社会发展统计公报(1997~2012)》《中国统计摘要(2014)》计算整理所得。

从表 3-5 可以发现,自 1997 年以来,消费信贷在我国得到了快速的发展,消费信贷规模从 1997 年的 172 亿元增加到了 2013 年的 129 721 亿元,尤其在 1998~2000 年,年平均增长率一度超过 150%。与总量规模相对应,消费信贷占 GDP、金融机构各项贷款的比重分别从 1997 年的 0.22%、0.23%上升到 2013 年的 22.80%和 18.04%。尽管从纵向来看,我国消费信贷取得了长足发展,但是我国目前消费信贷处在什么水平，发展阶段如何？要回答这样的问题，需要进行横向的国际经验分析，图 3-6 给出了其他一些国家（地区）2009 年消费信贷占 GDP 比重相关数据。将我国消费信贷发展水平与这些国家（地区）消费信贷水平进行对比可以发现，我国消费信贷规模占 GDP 比重大体与泰国、巴西和印度等相当，但是，不仅仅落后于英国、美国等发达国家，而且与马来西亚和韩国，以及中国台湾地区、中国香港地区等也相差很远。

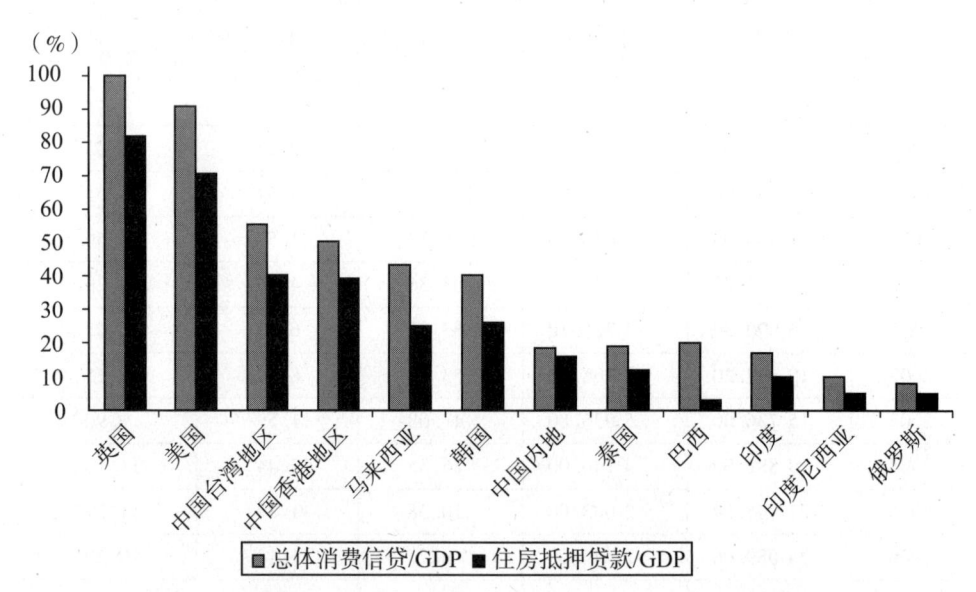

图 3-6　2009 年世界部分国家（地区）消费信贷、住房抵押贷款占 GDP 比重
资料来源：亚洲经济数据库，波士顿咨询公司报告（2011）。

上述只是简单讨论了总体的消费信贷规模问题，下面有必要对消费信贷产品的结构做进一步的探讨。图 3-7 列出了中国各类消费信贷产品的增长情况，从中可以发现，各类消费信贷产品呈现以下几个特点：

第一，各类消费信贷产品的总规模在持续增加，由 2005 年的 2 万亿元增加到 2009 年的 5 万亿元。第二，各类消费信贷产品的增长速度具有较大差异，该差异直接导致了各类消费信贷产品在总消费信贷产品中相对地位的显著变化。第三，住房抵押贷款占据主导地位，尽管在全部信贷产品总和中占据的比例逐步缩小，由 2005 年的 94% 下降到 2009 年的 88%。与住房抵押贷款比例结构变化相对应的是汽车贷款、信用卡及其他消费信贷产品的变化，其中，汽车贷款比例呈现出"V 字型"变化趋势，但从长期来看，汽车贷款的比例保持着相对稳定的水平；而信用卡及其他信贷产品表现出强劲的发展势头，两者的比例分别从 2005 年的 1% 和零上升到 2009 年的 5% 和 4%。

(万亿元人民币)

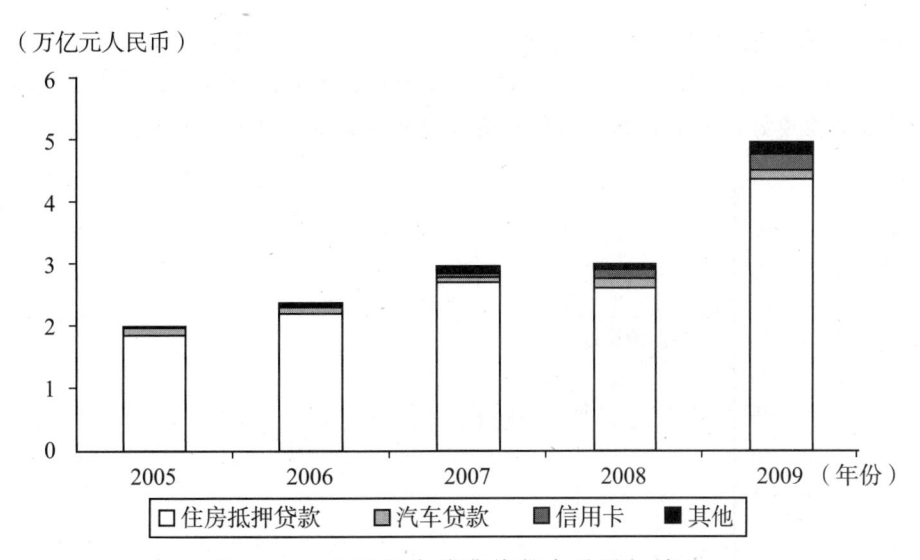

图 3-7 中国各类消费信贷产品增长情况

资料来源：亚洲经济数据库，波士顿咨询公司报告（2011）。

总体来说，我国消费信贷具有发展水平比较低、规模比较小，但发展速度较快、未来潜力较大，各类消费信贷产品发展速度不一、产品结构多元化等特点。

（二）消费信贷对消费者跨期预算约束的影响

上述流动性约束对居民消费行为的影响机制表明，居民之所以面临消费的流动性约束，就在于"预期"和"现期"间存在跨期预算约束。消费信贷可以通过改变消费者的跨期预算约束而对居民消费产生影响。

假设在经济体中仅存在一个消费者，消费者为了实现效用最大化目标，对其在第 1 期与第 2 期的消费进行选择。消费者在两期的消费量分别为 C_1 和 C_2，其收入分别为 M_1 和 M_2。为了便于分析，假设每个时期的消费品价格恒等于 1。

如果没有消费信贷，那么消费者在第 1 期的消费支出就不能超出其收入，M_1 便是其在第 1 期支出的上限，即 $C_1 \leq M_1$；如果消费者在第 1 期的消费支出等于其收入，也就是 $C_1 = M_1$，那么消费者在第 2 期的消费支出就为 $C_2 = M_2$，这时消费者的消费支出处在既不借款也不贷款的"波洛厄尼斯点"。如果消费者在第 1 期的消费支出小于其收入，即 $C_1 < M_1$，那么消费者在该期的储蓄就为 $M_1 - C_1$，作为储蓄者的消费者在第 2 期可以支出的金额为第 2 期的收入 M_2 加上其在第 1 期所储蓄的本金与利息和，因此其跨期预算约束为：

$$C_2 = M_2 + (1+r)(M_1 - C_1) \quad C_1 \leq M_1 \quad (3-1)$$

由图 3-8 可以看出，不存在消费信贷时，居民当期消费选择区间仅限于原

点至 M_1。而当存在消费信贷时（见图 3-9），居民当期消费的选择区间扩展至 $M_1 + M_2/(1+r)$，表明对于当期消费需求大于其收入的消费者而言，消费信贷使其处境变得更好，消费者通过借贷而使得预算约束线与更高的无差异曲线相切。

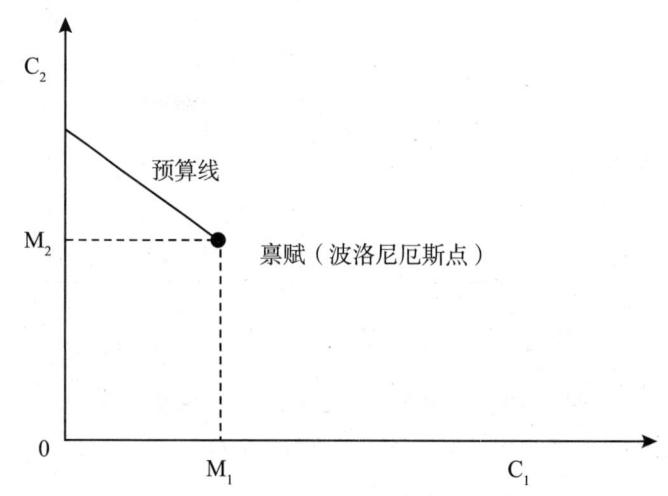

图 3-8　不存在消费信贷时的预算约束

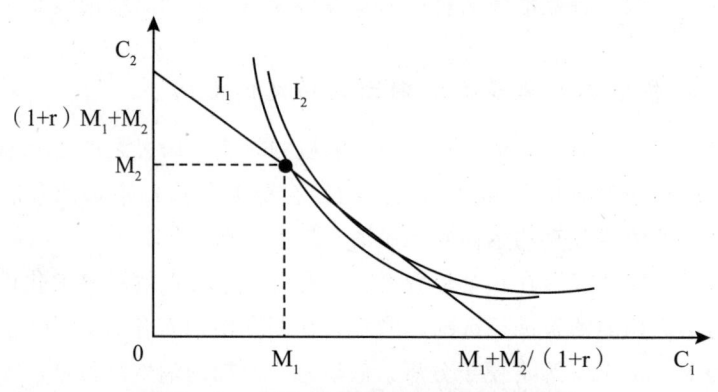

图 3-9　存在消费信贷时的预算约束

消费信贷使得跨期预算约束发生了变化。如果消费者在第 1 期的消费支出大于其收入，即 $C_1 > M_1$，则消费者就在该期借贷了 $M_1 - C_1$，于是作为借款者的消费者在第 2 期可支出的金额为收入 M_2 减去其在第 1 期所借的本金与利息和，因此其跨期预算约束为：

$$C_2 = M_2 - (1+r)(C_1 - M_1) = M_2 + (1+r)(M_1 - C_1) \quad (3-2)$$

同样，作为储蓄者的消费者在第 2 期可支出的金额为收入 M_2 加上其在第 1 期所储蓄的本金和利息和，其跨期预算约束为：

$$C_2 = M_2 + (1+r)(M_1 - C_1) \quad (3-3)$$

可以发现，在存在消费信贷的情况下，借款者和储蓄者具有相同的跨期预算约束。以未来值表示的消费者跨期预算约束可以表示为：

$$(1+r)C_1 + C_2 = (1+r)M_1 + M_2 \quad (3-4)$$

而以现值表示的消费者跨期预算约束可以表示为：

$$C_1 + \frac{1}{1+r}C_2 = M_1 + \frac{1}{1+r}M_2 \quad (3-5)$$

借款者和储蓄者有着相同的跨期预算约束，这意味着无论消费者在当期是否有足够的收入，都能够通过预支未来的收入而达到同样的消费水平，这就削弱了当期收入对于消费者支出选择的约束性（臧旭恒、刘国亮，2010）。

此外，吴龙龙（2010）认为消费信贷不仅会对消费产生正向的刺激效应，还会产生负向的挤出效应。刺激效应是指随着消费信贷的增加，居民消费支出的规模扩大或增长速度加快，消费支出的结构也随着消费信贷支持重点的调整而发生相应的改变；而挤出效应指的是随消费信贷的增加，在居民消费支出的结构随着消费信贷支持重点的调整而发生相应改变的同时，消费支出的规模相对缩小或增长速度相对下降；而消费信贷对消费的挤出效应是由直接挤出效应和间接挤出效应综合而成，前者来自积累首付款和还本付息的压力，而后者源于消费信贷对投资信贷的替代而造成的消费者收入相对减少。但消费信贷的挤出效应只在理论上存在，在现实经济生活中消费信贷的总体效应通常表现为消费的净刺激效应。

据此可以得出的结论是，消费信贷可通过发挥消费的净刺激效应，缓解居民面临的流动性约束，进而促进消费增长。

三、非正规金融

上面分析了我国消费信贷发展现状的整体情况，鉴于我国典型的"二元经济"国情，消费信贷发展也呈现出明显的二元经济特征，绝大多数的消费信贷投放给城镇居民，农村居民得到的消费信贷金额相对很少。此外，在广大的乡村地区，除了正规金融外，还存在大量的非正规金融，特别是农户作为生产单元与消费单位统一体的基本特点，农户获得的信贷资金的生产用途与消费用途往往交织在一起，两者没有明确的界限。因此，下面有必要对农村消费信贷[①]状况（包括非正规金融）及其特殊性做一个详细的说明，以期获得更为准确的研究结论。

在现阶段"扩内需、促增长"的背景下，可以说，消费信贷在刺激农村消费

---

① 农村消费信贷，可以理解为"在农村地区，由金融机构向农户所提供的用于满足农民消费需求的信贷方式，其以农户信用为基础，使信贷提供机构与农户间形成的一种债权债务关系"。

增长过程中占有举足轻重的地位。根据中国人民银行农村金融服务研究小组 2011 年发布的《中国农村金融服务报告 2010》（见表 3-6），截至 2010 年末，全部金融机构本外币农户贷款余额达到 26 043.3 亿元，占各项贷款比重的 5.1%。按照农户贷款的不同用途来划分，农户生产经营贷款与农户消费贷款余额分别为 21 937.7 亿元和 4 105.5 亿元，生产经营贷款金额是消费贷款金额的 5.08 倍，两者分别占金融机构全年发放贷款的 4.3%、0.8%，而同期农村人口占总人口的比重是 50.05%。也就是说占全国总人口 50.05% 的农村人口只获得了金融机构全年发放贷款的 5.1%，并且消费贷款仅占农户获得全部贷款的 15.7%，这种重生产、轻消费现象从侧面揭示了现阶段农村经济的欠发达及农村居民消费观念的落后。从贷款金额年增长率来看，农户消费贷款与生产经营贷款分别同比增长 48.8% 与 26.3%，表明农村消费贷款发展潜力巨大，将成为金融机构信贷业务的新增长点。

表 3-6　　　　　　　金融机构本外币农户贷款

种类	余额		当年新增额		同比增长（%）
	本期（亿元）	占各项贷款比重（%）	本期（亿元）	占各项贷款比重（%）	
农户贷款	26 043.3	5.1	5 908.9	7.1	29.4
一、按用途分类					
1. 农户生产经营贷款	21 937.7	4.3	4 563.3	5.5	26.3
农户农林牧渔业贷款	13 102.6	2.6	2 259.7	2.7	20.8
农户其他生产经营贷款	8 835.1	1.7	2 303.7	2.8	35.3
2. 农户消费贷款	4 105.5	0.8	1 345.6	1.6	48.8
其中：助学贷款	93.9	0.0	-22.6	0.0	-19.4
二、按信用形式分类					
1. 信用贷款	4 762.9	0.9	535.9	0.6	12.7
其中：农户小额信用贷款	3 111.0	0.6	398.1	0.5	14.7
2. 保证贷款	12 687.5	2.5	2 812.5	3.4	28.5
其中：农户联保贷款	3 033.2	0.6	652.9	0.8	27.4
3. 抵押贷款	8 187.1	1.6	2 496.3	3.0	43.9
4. 质押贷款	405.7	0.1	64.1	0.1	18.8

资料来源：中国人民银行农村金融服务研究小组：《中国农村金融服务报告（2010）》。

农村信贷的另一典型特征是农村存在大量的非正规金融。黄祖辉等（2007）根据"中国农村微观金融研究课题组" 2005 年调查数据，给出了样本农户 2004 年从正规金融机构和非正规金融所获贷款的贷款用途（见表 3-7），发现 2004 年样本农户共发生 367 笔贷款，其中正规贷款为 72 笔，非正规贷款是 295 笔；

正规贷款中仅有 2 笔来自农业银行，其余 69 笔都来自农村信用合作社（其中 1 笔贷款的来源信息缺失）。按笔数计算，正规贷款用于家庭消费、农业生产与非农生产的比例分别为 27.78%、31.94% 与 26.39%；按照金额计算，这 3 种用途的比例分别为 11.87%、16.60% 与 48.67%。同时，正规贷款金额的 65.27% 被用于生产方面，其中非农生产领域占据了 48.67%，而仅仅有 11.87% 被用于消费领域，其在教育、医疗、房屋与婚嫁方面的支出比例相差不大。与此相反，非正规贷款金额的 22.87%、62.17% 被分别用于生产和消费领域，值得注意的是，生产领域中的非农生产以及消费领域的医疗、婚嫁占有较大比重（婚嫁笔数为医疗笔数的一半，但其金额高出 4.01 个百分点）。

表 3-7　　　　样本农户正规和与非正规贷款的贷款用途

借款用途	正规贷款			非正规贷款		
	笔数	笔数比重（%）	金额占比（%）	笔数	笔数比重（%）	金额占比（%）
一、生产	42	58.33	65.27	64	21.69	22.87
1. 种植	17	23.61	10.84	17	5.76	2.94
2. 养殖	6	8.33	5.76	6	2.03	3.15
3. 非农生产	19	26.39	48.67	41	13.90	16.78
二、消费	20	27.78	11.87	197	66.78	62.17
1. 食品	0	0	0	1	0.34	0.07
2. 其他消费	1	1.39	0.06	46	15.59	6.55
3. 教育	5	6.94	2.67	37	12.54	6.15
4. 医疗	5	6.94	2.20	62	21.02	17.94
5. 房屋	5	6.94	2.45	23	7.805	9.50
6. 婚嫁	4	5.56	4.48	28	9.49	21.95
三、外出务工	0	0.00	0.00	1	0.34	0.01
四、偿还债务	6	8.33	2.88	17	5.76	2.70
五、其他	3	4.17	18.70	14	4.75	10.52
缺失	1	1.39	1.28	2	0.68	1.73
合计	72	100.00	100.00	295	100.00	100.00

注：(1) 其他消费项是指购置耐用消费品等，其他项包括缴罚款或者被调查者不愿说出其真实贷款用途；(2) 本调查没有统计金额小于 100 元的贷款；(3) 部分用于婚嫁的贷款资金中包括农户用于建房、房屋装修等费用。

资料来源：黄祖辉、刘西川、程恩江：《中国农户的信贷需求：生产型抑或消费性——方法比较与实证分析》，载于《管理世界》2007 年第 3 期。

可以发现，正规贷款与非正规贷款在用途上的差异主要与中国农业信贷政策与信贷产品有关，因为偏重于发放生产贷款而很少发放消费贷款是农业信贷政策要求农村正规金融机构须遵循的一项基本原则，农村居民的消费性贷款需求只能主要通过非正规金融渠道得到满足。这方面的相关研究还包括何广文（1999）、温铁军（2001）、李锐、李宁军（2004）等。

为进一步考察不同收入水平农户的正规与非正规贷款使用情况（表3-8），我们按照人均纯收入将样本农户分为5组（每组有164户），根据收入由低到高依次为贫困户、中等偏下户、中等户、中等偏上户和上等户。对正规贷款而言，中等户、中等偏上户以及上等户在笔数方面相差不多，但在金额方面，上等户占据了最大比重；而对非正规贷款而言，下等户、中等偏下户、中等户在笔数方面远超过了中等偏上户与上等户，但在金额方面，上等户依然占据了最大比重，其余各组金额占比相差不是很大。就非正规贷款在农户全部贷款中所占的比重来看，低收入户、中等偏下户占比分别为85.71%、85.93%，而中等偏上户、上等户占比分别为79.44%、80.77%。

表3-8　不同收入组样本农户的正规和非正规贷款

不同收入组	正规贷款				非正规贷款			
	笔数	比重（%）	金额（元）	比重（%）	笔数	比重（%）	金额（元）	比重（%）
下等	12	16.67	44 600	9.52	87	29.49	267 400	12.71
中等偏下	10	13.89	47 800	10.20	62	21.02	291 850	13.87
中等	15	20.83	100 800	21.52	58	19.66	413 800	19.66
中等偏上	16	22.22	73 300	15.65	39	13.22	283 300	13.46
上等	19	26.39	202 000	43.12	49	16.61	848 100	40.30
合计	72	100.0	468 500	100.0	295	100.0	2 104 450	100.0

注：（1）其他消费项是指购置耐用消费品等，其他项包括缴罚款或者被调查者不愿说出其真实贷款用途；（2）本调查没有统计金额小于100元的贷款；（3）部分用于婚嫁的贷款资金中包括农户用于建房、房屋装修等费用。

资料来源：黄祖辉、刘西川、程恩江：《中国农户的信贷需求：生产型抑或消费性——方法比较与实证分析》，载于《管理世界》2007年第3期。

可以发现，非正规贷款是不同收入组获得贷款的主要途径，同时，低收入组农户相对于高收入组农户而言，其更加依赖于非正规贷款。此外，无论是正规贷款还是非正规贷款，高收入组获得的贷款金额都要高于低收入组，从而低收入组农户受到的流动性约束要大于高收入组农户。上述事实可能是由于农村信贷市场发展不完善、农村居民收入过低（特别是低收入组农户）等因素所致。

四、制度变迁

改革开放以来，中国经历了从传统计划经济体制向市场经济体制的变迁，这种自上而下的强制性制度变迁与自下而上的诱致性制度变迁相结合过程，从很大程度上改变了城乡居民的消费环境与消费行为，因此有必要对制度变迁对消费的影响进行系统性梳理和总结。

（一）传统计划经济体制下（1952~1978年）消费品市场特征分析

这一阶段的典型特点是：第一，由于实行低收入与基本生活消费品配额制度，居民消费主要受政府计划支配，可以说居民"被剥夺"了自由选择消费的权利；第二，由于国家实行重工业优先发展政策，政府严格控制用于消费的产出比例及其结构，从而致使居民消费长期处于总量与结构短缺并存的局面；第三，由于实行按劳分配的分配方式和统一的标准工资制度，居民的收入长期在低水平徘徊，且消费品价格并不能反映真实的市场供求关系。

（二）双轨制下（1978~1992年）消费品市场特征分析

在双轨制下居民消费行为的典型特征表现为：第一，由于在这段时间消费市场上"非商品性消费品配额市场"与"商品性消费品市场"共存，同时，在分配方式上采取传统行政与市场商品分配的双层体制，因此，尽管这段时间后期，配额消费市场逐步被完全商品性消费品市场替代，居民进行消费选择的自由有所扩大，但计划与市场并存仍然是该时期消费品市场最主要特征之一。表3-9显示了在双轨制体制下自由市场交易的零售商品金额比例，可见，各类自由交易零售品金额比例在逐年扩大，到1985年，除粮食等少数几种消费品仍基本上是由行政配给或定量配给外，绝大部分消费品都由市场供求决定。第二，由于政府在逐步放松对消费品市场管控的同时，加强了城镇居民在住房、医疗、教育、水电等方面的福利补贴，极大地改变了城镇居民面临的预算约束；而与此同时，农村居民却几乎得不到任何形式的补贴，面临较大的预算约束。表3-10显示，对城镇居民消费预算影响最大的是财政补贴、房租补贴和企业职工福利补贴。1981年国家对全民所有制企业职工提供的各类福利补贴占工资总额的比重仅仅为36.86%，到20世纪90年代这一比例已经分别达到1991年与1992年的63.19%与61.49%。

表 3 – 9　　1978～1987 年中国自由市场零售消费品金额所占份额　　单位：%

年份	粮食	食油	猪肉	鲜蛋	牛肉	羊肉	家禽	水产	蔬菜	水果	茶叶	燃料
1978	2.53	2.29	1.43	9.80	10.11	10.31	28.56	6.85	14.67	11.56	0.46	3.80
1979	4.08	2.39	3.46	14.62	12.76	13.48	38.2	9.92	19.41	14.97	0.57	4.40
1980	5.64	3.97	5.04	21.62	26.19	27.88	52.9	13.31	22.22	20.88	1.51	5.88
1981	5.89	4.06	7.52	27.27	36.87	28.08	54.82	22.33	31.50	30.73	1.85	6.29
1982	6.31	4.51	8.97	9.38	34.54	26.24	52.49	20.06	32.89	31.48	2.12	7.40
1983	6.34	4.42	10.16	29.38	37.11	30.06	57.96	26.35	32.98	31.94	2.64	7.10
1984	5.50	4.75	12.52	28.67	36.29	35.36	61.66	32.94	39.47	37.88	—	—
1985	6.10	6.45	23.69	46.7	46.52	48.03	67.27	44.34	42.5	37.04	3.95	6.93
1986	6.67	9.32	27.18	54.39	48.3	52.13	67.93	47.59	50.93	46.44	5.45	6.76
1987	7.08	9.40	26.96	53.3	47.88	49.81	70.35	46.89	45.79	43.26	5.54	5.54

资料来源：Wang Z., Chern W S. Effects of rationing on the consumption behavior of Chinese urban households during 1981 – 1987. *Journal of Comparative Economics*，1992，16（1）：pp.1 – 26.

表 3 – 10　　1978～1991 主要年份城镇居民享有的各类福利性补贴　　单位：亿元

年份	医疗卫生费	集体福利设施及补贴	房租补贴	企业为职工提供的福利补贴	国家财政补贴	全民所有制企业职工享受补贴总计	全民所有制企业职工工资总额	各类福利占工资总额（%）
1979	31.7	11.8	—	24.79	42.77	—	529.5	—
1980	36.4	14.4	—	26.81	63.56	—	627.9	—
1981	39.0	16.4	74.24	27.71	86.08	243.43	660.4	36.86
1985	64.6	32.9	212.47	45.85	141.37	497.19	1 064.8	46.69
1990	227.0	69.7	652.83	104.30	414.03	1 468.76	2 324.1	63.19
1991	269.3	74.3	747.55	118.87	385.49	1 595.51	2 594.9	61.49

资料来源：龙志和：《我国城镇居民消费行为研究》，载于《经济研究》1994 年第 4 期。

（三）市场经济体制下（1992 年后）消费品市场特征分析

自 1992 年中国确立建设社会主义市场经济体制以来，以市场经济为导向的资源配置模式在各个领域逐步推行开来，并对居民消费行为产生了长远影响。第一，随着市场化改革的深入推进，消费品市场逐步由卖方市场转变为买方市场，同时，居民消费的选择范围不断扩大，自主性不断提高；第二，伴随着市场化改革的是包括对住房、医疗、教育等在内的社会福利制度的改革，这在减轻对财政和企业财务负担的同时，极大改变了居民的当期预算约束与收入预期，进而加重了居民的流动性约束，减少了消费。

同时，臧旭恒、裴春霞（2002）的研究表明：自中国1978年从传统的计划经济体制向现代的市场经济体制的转轨过程中，由于体制改革的不彻底性，特别是行政体制改革的严重滞后，居民面临的实际流动性限制并没有多大缓解。流动性约束的产生具有深层次的制度根源：第一，利率管制问题。流动性约束理论中，流动性约束的强度通常用借入和借出利率比来表示。据此，在管制利率政策下，缓解流动性约束的最直接办法理所当然是调整利率，但从20世纪90年代我国发展消费信贷的实际情况来看，尽管期间存贷款利率多次调低，但以一年期为例，存贷款利差没有缩小，反而有所扩大，如果考虑到征收利息所得税因素的话，实际利差更是进一步扩大。所以，单从利率角度来看，流动性约束实际上是增强了。第二，交易成本高。由于申请消费贷款需要审查的部门很多，手续繁杂，同时存在各种名目的收费，加之贷款的额度一般较小，因此，如果将利息和其他费用合并计算，往往会变为高息贷款。如果再考虑投入的精力、时间甚至尊严（政府机构的服务态度往往较差），总的成本还可能会更高。第三，价格不合理。汽车与住房是目前消费信贷的主要品种，是城乡居民当前实现消费升级的主要对象，因而也是目前潜力最大的消费信贷领域。通常认为，收入水平偏低是这两类商品信贷消费的制约瓶颈。但这只是问题的一个方面，更重要的是这两类商品的价格太高，因为在市场经济条件下，收入对供求双方都是硬约束，价格应该去适应需求能力，而不能是收入去适应价格。同时，不合理的高价格降不下来的根源在于这两个行业内强大的行政干预和国家垄断，因此，有必要通过引入竞争机制、优化市场结构的办法来降低价格，进而消除或降低流动性约束。第四，社会贫富分化加剧。流动性约束消费函数的一个隐含结论是流动性约束程度与收入分配状况密切相关。从我国实际情况来看，随着改革开放的深入实施，国家政策优惠和体制性倾斜在不同地区、行业的配置呈现不均衡，导致社会贫富分化程度有加剧趋势，并致使地区、行业、城乡及城乡内部差别都有不同程度的扩大。这种由制度和政策性因素造成的社会贫富分化现状降低了消费信贷放松的积极作用，因为真正需要借贷消费的是广大中低收入阶层，而他们现在借不起或借不到钱，富人却不需要进行借贷消费。因此，贫富差距越大，中低收入阶层的人口越多，收入水平越低，相应地，整个社会所面临的流动性限制就越强。

除了收入状况、消费信贷与制度变迁等上述列举的影响城乡居民消费的一般性因素外，还存在影响城乡居民消费的其他因素，包括不确定性、人口特征、消费习惯及利息率等。

五、不确定性

根据刘吉·圭索等人提出的预防性储蓄理论，不确定性会降低居民的消费支出[①]。刘吉·圭索等人假定家庭有常绝对谨慎（constant absolute prudence，CAP），并且随机收入路径为：

$$Y_t = \gamma Y_{t-1} + (1-\gamma)\hat{\gamma} + \varepsilon_t \qquad (3-6)$$

式（3-6）中，$\varepsilon_t \sim N(0, \sigma^2)$，$\varepsilon_t$ 为随机扰动项，γ 度量收入变动的持续性程度，$\hat{\gamma}$ 为一确定性成分；Y_t 表示第 t 期的收入，Y_{t-1} 表示第 t-1 期的收入。

进一步假定效用函数为含有谨慎系数 θ 的指数效用函数，家庭在财富约束条件下来最大化其总效用，使得资源配置达到帕累托效率。

$$\max \frac{1}{\theta} E \sum_{i=0}^{\infty} \frac{\exp(-\theta C_{t+i})}{r^i} \qquad (3-7)$$

$$s.t.\ W_t = rW_{t-1} + Y_t - C_t \qquad (3-8)$$

式中，r 表示利息率，C_t 表示第 t 期的消费，θ 表示谨慎程度，W_t 表示第 t 期的财富，W_{t-1} 表示第 t-1 期的财富。

假设收入冲击为正态分布，通过解此式可以得到：

$$C_t = \frac{r-1}{r-\gamma}\left(Y_t + \frac{1-\gamma}{r-1}\hat{Y} + W_t\right) - \frac{\theta r}{r(r-\gamma)}\sigma^2 \qquad (3-9)$$

这等价于 $C_t = \beta_0 + \beta_1 Y_t + \beta_2 W_t + \beta_3 \sigma^2$，其中，$\beta_0$、$\beta_1$、$\beta_2$ 为正值，β_3 为负值，σ^2 表示收入冲击的方差。如果存在下列 σ^2 情况：第一，收入变动持续性程度 γ 上升；第二，谨慎程度 θ 上升；第三，收入冲击的方差上升，则预防性储蓄会上升。在此消费函数中，$\beta_0 + \beta_1 Y_t + \beta_2 W_t$ 为收入确定时的消费水平，$\beta_3 \sigma^2$ 为预防性储蓄，即不确定性会降低当期消费的最优水平。

现阶段城乡居民面临诸多的不确定性，这些不确定性无疑集中体现为收入与支出的不确定性。下面将分别从城镇、农村来分析居民面临的收入与支出不确定性。

（一）农村居民收入与支出的不确定性

现阶段，中国农村居民面临诸多的不确定性因素，这些不确定性主要源于自然风险、家庭风险、市场风险以及体制转轨过程中的体制性风险等内部和外部的

[①] 这部分内容参见臧旭恒、刘国亮：《新经济增长路径——消费需求扩张理论与政策研究》，商务印书馆 2010 年版。

随机冲击。其中，市场风险与自然风险（灾害）是农村居民收入不确定性的主要来源。

农村居民收入不确定性的典型表现是人均纯收入呈现出较大的波动。图3-10显示，1978~2012年农村居民家庭人均纯收入与城镇居民家庭人均可支配收入增长率波动幅度（该时期增长率最大值减去最小值）分别达到30.3%与30.9%。根据理性预期假说，消费者在进行决策时，一方面会考虑可预见的即将发生的事件，另一方面也会依据以往的历史进行参考，如果过去收入波动较大，消费者会增强未来收入预期的不确定性。

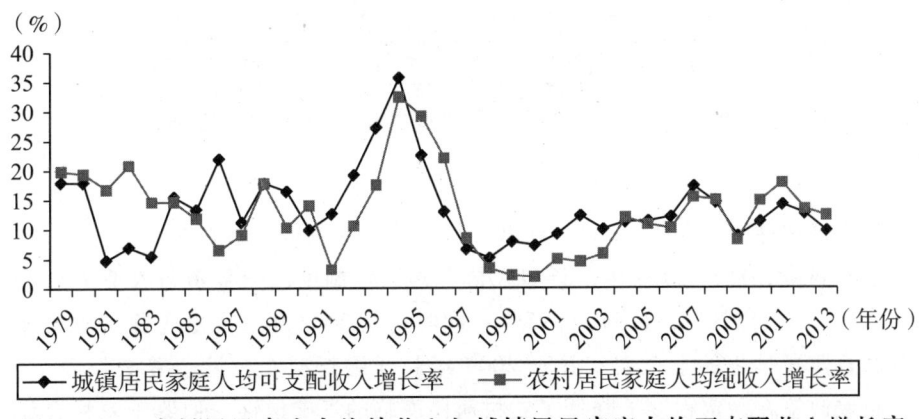

图3-10 农村居民家庭人均纯收入与城镇居民家庭人均可支配收入增长率

此外，根据持久收入假说，可支配收入由持久性收入与暂时性收入构成，如果收入构成中暂时性收入比重越大，波动性越强，则居民收入不确定性的感受就越强。李实（2000）认为，农村居民收入构成中，持久性收入主要由家庭经营收入构成；而工资收入基本上代表了暂时性收入，通常来说，农村居民工资性收入更易受到市场化改革带来的不确定性影响。图3-11显示，经营性收入和工资性收入是农村居民家庭的两大主要收入来源，但从1993年至今，家庭经营性收入（持久性收入部分）在农村居民家庭纯收入中所占比重逐步下降，从1993年的73.62%下降到2011年的46.18%；而工资性收入（暂时性收入部分）从1993年的21.11%增加到2011年的42.47%。同时，家庭财产性收入和转移性收入所占比重非常低，财产收入和转移性收入两者之和，在1993年仅为5.28%，到2011年才达到11.35%。因此，尽管收入结构的变化表明农村居民收入渠道的拓宽和收入结构多元化，同时也意味着农村居民面临的不确定性在增大。

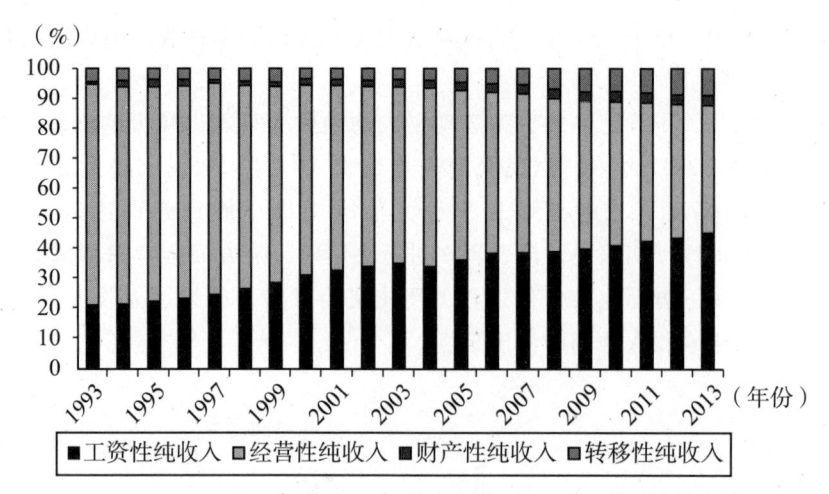

图 3-11　1993~2013 年农村居民家庭人均纯收入构成比例变化趋势

当前影响农村居民支出不确定性的主要因素来自医疗支出、养老支出和教育支出的不确定性。从 2003 年起，新型农村合作医疗制度开始在全国部分县（市、区）进行试点，截至 2010 年，新型农村合作医疗制度已全部覆盖农业人口的县（市、区），农村居民参合率达到 95%；同时，从 2007 年起国家免除了农村地区义务教育阶段学生的学杂费，并于 2009 年起开展新型农村社会养老保险试点。这些惠农政策在一定程度上降低了农村居民面临的不确定性，但鉴于农村合作医疗较低的报销率、繁琐的报销程序与严格的报销范围，高等教育较高的入学门槛、高昂的费用以及新农保较高的参保费、较低的覆盖率和甚少的养老金，加之农资价格的持续性上涨，住房建设与婚丧嫁娶的成本支出越来越高等因素的影响，农村居民未来支出不确定性的预期将持续存在。

（二）城镇居民收入与支出不确定性

城镇居民收入不确定性的典型表现同样也表现为收入增长率的剧烈波动（见图 3-10）以及收入构成比重的变化（见图 3-12）。收入增长率的剧烈波动使得居民难以对未来收入形成一个比较稳定的确定性预期，这种未来收入的不确定性预期在城镇居民未来收入信心指数①变化趋势（见图 3-13）中得到充分体现。图 3-13 表明城镇居民未来收入指数整体呈现出增加趋势，这与图 3-10 反映的城镇居民收入水平持续增加的事实一致。但是，居民未来收入信心指数表现出较大波动趋

---

① 反映居民对未来收入信心的扩散指数。该指数的计算方法是，先扣除选择"难以预计"的居民数，然后分别计算认为下季收入"增加"与"基本不变"的居民占比，再分别赋予权重 1 和 0.5 后求和得出。

势，反映城镇居民未来收入的不确定性预期。

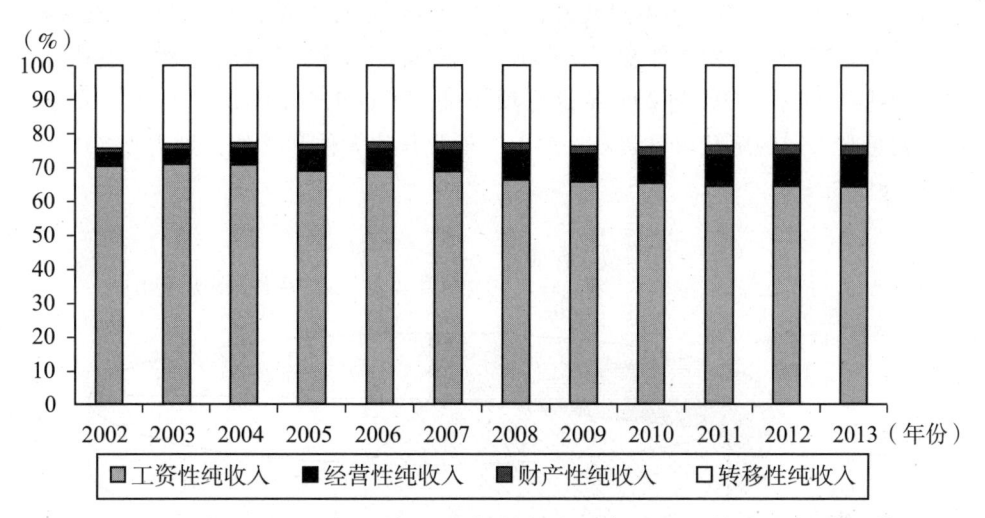

图 3-12　2002～2012 年城镇居民家庭人均可支配收入构成比例变化趋势

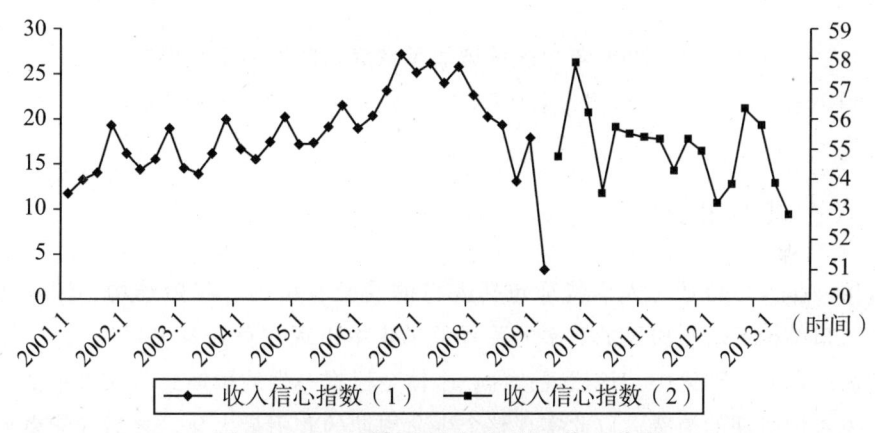

图 3-13　城镇居民未来收入信心指数

资料来源：中国人民银行调查统计司历年统计数据，http：//www.pbc.gov.cn/publish/diaochatongjisi/133/index.html。

与农村居民相比，城镇居民收入与支出的不确定性更多地受到体制转轨的体制性风险的影响。在面临传统的"零风险预期"的福利体制逐步瓦解，而健全、高效的社会保障体系尚未完全建立起来的情况下，之前由政府或企业以实物形式供给的教育、医疗、养老与住房等消费支出转而由居民个人承担，同时在这些费用上涨速度远远超过大多数家庭收入增长速度的情形下，由制度变革所导致的教育、医疗、养老与住房及其附带的不确定性成为制约城镇居民消费的重要因素。

清华大学中国金融研究中心 2010 年发布的《中国消费金融调研报告》显示（见图 3-14），在 2009 年中国城镇居民家庭预防性储蓄的主要动机中，与医疗、教育、养老相关的突发事件及医疗支出、子女及自身教育、养老退休三项动机占比分别达到 24%、23% 与 20%，这三项动机占了近 70% 的比例。此外，安全保值及利息收入、购房及房屋装修、购买汽车及其他大件和其他分别占据了 13%、11%、8% 与 1%。

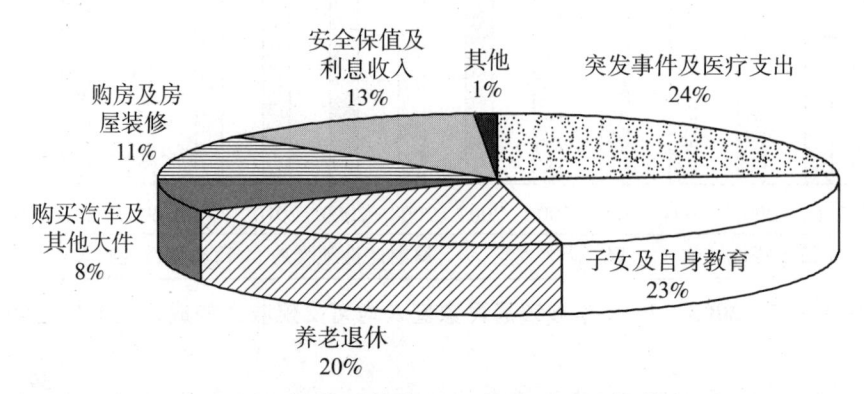

图 3-14　2009 年中国城镇居民家庭预防性储蓄主要动机

资料来源：廖理：《中国消费金融调研报告》，经济科学出版社 2010 年版，第 76 页。

六、其他因素

第一，人口特征。人口特征包括人口的受教育情况、年龄结构、性别比例等。人口结构变动与居民消费率的关系最早集中出现在莫迪利安尼等人（1954）的生命周期假说理论中。该假说认为，个体会根据一生的预期总收入来平滑自己在一生不同时期的消费，以此实现整个生命周期的效用最大化。之后，学者们对人口结构变动与消费之间的关系进行了诸多的探讨，这些研究使用了不同的层次数据与估计方法[①]，进行了直接或者间接的分析，但目前有关它们之间关系的研究还没有得出一个一致的结论。

第二，消费习惯。因为消费偏好具有时间不可分性，这使得人们的消费行为表现出一定的惯性，使得当期消费效用不仅依赖于现期消费支出，而且受制于前期形成的消费习惯，特别是，人们在进行跨期消费时，必然会受到前期消费行为的影响（齐福全、王志伟，2007），因此，我们也将消费习惯作为影响居民消费

[①] 包括宏观与微观层面的时间序列、横截面与面板数据，以及面板协整、动态面板 GMM、混合均群估计、静态固定效应、广义最小二乘、加权最小二乘、两阶段最小二乘、混合最小二乘等估计方法。

行为的重要因素之一。

　　第三，利息率。关于利率对消费的影响，米切纳（Michener，1984）证明了在实际利率可变情况下，利率对消费产生显著的影响。迪顿（1992）发现若初始现金资产和劳动收入流不变，利率上升将造成劳动收入贴现值的减少。从而造成消费的减少。而坎贝尔和曼昆（1987）研究发现，实际利率对消费增长率在统计上的作用是不显著的。至于利息率对流动性约束型消费者的影响机制而言，万广华等（2001）认为利率变化不会直接对流动性约束型消费者的消费决策产生影响，利率变化只能够通过其他途径，如改变消费者的收入流量或信贷条件，最终对居民消费产生影响。

第四章

居民收入与居民消费需求

第一节 初次分配与居民消费[①]

改革开放以来，中国经济实现了年均9.9%的高速增长，创造了经济增长领域的"中国奇迹"。伴随着中国经济的崛起，传统发展模式的弊端也在不断呈现，长久积累的体制性、结构性矛盾日益突出，尤其是以投资为主导的增长方式越来越难以为继。提升居民消费的比重，优化总需求结构比例，探寻一条更加公平、全民共享的可持续经济增长道路已成为学术界和决策者共同关注的问题。

随着当前经济结构的逐步调整和大规模经济刺激计划的退出，中国经济逐渐告别了高速增长时代，正试图转向以内需尤其是居民消费需求为主要推动力的增长方式。传统的"唯GDP式"的经济发展方式和重工业优先发展的政策导向，导致了在现有的收入分配体制下，劳动报酬在国民收入初次分配中的占比自20世纪90年代中期以来不断降低。截至2011年，这一比例降至47%，显著低于同期世界主要经济体的平均水平。初次分配格局的恶化直接影响到居民消费潜力的释放，同时也加剧了社会的贫富分化。党的十八届三中全会上通过的《中共中央

[①] 本部分内容作为阶段性成果，已发表于《经济学动态》2015年第1期。

关于全面深化改革若干重大问题的决定》中，也明确提出要在2020年之前形成合理有序的收入分配格局，提高劳动报酬在初次分配中的比重，逐步形成橄榄型分配格局。

然而，在经济转型的初期，国民经济将不得不面临转型带来的"阵痛"。一方面，以居民消费为主的国内需求尚未发育完善，对宏观经济的带动作用在短期内难以显现；另一方面，由政府主导的投资需求在国民经济中比重的降低，有可能在短期内造成经济增速的放缓。因而，伴随着经济转型所进行的初次分配格局的调整，将不得不面临经济增速放缓的压力。初次分配格局的调整将在多大程度上释放居民的消费潜力，并进而影响到国民经济的增长，在既定的经济政策目标下如何寻求上述三者的最佳组合，对于实现以提高国内消费率为核心的经济发展战略具有重要意义。

虽然已有研究对初次分配和居民消费的关系进行了较为充分的讨论，但因统计口径的变化，得出的结果有所偏差，不少学者对于初次分配格局的变动程度存在争议（李稻葵、徐翔，2013；许宪春，2013；张车伟、张士斌，2010；王小鲁，2010；肖文、周明海，2010；李扬、殷剑峰，2007），这直接影响到对二者变动关系的准确研判。本部分利用国家统计局按照现行统计口径调整后、最新公布的资金流量表相关数据对初次分配和居民消费的关系作进一步考察。

一、初次分配、再分配格局与居民消费

图4-1显示了1992~2011年初次分配中劳动份额占比和居民消费占比的变动趋势。本部分使用的是国家统计局依据最新统计法规统一调整后的数据，避免了因统计口径不一致而造成的统计指标的异常波动，提高了结果的可信度。图4-1中，劳动报酬在初次分配中的占比在1995~2001年间整体呈现波动下降趋势。而在2002~2011年这10年间，劳动报酬占比出现大幅下降，共下降了6个百分点。居民消费在国民经济中的比重自1996年以来呈现出逐步下降态势，截至2011年共下降了近12个百分点。在2000~2007年这一趋势最为显著，而2008年之后有所减缓，居民消费占比开始波动调整。由于可支配收入是决定居民消费能力的主要因素，因而不难推测出，初次分配中劳动报酬占比的下降与居民消费占比的下降密切相关。初次分配格局的恶化严重制约了居民消费潜力的释放。

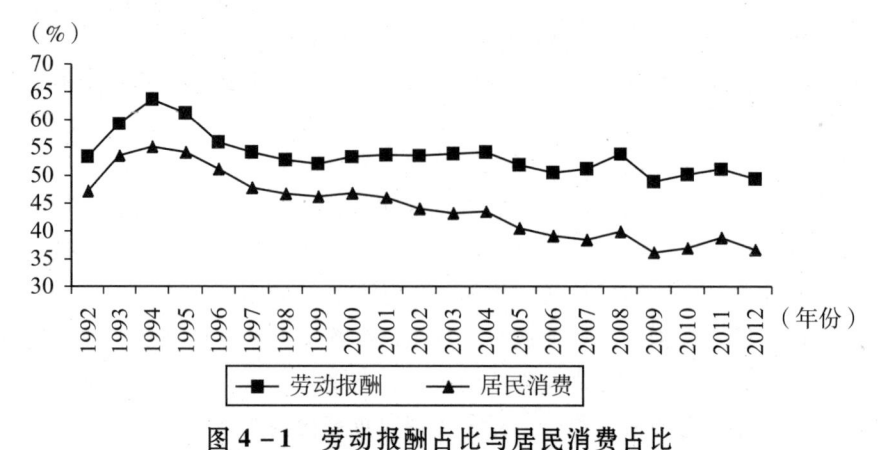

图 4-1 劳动报酬占比与居民消费占比

资料来源：1992~1999 年数据来自《中国资金流量表历史资料（1992~2004）》，2000~2011 年数据来自《中国统计年鉴（2012）》中的《中国资金流量表（2000~2011）》。

为进一步探究初次分配格局恶化，进而影响到居民消费潜力释放的原因，接下来从居民、企业、政府三大部门视角进行分析。资金流量表将国民经济分成了非金融企业、金融机构、政府、住户（即居民）和国外等五个部门。为了分析的便利，本节将非金融企业和金融机构合并成企业部门，企业部门的收入为营业盈余和固定资产折旧之和，不存在消费问题，其可支配收入全部转换成储蓄。政府部门的收入可近似看作税收收入，住户部门的收入可近似看作劳动报酬。因而，资金流量表中国民收入的部门结构对应着国民收入的要素分配结构。

从图 4-2 可看出，与现有研究不同，各部门收入在初次分配中的占比并无显著变化趋势。这主要是由于统计口径作统一调整之后，增加了各统计指标在时间上的可比性，减小了因统计口径变化而带来的统计数据的"跳跃"。自 2000 年以来，初次分配的部门结构（要素结构）开始逐步恶化。居民部门在初次分配中所占比例逐步下降；企业部门在初次分配中的占比逐步上升，至 2008 年达到"峰值"，而后逐步回落，但仍高于 2000 年的水平；政府部门整体上变化幅度较小，但仍呈现出了稳步上升的趋势。

具体来看（见表 4-1），1992~2000 年，初次分配和再分配格局偏向于企业部门。在这 9 年间，企业的初次分配占比提高了 0.66%，而在再分配中进一步提升了近 4 个百分点；政府收入呈下降趋势，在再分配中进一步下降了 2 个百分点；而居民在初次分配中有所上升，但在再分配中则呈现略微下降。可见，这一时期的国民收入分配格局整体上朝着"偏向企业，弱化居民"的方向演进。2000~2008 年，在初次分配中，企业占比进一步上升了 6.89%，居民则显著下降了 8.49%，政府占比也有所上升；在再分配中，企业占比回落了 2 个百分点，政府占比提升了近 3 个百分点，而居民占比进一步下降了近 1 个百分点。这一时期的

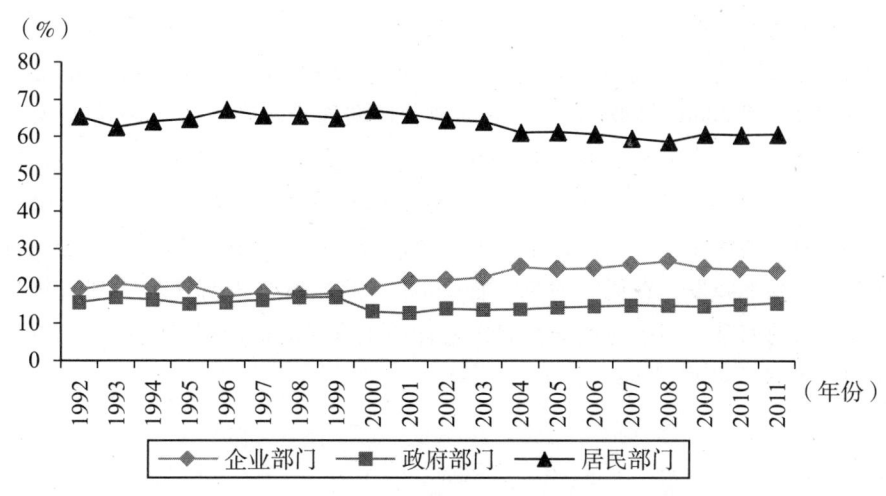

图 4-2 国民收入初次分配各部门占比变化

资料来源：同图 4-1。

国民收入分配格局朝着"偏向企业和政府，恶化居民"的方向演进。与图 4-1 中这一时期居民消费占比的剧烈下降相对照，不难发现，收入分配中居民部门收入状况的恶化直接导致了居民消费率的降低。更进一步，居民在 2000~2008 年收入占比共下降了 9.26%，而由图 4-1 可知，居民消费占比下降了 10.66%，二者下降幅度几乎吻合。2008~2011 年，在初次分配中，企业占比有所回落，政府部门占比小幅上升，居民部门占比扭转了之前下降的趋势，上升了 2 个百分点；在再分配中，企业和政府占比略微下降，居民占比进一步上升了 0.5 个百分点。因而，这一时期的分配格局开始向"控制企业，稳定政府，提升居民"的方向转变。

表 4-1　　　　　　　　初次分配与再分配格局的变动　　　　　　　　单位：%

时期	初次分配			再分配		
	企业部门	政府部门	居民部门	企业部门	政府部门	居民部门
1992~2000 年	0.66	-2.40	1.74	4.61	-4.43	-0.18
2000~2008 年	6.89	1.60	-8.49	4.81	4.45	-9.26
2008~2011 年	-2.66	0.65	2.01	-2.71	0.21	2.50
合计	4.89	-0.15	-4.74	6.70	0.23	-6.93

资料来源：同图 4-1。

各部门的消费潜力除与部门收入在国民收入中的比重相关之外，还和各部门的消费倾向相关。各部门的消费倾向可用部门消费除以部门可支配收入计算得出。由于企业不存在消费，因而只考虑政府和居民的消费倾向（见图4-3）。其中，政府的边际消费倾向变化幅度较大，1992～2000年呈波动上升，并在2000年达到峰值。而2000～2008年，政府的消费倾向逐步下降，在2008年后又有所回升。居民部门的边际消费倾向在1992～1999年间呈小幅波动上升趋势，而在2000年之后则逐步下降，直至2011年呈现小幅回升。结合表4-1，政府部门和居民部门边际消费倾向的下降，基本上与政府部门收入占比大幅上升、居民部门收入占比大幅下降发生在同一时期。而2008年后政府收入占比的下降直接导致了消费倾向的回升；同一时期居民收入占比的上升对居民消费倾向的影响有所滞后（2011年才有所回升）。

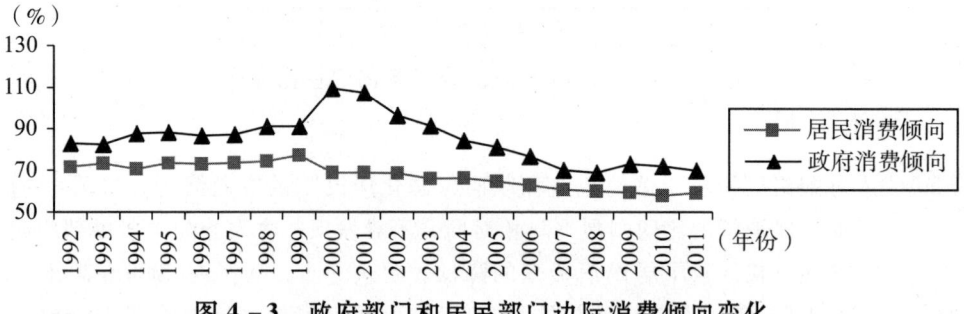

图4-3 政府部门和居民部门边际消费倾向变化

注：2000年和2001年政府的边际消费倾向大于1，同年政府的储蓄为负值，这表明这一时期政府在"负债消费"。

由上述分析可知，初次分配在国民收入分配中起着决定性和基础性的作用。2008年之前，国民收入分配格局整体上朝着偏向企业，而不利于居民的方向演进，尤其是在2000～2008年间，这一趋势最为显著。再分配非但未能缓解初次分配恶化的局面，反而加剧了这一趋势。2008年之后，收入分配格局持续恶化的趋势得以扭转，居民收入占比开始有所回升。这和2008年金融危机之后，我国政府出台了一系列旨在刺激内需的政策，加快经济转型步伐相关。居民收入占比的下降还同时引发了居民消费倾向的降低，进一步压制了居民的消费潜力。结合图4-1所示居民消费占比在2008年之后的波动变化，可见收入分配格局的改变已开始发挥作用，但趋势并不十分显著。若要进一步释放居民长期被压抑的消费潜力需要持续推进初次分配格局的改善。

二、初次分配与居民消费的国别比较

为进一步把握初次分配与居民消费二者之间的联系，接下来分别考察不同情景下，世界主要经济体初次分配格局变动与居民消费之间的关系，为准确分析当前中国所处的情形提供参照。

首先，与世界主要发达经济体与发展中经济体作对比，选择不同的参照系，可以更为客观的把握当前我国经济发展格局中存在的差距，为准确判断我国经济结构调整所处的阶段提供参照系。由于各国统计口径的差异，本部分在进行劳动份额的跨国比较时统一使用联合国经济社会局提供的统计数据，采用的是联合国SNA93标准。

图4-4显示了1992年以来世界主要经济体劳动份额的变化，不难发现，各主要经济体之间的差距较大，其中以G8国家和欧盟国家为代表的发达经济体劳动份额较高，变动幅度较小；发展中国家中最有代表性的"金砖五国"之间差异较大，变化幅度也较大，并呈现出一定程度的"收敛"态势。各主要经济体劳动份额的变动趋势也并不一致，如中国在2000年后呈现下降趋势，而巴西呈现出上升趋势。欧盟国家的劳动份额最高，保持在65%左右；印度的劳动份额最低，不到30%；中国的劳动份额与G8国家的平均水平类似，在各主要经济体中处于中等偏上的水平。

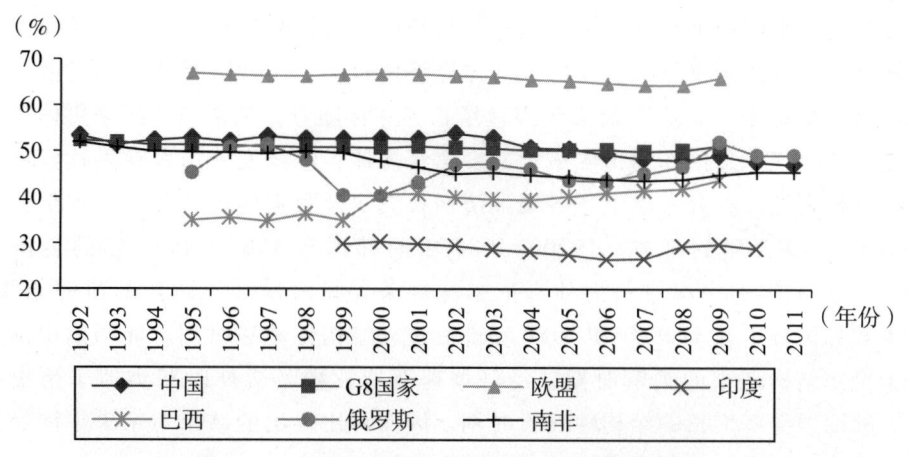

图4-4 当今世界主要经济体劳动份额变动

资料来源：联合国经济社会局。

图4-5显示了与图4-4同一时期各主要经济体居民消费占比的变化。显然，中国的居民消费占比远低于各主要经济体，尤其是2000年之后，与其他主要经济体之间的差距越来越大。除俄罗斯之外，其他主要经济体的这一指标均在60%左右。综合考虑图4-4和图4-5可以发现，劳动份额的高低与居民消费占比的多少并无直接联系，但劳动份额的变化却与居民消费占比的变化密切相关，二者总体上呈现出同步变动趋势。

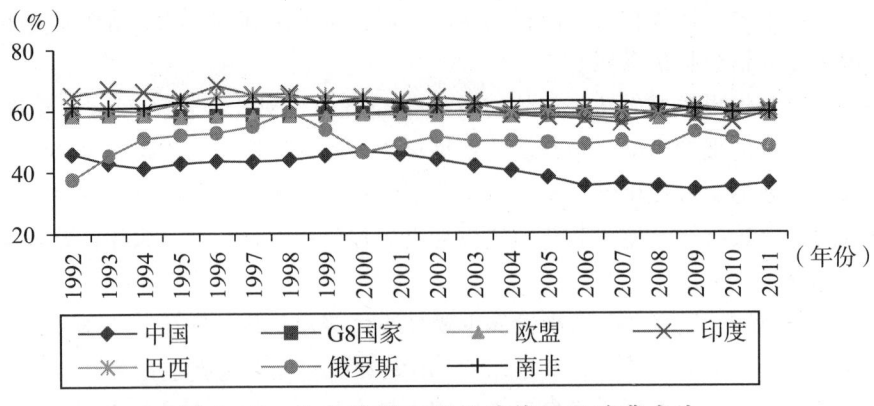

图 4-5　当今世界主要经济体居民消费占比

资料来源：世界银行数据库。

接下来，将中国当前初次分配格局与居民消费状况同世界其他主要经济体经济增长速度相当时期进行对比，从经济史实探究目前的国民经济状况是否与当前高速的经济增长相对应。进而以经济增长速度作为参照系，比较主要经济体高速增长时期的经济结构特征。本部分选作参照的国家为日本、韩国和美国。日本、韩国与中国同为东亚国家，但它们均经历过经济高速增长阶段，并成功实现转型步入发达国家行列。发达经济体经济增长在"二战"后表现出类似的变动趋势，即均在"二战"后出现高速增长，并伴随着石油危机的到来集体告别高速增长时代。美国作为世界最大的发达经济体，经济发展历程在发达经济体中最有代表性。综合考虑上述各国经济增长史实及数据的可获得性，本部分选取 1961~1973 年的日本、1970~1988 年的韩国和 1961~1973 年的美国与 1992~2011 年的中国进行对比。依据沈坤荣、滕永乐（2013）的研究结果，日本和韩国分别在 1969 年和 1988 年前后进入结构性减速时期。而当前中国正处于经济结构调整的关键时期，经济增速有所放缓，所处时期类似于历史上日、韩两国经济增长的结构性转折时期。因而对比得出的结果对未来中国经济转型的走向也具有参照意义。

通过对比发现（详见图 4-6），与中国不同，日本、韩国和美国在经济快速增长时期劳动份额并未呈现出同中国类似的下降趋势，反而呈现出增长趋势，尤以日本、韩国最为明显，样本观察期内，日本和韩国的劳动份额均增长了 8 个百分点。值得注意的是，近 20 年经济高速增长时期中国的劳动份额与其他国家类似时期相比，虽然呈现下降趋势，仍位于样本国家的中上等水平。但如果延续当前下降趋势，劳动份额将低于历史上经济快速增长时期的各国。

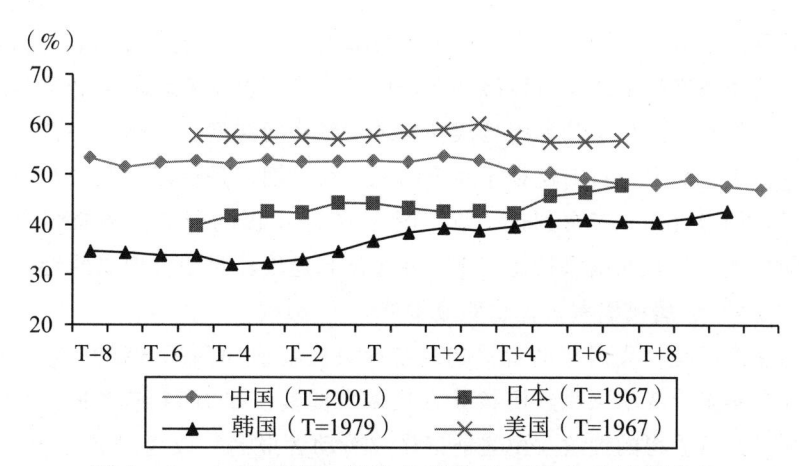

图4-6 主要经济体经济高速增长时期劳动份额变化

资料来源：美国1961～1969年数据来自美国经济分析局；日本1961～1973年数据来自日本总务省统计局；韩国1970～1974年数据来自韩国国家统计局；其余数据来自联合国经济社会局。

与美国这一成熟经济体不同，日本、韩国和中国在经济快速增长时期的居民消费占比均呈现出大幅下降趋势（详见图4-7）。其中，韩国下降了24个百分点，日本下降了近7个百分点。而中国自1992年以来，居民消费占比下降了近10个百分点。综合图4-6和图4-7，只有中国的劳动份额和居民消费占比呈现出同步变动趋势，日本和韩国则呈现出反向变动趋势（劳动份额上升，居民消费占比下降），而美国的劳动份额和居民消费占比均保持平稳变动趋势。但值得注意的是，虽然各国在经济快速增长时期的居民消费占比均呈下降趋势，但中国这一指标的绝对水平仍显著低于其余各国10个百分点左右。

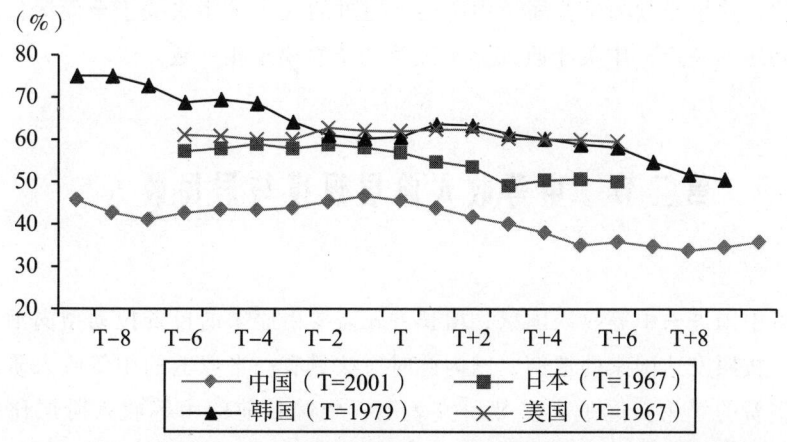

图4-7 主要经济体经济高速增长时期居民消费收入占比变化

资料来源：美国1961～1964数据和日本1961～1969数据分别来两国统计局数据库；其余数据来自世界银行数据库。

不难看出，从经济发展史实看，劳动份额的变动与经济的高速增长无必然联系，不同的经济增长模式均可以维持高速增长，进而引发劳动份额沿着不同的轨迹变动。选作参照的日本和韩国均成功实现了经济的转型，美国则一直是成熟市场经济的代表，而中国目前仍处于经济高速增长时期，是否即将迎来经济增速的结构性拐点仍未可知。考虑到这一点，图4-6中中国的劳动份额曲线会低于现在所处的位置。与其他国家相比，中国在经济高速增长时期表现出的劳动份额下降并不"正常"，居民消费占比也明显偏低。

值得注意的是，我国劳动者报酬的统计口径目前和国际 SNA93 标准并不完全一致。近年来，我国国民经济核算方法多次调整，如 2004 年将非农个体劳动者通过生产经营获得的纯收入由之前记作"劳动者报酬"改为"营业盈余"，而 2010 年之后又将其改为"劳动者报酬"。国际通行标准往往将非农个体生产经营收入和农户收入记作"混合收入"，而我国在 2010 年后均将其视为"劳动者报酬"。因而，在跨国对比中我国的劳动份额实际会更低。

综上所述，虽然历史上各主要经济体所呈现的初次分配中的劳动份额和居民消费占比二者之间的变动关系并不完全一致，但考虑到各国经济体制、文化传统、所处国际环境等因素的差异，仍不可否认二者之间密切的内在联系。尤其是近年随着全球经济联系的日益紧密，各主要经济体的劳动份额和居民消费占比呈现出越来越密切的同步变动趋势。与世界主要经济体的发展史实对比，中国的国民收入初次分配在近年经济高速增长过程中所呈现的劳动份额下降趋势并不"正常"，居民消费占比也明显低于其他主要经济体。参照主要经济体的经济发展史实，未来中国经济的转型应适当提高初次分配中的劳动份额和国民收入中的居民消费占比，这也与党的十八届三中全会上通过的《中共中央关于全面深化改革若干重大问题的决定》中关于收入分配改革的调整要求相一致。

第二节　中等收入阶层规模与居民收入[①]

随着中国进入中等收入国家，增长方式需要由原来的投资拉动型向消费驱动型转变。按照发达国家的惯例，国内此时应该具有一半以上的中等收入阶层才能有利于消费的繁荣。但是大多数研究表明，中国目前的中等收入阶层比例还很

---

① 课题组成员宋建承担与本部分内容相关的子课题研究，这一部分作为所获得的课题阶段性成果的一部分，也形成宋建博士学位论文《中国中等收入阶层与居民消费研究》的一部分。

低。这也与国内外学术界目前未形成对中等收入阶层的一致定义有关。另一方面,中等收入阶层在收入分配格局中占大多数也意味着经济增长的成果为大多数居民享有,从而有利于社会整体福利的提高,有利于社会稳定和经济的进一步发展。2002 年,党的十六大报告首次明确提出"以共同富裕为目标,扩大中等收入者比重,提高低收入者收入水平"①;2011 年,中央经济工作会议又指出,要把扩大内需的重点更多放在保障和改善民生,提高中等收入者比重上来②。足见中等收入阶层对于扩大内需和改善民生的重要性。2014 年中央经济工作会议提出了"新常态",认为过去我国消费具有的模仿型排浪式特征将逐渐被个性化和多样化消费代替③,中等收入阶层凭借对消费品质的关注,更加有可能成为这一新阶段的消费主体。

那么,中国目前的中等收入阶层规模和比例到底有多少?反映了怎样的收入分配格局?又如何扩大中等收入阶层呢?本节将从中等收入阶层与中产阶层的辨析、不同国内外定义下的中等收入阶层比例及变化情况、居民收入分布变迁情况和中等收入阶层扩大措施等几个方面进行展开分析。

一、中等收入阶层与中产阶层

相比中等收入阶层,中产阶层可能更为民众所熟知。经过大众媒体的渲染,中产阶层某种程度上成为优越生活的代表,成为很多人生活的目标。英语中的"middle class"很好地概括了这一具有众多内涵的概念,但是国内学界却有"中产阶级""中产阶层""中间阶层""中等收入阶层"和"中等收入群体"等不同定义。公众理解以及社会学领域的"中产阶层"和我们将要讨论的"中等收入阶层"存在重要的不同。

从字面意义上看,中产阶层包括资产或者财产的概念,也包括其他其社会学特征,比如受教育程度、职业地位和生活方式等含义,而中等收入阶层主要从收入维度进行定义。具体地,中产阶层是指满足一定职业地位、教育水平、财产水平、生活方式和政治态度的群体,他们介于贫富之间,具有本科或大专以上的教育水平,从事跟管理以及技术相关的职业,具有除经济资源以外的管理经验、技

---

① 人民网:《在中国共产党第十六次全国代表大会上的报告(5)》,http://www.people.com.cn/GB/shizheng/16/20021117/868418.html,2014 - 10 - 01。
② 人民网:《2011 中央经济工作会议解读:"定调"与"微调"》,http://politics.people.com.cn/GB/70731/16658475.html,2014 - 10 - 01。
③ 中国共产党历史网:《中央经济工作会议在北京举行》,http://www.zgdsw.org.cn/n/2014/1212/c218988 - 26196145.html,2014 - 12 - 12。

术、文化资源和组织资源，追求一定品质的生活方式并通过消费来实现，拥有温和的政治态度，支持保守的社会改革，是社会发展的稳定器，对社会的创新能力提高和经济发展有很大作用。而中等收入阶层仅指一定时期内在一定地区处于社会中间收入水平或消费水平的群体。

总的来说，中等收入阶层可以看作中产阶层的后备军，中产阶层可以看做中等收入阶层的成熟形态，中等收入阶层不一定是中产阶层，中产阶层很可能包含中等收入者；对于一个国家来说，要产生一个一定规模的稳定的中产阶层必定要经历一个扩大中等收入者的过程。从中等收入阶层和中产阶层的关系角度讲，利用中产阶层的某些特质可以提出相应的政策建议，比如中产阶层一般具有较高的受教育水平，比较重视消费质量，因而可以从就业、教育和消费环境的改善等方面促进低收入阶层向中等收入阶层转化，从而进一步促进中等收入阶层的收入水平提高和消费升级。

中产阶层作为中等收入阶层的成熟形态，具有更多的内涵，因此猜测中等收入阶层的比例至少不应该低于中产阶层的比例，表4-2列示了社会学领域部分学者对中国中产阶层的比例估计。从表4-2可看出社会学定义下的中产阶层比例还是很低的，除1997年的北京外，大部分不超过25%，全国比例一般又低于城市、大城市或发达地区的比例。那么，经济学定义下的中等收入阶层的比例及变化情况怎样呢？从收入水平或者消费支出的角度，国外学者对中等收入阶层的界定主要有两种：绝对定义法和相对定义法。国内学者的角度更加多样，除了经过修正的绝对定义法和相对定义法之外，还考虑了恩格尔系数和基尼系数的影响。不同的国内外定义下，中国中等收入阶层的比例变化迥异。国际标准下的我国中等收入阶层比例变化。

表4-2　　　　　　国内社会学者估计的中产阶层比例

学者	中产阶级比例	划分指标	调查数据及估计方法
张建明、洪大用等，1997	48.5%（北京市）	社会经济指数（文化水平、收入和职业）	北京市抽样调查，数据统计估计
肖文涛，2001	全国20%~25%	人均年收入1万~10万元及户均金融资产3万~10万元	无调查数据，主观估计
周晓虹，2001	11.9%（大城市）	经济条件、职业和文化水平	五大城市电话调查数据，数据统计估计
李春玲，2001	4.1%（全国） 12%（大城市）	职业、收入、消费和主观认同	全国抽样调查，数据统计估计

续表

学者	中产阶级比例	划分指标	调查数据及估计方法
刘毅，2004	23.7%（珠江三角洲城镇家庭）	收入、职业和消费	珠江三角洲抽样调查，数据统计估计
李强，2005	15%（全国）	职业	无调查数据，主观估计
陆学艺，2010	23%（全国）	职业	2005年全国1%人口抽样调查、2005CGSS、2006GSS
李培林、张翼，2008	核心中产阶级3.2%；半核心中产阶级8.9%边缘中产阶级13.7%全国25.8%①	职业、收入和教育	全国抽样调查（CGSS，2006），数据统计估计
李春玲，2008	城市大中产55%，核心中产15%~18%；全国大中产30%，核心中产8%~9%；收入中产城镇8.6%，全国4.6%②	职业；收入	全国抽样调查（CGSS，2006），数据统计估计

（一）中等收入阶层定义：绝对定义法和相对定义法

1. 绝对定义法

通过划定一定的收入水平或消费支出范围来确定中等收入阶层。该方法主要用于跨国比较（通常叫作"Global Middle Class"），一般基于购买力平价（PPP based definition）。由于生活标准的确立与一国的经济发达程度及发展阶段有关，因此绝对定义下的范围比较多样，而且难以确定统一标准。

基于2000年购买力平价，与米拉诺维奇和伊达沙基（Milanovic & Yitzhaki, 2002）类似，世界银行（2007）将全球中产阶层划分为人年收入落于巴西和意

---

① 李培林、张翼（2008）定义的核心中产指同时满足职业、收入和教育标准的中产阶层，半核心中产指同时满足其中两个标准，边缘中产指只满足其中一个标准。

② 李春玲（2008）定义的核心中产指从职业角度进行划分的中高层白领，包括专业人员和管理人员，也叫新中产阶级，小企业主和小业主称为老中产阶级，低层白领（普通文职人员）称为边缘中产，新老中产和边缘中产合称大中产；以收入定义的称为收入中产。

大利平均水平之间即人均 4 000 ~ 17 000 美元每年或者 12 ~ 50 美元每人每天，实际上排除了低收入和中等收入国家的中等收入阶层。班纳吉和迪弗洛（Banerjee & Duflo，2007）为了比较的方便同时使用了人均消费支出在 2 ~ 4 美元和 6 ~ 10 美元之间两个标准，但是其样本国家只有包括墨西哥、秘鲁在内的 13 个并不发达的国家。巴拉（Bhalla，2009）在研究印度和中国的中产阶层的时候用了购买力平价下的年人均收入 3 900 美元（日均收入 10 美元以上）作为门槛。在 2005 年购买力平价（2005PPP）下，卡斯泰拉尼和帕朗（Castellani & Parent，2011）以日均支出 2 ~ 20 美元之间定义了拉丁美洲的中产阶层。哈拉斯和格特（Kharas & Gert，2010）以日均 10 ~ 100 美元（2005 年购买力平价）定义了全球中产阶层，排除了最穷发达国家的穷人和最富发达国家的富人，但同时也纳入了部分发展中国家的富人。拉瓦雷（Ravallion，2010）分别以 70 个发展中国家的中位数贫困线（2 美元/天，2005 购买力平价）和美国贫困线（13 美元/天，2005 购买力平价）为上下限以及美国贫困线以上分别定义了发展中世界和西方世界的中产阶层。伯索尔（Birdsall，2012）以购买力平价下的 10 ~ 50 美元作为拉丁美洲 8 个国家的中产阶层标准，10 美元作为起点是因为从这一类家庭不易返贫。

从上面的定义可以看出，绝对定义的范围从 2 美元到 100 美元，跨度很大且有一些很难重叠。一个明显的不足之处是，如果定义的标准较高，如上限是 50 美元或 100 美元的情况，则会产生一些国家的高收入阶层被纳入，而另一些国家则没有中等收入阶层的现象。笔者认为，考虑对不同国家分层并分别设定标准是一个较合理的办法，因为一国的中等收入阶层首先是在该国内生活水平处于中等的居民。当然，为了国际比较，适当地提高标准也是可取的。

2. 相对定义法

以中位数收入为中心上下浮动一定比例（0.75 ~ 1.25 倍或者 0.5 ~ 1.5 倍）以取得收入上下限，可称为基于中位数收入的定义（median income based definition）或中心趋势法（central tendency）；或者选取个人或家庭在收入分布（distribution based definition）中的一定比例比如 60%，也可称为分位数方法，因为主要是选取收入分布中间不同的十分位数或五分位数区间；当然，还有这几种方法的混合使用。相对定义法主要用于特定国家的跨时比较，可用来表示一定可变收入范围下的人口比例或固定人口比例下的收入份额者随时间的改变。

与绝对定义法类似，相对定义法也有很多不同的标准。承继瑟罗（Thurow）(1987)、伯索尔等（Birdsall et al.，2000）、普雷斯曼（Pressman，2007）以及拉瓦雷（2010）都选取了中位数人均收入的 0.75 倍和 1.25 倍作为上下限；马丁内斯和帕朗（Martinez & Parent，2012）则只取了中位数收入的 50% ~ 150% 之间。伊斯特利（Easterly，2001）选取了收入分布中间的 60% 人口；索利马诺

（Solimano，2008）选取了第 3 个和第 9 个十分位数之间的范围，中等收入阶层人口比例同样为 60%，但是低收入人口比例有 30%；同时 60% 的中等收入阶层人口中又把前 30% 的人口称为下中等收入阶层，后 30% 的人口称作上中等收入阶层。卡斯泰拉尼和帕朗（2011）既排除了最穷和最富的各 20% 人口，同时又采取了收入范围在中位数收入的 0.5 倍和 3 倍之间的定义方法。

另外，国际上还有基于贫困线的定义（poverty-line based definition），但是上述绝对和相对定义之中已经包含了该含义，比如贫困线通常设为中位数收入的 50%~60%，高收入阶层的收入通常为中位数收入的 3 倍以上，比如 2~20 美元的绝对定义设定（卡斯泰拉尼和帕朗，2011）中，2 美元为国际贫困线标准之一①，美国的贫困线 13 美元也常被用作分界线（拉瓦雷，2010）。而且，由于在贫困线与中等收入阶层收入下限之间还存在部分低收入人群，因此以贫困线作为中等收入阶层收入下限的做法有时候并不是很恰当。

（二）国际标准下的中国中等收入阶层比例变化

世界银行经济学家多塔和陈（Dotta & Chen）基于洛伦兹曲线计方法利用 PovcalNet② 计算发展中国家的贫困情况。其中的 Povcal 数据库包含经过 2005 年购买力平价调整的十等分的中国城镇住户调查数据，可以用来计算不同收入范围下的中国中等收入阶层人口比例。表 4-3 列示了上述定义③下的中国中等收入者人口和比例，以 2002 年和 2011 年中国城镇居民为例；由于中等收入阶层人口比例相同情况下，收入分配的总体情况也可能大不相同，故同时列示低收入阶层比例作为对比。

由表 4-3 可以看出，从 2002 年到 2011 年，基于 2005 年购买力平价的不同绝对定义下，除日均收入 2~4 美元的低标准定义之外，中国城镇中等收入阶层的人口比例基本呈上升趋势，低收入阶层均呈下降趋势；基于购买力平价的不同相对定义下，除定义本身决定了人口比例不变外，中国城镇中等收入阶层的人口比例均呈微弱下降趋势，低收入阶层均呈微弱上升趋势；各种绝对和相对定义下，高收入阶层的比例有很大不同，最高可达 78%，最小不到 1%，也有在 22% 左右。由此可见，定义的不同基本决定了中等收入阶层比例的扩大与否，但是单

---

① 2014 年 5 月世界银行新制定的贫困线为最新购买力平价下每日消费 1.25 美元，2 美元每天曾经作为中等收入国家的贫困线标准，见世界银行网站 http://iresearch.worldbank.org/PovcalNet/index.htm？0，0。
② http://iresearch.worldbank.org/PovcalNet/index.htm？0，0。
③ 由于中国从 2005 年开始才参与购买力平价计算，故以 2000 年购买力平价计算的没有纳入表格；由于中位数收入难以得到，表 1 中相对定义中用到的中位数收入均以平均收入代替，故略有偏差，以"约"和"≈"表示。

纯看中等收入阶层比例的绝对大小并不能说明收入在各阶层之间的分配状况，因为不能推出高收入和低收入阶层的比例大小。

表4-3　　　　国际标准下的中国城镇中等收入阶层比例

学者	绝对定义（2005ppp）	2002年城镇		2011年城镇	
		中等收入阶层比例（%）	低收入阶层比例（%）	中等收入阶层比例（%）	低收入阶层比例（%）
班纳吉和迪弗洛，2007	日均收入2~4美元	42.44	15.04	19.79	1.99
	日均收入6~10美元	14.03	81.78	32.04	45.92
巴拉，2009	日均收入>10美元	4.19	95.81	22.04	77.96
卡斯泰拉尼和帕朗，2011	日均收入2~20美元	84.38	15.04	93.8	1.99
哈拉斯和格特，2010	日均收入10~100美元	4.17	95.81	22.04	77.96
拉瓦雷，2010	日均收入10~13美元	2.26	95.81	10	77.96
伯索尔，2012	日均收入10~50美元	4.13	95.81	21.65	77.96
学者	相对定义	2002年城镇		2011年城镇	
		中等收入阶层比例（%）	低收入阶层比例（%）	中等收入阶层比例（%）	低收入阶层比例（%）
瑟罗，1987；伯索尔等，2000；普雷斯曼，2007以及拉瓦雷，2010	人均收入中位数的0.75和1.25倍	≈33.68	≈43.43	≈32.04	≈45.92
		（约等于3~5美元每天，2005PPP）		（约等于6~10美元每天，2005PPP）	
伊斯特利，2001	收入分布中间的60%人口	60%	20%	60%	20%
索利马诺，2008	第3个和第9个十分位数之间	60%	30%	60%	30%
马丁内斯和帕朗，2012	中位数收入的0.5~3倍之间	≈78.66	≈19.46	≈75.54	≈21.78
		（约等于2~13美元每天，2005PPP）		（约等于4~24美元每天，2005PPP）	

二、国内学者定义下的我国中等收入阶层比例变化

不同于国外学者看似随意的绝对和相对定义，中国复杂的经济地理环境和经济发展的阶段性导致了学者们在定义时还要考虑国际比较、城乡差异、城市化进程和小康社会的发展目标等多重标准，因而对国际通用的绝对定义和相对定义进行了诸多修正，也出现了一些新的定义方法，包括以恩格尔系数和基尼系数作为辅助手段，由此得到的中等收入阶层的收入范围和人口比例的变动也很大。

（一）绝对定义法下的比例变化

中国学者的绝对定义法也是对中等收入阶层的收入范围进行限定，但是考虑的目标更加多样。总的来说，绝对定义下的中等收入阶层比例呈逐渐上升趋势，但是城镇中等收入阶层的人口比例一般不超过40%，同一标准下，全国比例次之，农村比例最低。

例如，狄煌（2003）在符合一定国际标准的前提下，以2002年恩格尔系数为25%的城镇家庭人均收入水平10 000元作为下限，以高收入家庭的起点标准40 000元作为上限，2001年只有6.5%的居民户可称得上中等收入家庭，低收入家庭达93.5%。宏观经济研究院经济和社会发展研究所课题组（2004）考虑当前和小康社会时的城乡居民收入水平、城市化进程以及世界银行相关标准得出的结论是到现阶段我国中等收入者的收入标准是人均年收入15 000~37 500元，扩大中等收入者的比重的目标应该是使其占城乡人口比例从20%提高到50%以上。国家统计局城调总队课题组（2005）以我国城市居民家庭的年收入为计算口径，在高于城市居民平均收入水平以及中等收入组的收入水平，同时紧密联系全面建设小康社会的相关发展指标，并且参考全球上中等收入国家人均GDP上下限和全国地区之间城市居民收入差距的综合考虑下，得出2004年我国城市中等收入群体的年家庭收入标准为6万~50万元（2004年价格），而2004年我国城市中等收入家庭仅占全部城市家庭的5%，高收入家庭占0.3‰，低收入家庭占94.9%。张媛等（Zhang Yuan,2012）以2005年购买力平价下的人均日收入在4~20美元之间（人均年收入在4 307~21 535元之间）作为中国农村中产阶层的收入范围，计算出中等收入阶层的比例从1988年的略高于3%增长到2007年的接近54%。国家发改委社会发展研究所课题组（2012）考虑现阶段及达到小康社会时的收入水平、以及城市化进程和国际标准，得出以2010年价格为基准的城镇人均可支配收入（或农村人均纯收入）在22 000~65 000元之间为中等收入者，依此标准得到城镇、农村和全国平均的中等收入群体比重，分别从1995

年的 0.86%、0.01% 和 0.25% 提高到 2010 年的 36.78%、5.75% 和 21.25%。

(二) 相对定义法下的比例变化

不同于国外学者基于收入分布或中位数收入的相对定义法，中国学者的相对定义法可分为固定比例法以及动态定义法，其中固定比例法主要选取住户调查分组数据的不同分组，动态定义法又分为国际标准定义、"全距"法及其改进，以及社会学的收入分层法。此外还有恩格尔系数和基尼系数作为辅助方法。总的来看，相对定义法下，除固定比例法中的五等分法外，中等收入阶层的人口比例在 15%~40% 之间，大部分在 20%~30% 之间，甚至会出现农村高于城市的现象。与所研究的地区和时间相关，中等收入阶层人口比例的变化规律不一定，上升、下降或者不规律的变化趋势都会出现。

1. 固定比例法

顾名思义，固定比例法指人口比例不随时间改变，但是可考察收入份额的改变。固定比例法中应用最多的是五等分法，即学者们通常直接将国家统计局城乡住户调查的中等偏下收入户、中等收入户和中等偏上收入户（相当于收入分布的中间60%）合称为中等收入阶层。但是也有例外，比如只包括中等收入户和中等偏上户（石刚、韦利媛，2008），或者只包括中等偏上户和高收入户（仲云云、仲伟周，2010）。有些学者不认同固定比例法。例如，狄煌（2003）认为五等分法的中间60%、40%和20%都是不可取的，因为不能准确界定中等收入者的收入标准，且难以确定中等收入者在总体分布中的比重。徐建华（2003）则认为五等分法使得中等收入者的人口比例不随时间改变，扩大其比重之说就无从谈起。但是从研究方法的角度，由于固定比例法尤其五等分法容易获得所需数据，在研究中较为常用；而且中等收入阶层的比例除了人口比例之外还包括收入比重，因此固定比例法定义下的中等收入阶层同样可以作为研究的出发点。

2. 动态定义法

动态定义法是指中等收入阶层的收入范围是某一参照标准的固定比例范围，具体收入值一般会随着经济发展水平的变化而上升，但是随着具体定义的不同，人口比例不一定上升。动态定义法又分为三种情况：

第一种是与国际上的相对定义法相同，此种方法下得到的中等收入阶层人口比例一般处于下降趋势。比如，张等（Zhang et al.，2012）采用的相对标准是居民中位数收入的 75%~125% 区间，得出中国农村中等收入家庭的比例从 1988 年的 37.3 下降到 2007 年的 32.69%。龙莹（2012）采用的"部分排序法"计算了收入分布在中位数收入附近 75%~125%、75%~150% 和 50%~150% 范围的中等收入者比重，并说明了选择 75%~125% 区间的合理性，计算得出北京市出该区间的中等收入者比重从 1992 年的 60.4% 下降到 2008 年的 38.55%。

第二种是"全距法"及其改进，当研究对象为一个整体即考虑全国或某一地区时，该种定义下中等收入阶层的比例有可能处于上升趋势；但当考虑整体内部不同地区的差异时，可能会出现下降趋势。徐建华（2003）最先提出"全距法"，其他学者进行了改进。徐建华利用最高 10% 和最低 10% 收入户的家庭人均年收入水平之差作为全距，同时以这两组家庭人均年收入水平之和的 1/2 作为中值，然后以中值±全距的 1/6 为中等收入取值范围（见图 4-8），利用《中国统计年鉴》数据计算出 2001 年农村、城市及全国的中等收入户人年均收入范围分别为 2 067~3 633 元，6 964~11 092 元和 5 407~10 313 元，占农村、城市和全国所有家庭户的比例分别为 31.71%、25.34% 和 22.02%，相比 1980 年，农村上升了 2.1%，城市下降了 17.78%，全国下降了 6.43%。陶冶（2006）指出应用徐建华（2003）的方法会在具体操作中出现中等收入下限比平均收入水平高太多的情况，因此用高、低收入组代替最高和最低收入组以缩小中等收入水平的取值范围，同时以高收入组家庭恩格尔系数进入 0.4 以下判断进入中等收入水平的年份。陶冶得出 2001 年上海城镇中等收入家庭人均年可支配收入范围为 17 808~27 766 元，从 1999 年到 2005 年中等收入家庭的收入范围逐渐扩大，人口比例每年增长 1~1.5 个百分点，2005 年上海城镇中等收入家庭范围约为 30%~31%；农村中等收入家庭收入水平为城镇中等收入水平的 40%~41%，2004 年约有 29%~30% 的农村家庭进入中等收入水平。

图 4-8 "全距"定义的中等收入水平

资料来源：摘自徐建华、陈承明、安翔：《对中等收入的界定研究》，载于《上海统计》2003 年第 8 期，第 13 页。

常亚青（2011）在利用徐的方法的同时又增加了国际标准，即去掉微观调查中按购买力平价换算后低于国际贫困线的数据，同时还考虑了地区和城乡差距，计算出 1989~2006 年 CHNS 数据库中辽宁、江苏、山东等东中西 9 个省份分城乡的中等收入上下限，进而得出全国的中等收入者比重，从 1989 年的 16.5% 上升到 2006 年的 18.8%，但是从 1991~2004 年均在 20% 以上，即中间有一段时间中等收入阶层的人口比例出现了下降。

第三种是社会学角度的收入分层法。该种定义下中等收入阶层的人口比例可能上升，但是绝对水平一般较低，不超过 30%。国内社会学者李培林和张翼

(2008)以城市户籍人口的平均收入线作为参考标准,把高于平均收入2.5倍及以上的收入群体定义为"高收入者",把低于平均收入线50%及以下(这个标准在发达国家通常被定义为"相对贫困")的收入群体定义为"低收入层";把低收入的上限到平均线定义为"中低收入层";把平均线以上到平均线的2.5倍的群体定义为"中等收入层",即"收入中产阶级"。由于高收入者在整个调查人群中的所占比重很小,故将之列入"收入中产阶级"中。根据2006年CGSS数据得出,2005年中等收入家庭的人均收入在14 001~35 000元之间①,中等收入家庭占全部家庭的比例为16.3%。朱长存(2012)沿用该定义和CGSS2002年、2004年、2005年数据,并利用核密度估计得出各年度中等收入群体比重分别为24.26%、26.45%和21.96%;同样沿用李培林、张翼(2008)的定义,孙巍、苏鹏(2013)利用CHNS数据对2000~2009年的收入分布进行非参数核密度估计,发现中等收入群体比例从2000年到2009年平稳增长,但是仍没有超过30%。

(三)恩格尔系数法和基尼系数法

恩格尔系数法和基尼系数法并非严格意义上的中等收入界定方法,但是与中等收入阶层的内涵和比例变化具有十分密切的关系。其中,恩格尔系数法具有相对定义的某些特征,基尼系数法照顾到收入分配的整体以及各收入阶层内部的收入变化情况。两种方法均不宜单独使用对中等收入阶层进行界定,但是可以作为辅助方法以揭示甚至预测中等收入阶层比例的变化趋势。

1. 恩格尔系数法

由于中等收入阶层本身是消费水平处于社会中间水平的群体,恩格尔系数表示家庭收入中用来购买食物的支出比例,而且会随着家庭收入的上升而下降;因此,从定义上来看,二者天然地产生联系,而且由于计算简便,这一方法也被很多学者应用。由于恩格尔系数从高到低,表示收入水平从低到高,学者们一般选取位于恩格尔系数某一区间范围内的家庭称为中等收入家庭,称为恩格尔系数法。

李培林、张翼(2000)以恩格尔系数划分消费阶层时取0.5~0.59作为中间阶层,0.4~0.49为中上阶层,这样的标准现在看来未免过低。苏海南(2003)和狄煌(2003)不约而同选择了家庭恩格尔系数25%,实际已达最富裕标准。国家发改委宏观经济研究院(2004)提出中等收入者群体的生活标准之一是恩格

---

① 实际操作中按照一般调查经验,又将每个收入层的收入水平乘上1.5的系数,作为调整后的收入分层标准,并扣除十位以后的零数。

尔系数在35%以下。从中国统计年鉴数据得到，2000年开始中国城镇居民家庭恩格尔系数开始小于0.4，2012年起中国农村居民家庭首次小于0.4；其中，从城镇住户调查数据得到，最高收入户、高收入户、中等偏上户和中等收入户家庭恩格尔系数进入0.4以下的时间分别是1996年、1998年、2000年和2001年，中等偏下户到2012年的恩格尔系数还在0.41，2000年之后最高收入户的恩格尔系数已经小于0.3；从农村住户调查数据得到，农村最高收入户的恩格尔系数在2011年才开始小于0.4，中低收入户的恩格尔系数从2005年才开始小于0.5。综合各学者的研究和住户调查实际情况，本文认为把恩格尔系数介于0.3~0.4之间的城镇居民家庭、恩格尔系数介于0.4~0.5之间的农村居民家庭称为中等收入家庭是一个可取的做法。简单来说，2001年之后城镇中等收入家庭占城镇总户数的比例约为50%，包括中等收入户、中等偏上户和高收入户；2005年之后农村中等收入家庭占农村总户数的比例约为80%，包括中等偏下户、中等收入户、中等偏上户和高收入户（2011年起不包括高收入户，则比例降为60%）。从恩格尔系数的角度讲，农村家庭的收入分配状况好于城镇家庭，更加接近橄榄形社会结构；但是也反映出农村家庭的生活水平低于城镇家庭。因此，恩格尔系数法不能单独用来界定中等收入阶层，但是可以作为绝对定义法和相对定义法的辅助手段。

2. 基尼系数法

严格意义上讲基尼系数法更不能算作定义中等收入阶层的方法，只是中等收入群体的比例变化又与基尼系数的变化有很大关系，即便是中等收入阶层内部，基尼系数的改变也能说明中等收入群体内部的收入分配变化状况。因此可以用基尼系数的一定范围确定中等收入阶层的合意区间，或者用基尼系数的变化预测中等收入阶层的比例变化。

庄健和张永光（2007）发现总体基尼系数在0.3~0.4之间时，中等收入比重在40%~50%之间。洪兴建（2007）分析了收入分配的合意类型，指出中等收入阶层收入份额占60%情况（橄榄形收入分配结构）下基尼系数的合意值是0.3~0.4。由此看来，基尼系数在0.3~0.4之间是较高比例的中等收入群体存在的合意区间。

但是目前不同的计算方法得出的基尼系数值又不同：程永宏（2007）利用城乡加权法和分组数据计算的全国总体基尼系数1993年开始大于0.4，2004年达到0.44；农村基尼系数一直大于城镇基尼系数，其中农村基尼系数从1988年开始大于0.3，城镇基尼系数从2000年开始大于0.3，目前都没有达到0.4；黄恒君和刘黎明（2011）利用洛伦兹曲线和2000~2009年城镇分组数据计算的城镇基尼系数从2002年开始超过0.3，2009年稳定在0.33。然而，李实和罗楚亮

(2011) 利用 CHIPS2007 算出全国基尼系数达 0.53；胡志军（2012）利用城乡分组数据计算出 1985~2009 年的城乡和总体基尼系数，农村基尼系数大于城镇，农村基尼系数从 2005 年开始持续大于 0.4，全国从 2001 年开始大于 0.4，城镇尚在 0.33 附近。由此可以认为，目前全国和农村较高的基尼系数一定程度上妨碍了较高比例的中等收入阶层的形成，城镇目前的基尼系数水平决定了大规模的中等收入阶层最先可能在城镇形成。

三、中国的居民收入分布变迁和扩大中等收入阶层

不可否认，中等收入阶层定义本身是一个既具有绝对性质又具有相对性质的定义，在不同的国家之间应该有差别，在同一国家的不同时点和不同地区之间也应采取不同的标准。即中等收入阶层的收入标准应该随着所研究地区的经济发展水平以及相应地区的经济发展阶段而动态改变。综合前述国内外学者的研究，发现不同定义下的中国中等收入阶层的比例范围跨度较大且变化方向不一，最少只有 5%，高者可达 60%；绝对定义方法下，人口比例一般上升；相对定义方法下，全国中等收入阶层人口比例不一定上升，农村和发达地区上升的情况居多，考虑地区差异情况下又可能导致中等收入阶层比例下降。总的来说，中等收入阶层比例的变化与定义有关，定义的不同直接影响到中等收入阶层比例的大小和变化方向。那么，国内目前真实的收入分配状况具体又是怎样的呢？近年来兴起的依托大型微观数据的收入分布拟合方法大致可以给出最近几年中国居民收入分配的实际变迁情况。

（一）中国近几年的居民收入分布变迁

居民收入分布是指不同收入水平与相应人口规模之间的统计规律或函数形式，常见的表现形式为收入分布函数和收入密度函数；学者通过一定的参数或非参数估计方法对大量的微观数据进行拟合，可以从收入分布曲线的形状看出不同年份各收入群体的分布和比例变化情况，而不一定需要事先规定各阶层的收入范围。早期多用具体的分布函数进行收入拟合，比如（对数）正态分布、帕累托分布、逻辑斯蒂分布、韦布尔（Weibull）分布和 BetaII 分布等（胡志军，2012；陈建东等，2013）。由于上述分布函数不能很好地刻画收入分布的尖峰和厚尾特征或者收入分布两端的拟合效果不佳（陈娟，2010；段景辉、陈建宝，2010；陈宗胜等，2013），近年来发展到利用核密度估计方法进行非参数拟合。学者们借助于各种样本量多达几千的大型微观数据，对每一年的收入分布进行拟合，以观察不同年份收入分布的演进。表 4-4 总结了不同收入分布拟合方法下中国城乡

居民的收入分布变化情况：

表4-4　　　　　　参数估计和非参数估计下的收入分布拟合

作者，年	数据	模型	结论
王海港，2006	社科院经济所"中国城乡居民收入分配调查"国城乡居年和1995年	帕累托分布；把收入分成20个等级，5~16为中等收入等级，17~20为高收入等级	农村两极分化不明显，城市排除收入最低10%之后明显两极分化；中等收入者收入份额减小，收入向高收入者集中，高收入者内部差别变大；收入流动性增强，两极分化可能性加大
章上峰等，2009	CHNS1989-2004（1993、1997、2000）	核密度估计；广义逻辑斯蒂分布	核密度曲线呈右偏尖峰分布，高收入阶层和城市更多分享经济成果；2004年初现双峰分布，初步呈现贫富两极分化
刘靖等，2009	CHNS1991-2006（1989、1991、1993、1997、2000、2004和2006）广西、贵州、黑龙江、河南、湖北、湖南、江苏、辽宁和山东	核密度估计	整体分布右移，收入分布逐年平缓、中间收入组分布密度下降，右拖尾逐年肥大，说明中等收入组比例下降；左端至中间部分面积减少，右端部分面积增加，说明高收入者比例增加，城市较农村经历了更多中等收入至高收入组的流动；1991年之后双峰出现，2000年后出现多峰，说明了异质性群体的出现
纪宏、陈云，2009	CHNS：1990、1992、1996、1999、2003和2005	核密度估计	中等收入者比重不高并非居民收入两极分化所致，而是因为收入分布严重右偏

续表

作者，年	数据	模型	结论
陈娟，2013	CHNS1989－2004（1993、1997、2000）	非参数估计；广义逻辑斯蒂分布	收入分布曲线由单峰向双峰甚至多峰分裂，厚尾特征，明显右偏；大多数居民的收入聚集在低水平
刘扬等，2010	北京市1992～2008年的城镇住户调查数据	核密度估计	高收入和低收入人群增加，中等收入群体比重下降，初现M型趋势
陈云、王浩，2011	CHNS（1988、1990、1992、1996、1999、2003、2005）农村家庭调查数据	核密度估计下的二分递归算法	收入密度曲线右偏，低收入群体占大多数；右侧尾部不断拉长加厚，高收入群体比重增加；曲线顶部持续下沉，中等收入群体比重下降
王亚峰，2012	1985～2009年《中国统计年鉴》公布的家庭人均收入分组数据	最大熵分布估计；广义矩估计	单峰，没有出现两极分化；右尾变长，高收入家庭的比重相对在不断增加；左尾高度变小，低收入家庭比重在减少；城镇分布右移的幅度更大
朱长存，2012	2002年、2004年和2005年CGSS城镇数据	非参数核密度估计	整体右移，顶部下降，右偏，厚尾，左尾变薄；整体收入水平上升，大部分群体集中在中低收入水平，高收入群体比重上升，低收入人口比重下降；对数正态分布呈现双峰，初现两极分化现象
孙巍、苏鹏，2013	2000～2009年城镇居民收入分组数据和8次CHNS城镇数据	核密度估计，2000～2008为伽马分布，2009为对数正态分布	中等收入群体比例平稳上升，高收入者呈指数增长，低收入者和中低收入者占大多数

之所以强调收入分布拟合曲线的形状，是由于从人口总体上讲，如果全社会的收入分布呈现正态分布且满足一定条件，则可以得到较大比例的中等收入群体，也能保证经济学中"代表性消费者"的存在（张琼，2006；段先盛，2009），而很多的微观经济学研究也是在此基础上才能成立。但从表4-4可以看出，我国的居民收入分布远非正态分布，具有非常明显的右偏和厚尾现象，导致了我国现阶段不可能拥有较大比例的中等收入阶层；也因此可能导致一些适用于西方国家的经济学结论可能在中国不能成立，这也是考察中国的中等收入群体比例大小以及收入分布变迁情形的理论意义之一。表4-4揭示的近几年我国居民的收入分布变迁情况说明，随着经济的发展，我国城乡居民的收入水平整体上升，但是城镇收入水平上升的幅度更大，同时城镇内部的收入差距较农村地区也小。高收入群体在经济增长中获益更大，一些中等收入者变成了高收入者，低收入者的比例下降，因而中等收入者的比例下降最大；虽然目前并没有出现明显的两极分化现象，但是中等收入群体比例低且上升缓慢。正如纪宏和陈云（2009）和刘靖（2009）指出的，中等收入者比重不高并非居民收入两极分化所致，而是因为收入分布严重右偏，收入向高收入群体收敛，一部分中等收入者流向了高收入组，中低收入者大量存在。因此如果要培养较高比例的中等收入者，应当促进低收入者向中等收入阶层流动，同时应遏止一部分群体的不当和过高得利。

（二）从收入来源角度扩大中等收入阶层比例

前述研究揭示了不同收入阶层之间的收入流动造成的中等收入阶层比例变化，通过分析各阶层居民的收入来源或许可以找出扩大中等收入阶层比例的措施。我国城乡居民的收入来源主要分为四种，工薪收入、经营净收入、财产性收入和转移性收入。以城镇为例，从《中国统计年鉴》获取1995~2011年各居民收入组的不同收入来源数据，计算各组的不同来源收入占比，并将低收入各组[①]和中等收入各组[②]组合成低收入群体，中等收入各组和高收入各组[③]组合成高收入群体，得到的对比结果如图4-9所示。

---

① 包括最低收入户和低收入户。
② 包括中等偏下收入户、中等收入户和中等偏上收入户。
③ 包括高收入户和最高收入户。

工薪收入占比

- 最低收入户
- 低收入户
- 中等偏下收入户
- 中等收入户
- 中等偏上收入户

工薪收入占比

- 中等偏下收入户
- 中等收入户
- 中等偏上收入户
- 高收入户
- 最高收入户

经营净收入占比

- 最低收入户
- 低收入户
- 中等偏下收入户
- 中等收入户
- 中等偏上收入户

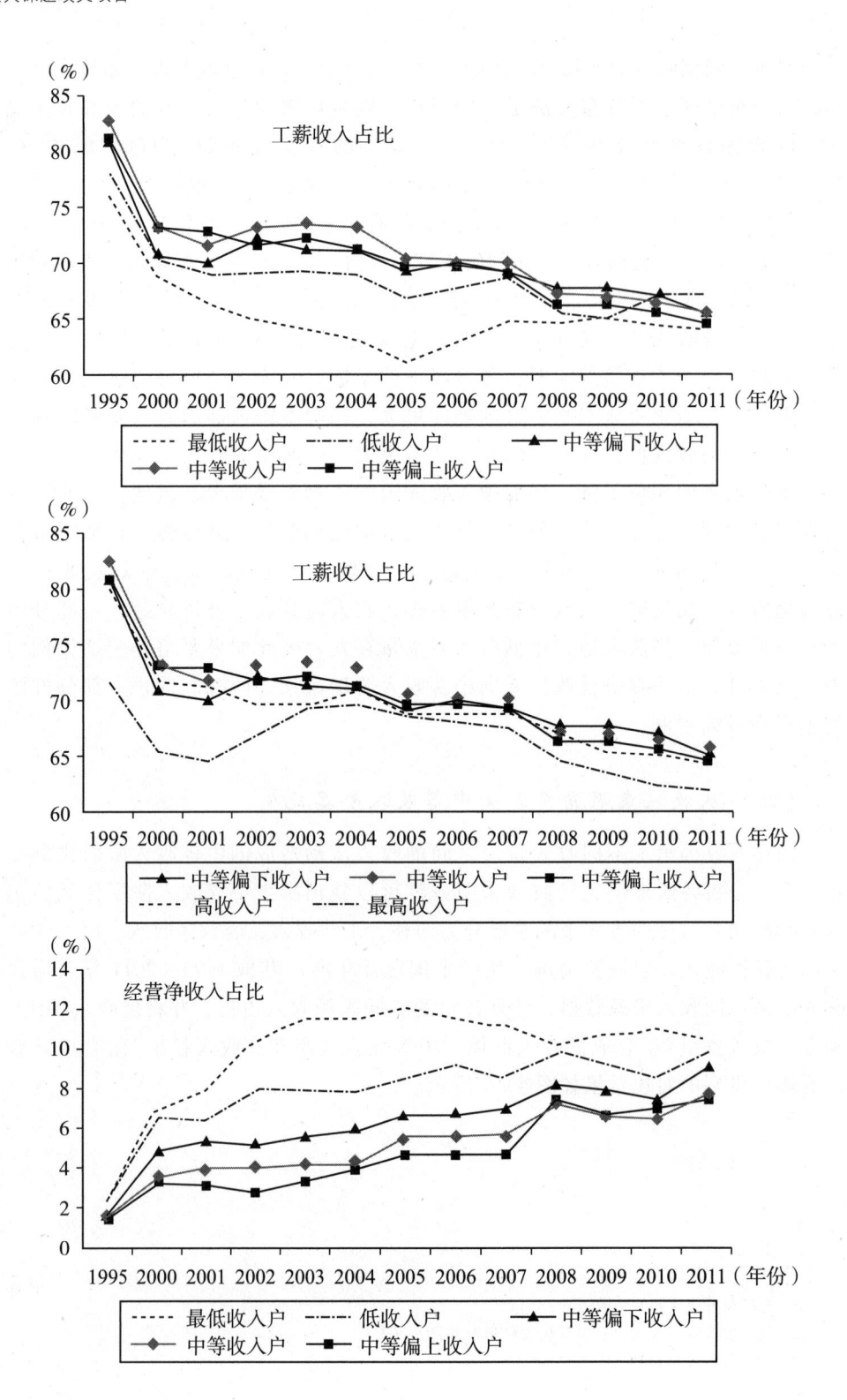

第四章 居民收入与居民消费需求

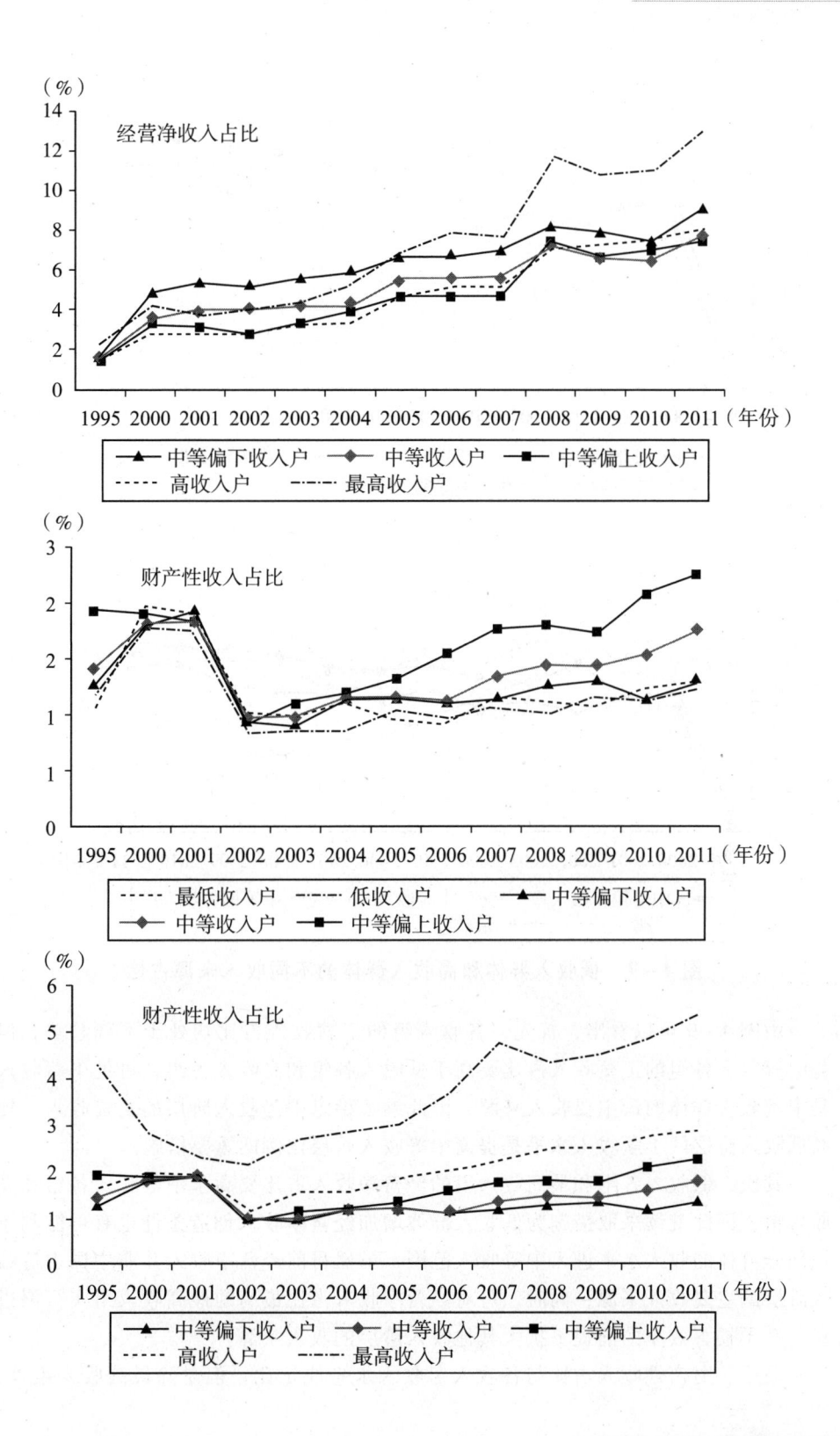

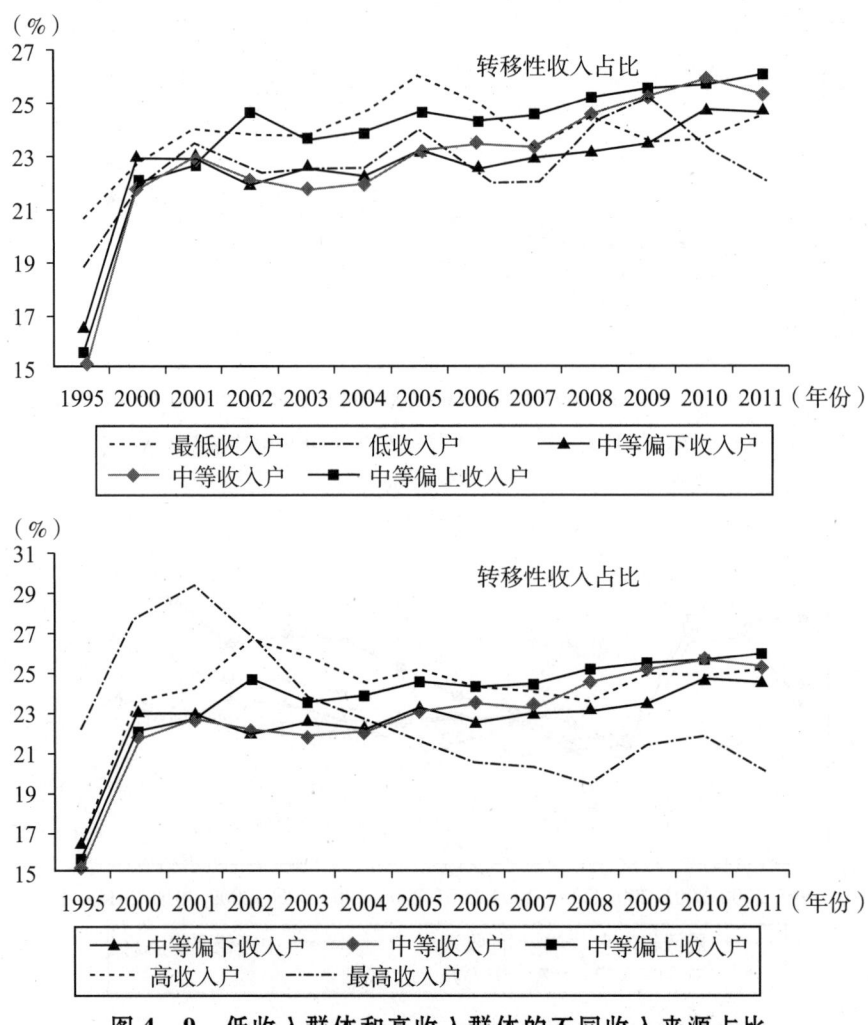

图 4-9 低收入群体和高收入群体的不同收入来源占比

由图 4-9 可以看出，首先，各收入组的工薪收入占比均处于下降趋势，但是中等收入各组的工薪收入占比要高于低收入各组和高收入各组。可见工薪收入是中等收入群体的最主要收入来源，因此继续稳定中等收入阶层的工资收入、提高低收入阶层的工薪收入水平是提高中等收入阶层比例的重要措施。

其次，低收入各组和最高收入组的经营净收入占比要高于中等收入各组和高收入组，因此继续采取措施为低收入群体增加经营净收入创造条件也有可能利于该部分群体的收入水平进入中等收入范围，虽然目前经营净收入并非中国中等收入阶层的主要收入来源；同时，可对经营净收入占比最高的最高收入组实行累进税，在不损害效率的前提下扩大其他收入阶层的收入来源。

最后，财产性收入占比与各收入组收入水平成正比，但是除最高收入组外，比例均不足 5%，因而完善资本市场、扩大居民财产收入渠道有利于各阶层居民提高收入水平；如果对低收入居民普及更多的理财知识则可能提高中等收入阶层人口比例。最后，中等收入各组和高收入组获得的转移性收入占比相对来说最高，与一般认为的低收入群体应该获得最高的转移支付观念相悖，鉴于低收入各组的收入水平本来就低，且各收入组的转移性收入比例在四种收入来源中均仅次于工薪收入，是重要的收入来源，因此，为促使更多的低收入者流向中等收入阶层，政府应该降低对中等收入各组和高收入户的转移性支出，提高对低收入各组的转移性支出，以最终提高中等收入阶层的人口比例。

第三节 收入分配格局调整与消费潜力释放[①]

一、基于 Bhaduri-Marglin 模型的理论分析

本节内容主要基于布哈杜里和马格林（Bhaduri & Marglin，1990）、纳斯蒂帕德（Naastepad，2006）、海因和沃格尔（2007）等的研究，构建了一个分析中国初次分配格局变动（主要是劳动份额与资本份额的相对变动）变动对总需求各组成部分影响的凯恩斯主义开放经济模型，以此重点分析劳动份额变动对居民消费和经济增长率的影响，为后面的实证研究提供理论基础。

当前的中国经济快速增长与转型同步进行，产业结构和经济增长模式正发生深刻调整。同时，由于中国经济的发展起步较晚，当前存在着典型的二元经济特征，目前仍存在着大量剩余劳动力，而且中国政府消费支出在国民经济中占比要远高于西方发达经济体。这导致了初次分配格局各组成部分的变动对国民经济总需求变动的影响并不同于世界发达经济体。由此，本节在构建模型的过程中，尝试包含中国经济独有特色，使之能够更好地解释中国经济的现实问题。

（一）劳动份额变动的影响因素

首先从国内企业生产环节入手，企业生产过程中的劳动要素所得形成劳动者报酬，总产出按比例扣除政府税收后剩余部分形成资本要素所得。此处，为分析的简便起见，不考虑政府税收。假定国内企业的生产原材料一部分来自国内市

[①] 本部分内容作为课题的阶段性成果，已发表于《经济学动态》2015 年第 1 期。

场，一部分来自国外市场。国内企业拥有一定程度的垄断势力，那么国内产品市场价格为：

$$P = (1+m)\left(\frac{W}{\lambda} + p_d\mu' + p_f e\mu\right), \quad m > 0 \qquad (4-1)$$

其中，m 代表国内企业的垄断势力，其大小和国内企业的竞争程度及企业与劳动者双方相对议价能力相关。W 为名义工资，λ 为劳动生产率（$\lambda = y/L^d$，y 为真实产出，L^d 代表劳动力需求①），因而 W/λ 表示生产单位产品的劳动力成本。p_d 和 p_f 分别代表国内和国外的原材料价格，μ' 和 μ 分别代表生产单位产品所使用的国内原材料和国外原材料数量，e 为名义汇率。

记 $z = (p_d\mu' + p_f e\mu)/(W/\lambda)$，代表单位产品的劳动力成本与原材料（资本）成本之比（即资本的有机构成），则 $P = (1+m)(W/\lambda)(1+z)$。以 W^A 表示国民初次分配中的劳动者报酬，以 $\prod$ 表示营业盈余，那么劳动份额可表示为：

$$\Omega = \frac{W^A}{W^A + \prod} = \frac{1}{(1+z)m + 1} \qquad (4-2)$$

因而，可将劳动份额表示成 $\Omega(z, m)$，即劳动份额受国内企业垄断势力和单位产品的劳动力成本与原材料（资本）成本之比 z 的影响，而汇率、国内外原材料价格和使用比例、名义工资和劳动生产率均能影响 z。在国内外原材料市场保持稳定的情况下，汇率升高、名义工资下降、劳动生产率提高均会对劳动份额造成负向影响，反之亦然。具体来讲，由式（4-2），有：

$$\hat{\Omega} = -(\hat{z} + \hat{m}) \qquad (4-3)$$

另一方面，劳动份额也可表示成单位产出的劳动力成本：

$$\Omega = \frac{WL^d}{Py} = \frac{W}{P\lambda} = \frac{\omega}{\lambda} \qquad (4-4)$$

这里 ω 代表实际工资。因而有：

$$\hat{\Omega} = \hat{\omega} - \hat{\lambda} \qquad (4-5)$$

由 (4-3) 式、(4-5) 式可得：

$$\hat{\omega} - \hat{\lambda} = -(\hat{z} + \hat{m}) \qquad (4-6)$$

上式中各变量均代表影响劳动份额变动的因素。考虑到中国劳动力供给过剩的现实，真实工资率提升幅度很小，近似有：

$$\hat{\lambda} \approx (\hat{z} + \hat{m}) \qquad (4-7)$$

即导致中国劳动份额下降的主要因素来自劳动生产率的提升速度远远超过了真实工资率的上升速度。而劳动生产率的提升主要源自于单位产出资本与劳动成

---

① 由于劳动力供给过剩，因而均衡劳动力投入量等于劳动力需求。

本之比 z 的上升和企业垄断势力的增加。资本有机构成的上升可能由多种因素（国内外原材料的价格和使用比例、名义汇率的变化、名义工资相对于劳动生产率的变化）造成，反映了技术进步的类型为"劳动节约型"，导致生产过程中资本对劳动的替代能力增加。垄断势力的增加既提高了资本在企业生产过程中的地位，又进一步压制了工人群体的议价能力。由此可见，由资本有机构成和垄断势力的提升在导致劳动生产率提高的同时，还会压制真实工资率的增加，共同导致了国民收入分配中劳动份额的降低。而劳动生产率的提升又会反作用于资本的有机构成。在真实工资率增长缓慢的背景下，等式（4-7）左右两侧的变动会形成导致劳动份额持续下降的"正反馈"机制。提高劳动份额的关键仍是提高国内真实工资率的增长速度。

（二）劳动份额变动对居民消费和经济增长的影响

本部分通过能够体现中国经济特点的凯恩斯总需求框架分析劳动份额变动对居民消费，进而对经济增长产生的影响。国内总需求（y）由居民消费（c）、政府消费（g）、投资（i）、出口（x）和进口（m）组成：

$$y = c + g + i + (x - m) \qquad (4-8)$$

考虑政府部门后，假定政府税率为 τ，政府消费对私人消费和投资均不产生影响，则劳动份额和资本份额均变为原来的 $(1-\tau)$ 倍，且二者的相对大小保持不变。消费需求可看作劳动收入和资本收入的函数，两者宏观加总之后分别表现为劳动者报酬和营业盈余。居民将花费比例为 β_w 的劳动收入和比例为 β_π 的资本收入，并且劳动收入的边际消费倾向要远大于资本收入的边际消费倾向，即 $0 < \beta_\pi < \beta_w \leq 1$。因而，消费需求可表示为：

$$c = \beta_w(1-\tau)\Omega y + \beta_\pi(1-\tau)(1-\Omega)y = [\beta_w \Omega + \beta_\pi(1-\Omega)](1-\tau)y \qquad (4-9)$$

政府部门的边际消费倾向为 β_g，不考虑政府负债消费的情形，则：

$$g = \beta_g(1-\tau)y \qquad (4-10)$$

假定进口函数是总产出的线性函数，平均进口倾向为 ζ，则：

$$m = \zeta y \qquad (4-11)$$

将（4-9）式、（4-10）式、（4-11）式代入（4-8）式，可得：

$$y = \frac{i+x}{1-(1-\tau)[\beta_w \Omega + \beta_\pi(1-\Omega)] - \beta_g(1-\tau) + \zeta} = \frac{i+x}{u} \qquad (4-12)$$

此处，$u = 1 - (1-\tau)[\beta_w \Omega + \beta_\pi(1-\Omega)] - \beta_g(1-\tau) - \zeta$，$u^{-1}$ 为凯恩斯产出乘数，其大小取决于税率、劳动份额等因素。对（4-12）式两边进行全微分，然后同时除以 y，可得：

$$\hat{y} = -\hat{u} + \frac{i}{uy}\hat{i} + \frac{x}{uy}\hat{x} = -\hat{u} + \psi_i \hat{i} + \psi_x \hat{x} \qquad (4-13)$$

$\psi_i = i/uy$，$\psi_x = x/uy$，可看作依投资需求、进口需求占总需求的比重调整后的产出乘数。由（4-13）式可知，产出增长率是投资需求增长率和进口需求增长率的加权平均，三者呈线性关系。系数 ψ_i 与 ψ_x 均受 u 影响，由经济系统内生决定。接下来分别计算（4-13）式右侧三变量的表达式。

由 u 的表达式，可得①：

$$\hat{u} = -\frac{(1-\tau)(\beta_w - \beta_\pi)\Omega}{u}\hat{\Omega} = -\frac{(1-\tau)(\beta_w - \beta_\pi)\Omega}{u}(\hat{\omega} - \hat{\lambda}) \qquad (4-14)$$

当真实工资增长率超过劳动生产率增长率的时候，u 的增长率为负（即 u 的数值变小），此时劳动份额 Ω 变大，同时导致（4-13）式中投资需求和出口需求的系数变大。而对于中国而言，有 $\hat{\omega} \approx 0$，且 $\hat{\lambda} > 0$，因而 $\hat{u} > 0$，导致劳动份额变小，及（4-13）式中投资需求和出口需求的系数变小。这意味着，在当前中国投资主导型的经济增长模式中，尤其是由政府主导的大规模投资快速增长，伴随着依靠廉价劳动力优势带来的出口需求的快速增长，虽然短期内能够带动经济的高速增长，但长期来看，会带来产出乘数（ψ_i、ψ_x）的降低，进而降低投资和出口对经济增长的拉动效率，造成资源配置效率的下降。在"唯 GDP 低增长观"的影响下，劳动份额的下降短期内能够"有效"帮助地方政府实现既定的 GDP 增长目标，但长期来看，会导致投资和净出口在拉动经济增长上表现"乏力"。

依照布哈杜里和马格林（1990）的思路，假设投资需求是资本份额和总需求的函数，即：

$$i = f(\pi, y)，且 \frac{\partial f}{\partial \pi} > 0, \frac{\partial f}{\partial y} > 0 \qquad (4-15)$$

资本份额 π 进入投资函数一方面可认为资本利润留成增多可以增加企业的投资，另一方面资本份额也代表了利润率水平。由于 $\pi = 1 - \Omega$，因而有 $\hat{\pi} = \Delta\pi/\pi = -(\Omega/\pi)(\hat{\omega} - \hat{\lambda})$，y 的增加能够带动对新设备的投资需求，也会提高对未来产出的预期，进而增加投资需求。由此可假定投资需求函数为：

$$i = ab^{\phi_0}\pi^{\phi_1}y^{\phi_2} \qquad (4-16)$$

其中，a 为一个正的常数，b 代表影响投资的其他因素（例如企业家的投资意愿、国家的宏观调控政策等）。

然而，当前中国投资需求的很大一部分来自政府投资，而政府投资往往和特

---

① 此处用到了关系式：$\hat{\Omega} = \hat{\omega} - \hat{\lambda}$。推导如下：记名义工资为 W，劳动生产率为 $\lambda = y/L^d$（其中 y 为真实产出，L^d 代表劳动力需求）。那么劳动份额 $\Omega = \frac{WL^d}{Py} = \frac{W}{P\lambda} = \frac{\omega}{\lambda}$（其中 ω 为真实工资率），将该式左右两端同时对时间求导，可得 $\hat{\Omega} = \hat{\omega} - \hat{\lambda}$。

定的经济增长目标和宏观调控目标密切相关。此外，中国政府每年都会设定特定的货币供应量增长目标，并配以一系列的信贷计划作为实施工具。因而中国的私人投资不仅受到市场机制的影响，还会受到政府宏观经济政策的显著影响。在现阶段市场机制并不完善，政府计划指令在很多经济领域仍存在着相当程度影响力的背景下，政府的宏观调控政策和制定的经济增长目标对私人投资的影响有可能更为显著。这意味着中国的投资需求函数和（4-16）式所表示的适用于发达经济体的投资需求函数将有所不同。此处本节将结合龚刚、林毅夫（2007）基于中国商业银行信贷约束所推导出的投资函数，构建一个与布哈杜里和马格林（1990）分析框架相一致的体现中国经济特征的投资函数。

假定现期政府和企业所能获得的贷款总量为 ΔM（简化起见，假定 ΔM 外生）。不论政府还是企业，其投资的项目均有可能面临信贷约束，也有可能因投资规模小于可获取的信贷量而不受信贷约束限制。因而，在存在信贷约束的情形下，政府和企业除争取信贷指标的能力有所差异外，所处的境况并无本质差别。假定考察期间内共有 N 个投资项目，且均按照特定顺序排序，使得前 n 个项目受信贷约束限制，因而实际投资额等于信贷约束 ΔM_i（$i=1, 2, \cdots, n$）；而后 n~N 个项目不受信贷约束限制，因而实际投资额等于最优投资额 ΔM_i^*（$i=n, n+1, \cdots, N$）。这里的最优投资额由投资主体依据市场原则确定，可看作资本份额与总需求的函数 $f(\pi, y)$。由上所述，本节使用的投资函数可表示为：

$$i = \sum_{i=1}^{n} \Delta M_i + \sum_{i=n+1}^{N} \Delta M_i^* = \Delta M_i' + f(\pi, y) \qquad (4-17)$$

其中，$\Delta M_i' = \sum_{i=1}^{n} \Delta M_i$，$f(\pi, y) = ab^{\phi_0} \pi^{\phi_1} y^{\phi_2}$。那么投资需求的变化率可表示为：

$$\hat{i} = \widehat{\Delta M_i'} + \phi_0 \hat{b} + \phi_1 \hat{\pi} + \phi_2 \hat{y} = \widehat{\Delta M_i'} + \phi_0 \hat{b} \phi_1 - (\Omega/\pi) \phi_1 (\hat{\omega} - \hat{\lambda}) + \phi_2 \hat{y}$$

$$(4-18)$$

假定出口需求是相对单位劳动力成本（等于劳动份额 Ω）的减函数，是国外总需求 D_f 的增函数，则出口函数可表示为：

$$x = a_e D_f^{\varepsilon_0} \left(\frac{\Omega}{\Omega_f} \right)^{-\varepsilon_1} \qquad (4-19)$$

为简便起见，仿照纳斯蒂帕德（2006）的处理，另 $\varepsilon_0 = 1$，$\Omega_f = 1$，则求出口需求的变动率可表示为：

$$\hat{x} = \widehat{D_f} - \varepsilon_1 \hat{\Omega} = \widehat{D_f} - \varepsilon_1 (\hat{\omega} - \hat{\lambda}) \qquad (4-20)$$

将（4-14）式、（4-18）式、（4-20）式代入（4-13）式，可得经济的增长速度为：

$$\hat{y} = \frac{\psi_i \phi_0 \hat{b} + \psi_x \widehat{D_f}}{1 - \psi_i \phi_2} + \frac{(1-\tau)(\beta_w - \beta_\pi)\Omega u^{-1} - \psi_x \varepsilon_1 - \dfrac{\Omega}{1-\Omega}\psi_i \phi_1}{1 - \psi_i \phi_2}(\hat{\omega} - \hat{\lambda}) + \frac{\Delta \widehat{M'_i}}{1 - \psi_i \phi_2}$$

$$(4-21)$$

从（4-21）式可分析出在本节理论框架下影响经济增长的因素主要有三个来源：第一，是投资和国外总需求的自然增长率（$\hat{b}$ 和 $\widehat{D_f}$）。依照经济理论，二者和经济增长率存在正向相关关系，这就要求 $1-\psi_i\phi_2 > 0$。第二，实际工资和劳动生产率的相对增长速度，即劳动份额的变化方向。第三，政府和企业受信贷约束限制投资额度的变化率。若经济增长过热，政府有意遏制投资，则 $\Delta \widehat{M'_i} < 0$；若经济增速下滑（低于预期目标），政府有意刺激经济增长，则 $\Delta \widehat{M'_i} > 0$。假设 $\hat{\omega} - \hat{\lambda} > 0$（即劳动份额上升），若 $\Delta \widehat{M'_i} > 0$，且：

$$(1-\tau)(\beta_w - \beta_\pi)\Omega u^{-1} - \psi_x \varepsilon_1 - \frac{\Omega}{1-\Omega}\psi_i \phi_1 > 0 \qquad (4-22)$$

即 $\beta_w - \beta_\pi > \dfrac{1}{1-\tau}\left(\dfrac{x\varepsilon_1}{\Omega y} + \dfrac{i\phi_1}{(1-\Omega)y}\right)$ 成立，则劳动份额的增加能够提高经济增长速度。与之类似，若 $\Delta \widehat{M'_i} < 0$ 且 $\beta_w - \beta_\pi < \dfrac{1}{1-\tau}\left(\dfrac{x\varepsilon_1}{\Omega y} + \dfrac{i\phi_1}{(1-\Omega)y}\right)$，则劳动份额的增加会降低经济增长速度。在其他情况下，劳动份额变动对经济增长速度的影响方向无法确定。考虑到中国特有的商业银行信贷约束后，布哈杜里和马格林（1990）及现有相关研究所得出的结论发生了本质改变。即在信贷约束的影响下，"工资驱动型"的经济体有可能表现成"资本驱动型"，反之亦然。① 具体如表4-5所示。

表4-5　　　　　　　　经济增长属性判断

判别条件	$\Delta \widehat{M'_i} > 0$（经济增长过慢）	$\Delta \widehat{M'_i} < 0$（经济增长过快）
$\beta_w - \beta_\pi > \dfrac{1}{1-\tau}\left(\dfrac{x\varepsilon_1}{\Omega y} + \dfrac{i\phi_1}{(1-\Omega)y}\right)$	工资驱动型	无法判断
$\beta_w - \beta_\pi < \dfrac{1}{1-\tau}\left(\dfrac{x\varepsilon_1}{\Omega y} + \dfrac{i\phi_1}{(1-\Omega)y}\right)$	无法判断	资本驱动型

在当前中国这样一个投资活动受政府政策影响显著的经济体，规模庞大的信贷指标的膨胀或收缩会显著影响劳动份额变动对经济增速的影响方向。因而，与

---

① 纳斯蒂帕德（2005）通过引入"凡登定律"（Verdoon Law），考虑产出增长对劳动生产率的影响后得出了与本节类似的结论。

市场机制较为完善的发达经济体不同，对中国经济增长属性（即"工资驱动型"或"资本驱动型"）的判断不能仅仅依据实证结论，还必须考虑政府行政指令的干预对其造成的影响。这就解释了为什么自1992年以来，在不同阶段中国劳动份额的变动方向并不完全相同，但经济始终保持较为稳定的高速增长。随着当前中国各项改革的逐步推进，中国特色的社会主义市场经济体制将进一步完善，$\Delta \hat{M}_t^i$ 对投资活动的影响将逐步减小，中国经济增长的属性也将逐步呈现。值得注意的是，即使不考虑信贷约束对投资活动的影响，一个经济体的增长属性也不是固定不变的。由（4-22）式可以看出，劳动报酬和资本报酬边际消费倾向的相对变化、税率的变动、出口与劳动者报酬之比和投资与资本报酬之比均有可能造成经济增长属性的改变。

二、收入分配格局调整影响居民消费的实证分析

为准确判断当前中国经济的增长属性，为量化分析初次分配格局调整和消费潜力释放的关系，并对其可行性做出评估，接下来运用单方程估计方法实证分析劳动份额变化对总需求各组成部分的影响，进而加总得出对经济增长的影响。

本节使用的国内生产总值、消费、投资、进口和出口数据均源自历年《中国统计年鉴》；劳动者报酬、营业盈余和税收1992~1999年数据来自《中国资金流量表历史资料（1992~2004）》，2000~2011年数据来自《中国统计年鉴（2012）》中提供的最新修正的《中国资金流量表（2000~2011）》。为消除价格因素影响，各变量均使用 GDP 平减指数（以1992年为基期）进行平减，并以对数形式进入计量模型。

一般来讲，在宏观实证分析中，分析的变量间往往存在常在长期均衡关系。对于非平稳的时间序列，在通过协整检验确定存在长期均衡关系之后，使用误差修正模型分别估计出变量间的"短期参数"和"长期参数"。如果无法通过协整检验，或者协整分析的结论和经济理论不相符是，可将变量变为平稳序列后，采用不同形式的自回归分布滞后模型（ADL）估计变量间的关系。对于平稳的时间序列变量则可直接采用 ECM 模型或者 ADL 模型进行估计。由于本节使用的时间序列数据只有20期，针对大样本的单位根检验有可能失效，即有可能将平稳时间序列识别为非平稳。此外，考察期内中国经济体制发生了本质变化，市场经济体制逐步替代原有计划经济体制，同时中国经济体制的改革仍在进一步推进，因而宏观变量之间的均衡关系也必然发生改变。基于上述判断，本节不再使用协整分析，而直接采用差分形式的 ADL 模型对各变量的关系进行实证分析。

(一) 消费

根据前面的讨论,消费函数的基本形式为 $c = f(W, R)$,这里把居民的收入分成了工资收入和资本收入,但前者的边际消费倾向大于后者。由于使用的劳动者报酬和资本报酬(营业盈余)数据均已扣除了税收的影响,并且税率变动相对稳定,对居民消费影响不显著。因而税收因素不再进入消费函数。由于政府消费与政府特定的经济发展目标相关,因而可认为其不受初次分配格局变动的影响。

表 4-6 显示了居民消费函数的回归结果。回归(Ⅰ)为各变量对数形式的回归,仅作为参照。为消除残差自相关影响,加入了因变量的二阶、三阶滞后项。为消除由时间序列不平稳和多重共线性造成的估计偏差,回归(Ⅱ)对各变量的一阶差分进行 OLS 回归。回归(Ⅲ)对各变量的一阶差分使用 PW 估计法进行 FGLS 回归,以求进一步控制自相关的影响。回归(Ⅰ)中资本收入对居民消费的影响并不显著,这很可能由变量间的多重共线性和时间序列不平稳造成。回归(Ⅱ)和回归(Ⅲ)的结果较为相近,而且各变量系数较为显著。由于回归(Ⅱ)的 DW 统计量优于回归(Ⅲ),因而本文采用回归(Ⅱ)的估计结果。

表 4-6 居民消费函数回归结果

被解释变量		(Ⅰ) lnc		(Ⅱ) D.lnc		(Ⅲ) D.lnc
解释变量	lnW^A	0.691*** (0.192)	$D.lnW^A$	0.800*** (0.117)	$D.lnW^A$	0.776*** (0.115)
	$ln\pi$	0.072 (0.133)	$D.ln\pi$	0.200* (0.113)	$D.ln\pi$	0.197* (0.104)
	L2.lnc	0.332** (0.117)	LD.lnc	0.145* (0.078)	LD.lnc	0.180** (0.069)
	L3.lnc	-0.219** (0.083)				
	常数项	1.235*** (0.337)	常数项	-0.0314** (0.014)	常数项	-0.0326*** (0.011)
方程统计量		$R^2 = 0.999$, D.W. = 1.507①		$R^2 = 0.933$, D.W. = 1.945		$R^2 = 0.957$, D.W. = 1.704

注:***、**、*分别代表在1%、5%、10%的水平上显著(下同)。

---

① BG 检验和 Ljung-Box Q 检验也得出了一致的结果,限于篇幅,此处不再列出(下同)。

由回归（Ⅱ）的结果，工资报酬和资本报酬每增加 1%，居民消费需求将分别增加 0.80% 和 0.20%，二者之和近似等于 1。① 这和本节使用的"柯布—道格拉斯"型消费函数相一致，即从长期来看，居民消费的收入（工资收入与资本收入）弹性为 1。当劳动份额提升时，经济中的工资消费总额将上升，资本消费总额将下降。但由于工资的边际消费倾向远大于资本的边际消费倾向，经济中的总消费额将上升。具体上升的幅度为上述二者变化的差值。为得出更为直观的经济含义，将模型估计出的弹性分别转换成样本期间内的平均边际效应和样本末期（2011）年的边际效应。据样本平均值计算结果显示劳动份额每增加 1%，居民消费（占 GDP 比重）将增加 0.57%；而同样情况下，据 2011 年数据计算结果显示居民消费（占 GDP 比重）将增加 0.59%。这表明，通过改善初次分配格局，提升劳动报酬占比，可以有效释放居民消费需求，为经济的转型提供一个稳步增长的内需市场基础。

（二）投资

对投资函数的估计首先仍采用布哈杜里和马格林（1990）设定的函数形式，即将投资看作产出和资本报酬（份额）的函数。考虑到利率有可能影响到投资活动，因而利率也将作为自变量进入回归方程。本节使用的利率数据由中国人民银行公布的金融机构一年期贷款基准利率按实施时间长度加权计算得出。估计仍采用对数化处理后的一阶差分形式。不同形式的估计方程均显示，不论是政府投资还是私人投资，与资本报酬（份额）变动的关系均不显著。正如上面理论分析所指出的，由于以信贷约束为代表的政府计划指令的存在，投资活动主要受政府宏观经济政策的影响，对市场信号的反映并不明显。为此，在投资函数中加入央行货币和准货币（M2）供应量（表示政府为调控经济而制定的信贷投放量）。鉴于货币投放量不仅和经济活动的冷热状况相关，还和通胀水平密切相关，因而国内价格水平（以 GDP 折减指数表示，1992 年为基期）也进入投资方程。回归结果如表 4-7 所示。

回归（Ⅰ）自变量只有资本报酬、总产出和利率；回归（Ⅱ）增加了国内价格水平、货币和准货币供应量；回归（Ⅲ）则删除了资本报酬；回归（Ⅳ）采用 PW 方法对回归（Ⅲ）进行了 FGLS 回归，以进一步控制残差自相关的影响。具体来看，回归（Ⅰ）中资本报酬系数不显著，且为负值，与理论预期相矛盾；回归（Ⅱ）中仅有国内价格水平系数显著，资本报酬系数仍为负值。回归（Ⅲ）中

---

① 此处使用的利率数据由中国人民银行公布的金融机构一年期贷款基准利率按实施时间长度加权计算得出。

表 4-7　　投资需求函数回归结果

被解释变量	（Ⅰ） D.lni		（Ⅱ） D.lni		（Ⅲ） D.lni		（Ⅳ） D.lni	
解释变量	LD.lnπ	-0.376 (0.272)	LD.lnπ	-0.232 (0.261)				
	LD.lny	0.458* (0.259)	D.lny	0.958* (0.500)	D.lny	0.412* (0.231)	D.lny	0.407 (0.233)
	LD.lnr	0.432*** (0.079)	D.lnr	0.286 (0.166)	D.lnr	0.319** (0.145)	D.lnr	0.312** (0.145)
			D.lndef	-1.259* (0.661)	D.lndef	-1.034* (0.564)	D.lndef	-1.017* (0.560)
			D.lnM2	0.891 (0.507)	D.lnM2	1.235*** (0.322)	D.lnM2	1.234*** (0.319)
	常数项	0.156*** (0.028)	常数项	-0.042 (0.052)	常数项	-0.068 (0.046)	常数项	-0.067 (0.046)
方程统计量	R^2 = 0.750, D.W. = 1.684		R^2 = 0.698, D.W. = 1.792		R^2 = 0.730, D.W. = 1.916		R^2 = 0.725, D.W. = 1.984	

注：回归（Ⅳ）中 D.lngdp 系数的 p 值为 0.1030，接近在 10% 水平上显著。

删除了资本报酬后，各变量系数均变为显著，且回归方程整体的拟合度要优于回归（Ⅱ）；回归（Ⅳ）的 DW 统计量优于回归（Ⅲ），表明其进一步控制了残差自相关的影响，各变量系数值和显著性与回归（Ⅲ）类似。以回归（Ⅳ）为例，GDP 和货币供应量对投资的影响均为正值，而通货膨胀水平对投资的影响为负值，与理论预期相符。利率水平的系数为正值，这和当前中国投资活动对利率反应不敏感相关。利率水平更多反映的是政府对宏观经济的调控意愿：利率水平越高，表明此时投资需求旺盛，经济活动过热，政府希望通过提高利率减少投资需求，但由于宏观调控的时滞性和投资活动对利率的低敏感性的存在，导致投资和利率同向变动的发生。

与发达经济体情形不同，由本节投资需求函数的回归结果，可谨慎推断当前中国资本份额的变动对投资活动的影响并不明显。投资更多地受到政府宏观经济政策的影响。这一方面掩盖了中国经济增长的真实属性，另一方面也减少了借由初次分配格局调整推动经济转型的一项约束。政府可以依据经济转型目标更为灵活的调整国民收入初次分配格局，在增加劳动份额以提振居民消费的同时，而不必过度担心投资萎缩的风险。

(三) 净出口

随着当前经济全球化的快速发展，进出口额的增长速度远超过 GDP 速度，因而在本文对总需求各组成部分的估计中，净出口需求的估计对估计方程的具体形式设定最为敏感。已有研究对进出口需求的估计主要采用两种方法。第一种方法直接将净出口看作国内 GDP、国外 GDP、汇率 E 和劳动份额的函数，即 NX = f(GDP, $\text{GDP}^{\text{foreign}}$, E, Ω)。各变量以对数的一阶差分形式进入回归方程。这一方法假定劳动份额对净出口需求的影响固定不变，在较长时期看来，随着贸易额的迅速扩张和劳动份额的相对变化所带来的本国产品国际竞争力的变化，这一假定并不合理。另一种方法则细化了劳动份额变化对净出口需求的影响步骤。首先，将国内价格水平看作单位产出劳动力成本（与劳动份额可相互转换）和进口价格的函数；然后将进出口需求看作国内价格水平的函数。通过两步估计，将劳动份额对净出口需求的影响动态化，可得到相对准确的估计结果。

考虑到数据的可获得性和本节样本考察期长度较短，以及从国外已有研究来看，上述两张估计方法得出的结果差别不大，本节仍沿用第一种方法对净出口需求函数进行估计。国外总需求以我国主要贸易国（本节选取了与我国进出口总额排名前 40 位的国家和地区）的 GDP 总和代替。由于对外贸易主要以美元进行结算，因而汇率采用人民币兑美元汇率。各国 GDP、净出口和工资报酬数据均以 2005 年不变价美元计价。估计结果如表 4-8 所示。

回归（Ⅰ）、（Ⅲ）分别用 OLS 回归，回归（Ⅱ）、（Ⅳ）分别对应回归（Ⅰ）、（Ⅲ）使用 PW 估计法的 FGLS 回归。考虑到宏观变量间的影响一般不会持续多期，回归（Ⅲ）、（Ⅳ）相比前两个回归减少了自变量的滞后项，但 DW 统计量的表现并不理想。四个回归结果中劳动报酬对净出口需求的影响差别较大。尤其是后两个回归由于残差自相关的存在，导致 OLS 和 FGLS 的估计结果差别较大。本节采用表现最优的回归（Ⅰ）的估计结果。回归一中各变量系数多数在 5% 水平上显著，劳动报酬每增加 1%，净出口需求减少 -2.38%（= 5.94% - 8.44% - 4.74% + 4.86%）。与消费类似，将弹性转换成边际效应，据样本平均值计算结果显示劳动份额每增加 1%，净出口（占 GDP 比重）将减少 0.21%；而同样情况下，据 2011 年数据计算结果显示净出口（占 GDP 比重）将减少 0.13%。劳动份额变动对净出口影响的边际效应与净出口占 GDP 的比重呈正相关关系。受 2008 年国际金融危机影响，当今世界主要经济体复苏势头并不稳定，导致中国净出口占 GDP 比重急剧下降。虽然这对中国经济增长造成了不利影响，但客观上为借助劳动份额提升释放国内居民消费需求，进而助推经济转型提供了很好的"外部"条件。当前情形下，劳动份额的提升虽然会在一定程度上降低净出口需求，但不会对其

表 4 – 8　　　　　　　　净出口需求函数回归结果

被解释变量		（Ⅰ） D. lnnx	（Ⅱ） D. lnnx	（Ⅲ） D. lnnx	（Ⅳ） D. lnnx
解释变量	LD. lny	37.800 *** (6.421)	38.442 *** (6.921)	30.214 *** (7.832)	35.551 *** (5.076)
	D. lny^f	7.273 ** (2.719)	7.448 ** (2.633)	9.016 ** (3.479)	5.500 * (2.691)
	D. lnW^A	5.943 * (2.740)	5.522 * (2.641)	6.468 * (3.395)	8.796 ** (3.003)
	LD. lnW^A	-8.440 ** (2.780)	-8.803 ** (2.791)	-8.205 ** (3.273)	-11.947 *** (2.636)
	L2D. lnW^A	-4.742 * (2.078)	-4.850 * (2.110)		
	L3D. lnW^A	4.855 ** (1.866)	5.169 ** (1.858)		
	D. lnE	19.163 *** (3.471)	18.884 *** (3.645)	16.037 *** (4.401)	20.35 *** (3.011)
	常数项	-3.084 *** (0.462)	-3.103 *** (0.503)	-2.527 *** (0.503)	-2.744 *** (0.310)
	lnW^A 总影响	-2.362	-2.932	-1.737	-3.151
方程统计量	R^2	0.919	0.912	0.792	0.919
	D. W.	1.907	1.899	2.469	2.379

造成大幅波动（相对国外需求旺盛时期）。在综合把握国内需求的提升速度和国外需求的变动趋势的前提下，通过提升劳动份额释放国内消费潜力，极可能构建起足够抵御当前宏观经济下行压力的内外需增长平衡点，实现经济增长和经济转型的同步进行。

（四）总影响

基于前面的实证分析，将劳动份额变动对总需求各组成部分的影响加总得到其对经济增长的总影响，即：

$$\frac{\mathrm{d}y/y}{\mathrm{d}\Omega} = \frac{\mathrm{d}c/y}{\mathrm{d}\Omega} + \frac{\mathrm{d}i/y}{\mathrm{d}\Omega} + \frac{\mathrm{d}nx/y}{\mathrm{d}\Omega} \quad (4-23)$$

为使结论更加直观，总需求各组成部分的变动均转换成相对于 GDP 的变动。劳动份额对投资需求的影响并不显著，因而可将 $\frac{\mathrm{d}i/y}{\mathrm{d}\Omega}$ 近似处理为 0。

由于弹性和边际效应的转换受时点影响明显，为更为全面把握劳动份额变化所引起的变动，图 4-10 展示了 1992~2011 年期间，劳动份额提高 1%，消费、净出口和 GDP 增长率的变动情况。

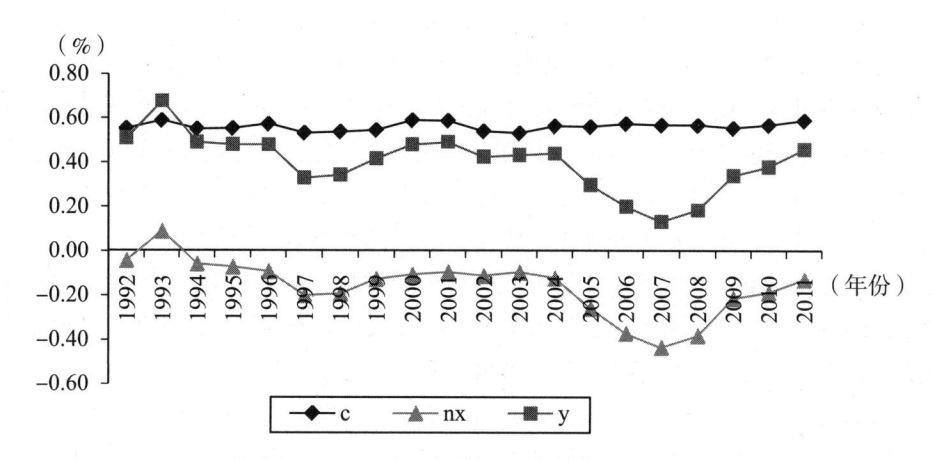

图 4-10　劳动份额提高 1 个百分点对总需求及各组成部分影响

由图 4-10 可知，劳动份额变动对居民消费需求的影响较为稳定，而对净出口需求的影响较为敏感。自 2008 年金融危机之后，劳动份额的提升对净出口的影响显著降低，截至 2011 年已降至一个较低的水平。此时提升劳动份额对净出口需求造成的负向影响，将完全被其对消费需求的正向影响所抵消，并对总需求产生 0.46% 的正向影响。当前，我国经济呈现出劳动份额和居民消费占比"双降"的局面，不利于培育经济转型的内生动力。以 2011 年为基点，根据本文计量估计结果，若劳动份额提升 7 个百分点（即从 2011 年的 47% 提升至近 20 年的最高点 55%），那么将带动居民消费占 GDP 的比重增长 4% 多，上升至 40% 左右。伴随着净出口需求出口下降 0.13%，并假定投资需求不受此影响，经济总需求将提高 0.46%。

值得注意的是，图 4-10 所示结果仅适用于描述当前背景下，劳动份额调整的短期效应。这是因为，第一，随着我国市场经济体制改革的进一步推进，行政审批对经济的干预将逐步减弱，市场机制将在经济活动中发挥决定性作用。这意味着劳动份额变动对投资的影响将逐渐显著。第二，随着全球经济的逐渐回暖，净出口需求占 GDP 的比重也将逐步回升，劳动份额变动对净出口需求的影响效应也会随之放大。上述两点均会导致未来经济实际运行中，劳动份额的提升对总需求的带动作用会低于图 4-10 所示情形，甚至有可能导致总需求增速的降低。这将视未来居民消费潜力的释放程度而定。如果在提升劳动份额的同时，伴之以医疗、养老等一系列社会保障水平的提升及居民住房、子女教育问题的妥善解决，减少居民的预防性储蓄，那么将进一步放大劳动份额对居民消费需求的正向影响。因而，在未来我国经济改革进程中，通过以劳动份额提升为导向的初次分配改革构建我国经济消费驱动型增长动力，并不会必然带来短期经济增长的波动。在合理掌控居民消费和投资领域相关改革力度的前提下，有可能实现经济平稳增长与消费驱动型增长动力构建的同步推进，为我国经济的长期健康发展奠定稳固基础。

此外，从已有跨国研究来看奥纳兰和加拉尼（Onaran & Galanis，2013），各经济体总需求各组成部分对劳动份额变动的敏感度和劳动份额的水平值无确定性关系。对同一个经济体而言，消费需求的变动幅度往往大于投资需求的变动幅度。对中国来讲，与劳动份额绝对值相近的经济体相比，消费需求对劳动份额变动的敏感度处于较高水平，投资需求和净出口需求对劳动份额变动的敏感度处于较低水平，总需求对劳动份额变动的敏感度处于平均水平。在未来外需回升缓慢且具有诸多不确定性的背景下，即使中国的投资需求对劳动份额变动的敏感程度达到发到经济体水平，仍然不会对经济增长带来负面影响。随着以劳动份额提升为导向的初次分配格局的调整，及以市场机制逐步在投资领域发挥决定作用，可逐步构筑起中国经济消费驱动型增长动力，稳步实现经济由"投资驱动"向"消费驱动"的转型。

三、政策建议

本节基于布哈杜里和马格林（1990）提出的后凯恩斯主义模型，通过嵌入中国经济中存在的劳动力过剩和商业银行信贷约束这两个因素，构造了一个适用于分析中国经济现状的模型。基于理论模型的实证检验，发现劳动份额的提升能够有效促进居民消费潜力的释放，由于信贷约束的存在，劳动份额变动对投资的影响并不显著；受外需萎缩影响，净出口需求对劳动份额变动的边际反应远小于劳动份额。具体来讲，以2011年为例，劳动份额提升1个百分点，居民消费需求将上升0.59个百分点，净出口将减少0.13个百分点，经济增度相比现有水平将提升0.46个百分点。

虽然当前我国政府对经济干预程度较高，净出口需求萎缩，但客观上为借助提升劳动份额释放居民消费需求，促进经济的平稳转型提供了良好的外部环境。随着市场化改革在各领域的深入推进和全球经济的逐步回暖，劳动份额的提升对总需求的负面影响将逐步放大。但若能合理利用当前这一经济转型的"黄金时期"，在提升劳动份额的同时，优化居民消费预期，降低居民预防性储蓄动机，构建起强有力的内需基础，我国经济完全可以找到以消费潜力释放为"推手"的经济转型和经济稳步增长的平衡点。

为此，政府首先应着手在当前阶段构建起促进居民消费增长的长效机制。通过提高居民工资收入，提升居民劳动报酬在国民收入初次分配中的占比。尤其要注重提升城乡低收入群体的劳动收入，拓宽低收入群体提供分享经济增长红利的渠道。逐步消除城乡户籍制度对居民收入增长的限制，给予进城务工人员准城市居民待遇，通过农村土地确权带动农村生产经营活动的开展，增加农村居民收入。还应注重通过完善社会保障体系，优化消费品品质，改善居民的消费预期，提升居民各类收入的边际消费倾向。

其次，政府应逐步减少对各领域经济活动的干预，进一步完善市场经济体制。促使市场机制在经济运行中发挥决定性作用，减少对信贷市场的管制。进一步破除行政性壁垒和民营企业的投融资难题，激活民间资本投资活力。注重在尊重市场机制前提下，引导私人投资有序投入改善居民消费的相关领域；政府也应转变"唯GDP"式的发展观念，由注重基础设施建设投资转向注重教育、医疗、社会保障等公共物品相关领域的投资。逐步培育起私人投资、政府投资与居民消费增长的"正反馈"循环机制，在构筑短期经济增长动力的同时，为向"消费驱动型"经济转型奠定基础。体制改革红利的释放将对投资需求带来积极影响，也有助于减少劳动份额提升产生的负向效应。

再次，政府应统筹各项改革措施的协调性。经济的转型和增长是未来中国经济发展需要同时考虑的两个问题。而经济转型往往伴随着增长减速的风险，但本文分析指出，通过推进以劳动份额提升为导向的初次分配改革，在带动居民消费增长的同时并不必然带来经济增速的下滑，在合理掌控居民消费和投资相关领域改革力度的前提下，有可能实现居民消费增长和经济平稳增长的同步推进。这就要求政府在推进相关领域改革的同时应充分考虑各项政策可能带来的潜在风险，加强顶层设计，合理配置居民消费、投资领域相关改革政策的推进时间和推进力度。实现各项政策"红利"与"风险"的合理搭配，避免因推进相关改革而带来短期经济的剧烈波动，以便为经济发展方式的转变创造战略缓冲期。

第四节 各收入阶层与居民平均消费倾向的关系研究[①]

一、各收入阶层与居民平均消费倾向的理论分析

很多对收入分配与居民消费关系的研究将基尼系数加入总消费函数之中，进而考察收入分配差距的扩大对居民总消费的作用；本部分更加关注总收入在各阶

---

① 课题组成员宋建等承担与本部分内容相关的子课题研究，这一部分作为所获得的课题阶段性成果的一部分，也形成宋建博士学位论文《中国中等收入阶层与居民消费研究》的一部分。

层之间的分配。相应地,阶层收入分配的指标也以阶层收入占比代替。杨天宇(2002)将全社会的边际消费倾向分解为以各阶层的收入占比为权数的加权和,臧旭恒和张继海(2005)得出各收入组收入占比为解释变量的平均消费倾向计量模型,但是因为多重共线性转而采用基尼系数等指标;段先盛(2009)也通过推导将全社会的平均消费倾向分解为以各阶层的收入占比为权数的加权和,并通过统计分析得出高收入阶层对于平均消费倾向的影响最大,最后得出阶层间收入分配的恶化以及高收入阶层较低的平均消费倾向导致了总平均消费倾向的降低。下文将通过各个收入组组成的面板数据进行计量回归分析,以揭示阶层收入分配以及各阶层的平均消费倾向对居民总消费的影响。

(一) 城镇居民平均消费倾向的阶层分解

要提高居民总消费,一个思路是提高居民总收入,另一个思路是提高居民总的消费倾向。在居民总收入一定的条件下,阶层收入分配对总消费的影响是通过对居民消费倾向发挥作用。下面以城镇为例,对居民平均消费倾向进行阶层分解。具体的收入数据来源为1985~2012年的城镇住户调查,其中1985~2002年的各收入组收支数据来自《收入分配对中国城镇居民消费需求影响的实证分析》(臧旭恒、张继海,2005),2003~2012年的收支数据来自国家统计局网站。

为了尽可能刻画更加具体的收入分布,本节首先以各收入组作为不同的收入阶层。七个收入阶层对城镇居民平均消费倾向的分解如(4-24)式所示。

$$APC_{city} = C_{ctiy}/Y_{city} = \sum_{i=1}^{7} c_i \bigg/ \sum_{i=1}^{7} y_i = \sum_{i=1}^{7} (c_i/y_i) \cdot (y_i/Y_{city}) = \sum_{i=1}^{7} apc_i \cdot ysh_i$$

(4-24)

其中,APC_{city} 表示城镇居民平均消费倾向,C_{city} 表示城镇居民总消费,Y_{city} 表示城镇居民总可支配收入,apc_i 表示各收入阶层的平均消费倾向,ysh_i 表示各收入阶层的可支配收入占城镇居民总可支配收入的比值,$i = 1, 2, \cdots, 7$。

由(4-24)式可得,各收入阶层以其阶层平均消费倾向和阶层收入占比对城镇居民平均消费倾向起作用。图4-11表示出1985~2012年城镇居民平均消费倾向以及各收入阶层的平均消费倾向和收入占比的变化情况。从总体上来看,城镇平均消费倾向[1]及各阶层平均消费倾向在波动中下降,分别于1988年和1995年出现小高峰,但是在1996~1997年出现骤降;城镇平均消费倾向与中等偏上收入阶层的平均消费倾向几乎重合;最低收入阶层和最高收入阶层的平均消

---

[1] 由所有城镇住户调查家庭的总消费除以总可支配收入得到,几乎等于由各收入组的收入占比和平均消费倾向的加权和。

费倾向波动剧烈，2010年开始前者骤降，后者骤升。而各阶层收入占比以2002年①前后为分界点，最低收入户、低收入户、中等偏下收入户和中等收入户的收入占比的变化趋势都是先下降后略微上升，而中等偏上收入户、高收入户和最高收入户的收入占比的变化趋势都是先上升后略微下降；其中，最低收入户和低收入户的变化趋势较为一致，中等偏下收入户和中等收入户的变化趋势较为一致，中等偏上收入户的收入占比最为平稳，高收入户的上升趋势平缓，最高收入户上升趋势较为明显且2001年出现大幅上升。

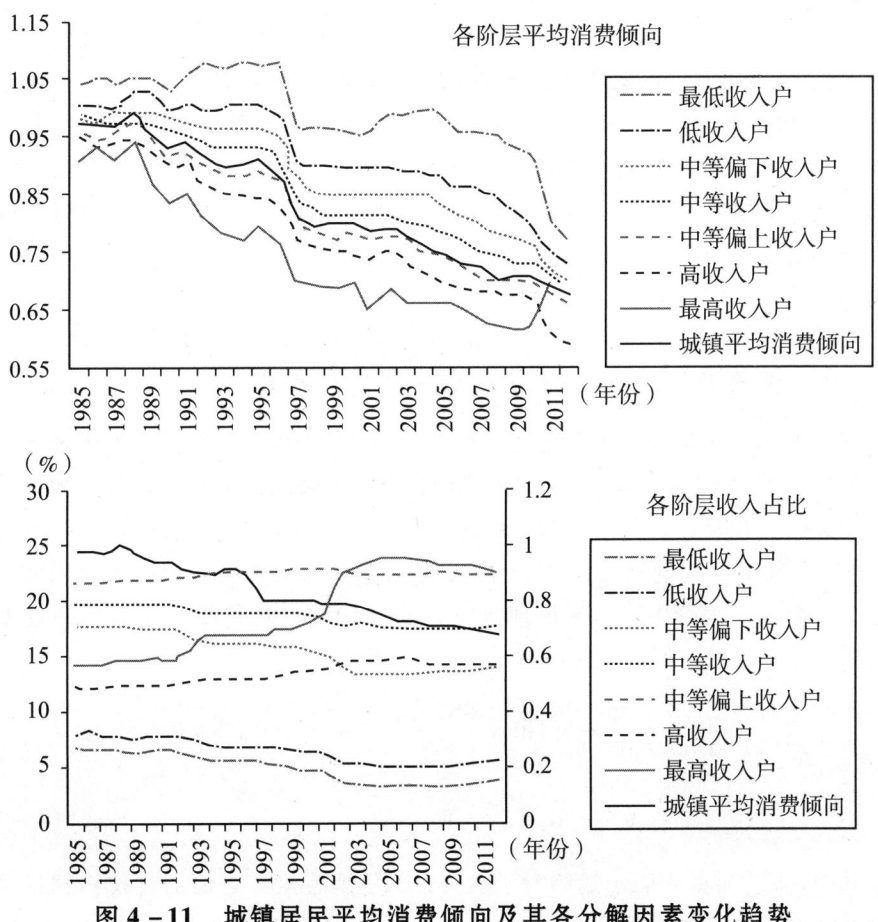

图 4-11　城镇居民平均消费倾向及其各分解因素变化趋势

我国快速的经济增长所带来的各阶层居民收入的上涨，是造成各阶层居民消费倾向的下降的主要因素。但是由于各阶层居民获取收入的能力不同且受相关影

---

① 从2002年起，城镇住户调查对象由原来的城市市区和县城关镇的非农业居民家庭改为居住在城镇区域范围内的常住户。该统计口径的改变是否对文中趋势造成影响尚不能确定。

响消费倾向的政策的力度不同，因而造成了各收入阶层消费倾向和收入占比变化的不一致。从政策角度对上述变化进行初步解读，1988年的"抢购"风潮导致了当年所有收入阶层平均消费倾向的骤升，也压低了后几年的消费意愿；从1996年开始股票市场逐步规范，证券市场开始活跃，同期中央银行开始允许商业银行开办个人住房贷款；我国实际房价和股价也从1996年开始呈上涨态势。由此推测，1996年前后的证券和住房投资需求对居民的消费需求产生了挤出效应，扩大财富的需要使得城镇居民压缩了消费支出，同时使得各阶层的收入来源结构开始出现差异。1997～1998年下半年，国家又相继出台了就业、养老、医疗和住房制度改革政策。假若这些政策在出台之前就影响到了城镇居民对未来的支出预期，则极有可能提早造成了1996年各阶层平均消费倾向10个百分点的下降。2001年，股市大跌，楼市开始兴旺。2002年废除沿用多年的土地协议出让方式，不断上涨的房价极大影响了居民的住房需求、投资需求以及收入来源，进而影响到总消费。因此要对各阶层和居民消费的关系进行研究，既要关注影响各阶层收支的综合因素，也要分析各阶层收支在各项因素作用之下呈现的不同特点。

（二）包含阶层收入分配指标的分段消费函数

由上述分析可得，国家的就业、养老、医疗和住房制度以及资本市场等方面的政策变化影响了居民不同时期的消费行为和收入来源，呈现"分段"效应。吴晓明和吴栋（2007）认为，中国居民的消费行为不完全符合生命周期理论假设，在不同阶段有不同的储蓄和消费目标，进而根据带有遗赠效用的生命周期模型推导出"分段"消费函数。具体地，布林德（1975）对传统的生命周期模型加入遗赠动机，得出如下最优化条件：

$$U = \int_0^T \frac{c_t^{1-\delta}}{1-\delta} e^{-\rho t} dt + \frac{bK_T^{1-\beta}}{1-\beta} \qquad \delta, \beta > 0; b \geqslant 0$$

$$s.t. \int_0^T c_t e^{-rt} + K_T e^{-rt} = W \qquad (4-25)$$

其中，b为常数，表示遗赠对于消费者的重要程度。进而通过拉格朗日乘子法得到消费者的最优消费路径，

$$c_i = c_0 = \frac{A_0 + \int_0^T \frac{y_t}{(1+r)^t} dt - \frac{K_T}{(1+r)^T}}{\int_0^T \frac{dt}{(1+r)^t}} \qquad (4-26)$$

因此，由经过修正的生命周期模型可以得出，消费者的当期消费是由其生命

周期的财富和收入的贴现值以及遗赠动机决定。但是吴晓明和吴栋（2007）分析认为，我国居民的消费行为由于面临众多不确定性，导致居民一般致力于当前阶段的效用最大化。由此建立了一个两阶段的消费模型，表示出消费者当期消费主要依赖于当期收入 y_0，初始资产水平 A_0 以及下期收入 y_1，同时设定消费者的储蓄目标为内生，认为某一时期的储蓄对于消费率具有类似于"遗赠"的效用，建立了消费者的短视消费模型：

$$U(c_0) + \frac{U(c_1)}{1+\rho} + B(R), \quad U' > 0, \ U'' < 0, \ B' > 0, \ B'' < 0$$

$$\text{s. t. } c_0 + \frac{c_1}{1+r} \leq A_0 + y_0 + \frac{y_1 - R}{1+r}$$

$$c_0 \leq A_0 + y_0 \tag{4-27}$$

通过构造消费和遗赠的 CRRA 效用函数及应用拉格朗日函数，由最优化解得到中国消费者的短视消费模型：

$$c_0 = \frac{1+r}{2+r+b^{1/\beta}} \left[A_0 + y_0 + \frac{y_1}{1+r} \right] \tag{4-28}$$

其中，b 表示短期储蓄对于消费者效用的重要程度。进而经过加总得到全社会总的消费函数：

$$C_0 = \sum_{i=1}^{n} c_{i0} = \sum_{i=1}^{n} \frac{1+r}{2+r+b^{1/\beta}} \left[A_{i0} + y_{i0} + \frac{y_{i1}}{1+r} \right] \tag{4-29}$$

为了刻画收入分配的影响，定义用来衡量居民收入差异的变异系数 V_n，并带入上式化简得：

$$C_0 = \frac{1+r}{2+r+b^{1/\beta}} \left[\frac{\sum_{i=1}^{n} y_{i0}^2}{2\bar{y}_0} + \frac{n}{2}\bar{y}_0^2(1-V_n^2) + \sum_{i=1}^{n}\left(A_{i0}\frac{y_{i1}}{1+r}\right) \right] \tag{4-30}$$

两边除以全社会的总收入，得全社会的平均消费倾向：

$$APC = \frac{1+r}{2+r+b^{1/\beta}} \left[\frac{\sum_{i=1}^{n} y_{i0}^2}{2n\bar{y}_0^2} + \frac{\bar{y}_0}{2}(1-V_n^2) + \sum_{i=1}^{n}\frac{1}{n\bar{y}_0}\left(A_{i0}+\frac{y_{i1}}{1+r}\right) \right] \tag{4-31}$$

令 $k = \frac{1+r}{2+r+b^{1/\beta}}$，$R_0 = \frac{\sum_{i=1}^{n} y_{i0}^2}{2n\bar{y}_0^2} + \frac{\bar{y}_0}{2}(1-V_n^2)$，代入上式化简得（具体推导见吴晓明和吴栋（2007））：

$$APC = \frac{1}{2+r+b^{1/\beta}} + kR_0 + k\frac{A_0}{Y_0} + \frac{k}{1+r}g_0 \tag{4-32}$$

其中，$g_0 = (Y_1 - Y_0)/Y_0$，恰好为收入的增长率。k 为常数项；A_0/Y_0 反映社会初始流动性资产水平相对于居民当期总收入的比例，g_0 某种程度上反映了预期对平均消费倾向的影响，从公式推导来看，这两项系数的符号皆为正值。R_0 反映了社会收入分配状况对于社会平均消费倾向的影响，从公式推导来看：

$$APC_t = \beta_0 + \beta_1 g_t + \beta_2 CPI_t + \beta_3 Dist_t + \beta_4 \frac{A_{t-1}}{y_t} + \nu_t \qquad (4-33)$$

其中，g_t 表示城镇平均可支配收入的增长率，CPI_t 表示当期城镇居民消费价格指数，二者共同表示影响居民消费预期的因素；$Dist_t$ 表示城镇收入的不平等程度，y_t 表示城镇平均可支配收入，A_{t-1} 表示城镇居民期初平均流动性资产，ν_t 表示扰动项。由于本文的关注点在于阶层收入差异，因此与吴晓明和吴栋（2007）不同，并结合（4-24）式，本节以各阶层的收入占比衡量城镇居民收入分配状况；并在具体的分析当中加入阶层虚拟变量以去除多重共线性的影响。

二、各收入阶层与居民平均消费倾向的实证分析

（一）变量选择和数据检验

结合（4-24）式和（4-33）式，本部分以城镇住户调查七个收入组构成面板数据。具体变量的选择上，用 g 表示城镇可支配收入增长率，用 cpi 表示通货膨胀率；不同于学界经常用基尼系数作为收入不平等指标的做法，本文以各收入组的收入占比 ysh_t 表示城镇居民收入的不平等程度 $Dist_t$；用城镇人均储蓄存款表示城镇期初平均流动性资产 A_{t-1}，与城镇平均可支配收入 y_t 的比值记为 ay_t；同时增加各收入组的平均消费倾向 apc 为解释变量；被解释变量 wapc 为各收入组的平均消费倾向和收入占比的加权和。为了增加样本整体的平稳性，所有变量均取对数形式。具体的数据来源为 1985~2012 年的城镇住户调查，其中 1985~2002 年的各收入组收支数据来自《收入分配对中国城镇居民消费需求影响的实证分析》（臧旭恒、张继海，2005），2003~2012 年的收支数据来自相应年份的《中国价格及城镇居民家庭收支调查统计年鉴》《中国城市（镇）生活与价格年鉴》以及《中国住户调查年鉴》，其他数据来自相应年份的《中国统计年鉴》和《中国金融年鉴》。对各变量的描述性统计如表 4-9 所示。

表 4 – 9　　　　　　　　　变量的描述性统计

变量名	变量个数	平均值	标准差	最小值	最大值
lnwapc	196	-0.1940	0.1215	-0.3929	-0.0059
lncpi	196	0.9099	0.7741	-1.0729	1.6548
lnay	196	0.0594	0.6420	-1.1848	0.7378
lng	196	-2.1861	0.3678	-3.0198	-1.3364
lnapc	196	-0.1632	0.1458	-0.5275	0.0764
lnysh	196	-2.0810	0.5706	-3.5066	-1.4271

由于本章数据中组数相对年数较小，故为长面板数据。对数据进行异方差、自相关和截面相关的检验，检验结果如表 4 – 10 所示：似然比检验结果拒绝"组间同方差"的原假设；伍德里奇检验拒绝"原不存在一阶组内自相关"的原假设；Breusch-Pagan LM 检验强烈拒绝"无截面相关"的原假设。

表 4 – 10　　　　异方差、自相关和截面相关的检验结果

异方差检验 (Likelihood-ratio tes)	自相关检验 (Wooldridge test)	截面相关检验 (Breusch-Pagan LM test)
LR chi2 (6) = 20.28	F(1, 6) = 16.185	chi2 (21) = 281.301
Prob > chi2 = 0.0025	Prob > F = 0.0069	Pr = 0.0000

（二）实证检验和结果分析

本部分同时对各阶层整体以及各个阶层对城镇居民总平均消费倾向的作用进行分析。为了控制个体效应，加入组的虚拟变量 $zu_2 - zu_7$；为了考察时间效应，加入 t = year – 1984 作为时间趋势变量[①]；同时允许各组有自己的自回归系数。最终得到计量模型如（4 – 34）式所示：

$$\text{lnwapc} = \beta_0 + \beta_1 \text{lncpi} + \beta_2 \text{lnay} + \beta_3 \text{lng} + \beta_4 \text{lnapc} + \beta_5 \text{lnysh} + \sum_{i=2}^{7} \alpha_i zu_i + \beta_6 t + u$$

(4 – 34)

为得到各阶层总体对城镇平均消费倾向的整体影响，首先利用计量模型（4 – 34）对数据进行 FGLS 估计，结果如（4 – 35）式所示：

[①] 此种处理方法得到的 t 的值依次为 1, 2, …, 28。但是减去 1984 与否并不影响回归结果，减去是为了形式上的简洁美观。详见陈强编著：《高级计量经济学及 Stata 应用》，高等教育出版社 2010 年版，第 12 章，第 167 页。

$$\begin{aligned}
\text{lnwapc} = &\ 22.9214 + 0.0225\text{lncpi} - 0.0140\text{lnay} + 0.0258\text{lng} + 0.2434\text{lnapc} + 0.0395\text{lnysh} \\
& (19.06)\quad (3.90)\qquad\quad (-2.32)\qquad\quad (6.33)\qquad (7.12)\qquad\quad (4.46) \\
& + 0.0085zu_2 - 0.0155zu_3 - 0.0133zu_4 - 0.0177zu_5 + 0.0179zu_6 \\
& \quad (1.95)\qquad\quad (-1.65)\qquad\qquad\qquad\qquad\qquad\qquad (2.01) \\
& + 0.0235zu_7 - 0.0120t \\
& \quad (1.92)\qquad\quad (-18.87) \qquad\qquad\qquad\qquad\qquad\qquad\qquad\qquad (4-35)
\end{aligned}$$

根据 (4-35) 式中各变量的系数符号和显著性得出，通货膨胀 (cpi) 以及城镇平均可支配收入增长率 (g) 每上升 1%，将分别导致城镇平均消费倾向 (wapc) 增加 2.25% 和 2.58%，变量 ay 每上升 1%，将导致城镇平均消费倾向下降 1.4%；时间效应 (t) 为负，表示城镇平均消费倾向随时间的增长而下降；除中等收入户 (zu_4) 和中等偏上户 (zu_5) 的系数不显著外，其他收入组虚拟变量 (zu_2、zu_3、zu_6 和 zu_7) 均显著，说明存在固定效应，故应该允许各收入阶层拥有自己的截距。对于所有阶层来说，阶层平均消费倾向 (apc) 和阶层收入占比 (ysh) 的提高都有利于城镇平均消费倾向上升，但是阶层平均消费倾向的作用更大。由于各阶层收入占比的和为 1，故不可能同时提高所有阶层的收入占比，(4-11) 式中 lnysh 的符号表示的各阶层收入占比相互作用之后的综合影响，各收入组虚拟变量的符号也表明了这一点，但是各组的综合影响为正。

然后，为分别衡量不同收入组对城镇平均消费倾向的影响，利用随机系数模型对各收入组分别进行估计，估计结果如表 4-11 所示。

由表 4-11 可得，同 (4-35) 式一样，所有收入组的平均消费倾向对城镇平均消费倾向的影响均大于各收入组的收入占比对其影响。分开来看，提高各收入阶层的平均消费倾向均能提高总平均消费倾向，其中又以中等偏下收入户、中等收入户和低收入户的作用效果最大，高收入户、中等偏上户和最低收入户次之；最高收入户的作用效果最小；除最高收入户以外，提高其他收入阶层的收入占比均能提高城镇平均消费倾向，其中又以中等偏下收入户、中等收入户和低收入户的作用效果为最大，中等偏上户、高收入户和最低收入户次之；最高收入户的收入占比的系数符号为负且不显著。综合来看，中等偏下收入户、中等收入户和低收入户对提高城镇平均消费倾向的作用最大，中等偏上收入户和高收入户次之，最低收入户又次之，最高收入户的作用最低。因此，从阶层角度扩大居民消费的政策的重心应该在中低收入阶层和中高收入阶层的收入占比和消费倾向提高，其次是最低收入阶层的收入占比提高（该阶层的消费倾向已经很高），最高收入阶层对提高城镇平均消费倾向的总作用相对来说最低。

表4-11　　　　　随机系数模型分组估计结果（FGLS估计）

组别	lncpi	lnay	lng	lnapc	lnysh	t	_cons
最低收入户	0.0141** (2.28)	-0.0330 (-6.93)	-0.0057** (-2.1)	0.6899*** (12.95)	0.0835*** (4.99)	-0.0071*** (-6.84)	13.6309*** (7)
低收入户	-0.0074 (-0.87)	-0.0117* (-1.8)	0.0021 (-0.73)	0.7606*** (11.41)	0.1440*** (3.95)	-0.0028* (-1.73)	5.5568* (1.88)
中等偏下收入户	-0.0106 (-1.55)	-0.0019 (-0.34)	0.0046* (1.68)	0.8478*** (12.97)	0.1875*** (5.44)	-0.0014 (-1.03)	2.9133 (-1.17)
中等收入户	-0.0083 (-1.11)	-0.0026 (-0.51)	0.0042 (-1.42)	0.8207*** (11.66)	0.1812*** (4.36)	-0.0019 (-1.32)	3.8736 (-1.45)
中等偏上收入户	0.0076 (-1.42)	-0.0041 (-0.97)	0.0096*** (3.17)	0.7373*** (11.99)	0.0867** (2.52)	-0.0044*** (-4.21)	8.5389*** (4.36)
高收入户	0.0199*** (3.7)	-0.0015 (-0.33)	0.0104*** (3)	0.7393*** (10.59)	0.0780** (2.3)	-0.0058*** (-5.78)	11.3360*** (6.02)
最高收入户	0.0318*** (6.26)	0.0058 (-1.14)	0.0209*** (5.7)	0.5355*** (9.02)	-0.0136 (-0.58)	-0.0080*** (-9.66)	15.3065*** (9.77)
总体	0.0075 -0.95	-0.007435 -1.2	0.0066 -1.56	0.7269*** (11.33)	0.1020*** (2.75)	-0046*** (-3.48)	9.0240*** (3.62)
	chi2（42）=371.88				Prob>chi2=0.0000		

注：各变量系数右上方的 * 代表显著水平为1%，** 代表显著水平为5%，*** 代表显著水平为10%，没有星号则不显著；括号内为标准差。

三、阶层相对收入分配地位对居民平均消费倾向的影响

从各阶层平均收入和平均消费倾向的角度，前文的实证结果表明，如果按照第二节的阶层划分，则中低收入阶层和中高收入阶层对于提高城镇居民平均消费倾向的作用最大，且各个阶层的收入占比对居民平均消费影响要小于阶层平均消费倾向对城镇总平均消费倾向的影响。考虑到各收入组或者各收入阶层的人口数不一样，可能对阶层收入占比和阶层平均消费倾向对总平均消费倾向影响程度的

相对大小产生影响。为了消除人口数量对阶层收入以及总消费的影响，本部分从各阶层总体收支的角度出发，对消除人口数影响之后的各阶层相对分配位置以及相对消费倾向对居民平均消费倾向变化的作用展开研究。

（一）阶层消费影响因子的设定

本部分以本章第二节划分的城镇低收入、中低收入、中高收入和高收入四个阶层为研究对象，以更好捕捉各收入阶层对居民消费的影响。借鉴段先盛（2009），令 $\lambda = (apc_i \cdot ysh_i)/APC$ 表示第 i 个阶层对城镇居民总平均消费倾向的影响程度，为了消除各阶层人口数不一致的影响，定义归一化的消费影响因子 f_i，如（4-36）式所示：

$$f_i = (apc_i \cdot ysh_i/l_i)/(APC/L) = (apc_i \cdot ysh_i)/(APC \cdot lsh_i)$$
$$= (apc_i/APC) \cdot (ysh_i/lsh_i) \qquad (4-36)$$

其中，l_i 为各阶层人口数，L 为城镇居民总人口，lsh_i 为各阶层人口占比。定义 $\varphi_i = (ysh_i/lsh_i)$ 为各阶层的相对分配地位，定义 $\omega_i = (apc_i/APC)$ 为各阶层的相对平均消费倾向。则各阶层的相对分配地位和相对平均消费倾向共同决定了各阶层对居民总平均消费倾向的影响程度。下面对阶层的相对分配地位、相对平均消费倾向以及阶层消费影响因子进行计算，以判断阶层相对分配地位和相对平均消费倾向对居民总平均消费倾向的相对影响程度。

（二）阶层消费影响因子及决定因素的统计分析

与上面的阶层划分相同，这里也将1985～2012年城镇住户调查的七个收入组划分为低收入阶层、中低收入阶层、中高收入阶层和高收入阶层四个阶层。首先计算各个收入阶层的总收入和总消费；由于下文用到的各变量均为比值，故收入和消费均取名义值。然后根据（4-36）式计算出各阶层的相对收入分配地位（见图4-12）和相对平均消费倾向（见图4-13），进而得到各阶层的消费影响因子（见表4-12）。则由图4-12可得，不考虑阶层人数影响后，高收入阶层的相对收入分配地位远远高于其他收入阶层以及社会平均水平，中高收入阶层的相对收入分配地位高出社会平均水平不远，而中低收入阶层和低收入阶层的相对收入分配地位均低于社会平均水平，且2002年左右之后降低得更多；而中高收入阶层的相对分配地位最为稳定，高收入阶层的相对分配地位在2002年左右跃升到一个高水平后处于平稳状态。

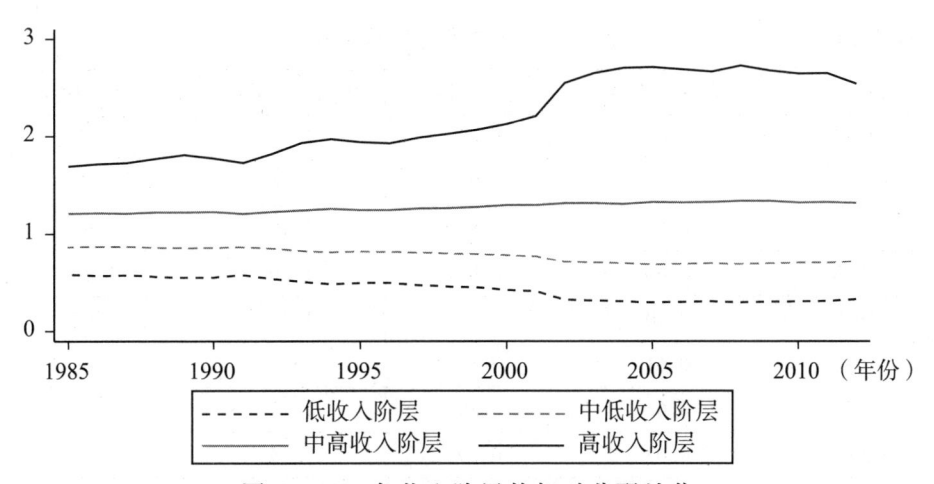

图 4-12 各收入阶层的相对分配地位

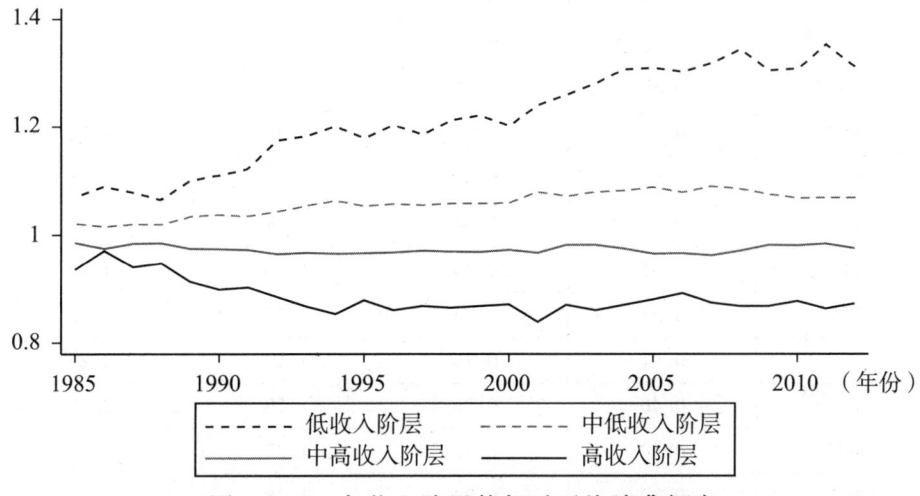

图 4-13 各收入阶层的相对平均消费倾向

由图 4-13 可得，阶层相对平均消费倾向与各收入阶层的收入水平成反比，不同的是低收入阶层的相对平均消费倾向一直处于上升趋势，而中低收入阶层和中高收入阶层的相对平均消费倾向则比较平缓，其中高收入阶层从 1985~1995 年间经历了较大幅度的下降后较为平稳。由表 4-12 可以看出，各收入阶层对总平均消费倾向的影响因子与阶层收入水平成正比，且低收入阶层和中低收入阶层的消费影响因子基本随时间呈下降趋势，低收入阶层比中低收入阶层下降的更厉害；而中高收入阶层的消费影响因子比较稳定，略有上升；高收入阶层的消费影响因子上升的幅度最大，但是近年来开始下降。

表 4-12　　　　　　　　各收入阶层的消费影响因子

年份	低收入阶层	中低收入阶层	中高收入阶层	高收入阶层
1985	0.62	0.88	1.19	1.58
1986	0.62	0.88	1.18	1.66
1987	0.62	0.89	1.19	1.63
1988	0.60	0.88	1.20	1.68
1989	0.60	0.88	1.19	1.65
1990	0.61	0.89	1.19	1.60
1991	0.65	0.89	1.17	1.56
1992	0.63	0.89	1.18	1.61
1993	0.60	0.87	1.20	1.68
1994	0.58	0.86	1.21	1.68
1995	0.58	0.86	1.20	1.71
1996	0.59	0.86	1.20	1.66
1997	0.56	0.85	1.22	1.72
1998	0.55	0.85	1.23	1.75
1999	0.55	0.84	1.24	1.79
2000	0.51	0.83	1.26	1.85
2001	0.51	0.83	1.25	1.85
2002	0.41	0.76	1.29	2.22
2003	0.40	0.76	1.29	2.28
2004	0.40	0.75	1.27	2.35
2005	0.39	0.74	1.28	2.39
2006	0.39	0.74	1.28	2.40
2007	0.40	0.76	1.27	2.33
2008	0.40	0.75	1.30	2.37
2009	0.39	0.75	1.31	2.32
2010	0.40	0.75	1.30	2.32
2011	0.42	0.75	1.30	2.29
2012	0.43	0.77	1.29	2.22

最后，利用 SPSS 17.0 对各阶层三者的相关性进行分析得到结果（见表 4-13），进一步证明各阶层的相对收入分配地位比各阶层的相对平均消费倾向对总平均消

费影响的影响程度更大。由表 4-13 可得，各收入阶层的相对收入分配地位对阶层消费影响因子的影响程度显著高于阶层相对平均消费倾向对其影响。

表 4-13　各收入阶层相对因素与阶层消费影响因子的相关性

消费影响因子		相对收入分配地位	相对平均消费倾向
低收入阶层	Pearson 相关系数	0.988**	-0.912**
	显著性（双尾）	0.000	0.000
	样本数	28	28
中低收入阶层	Pearson 相关系数	0.991**	-0.854**
	显著性（双尾）	0.000	0.000
	样本数	28	28
中高收入阶层	Pearson 相关系数	0.980**	0.159
	显著性（双尾）	0.000	0.420
	样本数	28	28
高收入阶层	Pearson 相关系数	0.989**	-0.402*
	显著性（双尾）	0.000	0.034
	样本数	28	28

注：** 表示在 0.01 水平（双侧）上显著相关；* 表示在 0.05 水平（双侧）上显著相关。

第五节　城镇各收入阶层消费函数的总体检验[①]

影响居民消费的因素可以分为三大类：收入、价格、不确定性等预算约束条件，消费者偏好与效用、福利评价等主观因素，以及经济增长、技术进步、社会保障等宏观方面的间接因素。主流经济学经常假定消费者偏好是稳定的，消费者是独立的，因而主要研究"代表性消费者"所受到的预算约束条件以及宏观经济条件等对个人消费的影响。基于消费者的异质性以及阶层消费之间的相互影响，本章以城镇各收入阶层为研究对象，假设阶层内部是同质的、阶层之间是异质的，同时考虑宏观消费环境的变化，对各收入阶层的消费函数进行了总体检验。

---

① 课题组成员宋建等承担与本部分内容相关的子课题研究，这一部分作为所获得的课题阶段性成果的一部分，也形成宋建博士学位论文《中国中等收入阶层与居民消费研究》的一部分。

一、理论基础和模型设定

消费的相互依赖在不同的需求函数中具有不同的表示方法,也有一些总体效用函数用不同方法体现了相对消费的影响,本部分在对这些表示方法进行借鉴的基础上假定了不同收入群体的效用函数以及不同收入阶层的消费函数,为后面的计量分析打下基础。

(一)理论背景

1. 包含偏好的相互依赖的需求函数

主流消费函数大多对单个消费者或者消费者整体进行研究,并且大多假定消费者之间是独立的。杜森贝里的相对收入假说提出居民当期消费与其过去消费及所在群体的平均消费也有关系。后续很多研究关注了偏好的相互依赖并提出了相应的理论模型。

约翰逊(1951)依据相对收入假说解释了相对消费的不同作用方向。首先将消费者 r 对商品 i 的相对消费表示为 $\dfrac{C_i^r}{\sum \alpha_i^{rs} C_i^s}$,其中 C_i^r 表示消费者 r 的消费,C_i^s 表示其他消费者 s(个人或群体)的消费,权重 α_i^{rs} 表示消费者 r 对消费者 s 的消费的重视程度。然后利用权重的大小区别了模仿效应 $\alpha_i^{rs}(C_i^s < C_i^r) < \alpha_i^{rs}(C_i^r < C_i^s)$ 和优越感效应 $\alpha_i^{rs}(C_i^s < C_i^r) > \alpha_i^{rs}(C_i^r < C_i^s)$。与很多研究者类似,本文猜测模仿效应更加广泛的存在,而且在具有较高收入水平的收入阶层之间存在。波拉克(1976)较早利用线性支出系统 $q_{it}^r = h^{rit}(P_t, \mu_t) = b_{it}^r - \dfrac{a_i^r}{p_{it}}\sum_k p_{kt}b_{kt}^r + \dfrac{a_i^r}{p_{it}}\mu_t^r$ 检验了互相依赖的偏好对人们消费行为的影响,其中互相依赖的偏好体现在基本需求支出 b_{it}^r 的决定上,并且假定其线性依赖于其他人的消费。但是在具体的计算中为了减少计算量,利用所有人过去的消费量 $b_{it}^r = b_i^{r*} + \sum\limits_{\substack{s=1\\s\neq r}}^{R}\beta_i^{rs} q_{it}^s$ 代替本来的设定,即 b_{it}^r 依赖于所有其他人的同期消费 $b_{it}^r = b_i^{r*} + \sum\limits_{s=1}^{R}\beta_i^{rs} q_{it-1}^s$;但是所有人过去的消费量包含了消费者 i 的消费习惯,而消费习惯对消费者消费的作用机制不同于消费者之间偏好的相互影响,也没有考虑家庭规模的影响。卡普坦等(1997)利用 LES 和横截面数据分析偏好的相互依赖时,假定消费者本人的消费取决于对照组的当前消费数量,并且考虑了家庭规模的影响,得到 $b_i^r = b_i^{r*} + \gamma_i f^r + \sum\limits_{s=1}^{R}\beta_i^{rs}\tilde{x}_i^s$。

其中，$\beta_i^{rr}=0$ 去除了消费习惯的影响。

上述分析主要是对个人需求函数或者平均需求函数的设定，但是同样可以用到阶层消费函数的设定，因为本文假定阶层是由同质的个人组成的，且取阶层的平均值作为基本的分析单位。而个人需求函数可由不同的效用函数推导得来，引入相对消费的需求函数也反映了背后的效用函数的新的变化。这一新变化源自消费者个人对不同种类商品的必要需求 b_{ii}^r 随着收入的增长呈现不同的变化且受到其他消费者的影响。

2. 包含相对消费或者相对收入的效用函数

根据商品种类（或者收入弹性）的不同，随着消费者收入的增长，同一商品给消费者带来的效用程度是不同的，奢侈品等位置消费品即随着消费者收入的增长而逐渐得到重视，而对普通商品的重视程度一般随收入增长呈下降趋势（格特纳，1974）。传统的效用函数很少考虑此类商品的存在对效用的影响。但是中等收入及以上阶层的消费选择中包括一定比例的该类商品，且表现为相对消费或者相对收入。

一般地，不考虑效用函数的跨时可加性以及商品种类，经典的生命周期效用函数一般只考虑消费，即 $u=V(c_1,c_2,c_3,\cdots,c_T)$，或者用消费数量表示的间接效用函数 $V(u_1(q_1),u_2(q_2),\cdots,u_T(q_T))$；当考虑到闲暇时间 l 或耐用品的存量 S_t 时，我们有 $u=V(c,l)$ 或 $u=\sum_t^T v_t(c_t,S_t)$；当考虑到不确定性因素时，我们用预期效用代替效用，即 $u=E_t[\sum_t^T v_t(c_t)|I_t]$，$I_t$ 表示 t 期可利用的信息；当考虑到消费习惯 c_{t-1} 时，我们有 $u=E_t\sum_t^T v_t(c_t-\gamma c_{t-1})$，$0<\gamma<1$，则效用与当期消费正相关，与未来消费负相关。当以家庭为研究对象并参照恩格尔模型，我们有加入家庭特征的直接效用函数 $u=v\left(\dfrac{q_1}{m_1},\dfrac{q_2}{m_2},\cdots,\dfrac{q_n}{m_n}\right)$，其中 q_i 和 m_i 分别表示参照家庭对 n 类食品的支出数量和最小支出。

上述效用模型描绘了影响消费者个人或者家庭效用的不同因素，但是均没有考虑其他消费者或家庭的影响，尤其对影响社会地位的商品的消费的影响。在凡伯伦的炫耀性消费以及杜森贝里的相对收入假说提出之后，很多学者开始在效用函数中加入相对消费或相对收入，而这些相对量的表示方法有所不同。

波拉克（1976）基于条件需求函数得出了依赖于其他消费者消费数量的条件效用函数 $V^r(q^r;\bar{q}^r)$。巴格韦尔和伯恩海姆（1996）定义的效应函数包括了炫耀品和非炫耀品的消费数量 x、z 以及社会接触 ρ 的效用函数 $U_i(x,z,\rho)$，其中 i=H, L 分别表示高收入群体和低收入群体。更经常地，学者们采用比例比较

(ratio comparison) 效用函数 $U = v(x, r) \equiv v(x, x/\bar{x})$ 或者可加比较（additive comparison）效用函数 $U = v(x, r) \equiv v(x, x - \bar{x})$，其中 x 为消费者个人的收入或者对不同商品的消费量，而 $\bar{x}$ 为相应的社会平均水平（阿尔皮萨尔等，2005）；具体的运用中可能呈现不同的形式和参照系。例如，杜森贝里提出的严格相互依赖的个人效用函数采用比例形式。格特纳（1974）基于 LES 对影响消费者需求的三类其他消费者分别设定不同的效用函数，其中影响消费者基本需求的消费量的选取是采用可加比较形式。克拉克和奥斯瓦尔德（Clark & Oswald, 1998）假设对 x 的消费同时得到直接效用以及代表社会地位或者相对位置的间接效用，并采用了比例比较和可加比较的两种效用函数形式，参照系是其他人的平均消费。阿克尔洛夫（Akerlof, 1997）构建的地位模型（status model）中效用函数为可加比较的非线性形式，参照系为其他所有人的消费选择；布朗等（2011）设定的地位模型的效用函数既包含了消费者对于社会地位的重视，又体现了消费对其效用的重要性。克拉克等（2008）将比例形式的相对收入引入效用函数，而帕利（Pally, 2010）将比例形式的相对消费和相对财富引入了效用函数。

上述研究虽然提到不同消费者或者家庭之间的消费的相互影响对于效用的影响，但是大多没有对收入水平进行具体区分，下面将对不同收入群体的效用函数进行不同的设定，并纳入不同收入阶层消费的相互影响。其中，相对消费的表示方法为相邻阶层的同期平均消费。

（二）效用函数和消费函数设定

1. 效用函数设定

居民的收入水平不同有可能导致其效用函数的决定因素有所不同，比如并不是所有低收入水平的居民都有能力进行消费攀比，而富人更有条件从财富获得效用。已有研究显示中国居民的消费具有"短视"特征或者随人生阶段的不同具有不同的"分段"目标（叶海云，2000；吴晓明、吴栋，2007），因此中国居民特有的消费文化也可能造成与西方发达国家居民不同的效用函数和消费函数。当消费者从属于不同的收入群体或者相邻不同的收入阶层时，不同阶层之间消费和效用的差异性可能更加明显。

从人口规模较大的收入群体或者更加细分的不同收入阶层来看，当社会上仅存在高低两个收入群体时，低收入群体可能对于当期消费比较看重，且具有谨慎动机，对于跨生命周期的计划可能不强；较高收入的群体对于相对消费可能比较看重，财富水平也对其效用具有一定影响。如果在贫富两大收入群体内部进行细分，则群体内部各阶层除具有相应的效用函数外，还受到相邻阶层的偏好影响。

对于城镇各收入阶层的确定，本部分继续采取第四章第二节的阶层划分方法，将最低收入组单独划分为低收入阶层、低收入户到中等收入户划分为中低收入阶层、中等偏上收入户和高收入户合称中高收入阶层、最高收入户称作高收入阶层的四分法，人口比例约为1∶5∶3∶1；其中，为了体现群体影响的差别，低收入阶层和中低收入阶层又合称为低收入群体，中高收入阶层和高收入阶层合称为高收入群体。本文假设群体内部具有一定程度的阶层同质性，阶层内部具有完全的同质性，阶层之间具有异质性。并对低收入群体和高收入群体分别提出以下两种效用函数（见式（4-37）和式（4-38））：

低收入群体效用函数：$u = f(c) \quad 0 < \gamma < 1$ \hfill (4-37)

高收入群体效用函数：$u = f(c, c^*, w)$ \hfill (4-38)

其中，c 表示绝对消费，与效用正相关；c^* 表示相对消费，具体指标选取个人消费与其他所有人平均消费的差额或比值，与效用正相关；w 表示资产或财富，与效用正相关。

2. 消费函数设定

本部分假设阶层内部居民具有同质偏好，且阶层内部居民的收入分布符合正态分布，进而可以直接利用以"代表性消费者"为分析单位的经典消费函数；各收入阶层之间的消费函数有所不同，且各阶层的消费之间存在相互影响，形成一个系统。郭庆旺（2013）利用消费函数领域的四大经典假说——绝对收入假说、相对收入假说、生命周期假说和持久收入假说提出了收入阶层假说，认为不同阶层的消费对象、所依赖的收入来源以及边际消费倾向均有所不同。他提出的阶层消费函数的表达式如（4-39）式所示：

$$C^t_{i \in \Omega_j} = a + \eta_{\Omega_j}(\alpha_{\Omega_j} Y^t_{i \in \Omega_j} + \beta_{\Omega_j} E_t Y_{i \in \Omega_j} + \gamma_{\Omega_j} \bar{Y}^t_{i \in \Omega_j}) \quad (4-39)$$

其中，$\Omega_j (j=1, 2, 3, 4)$ 为各收入阶层集合，本部分分别表示低收入阶层、中低收入阶层、中高收入阶层和高收入阶层。$a > 0$，表示自发性消费；$0 < \eta_{\Omega_j} < 1$ 表示边际消费倾向，而且满足 $\eta_{\Omega_1} > \eta_{\Omega_2} \geq \eta_{\Omega_3} > \eta_{\Omega_4}$。$Y^t_{i \in \Omega_j}$ 表示当期收入，$E_t Y_{i \in \alpha_{\Omega_j}}$ 表示预期的生命周期内的全部收入，$\bar{Y}^t_{i \in \Omega_j}$ 表示该阶层的当期平均收入。α_{Ω_j}、β_{Ω_j} 和 γ_{Ω_j} 为权重参数，而且满足权重之和为 1。

从数据可获得性的角度考虑，要想同时获得个人当期收入与阶层当期平均收入只能依赖于大样本微观调查数据；但是现存的微观调查数据年份有限且不连续，因此很难获得预期的生命周期内的个人全部收入或者持久收入。所以只能直接取阶层平均收入为该阶层家庭当期平均收入，从时间序列数据获得生命周期财富或者持久收入。

相对指标的选取，以往研究一般选择本阶层或者同一地理区域的居民作为参照系（王湘红、任继球，2012），因而阶层平均收入或消费可能对个人消费产生影响；国外关于个人消费互相影响的研究一般以所有其他人为参照系，具体指标则选取其他所有人平均消费的滞后一期值或当期值（波拉克，1976；阿莱西和卡普坦，1991）。由于本节对阶层的划分更加详细，且波拉克（1976）通过引用杜森贝里的话①得出消费者对某一商品的品位变化更多受与该商品联系紧密的人的影响，因此把"所有其他人"定义为相邻阶层。尽管很多研究强调了低收入对比其收入高的消费者的模仿，即消费的示范效应更大，但是考虑到中等收入阶层是时尚消费的主要参与者（Simmel，1957），本节假设中等收入阶层消费对于高收入阶层也具有一定影响。对于仅有一个相邻阶层的最低收入阶层和最高收入阶层的消费，为了分析的方便，本文假设各阶层的消费函数处在封闭经济条件下，最低收入阶层和最高收入阶层不受国外比其收入更低或更高的居民消费的影响。

综上，本节对（4-39）式做出如下修正，把各个阶层作为新的"代表性消费者"，以各阶层的平均收入作为当期收入，即取 $Y^t_{i \in \Omega_j}$ 和 $\bar{Y}^t_{i \in \Omega_j}$ 相等，同时加入消费的滞后项 $C^{t-1}_{\Omega_i}$ 和收入变动的标准差 $\delta^y_{\Omega_i}$ 以刻画消费习惯和不确定性对居民消费 $C^t_{\Omega_i}$ 的影响，并考察各收入阶层消费受相邻阶层消费 C^t_{i+1} 或 C^t_{i-1} 的影响。另一方面，随着经济社会条件的变化，本文认为前述研究所得到的各阶层所适用的消费函数已经发生变化；而对全体消费者进行整体分析所得到的过度敏感性和受流动性约束的人口比例也为不同收入阶层的消费函数分类提供了借鉴；同时，收入水平较高的阶层消费还会受到资产或财富 $W^t_{\Omega_i}$ 的影响，家庭规模 $F^t_{\Omega_i}$ 也对各个阶层的消费及其相互影响产生作用。

结合前述研究结论及修正，对各收入阶层的消费函数提出以下假说：

Ⅰ. 低收入阶层符合绝对收入假说，也受到消费不确定性或流动性约束的影响，因而具有预防性储蓄的特征，同时受到家庭规模的影响：

$$C^t_{\Omega_1} = a_{\Omega_1} + \eta_{\Omega_1} Y^t_{\Omega_1} + a_1 \delta^y_{\Omega_1} + b_1 F^t_{\Omega_1} \qquad (4-40)$$

Ⅱ. 中低收入阶层具有谨慎消费特征，受消费习惯的影响较大，也受到收入不确定性或流动性约束的影响，同时受到家庭规模的影响：

$$C^t_{\Omega_2} = a_{\Omega_2} + \eta_{\Omega_2} Y^t_{\Omega_2} + a_2 C^{t-1}_{\Omega_2} + b_2 \delta^y_{\Omega_2} + c_2 F^t_{\Omega_2} \qquad (4-41)$$

Ⅲ. 中高收入阶层收入稳定，符合持久收入假说；也具有优越感效应和攀附效应，受到中低收入阶层和高收入阶层消费的一定影响，消费升级的需求受到流动性约束的一定影响，受到一定的资产或财富效应影响，同时受到家庭规模的影响：

$$C^t_{\Omega_3} = a_{\Omega_3} + \eta_{\Omega_3} Y^{*t}_{\Omega_3} + a_3 C^{t-1}_{\Omega_3} + b_3 C^t_{\Omega_2} + c_3 C^t_{\Omega_4} + d_3 W^t_{\Omega_3} + e_3 F^t_{\Omega_3} \qquad (4-42)$$

Ⅳ. 高收入群体阶层具有炫耀性特征，符合相对收入假说，受到中高收入阶

---

① 杜森贝里（1949P.27），消费者品位的变化由对优等物品的频繁接触引起，而非由于仅仅知道其存在。

层消费的一定影响，也受到消费习惯的较大影响，消费与其持久收入和财富[①]均相关，同时受到家庭规模的影响：

$$C_{\Omega_4}^t = a_{\Omega_4} + \eta_{\Omega_4} Y_{\Omega_4}^{*t} + a_4 C_{\Omega_3}^t + b_4 C_{\Omega_4}^{t-1} + c_4 W_{\Omega_4}^t + e_4 F_{\Omega_4}^t \qquad (4-43)$$

计量模型及方法的选择，一方面由于本节所选数据来自 1985~2012 年的城镇住户调查，具体包括《收入分配对中国城镇居民消费需求影响的实证分析》（臧旭恒、张继海，2005）中所列示的 1985~2002 年的各收入组收支数据，以及其他相应年份的《中国统计年鉴》、《中国价格及城镇居民家庭收支调查统计年鉴》、《中国城市（镇）生活与价格年鉴》和《中国住户调查年鉴》，但是只有 28 个年份，数据年限较短；另一方面为了研究各阶层消费之间的潜在相互影响（除了相邻阶层的消费指标之外），并在扰动项中囊括进影响所有阶层的未知因素，故将四个阶层的各项数据合成为阶层面板数据，并主要利用随机系数模型进行回归，以方便对上述四个假说同时进行验证。又由于四个假说之中绝对收入与持久收入不应该出现在同一个模型中，故分别得到如下两个理论模型（4-44）和（4-45）并进行阶层面板回归，模型（4-44）和模型（4-45）的主要区别在于前者的收入指标用绝对收入表示，后者用持久收入表示：

$$C_{\Omega_i}^t = a_{\Omega_i} + \beta_{\Omega_i} Y_{\Omega_i}^t + a_i C_{\Omega_i}^{t-1} + c_i \delta_{\Omega_i}^y + d_i C_{\Omega_{i-1}}^t + e_i C_{\Omega_{i+1}}^t + f_i W_{\Omega_i}^t + g_i F_{\Omega_i}^t \qquad (4-44)$$

$$C_{\Omega_i}^t = a_{\Omega_i} + a_i C_{\Omega_i}^{t-1} + b_i Y_{\Omega_i}^{*t} + c_i \delta_{\Omega_i}^y + d_i C_{\Omega_{i-1}}^t + e_i C_{\Omega_{i+1}}^t + f_i W_{\Omega_i}^t + g_i F_{\Omega_i}^t \qquad (4-45)$$

二、计量模型和实证检验

（一）计量模型和变量描述

（4-44）式和（4-45）式中，$C_{\Omega_i}^t$，$Y_{\Omega_i}^t$ 和 $C_{\Omega_i}^{t-1}$，$i = 1, 2, 3, 4$ 分别表示各阶层的当期消费、当期可支配收入和前期消费（消费习惯），计量模型中分别以 rc，ry 和 lrc 表示；$Y_{\Omega_i}^{*t}$ 借鉴仲云云、仲伟周（2010）以当期收入、前一期收入和前两期收入的平均值表示，即 $Y_{\Omega_i}^{*t} = (Y_{\Omega_i}^t + Y_{\Omega_i}^{t-1} + Y_{\Omega_i}^{t-3})/3$，计量模型中以 pry 表示。借鉴罗楚亮（2004），将收入的不确定性 $\delta_{\Omega_i}^y$ 表示为暂时性收入的平方项，书中以当期收入与持久收入的差值表示暂时性收入，计量模型中以 sqtry 表示；$W_{\Omega_i}^t$ 表示各收入阶层的资产或财富，由于"资产效应"与"财富效应"对消费的影响是通过两种不同的机制，而后者主要是由于资产价格变化引起的，可以包含在

[①] 凯恩斯在《通论》第八章消费倾向：I. 客观因素中指出 "拥有财富的阶级的消费可以异常敏锐地受到它财富价值的意料不到的改变的影响。这一点应该被认为是能在短期中影响边际消费倾向的主要因素之一"。

影响所有阶层的"消费条件"中，将在下面另作分析；而各阶层的资产水平却有很大不同，且并不能从现有数据中得出，因为本节不再做分析。相邻收入阶层的影响，取相邻阶层的同期消费或相邻两个阶层的同期消费之差，这样既包括了对较高收入阶层的模仿效应，也包括了对较低收入阶层的优越感效应，即当 $i=1$ 时，受 $C_{\Omega_2}^t$ 的影响，当 $i=4$ 时，受 $C_{\Omega_3}^t$ 的影响，当 $i=2,3$ 时，受 $C_{\Omega_{i+1}}^t - C_{\Omega_{i-1}}^t$ [1] 的影响，计量模型中以 rcneibor 表示；家庭规模 $F_{\Omega_i}^t$ 用各阶层家庭平均人口数 p 表示，扰动项取 ε_t。为消除价格因素的影响，除人口数外所有变量均以 1978 年价格水平为基准取实际值。相应地，最终得到如下两个计量模型（4-46）和（4-47），各变量的描述性统计如表 4-14 所示。

$$rc_{\Omega_i}^t = a_{\Omega_i} + \beta_{\Omega_i} ry_{\Omega_i}^t + a_i lrc_{\Omega_i} + b_i sqtry_{\Omega_i}^y + d_i rcneibor^t + e_i p_{\Omega_i}^t + \varepsilon_t \quad (4-46)$$

$$rc_{\Omega_i}^t = a_{\Omega_i} + a_i lrc_{\Omega_i} + b_i sqtry_{\Omega_i}^y + c_i pry_{\Omega_i}^{*t} + d_i rcneibor^t + e_i p_{\Omega_i}^t + \varepsilon_t \quad (4-47)$$

表 4-14　　　　　　　　变量的描述性统计和经济含义

变量名	经济含义	个数	平均值	标准差	最小值	最大值
year	年	112	1 998.5	8.114 052	1 985	2 012
ry	当期实际人均可支配收入	112	1 886.486	2 077.95	310.8635	10 241.37
rc	当期实际人均消费	112	1 390.264	1 242.463	327.1588	6 043.276
pry	当期人持久收入	112	1 736.427	1 899.27	318.3975	9 620.968
sqtry	当期人均暂时性收入的平方，表示不确定性	112	58 763.14	125 300.5	0	600 729.4
lrc	前期实际人均消费，表示消费习惯	108	1 323.28	1 161.131	327.1588	5 798.221
rcneibor	相邻阶层的同期消费，或者相邻两个阶层的同期消费之差	112	1 248.039	918.7244	298.1964	3 956.536
p	阶层户均人口	112	3.190089	0.4607426	2.51	4.5

（二）实证检验和结果分析

首先，检验样本是否存在异方差、自相关和截面相关，检验结果如表 4-15

---

[1] 可以判定，比自己收入水平高的阶层增加对某一商品的消费会影响本阶层增加对该商品的消费，比自己收入水平低的阶层增加对某一商品的消费可能会影响本阶层减少对该商品的消费。但是对于自己所相邻的两个阶层的影响程度的权重是不一样的，这里难以确定，故同时取1，符号相反。

所示,发现分别强烈拒绝了"组间同方差"、"不存在一阶组内自相关"和"无截面相关"的原假设。

表 4 – 15　　　　异方差、自相关和截面相关的检验结果

检验	异方差检验 (Likelihood-ratio test)	自相关检验 (Wooldridge test)	截面相关检验 (Breusch-Pagan LM test)
模型(4 – 46)	LR chi2 (4) = 1020.68 Prob > chi2 = 0.0000	F(1, 3) = 896.266 Prob > F = 0.0001	chi2 (6) = 19.828 Pr = 0.0030
模型(4 – 47)	LRchi2 (4) = 312.38 Prob > chi2 = 0.0000	F(1, 3) = 188.146 Prob > F = 0.0008	chi2 (6) = 18.677 Pr = 0.0047

其次,根据检验结果分别对模型(4 – 46)和(4 – 47)进行 FGLS 估计以得到城镇各阶层总体的回归结果,同时加入表示固定效应的阶层虚拟变量 class2 ~ class4 和表示时间效应的替代变量 t,回归结果如表 4 – 16 第 2 列和第 5 列所示。

表 4 – 16　　　　城镇居民消费函数的总体检验

被解释变量:rc					
	模型(4 – 46)			模型(4 – 47)	
解释变量	不加时间 虚拟效应	加入时间 虚拟效应	解释变量	不加时间 虚拟效应	加入时间 虚拟效应
ry	0.3883*** (0.04)	0.2507*** (0.05)	pry	0.3079*** (0.06)	0.1970*** (0.05)
sqtry	0.0003*** (0.00)	0.0007*** (0.00)	sqtry	0.0008*** (0.00)	0.0010*** (0.00)
lrc	0.2483*** (0.07)	0.4596*** (0.09)	lrc	0.3727*** (0.10)	0.5446*** (0.10)
rcneibor	0.0597*** (0.01)	0.0637*** (0.01)	rcneibor	0.0673*** (0.01)	0.0761*** (0.01)
p	48.0200 (37.68)	145.9699** (58.97)	p	60.3710 (46.85)	211.9821*** (62.12)
class2	88.0744*** (16.45)	—	class2	104.3408*** (21.03)	

续表

被解释变量：rc					
模型（4-46）			模型（4-47）		
解释变量	不加时间虚拟效应	加入时间虚拟效应	解释变量	不加时间虚拟效应	加入时间虚拟效应
class3	151.3961*** (32.18)	—	class3	182.1926*** (40.88)	—
class4	209.7172*** (49.11)	—	class4	257.4431*** (60.49)	—
t	7.8920*** (1.93)	—	t	10.2189*** (2.40)	—
i.year	—	2004年以后（包括2004年）除2008年外不显著，2004年以前均显著	i.year	—	2005年以后（包括2005年）除2008年外不显著，2005年以前均显著
_cons	-138.8246 (161.39)	-145.0908 (168.73)	_cons	-236.5714 (199.58)	-337.5653* (172.77)

注：各变量系数下方的括号内为 z 值，右上角的 *** 表示显著水平为 1%，** 表示显著水平为 5%，* 显表示显著水平为 10%，没有星号则不显著。

由表 4-16 第 2 列和第 5 列的回归结果可得，如果把各阶层看作一个整体，则当期可支配收入 ry 比持久收入 pry 对当期消费的正作用大。在取当期收入时，消费习惯 lrc 对当期消费的正作用仅次于当期可支配收入；而取持久收入时，消费习惯 lrc 对当期消费的正作用甚至高于持久收入。相邻阶层消费 rcneibor 的影响均为正，说明了阶层间消费的互相影响以模仿效应的形式存在，即各阶层更多关注比其收入高的阶层的消费；阶层虚拟变量 class2～class4 和时间变量 t 的系数均显著，说明随着阶层收入的提高和时间的增长，当期消费均呈上升趋势。阶层户均人口对当期消费的影响不显著。与以往研究结论的差别体现在用前三期收入（包括本期）的平均值表示的持久收入 pry 和相应计算出来的用暂时性收入平方表示的收入不确定性 sqtry 的系数及符号：收入不确定性 sqtry 的符号为正，与不确定性所造成的居民消费减少的经典结论相反，否定了预防性储蓄动机的存在，但是两种回归结果下系数值均不到 1‰，因此可以忽略其影响。总的来说，在不考虑各阶层资产存量的情况下，中国城镇居民总体更加符合绝对收入假说，同时阶层间消费存在模仿效应。

再次，由表4-16第2列和第5列的回归结果得出时间效应为正，结合前面提到的樊纲和王小鲁（2004）对于消费条件模型的研究，诸如城市化水平、交通运输条件、消费金融的发展和社会保障体系的完善等，由于这些因素影响到所有阶层，而且随时间发生变化，故可通过设定时间虚拟变量反映"消费条件"的变化。对计量模型（4-46）和（4-47）中加入时间虚拟变量i.year，去掉时间效应t，重新进行FGLS回归，结果如表4-16第3列和第6列所示。对比不加入时间虚拟变量的表4-16第2列和第5列可得，加入时间虚拟变量后，当期可支配收入和持久收入的系数值均变小，正作用降低；消费习惯的系数上升很大、相邻阶层消费的系数也变大，表明随着宏观消费条件的变化，居民更加依赖于消费习惯进行消费，也更加注重较高收入阶层的消费并加以模仿；收入不确定性的系数略微增加，在持久收入假说下达到1%，再次否定了预防性储蓄动机的存在；家庭规模的系数变的显著，且为正，说明随着家庭户均人口的增加，家庭平均消费也增加。两种情况下时间虚拟变量变得不显著的起始年份分别是2004年和2005年，其中2008年又都显著。说明2004年以前上述"消费条件"的改变对城镇居民整体消费函数产生了相当程度的影响，2004年以后"消费条件"对城镇居民消费的影响不那么显著（2008年显著可能与奥运会举办带来的消费环境的变化有关），因此2004年或2005年可作为政策分析或者结构分析的节点。

最后，由于从理论模型（4-40）~（4-43）可以得出各阶层的回归方程斜率不一致，因此下面采用随机系数模型，以检验各个阶层不同的回归系数，并对假说Ⅰ至假说Ⅳ进行检验。分别对计量模型（4-46）和模型（4-47）进行回归，结果如表4-17所示。

表4-17　　　　　　　　随机系数模型估计结果

	模型（4-46）；被解释变量：rc				
变量	总体	低收入阶层	中低收入阶层	中高收入阶层	高收入阶层
ry	0.5017*** (0.06)	0.6429*** (0.08)	0.4330*** (0.08)	0.5475*** (0.08)	0.3884*** (0.06)
sqtry	-0.0004 (0.00)	-0.0019* (0.00)	0.0004 (0.00)	-0.0007 (0.00)	0.0005*** (0.00)
lrc	0.1687* (0.14)	0.0200 (0.08)	0.2327** (0.11)	0.0281 (0.12)	0.4049*** (0.12)
rcneibor	0.0499 (0.15)	0.2643*** (0.03)	0.1167*** (0.02)	0.1002*** (0.02)	-0.2935* (0.16)

续表

模型（4-46）；被解释变量：rc					
变量	总体	低收入阶层	中低收入阶层	中高收入阶层	高收入阶层
p	-57.1169 (122.48)	-153.9852*** (6.82)	-148.1594*** (22.14)	-118.9353* (64.12)	173.2905 (137.07)
t	-2.4792 (7.81)	-14.6064*** (1.30)	-6.7373*** (1.98)	-3.0618 (2.80)	13.2720 (8.60)
_cons	451.9705 (358.88)	714.18*** (36.37)	721.7932*** (71.55)	642.7209*** (195.30)	-214.5824 (402.00)
模型（4-47）；被解释变量：rc					
变量	总体	低收入阶层	中低收入阶层	中高收入阶层	高收入阶层
pry	0.4621*** (0.11)	0.6406*** (0.17)	0.4009*** (0.10)	0.5673*** (0.09)	0.2765*** (0.08)
sqtry	0.0007 (0.00)	0.0002 (0.00)	0.0019*** (0.00)	0.0001 (0.00)	0.0009*** (0.00)
lrc	0.1571 (0.18)	-0.1002 (0.18)	0.2355 (0.14)	-0.0525 (0.14)	0.5017*** (0.15)
rcneibor	0.1473 (0.12)	0.4196*** (0.06)	0.1431*** (0.03)	0.1205*** (0.02)	-0.1392 (0.10)
p	-81.4823 (143.36)	-230.9083*** (26.87)	-178.3933*** (42.74)	-95.4031 (107.304)	187.3896 (142.05)
t	-2.2214 (10.46)	-22.3146*** (3.13)	-6.7117* (3.56)	3.4495 (5.46)	18.8292** (9.12)
_cons	535.9234 (472.07)	1041.414*** (107.66)	847.1273*** (153.21)	575.8258 (354.14)	-350.113 (465.45)

注：各变量系数右上方的***表示显著水平为1%，**表示显著水平为5%，*表示显著水平为10%，没有星号则不显著；括号内为标准差。

由表4-17可得，从城镇居民总体回归结果来看，与FGLS的回归结果类似，当期可支配收入比持久收入对居民当期消费的解释力更大，而且前一种情况下消费习惯的作用为正且显著，但是相邻阶层消费的影响不再显著，故城镇居民总体符合绝对收入假说，即当期消费主要受当期收入影响，但同时也受到滞后一期消费的影响。

分阶层来看，由对计量模型（4-46）的回归结果可得，低收入阶层居民符合预防性储蓄假说和相对收入假说，当期消费主要受当期收入和相邻较高阶层消费的影响，收入不确定性对当期消费具有微弱的负作用，家庭人口数对当期消费的作用方向也为负，时间效应为负，说明当期消费随时间下降，消费习惯的作用不显著；中低收入阶层居民主要符合绝对收入假说和相对收入假说，当期消费受当期收入以及消费习惯的影响很大，也受到相邻阶层尤其较高收入阶层消费的影响，家庭人口数对当期消费的作用方向为负，时间效应也为负；中高收入阶层符合绝对收入和相对收入假说，当期消费主要受当期可支配收入和较高收入阶层消费的影响，家庭人口数对当期消费具有负作用；高收入阶层符合绝对收入假说和相对收入假说，当期消费主要受当期收入以及消费习惯的影响，其中消费习惯的作用更大；相邻阶层的消费对高收入阶层消费的影响为负，说明了高收入阶层具有其他低收入阶层不同的区隔效应，消费支出随相邻较低收入阶层的升高而降低；而收入不确定反而使高收入阶层加大消费支出，这可能与高收入阶层消费品种类的收入弹性有关；家庭人口规模与时间对高收入阶层的消费不起作用。对比对高低收入群体所设定的效用函数，相对消费对低收入群体的效用也具有影响，甚至超过了高收入群体，呈现与收入等级变化相反的趋势，即收入阶层越低，对相对消费越重视。对比关于阶层消费函数所做的假说Ⅰ和假说Ⅱ，可以发现低收入群体的消费函数基本满足这两个假说，除了最低收入阶层也受到相邻阶层消费的影响外，中低收入阶层不受收入不确定性的影响，这可能与中低收入阶层在低收入群体内处于较高的收入水平，因此消费欲望没有那么强烈。

相应地，由计量模型（4-47）的回归结果可得，在以持久收入假说为基本模型的条件下，低收入阶层不再受收入不确定性和消费习惯的影响，即仅符合最简单的持久收入假说，并对相邻较高收入阶层具有较强的模仿效应，家庭平均消费亦随着家庭人口数的增多和时间的推移而下降；中低收入阶层消费开始受到收入不确定性的正向影响，消费习惯的作用变得不显著，持久收入和相邻较高收入阶层的消费对其具有正影响，家庭规模抑制家庭消费上升，时间效应为负；中高收入阶层家庭平均消费仅受到持久收入和相邻较高收入阶层消费的正影响，收入不确定性、消费习惯以及家庭规模和时间的效应均不显著；高收入户阶层的消费受消费习惯的影响最大，其次是持久收入，再次是收入不确定性，时间效应为正，家庭规模和相邻较低收入阶层的消费对其影响不显著。对比对高低收入群体所设定的效用函数，相对消费对低收入群体的效用更具有影响，而最高收入阶层呈现边界效应，不受相邻较低收入阶层的影响；除高收入阶层外，各阶层对相邻较高收入阶层消费的重视与收入等级负相关，即收入阶层越低，对相对消费越重视。对比关于阶层消费函数所做的假说Ⅲ和假说Ⅳ，可以发现高收入群体的消费函数基本满足这两个假说，除了高收入阶层不受到相邻阶层消费的影响。资产效应在分析中以时间效应替代，发现仅有高收入阶层的资产效应显著且为正，但是这是一种较为粗略的设定。

从同一因素对不同阶层的作用大小及方向来看，首先，当期收入对当期消费的正影响即阶层边际消费倾向来看，从高到低依次是低收入阶层、中高收入阶层、中低收入阶层和高收入阶层，看起来似乎与消费倾向随收入提高而下降矛盾，但是本文的研究发现消费习惯对当期消费的作用也很大，加之相邻阶层消费的影响，都有可能削弱当期可支配收入对消费的影响；持久收入的情况与当期可支配收入类似，因此从边际消费倾向的角度讲，增加低收入阶层和中高收入阶层的收入更能带来总消费的扩大。其次，收入不确定性对低收入阶层有负的影响，对高收入阶层有正的影响，因此应该提高低收入阶层的收入稳定性，高收入阶层可能是由于其财富积累，因此更能用增加的消费支出来降低收入不确定性带来的效用降低；在持久收入假说下，中低收入阶层和中高收入阶层的消费都随收入不确定性的增加而略微增加，这可能反映了这两个阶层在其所处的收入群体中都属于较高阶层，而收入不确定性的上升促使其增加消费以维持自己在本群体内较高的消费等级，彰显地位的动机超出了其谨慎动机。再次，消费习惯在绝对收入假说的基本设定下，对中低收入阶层显著，且作用仅次于当期可支配收入的作用，在两种模型的回归中对高收入阶层均显著，且作用大于收入因素的影响；说明了在贫富两大群体中收入较高的阶层受过去消费的影响更大，而高收入阶层的消费更加依赖于其消费习惯。又次，相邻阶层消费的影响在两种模型的回归中对各个阶层的影响均显著，且作用大小与阶层等级成反比，即收入阶层越低、对相邻较高收入的消费更加重视，而高收入阶层受相邻较低收入阶层的影响或者为负，或者不显著；说明阶层之间的模仿效应在我国较低收入群体中普遍存在，因此加大本来就重视消费质量的中等收入阶层的消费，更加有可能带动其他阶层的消费。又再次，家庭人口规模除对低收入群体的家庭平均消费作用为负，且收入越低，负作用越大，因此应该采取措施降低低收入群体的家庭人口增多带来的消费负担；而高收入群体中只有在模型（4-46）的设定下的中高收入户阶层家庭消费受到家庭人口规模的负作用。最后，时间效应对低收入群体的家庭消费均为负，对模型（4-47）设定下的高收入阶层的家庭消费为正，一定程度上说明了"消费条件"的变革对扩大低收入群体的消费不利，而有利于高收入阶层扩大其消费。

综上，提高低收入群体和中高收入阶层的收入有利于扩大总消费；由于各阶层对相邻较高收入阶层的消费更加重视，因此提高中等收入阶层尤其中高收入阶层的消费有利于中低收入阶层、低收入阶层扩大消费；降低低收入群体的收入不确定性和家庭人口规模，也有利于该群体提高消费。上述实证分析结果基本上验证了本文对阶层消费函数所做的四个假说,而效用函数的设定与现实相反,低收入群体更加重视相对消费。我国经济环境的发展导致的"消费条件"的变化并没有很好地为扩大低收入阶层消费做出贡献,而是有助于高收入阶层提高其消费。

三、结论及政策建议

本节基于不同收入阶层间的消费特征及其相互影响构建了阶层消费函数的四种假说,并利用城镇阶层面板数据进行了检验,实证结果基本与所做假说一致,但是低收入群体比高收入群体更加注重阶层消费之间的相互影响。

从整体回归结果来看,城镇居民更加符合绝对收入假说,当期消费受当期可支配收入以及消费习惯的极大影响,且受到相邻阶层消费的正影响,即阶层间体现为模仿效应;同时居民消费随时间、收入等级的提高都出现上升趋势,家庭规模的影响不显著,收入不确定性对提高家庭消费具有微弱的正影响;而2004年或2005年后居民家庭消费的时间效应不显著,可能是宏观经济环境方面的变化对消费的刺激作用减弱。

从各阶层消费函数的回归结果来看,较低收入阶层均受相邻较高收入阶层消费的正影响,表现为模仿效应,而高收入阶层受相邻较低收入阶层消费的影响的符号为负,表现为区隔效应。贫富两大收入群体中收入较低的两个阶层的边际消费倾向更高,贫富两大群体内部收入较高的那部分阶层更加受消费习惯的影响。收入不确定性仅对低收入阶层和高收入阶层产生影响,且前者为负、后者为正,体现出不同的作用机制;收入等级越低、家庭规模越大,对其家庭消费的负作用越大;低收入群体的消费随着时间呈现下降趋势。

本节的政策意义是,提高低收入阶层的收入、降低其收入不确定性,以进一步增强其消费能力;改善消费环境,减少阶层隔离,使得各阶层之间的信息交流更加完善,适当引导阶层之间的模仿效应,促进阶层间的消费升级。低收入群体的人口负担降低了其消费倾向,应采取措施降低家庭规模对其消费的负面影响。同时促进消费的政策应该向低收入群体倾斜,以降低其消费下降趋势。

第五章

流动性约束、预防性储蓄与居民消费需求

流动性约束、预防性储蓄作为影响居民家庭消费行为的一个重要因素，在其理论被提出之后一直受到学术界的重视。将这两种因素引入模型使得消费研究框架更加接近现实情况，增强了模型的解释力。

第一节 消费过度敏感性与流动性约束[①]

流动性约束理论是在解释消费的过度敏感性的背景下提出来的，认为信贷市场的不完善致使年轻的消费者及那些受到暂时性收入影响的消费者，不能通过信贷来平滑整个生命周期的消费。即流动性约束理论放弃了传统模型中消费者可以以相同利率进行自由借贷的假设条件，认为消费者的借款利率通常要高于储蓄利率，并且许多人往往不能以任意利率借入较多的款项。

一、流动性约束理论的提出

弗莱文（Flavin，1981）发现了消费对收入的"过度敏感性"，也就是说，

---

① 课题组成员南永清、王立平等承担与本部分内容相关的子课题研究，这一部分作为所获得的课题阶段性成果的一部分，也形成南永清硕士学位论文《流动性约束与中国居民消费行为分析》的一部分。

消费变动与预期收入变动间存在显著的正相关性，坎贝尔和迪顿（Campbell & Deaton, 1989）发现消费相对于收入来说过于平滑，即消费存在"过度平滑性"，从而对霍尔的随机游走假说构成挑战；期间，利兰德（1968）在《储蓄和不确定》中指出，如果效用函数的三阶导数大于零，在不确定情形下，消费者会采取更为谨慎的消费行为，这就是预防性储蓄假说，米勒（Miller, 1976）发现凸边际效用函数是预防性储蓄的必要条件，特别是扎德斯（1989）提出预防性储蓄理论可以解释消费的"过度敏感性"和"过度平滑性"。实际上，消费者在进行跨期决策时，并不都能平滑自己的消费，斯蒂格利茨和韦斯（1981）认为如果存在缺乏消费信贷、资本市场不完全等体制性障碍，就会产生流动性约束。弗莱文（1985）利用美国的宏观经济数据发现消费对收入的过度敏感性可以部分地由流动性约束得到解释，流动性约束假说（扎德斯，1989）证明流动性约束不论在何时发生，都会使消费者减少自己的消费，但是，马德森和麦卡利尔（Madsen & McAleer, 2000）发现流动性约束不能解释全部的消费敏感性。迪顿（1991）研究发现，在不确定条件下，流动约束性消费者的行为变化与收入变量的统计分布有关，卡罗尔和金伯尔（2001）也发现不确定性和流动性约束具有类似的影响效应。

可以发现，流动性约束理论是在解释消费的过度敏感性的背景下提出来的，认为信贷市场的不完善致使年轻的消费者及那些受到暂时性收入影响的消费者不能通过信贷来平滑整个生命周期的消费，即流动性约束理论放弃了传统模型中消费者可以以相同利率进行自由借贷的假设条件，认为消费者的借款利率通常要高于储蓄利率，并且许多人往往不能以任意利率借入较多的款项。

因此，在典型消费者最优消费的框架下，存在流动性约束的消费者最优化问题可以表示为：

$$\max E_t \left[\sum_{j=0}^{T-t} (1+\delta)^{-j} U(C_{t+j}) \right], \quad u' > 0, \quad u'' < 0 \tag{5-1}$$

$$\text{s. t. } A_{t+j+1} = (1+r_i) A_{t+j} + Y_{t+j} - C_{t+j} \geq 0 \tag{5-2}$$

约束条件（5-2）表示消费者一生中任何时期的净财富不能是负值，同时，即使消费者拥有一些财富，但由于受到一些因素影响，其也不能得到一些借贷款项，因此，（5-2）式是消费者面临的最起码的约束条件。

二、流动性约束的表现形式

在流动性约束理论提出后，学者们便对其含义界定、表现形式、作用机制、影响程度等进行了广泛研究。

其中，扎德斯（1989）将流动性约束定义为某一较低的资产水平（相当于其两个月的收入），如消费者所拥有的财产低于其两个月的收入，则该消费者便是受流动性约束的；汪红驹、张慧莲（2002）认为流动性约束指信贷约束，是居民从金融机构以及非金融机构和个人取得贷款以满足消费时所受到的限制。尽管就流动性约束的具体定义尚未达成一致定义，但消费领域的流动性约束可以理解为消费者获得消费金融支持的难易程度，也就是说当消费者当期收入暂时无法满足其当期消费需求时，由于信贷市场不发达、市场信息不对称等因素导致的消费者无法（或者无法以合理成本）获得借贷以平滑消费的现象。

此外，李凌、王翔（2009）认为流动性约束假说具有两种不同表现形式：第一，即期流动性约束（扎德斯，1989），表现为消费者只有在收入下降时才会面临信贷约束，而当预期收入上升时，流动性约束的放松会使受到约束的消费者能够迅速增加消费，所以相对于收入下降而言，消费变动对预期收入的向上变动更为敏感。第二，远期流动性约束，其表现是当消费者预期到未来收入会向下波动时，流动性约束将会产生作用，于是消费者开始增加储蓄以预防远期流动性约束可能带来的负面影响，因此与收入上升状况相比，消费对预期收入向下波动的反应敏感。

而宋冬林等（2003）认为流动性约束有三种表现形式，即期的流动性约束、远期的流动性约束和理念上的流动性约束。因为消费者仅需依靠储蓄就可以平滑目前的日常消费支出，因此消费者并不存在即期流动性约束；但是，如果消费者预期到未来收入会减少，消费支出又会增加时，消费者便从现在开始进行储蓄以缓解未来流动性约束造成的影响，相应地，消费者会减少现期消费支出。可以说，当前起作用的主要是远期流动性约束和理念上流动性约束。

有关流动性约束的作用机制、影响程度等方面的研究，我们将在后续的章节进行展开论述。

三、流动性约束影响居民消费的作用机制

"生命周期—持久收入假说"（LC - PIH）假定个人只要能最终偿还贷款，就能以与储蓄相同的利率获得信贷。在此假定下，消费者以效用最大化为目标进行跨期决策的最优消费水平是平滑的，其基本的作用机制是：

消费者预期未来收入上升时，从金融市场借款来增加当前的消费；而当预期未来收入下降时，消费者减少当前消费，将当前节省下来的收入储蓄起来，以保证将来消费水平不会下降到最优消费水平以下。消费者能随心所欲地贷款

消费，这显然是以完全信息和充分发达的信贷市场为前提的，即假设不存在流动性约束或信贷约束。但实际上，即使是在发达的金融市场上，由于信贷市场的信息不对称等原因，流动性约束是必然存在的。在发展中国家，除了信贷市场信息不对称的基本原因之外，信贷市场的不完善使得流动性约束的情况更为严重。

流动性约束从两个途径降低消费：第一，当前面临的流动性约束使消费者的消费相对于其想要的消费要少，如消费者受到严重的流动性约束，那么消费者就不能够容易地平滑其一生的消费；当消费者处于低收入阶段时，即便其有较高的收入预期，其也借不到款项，因此只能进行较低的消费；这时，消费者提高消费水平的唯一方法就是积累财富或者延迟消费，直到高收入时期的到来。第二，未来可能发生流动性约束的预期也会降低消费者现期的消费，假设消费者在 t-1 期存在收入下降的可能，如果消费者不面临流动性约束，那么其会通过借贷等方式来避免消费在下一期的下降；如果消费者面临着流动性的约束，那么收入在下一期的下降将会导致消费的下降，除非消费者拥有一定的储蓄。

因此，流动性约束的存在会导致个人减少现期消费，增加储蓄。这一点与预防性储蓄的作用类似（卡罗尔和金伯尔，2001），说明流动性约束和不确定性因素对消费的影响具有类似之处。

综合起来看，当存在流动性约束时，消费减少，储蓄增加。显然，如果典型消费者受到流动性约束，其一生的消费路径将不再是平滑的。各国流动性约束的严重程度不同，国际比较说明，流动性约束对各国的总储蓄是重要的，从而也说明流动性约束对消费也具有重要的影响。

第二节 基于不同效用函数的流动性约束影响居民消费的理论分析[①]

在引入流动性约束的基础上，对居民消费行为的分析可以具体地分为基于二次型效用函数和基于非二次型效用函数的消费模型两种情况。

---

① 课题组成员南永清、王立平等承担与本部分内容相关的子课题研究，这一部分作为所获得的课题阶段性成果的一部分，也形成南永清硕士学位论文《流动性约束与中国居民消费行为分析》的一部分。

一、基于二次型效用函数的流动性约束影响居民消费理论分析

关于流动性约束降低居民消费的影响，可以通过一个三期的模型来进行详细分析（Romer，2006）。

为了分析的方便，我们将提出以下假设：

第一，假定居民的效用函数符合跨时可加的原则，居民具有理性预期，瞬间效用函数为二次型；第二，假定真实利率和贴现率为0；第三，假定居民只存在3期。

首先考虑居民在第二期的消费行为。令 A_t 表示 t 期末的资产，Y_t 表示 t 期末的劳动收入，因为居民只生存三期，因此，因此 $C_3 = A_2 + Y_3$，第二期与第三期中居民的期望效用可以表示为 C_2 的函数：

$$U = \left(C_2 - \frac{1}{2}aC_2^2\right) + E_2\left[(A_1 + Y_2 + Y_3 - C_2) - \frac{1}{2}a(A_1 + Y_2 + Y_3 - C_2)^2\right] \quad (5-3)$$

对该式求 C_2 的偏导数，可以得到：

$$\frac{\partial U}{\partial C} = 1 - aC_2 - [1 - aE_2(A_1 + Y_2 + Y_3 - C_2)] = a[A_1 + Y_2 + E_2(Y_3) - 2C_2] \quad (5-4)$$

当 $C_2 < \frac{1}{2}(A_1 + Y_2 + E_2[Y_3])$ 时，式（5-4）为正，否则为负；如果流动性约束没有束紧，那么居民会选 $C_2 = \frac{1}{2}(A_1 + Y_2 + E_2[Y_3])$，如果流动性约束束紧，居民可达到的消费的最高水平为：$A_1 + Y_2$，因此：

$$C_2 = \min\left(\frac{1}{2}(A_1 + Y_2 + E_2[Y_3]), A_1 + Y_2\right) \quad (5-5)$$

所以，如果流动性约束束紧，流动性约束会降低居民的当期消费水平。接下来，考虑居民在第一期的消费行为。如果居民在第一期期末的流动性约束束紧，居民将通过减少第二期的消费 C_2 来提高第一期的消费水平。如居民的资产不为0，这时通常的欧拉方程会成立，根据上述所做的具体假定，居民在第一期的消费 C_1 便等于第二期消费 C_2 的期望值。但欧拉方程的成立并不意味着流动性约束不会对消费产生影响，（5-3）式暗含如果流动性约束在第二期束紧的概率严格大于0，则居民在第一期对第二期消费 C_2 的期望会严格地小于 $\frac{1}{2}(A_1 + Y_2 + E_2[Y_3])$ 的期望。

因为 $A_1 = A_0 + Y_1 - C_1$，根据重复预测法得到 $E_1[E_2[Y_3]] = E_1[Y_3]$，因此：

$$C_1 < \frac{1}{2}(A_0 + Y_1 + E_1[Y_2] + E_1[Y_3] - C_1) \quad (5-6)$$

通过对（5-6）式两边加上 $\frac{1}{2}C_1$，再同时除以 $\frac{3}{2}$，可得到：

$$C_1 < \frac{1}{3}(A_0 + Y_1 + E_1[Y_2] + E_1[Y_3]) \quad (5-7)$$

（5-7）式中的 $\frac{1}{3}(A_0 + Y_1 + E_1[Y_2] + E_1[Y_3])$ 是"生命周期—持久收入假说"下的平稳消费，表明，即便流动性约束在当期没有束紧，但它在将来束紧的可能性也会降低消费。可以将上述模型拓展到多期来说明居民受到的流动性约束的影响。

最后，如果满足 $C_1 = E_1(C_2)$（其中 C_2 由（5-7）式给定）的 C_1 大于居民在第一期的禀赋 $A_0 + Y_1$，同时居民在第一期的流动性约束束紧，居民的消费将受到 $A_0 + Y_1$ 的限制。

二、基于非二次项效用函数的流动性约束影响居民消费理论分析

下面将讨论在效用函数为非二次型的情况下，流动性约束对居民消费行为的影响（Browning & Lusardi, 1996）。

定义 $\upsilon(C, Z)$ 为时期效用函数，其中 C 表示消费，Z 为表示人口统计特征的修饰向量，通常包含在 Z 里面的是家庭构成、健康状况以及劳动力供给，也可以是影响居民家庭效用的其他任何因素，折现因子被定义为 β，β 的取值通常小于 1，给定标准可加模型的假设条件，便可以利用变分法得出 t 和 t+1 期之间最优配置的欧拉方程：

$$\upsilon_c(C_t, Z_t) = E_t\{\beta(1 + \tilde{r}_t)\upsilon_c(\tilde{C}_{t+1}, \tilde{Z}_{t+1})\} \quad (5-8)$$

其中，r_t 为两期之间的真实利率，符号 ~ 表示变量是一个随机变量，$\upsilon_c(\cdot)$ 为 $\upsilon(\cdot)$ 关于 C 的偏导数，这个欧拉方程包含了标准消费模型的实质，即消费者试图保持支出（被 β 折现）的边际效用（被 r 折现）不变，自从霍尔（1978）以来，欧拉方程（5-8）已经成为大多数有关消费实证研究的核心。为了估计效用函数 $\upsilon(C, Z)$ 的参数，仅需要知道两个不同时期的消费，以及利息率和人口统计资料，并不需要财富状况或者个体的期望。与二次型函数形式不同，应用最为广泛的是常相对风险规避或等弹性效用函数（CRRA）：

$$v(C, Z) = \frac{1}{1-\gamma(Z)}\left\{\frac{C}{\alpha(Z)}\right\}^{1-\gamma(Z)} \qquad (5-9)$$

等弹性型号的效用形式的函数的好处不在于处理的方便性，而是它先验的可靠性。(5-9) 式中，参数 $\gamma(Z)$ 为相对风险规避系数，其独立于消费者一生的财富水平，但不一定独立于人口统计特征，凹性假设要求 γ 为正，$\alpha(Z)$ 为有效的成人等价规模，通常假设消费的边际效用随着家庭规模递增。

现在可以得出等弹性效用函数的欧拉方程。出于表述的简化，假设 $\gamma(\cdot)$ 独立于人口统计特征，从欧拉方程 (5-8) 可以得到：

$$\beta(1+r_t)\left\{\frac{\alpha(Z_{t+1})}{\alpha(Z_t)}\right\}^{\gamma-1}\left\{\frac{C_{t+1}}{C_t}\right\}^{-r} = 1 + e_{t+1}, \quad E_t(e_{t+1}) = 0 \qquad (5-10)$$

让基于 t 时期信息的条件方差 e_{t+1}，即期望方差等于 σ_{t+1}^2，并将其作为消费冲击方差，出于简化，可将 Z 作为一个标量，并参数化 $\alpha(Z) = \exp(\alpha Z)$（此时 α 一个参数），通过取对数并使用对数近似，可得到线性化的欧拉方程：

$$\Delta \ln C_{t+1} = \tilde{\beta} + \tilde{\alpha}\Delta Z_{t+1} + \phi r_t + \frac{1}{2}\phi\sigma_{t+1}^2 + \mu_{t+1} \qquad (5-11)$$

其中：$\varphi = \frac{1}{\gamma}$，$\beta = \varphi\ln(\beta)$，$\tilde{\alpha} = \frac{\alpha(\gamma-1)}{\gamma}$，$\mu_{t+1} = -\varphi\left(e_{t+1} - \frac{1}{2}(e_{t+1}^2 - \sigma_{t+1}^2)\right)$，因此：

$$E_t(\mu_{t+1}) = 0 \qquad (5-12)$$

为引入流动性约束的影响实质，可采取一些简化的假设：第一，假设利息率不变并且已知，当在时期 t 的消费被选定；第二，假设有两种利率，一种为借入利率 ($= r_B$)，一种为借出利率 ($= r_L$)，并且 $r_B > r_L$，这包括 $r_B = +\infty$ 是特殊情形，也就是财产被限制为非负。据此，在不同的借贷利率情形下，(5-8) 式可以变换为如下形式：

$$v_c(C_t, Z_t) = \beta(1+r_v)E_t v_c(\tilde{C}_{t+1}, \tilde{Z}_{t+1}) \qquad (5-13)$$

其中，r_v 是用于最优跨时配置的"实际上"的利息率，因此 r_v 被定义为确保欧拉方程成立的实际利率，对于借出者为 r_L，对于借入者为 r_B，对于不参与借贷的个体为 r_L 与 r_B 两者的中值。尽管资产被限制为非负（通常 $r_B = +\infty$），r_v 仍将是有限值。

进一步假设除了借出利息率外，不能够观察到个体所使用的隐性利率，则有：

$$v_c(C_t, Z_t) \geq \beta(1+r_L)E_t v_c(\tilde{C}_{t+1}, \tilde{Z}_{t+1}) \qquad (5-14)$$

当个体是借出者时，上式等号成立，因此在消费者的期望中，使用折现借出利率的支出边际效用不是不变的常数，而是呈现递增，这可以用一种更熟悉的拉格朗日乘子形式重新写为：

$$\upsilon_c(C_t, Z_t) = \beta(1+r_L)(1+\psi_t)E_t\upsilon_c(\tilde{C}_{t+1}, \tilde{Z}_{t+1}) \quad (5-15)$$

其中，$\psi_t \geq 0$ 和 $\psi_t A_{t+1} \leq 0$（A_{t+1}为个体从 t 期到 t+1 期所持有的资产），ψ 的取值为 $(r_V - r_L)/(1+r_L)$，由于 $r_V \geq r_L$，因此 ψ 的取值大于 0，并在 $r_V = r_B$ 时取得最大值。

可以将这些引入等弹性效用的欧拉方程中，便可得到：

$$\Delta \ln C_{t+1} = \tilde{\beta} + \alpha \Delta Z_{t+1} + \varphi r_L + \frac{1}{2}\varphi\sigma_t^2 + \varphi\ln(1+\psi_t) + \mu_{t+1} \quad (5-16)$$

因此，从（5-16）式可以发现以下几点：第一，对于受到流动性约束的个体，在 t 期与 t+1 期间消费的增长要高于持有一些资产的个体（扎德斯，1989a；迪顿，1992），受到流动性约束的个体在目前的消费比其想要消费的要少。第二，尽管个体在 t 与 t+1 没有受到流动性约束，由于可能的流动性约束，方差项 σ_{t+1}^2 较大。由于借入的可能性提供了一些保险，没有受到流动性约束的个体可通过借入来应对未来收入的缺口。如果这种选择权被取消掉，那么未来收入的方差会增大，因此，在将来受到流动性约束的可能性会增加个体的储蓄，即便在事后从来没有受到流动性约束（例如，尽管个体经常持有一些正的资产）。第三，将来存在流动性约束的可能性对于跨期配置具有另一种影响，这种影响来源于预算约束，假定在时期 t 个体知道他将在时期 t+s 和时期 t+s+1 期间受到流动性约束，那么 $A_{t+s+1} = 0$，因此在时期 t 与 t+s 间的预算约束仅仅依赖于在 t 期的资产以及在 t 到 t+s 期的收入。因此，个体的行为好像短期化（此处为 s+1 期），将来流动性约束存在的可能性，会导致个体比标准的可加模型所表明的，以一种更缺乏远见的方式行动。家庭消费的作用非常关键，如果当家庭拥有较大的儿童并且家庭受到流动性约束时，消费水平达到最高点，那么为退休进行的储蓄只有在孩子离开家庭时开始。

根据上述内容，可以总结出流动性约束消费函数的一些基本特征：

第一，如果个体在一些时期持有零资产，那么在这段时期消费的变化将会等于收入的变化。这些时期，如果使用借出利率去折现将来的价值，欧拉方程便不会成立，这时个体将会采取拇指法则，即使消费等于收入。然而，在受到流动性约束的个体与在每一期使收入等于消费的个体行为间存在一个关键性的区别。对于受到流动性约束的个体，可以发现个体储蓄以及消费低于或者高于收入的时期。

第二，受到流动性约束个体的行为，与在借贷市场上可借到资金，但是具有显著预防性储蓄动机的个体行为相似。从（5-12）式可以发现，增加的不确定性（较高的 σ^2）的影响，及一个更紧的流动性约束（较高的 ψ）是一样的。而且，当期的手持现金与两个变量存在负相关关系，当期与未来收入的边际消费倾向对于这两个体是类似的。因此，在实证方面难以区分流动性约束与较强的预防性储蓄动机的影响。

第三，长期与短期行为的区别比较重要，标准消费模型的最显著特征之一是，它给出了短期与长期的预测。在一个没有流动性约束的模型中，个体当期选择消费水平不仅均等化当期和预期下一期的支出的边际效用，而且能够均等化较远时期支出的预期边际效用。流动性约束的存在会切断长期与短期行为之间的联系，因此，可以发现个体可以平滑短期的消费，但是不能够平滑远期的消费。

第三节 居民预防性储蓄动机与消费者行为

20世纪90年代以来，我国城乡居民的储蓄存款连年大幅增长。1990年，全国城乡居民储蓄存款年底余额7 119.60亿元，而到了2013年，这一数据已增长至447 601.60亿元，扣除价格因素后年均增长率为14.6%。而对于城镇居民来说，1990年人均可支配收入1 510.2元，2013年增长为26 955.1元，扣除价格因素后年均增长8.5%，远远低于储蓄存款的增长速度。对于我国目前这种持续的低消费、高储蓄的经济现状，已有许多学者从不同角度进行了关于居民储蓄率的理论分析和实证检验。莫迪利安尼和曹（Modigliani & Cao，2004）从生命周期和持久收入理论（LC - PIH）出发，认为改革开放引入市场经济体制以后，中国居民收入水平的快速增长推动了城镇居民储蓄水平的持续增加，同时计划生育政策通过改变人口结构促进家庭储蓄增加。阿齐兹和崔（Aziz and Cui，2007）认为中国居民储蓄率上升的主要原因是居民家庭收入在国民总收入中的占比降低和金融市场不够完善。陈斌开等（2014）通过对文献的回顾和归纳，指出经济转型中的市场扭曲（包括要素市场和产品市场两个方面）和财政分权等地方政府行为构成了我国消费不足的重要原因。查蒙和普拉萨德（Chamon & Prasad，2010）发现年轻家庭和年老家庭相较于工作年龄家庭的储蓄率偏高，认为不断上涨的住房、教育和医疗开销促进了城镇居民储蓄率的提高，从而人口年龄结构对居民储蓄率也有重要的影响。

20世纪末开始，基于不确定性和预防性储蓄理论研究中国城镇居民的储蓄行为逐渐成为本领域内的主流（沈坤荣和谢勇，2012），越来越多的学者在研究时注意到了不确定性对城镇居民消费和储蓄行为决策的影响。预防性储蓄的分析模型由利兰德（1968）提出，首次将不确定性引入，由此奠定了西方预防性储蓄理论中收入不确定性对个人储蓄行为的影响作用。卡罗尔和塞姆维克（Carroll & Samwick, 1998）分别使用金伯尔（1990）提出的相对等价性谨慎溢价的对数、收入方差以及收入对数的方差来度量家庭面临的收入不确定性，研究结果表明这三种指标代替收入不确定性的结果都比较令人满意。国内很多文献都对不确定性对居民预防性储蓄的影响作了研究（龙志和和周浩明，2000；施建淮和朱海婷，2004；易行健等，2008）。还有学者认为流动性约束也是我国经济转型时期影响居民消费行为的重要因素（臧旭恒和裴春霞，2007；高梦滔等，2008）。万广华等（2001）认为流动性约束的存在是解释消费者行为偏离确定性条件下欧拉方程的原因之一，流动性约束型消费者所占比重的上升以及不确定性的增大，造成了中国目前的低消费增长和内需不足。研究还发现流动性约束和不确定性之间的相互作用进一步强化了两者对居民消费的影响，导致了居民消费水平和消费增长率的同时下降。随着研究的一步步深入，对于预防性储蓄及其影响因素的探讨逐渐丰富，有些文献也提出消费习惯对居民的预防性储蓄行为有一定影响（艾春荣、汪伟，2008；雷钦礼，2009）。杭斌、郭香俊（2009）把习惯形成和缓冲储备储蓄理论结合在一起，分析表明习惯形成参数越大，边际消费倾向就越低。当消费水平下降时，受消费惯性影响的消费者将承受更大的痛苦，所以习惯形成下的消费行为类似于谨慎导致的消费行为。

根据"消费敏感性假说"，消费变动与收入变动具有显著的相关性（弗莱文，1981），收入变动是影响消费行为的重要因素。不同收入水平的居民家庭之间的消费和可支配收入增长呈现出不同的趋势，同时也影响着居民的消费和储蓄行为。已有研究中在考虑不确定性的同时，检验不同收入群体的消费敏感性时出现了不同的结论。田青和高铁梅（2009）运用1992~2008年的7个收入组数据进行检验，发现我国城镇居民消费整体存在过度敏感性，只是低收入组的消费敏感性更强。王芳（2007）研究发现消费的过度敏感性随着收入组收入水平的增加而呈现两端较平缓、中间凹陷较深的倒"草帽"型结构。而李春风等（2012）利用1995~2009年的7个收入组数据检验发现加入了不确定性和流动性约束后，不同收入等级城镇居民的消费敏感性并不强，各个收入组城镇居民的消费敏感性类似呈"收入型曲线分布，并且随着收入组收入水平升高而递减。

上述研究大多是利用了总量时间序列数据或者面板数据对消费的总量数据进行了分析，或者对城镇居民按人均可支配收入进行分组后研究不确定性或流动性约束对居民消费和储蓄行为的影响。鉴于此，本节在戴南（Dynan, 1993）预防性储蓄理论框架下同时引入不确定性、流动性约束和消费习惯等多个影响因素，构建收入组间动态面板模型，利用1995~2012年我国城镇居民的住户调查数据，分别检验了我国不同收入等级的城镇居民家庭的预防性储蓄动机强度大小，并检验不同的影响因素对各收入等级城镇居民消费行为的影响程度，以期能够对不同收入等级的城镇居民预防性储蓄行为及其主要影响因素做细致深入的分析。

一、戴南模型的拓展

根据预防性储蓄理论，消费者会考虑到不确定性的存在，从而不再只是将收入平均分配到整个生命周期，在此基础上实现一生的效用最大化。前文已经分析过，不确定性、流动性约束以及消费习惯可能是造成城镇居民持续高额消费的重要影响因素。尤其是我国处在经济转型时期，各项制度改革变化深入影响了居民家庭的生活和消费行为，导致居民对未来不确定性的预期不断增强，同时居民面对日益偏紧的流动性约束也没有得到有效缓解。这些影响因素从20世纪90年代中期开始，对居民的消费行为影响不断突出，加上传统文化等因素影响，居民的消费习惯也显得愈发保守。基于此，本节借鉴了袁冬梅等（2014）的理论模型，同时考虑不确定性、流动性约束和消费习惯等因素，对我国城镇居民预防性储蓄行为进行探讨。根据消费者最优选择模型得出消费者 i 在 t 期的目标函数为：

$$\max_{C_{i,t+j}} E_t \left[\sum_{j=0}^{T-t} (1+\delta)^{-j} U(\overline{C}_{i,t+j}) \right] \quad (5-17)$$

约束条件为：

$$A_{i,t+j} = (1+r) A_{i,t+j} + Y_{i,t+j} - C_{i,t+j} \quad (5-18)$$

$$A_{it} + Y_{it} - C_{it} + Z_{it} \geq 0 \quad (5-19)$$

其中，E_t 表示基于 t 期信息所做出的预期，δ 表示时间偏好率，假定其跨期不变且不同家庭之间有相同的时间偏好率。U 表示效用函数，跨期可加且各期之间相互独立，满足不确定性存在的必要条件，即 $U' > 0$，$U'' < 0$，$U''' < 0$。$C_{i,t}$ 表示消费者 i 在第 t 期的消费，$\overline{C}_{i,t}$ 表示第 t 期的有效消费，其具体形式为 $\overline{C}_{i,t} = C_{i,t} - \alpha C_{i,t-1} (0 \leq \alpha \leq 1)$，即当期的有效消费为当期消费 $C_{i,t}$ 与前一期消费 $C_{i,t-1}$ 的差值，α 表示习惯强度，即前一期消费对当期消费的影响程度。$A_{i,t}$ 表示消费者 i 在第 t 期的财富值，并给定 $A_{i,T+1} = 0$，T 表示生命周期长度，r_t 表示实际利率，$Y_{i,t}$ 表示劳动收入。$Z_{i,t}$ 为消费者 i 在第 t 期所能借贷资本的最大限额。因此，（5-19）式表示的是消费者受到的流动性约束。

采用动态最优化的贝尔曼（Bellman）方程对模型求解，当 j = 1 时得到欧拉方程：

$$\left(\frac{1+r_t}{1+\delta} \right) E_t [U'(\overline{C}_{i,t+1})] = U'(\overline{C}_{i,t}) - \lambda_{i,t} \quad (5-20)$$

其中 $\lambda_{i,t}$ 为约束条件（5-19），即流动性约束表达式所对应的拉格朗日乘子。

(5-20) 方程表示当消费者面临流动性约束时,那么居民在进行跨期决策时并不能平滑有效消费来达到一生效用最大化。因此,给定下一期的有效消费,当期的有效消费要低于没有流动性约束下的完美市场预期,也就是说 $\lambda_{i,t} > 0$。该方程是由戴南(1993)的预防性储蓄模型扩展得到的,当 $\lambda_{i,t} = 0$,$\alpha = 0$,即消费者不受到流动性约束和消费习惯影响时,就是戴南的基础模型中的情形。

然后对 $U'(C_{i,t-1})$ 在 $C_{i,t}$ 处进行二阶 Taylor 公式展开,再代入 (5-20) 式并化简得:

$$E_t\left[\frac{\overline{C}_{i,t+1} - \overline{C}_{i,t}}{\overline{C}_{i,t}}\right] = \frac{1}{\xi}\left(\frac{r_t - \delta}{1 + r_t}\right) + \frac{\rho}{2}E_t\left[\left(\frac{\overline{C}_{i,t+1} - \overline{C}_{i,t}}{\overline{C}_{i,t}}\right)^2\right] + \tilde{\lambda}_{i,t} + \eta_{i,t} \quad (5-21)$$

其中,$\xi = -\overline{C}_{i,t}(U''/U')$ 就是相对风险厌恶系数,$\rho = -\overline{C}_{i,t}(U'''/U'')$ 即为金伯尔(1990)提出的相对谨慎系数,用来度量消费者在消费行为中所面临的不确定性大小。通常认为,消费者面临的不确定性越大,其消费行为越谨慎,对应的相对谨慎系数越大。$\tilde{\lambda}_{i,t} = -\frac{1+\delta}{1+r_t} \cdot \frac{\lambda_{i,t}}{C_{i,t}U'''}$,且由效用函数的条件可知,$\xi > 0$,$\rho > 0$,$\tilde{\lambda}_{i,t} \geq 0$。$\eta_{i,t}$ 是均值为 0 的误差项。

根据杜海涛、邓翔(2005)的分析,消费增长率 $\frac{C_{t+1} - C_t}{C_t}$ 可以近似替代为消费对数的一阶差分 $\Delta\ln C_{t+1}$,又由戴南(2000)、米尔鲍尔(1988)的分析,可以将 $\Delta\ln(C_{i,t} - \alpha C_{i,t-1})$ 近似估计为 $\Delta\ln C_{i,t} - \alpha\Delta\ln C_{i,t-1}$,可以将 (5-21) 式化简:

$$\Delta\ln C_{i,t} = \beta_0 + \beta_1 r_{i,t} + \alpha\Delta\ln C_{i,t-1} + \frac{\rho}{2}(1-\alpha)^2(\Delta\ln C_{i,t})^2 + \tilde{\lambda}_{i,t} + \mu_{i,t} \quad (5-22)$$

其中,$\mu_{i,t} = \eta_{i,t} + \varsigma_{i,t}$,$\varsigma_{i,t} = \frac{\rho}{2}(\Delta\ln C_{i,t} - \alpha\Delta\ln C_{i,t-1})^2 - \frac{\rho}{2}(1-\alpha)^2(\Delta\ln C_{i,t})^2 - \omega$,$\omega = E_t\left[\frac{\rho}{2}(\Delta\ln C_{i,t} - \alpha\Delta\ln C_{i,t-1})^2 - \frac{\rho}{2}(1-\alpha)^2(\Delta\ln C_{i,t})^2\right]$ 并假定满足 $E_t\omega = 0$ 的条件,包含在常数项中。

在研究居民消费行为中面临的流动性约束时,依据坎贝尔和曼昆(1991)将消费者按照所受流动性约束的情况分为两类:第一类消费者的消费行为符合凯恩斯绝对收入理论所描述的情形,即其当期消费完全依赖于当期收入,具有短视性,消费决策行为可以表示为 $\Delta C_{1t} = \Delta Y_{1t}$,数字 1 表示第一类消费者;第二类消费者的消费行为符合霍尔提出的理性预期持久收入假说所描述的情形,消费者具有前瞻性,预料之中的收入变化对消费没有影响,消费的变化仅仅取决于有关持久收入变化的新信息,其消费决策行为可以表示为 $C_{2t} = C_{2t-1} + e_t$,数字 2 表示第二类消费者,e_t 表示持久收入变化的新信息,e_t 为白噪声。假定这两类消费者在人群中所占的比例分别是 λ 和 $1-\lambda$,则可以得出:

$$\Delta c_{i,t} = \eta_0 + \eta_1 r_{i,t} + \gamma \Delta c_{i,t-1} + \theta (\Delta c_{i,t})^2 + \lambda \Delta y_{i,t} + \varepsilon_{i,t} \quad (5-23)$$

其中 $c_{i,t} = \ln C_{i,t}$，$y_{i,t} = \ln Y_{i,t}$，$\eta_0 = \beta_0(1-\lambda)$，$\eta_1 = (1-\lambda)\beta_1$，$\gamma = \alpha(1-\lambda)$，$\theta = \frac{\rho}{2}(1-\alpha)^2(1-\lambda)$，$\varepsilon_{i,t} = (1-\lambda)\mu_{i,t}$。(5-23) 式即为一个综合考虑了利率、消费习惯、不确定性和流动性约束的预防性储蓄动态面板模型。具体来看，η_1 表示实际利率对消费增长的影响，主要可以分为收入效应和替代效应两方面，若 $\eta_1 < 0$，则表示实际利率对消费增长的替代效应大于收入效应，反之则收入效应大于替代效应。γ 表示消费习惯强度，由于滞后期数越多对当期消费影响越小，模型中仅考虑消费一阶滞后值，即上一期消费对当期消费的影响程度。$(\Delta c_{i,t})^2$ 表示不确定性，其系数 θ 表示的是消费者预防性储蓄动机的强弱，系数越大表明预防性储蓄动机越强，反之就越弱。λ 表示收入变动对消费的影响，即消费对收入的敏感系数，在此也表示消费者中受到流动性约束的比例，λ 越大，表示消费者群体中受到流动性约束的人数越多，反之则越少。

二、实证验证

(一) 数据选取及说明

本节利用 1995 年中国不同收入等级城镇住户的抽样调查数据，所有数据来自于《中国统计年鉴》、《中国物价及城镇居民家庭收支调查统计年鉴》及中经网统计数据库。所有数据均按照 1995 年为基期，将名义量以 1995 年的城镇居民消费价格指数换算成实际量。收入等级为所有城镇调查户按人均可支配收入由低到高，按 10%、10%、20%、20%、20%、10%、10% 的比例分为七组，分别为最低收入组，较低收入组，中等偏下组，中等收入组，中等偏上组，较高收入组和最高收入组。所选取的数据包括城镇居民的平均消费价格指数，人民银行公布的一年期定期存款利率，各个年份按城镇居民收入组划分的各组可支配收入、消费性支出。表 5-1 提供了变量的描述性统计。

表 5-1　　　　变量的描述性统计

变量	含义	均值	标准差	最小值	最大值	观测数
lnc	对数消费	8.66	0.63	7.63	10.16	126
lny	对数可支配收入	8.9	0.75	7.68	10.69	126
r	实际利率	2.61	2.6	0.86	9.98	126

续表

变量	含义	均值	标准差	最小值	最大值	观测数
$\Delta \ln c$	差分对数消费	0.07	0.04	-0.11	0.29	119
$\Delta \ln c_{t-1}$	差分对数消费的滞后	0.07	0.04	-0.11	0.29	112
$(\Delta \ln c)^2$	差分对数消费的平方	0.01	0.01	0	0.09	119
$\Delta \ln y$	差分对数可支配收入	0.08	0.04	-0.14	0.24	119
$(\Delta \ln y)^2$	差分对数可支配收入的平方	0.01	0.01	0	0.06	119

（1）消费性支出与前一期消费。本节模型中用到的消费性支出可以直接从统计年鉴中获取，前一期消费是对当期消费的滞后一期，其系数表示的是消费习惯强度。由于滞后多期的消费对当期消费的影响越来越小，本节只选取了影响最大的滞后一期消费考察消费习惯。

（2）利率。有的年份中中央银行对存款利率进行了调整，这种情况下处理时将该年度内以利率水平执行的月数为权重计算出当年的加权平均利率作为年利率水平。

（3）不确定性。不确定性的度量一直是预防性储蓄理论的难点之一，本节的模型中将消费增长率的平方作为不确定性的指标，但是由于解释变量是被解释变量的平方项造成了模型的内生性问题，为了保证估计结果的有效性，在接下来的实证检验中选取收入增长率的平方项作为其工具变量。

（4）流动性约束。在本节的模型中，选取消费变动对收入变动的敏感程度，即消费的敏感系数来度量消费者面临的流动性约束。

（二）计量方法

本节的模型设定中解释变量包含了被解释变量的滞后一阶值用来反映城镇居民的消费习惯，所以从计量分析的角度来看，该模型是一个动态面板模型。在(5-23)式的两边都出现了消费增长率，消费增长率的平方项作为解释变量之一，这将引起解释变量与误差项相关的问题，使用普通最小二乘法进行估计会产生有偏、不一致的估计结果，因而需要使用工具变量进行两阶段最小二乘法（2SLS）估计。考虑到收入是影响消费的主要因素，本节选则收入增长率的平方项 $(\Delta y_{i,t})^2$ 作为消费增长率的平方项 $(\Delta c_{i,t})^2$ 的工具变量。由于工具变量只有一个，因此满足恰好识别条件。用 $(\Delta c_{i,t})^2$ 对工具变量和其他解释变量进行一阶段回归，得到 F = 21.38 > 10，且 F 统计量的 p 值为 0。按照经验规则可以拒绝"存在弱工具变量"的原假设，表明 $(\Delta y_{i,t})^2$ 不是弱工具变量。另外，对方程中的内生解释变量的显著性进行名义显著性水平为 5% 的 Wald 检验，最小特征值统计量为 246.26，远大于接受真实显著性水平不超过 10% 的临界值 16.38，所以可以认为该工具变量不是弱工具变量。考虑到本节模型中的扰动项可能存在自相关问题，在实证检验时使用广义矩估计（GMM）对模型中各变量再次进行估计，所得结果与使用 2SLS 的结果基本一致，说明本节所得结果是稳健的。

三、结果解读

本节使用动态面板数据对模型（5-23）进行 2SLS 估计，并使用 GMM 进行再次检验。以下仅汇报使用 2SLS 的估计结果，详见表 5-2。

表 5-2　　　　　　　　　模型的分组实证结果

变量名	最低收入组	较低收入组	中等偏下收入组	中等收入组	中等偏上收入组	较高收入组	最高收入组
$(\Delta c_{i,t})^2$	-1.41 (-0.88)	-1.02 (-0.59)	0.983 (0.65)	6.029*** (10.61)	4.642*** (5.84)	3.314*** (11.40)	1.662*** (3.63)
r	-0.0016 (-0.42)	0.0026 (1.47)	-0.0024** (-2.25)	-0.0023*** (-4.43)	-0.0022* (-1.71)	0.0009 (0.81)	-0.0005 (-0.13)
$\Delta c_{i,t-1}$	-0.005 (-0.11)	-0.179** (-2.47)	-0.077* (-1.90)	0.014 (0.38)	-0.078 (-1.54)	-0.039 (-1.15)	-0.043 (-0.90)
$\Delta y_{i,t}$	0.812*** (17.13)	0.964*** (15.27)	0.694*** (5.80)	0.065 (1.01)	0.252** (2.05)	0.380*** (5.58)	0.553** (2.51)
constant	0.017 (1.28)	0.004 (0.48)	0.017*** (4.00)	0.036*** (9.54)	0.034*** (4.14)	0.023*** (2.89)	0.02 (1.48)
R^2	0.923	0.888	0.953	0.99	0.98	0.96	0.94

注：括号中数值为 t 统计量。***、** 和 * 分别表示在 1%、5% 和 10% 的显著性水平下通过显著性检验。

模型（5-23）主要检验了不确定性、流动性约束、消费习惯和利率等因素对我国城镇居民消费行为的影响。总体来看，实际利率对我国城镇居民消费的影响较小。仅有收入处于平均水平的三个组的利率影响分别在 5%、1% 和 10% 的显著性水平下显著，且系数均为负，表示利率对消费增长的替代效应大于收入效应。另外，消费习惯对各收入组的消费增长率影响也比较小，除中等收入组之外系数均为负，说明过去的消费对当期消费具有一定的替代性。只有较低收入组和中等偏下收入组的消费习惯显著，由于收入水平不高，有些消费品在购买之后并不急于更换，显示了其消费具有一定的耐久性。而其他收入组的消费习惯均不显著，表明消费习惯对我国城镇居民的消费行为影响也很小。

从其他变量的估计结果中可以看出，我国处于不同收入水平的城镇居民家庭之间的消费行为有比较明显的差异。收入处于低水平的三个组（最低收入组、较低收入组和中等偏下收入组）的消费行为主要受到流动性约束的抑制，且影响非常显著。消费支出对可支配收入的变化非常敏感，分别为 0.812、0.964 和 0.694。这表明收入对我国低收入家庭的消费起着至关重要的作用，这部分群体的消费行为存在明显的过度敏感性。而这三组家庭的流动性约束并没有依次递减，出现了最低收入组家庭的流动性约束小于较低收入组家庭的情况，原因可能是最低收入组家庭的收入水平处于社会的最低水平，收入只能勉强维持最基本的生活支出，所以想要通过消费改变自己的社会地位的动机并不强，群体之间攀比性也不强。而较低收入组家庭在同样受到流动性约束的情况下，在进行家庭消费决策时更加注重参考同等收入水平的家庭，消费的示范效应增强，希望能够通过消费来提升社会地位（柴国俊，2014），同时将自己区别于最低收入组，所以消费的敏感系数比最低收入组更大。不确定性对这三个收入组的影响均不显著，原因可解释为这些居民家庭的收入水平较低，生活质量不高，其消费结构还主要停留在维持"吃饱"的阶段，收入和支出的变动都比较小，所以不确定性对其消费行为影响较小。图 5-1 显示了 1999 年和 2012 年各个收入组的恩格尔系数[①]。可以看到，各收入组之间的恩格尔系数变化趋势随着年份变化是比较一致的，1999 年最低收入

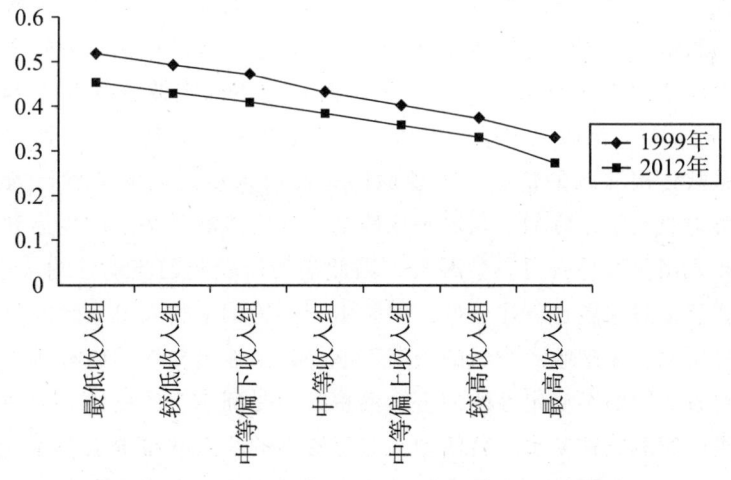

图 5-1 1999 年和 2012 年各组的恩格尔系数

---

① 资料来源：中经网统计数据库。

组的恩格尔系数为 0.52，也就是超过一半的消费支出都要用在食品上，到 2012 年该组的恩格尔系数达到 0.45，仍然有将近一半的支出用在食品上。2012 年中等偏下收入的恩格尔系数为 0.41，是三个低收入组中系数最低的。综合来看，低收入组的消费支出以食品支出为主，收入水平较低导致他们无力对生活质量进行明显的改善。由于受到较强的流动性约束，低收入组的边际消费倾向较高，在戴南（1993）的模型框架中代表预防性储蓄动机强度的谨慎系数并不显著。但是越来越多的学者认为衡量预防性储蓄强度不能仅仅考察不确定性的衡量，这样容易导致遗漏变量偏差（李和泽田，2010）。流动性约束作为影响消费和储蓄行为的重要变量之一，和不确定性一样可以体现预防性储蓄动机强度。因此，低收入组的预防性储蓄动机比较强。

对于中等收入组来说，不确定性成为影响其预防性储蓄行为的最重要因素，从组间的横向比较也可以看出，中等收入组的居民家庭所面临的不确定性是最高的，达到 6.029，并且结果在 1% 的显著性水平下显著。利率也对该组家庭的消费行为有显著的负向影响，但是影响是非常微弱的。流动性约束的影响在该组家庭中并不显著，也就是说收入处于中等水平的家庭的消费行为主要受到了不确定性的抑制。中等收入组主要由有一技之长、工作稳定、收入以稳定工资为主的人组成。这部分家庭的收入较为稳定，对收入增长的预期并不乐观，对生活质量有一定的追求，但是面对随着改革深入不断增强的教育、医疗等多方面的不确定性，因此不得不增加预防性储蓄、减少消费以增加应对不确定性的能力。

收入处于高水平的三个组（中等偏上收入组、较高收入组和最高收入组）的消费敏感系数依次增大，分别为 0.252、0.38 和 0.553，并且都明显小于低收入组。同时也注意到收入较高的这三个组所面临的不确定性分别为 4.462、3.314 和 1.662，随着收入组收入水平的提高出现大幅度降低的趋势。之所以没有出现消费敏感系数依次递减的情况，主要原因是高收入组之间的消费行为和心理不同。中等偏上收入组家庭的收入水平比较高，完全能满足基本的生活开支，同时相较于低收入组更容易获得贷款融资，因此消费所受到的流动性约束也放松了，表现出的消费敏感系数也就比较低。但是由于中等偏上收入组家庭的收入水平依然是比较稳定的，未来收入增长的预期不够高，虽然流动性约束有所放松，但是也必须面对各方面的不确定性的冲击，消费行为受到一定的制约。较高收入组和最高收入组的家庭往往从事经营活动，有足够高的收入和储蓄水平来应对生活中的不确定性，所以实证结果中其面临的不确定性水平在高收入组中是最低的。但这两个收入组中的消费敏感系数反而升高了，这主要是由于这两个组的居民家庭在收入处于较高水平的同时也追求更高的生活质量，其基本的消费需求都能够得到满足，从图 5-1 也可以看到 2012 年较高收入组和最高收入组的恩格尔系数已经降到了 0.3 左右，生活水平已经达到了一定层次，从而在收入增长时有更多意愿进行消费结构升级以追求享受型消费，导致其消费的过度敏感系数变大。图 5-2 显示了 2012 年各个收入组人均交通通信和文教娱乐占人均消费支出的比例①。从图中可以明显看出，随着收入组水平的提高，人均交通通信和文教娱乐这两项支出占消费支出的比例是不断上升的，尤其是交通通信在最低收入组的消费占比是 0.08 而到了最高收入组这一比例猛增到了 0.21。原因可能是处于高收入组的人们在经营和投资行为中需要进行实地考察、宣传和联系客户等必要活动，在闲暇时间更倾向于外出旅行，因而交通和通信支出较大。高收入组文教娱乐消费支出的占比明显比低收入组更高，从另一方面解释了高收入组对生活质量的要求更高，更愿意追求享受型和精神方面的消费。

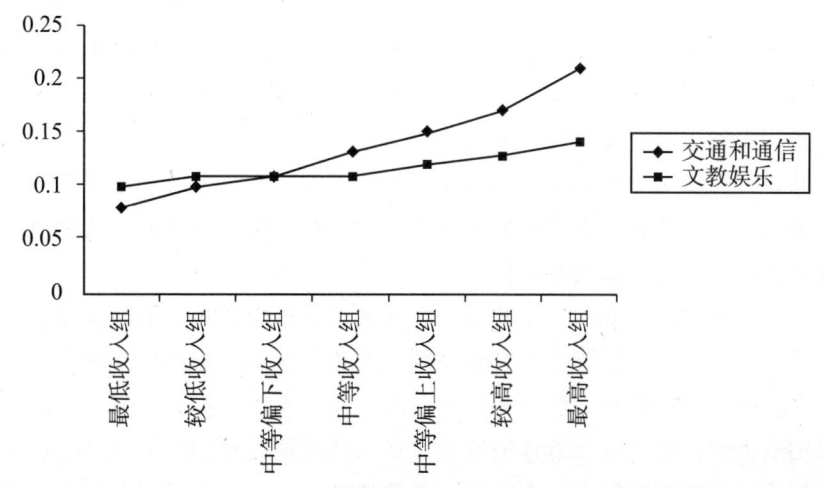

图 5-2　2012 年各组人均交通通信和文教娱乐占人均消费支出的比值

四、结论及启示

本节分析了我国不同收入等级的城镇居民预防性储蓄的主要影响因素，并在戴南预防性储蓄理论模型中引入流动性约束和消费习惯等因素，利用 1995～2012 年我国城镇居民按人均可支配收入分为 7 个组后的调查统计数据，构造收入组间动态面板模型，对不同收入等级的城镇居民家庭预防性储蓄行为影响因素进行实证检验。检验结果表明处于不同收入水平的城镇居民家庭的消费和储蓄行为所受到的主要影响因素及其影响程度是不同的。对于低收入群体（包括最低收入组、

---

① 资料来源：中经网统计数据库。

较低收入组和中等偏下收入组）来说，抑制消费、增加预防性储蓄动机强度的主要原因是受到较强的流动性约束。由于收入水平低，这部分城镇居民的消费主要用于维持食品等日常生活必要的支出。其中，较低收入组的居民家庭消费敏感系数最高，原因可能是该组居民希望借由消费将自己与最低收入组区别开来，提升自己的社会地位。而中高收入群体的消费行为主要受到不确定性的影响，并且随着收入水平的提高，预防性储蓄动机强度有明显递减的趋势。中等收入组的居民家庭的消费行为主要受到不确定性的影响，原因是他们的收入相对稳定，要在保持现有生活质量的基础上应对未来多种不确定性，必须减少消费、增加预防性储蓄。而高收入群体（包括中等偏上收入组、较高收入组和最高收入组）在面临递减的不确定性的同时有着递增的消费过度敏感性。尤其对于较高收入组和最高收入组的家庭，他们的收入水平足够应对生活中的各种不确定性因而预防性储蓄动机不强。而他们对于生活质量有更高的追求，交通通信和文教娱乐方面的支出随着收入水平提高有明显的增加，可以看出高收入群体有更多意愿进行精神型和享受型消费，表现出消费敏感性增强的特点。而实际利率和消费习惯对各收入组的消费和储蓄行为影响并不明显：利率对处于中等收入水平的城镇居民消费行为有较小的替代效应；消费习惯仅在低收入群体中有很小的负向影响，表明他们的过去消费对当期消费有微弱的替代性。

由以上分析可知，我国不同收入等级的城镇居民总体的预防性储蓄动机强度较大，低收入组的消费行为主要受到流动性约束的制约，中高收入组的消费行为主要受到不确定性的影响，但影响程度随收入水平提高而明显下降。因此可以得出，我国城镇居民中低收入群体的收入水平亟待提高，他们受到流动性约束的影响而压抑了自己的消费需求。提高低收入群体的收入，有利于释放这部分城镇居民的消费潜力，改善他们的生活质量。其次，逐步完善教育、医疗、养老等各项社会保障制度，降低城镇居民生活中面临的不确定性，减少城镇居民的预防性储蓄动机。最后，促进消费产业改革，鼓励中高收入群体进行消费结构升级，同样可以释放居民消费，满足他们对更高生活质量的要求。

第四节 居民预防性储蓄比例的测算

随着理论的发展，关于预防性储蓄的实证研究也随之出现。一部分文献验证了预防性储蓄是否存在，另一部分文献研究了预防性储蓄动机及其重要性。关于预防性储蓄动机的研究始于戴南（1993），他在金伯尔研究的基础上，通过二阶泰勒展开近似得到预防性储蓄的计量模型，进而进行检验，结果是预防性储蓄动机非常小。后续的有关预防性储蓄动机的研究基本都是在戴南的框架下再进行了进一步的扩展。而预防性储蓄重要性的研究则主要关心的是居民的预防性财富能够在多大程度上解释其储蓄或财富积累。由于不确定性条件下跨期最优模型没有解析解，因此这方面的研究转而采用其他方法，如扎德斯（1989）、卡罗尔（1992）均采用了计算机数值模拟的方法研究了预防性储蓄对财富积累的贡献程度。卡巴莱罗（Caballero，1990，1991）采用 CARA 效用函数求解了跨期最优模型，得到整个生命周期的消费、储蓄和财富积累函数，并进一步测算了预防性财富在总财富中所占的比重为 60% 左右。但指数效用函数下的消费函数无法排除负的消费，进而后来的文献转而使用了 CRRA 效用函数。还有些文献，如卢萨尔迪（1998）采用了构造简式计量方程的方式，得到了最佳财富收入比模型，通过计算发现预防性储蓄对财富积累的影响非常小。卡罗尔和塞姆维克（1998）在缓冲存货模型的框架下，利用数值模拟技术得到了目标财富收入比与收入不确定性的近似线性方程，并以此为基准方程验证了收入不确定性与财富积累的关系，同时进一步测算了当不确定性变小时财富的变化情况，最终得到了由不确定性引起的财富占总财富的 32%~50% 之间。本节将采用该方法对我国居民的预防性储蓄行为做一个验证。

与国外研究相比，国内该领域的研究多集中于经验分析。大部分有关预防性储蓄的研究通常是在对戴南框架进行不同角度扩展后，对城乡居民预防性储蓄动机强度进行检验，得出的结果也有较大差异。龙志和、周浩明（2000）采用 1991~1998 年的省际面板数据计算了城镇居民的预防性储蓄动机强度，发现样本期间内城镇居民的相对谨慎系数大约为 5.08，预防性储蓄动机较强。而施建淮、朱海婷（2004）采用 1999~2003 年 35 个大中城市的居民消费数据进行分析得出这些城市居民的相对谨慎系数为 0.878，仅存在微弱的预防性储蓄动机。农村样本方面，易行健等（2008）得出农村居民相对谨慎系数为 11.5 左右，其中西部地区农村居民的预防性储蓄动机最强，在 1992~2006 年间表现出先上升后下降的趋势。

国内学者对于预防性储蓄重要性的研究还相对较少。王辉和张东辉（2010）将预防性储蓄从居民储蓄资产中分离出来，利用资本资产定价模型计算出我国居民 2001~2008 年间预防性储蓄占储蓄存款的比重高达 83.7%。雷震和张安全（2013）拓展了卡巴莱罗的研究方法，得出 2005~2009 年该比例为 20%~30% 之间。

总体来说，国内大部分研究主要集中在居民预防性储蓄动机强度的检验，对于预防性储蓄的重要性则少有文献涉及。然而，预防性储蓄动机的强弱只是一种心理活动，消费者存在较强的预防性储蓄的动机并不一定等同于预防性储蓄占总财富的比例就一定高。同时，国内的实证检验采用的数据多为人均数据，选择某一区域的均值意味着每个区域都派出一名典型的消费者参与分析，这显然是以个人为主体的分析方法。然而，经济活动中的消费与储蓄行为决策往往都是以家庭为单位来做出的。那么预防性储蓄是否是引起我国居民高储蓄率的主要原因呢？或者说它在整个储蓄中的占比是多少？这将是本节考察的主要问题。

一、缓冲存货理论模型

缓冲存货的概念最早由迪顿（1991）提出，卡罗尔对之进行了发展，于1992年提出了储蓄的缓冲存货理论，并证实该理论模型与美国宏观经济数据的大量消费与储蓄的特征相符，即消费者在工作时间进行缓冲存货储蓄，到了50岁左右开始为退休储蓄，此时缓冲储蓄的动机变为生命周期的动机。卡罗尔将消费者的谨慎和缺乏耐心同时纳入了模型，谨慎意味着多储蓄，而缺乏耐心意味着多消费，两种心理状态转换的条件是目标财富水平与实际财富积累的关系，即当财富积累超过目标财富水平时，消费者缺乏耐心的程度比谨慎程度更强烈，将倾向于消费；反之则倾向于储蓄，以使财富积累达到目标财富的水平。缓冲存货模型基本形式如下：

$$\max E_0 \sum_{t=0}^{T} \beta^t U(C_t)$$
$$Y_{t+1} = P_{t+1} V_{t+1}$$
$$X_{t+1} = RW_{t+1} + Y_{t+1}$$
$$W_t = X_t - C_t \tag{5-24}$$

其中 β 为贴现因子，$R = (1+r)$，r 为利率，Y_t 为家庭在 t 期的劳动收入，P_t 为家庭持久劳动收入，V_t 为收入在 t 期遇到的暂时性冲击，W_t 为家庭 t 期持有的财富，则 X_t 可称为手持现金，用于 t 期的消费支出。采用的效用函数为 CRRA（常相对风险厌恶效用函数）形式。由于该模型不存在解析解，卡罗尔和塞姆维克（1998）用倒推法得到了缓冲存货模型的数值模拟解，结果表明，缓冲存货模型意味着收入不确定性 ω 和财富收入比之间存在着以下关系：

$$\log\left(\frac{W}{P}\right) = \alpha_0 + \alpha_1 \omega \tag{5-25}$$

变形后，加入人口统计学变量及扰动项，可以得到基准的计量方程：

$$\log(W) = \alpha_0 + \alpha_1 \omega + \alpha_2 \log(P) + \alpha_3' Z + \xi \tag{5-26}$$

通过方程（5-26）的估计，我们可以得到家庭面临的不确定性与财富积累的关系。方程（5-26）的估计需要的变量包括：家庭财富、家庭持久收入、收入不确定性，及众多人口统计学变量。

假设方程（5-26）的估计结果显著，那么在确定了有关不确定性与财富积累的对应关系之后，要想进一步分析预防性储蓄的重要性，则需要将预防性储蓄从整个财富积累中剥离出来，然而人们很难主观判断并给出这个数值。我们不妨回到预防性储蓄的定义，预防性储蓄是指由不确定性而引致的额外储蓄。那么在其他条件不变的前提下，如果家庭面临的不确定性减少了，财富累积也会发生相应的变化。假设不确定性由 ω 减少为 ω^*，ω^* 可以是 ω 的 30%，或者 50%，也可能是 0。按照缓冲存货理论，财富积累将发生变化，假设变为 W^*，将这一对应关系代入方程（5-26）后我们可以得到另一个方程（5-27）：

$$\log(W^*) = \alpha_0 + \alpha_1 \omega^* + \alpha_2 \log(P) + \alpha_3' Z + \xi \quad (5-27)$$

我们将上述思路反过来分析，假设不确定性最初很小，为 ω^*，当不确定性发生变化，由 ω^* 上升为 ω 时，若方程（5-26）中 α_2 的估计系数为正，则对应的财富值也会由 W^* 上升为 W。由预防性储蓄的含义可知，在其他条件不变的情况下，仅由不确定性产生的额外的财富积累的变化为 $W - W^*$。也就是说，在不确定性为 ω 时，对应的财富积累额 W 中，预防性储蓄额为 $W - W^*$（其中 W^* 为不确定性为 ω^* 时对应的财富积累值）。那么此时预防性储蓄的比例 K 即为：

$$K = \frac{W - W^*}{W} \quad (5-28)$$

用这种方法，我们近似得计算出了在现有不确定性下居民家庭预防性储蓄的比例。在这个过程中最关键的部分即为方程（5-26）的估计，下一节将分步骤分别介绍方程（5-26）估计中用到的数据，及方程中家庭财富、持久收入、不确定性等几个关键变量的处理。

二、样本及变量处理

（一）数据样本

使用方程（5-26）分析居民消费及储蓄行为必须要使用到多年份的家庭追踪数据。而当前在我国，可以利用并形成这样的微观面板数据的数据源并不多，部分质量较高的数据库如中国健康与养老追踪调查（CHARLS）、中国家庭追踪调查（CFPS）与中国家庭金融调查（CHFS）均处于起步阶段，农业部农村固定观察点（RCRE）也只是农村的数据。因此本节选择了美国北卡莱罗纳大学人口中心与中国疾病预防控制中心营养与食品安全所合作的追踪项目——中国健康与营养调查（CHNS）。其目的在于探讨中国社会的经济转型和计划生育政策的开展对国民健康和营养状况的影响，因此内容涉及人口特征、经济发展等本节需要的指标。该项目分别于 1989 年、1991 年、1993 年、1997 年、2000 年、2004 年、2006 年、2009 年、2011 年共开展过 9 次调查范围覆盖了 9 个省的城市和农村，且每次调查都会有新样本加入，也会有样本退出，为了取得面板追踪数据的完整性和最大化，本节选用了 CHNS1997～2011 6 个调查年份的数据。用到的具体指标包括各年度家庭资产总额、房产价值、家庭年收入，以及各类人口统计学变量如婚姻状况、所在地域、城镇农村、最高受教育程度、性别、阳历出生年、职业、职位类型、工作单位、有无医保等信息。经过匹配后得到全样本为 7 996 个家庭的非平衡面板数据，去除关键变量缺失及其他由人口统计学因素的变动造成的干扰，经筛选我们最终得到了 315 户典型的家庭平衡面板，作为以下各实证分析的样本。具体筛选方法如表 5-3 所示。

表 5-3　　　　　　　　　样本筛选的步骤及结果

筛选条件	剩余的家庭数目
全样本	7 996
筛选 6 个年份都参与调查的家庭	2 090
删除调查期间户主发生变化或个体变量缺失的家庭	1 804
筛掉户主阳历出生年早于 1947 年，取出 1947～1960 年出生的在考察期内 50～64 岁的样本 805 户，剩余的户主出生年晚于 1961 年的，即户主年龄在考察期内在 50 岁以下①	396
删除婚姻在考察期内发生变化的家庭	377
去掉家庭收入及资产缺失值的家庭，以及职业为其他或不知道的家庭	315

关于筛选后样本的典型性问题，表 5-4 中做了均值的统计分析。从均值数据来看，家庭年收入与家庭资产均呈现出逐年增长的趋势，反映出我国经济增长的同时，人民生活水平也在逐步提高。除了 2009 年全样本与 315 户样本的年收入均值和资产均值差异较大外，其他年份差异都在可控范围之内。315 户作为分

---

① 卡罗尔（1992，1997），塞姆维克（Samwick，1994），和卡罗尔和塞姆维克（1997）表明很多证据坚持这样一种观点：消费者在工作时间进行缓冲存货储备，到 50 岁后开始为退休储蓄，因此大约在 50 岁之前家庭服从缓冲储备储蓄行为，但是超过退休年龄行为就会不同。因此我们从最开始就限定样本的年龄不超过 50 岁。关于我国 50～64 岁居民是否具有缓冲存货的行为特征，本节也做了检验，户主 1947～1960 年出生的 805 户样本，经过相同步骤的筛选，最终剩余 640 户满足条件，经过与下面估计方法相同的估计后，不确定性代理指标的估计系数不显著，这说明我国居民 50 岁后的行为特征也不和符合缓冲存货模型。

析样本基本可以代表 CHNS 的全样本数据。315 户中城镇农村家庭对比后可以看出城乡收入一直存在着不小的差距。对比 315 户与 640 户家庭年收入均值,我们发现 315 户的家庭年收入均值在 1997~2004 年低于 640 户,而之后开始高于后者。而这种收入的生命周期特征也恰恰隐含了缓冲存货的客观性。

表 5-4 全样本均值与筛选样本名义值均值统计比较

样本	1997 年	2000 年	2004 年	2006 年	2009 年	2011 年
全样本						
样本家庭户数	3 838	4 315	4 339	4 374	4 440	5 812
上年度家庭年收入均值	13 243.1	15 467.9	19 096.8	23 208.1	36 811.9	48 294.8
上年度家庭资产均值	8 450.4	9 515.8	10 872.7	12 202.2	16 078.1	25 902.8
315 户						
上年度家庭年收入均值	11 933.6	14 936.4	20 355.4	25 206.6	43 023.9	50 597.5
上年度家庭资产均值	10 451.7	9 576.9	12 129.5	15 413.2	22 570.4	27 236.7
315 户中 71 户城镇						
上年度家庭年收入均值	15 570.5	20 547.4	22 193.8	30 602.8	49 315.8	56 417.8
上年度家庭资产均值	12 830.3	8 828.8	12 460.4	15 393.7	26 207.4	30 295.2
315 户中 244 户农村						
上年度家庭年收入均值	10 875.3	13 212.4	19 779.2	23 470.4	41 015.8	48 718.5
上年度家庭资产均值	9 759.5	9 794.7	12 033.2	15 418.8	21 512.1	26 346.7
640 户户主年龄在 50~64 岁的家庭						
上年度家庭年收入均值	13 963.82	16 562.26	21 318.11	23 664.62	38 589.77	44 419.64
上年度家庭资产均值	15 725.31	7 781.08	9 419.47	12 296.61	18 242.95	19 408.19

(二) 关键变量的处理

1. 家庭财富 W

理论上,家庭财富应该是不含房产的家庭净资产期末余额,一般会用流动性较强的资产代替,比如储蓄存款。但 CHNS 中不涉及银行存款的数据,有关家庭资产主要是房产及其他耐用品资产价值(如家电家具、交通工具、农业生产用具等),由于房产价值属于固定资产投资,因此结合各种实际情况,本节的各年度家庭财富=家庭资产总额−房产价值,这里及下面所有有关收入、资产的数据均以 1996 年为基期进行了物价平减。

2. 持久收入 P

持久收入的估算有多种方法,如直接用均值,或者用 OLS 的方法拟合,还有一种是根据相对稳定的经济地位来推算。这是布朗宁和卢萨尔迪（1996）与福克斯（Fuchs Schundeln，2005）提出的，樊潇彦、袁志刚和万广华（2007）曾经用到过，该方法认为每个家庭的持久收入排名在整个社会中是非常稳定的，因此可以用相对稳定的经济地位来推算家庭的持久收入。具体办法是先算出历次调查中每个家庭的年收入与当年所有家庭年收入的比值，然后计算 6 个年份比值的平均值，再乘以每年所有家庭年收入的均值，得到各年度各家庭的持久收入，最后再求各年度持久收入的均值。文中同时采用人口统计学部分与收入相关的变量作为工具变量，检验了该指标的稳健性。

在上述方法的基础上，本节更加细化了分组，根据调查问卷中户主所属的 10 种不同职业分组，并计算 10 种职业 6 个年份间的平均实际收入，再用每年每个家庭的年收入除以每组每年平均收入，得到比值后计算六个年份的均值，再乘以每组每年的收入平均值，得到的数值作为每年的持久收入。再对每年的持久收入求均值，得出每个家庭在考察期内的持久收入。除了在整个社会中家庭有相对稳定的经济地位外，相同职业内部同样也有经济地位之分，利用职业分组的好处是缩小了样本范围，减小了单个家庭的样本误差。①

3. 收入不确定性 ω

卡罗尔和塞姆维克（1998）证明了 REPP（相对等价谨慎性溢价）与 VARLY（对数收入的方差）是不确定性的良好衡量指标，并验证了它们与目标财富的函数关系。关于 REPP 的计算，卡罗尔（1994）是从金伯尔（1990）所定义的直接测度不确定性的指标 EPP（等价谨慎性溢价）开始的。等价谨慎性溢价是一个基于理论推导出的测度指标，但它的计算需要依赖消费的数据，要有相对风险厌恶系数的取值。假定消费服从随机分布，且围绕着消费的均值会有个乘性的冲击 X，则：

$$c = \bar{c} X \qquad (5-29)$$

假设 EPP 用 Ψ 来表示，则其定义式推导如下：

$$u'(\bar{c} - \psi) = E[u'(c)]$$
$$(\bar{c} - \psi) = [E c^{-\rho}]^{-(1/\rho)} = \bar{c}[E(X)^{-\rho}]^{-(1/\rho)}$$
$$\psi = \bar{c}\{1 - [E(X)^{-\rho}]^{-(1/\rho)}\} \qquad (5-30)$$

---

① 在计算出的每组各年度持久收入均值中，以 2011 年为例，最低的为农民、渔民和猎人，为 14 152.2 元，最高的为办公室一般工作人员，为 29 856.3 元，且高于管理者、行政官员或经理组 4 000 多元。出现这种情况的原因可能是由于职业分组依据的是户主职业，而收入为家庭总收入，因此，接下来我们又对 315 户中每户平均人口学变量做了统计，并以户主职业分组后，我们发现，家庭劳动人口中工作单位为政府机关、事业单位、国企的数量，以及家庭劳动人口的平均最高受教育程度（调查数据中以数字表示，学历越高，数值越大），办公室一般工作人员组均显著高于管理者组，而家庭劳动人口平均年龄要低于管理者组近 2 岁。

由于 CHNS 中没有消费的数据，如同 PSID 中的情况类似，因此用当期持久收入和实际收入分别来代替平均消费和消费，假设每个家庭 C = Y，即 i 家庭在每年 t 消费 Y_{it}，为独立同分布，则：

$$Y_{it} = \mu_{it} + \varepsilon_{it} \quad (5-31)$$

则可以得到，考察期间 Y 的均值即平均消费为持久收入：

$$\hat{\mu}_{it} = P \quad (5-32)$$

若消费确实等于收入，则每期：

$$MU = u'(Y_{it}) \quad (5-33)$$

则 t 年度待估计的收入冲击为：

$$\varepsilon_{it} = Y_{it} - \hat{\mu}_i \quad (5-34)$$

假定期望边际效用 = 实际边际效用，则可进一步假定上式收入冲击在考察期间内分布不变，则有：

$$E[u'(Y_i)] = \frac{1}{6} \sum_{t=1997}^{2011} u'(Y_{it}) + \gamma_i \quad (5-35)$$

γ_i 为真实值与预期值的差，理性预期意味着：

$$E(\gamma_i) = 0 \quad (5-36)$$

则可用公式（5-35）右边估计左边，假设效用函数为 CRRA 形式，ρ 为相对风险厌恶系数，则：

$$u(C) = \frac{C^{1-\rho}}{1-\alpha} \quad (5-37)$$

$$u'(C) = C^{-\rho}$$

由于我们以上设定了 Y = C，因此 EPP 的估计如下：

$$u'(\hat{\mu}_i - \psi_i) = E[u'(Y_{it})] = (\hat{\mu}_i - \psi_i)^{-\rho}$$

$$\psi_i = \hat{\mu}_i - \left[\frac{1}{6} \sum_{t=1997}^{2011} (Y_{it})^{-\rho}\right]^{-\frac{1}{\rho}} \quad (5-38)$$

标准化后，得到 REPP 的表达式：

$$REPP = 1 - \left[\frac{1}{6} \sum_{t=1997}^{2011} (Y_{it})^{-\rho}\right]^{-\frac{1}{\rho}} \Big/ P \quad (5-39)$$

上述公式中 REPP 的计算需要对相对风险厌恶系数取值，这里假设为 3，即居民的平均风险偏好水平基本为中性[①]。按上面公式计算的 REPP 值和标准化后的家庭样本的对数收入方差 VARLY 按户主职业、受教育程度、医保状况分别汇总均值后如表 5-5 所示。

---

① 这里的取值参考了卡罗尔（1994）发表在经济学季刊上的文章，书中计算 EPP 时，相对风险厌恶系数取值为 3。

表 5-5 不确定性指标分组均值

指标	REPP	VARLY	obs.
户主职业			
高级专业技术工作者（医生、教授、律师、建筑师、工程师等）	0.381	0.067	9
一般专业技术工作者（护士、教师、编辑、摄影师等）	0.326	0.060	12
管理者/行政官员/经理（厂长、政府官员、处长、司局长、行政干部及村干部等）	0.431	0.086	22
办公室一般工作人员（秘书、办事员）	0.318	0.068	19
农民、渔民、猎人	0.375	0.099	187
技术工人或熟练工人（工段长、班组长、工艺工人等）	0.378	0.132	13
非技术工人或熟练工人（普通工人、伐木工等）	0.477	0.095	23
士兵与警察	0.327	0.055	3
司机	0.568	0.244	15
服务行业人员（管家、厨师、服务员、看门人、理发员、售货员、洗衣工、保育员等）	0.555	0.170	12
户主最高受教育程度			
小学毕业	0.423	0.115	58
初中毕业	0.413	0.108	160
高中毕业	0.377	0.093	62
中等技术学校、职业学校毕业	0.305	0.067	16
大专或大学毕业	0.339	0.071	5
户主医保状况			
无医保	0.411	0.116	236
有医保	0.356	0.069	79

从职业分组来看，不论是 REPP 还是收入对数的方差，专业技术工作者、办公室一般工作人员等组别面临的不确定性较小，这也恰是我们通常认为的工作和收入都较稳定的群体。农民群体的不确定性没有预想中高，要低于技术工人、司机及服务行业人员，农民群体生活中一部分的自给自足和较低的生活费用开支，使其对收入的依赖性较生活在城市中的几个群体要小，尤其是服务行业人员从业的单位一般规模较小，工作稳定性差，各类保险及补贴待遇等较难落实，加剧了其收入的不确定性。从最高受教育程度分组来看，学历水平越低，不确定性越高，这与大部分文献中已证实的受教育程度与收入之间的关系相吻合。从户主医

保状况来看，户主有医保的家庭收入不确定性显著低于户主无医保的家庭，可以看出，收入不确定性较低的群体，其支出不确定性也相对较小。有关社会保障与不确定性的关系也是今后的一个分析方向。

4. 工具变量及人口统计学变量的确定

通过上面的分析，本节选择了最高受教育程度①、工作单位类型、户主性别、年龄等变量。其中工作单位类型为虚拟变量，具体设置如表5-6所示。最高受教育程度、工作单位类型既反映了户主的收入状况，也是影响收入不确定性的重要因素，而对财富积累又没有直接影响，下文中将使用这两个变量，及其这两个变量分别与年龄、年龄平方的交叉项来作为模型的工具变量。性别、年龄、年龄的平方将作为人口统计学变量参与分析。

表 5-6　　　　　　　　工具变量及人口统计学变量

变量名	变量解释	备注（=1时的样本数）
A12	户主最高受教育程度	
D1	D1=1时表示工作单位类型为政府机关、事业单位和国有企业	92
D2	D2=1时表示工作单位类型为大集体企业	28
D3	D3=1时表示工作单位类型为小集体和私营个体	22
gender	gender=1表示性别为男	301
age	1997年调查所记载的年龄	均值为30.6岁
Age2	年龄的平方	

三、收入不确定性与家庭财富积累的实证检验

从收入的原始数据，到持久收入和不确定性的计算，都不可避免会出现测量误差，因此很大程度上会导致模型的内生性，致使估计结果出现偏误。而工具变量能很好地解决模型内生性的问题，本节使用的工具变量分别为户主最高受教育程度及其与1997年调查数据的年龄的交叉项，工作单位虚拟变量，及其与年龄平方的交叉项。以囊括不同工作单位和不同教育程度的人群中，不同年龄的收入与不确定性。下面的分析将分别使用 repp 与 varly 及其他们的对数值作为不确定性的替代变量，使用基准的回归方程（5-26），以上述变量作为不确定性与持久

---

① 调查问卷中最高受教育程度的描述方法是：未上过学的为0，小学毕业为1，初中毕业为2，高中毕业为3，中等职业技术学校毕业为4，大专和大学毕业为5，硕士以上为6。

收入的工具变量,以性别、年龄、年龄的平方作为人口统计学变量,首先使用豪斯曼检验模型的内生性,其次使用对异方差更有效率的最优 GMM 进行估计,估计结果如表 5-7 所示。

表 5-7　　收入不确定性与家庭财富的工具变量回归总体估计结果

logW	方程一	方程二	方程三	方程四
logP	1.03 (0.000)	1.066 (0.000)	0.996 (0.000)	1.387 (0.000)
repp	0.908 (0.012)			
varly		0.856 (0.132)		
logrepp			0.838 (0.009)	
logvarly				0.462 (0.018)
gender	-0.063 (0.473)	-0.025 (0.786)	-0.059 (0.530)	-0.057 (0.584)
age	-0.105 (0.216)	-0.085 (0.260)	-0.096 (0.291)	-0.074 (0.392)
Age2	0.0015 (0.288)	0.0012 (0.357)	0.0014 (0.385)	0.0009 (0.524)
CONSTANTS	0.963 (0.454)	0.769 (0.519)	1.772 (0.210)	0.056 (0.967)
豪斯曼检验统计量	10.41 (0.0644)	-0.06	17.7 (0.0033)	11.37 (0.0445)
OID test p	0.3617	0.0346	0.6568	0.3757
一阶段回归中变量 LogP 的 F 值	51.09	51.09	50.79	51.09
一阶段回归中不确定性变量的 F 值	14.27	9.78	17.33	4.19
样本数	314	314	313	314

从估计结果中我们发现，四个方程中，以 varly 为不确定性代理变量的方程不确定性系数没有通过显著性检验，同时工具变量没有通过过度识别性检验。除此之外的其他三个方程总体解释力都比较好，家庭持久收入与家庭面临的不确定性的系数都在 5% 水平下显著，两者对于家庭财富的积累都具有显著的正向影响，其中持久收入对家庭财富净增量的影响要比不确定性的影响大。性别和年龄的系数都是负数，年龄的平方的系数都为正数，这说明男性户主不利于财富积累，女性户主谨慎性更强一些，且随着年龄的增长，财富累积的速度是逐渐递减的，并且递减速度在逐渐加快。年轻时为了增强对抗风险的能力，以较快的速度积累财富，而当财富慢慢越积越多时，速度自然就会放慢。这也是缓冲存货模型所揭示的现实经济生活中居民的储蓄行为模式。然而遗憾的是，这些变量都不显著。

我国城乡经济发展不平衡，居民生活模式、社会保障等也都存在较大差异，下面将按照调查问卷记录的采访地点分城乡，用 repp 及其对数值作为不确定性的代理变量对上述问题再行考察，估计结果如表 5-8 所示。我们可以看到，城镇的样本数较少，这也在一定程度上影响了估计结果。城镇样本中 repp 及其对数值的估计系数都没有严格通过显著性检验，但差异也不大，其中 logrepp 的系数 P 值为 0.105，可以近似认为估计结果有效。用城乡 logrepp 的估计系数来看，城镇样本为 0.677，显著小于农村样本的 1.110。农村居民面临的不确定性对于财富积累的影响要远远高于城镇居民。据 1997 年样本数据统计，315 户主中 79 人有医疗保险，其中城镇居民 30 人，占城镇样本比例的 42.2%，农村居民 49 人，仅占农村样本的 20.1%。支出不确定性高的群体，其收入不确定性对于财富积累的影响也大。另外，农村样本中不确定性的系数也高于持久收入，一般情况下农村家庭收入差距较城镇小，一旦有家庭成员丧失劳动能力，收入将会面临巨大风险，因此农村家庭财富积累的推动因素主要为谨慎性的预防性储蓄。

表 5-8　分城乡的收入不确定性与家庭财富的工具变量回归总体估计结果

logW	城镇		农村	
	方程一	方程二	方程三	方程四
logP	1.271 (0.000)	1.131 (0.000)	1.102 (0.000)	1.074 (0.000)
repp	0.602 (0.124)		1.601 (0.018)	
logrepp		0.677 (0.105)		1.110 (0.013)

续表

logW	城镇		农村	
	方程一	方程二	方程三	方程四
gender	-0.044 (0.720)	-0.020 (0.857)	-0.349 (0.107)	-0.406 (0.103)
age	-0.058 (0.814)	-0.125 (0.581)	-0.146 (0.201)	-0.093 (0.405)
Age2	0.001 (0.822)	0.002 (0.606)	0.002 (0.243)	0.001 (0.505)
CONSTANTS	-0.810 (0.827)	1.425 (0.671)	1.241 (0.470)	1.917 (0.282)
豪斯曼检验统计量	-1.3	6.24 (0.2836)	12.34 (0.0305)	17.93 (0.0030)
OID test p	0.8677	0.8416	0.5604	0.6918
一阶段回归中变量 LogP 的 F 值	38.14	38.26	31.96	31.96
一阶段回归中不确定性变量的 F 值	2.18	2.52	17.74	7.51
样本数	71	70	243	243

四、预防性储蓄重要性的测算

正如其定义，预防性储蓄是无法直接观测的。上文我们得到了家庭收入不确定性与家庭财富积累的关系，下面我们将使用方程的估计值，尝试模拟财富积累如何随着收入不确定性的变化而变化。卡罗尔和塞姆维克（1998）分别模拟计算了当所有家户所面临的收入不确定性降至真实值的 0、10%、25%、50% 时，加总的财富的百分比变化。根据测算公式，我们也分别使用 repp 与 logrepp 的估计系数模拟得到的结果如表 5-9 所示。当 repp 被设置为 0 时，居民不面临任何收入风险，这个时候财富积累会有 55.29% 的下降，也就是说，收入不确定性由 0 上升为原值时，增加的财富值为理论上的预防性储蓄，这是由预防性储蓄的定义和本质决定的，这部分预防性储蓄占实际收入不确定性下实际财富的比例，即我们要研究的预防性储蓄的重要性，或者简单地说就是比例。当然现实中，不确定性为零仅仅是一个理想的情况，我们期望的只是不确定性变小，那么我们按照上述思路，设置 repp 为实际值的某个比例再行模拟。当 repp 被设置为实际值的 10%、30%、50% 时，分别计算出的预防性储蓄比例为 52%、44.34%、34.92%。这意味着，居民面临的不确定性降低一半时，能释放出 34.92% 的财富用于消费。用 logrepp 计算的结果比用 repp 稍低几个百分点。

表5-9　　　收入不确定性下降及对应的家庭财富积累的减少比例模拟

当不确定性下降为原值的该比例（%）	repp 计算的预防性储蓄比例（%）	logrepp 计算的预防性储蓄比例（%）
0	55.29	50.91
10	52.00	47.84
30	44.34	40.78
50	34.92	32.17

然而，结合我国城乡发展的不均衡现状，我们还要进一步分别研究城乡居民的预防性储蓄行为的差异。这里用到了表5-7中方程二和方程四 logrepp 的估计系数值[①]。得出的结果如表5-10所示。可以看到农村居民的预防性储蓄比例高达 58.8%，城镇居民为 45.65%。农村居民预防性储蓄的比例在每种情况下都比城镇居民高 13% 左右。我国城乡居民从收入、社会保障及消费观念均存在很大程度的差异，无疑导致城乡居民的预防性储蓄行为的差异，而具体的作用机制还需要今后进一步的数据佐证。

表5-10　　　　　分城乡预防性储蓄比例的模拟

当不确定性下降为原值的该比例（%）	城镇样本 logrepp 计算的预防性储蓄比例（%）	农村样本 logrepp 计算的预防性储蓄比例（%）
0	45.65	58.80
10	42.63	55.72
30	35.81	48.39
50	27.75	39.06

五、稳健性检验

现在我们以 repp 为例，从三个方面用五个计量方程对表5-7中的计量结果

[①] 因表5-8城镇样本中 repp 的估计系数显著性低于 logrepp，因此这里都取了 logrepp 的系数值。

进行稳健性检验。首先是改变样本，逐步去掉不确定性最高的两种职业群体。其次是变更估计过程中中用到的工具变量，变户主个人的变量为家庭平均变量。第三种是改变 repp 计算公式中的相对风险厌恶系数 ρ 的取值，进而得到不同的 repp 值。得出的结果详如表 5-11 所示。

表 5-11　　　　　　　　稳健性检验

	repp 系数	标准误差	obs.
基准模型	0.908 (0.012)	0.362	314
去掉户主职业为服务人员的家庭	0.923 (0.008)	0.347	302
去掉户主职业为司机、服务人员的两种家庭	0.697 (0.066)	0.379	287
变更工具变量	0.761 (0.052)	0.392	314
当 ρ=1 时计算的 repp	0.946 (0.024)	0.418	314
当 ρ=5 时计算的 repp	0.929 (0.011)	0.365	314

在基准模型的基础上，去掉户主职业为服务人员的 12 户家庭后，repp 的估计系数略微升高，而继续去掉 15 户户主职业为司机的家庭后，repp 估计系数大幅降低，而这两种职业的 repp 值在所有职业中是最高的，在对他们的收入情况进行统计后发现，服务人员群体的收入在 2000 年以后一直处于较低的水平，而司机群体的收入波动性很大，在 2000 年、2004 年、2009 年的平均收入水平位列所有职业中第二的位置，而 2006 年、2011 年分别是第四、第六。这两种职业，尤其是司机群体，收入不确定性本身较高的同时，不确定性对家庭财富积累的影响同样较高。

工具变量的确定本来也不是单一的。开始使用的是户主个人的受教育程度、工作单位类型等（卡罗尔，1998），但有的文献认为户主个体变量在说明整个家庭的消费及储蓄行为时显得不足，因此这里使用家庭平均的变量，即以家庭工作人口的数量、家庭平均受教育程度及其与年龄、年龄平方的乘积作为新的工具变量。得出的估计系数值为 0.761，同样也在 10% 的显著性水平下显著。

repp 计算中用到了相对风险厌恶系数的取值，虽然取值为 3 也是参考了权威文献，但毕竟用这个取值去度量风险偏好的话客观性不够，在找到更好的办法之前，我们不妨变换一下这个取值，另取两个 3 上下的数值进一步考察其稳健性。当取值为 1 时，我们得出的 repp 估计系数值为 0.946，当取值为 5 时，得出的估计系数值为 0.929，均与取值为 3 时的基准模型估计系数值 0.908 差别不大，且都显著。

六、结论及启示

本节在缓冲存货模型的框架下，使用大型微观家庭面板数据——中国健康与营养调查（CHNS）验证了城乡居民的预防性储蓄行为。结果证明我国年龄在 50 岁以下的工作人口符合缓冲存货模型的行为特征，即在工作时间进行缓冲存货储备，到 50 岁后开始为退休储蓄，因此大约在 50 岁之前家庭服从缓冲储备储蓄行为，但是超过退休年龄行为就会不同。

第一，探讨了家庭收入不确定性与家庭财富积累的关系。总体来看，家庭持久收入与家庭面临的不确定性两者对于家庭财富的积累都具有显著的正向影响，其中持久收入对家庭财富净增量的影响要比不确定性的影响大。分城乡来看，农村居民面临的不确定性对于财富积累的影响要远远高于城镇居民，且农村样本中不确定性的系数也高于持久收入，农村家庭财富积累的主要推动因素为预防性储蓄。

第二，进一步用倒推法测算了总体样本及城乡子样本的预防性储蓄的比例。在假设不确定性完全消除后，总体样本计算出的比例为 51% ~55% 左右，当然，现实中收入不确定性可以降，但很难完全消除。当收入不确定性降低一半时，能释放出 32% ~35% 的财富用于消费。分城乡来看，农村居民预防性储蓄的比例比城镇居民约高 13 个百分点，当收入不确定性降低一半时，城镇能释放出 27.8% 的财富用于消费，而农村能释放出 37%，隐含地说明农村消费市场的潜力巨大。

第三，稳健性检验分别从改变样本、变更工具变量、更改参数值三个渠道展开。首先是改变样本，收入不确定性本身较高的样本，其不确定性对家庭财富积累的影响同样较高。其次是变更估计过程中用到的工具变量，变户主个人的变量为家庭平均变量。第三种是改变 repp 计算公式中的相对风险厌恶系数 ρ 的取值，进而得到不同的 repp 值用于估计。这三种稳健性检验的方法得出的估计系数都是显著的，也证明了原方程是稳健的。

总之，居民家庭储蓄中有近一半是预防性储蓄，收入的不确定性对于居民的消费和储蓄行为具有很大的影响，城乡居民的储蓄行为也存在较大差异。降低居民收入的不确定性、缩小城乡差距可以成为扩大内需的下一个政策着力点。

第六章

消费信贷与居民消费

20世纪末以来,如何有效地扩大内需、以居民消费保证经济增长的可持续性成为各方关注的重点。在这样的背景下,消费信贷作为一项重要的刺激措施而被提出。1999年2月,中国人民银行发布了《关于开展个人消费信贷的指导意见》,正式要求以商业银行为主的金融机构开始面向城市居民开展消费信贷业务,此后消费信贷得以在我国得到迅速的发展。

据中国人民银行相关统计数据显示,1999年,我国消费信贷余额为1 408亿元,而至2009年末达到55 333亿元,增长幅度达到近40倍;同期人均消费贷款余额(按全国人口总量计算)则从108.3元升至5 774.1元,增长幅度高达53倍之多;消费信贷占金融机构贷款总额的比重也得到了极大提升,从1999年的1.50%升至2009年的13.8%;消费信贷与GDP之比也从1.57%提升至16.3%。与此同时,消费信贷的结构逐渐打破以住房抵押贷款为主的单一产品模式,呈现出多样化发展趋势。到2012年年底,我国金融机构所推出的消费信贷已经包含个人住房贷款、个人汽车贷款、助学贷款、住房装修贷款、医疗贷款、旅游贷款、个人综合消费贷款等多种产品,涵盖了我国居民生活支出的大部分内容。

消费信贷的发展无疑是迅速的,然而与之形成对比的是,我国居民的消费倾向并没有出现提升,相反却呈现出持续下滑趋势。以我国城镇居民为例,1999年,我国城镇居民的平均消费倾向为78.9%,而至2009年已下滑至71.4%,下降幅度达6.5%,平均每年下降0.6个百分点,这与消费信贷发展的初衷存在较大背离(见图6-1)。而在当前,尤其是2008年国际金融危机爆发以来,为保证经济增长速度和国民经济良性发展,消费信贷又一次作为国家"扩内需、保增长"政策的重要保障措施而受到各方重视。在这样的情况下,一个自然的疑问就是,消费信贷到底能不能影响我国居民的消费行为呢?如果能的话,又是通过怎样的作用渠道来产生影响?20世纪末以来,消费信贷的规模在不断增大,而居民消费率却不断走低,他们之间的关系又怎样呢?而微观上的消费者个体特征与消费信贷之间又有什么联系呢?这些是本章的主要研究目的。

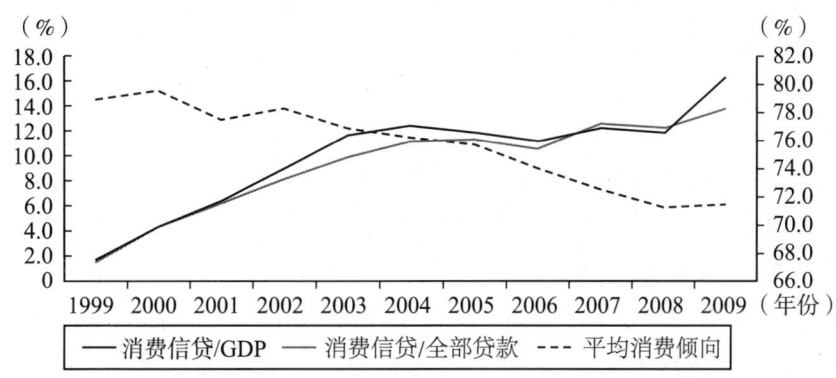

图6-1 1999年以来消费信贷发展与城镇居民平均消费倾向

资料来源:国家统计局。

第一节 消费信贷影响我国城镇居民消费行为的作用渠道及检验[①]

本节首先对国内外研究消费信贷与居民消费的相关文献进行综述;其次参考国外研究,并根据我国居民消费行为特征,对消费信贷影响我国城镇居民消费行为的作用渠道进行理论分析;然后开展计量模型的设定、研究设计以及所用数据说明;最后是实证结果分析与讨论及概括总结。

一、相关的文献综述

(一)国外研究

弗里德曼(1957)的持久收入理论认为消费者是前瞻的,消费者当期的消费

---

① 本部分内容作为课题的阶段性成果,已发表于《经济学动态》2013年第1期。

取决于他的持久收入预期，而与当期收入关系不大。霍尔（1978）将理性预期引入持久收入理论，经过规范的数学推导，认为除消费自身的滞后项外，任何其他变量都不能对当期消费产生预测能力，并据此提出消费者行为的"随机游走"假说。理性预期—持久收入假说在较长的一段时期内成为研究消费者行为的标准理论框架。

然而，随后的一些研究发现"随机游走"假说在经验分析中并不能成立（弗莱文，1981；坎贝尔和曼昆，1989，1990，1991；迪顿，1992；Attanasio and Weber，1993），消费变动与消费者收入变动高度相关，这也被称为消费的"过度敏感性"（excess sensitivity）。对于"过度敏感性"的出现，最为广泛的解释方式是消费者可能会面临流动性约束。霍尔"随机游走"假说的一个重要假设就是存在完善的资本市场，消费者可以根据持久收入预期自由地进行借贷以平滑其一生消费。然而该假设在现实中往往不能成立，如果消费者在跨期消费决策中受到流动性约束影响，那么其当期消费就很可能取决于当期收入，而不是持久收入。因此，如果社会总体中存在一部分受到流动性约束的消费者，那么加总消费的变动就可以部分被当期收入变动所解释（坎贝尔和曼昆，1989，1990，1991；Wirjanto，1995；Sarantis and Stewart，2002）。

个人信贷环境是影响消费者流动性约束的重要因素，一些研究开始关注消费信贷、流动性约束以及消费者行为之间的关系。亚佩利和帕加诺（Jappelli & Pagano，1989）采用类似坎贝尔和曼昆（1989）的分析框架，对比分析了希腊、日本、意大利、西班牙、瑞士、英国以及美国七个国家的过度敏感性系数差异。以消费信贷与居民消费的比重（包含住房抵押贷款与非住房类消费贷款）作为衡量消费信贷发展程度的代理变量，他们发现，各个国家的"过度敏感性"系数与消费信贷发展程度呈现明显的负相关，即消费信贷发展程度高的国家过度敏感性系数相对较小，反之则相反。据此，他们认为个人信贷限制所导致的流动性约束是产生消费者"过度敏感性"的重要因素。科克拉内（Cochrane，1991）、迪顿（1992）认为流动性约束的存在会进一步加重谨慎型消费者的预防性储蓄动机，而消费信贷可以作为消费者的一种消费保险工具。当受到较大的负向冲击时，消费者可以利用消费信贷进行暂时性过度；如果没有这种外部的保险工具，为应对未来可能出现的流动性约束，消费者就只能采用增加自我积累的方式，这就必然会增加预防性储蓄的数量。安索拉托斯（Antzoulatos，1996）认为，由于存在偶然的需求冲击（demand-driven surges）或者供给冲击（supply-driven surges），消费者行为可能会遵循非线性动态特征，如果没有充分考虑到这些冲击的话，对于消费者行为的预测就会出现偏差。进一步地分析认为，以个人负债与收入的比例作为消费信贷变化的代理变量，可以捕捉这些需求或供给冲击的信息，在消费者行为方程中加入消费信贷变量能够有效地改进消费预测效果。

也有一些研究直接对消费信贷与消费者行为的关系进行了检验。卢德维格松（Ludvigson，1999）利用缓冲存货理论（迪顿，1991；卡罗尔，1997）分析了消费信贷与消费者行为的关系。与以往将借贷约束视为固定值的传统做法不同，卢德维格松认为消费者获得信贷的难易程度随收入而变化，在可变流动性约束的假定下，其在理论上建立了消费信贷与消费者行为的正向相关关系。同时，利用一个加入信贷变量（消费信贷增长率）的 C－M 模型，采用美国 1953～1993 年的季度数据，卢德维格松进一步对其理论分析结论进行了良好的验证。巴凯塔和格尔拉赫（Bacchetta & Gerlach，1997）采用的分析范式与卢德维格松类似，但他们覆盖了更加广泛的研究样本，并且采取了国际对比的视角。他们采用两类代理变量来表示消费信贷条件，第一类是信贷总量条件（credit aggregates），利用消费信贷增长率和住房抵押贷款增长率表示；第二类是借贷利差条件（The borrowing/lending wedge）。研究发现，对于所研究的美国、加拿大、英国、日本、法国五个国家，信贷总量条件（无论是消费信贷还是住房抵押贷款）均对居民消费产生了显著影响；借贷利差对美国、加拿大、日本的总体消费影响显著，而对英国、法国影响不明显；利用卡尔曼滤波技术，他们的研究还发现，美国的过度敏感性系数随着消费信贷的发展而呈现明显的下降趋势。史密斯和宋（Smith & Song，2005）利用个人贷款增长率作为信贷条件的代理，对澳大利亚居民消费与消费信贷之间的关系进行了经验分析。将信贷条件变量加入传统的欧拉方程，并且在假定系数可变的前提下，他们发现，无论是住房贷款（housing credit）还是其他个人贷款（other credit），都对居民消费产生了显著的影响，同时实际利率对居民消费的影响不明显。比顿（Beaton，2009）认为，利用宏观经济变量，例如信贷增长率，来代表消费者所面临的信贷约束环境可能并不合适，因为信贷增长的加快（放慢）不仅是由于外部供给环境放松（收紧），还有可能是由于消费者对未来收入的预期提高（下降）而反向导致的信贷需求增加（减少）。为了区分这两类因素的影响，比顿利用美国联邦储备系统的一套调查数据构建了一个信贷条件变量，即调查中报告将收紧放贷条件的银行所占的比重，他认为该指标能够有效地反映消费者所面临的信贷约束环境，并且能够较好地过滤需求方因素的影响。进一步利用该指标对美国居民消费的经验分析表明，信贷条件显著地影响了美国居民的消费行为，尤其是在信贷条件波动比较剧烈的时期。

（二）国内研究

许多研究者认为，我国居民消费行为中存在明显的流动性约束特征（叶海云，2000；杭斌，2001；臧旭恒等，2002；申朴等，2003；唐绍祥等，2010），同时流动性约束的存在还会进一步增大我国居民的预防性储蓄动机（万广华等，2001；裴春霞等，2004；杜海韬等，2005），而正是由于流动性约束和预防性储蓄动机的存在，导致了我国居民消费倾向呈现不断下降趋势。

缓解流动性约束的主要措施是发展消费信贷，一些研究者在理论上分析了发展消费信贷、拉动消费需求的可行性。齐天翔、李文华（2000）认为，由于存在不确定性，为使未来的消费有所保证，居民不得不推迟某些消费而进行预防性储蓄；如果不存在信贷约束，那么在未来预料之外的支出增加时，居民可以通过借贷来进行过渡，在当期居民就可以减少储蓄、增加消费。而当前不确定性和信贷约束都是普遍存在的，这就造成了居民高储蓄现象。因此，他们提出要大力发展消费信贷的政策建议。贾良定、陈秋霖（2001）分别探讨了有、无消费信贷条件下的消费者行为模型，阐述了消费信贷的作用机理，结合我国的具体国情分析了当前消费信贷政策的有效性，并提出了启动消费信贷的若干建议。周学（2002）认为，居民主要依靠当前收入消费，会严重制约消费的扩张，而消费信贷可以使居民利用自己的未来收入扩大当前消费，进而拉动消费需求。

国内对于消费信贷与居民消费行为的实证研究还相对较少，而且从研究结论来看存在较大差异。赵霞和刘彦平（2006）利用 1978～2004 年城镇居民的消费和收入数据对居民消费与流动性约束之间的关系进行了实证研究，结果表明 1999 年以后消费信贷的发展在一定程度上缓解了流动性约束的程度，促进了居民消费率的提高。蔡浩仪和徐忠（2005）利用 2000～2003 年的分省数据对储蓄率影响因素进行了多元回归分析，结果表明消费信贷发展与储蓄率之间存在着显著的负相关关系，消费信贷发展较好的省份储蓄率提升的速度要更慢一些。也有研究得出了完全相反的结论。林晓楠（2006）利用我国 1990～2004 年的年度时间序列数据进行分析表明，现阶段消费信贷对消费的刺激作用很不显著，他认为扩大消费需求的根本举措在于提高居民收入，减少收入差距，完善社会保障体系。樊向前和戴国海（2010）的研究同样也表明当前消费信贷发展对居民消费的促进作用不明显，其进一步的考察表明消费信贷没有流向低收入群体是其未能对消费形成有力影响的原因所在。

总结而言，国外研究一般倾向于认为消费信贷对居民消费行为的影响是广泛存在的，而国内研究则尚没有定论。从国内现有研究来看，大部分研究或者是仅从逻辑上进行理论分析，或者是仅针对消费信贷与居民消费两个序列做简单相关性检验，对于利用标准的消费理论对二者关系进行分析、并进而做出系统检验的研究并不多见。同时，现有大部分研究均将重点集中在二者之间总体关系上，对于消费信贷通过何种渠道作用于居民消费则没有进一步探讨。最后，从我国消费信贷发展历史来看，1999 年消费信贷余额与 GDP 之比仅为 1.57%，到 2003 年末已达到 11.59%，四年间消费信贷增长率分别达到 202.8%、63.90%、52.63%、47.49%，之后消费信贷发展得以放缓。因此，2003 年以前的消费信贷不仅规模小，而且发展速度波动较大，如果利用消费信贷的整体序列进行经验分析的话，很有可能由于数据问题导致不够准确的结果。基于此，本节在存在流动性约束和预防性储蓄的消费理论框架下，结合国外个人信贷市场的发展经验，对消费信贷影响我国城镇居民消费行为的作用渠道进行了总结，并利用我国 2004~2009 年的省际面板数据对其进行了检验，以期能对未来消费信贷的发展提供有益的参考。

二、消费信贷影响居民消费行为的作用渠道分析

无论是运用计算机模拟技术（扎德斯，1989；迪顿，1991）还是运用传统的跨期效用方程分析方法（卡罗尔和金伯尔，2001），流动性约束理论均表明流动性约束可以通过两个方面影响居民的消费行为：第一，无论流动性约束何时发挥作用，它都能使消费者的当期消费比预期的要少；第二，即使流动性约束现在没有发生作用，未来会发生作用的可能性也会使其减少当期消费。因此，流动性约束的存在会明显地减少消费者当前消费。消费信贷是缓解消费者流动性约束的重要方式。根据持久收入假说，消费者当前的储蓄或者借贷都是其对于未来收入变动的前瞻性考虑结果，也就是消费者在跨期预算约束下，最优地选择每期的消费、储蓄或借贷水平，以实现生命周期内的效用最大化。但由于消费者一生的收入轨迹一般呈现驼峰状（hump-shaped），支出高峰与收入高峰之间经常存在较大的偏离，因此消费信贷有其存在和发展的客观必然性。从理论上讲，对于面临流动性约束的消费者，只要具有足够的未来收入作为保障，那么信贷消费模式的出现就会极大地减弱其所面临的流动性约束程度，从而促进当前消费增长（Bertola et al.，2006）。具体来讲，结合国外个人信贷市场的发展经验，消费信贷至少可以从三个渠道影响我国城镇居民的当期消费行为：

渠道一：消费信贷可以直接为居民当期的"大额刚性支出"提供信贷支持，使居民摆脱收入预算约束，减弱当期流动性约束，从而促进消费增长。

我国居民的消费行为呈现出明显的阶段性和周期性特征（余永定和李军，2000；尉高师，2003），结婚、置家、子女教育、防病、养老等，每隔一段时间就会有一次所谓的"大额刚性支出"，当前我国金融机构所提供的消费信贷产品已经基本上覆盖了我国消费者生命周期中各类阶段性的"大额刚性支出"。由于这些刚性支出的数额与当期收入相比一般较大，因此消费信贷的出现会使得一些中低收入者能够更早的实现这些支出，从而从总量上促进当前的消费。从长期来

看，信贷消费模式的推行最终会对我国居民"长时间积累，一次性大额支出"的消费储蓄模式产生根本性影响。

另一方面，在消费信贷促使大额消费品得到提前消费的同时，还会拉动一些相关消费品的消费，比如住房消费的增长会伴随着房屋装修、家庭设备等方面支出的增加，而汽车消费则会拉动交通服务、旅游等方面支出。

渠道二：对于利用消费信贷完成"大额刚性支出"的居民而言，尽管未来存在一定的还款负担，但与不存在消费信贷的情形相比，居民为特定支出而进行储蓄的压力大大降低，因而居民会倾向于增加当期消费。

一些大额耐用品贷款，如住房贷款、汽车贷款等，除直接影响居民预算约束促进消费以外，还往往通过这种渠道。比如恩格尔哈特（Engelhardt，1996）将住房购买视为一种流动性约束，即居民为了未来购买住房而必须提前进行储蓄。他利用1975~1985年美国的PSID数据进行实证发现，在这期间，经历住房购买的消费者，相比于未经历住房购买的消费者，非耐用品消费的增长率要高出10%。森泉（Moriizumi，2003）利用微观家计调查数据分析日本年轻人的购房计划与储蓄行为的关系，实证研究表明相比于不存在购房计划的年轻人，存在购房计划的年轻人的消费水平被压低了30%~40%。查赫等（Chah et al.，1995）则将大额耐用品的购买视为导致流动性约束的可能，他们以汽车保有量为例，实证研究了美国1959年1季度到1989年4季度的汽车保有量与居民的非耐用品消费之间的关系，结果表明汽车保有量与未来居民非耐用品消费增长率之间存在显著的正向相关关系。因此，如果消费贷款能够辅助消费者提前完成一些大额耐用品的购买，那么居民的储蓄压力就会得到放松，当期消费也就会随之增长。

渠道三：消费信贷会在一定程度上发挥消费保险的作用（科克拉内，1991），因而在一个消费信贷比较发达的国家，居民对于收支不确定所产生的谨慎程度会较低，居民所积累的预防性储蓄也较少，当期消费水平也就较高。

长期以来我国并没有形成一个相对发达的消费信贷市场，"长时间积累，一次性大额支出"是我国居民的典型消费储蓄模式，而制度变迁所带来的收支不确定又进一步强化了居民所面临的不确定性环境，居民当期以及未来的"大额刚性支出"得不到有效保障。由于存在流动性约束，消费者对于未来收支不确定而产生的预防性动机会进一步加强（卡罗尔和金伯尔，2001；万广华等，2001；杜海韬等，2005）。如迪顿（1992）所述，至少对某些消费者来说，背运之时的借贷能力可以作为一种保险工具；而如果没有这种外部保险工具，消费者就只能进行自我保险，也即积累更多的储蓄或资产来进行保险。信贷消费模式的出现为我国居民提供了一种新的保障措施，如果消费信贷的消费保险作用能够得以发挥，那么居民对收入不确定以及未来"大额刚性支出"所导致的流动性约束的谨慎程度就会降低（齐天翔等，2000），从而在一定程度上提升消费信心并促进居民的当期消费。

三、模型设定、研究设计与数据说明

（一）模型设定

为检验消费信贷影响居民消费行为的作用渠道，我们首先推导包含流动性约束和预防性储蓄的消费者行为方程。一般地，考虑一个生存无限期的消费者模型，消费者通过选取消费流和资产流以最大化其一生的效用，那么在理性预期—持久收入框架下，其跨期效用方程所蕴含的欧拉方程可表示为：

$$v_c(c_t, z_t) = E_t\{\beta(1+r_t)v_c(\tilde{c}_{t+1}, \tilde{z}_{t+1})\} \quad (6-1)$$

其中，$v(c, z)$ 代表消费者的效用函数，c 表示消费量，z 表示一组影响消费者偏好的变量；r_t 表示 t 期与 $t+1$ 期间的真实利率，β 表示主观折现因子 $0 < \beta < 1$；v_c 代表效用函数对消费量 c 的偏导数，"～"则表示该变量是随机变量。式（6-1）包含了标准消费模型最为核心的观点，即消费者跨期消费的最优化决策标准是保持各个时期消费支出（经 r 折现）的边际效用（经 β 折现）为一常数。

假定消费者效用函数为常相对风险厌恶或等弹性形式（CRRA）：

$$v(c, z) = \frac{1}{1-r}\left\{\frac{c}{\alpha(z)}\right\}^{1-r} \quad (6-2)$$

其中，r 是相对风险厌恶系数，$\alpha(z)$ 为影响家庭偏好改变的变量的函数，将（6-2）式代入（6-1）式，整理得到：

$$\beta(1+r_t)\left\{\frac{\alpha(z_{t+1})}{\alpha(z_t)}\right\}^{\gamma-1}\left\{\frac{c_{t+1}}{c_t}\right\}^{-\gamma} = 1 + e_{t+1}, \quad E_t(e_{t+1}) = 0 \quad (6-3)$$

令 $\alpha(z) = \exp(\alpha z)$，$\sigma^2_{t+1}$ 为 e_{t+1} 在 t 时期的条件期望方差，也即消费冲击方差。对（6-3）式两边取对数并利用常用的对数近似，可以得到线性化的欧拉方程为（布朗宁和卢萨尔迪，1996）：

$$\Delta \ln c_{t+1} = \beta_0 + \beta_1 \sigma^2_{t+1} + \beta_2 \Delta z_{t+1} + \mu_{t+1} \quad (6-4)$$

其中，$\beta_0 = \frac{1}{\gamma}\ln(\beta) + \frac{1}{\gamma}r_t$，$\beta_1 = \frac{1}{2\gamma}$，$\beta_2 = \frac{\alpha(\gamma-1)}{\gamma}$，

$$\mu_{t+1} = -\frac{1}{\gamma}\left(e_{t+1} - \frac{e^2_{t+1} - \sigma^2_{t+1}}{2}\right)$$

与霍尔（1978）的随机游走模型相比，方程（6-4）考虑了不确定性对消

费者消费行为的影响，但它忽略了流动性约束的存在。对于总量消费来讲，现有文献对流动性约束的研究方式主要分为两类：第一类源自坎贝尔和曼昆（1989，1990，1991）所提出的 C－M 模型。该模型假定经济体内存在着两种类型的消费者，第一类消费者受到流动性约束影响，其消费水平完全取决于当期收入；而第二类消费者的消费行为则遵循霍尔的随机游走方程，消费变动与当期收入变动不相关。总消费为两类消费者的加总，由于存在受到流动性约束的消费者，总消费变动会对当期收入变动产生"过度敏感性"。第二类文献则直接研究了个人信贷条件变化与消费者消费行为之间的关系（巴凯塔和格尔拉赫，1997；卢德维格松，1999 等）。他们认为，个人信贷条件体现了消费者所面临的流动性约束环境，因此，如果经济体内存在着相当一部分流动性约束型的消费者，那么总消费应该对信贷条件变化和收入变化同时存在"过度敏感性"。直观上讲，个人信贷条件能够更好地描述消费者所面临的外在流动性约束程度。基于此，我们在方程（6－4）内同时加入收入变量、信贷条件变量，对其进行进一步扩展得到：

$$\Delta \ln c_{t+1} = \beta_0 + \lambda_1 \Delta \ln y_{t+1} + \lambda_2 \Delta Cred_{t+1} + \beta_1 \sigma_{t+1}^2 + \beta_2 \Delta z_{t+1} + \mu_{t+1} \quad (6-5)$$

其中，λ_1、λ_2 分别为消费对于收入和信贷条件的过度敏感性系数。如果经济总体内存在相当一部分流动性约束型消费者的话，二者应该在统计上均显著不为 0。本节将方程（6－5）作为检验消费信贷作用渠道的基准方程。

（二）研究设计与数据说明

消费信贷作用渠道对居民消费行为的影响机制是不同的，正是这些差异构成了本节实证检验的基础。本节的实证检验逻辑可以表述如下：

对于渠道一来讲，消费信贷主要是扩展了居民的收入预算约束，缓解了当期流动性约束。从当前我国消费信贷的结构来看，由于信用卡形式的个人信贷还刚刚起步，绝大多数的消费信贷都是面向住房或者一些大额耐用品的购买，而针对非耐用品和服务的消费信贷产品还非常少。因此，如果渠道一能够发挥作用，其对消费者最为直接的影响就是促进相关耐用品消费的增长。本节将利用消费信贷对居民耐用品消费的影响来检验渠道一的作用效果。

对于渠道二来讲，消费信贷缓解了居民的储蓄压力，提升了居民当期消费意愿。对于我国消费者，当前的储蓄有很大一部分是为了在未来能够满足住房、汽车、置家等大额支出。如果一旦实现了这些支出，居民的储蓄意愿自然就会减弱，而此时居民增加的消费可以是一些日常耐用品、也可以是非耐用品和服务。由于消费信贷可以通过渠道一对耐用品消费产生直接影响，为避免干扰，本节采用消费信贷对非耐用品与服务消费的影响来检验第二种作用渠道是否存在。

渠道三强调消费信贷的消费保险作用，良好的消费信贷环境能够减少居民的预防性储蓄。由于预防性储蓄的数量本身就难以测量,本节采取一个较为间接的检验方法:检验消费信贷的发展有没有降低居民对于收入不确定性的敏感程度,也即检验消费信贷与不确定性的交互作用。参照对预防性储蓄的现有研究,本节将模型的被解释变量设定为非耐用品与服务消费。

依据方程(6-5)以及对消费信贷不同渠道的作用机制分析,我们构造的实证检验模型可以表示为:

模型1:

$$\Delta lnC_{i,t+1} = \beta_i + \lambda_1 \Delta lnY_{i,t+1} + \lambda_2 \Delta Cred_{i,t+1} + \beta_1 \sigma^2_{i,t+1} + \beta_2 \Delta Z_{i,t+1} + \mu_{i,t+1}$$

模型2:

$$\Delta lnDur_{i,t+1} = \beta_i + \lambda_1 \Delta lnY_{i,t+1} + \lambda_2 \Delta Cred_{i,t+1} + \beta_1 \sigma^2_{i,t+1} + \beta_2 \Delta Z_{i,t+1} + \mu_{i,t+1}$$

模型3:

$$\Delta lnNondur_{i,t+1} = \beta_i + \lambda_1 \Delta lnY_{i,t+1} + \lambda_2 \Delta Cred_{i,t+1} + \beta_1 \sigma^2_{i,t+1} + \beta_2 \Delta Z_{i,t+1} + \mu_{i,t+1}$$

模型4:

$$\Delta lnNondur_{i,t+1} = \beta_i + \lambda_1 \Delta lnY_{i,t+1} + \lambda_2 \Delta Cred_{i,t+1} * \sigma^2_{i,t+1} + \beta_1 \sigma^2_{i,t+1} + \beta_2 \Delta Z_{i,t+1} + \mu_{i,t+1}$$

其中,$\Delta lnC_{i,t+1}$为总消费增长率,$\Delta lnNondur_{i,t+1}$为非耐用品与服务消费增长率,$\Delta lnDur_{i,t+1}$为耐用品消费增长率;β_i代表面板个体效应,可以为固定效应或随机效应。模型1用于检验消费信贷与居民消费的总体关系,而模型2、模型3、模型4则分别检验消费信贷的三种作用渠道。具体来讲,如果消费信贷从总体上促进了居民的当期消费,则模型1中$\lambda_2 > 0$;渠道一发挥作用,模型2中$\lambda_2 > 0$;渠道二发挥作用,模型3中$\lambda_2 > 0$;渠道三发挥作用,模型4中$\lambda_2 > 0$。

模型中,$C_{i,t+1}$、$Y_{i,t+1}$分别为居民当期消费性支出和当期可支配收入,而$\Delta lnC_{i,t+1}$、$\Delta lnY_{i,t+1}$分别为各自的对数差分,其经济含义分别代表当期消费的增长率和当期可支配收入的增长率。

$Nondur_{i,t+1}$代表非耐用品与服务消费,在此主要包含食品、衣着、家庭非耐用品、文娱非耐用品以及服务性消费等目前消费信贷很少涉及的消费项目,$\Delta lnNondur_{i,t+1}$表示非耐用品与服务消费的增长率;$Dur_{i,t+1}$代表耐用品消费,是与非耐用品与服务消费相对而言,具体表示为(总消费 - 非耐用品与服务消费),$\Delta lnDur_{i,t+1}$则表示耐用品消费增长率。

$\Delta Cred_{t+1}$是本节关注的变量,用于衡量个人信贷条件的变化,该指标一方面代表消费信贷的发展状况,另一方面则代表了居民所面临的流动性约束环境。本节将采用两个指标来对其进行考察。首先,参照巴凯塔和格尔拉赫(1997)、卢德维格松(1999)的研究,我们用当年消费贷款增长率来表示个人信贷条件,以$\Delta Cred$表示。消费信贷正式在我国开展的时间并不长,尚处于成长阶段,消费信贷发展及变化受国家政策调控的影响明显。当国家政策鼓励消费信贷发展时，消费信贷的发展就非常迅速；而当国家政策收紧时，消费信贷的发展就会相对缓慢。因此，消费信贷增长率实际上反映了国家调控个人信贷条件的松紧程度，该指标能够较好地反映居民所面临的流动性约束环境。其次，由于当前我国消费信贷中接近80%的比重为住房贷款，我们将利用关于住房贷款的指标来对消费信贷进行稳健性检验。由于无法获得各省的年度住房贷款余额，不能利用年度增长率来代表住房贷款的松紧程度，我们在此构造了一个替代指标对其进行代替。本节最终选择城镇居民抽样调查数据中住房贷款利用额与当年可支配收入的比重（Hcred）作为衡量住房贷款条件的代理变量。尽管与增长率的定义方式不同，但由于居民对住房贷款的利用额度与当年信贷条件密切相关，因此该变量同样能够反映各年度住房贷款的松紧程度。

$\sigma_{i,t+1}^2$代表居民所面临的收入不确定，用于反映预防性储蓄动机的作用。国外研究中经常用收入方差来衡量居民面临的不确定，但由于本节所运用的数据是省际人均数据，收入的波动很可能会由于个体异质性而相互抵消，加上研究时间段较短，因此收入方差变量的构造较为困难。另有研究利用失业率来表示不确定性，失业率的上升一方面造成失业人员的收入减少，另一方面使得未失业者产生较强的失业危机感，从而增大消费者的预防性储蓄。由于到目前我国并没有形成能够准确反映就业形势的统计指标，因此，本节参照杭斌（2008）的研究，选择城镇居民抽样调查数据中的家庭"平均每一就业者负担人数"来进行代替。杭斌的研究表明，该指标能够较好地反映我国居民的就业形势和收入不确定风险。

$\Delta Z_{i,t+1}$为一组影响消费者效用偏好改变的变量，通常可以是消费者的年龄、性别、受教育程度、家庭规模等人口统计变量。由于本节的实证数据为宏观加总数据，鉴于数据的可获得性，在此仅用两类家庭负担系数来代表，即15岁以下人口占15～65岁人口的比重（Young）和65岁以上人口占15～65岁人口的比重（Old）。对这两个指标的分析同时可以验证莫迪利安尼的生命周期假说在研究期内的适用性。

本节所用数据是中国大陆30个省（自治区、直辖市）的省际面板数据，海南由于部分数据缺失而被舍弃。如前所述，我国的消费信贷至2003年之后才开始摆脱快速成长期，并且在国民经济中达到一定规模，同时由于目前消费信贷主要是面向城镇居民，本节将研究对象锁定为2003～2009年我国各省的城镇居民消费行为。进一步地，由于模型中消费、收入、消费信贷等变量均为增长率形式，实际检验中我们利用各变量的对数差分进行近似，因此本节最终利用的实证数据期间为2004～2009年。其中，各省消费贷款余额数据来自中国人民银行各年度《区域金融运行报告》，其余数据来自各年度《中国统计年鉴》和《中国城镇居民生活与价格年鉴》，如无特殊说明，所有数据均已按照居民消费价格指数折算成2003年实际值。表6-1列出了实证中所用变量的定义和基本描述性统计特征。

表6-1　　　　　　　　变量定义与描述性统计特征

变量	定义	观测数	均值	标准差	最小值	最大值
$\Delta \ln C$	总消费增长率	180	0.07	0.05	-0.35	0.17
$\Delta \ln Dur$	耐用品消费增长率	180	0.06	0.07	-0.43	0.21
$\Delta \ln Nondur$	非耐用品和服务消费增长率	180	0.08	0.04	-0.31	0.19
$\Delta \ln Y$	可支配收入增长率	180	0.09	0.03	-0.07	0.19
$\Delta Cred$	消费信贷增长率	180	0.17	0.17	-0.33	0.59
Hcred	住房贷款占可支配收入比重	180	0.02	0.03	0.00	0.22
σ^2	收入不确定	180	1.97	0.15	1.67	2.82
Young	0~14岁人口占15~65岁人口比重	180	0.25	0.07	0.10	0.45
Old	65岁以上人口占15~65岁人口比重	180	0.12	0.02	0.08	0.20

四、实证结果分析与讨论

（一）计量方法与回归结果

通过对固定效应和随机效应的豪斯曼检验发现，在所分析的四个模型中，固定效应模型均在1%水平下优于随机效应模型，我们将选择固定效应模型作为基准进行分析。同时，我国各省市地区经济发展不平衡，截面之间产生的异方差会对实证结果产生干扰，本节在回归中采用截面加权（cross-section weight）对截面异方差进行控制。

由于消费模型通常是建立在理性预期的基础上（霍尔，1978），理论假定一般认为误差项 μ_{t+1} 与t期变量不相关，但并不排除它与t+1期的变量存在相关关系，另外本节模型中的消费、收入、消费信贷等变量之间可能存在交互影响，这些都可能使模型的解释变量与误差项相关，产生内生解释变量问题。在这样的情况下，利用普通最小二乘法进行固定效应（FE）回归的结果可能是有偏的和非一致的。从模型的设定情况看，由于人口结构特征的变化原因较为独立，可以将其视为外生变量，但其余变量则可能为内生变量或前定变量，需要选择合适的工具变量运用固定效应—工具变量法（FE-IV）进行分析。根据理性预期的消费模型假定，任何滞后变量都可以是有效工具变量的备选项，但由于此时滞后一期变量往往与误差项存在序列相关（沃克因（Working），1960），因此国外现有文献较普遍地采用内生解释变量的滞后二期及以上变量作为其自身的工具变量。在此，本节沿用坎贝尔和曼昆（1989）、巴凯塔和格尔拉赫（1997）、萨兰蒂斯和斯图尔特（2002）的做法，选取滞后二期的内生解释变量或其变形作为其自身的工具变量。

最后，由于模型在实证中存在较为严重的自相关，本节根据显著性水平在模型中加入 AR(1)、AR(2) 项对误差项进行了调整。为保证检验结果的稳健性，本节将固定效应模型（FE）与固定效应—工具变量模型（FE-IV）的估计结果同时列出以进行比较分析。

表6-2列出了对于消费信贷渠道检验的实证汇总结果。其中，模型1从总体上检验了居民消费行为与消费信贷发展的关系。从估计结果可以看到，无论是固定效应模型还是面板工具变量模型，居民消费行为均对收入变动与信贷条件变动同时存在"过度敏感性"，显著地拒绝了霍尔（1978）的随机游走假说。从估计系数来看，居民消费的收入敏感性系数达到1.07、1.14，这与申朴、刘康兵（2003）的结果较为类似。另一方面，居民消费的信贷敏感性系数为0.06、0.05，尽管在数值上远远低于收入敏感性系数，但其在1%显著性水平下显著。这表明总体上讲，当前的消费信贷发展确实对居民消费产生了一定的作用，但它的作用效果可能远不及收入对消费的影响。

表6-2 消费信贷作用渠道的实证检验结果

方程	1		2		3		4	
	$\Delta \ln C$		$\Delta \ln Dur$		$\Delta \ln Nondur$		$\Delta \ln Nondur$	
	FE	FE-IV	FE	FE-IV	FE	FE-IV	FE	FE-IV
β	0.13 (0.93)	0.25*** (2.78)	0.08 (0.37)	0.11 (0.52)	0.24 (1.61)	0.20*** (5.14)	0.24 (1.63)	0.19*** (5.02)
$\Delta \ln Y$	1.07*** (20.25)	1.14*** (6.61)	1.41*** (6.55)	1.76*** (8.75)	0.80*** (5.94)	0.83*** (7.90)	0.80*** (6.03)	0.83*** (7.39)
$\Delta Cred$	0.06*** (6.32)	0.05*** (3.99)	0.12*** 5.86)	0.19*** (5.41)	0.01 (0.33)	-0.03 (-1.06)		
$\Delta Cred * \sigma^2$							0.004 (0.29)	-0.01 (-0.77)
σ^2	-0.10*** (-2.06)	-0.13*** (-4.07)	-0.11 (-1.41)	-0.17** (-2.13)	-0.12** (-2.53)	-0.08*** (-3.54)	-0.13** (-2.54)	-0.08*** (-2.91)

续表

方程	1		2		3		4	
	ΔlnC		ΔlnDur		ΔlnNondur		ΔlnNondur	
	FE	FE-IV	FE	FE-IV	FE	FE-IV	FE	FE-IV
Young	0.17*** (3.04)	-0.21*** (-3.19)	0.60** (2.49)	0.65* (1.70)	-0.16 (-0.83)	-0.62*** (-7.21)	-0.16 (-0.86)	-0.59*** (-6.65)
Old	0.01 (0.05)	0.22 (1.46)	-0.76** (-2.16)	-0.38 (-0.70)	0.47* (1.76)	0.99*** (4.65)	0.47* (1.76)	0.96*** (4.72)
AR(1)	-0.29*** (-2.78)	-0.24** (-2.31)	-0.29*** (-3.74)	-0.17* (-1.94)	-0.33*** (-3.39)	-0.51*** (-5.23)	-0.33*** (-3.39)	-0.51*** (-5.17)
R^2	0.80	0.86	0.73	0.87	0.63	0.77	0.63	0.76
DW	2.42	2.38	2.35	2.66	2.68	2.35	2.68	2.36
F 统计量	13.17	3.65	8.80	5.84	5.58	2.52	5.57	2.39
Prob(F)	(0.00)	(0.00)	(0.00)	(0.00)	(0.00)	(0.00)	(0.00)	(0.00)

注：括号内为经过 White 截面加权调整的 t 统计值；***、**、* 分别表示在 1%、5%、10% 显著性水平下显著；β 表示各截面总体均值；FE-IV 模型中工具变量选取为 $\Delta lnY(-2)$、$lnY(-2)$、$\Delta Cred(-2)$、$\sigma^2(-2)$、Young、Old 和常数项 C。

与杭斌（2008）的研究类似，我们发现不确定性对居民消费行为产生了显著的抑制作用，从估计系数上看，两种方法的估计结果较为一致。由于我国的就业体制和福利保障体系改革尚未完全到位，居民所面临的收支不确定性风险仍然较大，这已经成为影响我国居民消费储蓄行为的重要因素。

另外，本节的实证结果表明少儿负担系数对居民消费的影响为负，老年负担系数的影响为正，但后者在统计上并不具有显著性。近年来我国少儿负担系数呈现下降趋势，但对于单个儿童的抚养成本却在大幅度上升（汪伟，2008），因此少儿负担系数虽然在降低，但实际上却可能在提高家庭的当期消费；人口老龄化现象导致我国的老年负担系数在提升，因而也会在一定程度上加大家庭的消费，但从实证分析上看老龄化对我国居民消费行为的影响可能还并不显著（李文星等，2008）。

我们的进一步检验发现，少儿负担系数与老年负担系数对居民消费结构的影响是不同的。即少儿负担系数对耐用品消费的影响方向为正，而对非耐用品和服务消费的影响为负，由于研究期内少儿负担系数呈下降趋势，因此可以说少儿负担系数的变化减少了耐用品消费，而相对增加了非耐用品和服务的消费；而老年负担系数的作用与之类似，即上升的老年负担系数减少了耐用品消费，而提高了非耐用品和服务的消费。由于在消费者生命周期内，耐用品消费高峰通常发生在中年阶段，而少年、老年阶段一般更倾向于食品等非耐用品或一些服务类消费，从这个角度讲我们的检验结果基本可以接受。

模型 2 检验了居民耐用品消费与消费信贷发展的关系，用以检验消费信贷作用渠道一的作用效果。从检验结果来看，渠道一的作用效果是显著的。具体来讲，耐用品消费对信贷条件变动的敏感性系数达到 0.12、0.19，明显高于总量消费的信贷敏感性系数，表明消费信贷影响居民消费的主要途径就是促进居民耐用品消费的增长。收入仍然是影响居民耐用品消费的重要因素，收入敏感性系数达到 1.41、1.76，相比总消费模型也出现较大提高。由于非耐用品和服务大部分为居民的必要性消费，相比而言受收入的影响作用较小；而耐用品一般价值较高，居民一次性支出数量较大，在购买之前往往会存在一定时间的储蓄积累，因此更容易受到收入变动的影响，收入敏感性系数会更高。不确定性的存在明显地抑制了耐用品消费的增长，从估计系数上看，耐用品消费与总消费对不确定性的反应程度并无显著差异。

模型 3、模型 4 分别检验了消费信贷作用渠道二、渠道三的作用效果，从估计结果来看，当前这两条渠道的作用效果都极为有限。模型 3 检验了信贷条件变动和居民非耐用品和服务消费的关系。从检验结果来看，二者并无显著的统计关系，这表明居民在通过消费信贷完成"大额刚性支出"的同时，储蓄压力并没有降低，消费信心仍然不足，因而并没有增加其他消费。同时，非耐用品和服务消费的收入敏感性系数达到 0.8、0.83，从经济理论上讲，这表示我国居民中受到流动性约束的比例较高；不确定性的影响系数显著为负，不确定性风险致使居民不但减少了当期耐用品消费，同时也进一步压缩了非耐用品和服务消费。模型 4 检验了消费信贷与不确定性之间的交互关系，从实证结果来看，消费信贷与不确定性的交互项在统计上并不显著，消费信贷的存在没有降低居民对不确定性的谨慎程度。这也再一次表明不确定性是导致目前我国居民消费不足的重要因素。

为了考察上述实证结果的稳健性，本节进一步对住房贷款与我国城镇居民消费行为的关系进行了检验。在检验中，有两个问题需要注意：第一，鉴于数据的可获得性，我们采用的住房贷款指标与消费信贷指标在定义上有所不同，即住房贷款指标采用当年住房贷款利用额与家庭可支配收入的比重，而消费信贷指标采用的是当年消费信贷余额增长率，因此二者在估计系数上并没有可比性，但我们可以通过比较变量的显著性来考察其对居民消费的影响。第二，在工具变量的选取中，我们发现，住房贷款的滞后二期变量对当期住房贷款的解释性并不大，而消费信贷的滞后二期变量可以较好地解释当期住房贷款，为避免弱工具变量问题，我们在检验中采用消费信贷的滞后二期变量作为住房贷款的工具变量。其余的计量方法设定与上文相同。表6-3列出了关于住房贷款与我国城镇居民消费行为的稳健性检验汇总结果。

表6-3　　　　关于住房贷款与居民消费行为的稳健性检验

方程	1		2		3		4	
	$\Delta \ln C$		$\Delta \ln Dur$		$\Delta \ln Nondur$		$\Delta \ln Nondur$	
	FE	FE-IV	FE	FE-IV	FE	FE-IV	FE	FE-IV
β	0.27***	0.39***	0.12	0.39*	0.32***	0.29***	0.32***	0.29***
	(3.68)	(6.75)	(0.76)	(1.93)	(3.99)	(5.82)	(3.99)	(6.70)
$\Delta \ln Y$	1.09***	1.57***	1.60***	2.18***	0.73***	0.88***	0.73***	0.87***
	(51.13)	(37.16)	(9.22)	(24.55)	(8.19)	(11.73)	(8.29)	(11.45)
Hcred	0.12*	0.11***	0.57***	0.76***	-0.29**	-0.72***		
	(1.63)	(2.92)	(3.37)	(4.64)	(-2.11)	(-2.97)		
Hcred *σ^2							-0.16**	-0.38***
							(-2.28)	(-3.37)
σ^2	-0.11***	-0.15***	-0.03	-0.12	-0.13***	-0.11***	-0.13***	-0.10***
	(-3.98)	(-4.04)	(-0.61)	(-1.41)	(-4.02)	(-4.93)	(-4.01)	(-5.45)
Young	-0.13	-0.49***	0.04	-0.47**	-0.19*	-0.39***	-0.19*	-0.39***
	(-1.51)	(-7.97)	(0.19)	(-2.56)	(-1.96)	(-8.65)	(-1.96)	(-8.74)
Old	-0.38**	-0.32	-1.20***	-1.52***	0.12	0.16*	0.12	0.14
	(-5.85)	(-1.20)	(-4.99)	(-4.84)	(0.59)	(1.79)	(0.58)	(1.28)
AR(1)	-0.51***	-0.36***	-0.42***	-0.33***	-0.34***	-0.61***	-0.34***	-0.61***
	(-4.27)	(-6.14)	(-5.72)	(-3.11)	(-5.81)	(-12.22)	(-5.78)	(-12.75)
AR(2)	-0.41***	-0.52***	-0.47***	-0.69***		-0.49***		-0.50***
	(-3.68)	(-11.96)	(-3.37)	(-5.85)		(-8.78)		(-9.72)
R^2	0.82	0.94	0.81	0.91	0.58	0.87	0.58	0.87
DW	2.31	2.56	2.27	2.69	2.35	2.21	2.35	2.19
F统计量	14.24	4.92	12.94	8.64	5.73	4.97	5.75	5.31
Prob(F)	0.00	0.00	0.00	0.00	0.00	0.00	0.00	0.00

注：括号内为经过White截面加权调整的t统计值；***、**、*分别表示在1%、5%、10%显著性水平下显著；β表示各截面总体均值；FE-IV模型中工具变量选取为$\Delta \ln Y(-2)$、$\ln Y(-2)$、$\Delta Cred(-2)$、$\sigma^2(-2)$、Young、Old和常数项C。

总体上讲，住房贷款对我国城镇居民消费行为的影响与消费信贷较为一致。

住房贷款的发展对居民总量消费的影响系数为正，而且在统计上具有显著性，表明住房贷款发展能够在一定程度上带动我国城镇居民的当前消费。住房贷款发展对居民耐用品消费的影响系数也为正，而且其估计系数要高于对总量消费的影响，表明住房贷款发展影响居民消费的主要途径是带动居民的耐用品消费。住房贷款直接促进了居民的住房购买，而居民在购买住房之后，往往会带动一些相关耐用消费品增长，我们的实证结果在统计上验证了这种引致性消费的存在。

但我们同时注意到，与总量的消费信贷相比，住房贷款对城镇居民消费的影响也存在两点较明显的差异。首先，在模型 3 的估计中，住房贷款对居民非耐用和服务消费的影响为负，而且在统计上具有显著性，而在前文对消费信贷的检验中该系数并不显著。这表明与总量消费信贷相比，关于住房贷款的检验倾向于表明居民在利用住房贷款购买住房的同时，却减少了对非耐用品和服务的购买，这与消费信贷作用渠道二的理论预期不符。其次，在模型 4 的估计中，住房贷款和不确定性的交换项的估计系数为负，在统计上同样也具有显著性。这表明居民在利用住房贷款以后，反而对未来收支不确定的谨慎程度更大了，这也与消费信贷的消费保险功能明显相悖。因此，总体而言，关于住房贷款的检验结果表明，当前消费信贷对我国城镇居民消费行为的影响并不像理论预期的那样完美，由于某些客观原因的存在，消费信贷影响居民消费的一些作用渠道并没有得到很好的发挥。

（二）对实证结果的进一步讨论

我们的实证结果表明，从总体上讲，消费信贷对我国城镇居民的消费行为是具有一定影响的，消费信贷的发展能够在一定程度上促进居民消费，但从系数估计情况来看，影响效果可能并不是太大。通过对消费信贷作用渠道检验，我们发现，当前消费信贷对居民消费的影响仅仅是通过扩展收入预算约束促进了一些相关耐用品消费的增长，但消费信贷发展并没有降低居民的储蓄压力，消费信贷作为消费保险的功能也没有得到有效发挥。住房贷款是当前我国消费信贷的主要构成部分，而关于住房贷款的进一步检验发现，居民在利用住房贷款购买住房的同时，反而减少了对非耐用品和服务的消费，同时居民对于未来收支不确定的谨慎程度也明显提高。因此，我们倾向于认为，目前利用消费信贷来拉动居民的消费需求仍然存在着诸多限制。进一步讲，1999 年以后，我国消费信贷规模得到爆发式的增长，2009 年末与 GDP 之比已经达到 16.3%，但另一方面，我国城镇居民消费倾向却在不断降低，居民储蓄率在不断攀升。如何来理解这一现象呢？

根据本节的实证检验结果，我们认为，过高的"大额刚性支出"成本和未来的收支不确定是造成消费信贷作用渠道无法顺畅发挥作用以及居民消费倾向不断走低的主要原因。

首先，从消费信贷的发展历程来看，消费信贷规模的增长是与居民生活成本的提高相伴而生的。以住房为例，1997年实行住房改革、取消福利分房制度以后，住房购买成为我国居民生命周期内最大的一笔开支。而面对房价的非理性高涨，仅以居民的当前收入显然无法满足购买住房的需要，而恰恰是在此时，消费信贷，尤其是住房贷款得以快速发展起来。应该注意的是，此时的消费信贷只是作为一种应对不断升高的"大额刚性支出"成本的必要措施，而并非一种新型的、能够辅以居民进行最优跨期决策的消费模式。因此，消费信贷规模的增长很大程度上是在反映我国居民当前的生活成本在不断升高。理论上讲，消费信贷只是一种配置居民收入的工具，居民在预期未来收入提高时才会利用这种工具将未来收入提前支取；而我国的情况恰恰相反，是由于生活成本的提高而使得居民不得不利用外部信贷去满足当前支出，在这样的前提下，消费信贷促进居民消费的理论基础并不能成立。

其次，由于部分"大额刚性支出"的支出成本过高，即便居民利用消费信贷完成了这部分支出，但其后却面临沉重的债务负担，还款压力取代之前的储蓄压力，居民的当期消费意愿仍旧无法提高。仍以住房贷款为例，2004～2009年6年间，我国城镇居民的平均房价收入比高达8.38∶1，远高于国际公认的4～6倍的可承受范围。以现行住房贷款首付30%的比例计算，购买住房的家庭所需要偿还的债务本金与收入比为5.87∶1，再假定按揭期20年、偿还利息为债务本金的30%，可得平均每年的债务收入比为0.38∶1。也就是说，对于利用住房贷款购买住房的家庭，如果按照当前的可支配收入水平计算，其未来20年内每年总收入的38%要用于偿还贷款。如此沉重的债务压力，即便考虑到未来预期收入的增长，最初几年内家庭的消费行为也会受到明显影响。在这样的情况下，节衣缩食以保证顺利完成还款通常成为居民的自然选择，这也部分给出了在实证检验中住房贷款对居民非耐用品和服务消费影响为负的原因。

最后，受到文化传统影响，我国居民向来秉承量入为出的宗旨，"既无内债，又无外债"的家庭消费文化得到大力推崇（金晓彤，2004）。因此，不到万不得已，居民不会采用信贷消费模式去完成当前消费，更不会预想在未来可以利用消费信贷来抵御可能出现的不确定性风险，消费信贷作为消费保险工具的作用并不能得到发挥。退一步讲，即便居民利用消费信贷完成了某次大额支出，但继而面对的高额债务负担反而可能会加重居民的不确定感受。因为居民已经意识到，未来的收入存在不确定、未来的各类支出成本在不断上升，而在应对收支不确定之外，还必须要保证有足够的收入来满足每年的还款，这样就会使得居民对不确定性的谨慎程度更加严重。在我国当前的消费环境下，居民所能做出的应对方式也只能是持续压缩当期消费、不断进行内部积累。

因此，从目前的情况看，尽管消费信贷的规模在不断扩大，但它更多的是在反映居民生活成本的提升，与居民最优化跨期消费决策的关联并不大；同时，即便居民采用了消费信贷进行辅助消费，但对于我国的实际情形而言，在居民消费环境得不到显著改善之前，消费信贷对于拉动居民消费的作用还是相对有限的。

五、结论与政策建议

在存在流动性约束与预防性储蓄的消费模型框架下，本节对消费信贷影响我国城镇居民消费行为的作用渠道进行了总结，并利用 2004~2009 年我国城镇居民的省际面板数据对其进行检验。研究结果表明：从总体上讲，消费信贷在一定程度上促进了我国城镇居民的当期消费；然而从消费信贷的作用渠道来看，当前的消费信贷主要缓解了居民当期流动性约束，促进了相关耐用品消费的增长，但消费信贷发展并没有降低我国城镇居民的储蓄压力，其消费保险的功能也没有得到有效发挥。进一步利用住房贷款数据进行的稳健性检验表明，居民在利用住房贷款进行住房购买的同时，却相对减少了对非耐用品和服务消费的支出，同时居民对于未来收支不确定所产生的谨慎程度也进一步增大。因此，总结而言，当前消费信贷拉动居民消费的作用效果并不是十分理想。

本节认为，过高的"大额刚性支出"成本和未来收支的不确定性是导致消费信贷拉动居民消费的作用效果较弱的主要原因，因此单纯以扩张消费信贷规模来拉动居民消费的措施是不可取的。根据本节的分析，我们建议，信贷消费模式的推广应该密切配合我国宏观经济背景和消费环境转变，也就是只有将收支不确定问题、"大额刚性支出"成本高涨问题、社会保障体系不完善问题等等进行一个相对合理的控制以后，消费信贷才有可能成为促进我国居民消费的有力工具。同时，信贷消费模式相对于我国居民传统的消费习惯来讲是一种创新，而这种创新要融入我国居民的消费观念需要一个循序渐进的过程，因此需要不断优化金融服务环境，适度进行信贷消费的宣传和引导。

第二节 消费信贷降低中国居民储蓄率的效果验证[①]

消费信贷与居民消费行为的研究在国际上已经逐渐受到重视。从世界范围内

---

① 本部分内容作为课题的阶段性成果，已发表于《财经科学》2014 年第 8 期。

的研究来看,许多研究都已表明消费信贷对消费者行为的影响是显著且广泛存在的,而利用货币政策来调控消费者行为也越来越受到国外中央银行的青睐。我国消费信贷于 20 世纪 90 年代末快速发展起来,但从现有研究来看,无论是国内还是国外,均尚未存在对我国消费信贷作用效果进行评价的文献,对消费信贷效果的衡量也没有一个统一的标准。从现实经验看,尤其是 20 世纪 90 年代中期以后,我国居民消费不足的一个重要表现就是,尽管我国居民的人均可支配收入水平仍然较低,但居民储蓄率持续处于高位并存在不断攀升的趋势。目前这一现象已经受到国内外众多学者的关注,更被赋予"中国高储蓄率之谜"的研究称谓,很多学者(如 Kraay,2000;莫迪利安尼和曹,2004;Horioka & Wan,2007 等)从决定我国居民储蓄率的影响因素出发进行实证分析,通过比较各类因素的作用效果来寻找我国居民高储蓄率现象的原因。本节的研究借鉴和延续了这一研究模式,以我国城镇居民储蓄率作为衡量消费信贷作用效果的因变量,并采用较为科学的实证方法对消费信贷作用于城镇居民消费储蓄行为的效果进行探讨。

一、模型与数据说明

(一) 模型

由于现代消费储蓄理论的多样化,当前尚不存在一种能够囊括所有的储蓄率决定因素的理论框架。本节参照洛艾萨等(Loayza et al.,2000)、施罗腾和斯特凡(Schrooten & Stephan,2005)、堀冈和万(2007)的研究模式,采取一个以我国城镇居民储蓄率作为因变量的简约线性方程(Reduced – Form Linear Equation)作为基准计量模型。模型中自变量采用最通常用的居民储蓄率定义,即:居民储蓄率 = (当年可支配收入 – 当年消费性支出)/当年可支配收入。

储蓄率的惯性(Inertia)或持续性(Persistence)(下文表述均以储蓄率惯性来代表)被认为是广泛存在的。一方面,如果在消费理论中承认习惯形成的作用,那么在特定的效用函数假定下,通过消费者效用最大化方程可以准确地导出储蓄率惯性的存在(Alessie and Lusardi,1997 等);另一方面,在经验研究中,洛艾萨等(2000)表明在世界多数国家、施罗腾和斯特凡(2005)表明在欧盟国家、堀冈和万(2007)表明在我国,储蓄率惯性都是显著存在的。因此,本节在实证中将储蓄率的一阶滞后项纳入分析,并将核心计量方程设定为如下的动态面板形式:

$$Sr_{i,t} = \alpha Sr_{i,t-1} + \beta Cred_{i,t} + r'X_{i,t} + \eta_i + \varepsilon_{i,t} \qquad (6-6)$$

(6-6) 式中,Sr 代表居民储蓄率,Cred 代表消费信贷变量,X 代表一组影响居民储蓄率的其他因素，η 代表无法观测的且不随时间变化的省际截面效应（比如各省的文化传统、消费储蓄习惯等），ε 代表白噪声误差项，下标 i、t 分别代表截面维度、时间维度。

消费信贷变量（Cred）是本节关注的重点。下面的分析中，主要分析以消费信贷增长率（ΔCred）来代表的消费信贷变量，巴凯塔和格尔拉赫（1997）认为该指标可以较好地代表个人信贷条件的松紧程度①。

除储蓄率的一阶滞后项和消费信贷变量以外，本节以现代消费储蓄理论和现有的经验分析为指导选取了一组其他的储蓄率决定因素（X）。具体包括：

收入增长率（Dly）：定义为居民个人可支配收入的实际年增长率；

实际利率（Rr）：定义为1年期名义存款利率减去当年通货膨胀率，当年通货膨胀率以居民消费价格指数的变化代表；

收入不确定性（Unc）：定义为当年实际收入增长率与平均实际收入增长率偏差的平方，其中平均实际收入增长率以研究期内各年度实际收入增长率的均值代表；

收入分配差距（Ydev）：定义为五个不同收入组居民当年可支配收入方差的自然对数②；

幼儿负担系数（Young）：定义为社会中 0~14 岁人口占 15~64 岁人口的比重；

老年负担系数（Old）：定义为社会中 65 岁以上人口占 15~64 岁人口的比重；

其中，收入增长率（Dly）和人口特征变量（Young、Old）是为了验证生命周期理论在我国的适用性。莫迪利安尼和曹（2004）认为这两类变量是导致我国高储蓄的主要原因，本节将探讨在新的时间区间、数据来源以及计量方法下该结果的稳健性。实际利率（Rr）用来衡量居民的跨期消费行为，但由于实际利率对居民消费在理论上存在收入效应和替代效应两种不同方向的影响，因此实证中该变量的符号取决于这两种效应的对比。收入不确定性（Unc）用来衡量预防性动机的影响，近年来利用预防性储蓄理论来解释我国高储蓄率的文献已颇为常见（臧旭恒和裴春霞，2004 等）；收入分配差距过大已成为当前我国经济社会发展中面临的一个突出问题，储蓄倾向随收入递增的经验现实预示着过大的收入分配

---

① 本节也利用一些比例指标进行了稳健性检验，包括消费信贷余额/GDP、消费信贷余额/金融机构贷款总额、人均消费信贷余额/人均可支配收入，结果发现主要的结论并未发生改变。限于篇幅，在此未将相关结果列出，如有兴趣，可向作者索取。

② 我国分省统计年鉴中的收入分组标准存在七分组、五分组两种，为保持测算的统一，在此统一将其按照调查人口比重转化为五分组口径；另外，部分省份不同收入组居民收入数据缺失，在此以全国平均水平加以代替。

差距可能会导致较高的居民储蓄率。

从本质上讲,方程(6-6)考察的是在控制储蓄率惯性以及各类其他储蓄率影响因素的前提下,消费信贷是否能对我国城镇居民储蓄率产生影响。此外,由于消费信贷影响居民消费储蓄行为的渠道有多种,且不同经济社会条件下消费信贷对居民储蓄行为的影响程度可能存在差异,因此本节还检验了消费信贷与其他储蓄率决定因素间是否存在对居民储蓄率的交互作用,此时计量模型可设定为:

$$Sr_{i,t} = \alpha Sr_{i,t-1} + \beta Cred_{i,t} + \gamma' X_{i,t} + \lambda Cred_{i,t} * x_{i,t} + \eta_i + \varepsilon_{i,t} \quad (6-7)$$

式中,x 代表储蓄率决定因素中的某一类,Cred * x 代表消费信贷与某类储蓄率决定因素的交互项。下面检验中,本节重点考察了储蓄率一阶滞后项、收入增长率、收入不确定性以及收入分配差距与消费信贷之间的交互作用。

(二) 数据来源及描述性统计

本节所用数据是 2004~2011 年我国大陆 30 个省的城镇居民生活数据[①]。居民收入消费数据、人口特征数据来自各年度《中国统计年鉴》《中国城镇居民生活与价格年鉴》和各省《统计年鉴》。消费信贷、实际利率数据来自中国人民银行公布数据。限于数据来源限制,人口特征变量、消费信贷变量用各省总水平数据代替,实际利率变量用全国统一的名义利率减去各省城镇通胀率代替。为消除名义价格影响,如无特殊说明,本节所用数据均按照城镇居民消费价格指数折算成 2003 年实际值。表 6-4 列出了本节所用变量的定义和基本描述性统计特征。

表 6-4　　　　　　　变量定义和基本描述性统计特征

变量	定义	观测数	均值	标准差	最小值	最大值
Sr	储蓄率	240	0.264	0.052	0.082	0.374
ΔCred	消费信贷增长率	240	0.184	0.168	-0.330	0.597
Dly	可支配收入增长率	240	0.083	0.026	-0.072	0.190
Rr	实际利率	240	-0.003	0.017	-0.050	0.047
Unc	收入不确定性	240	0.052	0.159	0.000	1.934
Ydev	收入分配差距	240	8.874	0.351	8.207	9.718
Young	0~14 岁人口占 15~65 岁人口比重	240	0.250	0.075	0.096	0.447
Old	65 岁以上人口占 15~65 岁人口比重	240	0.121	0.025	0.067	0.219

---

① 海南由于部分数据缺失而舍弃。

二、实证结果分析

（一）基本检验结果

表6-5列出了消费信贷与我国城镇居民储蓄率关系的动态面板检验结果，其中本节重点关注的是方程（6-7）。方程（6-7）利用两步系统GMM估计量进行估计，其中仅放于差分方程的工具变量为：储蓄率的滞后2～3期、其他弱外生变量的滞后2期①。通过对工具变量的Hansen检验和差分Hansen检验发现，方程（6-7）的工具变量整体上满足弱外生性的假定，同时水平方程的额外工具变量也是有效的。另外，残差项自相关检验结果发现，无一阶自相关的原假设在1%显著性水平下被拒绝，而无二阶自相关的原假设没有被拒绝，这表明原方程残差项无序列相关的假定也是可以满足的。因此，本节认为，方程（6-7）的两步系统GMM估计量是较为可信的。

表6-5　　消费信贷影响我国城镇居民储蓄率的动态面板检验

自变量	1 POOL	2 FE	3 两步差分GMM	4 两步系统GMM	5 两步系统GMM	6 两步系统GMM	7 两步系统GMM
Sr(-1)	0.918*** (35.62)	0.627*** (15.59)	0.566*** (4.06)	0.736*** (6.25)	0.644*** (5.16)	0.583*** (5.10)	0.842*** (8.33)
Cred	-0.028*** (-3.92)	-0.041*** (-5.44)	-0.044*** (-3.29)	-0.039*** (-3.64)	-0.030 (-1.64)	-0.033** (-2.43)	-0.024** (-2.18)
Dly	-0.153*** (-3.05)	-0.155*** (-3.00)	-0.263 (-1.37)	-0.221 (-1.21)	-0.124 (-0.47)	-0.198 (-1.08)	0.199 (1.36)
Rr	-0.008 (-0.11)	0.047 (0.69)	0.090 (0.71)	0.021 (0.21)	0.022 (0.15)	0.046 (0.49)	-0.133 (-1.46)
Unc	0.516*** (7.38)	0.046*** (6.26)	0.043*** (5.75)	0.049*** (5.80)	0.042*** (4.07)	0.042*** (5.07)	0.107*** (7.39)

---

① 人口负担系数Young和Old被视为外生变量，并同时放于水平方程和差分方程作为工具变量。下文同，不再赘述。

续表

自变量	1	2	3	4	5	6	7
	POOL	FE	两步差分GMM	两步系统GMM	两步系统GMM	两步系统GMM	两步系统GMM
Ydev	0.005 (1.09)	0.029*** (3.47)	0.026* (1.72)	0.036** (2.54)	0.046*** (3.21)	0.058*** (3.92)	0.023* (1.89)
Dly*Unc							-0.602*** (-5.76)
Young	-0.006 (-0.30)	-0.157** (-2.28)	-0.327*** (-3.13)	0.067 (1.38)	0.079 (1.69)	0.097 (2.25)	0.039 (1.29)
Old	0.091 (1.75)	0.046 (0.45)	0.139 (0.95)	0.065 (0.58)	0.082 (0.61)	0.036 (0.34)	-0.041 (-0.44)
Cons	-0.010 (-0.24)	-0.111 (-1.38)	—	-0.244 (-2.25)	-0.320*** (-2.91)	-0.411*** (-3.48)	-0.179* (-2.02)
Hansen 检验			0.980	0.995	1.000	1.000	1.000
Hansen 差分检验			0.985	1.000	1.000	1.000	0.998
联合显著性检验	0.000	0.000	0.000	0.000	0.000	0.000	0.000
AR(1) 检验			0.008	0.004	0.020	0.015	0.001
AR(2) 检验			0.500	0.525	0.473	0.586	0.542
观测数	240	240	210	240	240	240	240

注：括号内为经过稳健性调整的 t 检验值；***，**，* 分别代表在 1%、5%、10% 显著性水平下显著。方程 1 为混合面板 Pool 估计，方程 2 为固定效应 FE 估计，方程 3 为两步差分 GMM 估计，方程 4~6 为选用不同内部工具变量的两步系统 GMM 回归，方程 7 为收入增长率与不确定性项的稳健性检验。

从估计结果来看，储蓄率的一阶滞后项在 1% 显著性水平下显著，而且系数估计值达到 0.736，表明我国城镇居民储蓄率存在较强的惯性或持续性，而这种惯性的存在对我国城镇居民储蓄率具有较强的正面推动作用。具体来讲，滞后一阶的储蓄率每提高 1 个百分点，居民当期储蓄率将提高 0.736 个百分点，这表明储蓄率惯性的影响对居民当期储蓄率水平的影响是非常大的。同时，这也表明如果在储蓄率决定因素的实证分析中忽略储蓄惯性的存在，极可能会导致不稳健的检验结果。

本节关注的重点变量消费信贷变量，也在 1% 显著性水平下显著，系数估计值达到 -0.039，与本节预期的方向相符。这表明，即便在控制储蓄率的其他各类影响因素,以及控制可能存在的变量内生性问题以后,消费信贷仍然能够对居民储蓄率产生一个显著的负向作用。从估计系数来看,消费信贷增长率每提高1个百分点,我国城镇居民储蓄率水平将会降低0.039个百分点,这也表明目前我国发展消费信贷以扩大消费、降低居民储蓄率的政策指向是正确的。

从其他因素的检验结果来看,本节发现能够对我国城镇居民储蓄率产生影响的因素还包括收入不确定性和收入分配差距。收入不确定性在1%显著性水平下显著,估计系数为0.049;收入分配差距在5%显著性水平下显著,估计系数为0.036。这表明了收入不确定性的增强和收入分配差距的扩大确实是影响我国城镇居民储蓄率水平的重要因素。

另外,本节发现实际利率、收入增长率、幼儿负担系数、老年负担系数对我国城镇居民储蓄率并没有产生显著影响。实际利率对居民消费储蓄行为和储蓄率水平没有显著性影响实际上已得到了许多研究的认同。收入增长率和人口负担系数的检验均不显著,且符号与生命周期理论的预期相反,这与莫迪利安尼和曹(2004)的研究大不相同。对于人口负担系数来讲,本节的研究与堀冈和万(2007)的研究较为一致。本节认为,堀冈和万(2007)以及本节结论与莫迪利安尼和曹(2004)出现分歧的另一个重要因素是研究时间。人口负担系数的剧变主要出现在20世纪70年代末至90年代中期,而90年代中期以后变化逐渐趋缓,同时该期间我国经济转型所暴露的众多突出问题很可能会使人口负担系数的影响作用不够明显。因此,如果研究期间重点在于70年代末至90年代中期,那么人口负担系数可能是显著的;而如果仅研究90年代中期以后,或者2004年至今,人口负担系数就很可能并不显著。

收入增长率的回归系数是本节与现有文献结果间的最大差异所在。现有文献,无论显著与否,均发现收入增长率对居民储蓄率的影响为正。对于收入增长率系数为负的一个可能的解释是,如果经济社会中面临的不确定性较大,那么收入增长率的提高反而会降低居民的预防性动机,从而增加消费、降低储蓄率。本节将这一设想付诸于计量模型进行检验,即在方程(6-7)中加入了收入不确定和收入增长率的交互项。通过检验,本节发现该交互项的系数为显著负,即收入增长率的提高能够显著地降低不确定对居民储蓄率的提升作用。同时,加入交互项以后,本节发现收入增长率的系数变为正,与生命周期理论的预期相符,尽管它仍不显著。这为本节的设想提供了一定的经验证据,也表明在当前不确定性仍然较大的环境下,进一步提高居民收入增长率,反而可能会增强居民的消费信心、降低当前的居民储蓄率水平。

此外,为保证实证检验的稳健性,本节于表6-5中列出了各种其他计量设定的检验结果。表中，方程 1 为混合面板 Pool 估计，方程 2 为固定效应 FE 估计，方程 3 为两步差分 GMM 估计，方程 5 和方程 6 分别基于方程（6-7）对用于差分方程的工具变量进行了调整，其中方程 5 将用于工具变量的滞后项全部调为滞后 2~3 期，方程 6 将其全部调整为滞后 2~4 期。从表中的结果来看，各类计量方程检验与方程 4 的结果总体上保持高度一致，特别是除方程 5 外，消费信贷变量系数均为负值，且均在 5% 及以上水平上显著，较好地验证了消费信贷对居民储蓄率水平的抑制作用。

由于动态面板设定中包含自变量的一阶滞后项，因此混合面板 Pool 回归和固定效应 FE 回归都是有偏误的。但邦德（Bond，2002）的研究表明，这两种估计方法导致回归系数的偏倚方向正好相反，而正确的估计系数应该处于这两种估计方法的结果之间，这为实证中判别 GMM 方法的工具变量选取是否合适提供了一个途径。从表 6-5 的估计结果来看，处于 Pool 和 FE 回归系数之间的结果只有方程 4 和方程 5。但考虑到方程 5 中的工具变量数量较多，且消费信贷变量的回归系数较为意外的并不显著，因此本节认为方程 4 的结果是较为合理可行的，下文检验中对工具变量的选取将主要以方程 4 为基准来进行。

（二）消费信贷与储蓄率决定因素的交互作用检验

为检验消费信贷是否随储蓄率其他决定因素的不同而对居民储蓄率产生不同的作用效果，本节引入消费信贷和储蓄率其他决定因素的交互项进行进一步检验。

储蓄惯性在理论上和经验分析中都被证明是广泛存在的。

表 6-6 的方程 1 对消费信贷与储蓄率惯性的交互作用进行了检验。结果发现，该交互项系数为正，且在 10% 显著性水平下显著，这表明消费信贷发展较快的年份（或省份），居民储蓄惯性系数却相对更高，与理论预期存在较大的分歧。本节认为，出现这种现象的原因可能与当前我国特定的经济社会环境有关。一方面，当前我国居民利用消费信贷的目的多是因为自身收入无法承受当前较大的刚性支出，而并不是由于预期到未来收入提升而主动进行跨期消费，这使得消费信贷促进居民积极消费的作用大打折扣；另一方面，诸如住房、教育、婚嫁等消费成本不断升高，导致利用消费信贷进行短暂过渡的居民往往陷入沉重的债务负担中，为及时清偿债务，居民的当期消费意愿可能会不升反降。因此，消费信贷的较快发展，同样也意味着居民债务规模的提升，在当前消费环境不尽完善的经济背景下，居民的储蓄惯性反而可能会提高。

表 6-6　　消费信贷与储蓄率影响因素的交互作用检验

自变量	1 两步系统GMM	2 两步系统GMM	3 两步系统GMM	4 两步系统GMM
Sr(-1)	0.535*** (4.18)	0.719*** (5.09)	0.730*** (8.18)	0.745*** (6.35)
Cred	-0.160** (-2.13)	-0.012 (-0.68)	-0.144** (-2.07)	-0.316 (-0.66)
Dly	-0.160 (-0.75)	-0.084 (-0.69)	-0.452* (-1.66)	-0.252 (-1.16)
Rr	-0.079 (-0.70)	-0.063 (-0.74)	0.048 (0.57)	-0.005 (-0.05)
Unc	0.042*** (4.46)	0.115* (2.01)	0.047*** (5.17)	0.048*** (5.18)
Ydev	0.045*** (2.31)	0.037* (1.82)	0.037** (2.75)	0.029 (1.35)
Young	0.077 (1.40)	0.072 (1.46)	0.069* (1.71)	0.055 (0.90)
Old	0.037 (0.37)	0.016 (0.16)	0.027 (0.26)	0.085 (0.58)
Cred * Sr(-1)	0.479* (1.91)			
Cred * Unc		-0.585 (-1.13)		
Cred * Dly			1.216* (1.53)	
Cred * Ydev				0.031 (0.58)
Cons	-0.279 (-1.67)	-0.256 (-1.67)	-0.225 (-2.11)	-0.176 (-0.98)
Hansen 检验	1.000	1.000	0.999	0.999
Hansen 差分检验	0.999	1.000	0.999	0.997
联合显著性检验	0.000	0.000	0.000	0.000
AR(1) 检验	0.013	0.002	0.002	0.004

续表

自变量	1	2	3	4
	两步系统GMM	两步系统GMM	两步系统GMM	两步系统GMM
AR（2）检验	0.497	0.849	0.901	0.612
观测数	240	240	240	240

注：括号内为经过稳健性调整的 t 检验值；***，**，* 分别代表在1%、5%、10%显著性水平下显著。方程1检验了消费信贷与储蓄率一阶滞后项的交互作用；方程2检验了消费信贷与收入不确定性的交互作用；方程3检验了消费信贷与收入增长率的交互作用；方程4检验了消费信贷与收入分配差距的交互作用。

表6-6的方程2检验了消费信贷与收入不确定性的交互作用。结果发现，消费信贷与收入不确定性的交互项系数为负，但并不具有统计上的显著性。本节认为，尽管该交互项系数的估计符号与消费保险的理论预期一致，即消费信贷的发展能够在居民收入意外下降时提供额外的应急资金，从而降低收入不确定性对居民储蓄的正向影响，但它在统计上并不显著，因此可以说当前消费信贷的"消费保险"作用还是相对较弱的。

表6-6的方程3和方程4检验了两类收入指标与消费信贷的交互作用。方程3的结果表明，消费信贷与收入增长率的交互项系数为正，且在10%显著性水平下显著，这表明了在收入增长率较快的年份（或省份），消费信贷降低居民储蓄率的作用效果反而更弱一些。另外，与之前不同的是，方程3中收入增长率对居民储蓄率的影响变为在5%显著性水平下显著。本节认为，这种现象的产生可能反映了居民在进行消费决策时对资源的利用顺序。也即，居民在收入增长率较快时，首先考虑用的是收入，而不是消费信贷，因而此时居民对消费信贷的敏感度较低，消费信贷对居民消费储蓄的影响程度也就较弱；而当收入增长率变慢时，居民更加需要借助于外部信贷才能完成一些大额消费，因而此时消费信贷对居民消费储蓄的作用效果会相应更强一些。这也反映了当前我国居民利用消费信贷时，往往是一种"被迫"的过渡性行为，而不是主动积极地将其作为跨期消费的工具。

方程4检验了消费信贷与收入分配差距的交互作用。收入分配差距越大，消费信贷对居民总体储蓄率的影响效果应该越弱。方程4对消费信贷与收入分配差距的交互项进行了检验，结果发现该交互项系数为正，在一定程度上证明了本节的分析，但它却并不具有统计上的显著性。

（三）消费信贷作用效果分析

通过上面的实证检验可知，当前消费信贷对扩大消费、降低居民储蓄率是能够产生一定影响的。以表6-5中方程4的结果为基准,消费信贷增长率每提高1%,我国城镇居民储蓄率水平将会下降0.039%。以2004~2011年我国消费信贷年均增长率24.83%(8年间的简单均值)计算,在其他储蓄率决定因素不变的前提下,消费信贷每年能够压降城镇居民储蓄率0.97个百分点,而同期城镇居民储蓄率平均水平为27.37%,以此计算当前消费信贷对储蓄率的作用强度仅占储蓄率总水平的3.5%左右。

鉴于2004~2011年间我国消费信贷的增长波动幅度较大,本节利用表6-5中方程4的基准结果,逐年计算出消费信贷对城镇居民储蓄率的作用效果。从表6-7和图6-2可以看出,消费信贷增长率与实际储蓄率变化之间存在一定的负向关系,尤其是2009年,随着消费信贷的迅速扩大,实际储蓄率相比2008年下降0.17个百分点;而根据测算,该年度消费信贷对储蓄率的作用效果为1.90%,占到当年储蓄率水平的6.64%。但总体上讲,我国城镇居民储蓄率仍然呈现出持续上升趋势,利用消费信贷来拉动内需似乎只能够起到抑制储蓄率过快上升的作用。

表6-7　　　　　2004~2011年消费信贷作用效果分析　　　　单位:%

指标	2004年	2005年	2006年	2007年	2008年	2009年	2010年	2011年
消贷增长率	26.35	10.38	9.75	35.89	13.69	48.70	35.66	18.19
消贷效果	1.03	0.40	0.38	1.40	0.53	1.90	1.39	0.71
储蓄率变化	0.62	0.53	1.74	1.43	1.28	-0.17	0.91	0.98
实际储蓄率	23.77	24.30	26.05	27.48	28.76	28.59	29.50	30.49
消贷效果占比	4.32	1.67	1.46	5.09	1.86	6.64	4.71	2.33

注:表中,消贷增长率以全国总量水平计算;消贷效果即消费信贷增长率*0.039;储蓄率变化即实际储蓄率的年度增长;消贷效果比为消贷效果/实际储蓄率。

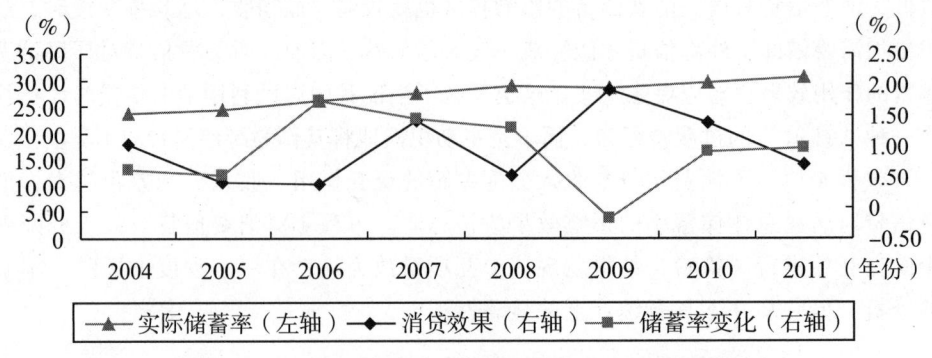

图6-2　2004~2011年消费信贷作用效果分析

三、结论及启示

本节主要从实证角度探讨分析消费信贷对扩大消费、降低居民储蓄率的作用效果问题。利用 2004~2011 年我国各省城镇居民作为研究样本,运用动态面板 GMM 估计量对居民储蓄率决定因素的实证检验显示:研究期间消费信贷确实能在一定程度上抑制我国城镇居民的储蓄率水平;从数量关系上讲,消费信贷增长率每提高 1 个百分点,在其他因素保持不变的前提下,城镇居民储蓄率将会下降 0.039 个百分点;以 2004~2011 年我国消费信贷增长率均值计算,期间消费信贷每年能够压降城镇居民储蓄率 0.97 个百分点,但以此计算,消费信贷影响居民储蓄率的程度大约仅占居民总储蓄率水平的 3.5% 左右。本节也清楚地发现,消费信贷的作用仅是在降低储蓄率过快上升的趋势,但它并不能改变高储蓄率的根本,同时关于消费信贷与储蓄率决定因素的交换作用检验也表明消费信贷降低居民储蓄率的作用效果还存在诸多的限制。

第三节　消费者个体特征与消费信贷借款额度决定因素研究[①]

从全球范围的发展经验看,经济发展方式转型与居民消费观念升级将推动家庭负债现象愈发普遍。家庭金融的基本理论生命周期—持久收入理论认为,消费信贷的产生在于消费者收入轨迹与支出轨迹的不平衡,即消费者在青年时期消费支出较大,但收入较少,在中老年时期消费支出较少,但收入较高,消费贷款的作用正是去平衡消费者生命周期内的收入和消费轨迹偏差。这预示着消费者生命周期特征对消费贷款行为决策具有重要影响,最为突出的经验暗示是,年轻消费者更倾向于申请消费信贷,而老年消费者采用消费信贷的较少。因此本节的主要关注点在于消费者个体特征与消费信贷额度的相关问题。

除生命周期特征以外,家庭金融的理论和实证文献也表明,消费者社会地位、经济财务状况同样能够影响消费贷款决策(Magri,2007 等),前者包括个人的职业、受教育程度、居住状况,甚至种族、信仰等,而后者则主要涉及个人财富、收入水平等。

---

① 本部分内容作为课题的阶段性成果,已发表于《山东大学学报(哲学社会科学版)》2014 年第 3 期。

理论上讲，影响消费信贷参与率的因素同样会影响信贷需求额度，但影响的方向和程度可能会受到商业银行贷款供给控制措施的限制。比如，尽管年轻消费者参与消费信贷的比率较高，但由于年轻消费者通常在收入水平、收入稳定性以及抵押物供给能力等方面受到限制，其最终获取的贷款额度可能并不高。因此，消费者借款额度是借款人需求和商业银行供给控制两方面均衡的结果。从现有的实证文献看，多数研究发现消费信贷借款额度与消费者生命周期特征和家庭财务特征高度相关。考克斯和亚佩利（Cox & Jappelli, 1993）利用美国1983年消费金融调查数据估计了美国居民的借款需求方程，结果发现借款额度与借款人持久收入和财富水平正相关，但与当期收入和年龄因素负相关。杜卡和罗森塔尔（Duca & Rosenthal, 1993）同样利用美国1983年消费金融调查数据研究了年轻借款人的借款需求，发现借款额度与财富水平、收入和家庭人口规模正相关，但与就业不稳定性负相关。克鲁克（Crook, 2001）的研究结果表明，借款额度与借款人住房状况、家庭人口规模、就业状况正相关，但与年龄、风险偏好程度负相关。除了美国以外，许多研究者也对其他国家的消费信贷借款额度决定因素进行了研究。德—里奥和杨格（Del-Rio & Young, 2005）研究了英国居民的无抵押借款决定因素，发现借款人收入水平是影响借款额度差异的最主要因素。马格里（2007）研究了意大利居民的消费信贷决定因素，发现借款人收入水平和居住状况能增加信贷需求，但收入不确定性会降低借款需求。

从国内来看，国内相关研究多是从理论分析角度或小样本调查数据来探讨居民消费信贷发展的影响因素，通过大样本实证方法探讨这一问题的文献较少。龙海明和黄卫（2005）通过构建一个消费者效用最大化模型表明，消费信贷取决于消费者效用最大化和商业银行盈利最大化的博弈均衡结果。阮小莉和仲泽丹（2013）利用四川省315个居民样本对城乡居民消费信贷影响因素进行了研究，发现影响农村居民消费信贷的因素主要有年龄、婚姻状况、家庭收入、收入预期，而影响城市居民消费信贷的因素主要有受教育年限、家庭收入、家庭支出等，此外居民消费信贷观念和区域金融环境也是影响消费信贷利用的重要因素。

随着经济发展环境的变化，消费信贷逐渐成为我国居民辅助跨期消费决策的重要工具，而商业银行也开始将消费信贷作为业务转型中的重要盈利增长点。那么，从我国的实际情况看，当前消费信贷借款额度的主要决定因素是什么？各类因素的影响方向和程度如何？不同借款群体的借款额度决定因素是否存在差异？对这些问题的回答将为我们更好地理解当前消费信贷发展的决定因素以及更好地推进商业银行消费信贷业务发展提供借鉴意义。

一、研究样本、变量选取与模型设定

（一）研究样本

本节的数据来自国内某商业银行的个人消费贷款业务数据①。该套数据较好地包含了借款人个体特征、财务状况、借款合同信息等内容。通过对相关信息进行匹配整理，并删除关键变量缺失样本，本节最终得到有效样本 623 669 个。

（二）变量选取

1. 借款额度

本节利用两个指标来衡量借款额度：一是借款金额（Debtnum），采用实际的合同借款金额代表；二是借款收入比（Debty），由于借款金额与借款人收入、借款期限明显相关，为消除这种规模因素的影响，本节构建了一个借款收入比指标，计算公式为：借款金额/借款年限/借款人年收入。此外，为消除极值样本的影响，本节将借款金额大于 200 万元以及借款收入比超过 5 的样本进行了删除。

2. 被解释变量

在考克斯和亚佩利（1993）、德—里奥和杨格（2005）等的研究框架基础上，本节将消费者个体特征变量区分为生命周期变量和社会经济地位变量两类，同时为保证结果的稳健性，我们还控制了部分借款合同变量和宏观环境变量。

（1）生命周期变量。主要包括：①借款人年龄（Age），用借款人实际年龄代表。年龄是生命周期—持久收入理论的核心变量，但该理论同时暗含的一个观点是，当年龄超过一个特定值后，消费者对消费信贷的需求将会下降，故此本节还加入了年龄的平方项（Age * Age），用于捕捉年龄因素的非线性影响。②性别（Gender）。现有文献表明，女性消费者的借款意愿和借款额度通常低于男性，一定程度上表明女性消费者的消费决策更加保守和谨慎。本节利用一个 0 – 1 虚拟变量来代表性别，其中 0 代表女性，1 代表男性。③婚姻状况（Married）。消费者组建家庭的同时往往伴随消费支出的增加，同时稳定的家庭也预示着消费者抵御外部冲击的能力增强，在其他条件相同的条件下，已婚消费人的借款额度相对较高。我们将婚姻状况区分为未婚（含离异、丧偶等）和已婚两类，同样用 0 – 1 虚拟变量代表。④家庭抚养人口（Supported），用借款人家庭的实际抚养人

---

① 由于个人住房贷款在办理模式、风险防范等方面均与一般消费贷款有所不同，故本节所指的"消费贷款"不包含个人住房贷款。

口数量代表。家庭抚养人口与家庭消费支出正相关，从而会提高借款意愿，但过重的家庭抚养人口也会加大消费者支出负担，从而会在一定程度上抑制需要额外支付成本（贷款利息）的借贷消费行为，故家庭抚养人口与消费信贷需求额度的关系理论上并不清晰。

（2）社会经济地位变量。主要包括：①受教育程度（Edu）。受教育程度通常作为消费者持久收入能力的代理变量，较好的受教育程度预示着消费者未来的收入能力更强。我们将样本中借款人受教育程度（Edu）划分为高中及以下学历（含中专、等同于高中毕业等）、大学专科、大学本科、研究生及以上四类。②职业（Job）。职业状况一般用来代表消费者的收入不确定性程度（Skinner，1988等）。由于我国存在大量国有资本主导的经济单元结构，而这些单位在薪酬福利、社会保障等各方面都要相对优于其他单位，我们按照借款人所在单位的性质来进行群体划分：将国家机关、国有企事业单位借款人统称为"国有单位"借款人，将股份公司、外资企业、民营企业等统称为"私有单位"借款人，将个体工商户、个体户等统称为"个体户"借款人，分别利用相应的虚拟变量代表。③收入水平（Income），用借款人年税后收入代表。收入水平与消费信贷额度的关系并不确定。一方面，较高的收入水平意味着较强的消费支出自给率，这会降低消费信贷需求；但较低的收入往往意味着较大的生活成本支出，也不利于消费者接受消费信贷。一般认为，中间收入阶层居民的信贷需求最高。为捕捉这种非线性影响，我们在模型中加入了收入的平方项（Income * Income）。④住房状况（Dwell），采用 0 - 1 虚拟变量代表。住房状况可以从两个方面影响消费信贷的决定。一方面，住房通常是消费者最大的固定资产，因此有住房的消费者意味着较好的个人财富，更容易跨过商业银行设定的消费信贷准入门槛；另一方面，住房通常会作为消费信贷的抵押物，从而能增加消费信贷的供给。⑤城乡属性（Urban）。我国金融服务程度的城乡差异明显，城市地区的金融服务覆盖面较广，金融产品也相对更加丰富，因此从金融供给角度看，城市居民更加倾向于采用消费信贷。本节将样本借款人的居住地区分为城市和县域两种，用 0 - 1 虚拟变量代表。

（3）借款合同变量。主要包括：①贷款期限（Mature），用借款总期限（月）衡量。②担保方式（Gurantee）。按照风险保障程度由弱到强依次为信用、保证、抵押（含少量质押），分别采用 3 个 0 - 1 虚拟变量代表。担保方式通常是银行应对信息不对称的工具，理论上讲，随着担保物的风险缓释能力增强，借款人获取的借款额度会相对更高。③贷款定价（Pricing）。用"风险溢价"来衡量，计算方法为：借款人实际执行利率/同期限央行基准利率。贷款定价会影响借款人的资金获取成本，理论上应与借款额度负相关。

（4）宏观环境变量。主要包括：①个贷发展水平（PCredit/GDP）。个贷发展水平可以代表当地消费信贷的市场竞争状况，因此个贷发展水平越高，消费者获取的消费信贷额度可能越大。我们搜集了 2011 年末人民银行公布的各省消费信贷余额（含所有个人住房贷款和消费性贷款），并利用消费信贷余额/当地 GDP 来代表个贷发展水平。②区域信用环境（Honest），用银监会公布的 2011 年各省不良贷款率代表。贷款违约率高的地区，意味着消费信贷的经营成本较高，银行的信贷发放相对更为谨慎，故借款人获取的借款额度应该较低。

表 6-8 列出了本节所用变量的定义、赋值方式和主要的描述性统计结果。

表 6-8　　　　　　变量定义、赋值与描述性统计

变量	定义与赋值	均值	标准差	最小值	最大值
Debtnum	合同借款金额（万元）	16.96	24.78	0.10	200
Debty	借款收入比	0.47	0.64	0.01	5.00
Age	借款人实际年龄	39.78	8.47	18	65
Gender	借款人性别：0 女；1 男	0.66	0.47	0	1
Married	婚姻状况：0：未婚；1 已婚	0.78	0.41	0	1
Supported	家庭抚养人口数量	0.91	0.69	0	3
Edu1	教育程度：是否高中及以下学历	0.37	0.48	0	1
Edu2	教育程度：是否专科学历	0.35	0.48	0	1
Edu3	教育程度：是否本科学历	0.27	0.44	0	1
Edu4	教育程度：是否研究生及以上学历	0.02	0.12	0	1
Job1	就业单位：是否国有单位	0.35	0.48	0	1
Job2	就业单位：是否非国有单位	0.50	0.50	0	1
Job3	就业单位：是否个体户	0.15	0.35	0	1
Income	借款人税后年收入（万元）	13.31	20.98	0.15	200
Dwell	住房状况：0 无；1 有	0.80	0.40	0	1
Urban	是否城市居民：0 否；1 是	0.54	0.50	0	1
Mature	借款期限（月）	48.34	46.46	3	360
Gurantee1	担保方式：是否信用方式	0.59	0.49	0	1
Gurantee2	担保方式：是否保证方式	0.03	0.17	0	1
Gurantee3	担保方式：是否抵押方式	0.38	0.48	0	1
Pricing	贷款风险溢价	1.25	0.77	0.00	2.18
PCredit/GDP	区域个贷发展水平：个贷余额/GDP	0.18	0.07	0.04	0.30
Honest	区域信用环境：总体不良贷款率	0.97	0.24	0.57	1.95

(三) 计量模型设定

本节将借款额度决定因素的计量模型设为公式6-8。其中,被解释变量为借款额度的两类代理变量:借款金额(Debtnum)和借款收入比(Debty)。解释变量中,X_i代表借款人个体特征变量(含借款人生命周期特征变量和社会经济地位变量),β_i代表借款合同变量,γ_i代表宏观环境变量。下标i代表不同的借款人个体,ε_i为误差项。

$$\text{Debtnum/Debty}_i = \alpha_0 + \alpha_1 X_i + \alpha_2 \beta_i + \alpha_3 \gamma_i + \varepsilon_i \qquad (6-8)$$

鉴于各类变量的取值方式和取值单位并不一致,无法将其对被解释变量(借款额度)的影响程度进行直接比较,本节在下面通过计算标准化回归系数来衡量各类变量对被解释变量的贡献度。此外,为了避免异方差问题造成的结果偏误,本节在模型估计结果中统一使用了异方差稳健标准差(Robust)。

二、计量回归结果与讨论

(一) 基本计量结果

表6-9列出了借款额度决定因素的计量结果。其中,模型1和模型3的被解释变量为借款金额(Debtnum),模型2和模型4的被解释变量为借款收入比(Debty)。模型1和模型2未考虑年龄和收入水平的非线性影响,模型3和模型4则在模型1和模型2基础上纳入了年龄和收入水平的平方项。每个模型均报告了两列回归系数,第一列为实际回归系数,用于测量解释变量变动1个单位对借款额度的实际影响程度;第二列为消除单位测度影响的标准化回归系数,用于测量各解释变量对借款额度影响的相对贡献度。

表6-9　　　　借款额度影响因素的基本计量结果

变量	(1):Debtnum		(2):Debty		(3):Debtnum		(4):Debty	
	回归系数	标准化系数	回归系数	标准化系数	回归系数	标准化系数	回归系数	标准化系数
Age	0.071***	0.024	0.003***	0.034	-0.331***	-0.113	0.010***	0.136
Age * Age					0.442***	0.123	-0.009***	-0.099
Gender	-0.798***	-0.015	-0.022***	-0.016	-0.123***	-0.024	-0.019***	-0.015
Married	1.302***	0.022	0.062***	0.040	1.488***	0.025	0.058***	0.037

续表

变量	(1): Debtnum		(2): Debty		(3): Debtnum		(4): Debty	
	回归系数	标准化系数	回归系数	标准化系数	回归系数	标准化系数	回归系数	标准化系数
Supported	-0.967***	-0.027	-0.002**	-0.003	-0.892***	-0.025	-0.003***	-0.003
Edu2	1.096***	0.021	0.002	0.001	0.886***	0.017	0.002	0.001
Edu3	3.056***	0.055	0.038***	0.026	2.379***	0.042	0.040***	0.028
Edu4	11.22***	0.056	0.072***	0.014	9.249***	0.046	0.078***	0.015
Job2	-0.642***	-0.013	-0.096***	-0.075	-2.029***	-0.041	-0.090***	-0.071
Job3	-1.178***	-0.017	-0.102***	-0.056	-3.658***	-0.052	-0.092***	-0.051
Income	0.443***	0.375	-0.003***	-0.106	0.913***	0.773	-0.005***	-0.167
Income*Income					-0.364***	-0.418	0.001***	0.064
Dwell	0.724***	0.012	0.035***	0.022	0.889***	0.142	0.034***	0.021
Urban	0.792***	0.016	0.039***	0.031	0.379***	0.008	0.038***	0.030
Mature	0.060***	0.113	-0.010***	-0.073	0.073***	0.137	-0.010***	-0.074
Gurantee2	4.738***	0.033	0.609***	0.167	3.829***	0.027	0.612***	0.167
Gurantee3	22.43***	0.438	1.154***	0.875	20.76***	0.405	1.161***	0.881
Pricing	-2.676***	-0.084	-0.110***	-0.134	-2.339***	-0.073	-0.112***	-0.136
Pcredit/GDP	59.67***	0.164	0.864***	0.092	49.42***	0.136	0.902***	0.096
Honest	3.497***	0.034	0.027***	0.010	2.731***	0.027	0.030***	0.115
Constant	-12.373***	—	0.514***	—	-3.361***	—	0.363***	—
Obs	623 669		623 669		623 669		623 669	
Adj R2	0.5041		0.3857		0.5337		0.3865	
Pr(F)	0.00		0.00		0.00		0.00	

注：***、**、*分别表示在1%、5%、10%的显著性水平上显著；Edu变量的对比组为高中及以下学历组；Job变量的对比组为国有单位借款人组；Gurantee变量的对比组为信用方式借款人组。下同。

首先看模型1的回归结果。从借款人生命周期特征看，年龄对借款额度具有正向作用。从数值上看，借款人年龄每增加1岁，借款额度增加0.071万元。年龄因素对借款额度的正向影响可能体现了银行客户选择的倾向，即年龄大的借款人拥有的收入稳定性、财富水平等较强，因此更有可能获取较高的借款额度。下面还将对年龄因素的作用做进一步探讨。与女性借款人相比，男性借款人获取的借款额度平均要低 0.798 万元，这与德—里奥和杨格（2005）等的研究结论正好相关。这可能体现了国内银行贷款经营中对客户群体的风险判断偏好，即女性借款人一般被视为潜在风险相对较低。已婚借款人获得的借款额度明显较高，有抚养人口的借款人获取的借款额度明显较低，这与预期的结果均较一致。

从借款人社会经济地位特征看，随着借款人受教育程度的提高，其所获取的借款额度明显提高。特别是对于硕士及以上借款人，其借款额度要比高中及以下学历借款人高出 11.22 万元。高学历借款人获取较高的借款额度可能体现了两方面的因素，即一方面高学历借款人由于其较高的预期收入而提高了信贷需求，另一方面银行也通常对高学历借款人实行较低的准入门槛。与国有单位借款人相比，私有单位、个体户借款人的借款额度明显较低，表明随着借款人从事职业的风险状态提升，银行的放款倾向更加谨慎。收入水平对借款额度的影响显著为正，收入增加 1 万元，借款额度平均增加 0.443 万元。对于收入水平是否能对借款额度产生非线性影响我们将在下文中进一步讨论。拥有住房的借款人获取的借款额度明显较高，由于模型中已经控制了是否提供抵押物的因素，故该结论可能体现了住房对个人财务的代表作用。城市借款人获取的借款额度较高，体现了区域经济发展水平和金融供给环境的差异。

从借款合同特征看，借款期限越长，借款额度相应越高。与信用贷款相比，保证、抵押贷款的借款额度依次增加。特别是对于抵押贷款，借款额度平均比信用贷款高出 22.43 万元，表明抵押物仍是当前获取大额消费贷款的重要条件。贷款定价越高，借款额度越小。高贷款定价可以影响借款人的还款成本，故减弱其借贷额度需求，同时较高的贷款定价也反映了银行认为借款人风险较高，从而会对其借款额度进行控制。

从宏观环境因素看，个贷发展水平越高，借款人获取的借款额度越大。从数值上看，借款人所在区域个贷余额与 GDP 之比每提高 1 个百分点，其借款额度平均将提高 0.59 万元。比较意外的是，区域信用环境对借款额度的影响为正。经过分析发现，在区域信用环境较差的省份中存在广东、浙江等东部发达地区，这些地区同时也是消费信贷发展较好的区域，故导致该指标呈现出与借款额度的正相关。

表 6-9 中模型 2 将被解释变量替换为借款收入比（Debty）。由于借款金额与借款收入比在计量单位上具有较大的不同，模型 2 的回归系数与模型 1 具有较大差异。但除两个解释变量外，其他变量对借款额度的影响方向基本相同：第一是收入水平变量。模型 2 的结果显示收入水平对借款收入比的影响为负，收入水平每提高 1 万元，借款收入比平均下降 0.003。这可能是由于随着收入水平的提

高,同样的借款收入比意味着更高的借款金额,故银行对高收入借款人的借款收入比实施了更为严格的控制。第二是借款期限变量。模型2的结果显示随着借款期限增长,借款收入比将逐渐下降。这可能由于较长的借款期限意味着更大的未来不确定性,故银行对借款收入比的控制更为严格。

表6-9中模型3和模型4测量了借款人年龄、收入因素对借款额度的非线性影响程度。从年龄因素看,模型3和模型4的结果具有较大的分歧。模型2中年龄变量对借款额度的影响为负,但年龄平方项的影响为正,意味着年龄对借款额度的影响会呈现正"年龄型特征;模型3中的结果正好相反,表明年龄对借款收入比的影响会呈现倒"的结型特征。但从两个模型的回归系数值来看,年龄项和年龄平方项的系数值大致相当,表明拐点取值可能并不能发生太大的作用。本节利用模型3和模型4的回归结果对借款人年龄与借款额度的关系进行了预测(见图6-3、图6-4)。可以看到,对于模型3的借款金额(Debtnum)来讲,年龄变量对借款额度的影响在25~28岁间有一个低点,但超过30岁的借款人随年龄增长借款额度呈现明显的增长趋势;而对于模型4的借款收入比(Debty)而言,年龄变量在接近60岁时才产生一个拐点,60岁之前的借款人随着年龄增长借款收入比一直呈递增趋势。因此,无论是借款金额还是借款收入比,对于30~60岁的借款人来讲,年龄变量对借款额度的影响持续为正,理论预期的"U"型特征并不明显。当然,年龄变量对借款额度的正向影响可能反映了银行对借款人的价值评估,即随着年龄的增长,借款人拥有可观收入和财富水平的可能性随之提高(本节样本对此提供了一定的例证,见图6-5)。

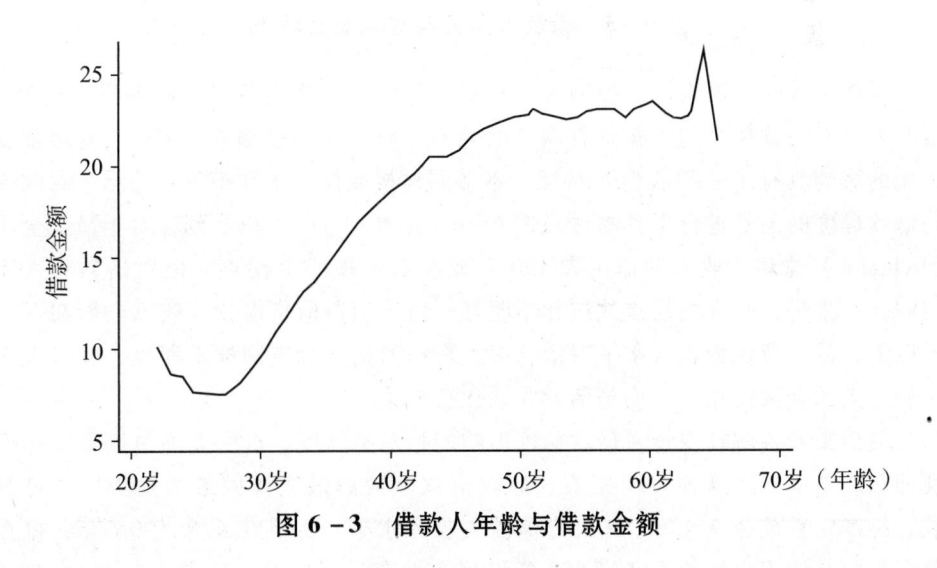

图6-3 借款人年龄与借款金额

图 6-4 借款人年龄与借款收入

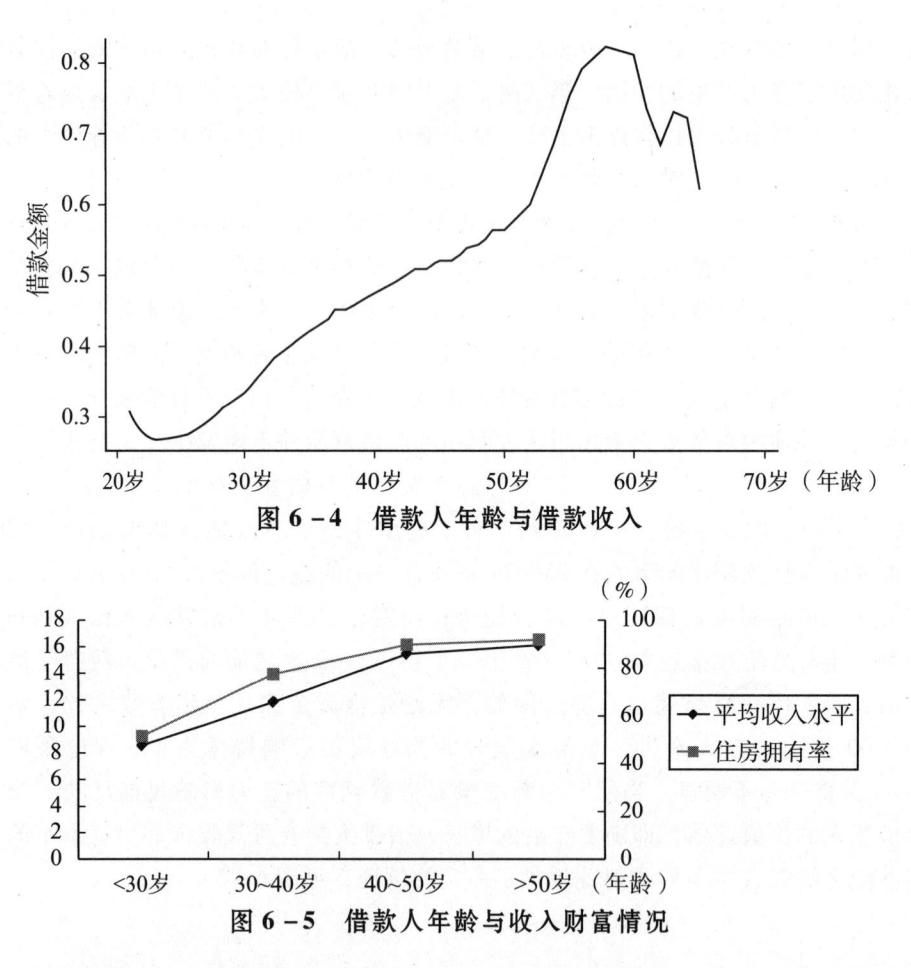

图 6-5 借款人年龄与收入财富情况

从借款人收入因素看，模型 3 和模型 4 的结果同样具有一定的差异。模型 3 表明收入对借款额度的影响具有倒"明收型"特征，而模型 4 表明收入对借款收入比的影响具有正"明收型"特征。本节同样按照模型 3 和模型 4 的结果对收入与借款额度的关系进行了预测（见图 6-6、图 6-7）。可以看到，对于借款金额（Debtnum）来讲，收入的作用在 130 万元左右出现一个拐点，但对借款收入比（Debty）来讲，收入的拐点效应并不明显。由于消费信贷借款人收入一般在百万元以下，故本节认为收入水平对借款额度影响的拐点效应同样不明显，收入水平一般与借款金额正相关，而与借款收入比负相关。

最后来看各解释变量对借款额度影响的相对贡献度，这主要通过模型的标准化回归系数体现。从模型 1 来看，影响借款金额的最主要因素为是否提供抵押物，标准化系数为 0.438；其次为借款人收入水平，标准化系数为 0.375；排在第三位的是体现市场竞争状况的个贷发展水平变量，标准化系数为 0.164。除此之外，其他变量对借款金额的影响程度均相对较小。从模型 2 来看，影响借款收

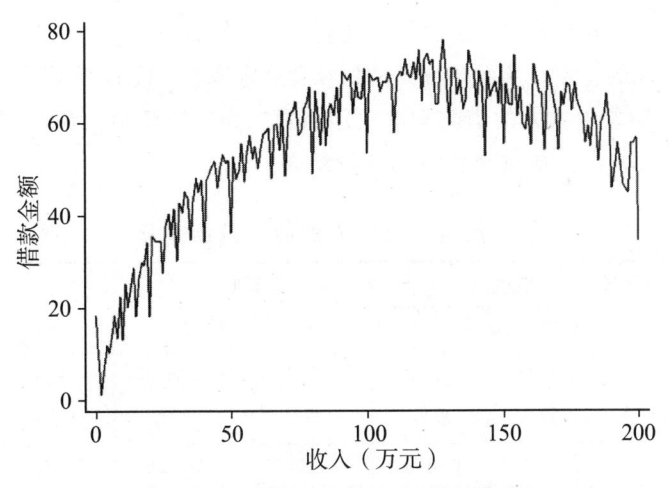

图 6-6 借款人收入与借款金额

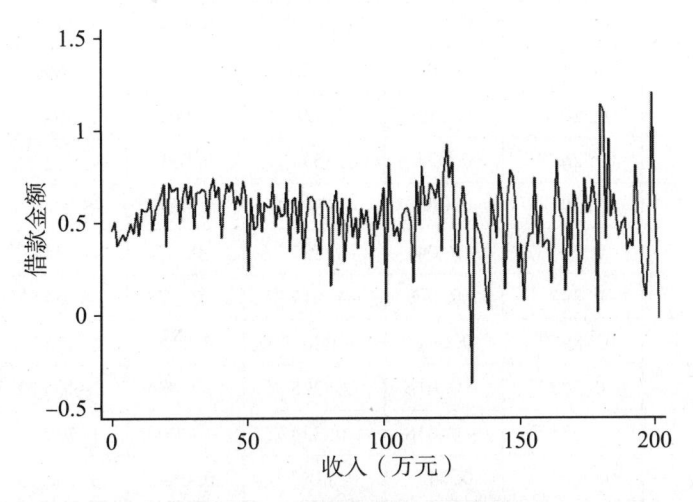

图 6-7 借款人收入与借款

入比的最主要因素依然是是否提供抵押物，标准化系数为 0.875，远高于对借款金额的影响程度；其次为是否提供保证担保，标准化系数为 0.167；第三是定价水平，但影响方向为负，标准化系数为 -0.134。但收入水平的标准化系数为 -0.106，个贷发展水平标准化系数为 0.092，与模型 1 中的影响程度相比均有所降低。总体而言，对借款金额来讲，主要的决定因素为抵押物、借款人收入水平和市场竞争状况；对借款收入比来讲，主要的决定因素为抵押物和贷款定价。

（二）不同收入阶层群体的差异比较

对于借款人收入水平，本节按照小于 5 万元、5 万~20 万元、20 万元以上分别划分为低、中、高收入三个层次。不同收入阶层借款人可能在借款用途、风险偏好等方面有不同的特点,从而导致其借款额度决定因素可能有所不同。表6-10列出了不同收入阶层借款人的借款额度决定因素。为节约篇幅,在此仅列出了以借款金额(Debtnum)为被解释变量的计量结果。

表6-10　　　　　　　借款额度影响因素的收入阶层差异

变量	低收入 (1):Debtnum		中等收入 (2):Debtnum		高收入 (3):Debtnum	
	回归系数	标准化系数	回归系数	标准化系数	回归系数	标准化系数
Age	0.020***	0.018	0.059***	0.025	0.150***	0.029
Gender	-0.707***	-0.036	-1.536***	-0.036	-1.675***	-0.018
Married	0.995***	0.044	2.567***	0.054	3.225***	0.029
Supported	-0.117***	-0.008	-0.270***	-0.009	-2.696***	-0.047
Edu2	0.320***	0.016	0.001	0.001	1.508***	0.016
Edu3	0.526***	0.024	1.357***	0.031	4.772***	0.048
Edu4	0.930***	0.008	4.988***	0.034	16.260***	0.068
Job2	-0.797***	-0.041	-2.887***	-0.074	-1.448***	-0.016
Job3	-0.347***	-0.009	-4.017***	-0.078	-3.633***	-0.038
Income	0.889***	0.091	1.026***	0.215	0.275***	0.238
Dwell	-0.308***	-0.014	-0.298***	-0.006	-0.112	-0.001
Urban	-0.338***	-0.018	-0.334***	-0.008	1.769***	0.020
Mature	0.094***	0.044	0.117***	0.084	0.160***	0.063
Gurantee2	2.723***	0.041	6.822***	0.066	1.363**	0.006
Gurantee3	7.315***	0.334	17.392***	0.440	39.076***	0.466
Pricing	-0.292***	-0.025	-2.525***	-0.095	-9.209***	-0.159
Pcredit/GDP	10.045***	0.065	37.353***	0.126	111.919***	0.173
Honest	-0.359***	-0.008	2.490***	0.035	8.714***	0.042
Constant	-4.256***	—	-10.671***	—	-20.632***	—
Obs	236 695		300 282		86 692	
Adj R^2	0.6018		0.5214		0.4286	
Pr(F)	0.00		0.00		0.00	

注:***、**、*分别表示在1%、5%、10%的显著性水平上显著。

从表 6-10 的结果可以看出，无论是对于何种收入阶层的借款人，抵押物、借款人收入水平以及市场竞争状况始终是影响借款额度的主要因素。同时，我们还可以看出两个其他特点：第一，对于不同收入阶层的借款人，其借款额度决定因素中抵押物作用总是大于收入水平的作用，且抵押物的作用随着借款人收入水平的提高而增强。借款人收入是借款人正常履约还款的根本，但其作用程度却反不及抵押物，表明银行业务经营中存在较强的抵押物依赖性。第二，随着借款金额的增大，贷款定价的作用逐渐明显。利率上浮 1 个百分点将导致低收入借款人借款额度减少 0.292 万元，而高收入借款人借款额度将减少 9.209 万元，贷款定价变量的标准化回归系数也呈现了类似的规律。借款额度越大，其对应的还款利息越高，因此对借款利率的敏感性也会相应增强。

三、研究结论与启示

本节基于国内某银行的消费贷款业务数据，实证研究了消费信贷借款额度的决定因素及其在不同借款群体中的差异性。研究发现：第一，消费信贷借款额度的决定因素比较集中，且对抵押物的依赖现象较为明显。从借款金额来看，主要的决定因素为抵押物、借款人收入水平和银行同业的市场竞争状况；从借款收入比来看，主要的决定因素为抵押物和贷款定价。借款人其他特征（如年龄、职业、受教育程度等）对借款额度的作用程度相对较小。第二，不同收入阶层借款人的借款额度决定因素基本相同，且随着收入水平的提高，抵押物的作用程度在增强，进一步表明了银行贷款经营中存在着较为明显的抵押物依赖性。

从本节的实证结果可以看出，目前消费信贷决定因素主要还是取决于商业银行的贷款供给，而非借款人本身的借款需求，这突出地表现在银行对抵押物的依赖性上。本节认为，尽管抵押物可以通过防范客户风险、保障第二还款来源等方式对银行经营产生一定的积极意义，但过度依赖抵押物可能会导致消费者和商业银行的双方面损失。一方面，不能提供抵押物的消费者将无法获取贷款；另一方面，随着消费信贷市场竞争的日趋激烈，过度依赖抵押物的银行或将面临潜在客户的流失。结合本节的实证结果，我们认为，为更好地推进消费信贷业务发展，商业银行应该适当降低对抵押物的依赖性，更加深入分析借款人的个体特征差异，充分挖掘借款人年龄、家庭结构、职业状况、教育程度、所在区域等因素对消费信贷经营的影响，通过提供差异化的金融服务来推动消费信贷发展和提升自身市场竞争力。

本 章 小 结

本章首先在存在流动性约束与预防性储蓄的消费模型框架下，总结了消费信贷影响我国城镇居民消费行为的作用渠道，并利用我国2004年的省际面板数据对其进行检验。研究结果表明：从总体上讲，消费信贷在一定程度上促进了我国城镇居民的当期消费；然而从消费信贷的作用渠道来看，当前的消费信贷主要缓解了居民当期流动性约束，促进了相关耐用品消费的增长，但消费信贷发展并没有降低我国城镇居民的储蓄压力，其消费保险的功能也没有得到有效发挥。认为过高的"大额刚性支出"成本和未来收支的不确定性是导致消费信贷拉动居民消费的作用效果较弱的主要因素。

其次从实证角度探讨分析消费信贷对扩大消费、降低居民储蓄率的作用效果问题。利用2004~2011年我国各省城镇居民作为研究样本，运用动态面板GMM估计量对居民储蓄率决定因素的实证检验显示：消费信贷确实能在一定程度上抑制我国城镇居民的高储蓄率水平，在其他因素保持不变的前提下，消费信贷增长率每提高1个百分点，城镇居民储蓄率将会下降0.039个百分点。但消费信贷的作用仅在于降低储蓄率过快上升的趋势，其影响居民储蓄率的效果还存在诸多限制。

最后通过利用国内某银行的消费贷款业务数据，实证研究了消费信贷借款人的借款额度决定因素问题。研究结果表明，当前消费信贷借款额度主要取决于抵押物、借款人收入水平和银行同业的市场竞争状况，借款人其他特征（如年龄、职业、受教育程度等）对借款额度的影响程度相对较小。进一步检验发现，不同收入阶层借款人的借款额度决定因素基本相同，但随着收入水平的提高，抵押物的影响程度随之增强，表明银行信贷经营中存在较强的抵押物依赖现象。

第七章

家庭资产对我国居民消费影响的研究

消费需求不足是我国经济面临的重要问题，消费占国内生产总值的比例过低会导致我国经济结构失衡，扩大消费需求是我国亟待解决的战略问题。决定居民消费需求的关键因素是可支配收入，而来自资产收益的财产性收入的高低又会直接影响到居民的可支配收入。因此研究家庭资产对于居民消费的影响具有十分重要的意义，本章将从家庭金融资产的财富效应、家庭住房资产的财富效应、家庭资产的财富效应以及家庭资产结构与居民消费倾向这四个方面讨论家庭资产对我国居民消费的影响。

第一节 家庭金融资产财富效应

消费是宏观经济领域研究的重要问题之一。早在20世纪60~70年代，居民资产的财富效应就曾风靡一时。90年代后期，美国以及全球范围内股票市场价格大涨，带动了居民消费的持续提高。2008年美国金融危机使全球股市暴跌，为历来最大年度百分比跌幅，居民消费低迷。在这种背景下，金融资产的财富效应再次成为国外经济学家研究的热点。

我国自改革开放以来，实现了由计划经济向市场经济的转变，带动了经济的飞速发展，特别是实现了金融市场的多元化发展，居民家庭财富逐步提高。随着我国股票市场、债券市场、基金市场等各项制度的逐步建立和完善，中小企业具备了更加快捷多样的融资渠道，从而带动了国民经济的良好发展，同时也在一定程度上提高了居民的消费水平。党的十八大报告指出，要牢牢把握扩大内需这一战略基点，加快建立扩大消费需求长效机制，释放居民消费潜力。随着居民消费水平的提高，居民所持金融资产与消费的研究越来越引人注目，本节将在此背景下更加深入地研究我国居民的金融资产对消费的影响。

从理论层面看，研究居民金融资产财富效应有助于深入理解消费函数的理论模型。从凯恩斯的绝对收入假说、杜森贝里的相对收入理论、弗里德曼的持久收入消费理论以及霍尔和弗莱文的 LC–PIH 消费模型着手，将股票资产、储蓄存款纳入消费模型中，扩展了消费理论的适用范围。同时，基于居民金融资产财富效应的波动性，滞后性和非对称性特点，对原有的消费模型进行适当的修正，使消费理论更加准确和全面。

从现实意义层面看，消费水平是居民实现福利最大化的重要保障。索洛模型指出要实现消费的黄金律水平，投资（储蓄）的增加会带动未来消费的最大化目标，居民手持金融资产必然会对金融市场产生影响。近几年来，虽然我国的消费一直都在增加，但是大部分学者认为相对于增长更快的人均产出（收入）和生产产出而言，中国经济还表现出内需不足的问题。研究城镇居民金融资产的财富效应可以了解是哪些因素促进了城镇居民消费的增长，在经济波动时哪些因素修正了消费量的波动，其他经济变量诸如利率、年龄、收入水平等因素对金融资产的财富效应又有哪些影响。这些研究会给政府扩大内需政策提供理论基础和政策建议。目前国内财富效应的研究文献中，大部分是对股票资产、储蓄存款的单独研究，不适应现在宏观经济形势的需要。本节通过比较不同种类金融资产对消费的影响对财富效应研究做出初步性探索，为后文分析做铺垫。

一、财富效应的相关概念和理论

财富效应最早是由庇古提出的，因而又被称为"庇古效应"或"实际余额效应"，他首次将金融资产纳入了影响消费的因素中去。庇古效应描述了消费、金融资产和物价水平之间的相互关系。当物价水平下降导致金融资产的实际价值增加，消费增加；当物价水平上升导致金融资产的实际价值减少时，消费减少。如果物价水平的变动与居民家庭现有可支配收入的变动方向一致，但是对居民所拥有的资产仍会产生一定影响，进而促使家庭消费支出的减少或增加。

财富效应的理论是建立在消费函数理论的基础之上的。在早期的消费函数理论中，凯恩斯的绝对收入假说和杜森贝里的相对收入假说忽视了财富积累对消费的影响，片面地将收入作为影响消费的主要因素。随着金融资产的日益多元化，更多的学者开始将金融资产财富视为影响消费的重要因素并加以研究：主要有莫迪利安尼的生命周期假说和弗里德曼的持久收入假说。20世纪70年代理性预期学派兴起，丰富了消费模型的内涵，霍尔·莱文斯将罗伯特·卢卡斯的理性预期假说引入生命周期假说和持久收入假说，并用随机方法修正生命周期假说，形成了随机游走假说消费函数。20世纪80年代中期至今，在前人消费理论的基础上又诞生了大量的新假说。

二、财富效应的特性

（一）有效性

有效性是财富效应重要的性质之一。财富效应的有效性只是在其他条件不变的情况下，每一单位财富的增加所导致的消费的增加。根据不同金融资产的有效性理论，有效性也有大小区分。例如，股票市场的财富效应有效性分为强式、中强式和弱式。对于不同类型的金融资产来说，其有效性大小的评价标准也不同。对财富效应有效应的研究是基础。

（二）时滞性

财富效应的时滞性，指在金融资产价格波动对消费影响存在一个滞后期，即资产价格是短期经济周期的先行指标。当居民所持有的金融资产价格出现变动，到能够影响消费水平，存在一定的时间间隔，而这时间的间隔长短具有一定的不确定性。由于居民金融资产的构成不同，它们影响消费水平的时间滞后性则不同。理论分析上，股票资产对消费的影响具有极短的时间间隔，由于股票财富净值的增加也会导致消费增加的幅度有可能较大。如果股票财富对消费水平影响的时间间隔较长，那么通过平滑消费后，对总体消费水平的影响就较小。我国学者通过实证检验发现，我国股票资产的滞后期大约为半年左右，也就是说股票资产的变动在半年后才能影响到消费水平。同理，其他金融资产如居民储蓄、债券、保险等都与股票财富有相同的性质，这些资产价格变动对消费同样具有滞后的影响。那么滞后期产生的原因是否相同，是我们理论分析的重点。

首先，股票资产滞后影响消费的原因在于股票资产与经济周期的不同步性。美国经济资讯局将股票价格指数作为领先指标，它的价格波动往往先于整体经济。因而股票市场和经济周期的时滞产生了股票财富效应的时滞。另外，股票市场受货币政策影响较强，一般来说，货币政策的实施将在6个月之后对经济产生影响,进而股票市场的滞后期与货币政策使经济发生实质性变化的周期相近。

(三) 非对称性

财富效应的非对称性是指当金融资产价格上涨或下降时,消费变动方向的程度(即有效性)是不同的。例如,股票市场的财富效应具有明显的非对称性,也称为棘轮效应。股票价格上涨对消费的正面效应与股票价格下降对消费产生的负面效应是不对等的。

三、数据分析与变量选取

(一) 金融资产结构分析

家庭居民金融资产随着市场经济的发展实现了由少到多,由单一到多样化的转变。金融资产在居民家庭资产中所占的比例不断提高,成为判断居民生活水平的重要指标。我国居民金融资产主要包括手持现金、储蓄存款、债券、股票和保险金五大类。表7-1显示了1978~2011年各类金融资产的存量数据。由数据可知,我国居民金融资产结构的变化情况。其中,手持现金的比重呈现逐年下降的趋势,且幅度较大,近几年来储蓄存款在居民金融资产中也有小幅下降,但是仍是主要的金融资产之一。股票资产整体上呈不断增长的趋势,但会随着经济周期的影响有所波动。债券的金融资产中的比重逐步增加,近几年来成为仅次于储蓄存款的重要金融资产之一。保险准备金的比例也有逐年小幅增加的趋势。

表7-1 中国居民金融资产存量数据

年份	手持现金(元)	比重(%)	储蓄存款(元)	比重(%)	股票(元)	比重(%)	债券(元)	比重(%)	保险(元)	比重(%)
1978	169.6	44.6	210.6	55.4						
1979	214.2	43.3	281.0	56.7						
1980	277.0	40.9	399.5	59.1						
1981	317.1	37.7	523.7	62.3						
1982	351.3	34.2	675.4	65.8						
1983	423.8	32.2	892.5	67.8						
1984	633.7	34.3	1 214.7	65.7						
1985	790.3	32.7	1 622.6	67.1					4.8	0.2

续表

年份	手持现金（元）	比重（%）	储蓄存款（元）	比重（%）	股票（元）	比重（%）	债券（元）	比重（%）	保险（元）	比重（%）
1986	974.7	27.7	2 238.5	63.6			293.1	8.3	12.9	0.4
1987	1 163.7	25.0	3 081.4	66.1			391.5	8.4	25.6	0.5
1988	1 707.2	27.9	3 822.2	62.4			558.6	9.1	38.3	0.6
1989	1 875.2	23.9	5 146.9	65.7			769.3	9.8	46.1	0.6
1990	2 115.5	20.8	7 119.8	69.9			890.3	8.7	56.3	0.6
1991	2 542.2	19.7	9 241.6	71.5			1 060.0	8.2	78.3	0.6
1992	3 468.8	20.9	11 759.4	70.7			1 282.7	7.7	122.6	0.7
1993	4 691.8	21.1	15 203.5	68.3	683.0	3.1	1 540.7	6.9	157.1	0.7
1994	5 830.9	19.0	21 518.8	70.2	814.0	2.7	2 286.4	7.5	213.6	0.7
1995	6 308.2	15.6	29 662.2	73.5	791.0	2.0	3 300.3	8.2	304.3	0.8
1996	7 041.6	13.3	38 520.8	72.9	2 514.0	4.8	4 361.4	8.2	431.6	0.8
1997	8 142.1	12.5	46 279.8	70.9	4 856.0	7.4	5 508.9	8.4	503.6	0.8
1998	8 963.4	11.7	53 407.5	69.9	5 550.0	7.3	7 765.7	10.2	762.4	1.0
1999	10 764.4	12.0	59 621.8	66.4	7 937.0	8.8	10 542.0	11.7	891.2	1.0
2000	11 722.2	11.0	64 332.4	60.5	15 524.0	14.6	13 674.0	12.9	1 003.0	0.9
2001	12 551.0	10.8	73 762.4	63.2	13 344.9	11.4	15 618.0	13.4	1 443.0	1.2
2002	13 822.4	10.3	86 910.7	64.8	11 718.8	8.7	19 336.1	14.4	2 298.0	1.7
2003	15 796.7	10.0	103 617.7	65.8	12 305.9	7.8	22 603.6	14.4	3 030.4	1.9
2004	17 173.8	9.7	119 555.4	67.7	10 998.0	6.2	25 777.6	14.6	3 209.0	1.8
2005	19 225.4	9.5	141 051.0	69.6	10 028.4	4.9	28 774.0	14.2	3 661.5	1.8
2006	21 658.1	8.9	161 587.3	66.6	23 731.3	9.8	31 448.7	13.0	4 072.5	1.7
2007	24 300.2	7.1	172 534.2	50.6	90 526.5	26.5	48 741.0	14.3	4 966.7	1.5
2008	27 375.2	7.8	217 885.4	62.2	44 419.1	12.7	53 271.5	15.2	7 350.7	2.1
2009	30 596.8	6.0	260 771.7	51.2	149 456.0	29.3	60 237.7	11.8	8 159.5	1.6
2010	35 702.6	5.9	303 302.5	49.9	190 917.0	31.4	67 548.0	11.1	10 520.4	1.7
2011	40 598.8	6.4	352 799.4	55.3	163 479.0	25.6	72 045.5	11.3	9 583.5	1.5
2012	43 727.8	6.1	399 551.0	55.4	181 658.0	25.2	86 750.2	11.9	9 986.6	1.4
2013	52 910.6	5.9	491 447.7	54.9	227 072.5	25.4	111 040.5	12.4	12 483.3	1.4

资料来源：相关年份《中国统计年鉴》。

（二）模型与变量选取

根据莫迪利安尼的生命周期理论，资产和劳动收入决定了人们的消费，消费函数可表示为：

$$C = \alpha W + \beta Y \tag{7-1}$$

其中，C 表示消费，W 表示拥有的资产的数量，Y 表示劳动收入，α 是资产的边际消费倾向，β 是收入的边际消费倾向。我们以生命周期理论为模型，研究当期股票和储蓄这些金融资产对居民消费的影响。由于影响人们消费决策的储蓄是前期储蓄及其利息的存量，因此，将式（7-1）的消费函数进行修正，得到：

$$C = \beta Y + \lambda S_{-1} + \delta St \tag{7-2}$$

其中，s_{-1} 表示前期储蓄，st 表示股票，λ 表示储蓄对消费的影响，δ 表示股票对消费的影响。将式（7-2）转换为人均值表示的消费函数：

$$c = \beta y + \lambda s_{-1} + \delta st \tag{7-3}$$

其中，c 为人均消费，y 为人均收入，s_{-1} 为前期人均储蓄资产，st 为人均股票资产。我们选取了我国 2001~2011 年 31 个省（直辖市）的面板数据进行分析，建立以下计量经济模型：

$$c_{j,it} = a_j + \beta_j y_{j,it} + \lambda_j s_{j,it-1} + \delta_j st_{j,it} + u_{j,it} \tag{7-4}$$

其中，j = 0，1，2，3 分别代表全国、东部地区、中部地区和西部地区。将 31 个省（直辖市）划分为东部、中部和西部分别考察各地区的金融资产对消费的影响。其中，东部地区包括北京、天津、河北、上海、江苏、浙江、福建、山东、广东、辽宁、海南；中部地区包括河南、安徽、江西、湖北、湖南、山西、吉林、黑龙江、内蒙古；西部地区包括四川、重庆、广西、宁夏、云南、青海、新疆、甘肃、贵州、陕西、西藏。i = 1，2，…，31，表示 31 个省（直辖市）。t 表示时间。c_i 表示第 i 个地区的城镇居民的人均消费支出。y_i 表示第 i 个地区的城镇居民的人均可支配收入，s_i 表示第 i 个地区的城镇居民的人均储蓄存款，该指标的计算方式为：城镇居民人均储蓄存款 = 年末城乡居民储蓄存款总额/城镇居民人口。st_i 表示第 i 个地区的城镇居民的人均股票资产。因为没有各省份 A 股年末流通市值的数据，所以假定 GDP 越高的地区其股票流通市值越高，GDP 越低的地区其股票流通市值越低，则各地区股票总市值按其 GDP 占全国 GDP 的比重加权得到，则人均股票资产 = 各省股票总市值/各省城镇居民人口。β、λ、δ 是待估计参数。u_i 是随机扰动项。我们的数据均来自《中国统计年鉴》和各省统计年鉴。所有变量均为剔除了价格因素的实际年度数据。

表 7-2 是各变量的样本特征描述。四个数据变量分别是人均消费支出、人均可支配收入、人均储蓄存款和人均股票资产。

表7-2 描述性统计量

统计量	均值	中位数	标准差	偏度	峰值
全国城镇居民人均消费	8 131	7 490	2 982	1.3775	20 292
全国城镇居民人均收入	11 069	10 183	4 446	1.3899	29 288
全国城镇居民人均储蓄	4 166	2 997	4 647	2.1647	26 410
全国城镇居民人均股票资产	10 524	4 359	12 169	1.9318	74 363
东部城镇居民人均消费	10 172	9 742	3 521	0.6155	20 292
东部城镇居民人均收入	13 911	13 198	5 340	0.6750	29 288
东部城镇居民人均储蓄	6 523	4 959	5 141	1.4216	26 410
东部城镇居民人均股票资产	14 200	6 465	15 312	1.5713	74 363
中部城镇居民人均消费	6 937	6 763	1 595	0.2210	10 203
中部城镇居民人均收入	9 636	9 105	2 611	0.2965	14 517
中部城镇居民人均储蓄	3 091	2 622	1 967	1.2346	10 158
中部城镇居民人均股票资产	8 297	3 082	9 286	1.5303	37 743
西部城镇居民人均消费	6 755	6 700	1 519	0.3277	10 721
西部城镇居民人均收入	8 948	8 716	2 251	0.3126	14 192
西部城镇居民人均储蓄	2 306	1 648	2 136	1.1273	9 175
西部城镇居民人均股票资产	8 118	3 097	8 712	1.3915	39 242

从2001年到2011年，全国城镇居民人均收入均值和中位数最大，说明我国城镇居民的收入水平较高。全国城镇居民人均股票资产的均值较大，且标准差为12 169，峰值达到74 363元，这说明我国城镇居民持有的股票资产数量存在巨大差异。人均储蓄资产均值最小，但标准差较大，这表明我国城镇居民所持储蓄存款也存在一定的差距。总体来说，城镇居民所持金融资产数量在这几年波动性较大，这是由我国经济发展不平衡导致的。

就各地区而言，东部沿海地区人均可支配收入均值普遍较高，西部地区人均可支配收入均值普遍较低。这是由于沿海地区比其他地区有更为广阔的发展空间和投资机会，经济发展较快，然而中、西部地区对外联系不便，受到地理、政治、历史等因素的影响，经济发展相对缓慢。居民手持储蓄资产和股票资产也表现出东部地区高于中、西部地区的特点，这是由于东、中、西部地区经济发展不平衡所导致。经济发达地区居民所持有的财富（特别是金融资产）就较多，而欠发达地区由于居民可支配收入本身就少，用于储蓄和投资股票的资产就更加少了。

四、财富效应实证分析

(一) 面板单位根检验与协整检验

为了克服时间序列数据的非平稳性以及伪回归问题,首先对所有变量进行单位根检验。我们基于面板数据不同截面具有不同的单位根为假设前提,分别使用 Im-Pesaran-Skin 检验、Fisher-ADF 检验和 Fisher-PP 检验方法对数据进行单位根检验。检验结果如表 7-3 所示。

表 7-3　　　　　　　　单位根检验结果

	IPS – Stat		Fisher – ADF		Fisher – PP	
	原始序列	一阶差分	原始序列	一阶差分	原始序列	一阶差分
c_0	3.7567	-5.2231***	32.4834	137.827***	32.0696	237.469***
y_0	9.2929	-3.6028***	10.3647	118.274***	19.7540	172.601***
s_0	-0.1439	-11.2213***	46.3029	258.043***	40.4467	441.297***
st_0	-1.2377	-4.0673***	73.6861	124.525***	50.6247	175.938***

注:*表示10%的水平下显著;**表示在5%的水平下显著;***表示在1%的水平下显著。

根据三种单位根检验方法,消费 (c)、收入 (y)、储蓄 (s) 和股票 (st) 变量的原始序列均不能通过 1% 的显著性水平,即存在单位根过程,经过一阶差分后,所有差分序列均能在 1% 的显著性水平下拒绝存在单位根过程,因此服从 I(1),为平稳序列。

由于上述变量均为一阶单整,需要对各变量进行协整检验,以验证它们是否存在长期稳定关系。利用 Kao 检验方法进行面板数据的协整检验,结果显示 p 值为 0,拒绝不存在协整关系的原假设,因此我国 31 个省市的城镇居民人均消费、收入、储蓄资产、股票资产的面板数据之间存在协整关系。

(二) 模型估计结果

既然各变量之间存在同阶平稳关系,就可以直接对模型进行估计。我们选取的样本空间包括 31 个省份,各省城镇居民人均可支配收入、人均储蓄存款和人均股票资产存在差异,因而允许不同省份存在个体影响,并用截距项的差别来说明,因此模型选取变截距形式。根据个体影响的不同形式,变截距模型又分为固定影响变截距模型和随机影响变截距模型两种。

豪斯曼检验用来确定模型是固定影响还是随机影响。根据豪斯曼检验结果，p 值为 0.0083，小于 1% 的显著性水平，拒绝存在随机影响的原假设，因此建立固定影响模型进行回归分析。

根据固定影响变截距模型的估计结果，调整后的 R^2 为 0.99，拟合优度较好，说明模型整体是有线性保证的。D.W. 值较低，为 0.52，根据样本容量 T = 310 和解释变量 k = 3 查 D.W. 分布表，得到临界值 d_l = 1.80，d_u = 1.83，由于 0 < D.W. < d_l，说明模型存在正自相关，因此需要在模型中加入 AR(1) 项来消除自相关。另外允许截面成员之间存在异方差，选用横截面加权方法。使用广义加权最小二乘法估计含有 AR(1) 项的固定影响变截距模型，估计结果如表 7-4 所示。

表 7-4　　　　　　　　　　　　模型估计结果

	估计值	T 统计量	P 值
$\hat{\alpha}$	1 598.182 ***	7.3123	0.0000
$\hat{\beta}$	0.5875 ***	47.0517	0.0000
$\hat{\lambda}$	0.0124 ***	2.9891	0.0031
$\hat{\delta}$	0.0033 ***	3.4849	0.0006
AR(1)	0.7900 ***	11.3551	0.0000
	R^2 = 0.95	F = 2 255	D.W. = 1.98

注：* 表示 10% 的水平下显著；** 表示在 5% 的水平下显著；*** 表示在 1% 的水平下显著。

根据估计结果，R^2 为 0.95，F 值为 2 255，D.W. 为 1.98，所有变量均通过 1% 的显著性检验，自相关已消除。估计结果良好。由以上估计结果可以得出如下结论：

第一，城镇居民可支配收入对消费的影响非常大，边际消费倾向为 0.5875，即收入每增加 1 元，消费增加 0.5875 元。这说明我国城镇居民收入是影响消费的主要因素。

第二，前期储蓄资产对当期消费较弱，边际消费倾向为 0.0124，即前期储蓄每增加 1 元，消费增加 0.0124 元。这可能是由于医疗、养老、教育等不确定性的影响提高了预防性储蓄动机，前期储蓄并没有使城镇居民产生足够的消费信心。具体表现为我国医疗保障体系不健全，尤其在城镇化背景下，城镇灵活就业人数增多，失业率增加，城镇职工基本医疗保险参保人群和参保基金的不确定性加剧。再者，养老金缺口巨大、养老保险改革启动较晚，预防性储蓄进一步增加。再加上义务教育投入不足,教育资源不均衡等突出问题使储蓄资产中的预防性储蓄比例增加,从而削弱了对消费的影响程度。

第三,股票资产对消费的影响非常微弱,仅为 0.0033,即股票资产价值每提高 100 元,消费仅增加 0.33 元。这可能因为一是我国股票市场规模较小,参与面较窄,股票市场发展尚不成熟。二是,政府直接干预股市走势,是自 90 年代以来的一个根本性特征(王国刚,2008),受"政策市"影响,人们对股票市场的不确定性难以形成稳定预期,从而削弱了股票资产对消费的影响。

我国地区间经济发展水平不均衡,因而居民金融资产对消费的影响程度存在地区差异。进一步将我国分为东、中、西三个区域进行考察研究,估计结果如表 7-5 所示。

表 7-5 东部、中部和西部地区的金融资产的财富效应比较

	全国	东部	中部	西部
$\hat{\beta}$	0.5875*** (0.0000)	0.5756*** (0.0000)	0.6379*** (0.0000)	0.6756*** (0.0000)
$\hat{\lambda}$	0.01241*** (0.0031)	-0.0303 (0.3349)	-0.0373 (0.5706)	0.0083*** (0.0049)
$\hat{\delta}$	0.0033*** (0.0006)	0.0031* (0.0768)	0.0061*** (0.0078)	0.0022* (0.0102)
Ar(1)	0.0000 (0.0000)	0.6963*** (0.0000)	0.7426*** (0.0000)	0.8632*** (0.0000)
R^2	0.9500	0.9967	0.9949	0.9834
	341	121	99	121

注:* 表示 10% 的水平下显著;** 表示在 5% 的水平下显著;*** 表示在 1% 的水平下显著。括号内为 p 值。

根据上述估计结果得出如下结论:

第一,人均可支配收入对消费具有极大的影响。人均可支配收入每增加 1 元,东部、中部和西部地区的消费分别增加 0.5756、0.6379 和 0.6756 元。收入水平仍然是影响消费的主要因素。西部地区人均可支配收入对消费的影响最大。东部地区和中部地区人均可支配收入对消费的影响最小,且低于全国平均水平。这符合西部地区经济发展落后,居民缺乏投资理念,消费水平很大程度上依赖于收入的事实。而东部地区经济发达,金融市场发展较快,居民消费对收入的依赖性相对较低。

第二,西部地区的前期储蓄对当期消费影响较弱,东、中部地区的前期储蓄对当期消费无显著影响。这可能是因为西部地区资本市场不够完善,投资种类较少,大部分资产以储蓄的形式存在。再加上城镇居民对未来支出的不确定性使预防性储蓄在居民储蓄中所占的比例较大,这种不确定性来自养老、医疗、教育支出等方面,而前期储蓄存款不足以消除人们对不确定性的担忧。

第三，股票资产对消费的影响非常微弱。东部、中部和西部地区股票资产对消费的影响均通过了1%的显著性水平。东部地区和西部地区股票价格每提高100元，人均消费将增加0.31元和0.22元，低于全国平均水平。中部地区的股票资产价格每提高百元，对消费的影响为0.61元。这说明，中部地区受益于"中部崛起计划"，资本市场发展较快，城镇居民持有财富较多，股票资产对居民消费影响相对较强，甚至已经超过了东部地区。经济欠发达的西部地区居民持有财富较少，从而表现出股票资产对居民消费影响较小。

五、结论及政策建议

研究表明，我国城镇居民的人均可支配收入对消费水平起到决定性作用。边际消费倾向在 0.5756~0.6756，呈现出由东向低逐渐增加的趋势。这是由于经济越发达地区，居民生活水平整体越高，居民收入中用于消费的比例就越小。前期人均储蓄存款对当期消费影响微弱，这可能是由于居民储蓄存款中很大一部分是用于预防性和积累性消费，预防未来的不确定性和消费升级，这部分存款受到实际利率和对未来预期的影响从而对消费的影响程度并不强劲。再加上金融市场中各种投资机会都在其中争夺储蓄流量，金融自由化程度逐步提高，一定程度上分流了储蓄资产。我国股票资产对消费的影响是非常微弱的。各地区的股票价格对消费的影响具有地域间差异，呈现出中部影响最强，其次是东部和西部地区。这对于提高我国股票资产对消费的影响具有重要意义。与居民储蓄存款相比较而言，股票资产对于拉动消费具有很大的上升空间。

为了提高居民消费水平，增加城乡居民整体的边际消费倾向，提出如下政策建议：

首先，提高居民可支配收入水平对于提高消费水平具有重要作用。应当继续深化收入分配改革，缩小地区间收入差距，有效增加普通居民的可支配收入水平。通过个人所得税、遗产税等税收方式调节高收入阶层的收入水平、提高低收入阶层的收入水平，尤其注重提高中、西部经济发展相对落后地区的居民收入水平。

其次，减少预防性储蓄。受到社会文化和社会保障制度的影响，长期以来我国居民养成了持续增加储蓄的习惯，再加上我国社会保障制度还很不完善，储蓄养老的现象一直存在。因此，应当进一步完善医疗、养老、教育等社会保障体系，尤其是提高中、西部地区的社保覆盖率，增强人们对未来收入的稳定预期，提高人们的信心指数进而提高消费水平；提高股票、保险准备金、债券等其他金融资产对消费的影响程度，合理化多渠道分流储蓄存款；鼓励信贷消费，完善消费信贷市场，转变人们的消费观念。

再次，加快发展我国的股票市场。由于消费者对收入存在过度敏感性，同时，收入的不确定性和日益增加的支出预期使股票市场的财富效应表现微弱且呈现出地区差异，因此需要扩大股票市场规模。一方面引导更多中小投资者进入股市，提高居民在股票市场的参与面；另一方面提高上市公司的质量，努力提高上市公司业绩，推进优质企业入市；稳定股市繁荣，使股票投资者形成稳定预期；各地区利用其实体经济优势，增加和创新金融资产的交易品种，增加投资融资渠道，创新交易规则，平稳有序地进行股票市场的国际化；对受限制的金融资产，如五种保险和住房公积金，一方面要继续增强其社会保障职能，另一方面可以通过股票市场实现保值增值。

最后，进一步完善资本市场制度。一方面维持资本市场的健康发展要通过法律明确资本市场产权关系，通过政府对资本市场主体进行监管和服务，有效加强市场法制和诚信体系建设，同时政府应当控制资产价格在合理区间内波动，使投资者形成稳定预期；另一方面，要完善投资者保护法律制度。资本市场的监管目标就是保障投资者的权益，因此需要进一步完善投资者的权利保障和权利救济制度。保证广大中小投资者的利益，使"公开、公正、公平"原则得以真正贯彻。只有在健全的法律法规体制下，才能促进资本市场财富效应的发挥。

第二节　家庭住房资产财富效应[①]

在居民家庭资产构成中，住房资产占据了较大比重。而房地产市场的运行状态又直接影响到住房资产的价值，通过多种渠道对居民消费产生了影响。本部分分别从理论和实证两个视角探讨房价波动对居民消费的作用程度、作用机理以及作用异质性。

一、房价波动影响居民消费行为的渠道分析

已有研究表明，预防性储蓄动机和流动性约束已成为影响我国城镇居民消费行为的重要因素，因此住房价格的波动可能就会通过以下三种渠道影响居民的

---

① 课题组成员李剑等承担与本部分内容相关的子课题研究，这一部分作为课题研究成果的一部分也形成李剑博士学位论文《住房资产、价格波动与中国城镇居民消费行为》的一部分。

消费：

渠道一：直接的财富效应渠道。根据 LC‐PIH 模型，追求效用最大化的消费者会在生命周期中平滑其消费量，最优消费取决于未来劳动收入和财产之和的年金值。一旦发生未预期到的财富增加，消费者就会调整其消费计划，将增加的财富平均分配到预期的余生中去。从这个角度看，住房作为家庭的资产，如果其价格发生出乎预料的上升使个人财富增加时，直接财富效应的存在意味着消费者可能会出售一部分房产获得其增值收益从而增加以后各期的消费，也可能因为在这种情况下平滑消费需要进行的生命周期储蓄减少，从而增加以后各期收入中用于消费支出的比例，不管怎样这都会带来消费持久性地增加（CBO，2007）。

就作用机理而言，直接财富效应渠道认为只有未预期到的房价变化才会对消费有影响，因为理性的前瞻的消费者在预期到房价上升的那一刻就会调整其消费计划，而不需等到实际发生的时候；从作用的时间特征看，直接财富效应渠道意味着未预料到的房价上升会引起整个生命周期内消费的永久性增加，是一种长期的影响；从作用的强度看，由于住房还兼具消费品的属性，因此房价的上升不仅会带来住房持有者财富总量的增加，同时也意味着更高的住房使用成本。在这种情况下，对于准备长期居住在某一居所的家庭，其持有的住房资产恰好等于其未来对住房消费服务的折现值，升高的房价可能仅仅补偿了更高的租房成本，在不考虑替代效应的情况下，是不存在直接的财富效应的。只有拥有的住房资产已远远超出了其未来对住房消费服务的折现值的家庭，直接财富效应才可能起作用，并且住房资产持有的数量越多，房价上升时直接财富效应的作用应该越明显（比特，2010）。这意味着房价波动通过直接的财富效应渠道对消费的影响效果往往更明显地体现在某类消费者的消费反应上，而不是总量消费的表现上。因此，许多学者在实证检验中经常通过比较不同年龄的消费者对房价变动的反应来证明直接财富效应的存在。因为年长者与年轻者相比，一般会拥有更多的住房资产。

渠道二：抵押或流动性约束渠道。由于住房对消费者借贷而言具有抵押品的作用，因此房价上升会提高抵押品的价值，降低融资成本，从而放松住房持有者面临的借贷约束和流动性约束，使其可以通过资产增值抵押借款（housing equity withdrawl，简记为 HEW）[①] 来筹集更多的消费资金。

从作用机理看，抵押约束渠道认为，住房价格之所以可以对消费产生影响，是因为房屋具有抵押品的功能，因此房价上升不管是否被预期到，只要发生了，以其增值作为抵押进行借贷就可以缓解流动性约束，故抵押约束效应的发挥依赖

---

① 资产增值抵押借款是指将房屋抵押给银行，但所取得的贷款并非用于住房投资，而是用于家庭消费。

于房价的真实增加,即使是被预期到的也可以通过放松流动性约束而对消费产生影响(坎贝尔和科科,2007)。从作用的时间特征看,在这种情况下,住房价格上涨导致的消费增长,不像直接的财富效应那样是一种整个生命周期内消费的持久增长,而只是使面临流动性约束的消费者能够在其生命周期中平滑消费,将未来消费的增长提前到当期,因此它只改变了消费的时间路径,是一种暂时的增长。从作用强度看,由于房价波动通过该渠道只会对那些面临借贷约束的住房持有者的消费产生影响,而对不受流动性约束的消费者不会产生影响。因此,抵押效应的强弱往往取决于居民受到的流动性约束程度和信贷市场的发达程度。一般来说,信贷市场越发达,房产抵押贷款就越容易,抵押效应也越强。居民受流动性约束影响的比例越大,房价上升通过放松流动性约束对总量消费的影响越明显。但随着居民手中可抵押物价值的不断增加,其借贷能力不断增强,这时房价的进一步上升所带来的抵押效应就会越来越有限,说明抵押约束渠道的作用不会随着住房资产价值的增加而不断增强。另外,本尼托(2007)指出房价波动的不确定性越小,人们越愿意进行住房抵押贷款,从而抵押渠道对消费的影响越显著。布里奇斯等(Bridges et al.,2006)还指出随着无担保借贷(unsecured credit)的获得更加容易和利率的不断下降,房价波动通过该渠道对消费的影响也会有所减弱。

渠道三:预防性储蓄渠道。当住房资产可以起到一种缓冲储备或预防性储蓄的作用时,房价上涨房产财富增加会使居民相应减少其他形式的预防性储蓄,从而增加消费支出。从作用机理看,显然预防性储蓄效应的实现依赖于住房资产是否能够扮演预防性储蓄,或者缓冲储备的职能进行风险的平滑,对此,卡罗尔等(2003)在对预防性储蓄动机进行检验时发现,失业风险对中等收入住户会产生显著的预防性储蓄影响,这种预防性储蓄影响对包括住房资本在内的财富十分明显,对排除房产财富后的金融财富的影响则不显著,从而肯定了房产财富的预防性储蓄功能。赫斯特和斯塔福德(Hurst & Stafford,2004)利用美国家庭住户的微观调查数据对1991~1994年美国住户的抵押再融资(mortgage refinancing)行为进行研究,发现当收入遭受负向冲击,且持有的流动性资产数量较少,不足以应对这种意外冲击时,即便需要支付一定的交易成本,住房持有者也愿意提取住房资产收益,说明住房在一定程度上起到了平滑消费的缓冲储备的作用。卢斯蒂希和范纽维伯格(Lustig & Van Nieuwerburgh,2005,2008)从住房可抵押性的角度强调了住房提供消费保险的功能,因为对某些消费者来说,背运之时的借贷能力可以作为一种保险工具,否则消费者就只能依靠积累更多的储蓄或资产来进行自我保险。瑞施克等(Hryshko et al.,2010)也发现,房屋持有者与租房者相比对收入的波动能更好地进行风险的分担(risk sharing)。另外考虑到住房的消费品属性，西奈和苏勒雷斯（2005）指出，住房资产的持有还可以对冲未来住房服务成本的不确定，尤其是在预期未来租房成本会持续上升时对冲效果更好。这些都表明，随着住房资产收益的提取越来越方便和住房抵押贷款业务的发展，住房资产已越来越成为居民可以用来应对未来各种不确定性的重要资产。

从作用的时间特征看，预防性储蓄渠道与抵押约束渠道一样，也是只改变了消费的时间路径即当期消费和未来消费的配置，而不会影响整个生命周期内的持久消费。因为他们都没有增加可供住房持有者支配的一生的总资源，而只是通过对预防性储蓄动机和流动性约束的影响，改变了短期内消费对收入的反应方式。从作用的强度看，居民对未来不确定性的预期越强，住房资产的价值越稳定时，房价波动通过该渠道对消费的影响就会越显著。且随着住房资产价值的增加，其影响效果会逐渐增强，但当已有的住房资产已满足了消费者对预防性储蓄的要求后房价的进一步上升，通过该渠道对消费的影响就不再那么明显了，这一点与抵押约束渠道一样。但不同的是，由于住房资产可以对未来的各种不确定性起到一种缓冲储备的作用，因此当房价上升使住房资产价值增加时，人们是由于不需要再进行那么多的预防性储蓄从而增加了当期消费，而并不是因为可以利用资产增值抵押获得更多的贷款而增加当期的消费（本尼托，2006）。因此，房价波动通过缓冲储备渠道应该对那些原本手中已积累了一定数量预防性储蓄的消费者影响最大，而对于那些预防性储蓄较少，远低于其目标水平的住房持有者（如高度杠杆化的家庭）则不会产生影响，而流动性约束渠道则恰恰相反，通过它房价波动对受借贷约束的消费者（一般储蓄较少甚至负储蓄）的影响是最大的（甘，2010）。

总的看来，我国城镇居民消费行为的特征意味着房价波动可能会通过这三种渠道来影响居民的消费。但由于它们对消费的作用机理是不同的，因此它们对消费影响的时间特征是不同的，对不同类型消费者的影响也存在较大的差异。此外，随着居民住房财富的不断增加，房价的进一步上升通过不同渠道对消费的影响强度的变化趋势也是不同的。

二、房价波动对城镇居民消费影响的动态分析

随着1994年我国城镇住房制度改革的正式开始，住房的商品属性日益明确，住房价格更是呈现出不断上涨的趋势，与此同时，城镇居民住房的私有化率不断提高，房产逐渐成为城镇家庭资产构成中最重要的组成部分。在这样一个背景下，究竟房价的波动对居民的消费支出产生了怎样的影响，是我们亟须回答的问题。以往研究不仅得到的结论差异较大，而且存在以下的问题：大都是在协整的

框架下利用误差修正模型来进行分析；很少考虑到财富和消费之间双向因果关系带来的内生性问题；只侧重分析房价波动对消费影响的效应大小，而没有分析其时间特征（持续的还是暂时的），更没有进一步探讨房价波动对消费的动态影响路径。鉴于此，本部分将同时采用两种不同分析框架下的测度方法，并充分考虑到结构不稳定问题可能对分析带来的影响，就我国房价波动对城镇居民总量消费的动态影响进行实证检验，以期来解决上述问题，完善现有的研究。

（一）测度方法

1. 基于协整的测度方法

莱陶和卢德维格松（Lettau & Ludvigson，2001）在坎贝尔和曼昆（1989）的基础上，从消费者在实现一生效用最大化这个目标中所受到的跨期预算约束条件出发，利用简单的预算恒等逻辑从理论上证明了消费、收入和资产间长期均衡关系的存在，但在他的分析中没有对非人力财富做进一步区分。而我们知道，由于不同资产在收益的可获得性、价格变化的持久性、遗赠动机、被归入的心理账户等方面有着较大的差异，这就导致在长期中消费与他们之间的相关性可能是不同的。考虑到这一点，我们将沿着莱陶和卢德维格松（2001）的思路，采用财富效应文献中常见的非人力资本资产的划分办法，进一步将非人力资本资产分为金融资产 F 和住房资产 H（主要指住房资产）①，即 $W_t = F_t + H_t + W_{l,t}$ 来进行分析。

根据上一节的分析，坎贝尔和曼昆（1989）对预算约束恒等式进行对数线性化，得到：

$$c_t - w_t \approx E_t \sum_{i=1}^{\infty} \rho_w^i (r_{w,t+i} - \Delta c_{t+i}) \qquad (7-5)$$

若金融资产和住房资产的回报率分别为 r_{ft} 和 r_{ht}，人力资本资产、金融资产和住房资产在总资产中的比重是稳定的，分别为 β_y，β_f 和 β_h，且 $\beta_f + \beta_h + \beta_y = 1$，则 $w_t \approx \beta_y y_t + \beta_f f_t + \beta_h h_t$，总资产的回报率：$r_{w,t} \approx \beta_f r_{f,t} + \beta_h r_{h,t} + \beta_y \Delta y_t$，将其分别代入式（7-5）可得：

$$c_t - \beta_f f_t - \beta_h h_t - \beta_y y_t \approx E_t \sum_{i=1}^{\infty} \rho_w^i \left[\beta_f r_{f,t+i} + \beta_h r_{h,t+i} + \beta_y \Delta y_{t+i} - \Delta c_{t+i} \right]$$

$$(7-6)$$

根据协整的定义，(7-6) 式表明取对数后的消费、收入、金融资产和住房资产间一定存在长期的协整关系，这就为我们在协整的框架下对长期中不同资产与消费间的相关性进行分析提供了理论支撑。但需要注意的是 (7-6) 式表只是

---

① 如不再特殊说明，以下均用小写字母表示相应指标的对数值。

一个恒等式，并不是一个行为方程，因而无法反映变量之间的相互作用方式。根据莱陶和卢德维格松（2004）的分析，我们可在（7-6）式表描述的协整关系的基础上，通过联立方程构建向量误差修正模型 VECM 来分析资产波动对消费的动态影响。

根据（7-6）式表，我们构造如下的方程来检验长期中收入、资产与消费的关系：

$$c_t - \beta_y y_t - \beta_f f_t - \beta_h h_t = \beta_0 + \eta_t \tag{7-7}$$

其中，β_0 为常数项，η_t 为误差项。若 c_t，y_t，f_t，h_t 是 I(1)，η_t 则是协整残差，体现了对未来消费增长、收入增长和各种资产回报的预期，（7-7）式则代表了它们之间的协整方程。如果把（7-7）式变形写成：

$$c_t = \beta_0 + \beta_y y_t + \beta_f f_t + \beta_h h_t + \eta_t \tag{7-8}$$

并将其看做是一个对数形式的消费函数，那么协整参数 β_y，β_f 和 β_h 就衡量了长期中收入、金融资产、住房资产的持久性波动对消费的影响程度。从理论上看，β_y，β_f，β_h 的数值等于各种资产（包括收入）的资产份额，但这是基于不同资产边际消费倾向相同这样一个假定，实际上各种资产在流动性、收益的可获得性、波动的持久性、税收乃至遗产动机等方面存在着较大的差异，其边际消费倾向往往并不相同，因此 β_y，β_f，β_h 值也不再等于各自的资产份额。

在协整分析的基础上，假设消费、收入和财富都是内生变量，都参与了误差修正过程，即假定它们的调整参数都不为 0，利用实际数据建立如下的向量误差修正模型 VECM 来检验和分析资产波动对消费的动态影响：

$$\Delta Z_t = \alpha \beta' Z_{t-1} + \sum_{i=1}^{p-1} \Gamma_i \Delta Z_{t-i} + \varepsilon_t, \quad t = 1, 2, \cdots, T \tag{7-9}$$

其中，$Z_t = (c_t, y_t, h_t, f_t)'$，$\Delta Z_t$ 代表一阶差分向量（Δc_t，Δy_t，Δh_t，Δf_t）'，$\beta' Z_{t-1}$ 表示上一期的误差项，即上一期对系统均衡的离差，系数向量 α 和 Γ 完整的描述了短期中消费、收入与不同资产间的相互作用和均衡系统的调整过程，其中，α 反映了相应变量对均衡的恢复，Γ 反映了各变量的短期波动对被解释变量的短期变化的影响，此外通过对 α_c 的分析还可判断房地产财富效应的时间特征，通过对 α_f，α_h 的分析还可判别资产波动的来源，从而使我们就房价波动对消费的动态影响有一个清晰的了解。

2. 基于消费粘性的测度方法

由于现实中除非经济的各个主要方面（如长期利率和经济长期增长率）长期保持不变，否则消费、收入和资产间的协整关系不可能存在[①]，因此这就会大大

[①] 哈恩和李（Hahn & Lee, 2001），鲁德和蕙兰（Rudd & Whelan, 2006），斯拉卡勒克（2009）都曾给出了大量的经验证据表明这一均衡关系不存在或是结构不稳定。

降低协整分析的适用性。并且,即便长期均衡关系稳定协整分析可行,卡罗尔(2006)认为,由于存在以下问题,其分析的有效性也将大打折扣:首先,协整方法估计的参数值向实际值收敛的速度非常慢,因此如果利用一个较短的样本区间进行估计,其结果可信度是较低的;其次,在分析消费的短期行为时,它假定消费波动仅依赖于前几期消费、收入和资产的波动和上一期对均衡的偏差,而忽略了不确定性、消费者信心等因素对消费增长的影响,因而可能会产生遗漏变量偏误。

为此,卡罗尔放弃了基于协整的分析思路,在欧拉方程的研究范式内,结合消费增长的动态演变规律提出了一种新的财富效应的测度方法。该方法具体的包括以下三个步骤:第一步,估计消费增长跨期依赖系数 χ;第二步,估计财富波动对消费的直接(短期)影响(短期 MPC);第三步,利用上两步得出的参数推出在一段时期内财富波动对消费持续影响的累积效果(长期 MPC)。

第一步,消费增长跨期依赖系数的测度。可以通过对消费增长动态模型进行估计,得出跨期依赖系数的数值:

$$\Delta\log C_t = \varsigma + \chi\Delta\log C_{t-1} + \varepsilon_t \tag{7-10}$$

萨默(Sommer,2007)认为,由于测量误差、暂时性消费(如一些节假日或突发性事件所导致的消费支出)和时间加总问题的存在,消费支出的变动过程会产生一阶自相关,导致式(7-10)中的扰动项和解释变量之间存在相关关系,若用普通的 OLS 方法进行直接估计不仅有偏且不一致,因此建议可通过引入滞后2期或以上的变量充当工具变量并使用 TSLS 方法进行回归分析来解决这些问题。好的工具变量不仅要与误差项无关,还要与解释变量高度相关,自从霍尔(1978)发现股票价格能预期未来消费增长之后,很多经济学家对消费变化的不可预测性进行了大量的经验研究,发现滞后的收入增长率(弗莱文,1981;迪顿,1987)、消费者情绪(卡罗尔等,1994)、利率(坎贝尔和曼昆,1989)等其他变量也能够对未来消费的预测产生影响,这就为我们在实证分析中工具变量的选取提供了理论依据。

如果认为是由于习惯的存在,使得消费波动呈现出跨期依赖演进的特征,即假定代表性消费者的效用函数满足:

$$u(C_t, C_{t-1}) = \frac{(C_t - \chi C_{t-1})^{1-\rho}}{1-\rho} \tag{7-11}$$

那么 χ 就是一个习惯参数,代表了习惯对消费决策的影响。在卡罗尔等人的分析中,假定 $0 < \chi < 1$,即只考虑了消费习惯表现为持续性的情况,而实际上消费习惯既可能表现为持续性,还可能表现为耐久性(迪顿,1992),即 $0 < |\chi| < 1$。一般的,若 χ 为正,说明效用随前期消费递减,在每期消费相同数量

的商品给消费者带来的效用越来越少,要获得同样的效用就需要更多的消费,由此消费在不同期内是互补的,习惯表现为持续性;若 χ 为负,说明现在和过去的消费都产生效用,由此,消费在不同期内是相互替代的而不是互补的,习惯表现为耐久性。在这里为使分析不失一般性[①],我们假定 $|\chi|<1$,不仅使之同时容纳了耐久性和持续性,而且确保消费的动态调整是收敛的。这时,χ 的符号刻画了消费调整路径的特征,而其绝对值的大小则反映了其调整的速度。

第二步,短期影响的估计。根据(7-10)式,当期消费的波动不仅与前期消费的波动有关,还取决于当期受到的各种冲击 ε_t,既包括资产的冲击($\Delta \log H_t$,$\Delta \log F_t$),也包括其他的冲击($\tilde{Z}_t$),如收入的冲击、不确定性的冲击、利率的冲击等等。卡罗尔(2011)认为若直接利用消费对同期的资产波动进行回归,估计资产冲击对消费的影响,可能会存在较为严重的联立性偏误,且资产是一个存量,而消费是一个流量,实际上消费者了解这些资产的信息往往是滞后的。因此建议使用滞后一期的资产变量来进行估计。根据消费动态增长规律(7-10)式,将 $t-1$ 期的消费增长代入第 t 期的消费增长,不断向后迭代有:

$$\Delta \log C_t = \alpha_0 + \alpha_H \sum_{i=1}^{\infty} \chi^i \Delta \log H_{t-i} + \alpha_F \sum_{i=1}^{\infty} \chi^i \Delta \log F_{t-i} + \alpha_Z' \sum_{i=1}^{\infty} \chi^i Z_{t-i} + \varepsilon_t \tag{7-12}$$

并将其中无穷级数的和近似为 $\Delta \log F_{t-1}$,$\Delta \log H_{t-1}$,$\Delta \log Z_{t-1}$[②],从而使用滞后一期的资产变量进行估计:

$$\Delta \log C_t = \alpha_0 + \alpha_H \Delta \log H_{t-1} + \alpha_F \Delta \log F_{t-1} + \alpha_Z' Z_{t-1} + \varepsilon_t \tag{7-13}$$

由于(7-13)式中的变量采用的是消费增长率的形式,因此其系数值反映的是资产增长率和消费增长率间的关系,而非资产的边际消费倾向。为此,卡罗尔进一步对其进行修正,用财富对初始消费支出水平(由于采用的是季度数据,在这里初始水平被定义为滞后五期的消费水平)的改变率替代资产增长率进行模型的构建,调整后的变量记为:

$$\partial C_t = \frac{(C_t - C_{t-1})}{C_{t-5}} \quad \partial H_{t-1} = \frac{(H_{t-1} - H_{t-2})}{C_{t-5}} \quad \partial F_{t-1} = \frac{(F_{t-1} - F_{t-2})}{C_{t-5}} \tag{7-14}$$

则上述的回归模型就可以写成:

$$\partial C_t = \alpha_0 + \alpha_F \partial F_{t-1} + \alpha_H \partial H_{t-1} + \alpha_Z' Z_{t-1} + \eta_t \tag{7-15}$$

[①] 艾春荣、汪伟(2008)的研究表明,城镇居民在总消费增长率的变动上表现出一定程度的耐久性。
[②] 在卡罗尔(2011)的测度中取了四期滞后,一方面我们不想施加财富的变化呈几何递减的限制,另一方面后面测算的消费增长的相关系数的绝对值也不像卡罗尔的那么高,说明递减的速度要快一些,因此在这里取滞后一期来近似。

α_F 和 α_H 分别衡量了第 t 期金融资产和住房资产的价值改变 1 元时会引起第 t-1 期消费支出改变多少。由于现实中消费和资产价值的波动往往受一些共同因素的影响,如利率、不确定性、消费者的预期等因素,因此在对（7-15）式进行估计时为了避免遗漏变量所带来的内生性偏误,应尽可能地将这些变量加以控制,从而测得外生性资产波动对消费的真实影响。

第三步,累积影响的测度。消费的跨期依赖动态演进特征意味着消费对财富变化的响应是需要一个过程才达到长期均衡水平。在知道了资产的短期边际消费倾向和消费增长跨期相关系数 χ 的基础上,根据消费增长的动态演变规律可知第 t 期金融资产和住房资产波动对当期消费支出的即期影响为:

$$\theta_F = \frac{\alpha_F}{\chi}, \quad \theta_H = \frac{\alpha_H}{\chi} \quad (7-16)$$

根据无穷递缩等比数列求和的性质,可进一步求出长期中资产波动对消费的累积影响:

$$MPC_j^L = \frac{\alpha_j}{\chi(1-\chi)} \quad 或 \quad MPC_j^L = \frac{\theta_j}{1-\chi} \quad (7-17)$$

其中, α_j, $j \in \{F, H\}$ 分别代表上一步中测得的金融资产和住房资产的短期边际消费倾向。MPC_j^L 为长期的边际消费倾向,衡量了当财富值改变 1 元时在一段时期内一共会导致消费增加（或减少）多少元。根据（7-17）式,若 $0 < \chi < 1$,资产波动也许不会立即引起消费较大的变化,但在长期内随着影响的累积则可能引起消费较大的变化,因为这时消费的调整呈现出单调收敛的特征;若 $-1 < \chi < 0$,意味着消费的调整是正负交替式的,呈现出围绕均衡水平上下波动的特征,而长期中资产波动对消费的影响则小于其对消费的当期影响。由此可以看出,消费增长的动态特征对研究资产波动对消费的动态影响路径是非常重要的。

最后,卡罗尔（2011）指出由于在长期中财富水平都是内生于消费决策的,因此在真正的长期中边际消费倾向一定是接近于 0,而这里所谓的长期 MPC 反映的是消费行为还没来得及对财富水平产生影响之前（往往是一个相对较短的时间如几年内）,财富波动对消费的影响。与协整分析中得到的长期 MPC 不同,它衡量的是在一个相对较短的时间内财富效应的累计或叠加效果,而后者则考察的是在整个样本区间内财富效应的平均值,所以其值往往比较小。

（二）变量的选取与数据特征分析

根据以上分析可知,1994 年《国务院关于深化城镇住房制度改革的决定》的发布,在全国范围内确立了住房社会化、商品化的改革方向,标志着房地产市场的初步形成。之后住房资产的私有化方向更加明确，住房的商品属性、资产属性开始凸显，而住房价格也开始慢慢进入人们的消费决策，影响人们的消费选择。故我们选取1994年第一季度至2012年第四季度为样本空间来分析房价波动对城镇居民消费的影响。

在后面的实证分析中，将主要用到以下变量：消费、收入、住房资产、金融资产，其中，消费指标选用城镇居民人均消费支出（C）的数据，理论上，在对消费理论的实证研究中，应该用消费者在当期从消费品中获得的流动性服务，而不是当期总的消费支出来作为当期的消费额。对非耐用消费品和服务品来说，其当期支出等于从商品中获得的流动性服务，但耐用消费品的当期支出并不等于当期获得的流动性服务，因为耐用消费品的消费是跨期的（Fernandez et al.，2003）。由于从耐用消费品中获得的当期服务是不可测度的，为此，国际上的研究通常只考虑非耐用消费支出。我们主要从宏观意义上考察房价波动与城镇居民消费支出总量的影响和关联，为此我们采用了将耐用品消费、非耐用品消费和服务消费都包括在内的人均消费支出作为消费的衡量指标①。

收入指标用城镇居民家庭人均可支配收入（Y）的数据，包括工资收入、经营性收入、转移性收入和财产性收入。

住房资产指标的选取，国内常见的有两种：一是利用人均居住面积乘以每平方米的住宅销售价格来估算人均住宅资产；二是直接利用住宅销售价格或者房地产销售价格指数销售额来进行替代，考虑到我们关注的是房价波动引起的住房资产的变化对城镇居民消费的影响，且全国房地产价格指数的季度数据从1998年才开始公布，2010年之后只有各主要城市的房地产数据，所以我们选择住宅平均销售价格（H）来进行替代②。

金融资产的选取，由于目前城镇居民持有的金融资产主要包括储蓄存款、国债资产、手持现金、股票和社会保险账户等，而储蓄存款所占的比重最高③，且考虑到数据的可获得性，我们将采用人均储蓄资产（F）作为其代理变量来度量城镇居民的金融资产。各季度城镇居民人均储蓄资产是在年度数据的基础上，根据算术平均法计算得出，其中2012年城镇居民储蓄存款年底余额是根据2012年底城乡储蓄总量按2011年的城乡储蓄比例计算得到。

所有数据均来自中经网统计数据库和中国统计年鉴。为剔除通货膨胀率的

---

① 其中，1994~1998年的季度数据是根据各年度城镇居民的平均消费倾向与各季度城镇居民的可支配收入相乘后得到的。
② 住宅销售价格＝商品房住宅销售额／商品房住宅销售面积。
③ 樊纲主编的《中国宏观经济变量跟踪分析》一书中指出2009年银行储蓄在居民金融资产中所占的比重仍达到74%。

影响，按我国城镇居民消费价格指数将四组数据折算为1994年第1季度的实际值，并利用X11方法对消费、收入指标进行季节性调整从而剔除了季节波动的影响。

图7-1、图7-2描绘出了经过上述处理后消费（C）、收入（Y）、房价（H）和储蓄资产（F）的变动趋势。总的来看，1994~2012年城镇居民的消费、收入、储蓄资产和住宅价格都存在明显的上升趋势，但在2003年之前四个变量呈现出温和的上涨，2003年之后住宅价格和人均储蓄资产的增长速度急剧上升，同时在这一时期消费与收入间的差距也逐渐拉大。图7-3绘出的整个样本区间内消费与房价的季度增长率序列变化情况表明，2003年前后（除极个别的季度）住宅价格的波动幅度没有明显的变化或者说基本是相当的，但2003年前后消费的波动幅度明显减小，说明消费的增长变得更平滑了。这似乎说明2003年前后可能是一个转折点，在这之前和之后城镇居民的消费观念、消费决策和消费行为可能发生了转变，表现为消费、收入与资产尤其是住房资产间的关系可能发生了结构性的变化，同时消费的增长模式也可能发生了转变。

图7-1 1994~2012年城镇居民人均收入与消费支出的变动趋势

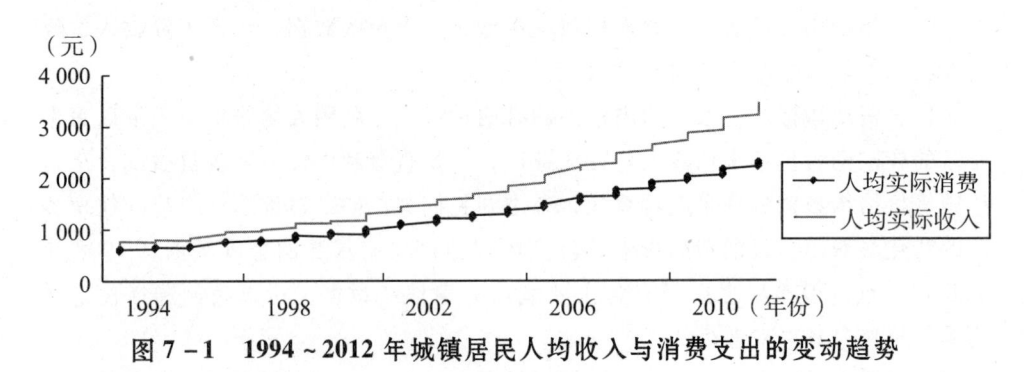

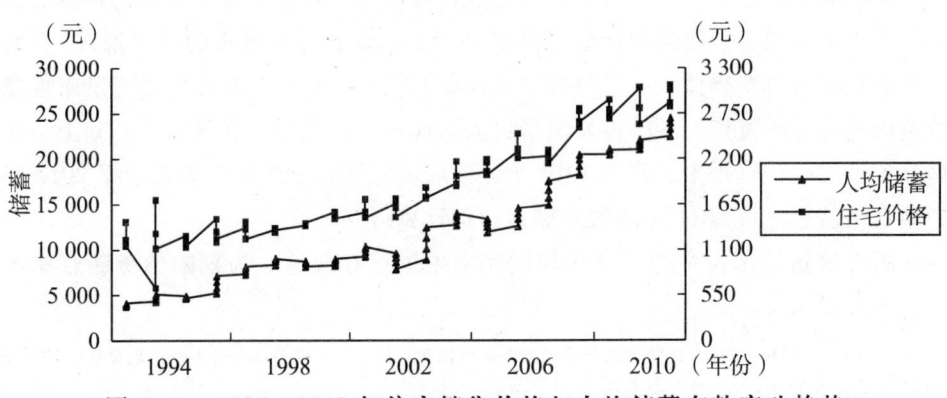

图7-2 1994~2012年住宅销售价格与人均储蓄存款变动趋势

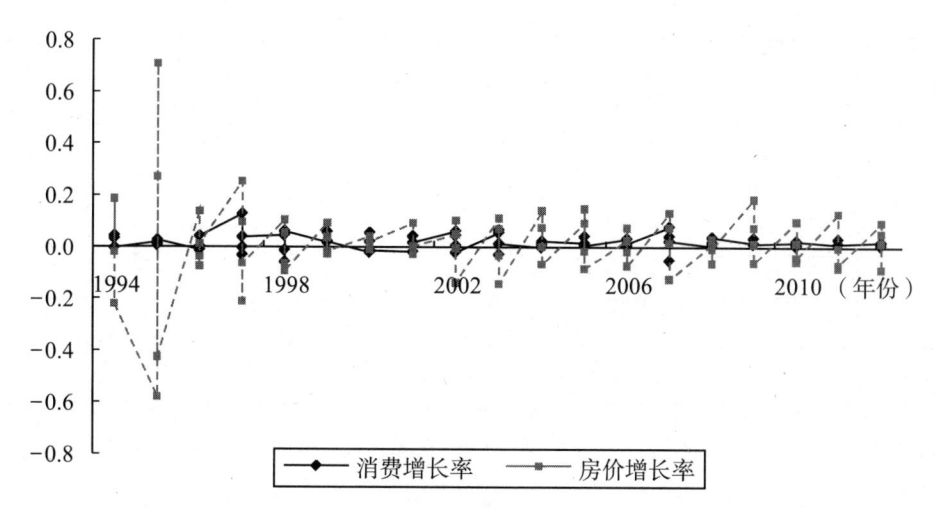

图 7-3　1998~2012 年城镇居民的消费和住宅价格的增长率

另外，表 7-6 给出了这四个变量 C、Y、H 和 F 增长率的描述性统计量，从波动性上看，首先是房价的波动最剧烈，其次是储蓄资产和消费，最后是收入。从增长模式上看，储蓄资产的增长最具持续性，而消费、收入和房价的增长都是震荡式的前行。从变量间的相关系数上看，两两之间都是正相关，其中，消费增长与收入增长的相关性最高，与房价增长的相关性次之，与储蓄资产增长的相关性最低。

表 7-6　消费、收入、房价、储蓄增长率描述性统计量

统计量	均值	标准差	序列相关系数	相关系数矩阵			
				Δc	Δy	Δh	Δf
消费增长率 Δc	0.019	0.028	-0.263	1	0.777	0.15	0.039
收入增长率 Δy	0.021	0.018	-0.161		1	0.233	0.092
房价增长率 Δh	0.011	0.15	-0.327			1	0.086
储蓄增长率 Δf	0.025	0.045	0.558				1

资料来源：国家统计局。

最后，由于本节实证中所用的数据均为时间序列，为避免出现谬误回归（spurious regression）问题，在此首先对涉及到的主要变量：消费、收入、住宅价格和储蓄资产进行单位根检验。步骤如下：先对上述变量取对数，得到 c，y，h，f，然后利用 ADF 检验、PP 检验和 KPSS 检验三种方法同时对样本区间内这些序列的平稳性进行检验，具体结果如表 7-7 所示。可以发现，无论用哪种检验方法我们都得到了一致的结果：c，y，h 和 f 均是一阶单整序列，即 I(1) 过程。

表 7-7 城镇居民消费、收入、储蓄资产与房价的单位根检验

序列	原序列			一阶差分序列		
	ADF	PP	KPSS	ADF	PP	KPSS
c	-0.136	-0.153	1.191**	-5.593**	-17.489**	0.149
y	0.733	0.765	1.192**	-12.021**	-10.558**	0.112
h	-0.026	-1.217	1.161**	-4.585**	-28.601**	0.291
f	-0.969	-0.994	1.152***	-5.698**	-4.627**	0.058

注：***，** 表示1%，5% 的显著性水平下拒绝原假设。检验方程仅含截距项，根据 AIC 准则确定 ADF 检验的滞后阶数，根据 Newey - West 来确定 PP 和 KPSS 检验的窗宽。ADF 和 PP 检验的原假设是时间序列存在单位根，KPSS 的原假设是时间序列是平稳的。

（三）房价波动对消费动态影响的测度

1. 基于协整和 VECM 的实证分析

首先，进行协整检验。基于预算约束的理论模型只是从理论上证明了取对数后的消费、收入、住房资产和金融资产间长期均衡关系的存在，在现实中这种长期均衡关系是否存在需要进行严格的协整检验。一般协整检验分为两种：一种是基于回归残差的协整检验；另一种是基于回归系数的约翰逊（Johansen，1988）检验。前者需要首先利用最小二乘法对单阶同整变量做协整回归，然后根据协整回归产生的残差序列是否平稳来判断变量间是否存在协整关系。而后者是一种在 VAR 框架下用极大似然估计来检验多变量间协整关系的方法，它不仅允许变量之间的相互反馈作用，还可以同时检验出多个协整关系。考虑到约翰逊方法可能会做出伪协整的判断（Gonzalo & Lee，1998），而基于回归残差的协整检验往往拒绝原假设（不存在协整关系）的能力较弱（Davidson & Mackinnon，1993），说明一旦后者拒绝原假设往往能提供更有力的协整关系存在的证据，因此，为了稳健起见，下面将同时采取 EG 两步法和约翰逊方法两种方法对样本区间内我国城镇居民的和 f 之间是否存在协整关系进行检验，结果如表 7-8 所示。无论是基于残差的检验还是 Johansen 检验，都表明在 1% 的显著性水平下 c，y，h 和 f 之间的协整关系是存在的。

表 7-8 1994~2002 年协整检验结果

基于残差的协整检验				
	ADF	Z_t	1% 临界值	5% 临界值
	-5.948**	-5.900**	-4.92	-4.28

续表

Johansen 协整检验 协整关系的个数	迹统计量	5%临界值	最大特征值统计量	5%临界值
r = 0	84.071**	47.856	48.571**	27.584
r = 1	35.5**	29.797	21.353*	21.132
r = 2	14.147	15.495	13.344	14.265
r = 3	0.803	3.841	0.803	3.841

注：***，** 表示1%，5%的显著性水平下拒绝原假设；对残差平稳性的检验采用了恩格尔和格兰杰（Engle & Granger, 1987）的 ADF 统计量和菲利普斯和奥利阿里斯（Philips & Ouliaris, 1990）的 Zt 统计量，滞后阶数根据 AIC 准则确定，临界值是根据麦金农（Mackinnon）协整检验临界值表计算得到；约翰逊检验中的滞后阶数根据 AIC 准则确定，检验模型通过模型选择的联合检验确定为序列有线性趋势且协整方程仅有截距的类型。

卡罗尔（2006）认为虽然基于预算约束的理论模型证明了取对数后的消费、收入、住房资产和金融资产间长期均衡关系的存在，但这一结论成立所依赖的前提条件：稳态时不同资产在总资产中所占的份额恒定不变，是非常严格的。因为现实中经济环境是不断变化的，很有可能会违背这一假定条件，导致均衡关系不存在或者不稳定。考虑到样本区间内城镇住房体制改革的不断推进使房地产市场经历了一系列重大的变化，住宅资产在城镇居民总资产中所占的比重也不断上升，这些都可能会改变 c, y, h 和 f 之间的长期均衡关系，甚至出现断点，从而使得传统的协整检验失效。且由图7-4可以发现，在 EG 协整检验中虽然得到的协整残差是平稳的但却明显地具有分段的特征：2004年之前残差大多在0附近波动，且振荡比较剧烈，出现多个波峰、波谷；2004年之后残差大多在0之下，即负向偏离长期均衡，甚至有愈行愈远之势。这说明 c, y, h 和 f 之间的协整关系

图7-4 1998~2012 协整残差图

可能存在以下问题：长期的协整关系在某时点发生了突变，协整关系分段存在或分段的协整关系系数不同。因此，下面将采用格雷戈里—汉森（Gregory - Hansen）检验方法（简称 GH 检验）对样本区间内消费、收入、住房资产和金融资产间长期均衡关系的稳定性及是否发生了结构突变做进一步的检验。

GH 检验是由格雷戈里和汉森（Gregory & Hansen，1996）在 EG 两步法的基础上，考虑到结构突变而提出的一种协整检验方法，它不仅能检验出变量间是否具有协整关系，而且还能检测出结构突变点的位置及结构突变的形式。GH 检验的原假设是变量间不存在协整关系，备择假设是协整关系存在某种特定形式的结构突变：Ⅰ是截距项突变（C）、Ⅱ是截距项趋势项突变（C/T）、Ⅲ是同时包含截距斜率项突变（C/S）。为了进行统计推断，格雷戈里和汉森（1996）根据不同的备择假设发展了恩格尔和格兰杰（1987）的 ADF 统计量和菲利普斯和奥利阿里斯（1990）的 Z_α、Z_t 统计量，然后在选择的截断区间上计算所有可能突变点的 ADF、Z_α、Z_t 统计量，将其中的最小值作为检验统计量记为 ADF^*、Z_α^*、Z_t^*，并利用蒙特卡罗模拟方法给出了相应的临界值（具体统计量及其推导过程参见格雷戈里和汉森（1996））。由于 GH 检验把结构变化点内生化，是根据数据生成过程自身的特性得出结构变化点，因此可以避免人为设定外生结构变化点，如 Chow 检验等方法的主观性，从而得到更加正确的模型方程。下面就利用 GH 结构突变协整检验就协整的稳定性进行检验，并试图找到突变点的位置，利用 Stata 12.0 软件程序得到的检验结果如表 7 - 9 所示：三个统计量均在 5% 的显著性水平上显著，说明在考虑结构突变情况下，消费、收入、住房资产和金融资产之间的长期均衡关系依然存在，但其协整方程的参数（截距和斜率）在样本期内发生了显著的结构突变，突变点大约在 2004 年第一季度，这与前面我们根据数据特征和协整残差变动趋势做出的初步判断基本是一致的，而并非国内大多数文献都认为的 1998 年福利分房制度的取消是研究房地产财富效应的分界点。这意味着现有研究直接根据房地产政策的调整和实施时刻来主观设定结构突变点的方法是不准确的。

表 7 - 9　　　　　　　　　　GH 协整检验结果

统计量	类型	统计量值	5%临界值	突变点位置
ADF^*	C/S	- 8.07***	- 6	2004Q4
Z_t^*	C/S	- 8.13***	- 6	2004Q1
Z_α^*	C/S	- 71.36**	- 68.94	2004Q1

注：***，**，* 分别表示在1%，5%，10%的显著性水平下拒绝原假设；检验模型为 C/S 表示截距项和斜率项均发生突变；检验过程中滞后阶数依据 BIC 准则确定，截断区间为 [0.1, 0.9]。

为了比较结构突变前和结构突变后房价波动对城镇居民消费的影响方式发生了怎样的变化,我们将把样本空间分为 1994 年一季度~2003 年四季度和 2004 年一季度~2012 年四季度两个子样本来进行具体分析。最后,表 7-10 给出了分段协整检验的结果,1994~2013 年阶段,基于残差的检验表明协整关系存在,迹检验表明在 1% 的显著性水平下有且仅有一个协整关系,而最大特征根检验表明,在 1% 的显著性水平下有两个协整关系;2003~2012 年阶段,基于残差的检验表明协整关系存在,且无论是迹检验还是最大特征根检验都表明在 1% 的显著性水平下有且仅有一个协整关系。

表 7-10　　　　　　　　分段协整检验结果

协整检验	1994~2003 年		2003~2012 年	
基于残差的协整检验	ADF	Z_t	ADF	Z_t
	-4.653*	-5.584**	-6.618**	-6.618**
Johansen 检验	统计量	5%临界值	统计量	5%临界值
迹统计量				
$r=0$	90.447**	47.856	58.392**	47.856
$r=1$	31.850**	29.797	23.211	29.797
$r=2$	5.426	15.495	7.589	15.495
$r=3$	0.013	3.841	0.257	3.841
最大特征值统计量				
$r=0$	58.597**	27.584	35.181**	27.584
$r=1$	26.424**	21.132	15.622	21.132
$r=2$	5.413	14.265	7.332	14.265
$r=3$	0.013	3.841	0.257	3.841

注:***,** 分别表示在 1%,5% 的显著性水平下拒绝原假设;对残差平稳性的检验采用了恩格尔和格兰杰(1987)的 ADF 统计量和菲利普斯和奥利阿里斯(1990)的 Z_t 统计量,滞后阶数根据 AIC 准则确定;约翰逊检验中的滞后阶数根据 AIC 准则确定,检验模型确定为序列有线性趋势且协整方程仅有截距的类型。

接下来,进行长期均衡分析。最常用的协整估计方法就是 OLS,并且斯托克(Stock,1984)证明了 OLS 回归可以得到协整参数的超一致估计。但当解释变量是内生的或者回归误差项序列相关时,OLS 估计出的参数不仅有偏,其渐近分布也不再是正态分布,从而导致常用的检验程序无效,统计推断变得困难。为解决这些问题,约翰逊提出了基于极大似然估计 ML 的协整系统分析方法,并证明在大样本下 ML 估计具有超一致性和渐近正态性等优良性质。其他的学者则不断对

OLS 法进行改进，其中最具代表性的有：菲利普斯和汉森（1990）通过直接对 OLS 估计量进行非参数修正提出了 FMOLS 方法（Fully Modified OLS，完全修正最小二乘法）；斯托克和沃森（Stock & Watson，1993）通过把解释变量的一阶差分的领先、滞后项引入协整方程来对 OLS 估计量进行参数修正提出了 DOLS 方法（Dynamic OLS，动态最小二乘法）。

考虑到消费、收入、住房价格和储蓄资产这些变量间的相互影响可能会带来内生性问题，把整个样本区间划分为两个子样本来分析导致观测值减少可能会产生小样本偏差。为保证研究结论的稳健性和可靠性，我们将同时采用约翰逊的 ML、DOLS 和 FMOLS 三种方法对长期协整关系进行估计，结果如表 7 – 11 所示。最后为避免模型误设而降低协整分析的有效性，将对参数估计的稳定性进行检验，常用的参数稳定性检验 Chow 检验不仅要求变量是平稳的还要求时间突变点已知，而我们协整方程中的变量都是非平稳的，因此 Chow 检验不再适用。汉森（1992）将模型参数的稳定研究扩展至含有 I(1) 变量的协整模型，并提出了相应的检验统计量①。因此这里将利用汉森（1992）的方法对 DOLS 估计和 FMOLS 估计中协整参数的稳定性进行检验（见表 7 – 11）。

表 7 – 11　　　　　　　　　　协整方程估计结果

变量	1994～2003 年			2004～2012 年		
	VECM – ML	DOLS	FMOLS	VECM – ML	DOLS	FMOLS
y	0.844*** (25.239)	0.972*** (10.814)	0.956*** (34.121)	0.642*** (28.043)	0.714*** (16.25)	0.733*** (32.494)
h	0.286*** (9.836)	–0.036 (–0.793)	–0.013 (–0.62)	0.134*** (4.737)	0.091* (1.856)	0.067*** (3.089)
f	–0.032 (–1.417)	–0.03 (–1.102)	–0.028 (–1.363)	0.101*** (6.018)	0.061** (2.231)	0.058*** (3.255)
C	–0.942	0.492*** (2.796)	0.421*** (3.476)	0.4355	0.599*** (4.687)	0.662*** (9.998)
Lc		0.143 (p>0.2)	0.189 (p>0.2)		0.186 (p>0.2)	0.398 (p>0.2)

注：***，**，* 分别表示系数在 1%，5%，10% 的显著性水平下显著；括号内为估计系数的 t 检验值；利用约翰逊方法估计时根据 AIC 准则确定滞后阶数；DOLS 估计中领先、滞后阶数滞后阶数均为 1；FMOLS 估计中根据 SC 确定滞后阶数；Lc 统计量的临界值参见汉森（1992）。

---

① 汉森（1992）研究了有 I(1) 变量的协整方程参数的稳定性检验，并提出了相应的检验统计量 SupF、MeanF 和 Lc，与其他统计量相比 Lc 统计量适合检验模型是否正确设定，是否能较好地反映变量之间的稳定关系。鉴于我们的目的是对协整参数估计的稳定性进行检验，故这里只给出了 Lc 统计量的值。

三种方法对协整参数的估计比较接近①,且汉森检验表明 DOLS 和 FMOLS 的估计值能较好地反映变量间稳定的关系,不存在模型的误设,说明估计结果是稳健的、可靠的。比较结构变化后与结构变化前的协整分析结果发现,资产对消费的影响大小和显著性都在不断增加,说明随着城镇居民资产规模的不断积累,其在总财富中的比重逐渐上升,资产波动也越来越成为影响居民消费决策和消费行为的一个重要因素。2003 年之前,消费对住房资产的长期弹性介于 $-0.036 \sim -0.013$,说明在长期中住宅价格每增长 1 元会导致消费减少 $0.008 \sim 0.022$ 元。但该系数并不显著,表明这一时期住房价格的上涨虽对城镇居民的消费产生了抑制作用,但并不明显。因为这一时期的城镇住房改革主要围绕公有住房的出售展开,出售价格与市场价格之间的巨大差异吸引了大量城镇家庭的参与,在住房金融市场并不完善的情况下势必会对消费产生一定的抑制作用,但由于出售价格的制定带有很强的福利性质,因此挤出效应并不明显。2003 年之后,消费对住房资产的长期弹性为 $0.067 \sim 0.134$,且在 10% 的水平下显著,表明房地产价格在长期中对消费的影响由负效应转为显著地正效应,住房销售价格每上升 1 元,在长期中会引起城镇居民消费增加 $0.048 \sim 0.096$ 元②。说明随着住房体制改革的深入开展城镇居民的自有住房拥有率大幅提高③,住房已成为城镇居民普遍持有的一种资产,其价格的上升会使得家庭拥有的住房资产价值大幅增长,根据西南财经大学发布的《中国家庭金融调查报告 2011》(CHFS2011) 显示城镇居民第一套房的当前价值是其成本价格的 4.4 倍,住房收益非常可观,再加上房地产市场化程度的不断提高大大增强了住房资产的流通性和变现性,因此房价上升在长期中会带来显著地财富效应。而储蓄资产对消费的影响在 2003 年之前也不显著,且体现为对消费的替代;2003 年之后其弹性系数值介于 $0.058 \sim 0.101$,说明储蓄每增长 1 元在长期中会促进消费增长 $0.006 \sim 0.010$ 元,小于同期房价上升所带来的财富效应。总的看来,随着城镇居民资产规模的不断积累,资产波动对消费的影响虽然有所增强,但收入仍是目前影响城镇居民消费的最主要因素。

然后,基于 VECM 进行短期分析。鉴于 FMOLS 估计具有较好的有限样本表现(菲利普斯和汉森,1990),且汉森检验表明其估得的协整参数是稳定的,能较好地反映变量间的长期均衡关系。因此下面将以 FMOLS 协整分析的残差为基

---

① 对两个子样本分别进行检验时发现,在 2004~2012 年区间上有且只有唯一的一个协整关系,而在 1994~2003 年区间上存在两个协整关系,这可能是导致该区间房价波动对消费影响的估计差异较大的原因。

② 边际消费倾向的估算是根据弹性除以样本区间内资产(在这里是房价)与消费的平均比值得到的。

③ 根据建设部公布的《城镇房屋概况统计公报》,截止到 2003 年我国城镇居民住房自有率达到 80.17%。

础构建 VECM 模型来考察短期中变量间的相互作用，进而揭示房价波动对消费的动态影响过程，具体结果如表 7-12 所示。

表 7-12　　　　　　向量误差修正模型（VECM）估计结果

时间	变量	方程			
		Δc_t	Δy_t	Δh_t	Δf_t
1994~2003年	$\beta' Z_{t-1}$	-2.003*** (-5.525)	-0.911*** (-3.235)	0.506 (0.181)	-0.406 (-0.789)
	Δc_{t-1}	0.67** (2.411)	0.477** (2.209)	0.646 (0.302)	0.466 (1.182)
	Δy_{t-1}	-0.911** (-2.162)	-0.735** (-2.245)	-1.294 (-0.398)	-0.753 (-1.258)
	Δh_{t-1}	0.026 (1.096)	0.025 (1.337)	-0.305 (-1.64)	0.052 (1.525)
	Δf_{t-1}	0.122 (1.169)	0.056 (0.687)	0.009 (0.011)	0.8*** (5.378)
	常数项	0.023*** (3.718)	0.025*** (5.247)	0.023 (0.011)	0.007 (0.812)
	R^2	0.529	0.259	0.112	0.502
2004~2012年	$\beta' Z_{t-1}$	-0.825** (-2.117)	-0.109 (-0.31)	2.735 (1.342)	1.103 (1.681)
	Δc_{t-1}	-0.224 (-0.835)	-0.154 (-0.637)	-0.376 (-0.268)	-0.836* (-1.853)
	Δy_{t-1}	-0.207 (-0.703)	-0.174 (-0.657)	-0.307 (-0.199)	0.923* (1.863)
	Δh_{t-1}	-0.059* (-1.76)	-0.048 (-1.608)	-0.305* (-1.744)	0.122** (2.158)
	Δf_{t-1}	-0.102 (-1.662)	-0.127** (-2.292)	0.067 (0.21)	0.671*** (6.5)
	常数项	0.031*** (5.785)	0.034*** (7.031)	0.034 (1.223)	0.000 (0.039)
	R^2	0.501	0.350	0.199	0.656

注：***，**，*分别表示系数在1%，5%，10%的显著性水平下显著；括号内为估计系数的 t 检验值，依据 AIC 准则确定滞后阶数为1。

首先，从误差修正系数的显著性来看，结构变化前与结构变化后，消费误差修正项的系数均在5%的显著水平上显著，说明当消费、收入与资产的长期均衡发生偏离时，消费具有误差修正行为，因此消费是内生的，它会对资产和收入的变化作出持续的响应。这与莱陶和卢德维格松（2001）等人的经验研究结论不同。房价误差修正项的系数无论是结构变化前还是结构变化后均不显著，且房价增长预测方程的R^2值也不高，表明房价的波动主要是持久的，因此基于FMOLS协整分析得到的长期消费弹性，能够比较准确地反映出房价波动对消费的实际影响大小。但结构变化后，储蓄资产表现出较明显的误差修正行为（误差修正系数的显著性水平接近10%），说明储蓄资产表现出一定的内生性，其波动中有相当比例是暂时性的，因此协整分析得到的长期消费弹性可能会高估它对消费的实际影响。

其次，从短期中均衡恢复的调整过程来看，1994～2003年期间，除了消费，收入误差项的系数也在1%的水平上显著，且为-0.911，说明当系统遭受冲击发生正向的偏离时，未来的收入不仅没有增加反而下降，意味着未来收入的变动方向将使均衡进一步偏离，消费误差修正项的系数说明，消费会快速地做出响应大幅下降以恢复均衡，因此这一时期消费的波动较为剧烈（见图7-5）。这一结果虽然令人吃惊，但却恰恰反映了这期间城镇居民的实际情况：随着养老、医疗等保障制度的转型、高等教育改革和住房改革的逐渐展开，城镇居民面临的各种支出不断增加，而另一方面国企改革带来了大量企业职工下岗、失业，使城镇居民的可支配收入增长缓慢，于是城镇居民的消费行为变得越来越谨慎，平均消费倾向持续下降。2004～2012年期间，消费误差项的系数为-0.825，其对均衡的调整变得缓慢，说明消费行为表现出一定的滞后性，因此消费波动趋于平缓（见图7-6）。同时，储蓄资产（其误差修正系数为正，显著性水平接近10%）也表现出一定程度的误差修正行为，意味着当系统遭受正向的冲击时，人们不仅减少未

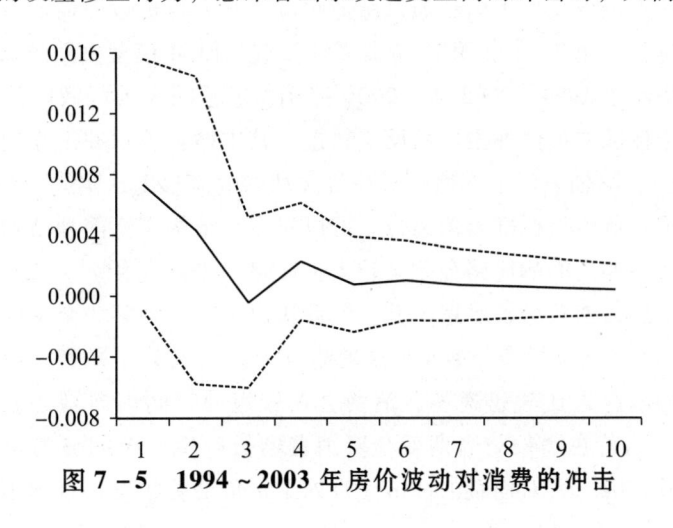

图7-5　1994～2003年房价波动对消费的冲击

图 7-6 2004~2012 年房价波动对消费的冲击

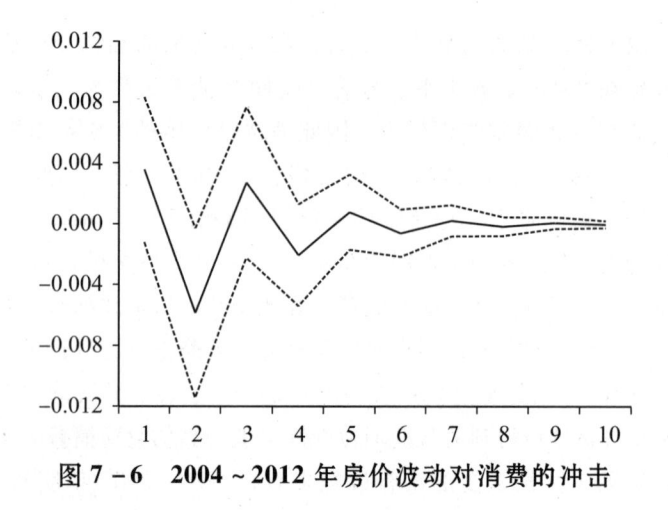

来的消费，同时还会增加未来的储蓄，使均衡逐渐恢复，与这一时期城镇居民消费与收入间的差距逐渐扩大的现象是相吻合的。

最后，从短期内各变量间的相互作用来看，2003 年之前房价波动对下一期消费波动的影响微小且不显著。而在 2003 年之后房价的上涨不仅会抑制下一期消费的增长还会引起下一期储蓄的快速增加，且影响都是显著的。这可能是由于 2003 年之后随着居民人均可支配收入的大幅增加，城镇居民对居住质量的要求不断升级，再加上不断加快的城市化进程和对未来房价将持续上涨的预期，导致这一时期出于消费动机的购房需求急剧增加。在信贷市场不完善的情况下，面对快速上涨的房价人们只能通过减少消费、更多的储蓄来实现房产的购置，因此在短期内房价上升对消费支出表现出明显的挤出效应。

机扰动项的一个标准差大小的信息冲击对内生变量当前和未来取值的影响，以及其影响的路径变化。下面将通过脉冲响应函数来分析短期内消费增长对房价冲击的响应过程。图 7-5 和图 7-6 是基于上述 VECM 模型模拟的脉冲响应函数曲线，分别描绘了 1994~2003 年、2004~2012 年不同样本区间内消费增长受到房价波动一个标准差单位冲击后的反应轨迹，其中横轴表示冲击作用的滞后期数（单位：季度），纵轴表示消费增长对房价波动的响应程度，实线表示脉冲响应函数，虚线表示正负两倍标准差偏离带。可以看出，结构变化前和结构变化后消费增长对房价波动冲击的响应路径差异较大：1994~2003 年期间，当房价波动受到一个正的冲击后，消费增长迅速上升，然后快速下降，到第 3 个季度该冲击对消费增长的影响基本上降为 0，第 4 个季度略有上升后又趋于平稳，说明消费波动对房价冲击的响应是比较迅速的，消费会在较短的时间内向稳态收敛；2004~2012 年期间，房价在增长的当期就会对消费增长产生一个明显的正向冲击，使消费迅速上升，但之后对消费的冲击一直处于正负交替状态，直到第 8 个季度才趋于 0，消费才会稳定，说明消费对房价波动的响应时间变长，并且响应路径不是平滑的而是波动式的，意味着房价冲击会导致消费波动的加剧。

进而，进行方差分解。为进一步了解房价波动对城镇居民消费波动的贡献程度，下面将基于上述协整的 VAR 模型进行方差分解分析，结果如图 7-7、图 7-8 所示。可以看出，1994~2003 年，对城镇居民消费增长影响最大的是其自身，其次是收入的变动，再次是储蓄资产的变动，最后是房价的波动，而 2004~2012 年，对居民消费增长影响最大的依然是消费自身，但其次是房价的波动，再次是储蓄资产的波动，最后才是收入的波动，说明 2003 年之后房价波动已成为影响居民消费波动的一个不可忽视的重要因素。此外，消费增长自身的贡献率也表现出明显的上升，说明 2003 年之后习惯对城镇居民消费行为的影响也变得越来越重要，这在一定程度上解释了这一时期消费调整出现滞后的原因。

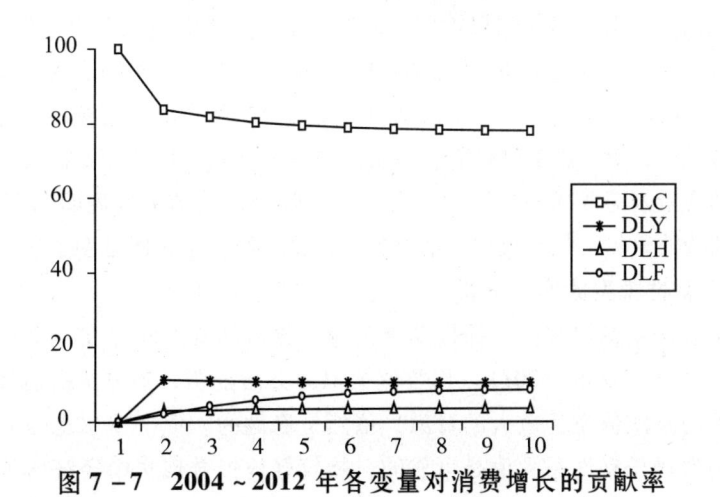

图 7-7 2004~2012 年各变量对消费增长的贡献率

图 7-8 1994~2003 年各变量对消费增长的贡献率

根据莱陶和卢德维格松（2001）的理论模型，利用我国城镇居民 1994～2012 年间的收入、消费、住房资产、储蓄资产的宏观季度数据，就房价波动对城镇居民消费的动态影响进行实证检验，结论如下：第一，基于格雷戈里和汉森结构协整检验发现收入、消费、住房资产与储蓄资产间的长期均衡关系确实存在，但其协整方程参数在样本期内发生了显著的结构突变，表现为 2003 年前后各变量对消费的影响程度发生了较为明显的变化。第二，总的看来，2003 年之后住房资产对消费的影响有增强的趋势：2003 年之前，住房价格的弹性系数值无论是短期还是长期都不显著且数值不大，2003 年之后住房价格的弹性系数不仅数值变大，显著性也明显增强，且大于同期储蓄资产波动对消费的影响；而方差分解分析也显示 2003 年之后房价波动对消费增长的贡献率明显上升，这都说明 2003 年之后房价波动已成为影响城镇居民消费行为的一个不可忽视的因素。第三，2003 年之后房价上升对城镇居民消费的影响效果，从影响系数上看，在长期中表现为显著的财富效应，且大于储蓄资产的财富效应，而在短期中则表现为显著的抑制作用；从影响的时间特征看，房价波动对消费的影响变得更具持续性，即消费的调整变得相对缓慢；但从影响路径看，消费的调整并不是平滑的而是波动式的，说明房价的波动会带来消费的剧烈波动，而方差分解分析的结果也表明 2003 年之后房价波动对消费波动的贡献率仅次于消费自身，排在第二也再次证明了这一点。

2. 基于粘性模型的实证分析

虽然该方法不像协整分析那样要求消费、收入和资产间存在一个长期稳定的均衡关系，并且卡罗尔（2011）用数值模拟的方法证明，该方法的估计值不会因结构突变而与真实值发生较大的背离，依然是稳健的。但卡罗尔也强调这是基于所获得的消费增长粘性系数值是可靠的，能较好地拟合现实中经济增长的动态演变这样一个前提条件。在国内外已有的研究中，往往假定样本期间内消费者的习惯偏好是基本稳定的，因此消费增长粘性系数可视为固定的常数，而这一假定显然不太适用与样本期内我国城镇居民消费行为的分析。因为在这期间城镇居民经历了养老、住房、教育、医疗等一些系列制度的转变，很难想象其习惯参数一直没有改变，同时住房领域本身也经历了从半市场化到全面市场化的重大转变，这意味着住房价格的波动对城镇居民消费的影响强度也可能会发生变化。而前文中基于样本数据特征的分析也显示，城镇居民消费增长的波动幅度在 2003 年之后变得更加平缓（见图 7-3），可能意味着习惯形成参数，进而消费增长的粘性系数发生变化。因此在下面的实证分析中依然将样本空间划分为 1994～2003 年和 2004～2012 年两个区间进行分析，这样也便于与前面基于协整的分析结果进行比较。

首先，测度消费增长粘性系数。在对消费增长跨期依赖系数进行估计时，最为关键的问题在于，为模型中的解释变量寻找合适的工具变量（Ⅳ）。好的工具变量不仅要与误差项无关还要与解释变量高度相关，为避免弱工具变量问题，参考卡罗尔（2006，2011）、斯拉卡勒克（2009）[①] 的做法，除消费自身的滞后项外，我们在工具变量集中另外加入了两类滞后变量以增强对消费增长的预测能力：一是收入增长和资产增长的滞后项，因为霍尔（1978）、弗莱文（1981）、迪顿（1987）发现滞后的收入增长和滞后的资产价格均能够预测未来的消费增长；二是失业率和利率的滞后项，因为前者可以反映消费者对未来不确定性的预期，而后者则体现了消费者对未来货币政策或者是未来财富水平变化的预期。考虑到数据的可获得性，我们选择城镇单位就业人数的增长率（u）和3个月人民币存款基准利率（r）作为失业率和利率的替代变量纳入工具变量集。虽然国外相关文献大都是选用各类工具变量滞后2~4期的变量作为联合工具变量进行估计，但由于我们实证检验的样本较小，为保证模型检验的准确度应尽量选用较少数量的工具变量（Hamilton，1994），因此在估计前先对这些工具变量进行严格的有效性检验，最后只保留具有显著解释力且外生的变量作为工具变量进行回归。此外，考虑到弱工具变量下2SLS可能存在的估计偏差，为稳健起见我们将同时使用在有限样本下对弱工具变量更不敏感的有限信息最大似然法 IV–LIML 进行估计，具体结果如表7–13所示。

$$\Delta \log C_t = \varsigma + \chi E_{t-2} \Delta \log C_{t-1} + \varepsilon_t \tag{7-18}$$

表7–13　　　　　　　消费增长粘性系数的估计

时间	工具变量	消费粘性系数		F统计量（p值）	Sargan统计量（p值）	$\bar{R}^2$
		2SLS	LIML			
1994~2003年	$\Delta \log C_{t-3}$，$\Delta \log Y_{t-3}$	-0.064（-0.24）	-0.064（-0.24）	5.806***（0.008）	0.111（0.739）	0.283
	$\Delta \log C_{t-3}$，$\Delta \log Y_{t-3}$，u_{t-2}，r_{t-2}	-0.05（-0.22）	-0.05（-0.22）	5.295***（0.003）	0.777（0.855）	0.4
2004~2012年	$\Delta \log C_{t-2}$，$\Delta \log Y_{t-2}$	-0.482**（-2.18）	-0.472**（-2.05）	9.785***（0.000）	0.971（0.324）	0.392
	$\Delta \log C_{t-2}$，$\Delta \log Y_{t-2}$，u_{t-2}，r_{t-2}	-0.509*（-2.38）	-0.495**（-2.17）	4.957***（0.003）	2.023（0.568）	0.377

注：$\bar{R}^2$ 为以工具变量对解释变量做回归所得的调整可决系数；系数估计值下面的括号内为经过稳健性调整的t检验值；***，**，* 分别代表在1%、5%、10%显著性水平下显著。

[①] Slacalek, J., What Drives Personal Consumption? The Role of Housing and Financial Wealth, B. E. *Journal of Macroeconomics*, 2009（9），Article 37.

从工具变量的检验结果看，第一阶段回归中工具变量的联合显著性基本都在 1% 的显著性水平下显著，Sargan 统计量的 P 值也都大于 0.3，通过了过度识别检验，说明我们所选取的工具变量是合适的。并且 LIML 的估计值与 2SLS 非常接近，也从侧面印证了估计结果是稳健的，并没有受潜在弱工具变量的影响。其中，1994~2003 年，消费增长的粘性系数不仅数值小且非常的不显著，说明城镇居民的消费增长并没有表现出明显的跨期相关性，因此消费对外在冲击的调整是非常迅速的，资产波动对消费的影响应主要体现在当期消费的响应上；而 2004~2012 年，消费粘性系数位于 -0.509~-0.472 之间，且均在 5% 的显著性水平上显著，表明这一时期城镇居民的消费波动呈现出非常显著的跨期相关性，因此任何的资产冲击都会对后续的消费施加持续的影响。但与卡罗尔（2008，2011）、斯拉卡勒克（2009）估得的消费增长跨期相关系数值位于 0.6~0.7 不同，我国城镇居民这一时期的消费跨期相关系数是负的，表明目前城镇居民的消费支出表现出一定的耐久性，即不同期之间的消费不是互补的而是相互替代的，这与近几年来城镇居民的消费支出增长缓慢、收入差距不断扩大的现象是吻合的。同时，消费增长的跨期负相关意味着资产波动对城镇居民消费的影响路径并不像经济发达国家那样是一种平滑的单调收敛过程，而是一种围绕均衡水平上下波动的收敛过程，因此房价的波动会引起消费持续剧烈的波动。

然后，估计短期效应。为了估得消费对各种资产的短期边际消费倾向，首先按照 (7-14) 式重新构造资产统计量 ∂H_t 和 ∂H_t，然后对 (7-15) 式进行估计。为了尽可能地测得外生性资产波动对消费的影响，卡罗尔（2006，2011）把滞后的失业率和利率作为控制变量引入方程进行联合估计。但卡罗米瑞斯等（Calomiris et al.，2009）认为即便加入这两个控制变量，由于没有控制住预期收入的变化，卡罗尔的估计仍然存在着较为严重的内生性偏误。因为现实中消费和资产的价格往往共同受预期收入的影响，当预期收入发生变化而消费的调整又存在滞后时，估计出来的财富效应可能只是由于资产价格更快地对预期收入的变化做出响应而导致的资产与消费间具有统计上的相关性，而并不表明资产的波动与随后的消费变化之间有任何的因果关系。因此为了尽量减少内生性偏误，我们以当期的收入变化作为预期收入变化的替代变量，与利率和城镇单位就业人数增长率一起引入方程进行联合估计，具体结果如表 7-14 所示。

可以看出，1994~2003 年住房资产的短期边际消费倾向介于 -0.0004~-0.0003，储蓄资产的短期边际消费倾向为 -0.008，两者都不显著，且方程的 R^2 值为负，说明住房资产和储蓄资产的波动对未来消费的变化几乎没有任何的影响，即使加入各控制变量后回归的 R^2 值依然为负，说明这一时期城镇居民的消费可能主要依赖于当期的收入水平，表现出一定的短视性。2004~2012 年，储

表7-14 资产波动对消费短期影响的估计

时间	控制变量 Z	短期财富效应		$\bar{R}^2$
		住房资产	储蓄存款	
1994~2003年	无	-0.0003 (-0.016)	-0.008 (-0.397)	-0.065
	$\Delta \log Y_{t-1}$	-0.0004 (-0.034)	-0.008 (-0.354)	-0.105
	$\Delta \log Y_{t-1}$, u_{t-1}, r_{t-1}	-0.0003 (-0.026)	-0.008 (-0.307)	-0.151
2004~2012年	无	-0.064** (-2.173)	0.001 (0.118)	0.066
	$\Delta \log Y_{t-1}$	-0.053* (-1.867)	-0.002 (-0.182)	0.146
	$\Delta \log Y_{t-1}$, u_{t-1}, r_{t-1}	-0.055 (-1.556)	-0.001 (-0.14)	0.097

注：括号内为经过稳健性调整的 t 检验值；***、**、*分别代表在1%、5%、10%显著性水平下显著。

蓄资产的短期边际消费倾向为0.001，数值不大也不显著，并且当加入其他的解释变量后其对消费的影响依然不显著。而住房资产的短期边际消费倾向为-0.064，且在5%的水平上显著，加入滞后的收入增长后依然在10%的水平上显著，为-0.053，即使再加入滞后的利率和就业人数增长率之后，住房资产短期边际消费倾向的显著性虽然略有下降，但其数值变化却不大仍为-0.055，说明房价上升对下期的消费支出有着显著的抑制作用。

$$\partial C_t = \alpha_0 + \alpha_F \partial F_{t-1} + \alpha_H \partial H_{t-1} + \gamma' Z + \eta_t \qquad (7-19)$$

接下来，估计累积效应。根据（7-16）式、（7-17）式计算资产波动对消费的当期影响和长期影响（见表7-15），可以看出，1994~2003年房价波动对城镇居民消费的影响无论是当期还是长期的累积效应都非常微弱，而同期储蓄资产对消费的影响却非常明显，不过这种影响不具有持续性，主要体现为对当期消费的促进作用；2004~2012年储蓄资产对消费的影响无论是当期还是长期都比较小，这与上文 VECM 分析中认为储蓄资产具有一定的内生性，波动中有相当比例的暂时性波动，因而这与协整分析得到的弹性值会高估其对消费实际影响的判断是吻合的。房价上升对当期消费的影响为0.108~0.114，由于这一时期消费增长表现出显著地跨期依赖性因而房价对消费的影响具有持续性，最终在长期中房价上升对消费的累积影响为 0.072~0.077，即房价每上升 1 元，最终会引起城镇居民消费支出增加 0.07 元，这一结果与基于协整的系统分析方法下得到的估计结果（长期边际消费倾向介于 0.048~0.096 之间）基本一致。通过比较房价上升 1 元对当期、下一期和长期消费的影响效果，可以发现在这个过程中，一方面，房价上升会在当期就会引起消费较大幅度的增加，另一方面，房价上升又会对下一期的消费表现出非常显著的负效应，而在长期中房价上升对消费的累积效应远小于其对当期消费的促进作用。这种影响路径既不同于 LC-PIH 模型描述的将资产增值收益平滑到每一期的完美的财富效应模式，也不同于经济发达国家表现出的平滑的缓慢增加、逐渐增强的财富效应模式[①]。说明，虽然房价上升对我国城镇居民消费的累积影响值不大，但在短期内房价的冲击却会引起消费剧烈的波动。

表 7-15　　　　　　　　　资产波动对消费的长、短期影响

时间	消费增长粘性系数	短期（下一期）的影响		即期（当期）的影响		长期（累积）的影响	
		储蓄资产	住房资产	储蓄资产	住房资产	储蓄资产	住房资产
1994~2003 年	-0.064	-0.008	-0.0003	0.125	0.005	0.117	0.004
	-0.050	-0.008	-0.0003	0.160	0.006	0.152	0.006
2004~2012 年	-0.482	-0.001	-0.055	0.002	0.114	0.001	0.077
	-0.509	-0.001	-0.055	0.002	0.108	0.001	0.072

最后，利用卡罗尔（2011）的新财富效应的测度方法就 1994~2012 年间房价波动对城镇居民消费的动态影响进行检验，结论如下：第一，由于 2003 年之后城镇居民的消费行为发生了根本性的转变，表现出非常明显的跨期依赖性，导致任何的资产波动不仅会对当期的消费还会对未来的消费施加影响，即面对资产冲击消费的响应变得缓慢。第二，从房价波动对消费的影响强度来看，2003 年之前房价波动对消费的影响非常微弱且不显著，而 2003 年之后房价上升在短期中对消费表现出显著的负向效应，且即使当控制了利率、收入预期和不确定性预期这些共同影响因素之后，这一影响依然存在且没有发生明显的变化，说明房价波动确实会显著地影响城镇居民的消费支出，而不是统计上的伪相关。在长期来看，房价上升对消费的累积影响表现为正向的财富效应，房价每上升 1 元，最

---

① 卡罗尔等（2006）的研究发现在美国住房的短期边际消费倾向为 0.02，而最终的长期效应为 0.09，说明短期效应比长期效应要小很多。

终会引起城镇居民消费支出增加 0.07 元。第三，从房价波动对消费的影响路径看，2003 年之后显著为负的跨期相关系数，意味着房价上升对消费的影响呈现出正负交替的过程，这与发达国家房地产市场表现出来的缓慢增加、不断增强的财富效应模式不同。说明房价的变动将会引起消费持续的剧烈的波动。第四，与储蓄资产对消费的影响相比，房价上升对消费的促进作用在 2003 年之前远小于前者，但在 2003 年之后大于储蓄资产，这一时期储蓄资产对消费的影响非常微弱。

3. 实证结果的分析

我们利用两种完全不同分析框架下的财富效应测度方法，就房价波动对城镇居民消费的动态影响进行检验的结果，均表明 2003 年是一个转折点，在这之后房价波动对城镇居民消费行为的影响才逐渐变得显著，不仅影响系数增大，而且影响具有持续性，这与大多数文献认为是在 1998 年福利分房制度取消之后房价波动开始显著地影响城镇居民消费的结论不同。对此，我们认为，虽然福利分房制度的取消在住房体制改革过程中意义重大，但由于一方面，政策的具体实施及其影响效果的体现可能存在一定的滞后，且据建设部官员称，到 2001 年初，企事业单位多数还没有实现住房的货币分配。集团购买再低价分配，成为货币化改革以来当时公房分配重要形式之一（何小刚等，2009）；另一方面，福利分房制度的取消只是将原有的政策性与商业性并存的房地产市场推向了商品化、社会化和货币化，并且当时政府仍提出要以经济适用房为城镇住房供应的主体，并将其利润控制在 3% 以下，说明城市 80% 以上的家庭是由政府向他们供应经济适用房，而不是开发商建造的商品房。开发商建造的商品房只占大约 10%。因此不仅房价受其影响很小，而且它也未对城镇居民的消费观念、消费决策和消费行为产生深刻的影响。直到 2003 年国务院发布《关于促进房地产市场持续健康发展的通知》，不仅强调了房地产业对国民经济的支柱作用，同时还向市场转递出：住房供应主体被商品房替代的信号，从而确立了住房供应环节市场机制的主导地位。至此，住房价格才真正地被纳入城镇居民的消费决策范围之内。之后随着住房领域的全面市场化和住房价格的快速上升，房价波动对城镇居民消费行为的影响也变得显著起来。

两种测度方法下的检验结果还表明，2003 年之后房价上升在长期内对消费存在促进作用，并且其作用强度大于储蓄资产对消费的影响，但在短期内房价上升却对消费存在显著的抑制作用，这可能是因为：在经历了改革初期的公房出售和福利分房取消后经济适用房建设的快速发展之后，城镇居民的住房自有率大幅提高，住房已成为多数城镇家庭普遍持有的一种资产，城镇居民的住房自有率 2003 年已达到 80.17%。在这样一个背景下，随着 2003 年之后住房价格的不断上升,住房资产在家庭总财产中所占的比重不断增加,根据西南财经大学发布的《中国家庭金融调查报告2011》(CHFS2012),中国城镇家庭住宅资产约占家庭财产的80%以上,再加上房地产市场化程度的不断提高,使住房的资产属性日益凸显,因此房价上升在长期中对消费的影响开始表现为财富效应。

但较高的住房自有率并不意味着我国房地产市场上的供求状态是需求基本满足,恰恰相反,与住房自有率较高同时并存的是我国房地产市场上依然存在巨大的潜在的住房需求。这是因为:目前较高的住房自有率在很大程度上来源于房改房和福利分房,其户型设计往往不合理,面积也较小,已越来越不能满足人们日益增长的生活需要。因此,随着收入水平的不断提高,这部分住房所有者中有相当大比重的群体具有购买第二套房、进行住房升级换代的强烈愿望。并且城市化进程的迅速推进,使城镇人口以每年新增2 000万的速度高速增长,这会带来大量的刚性需求。另外,近年来在货币不断贬值的背景下,房价的快速上升又刺激了人们将住房作为保值增值工具的投资需求。在如此巨大的潜在住房需求的推动下,房价持续上涨,甚至超过了居民收入的增长速度,导致房价收入比不断上升,普通居民为了购房不得不消减其他的消费支出,因此在短期内房价上升就会对消费表现为显著的挤出效应,而在长期中房价上升的财富效应也小于欧美发达国家,如凯思等(2005)对OECD国家的研究表明,住房财富对消费的弹性值大约为0.11~0.17。

最后,影响路径的分析表明,2003年之后房价上升时,消费的响应不是平滑的,而呈现出围绕均衡水平正负交替、上下波动式的过程,这不仅说明房价的过快上涨使人们无法形成一个稳定的预期,因而房价波动会引起消费的剧烈波动,同时还表明房价上升所带来的财富效应主要体现为对当期消费的促进上,这与经济发达国家表现出的房价上升会引起消费持续的、缓慢的增加的财富效应模式不同。

三、房价波动对城镇居民消费影响的差异性分析[①]

在我国,由于地域辽阔,不同地区间在经济发展水平、金融市场的完善程度和城市化进程上存在较大的差距,而房地产市场的发展也表现出明显的地区差别,这是否会导致房价波动对居民消费的影响存在显著地区域结构性差异呢?另外,城镇居民内部收入差距的不断扩大已成为不争的事实,与之相伴随的必然是

---

① 课题组成员李剑等承担与本部分内容相关的子课题研究,这一部分作为课题研究成果的一部分也形成李剑博士学位论文《住房资产、价格波动与中国城镇居民消费行为》的一部分。

不同收入阶层住房支付能力的巨大差异，以及由此带来的住房资产持有①和住房需求层次上的差异，这是否会导致房价波动对消费的影响表现出明显的收入结构性差异呢？最后，考虑到近年来城镇居民的消费行为呈现出结构变化加快，品质不断升级的趋势，究竟房价波动对城镇居民的消费结构升级会产生怎样的影响呢？这些都是非常值得关注、亟待解决的问题，而基于全国层面总量消费数据的分析是无法揭示这些差异的，因此本节将在上一节分析的基础上，将研究视角从房价波动对总量消费的动态影响转向这种总量影响内部的结构性差异上。利用我国城镇居民的省际面板数据分析房价波动对居民消费的影响在地域上、不同收入水平上和不同消费类别上存在的差异。考虑到 2003 年之后房价波动对消费的影响才变得显著，本部分将研究期间选取为 2004~2011 年。

（一）地区差异、房价波动与居民消费

1. 变量选取和数据说明

前文分析表明，2003 年之后住房资产的财富效应开始显现，但巨大的潜在住房需求的存在意味着房价上升同时会对消费产生明显的挤出效应。因此，房价上升对消费的最终影响效果就取决于这两种力量的相对强弱。考虑到我国不同地区在经济总量、住房市场的流动性程度、金融市场的发展水平、住房价格水平和人口流动分布等方面存在的巨大差异，可能会导致财富效应和挤出效应的强弱对比明显不同，因此，房价上升最终对消费的影响效果可能会表现出较大的地区性差异。为此，本部分将利用我国 2004~2011 年的省际面板数据就房价波动对城镇居民消费行为影响的地区差异进行重点检验。

前文研究表明，这一时期全国住房价格的波动表现出显著的区域间、省际间差异：即使在经济发展程度相似、地区相邻的省份之间住房价格也存在明显的差异，所以单纯以东中西三个区域板块进行划分并不是非常准确。因此，为了全面系统的检验总体影响背后存在的地区间结构性差异，我们将在常见的东、中、西部地区划分的基础上，再按照 2011 年住房销售价格水平的高低，将全国 31 个省市分成高、中、低三个房价组：其中，高房价组包括北京、上海、天津、浙江、广东、海南、福建 7 个地区，住房价格均高于 7 000 元/平方米，中等房价组包括江苏、山东、辽宁、陕西、四川、重庆、安徽、吉林、湖北、江西、河北、黑龙江、广西、湖南，共 14 个地区，住房价格位于 3 500~6 500 元/平方米，低房价组包括西藏、云南、贵州、新疆、内蒙古、宁夏、河南、山西、甘

---

① 根据 2007 年城镇住户大样本调查数据统计，家庭住房面积、住房价值与家庭收入之间表现为显著的正相关关系。

肃、青海共 10 个地区，住房价格位于 3 000 ~ 3 500 元/平方米，利用模型 (7 - 20) 式和 (7 - 21) 式就房价波动对城镇居民消费的影响在不同区域省份之间、不同价格水平省份之间所存在的差异进行检验。

$$\ln C_{it} = \beta_0 + \beta_1 \ln Y_{it} + \beta_2 \ln H_{it} + \beta_3 \ln F_{it} + \mu_i + \varepsilon_{it} \quad (7-20)$$

$$\ln C_{it} = \alpha_0 + \alpha_1 \ln Y_{it} + \alpha_2 \ln H_{it} + \alpha_3 \ln F_{it} + \gamma \ln C_{it-1} + \mu_i + \varepsilon_{it} \quad (7-21)$$

模型中各变量所采用的具体指标如下：其中，C_{it}用各省市城镇居民人均消费支出来表示，Y_{it}用各地区城镇居民人均可支配收入来表示，H_{it}用各省市商品房中住宅销售额与住宅销售面积之比得到的住宅价格来表示，F_{it}用各省市居民人均储蓄存款来表示，所有数据均来自《中国统计年鉴》。此外，为了消除价格波动因素的影响，对上述数据以 2004 年为基期按照各省市城镇居民消费价格指数进行了平减处理。表 7 - 16 报告了主要变量的基本统计信息。

表 7 - 16　　　　　　　　主要变量的描述性统计

变量	样本数	均值	标准差	中位数	最小值	最大值
lnC	248	9.056	0.291	9.017	8.522	9.919
lnY	248	9.372	0.314	9.345	8.852	10.286
lnH	248	7.885	0.509	7.777	7.022	9.634
lnF	248	9.406	0.631	9.31	7.904	11.289

2. 地区差异性检验

首先，进行东中西部检验。接下来，采用同样的方法对东、中、西部的子样本数据分别进行估计，以重点考察房价波动对居民消费的影响在不同区域间的结构差异性，具体结果如表 7 - 17 所示。

表 7 - 17　房价波动对居民消费影响的区域差异（按东、中、西部划分）

解释变量	静态面板模型（FGLS）			动态面板模型（一步系统 GMM）		
	东部	中部	西部	东部	中部	西部
$\ln Y_t$	0.844*** (24.75)	0.955*** (20.57)	0.826*** (16.17)	0.205** (2.45)	0.209*** (3.63)	0.307*** (6.34)
$\ln H_t$	0.035* (1.69)	-0.025 (-0.97)	0.080*** (3.45)	0.010 (0.67)	-0.016 (-0.48)	0.09** (2.34)
$\ln F_t$	-0.06** (-2.01)	-0.011 (-0.31)	-0.064*** (-2.88)	0.027** (2.1)	-0.005 (-0.21)	0.024* (1.7)

续表

解释变量	静态面板模型（FGLS）			动态面板模型（一步系统 GMM）		
	东部	中部	西部	东部	中部	西部
lnC_{t-1}				0.707 *** (6.83)	0.804 *** (10.16)	0.477 *** (4.57)
常数项	1.543 *** (9.27)	0.409 ** (2.46)	1.319 *** (5.61)	0.444 *** (3.87)	0.048 (0.27)	0.967 ** (2.44)
AR(1) 系数	0.365	0.363	0.329			
联合显著性检验 p 值	0.000	0.000	0.000	0.000	0.000	0.000
Hansen 检验				5.14 [1.000]	1.43 [1.000]	8.26 [1.000]
Diff–in–Hansen GMM 检验				0.00 [1.000]	-0.00 [1.000]	-0.00 [1.000]
AR(1)				-2.47 ** [0.013]	-2.39 ** [0.017]	-1.4 [0.16]
AR(2)				-0.1 [0.921]	1.51 [0.131]	1.3 [0.195]
样本数	96	72	80	96	72	80

注：***，**，* 分别代表在 1%、5%、10% 显著性水平下显著；( ) 内是估计参数的 t 统计量；[ ] 内为相应检验统计量的 P 值；由于将所有的解释变量均视作弱外生变量或内生变量，故差分检验只给出了 Diff–in–Hansen GMM 检验的结果，该检验为对 GMM Style 工具变量子集包括内生变量和前定变量的有效性检验；AR(1) 和 AR(2) 检验分别为 Arellano–Bond 一阶和二阶自相关检验，原假设分别为模型不存在一阶和二阶自相关。为了检验估计结果的有效性，我们分别对东、中、西部地区进行了混合 OLS 估计和 FE 估计，其中东、中、西部地区滞后消费的混合 OLS 估计值为：0.743、0.835、0.856，FE 估计值为 0.207、0.503、0.404，可以看出不同地区滞后消费的 sys–GMM 估计值均落于两者之间，因此估计结果是有效的。

由静态面板模型的估计结果可以看出：不管在哪一个地区收入始终是影响消费的关键因素，但在不同地区弹性系数值是不同的，从大到小依次为中部、东部和西部，说明中部地区收入对消费的影响最大；而房价变化对城镇居民消费的影响确实存在明显的地区差异：东、西部地区房价上涨对城镇居民消费支出表现为显著的促进作用，房价每上涨 1%，居民消费支出分别增长 0.035% 和 0.08%；而中部地区房价上涨对居民消费的影响则表现为抑制作用，但并不显著，从弹性系数值来看，房价每上涨 1%，居民消费支出将下降 0.025%。

动态面板模型的估计结果显示，不同地区城镇居民的消费行为均表现出较强的惯性，且收入始终是影响消费的最重要因素，这与前面总样本的估计结果是完全一致的，说明总样本的估计结果是稳健的。但同时也可发现各地区城镇居民的消费行为表现出较大的差异：消费惯性的强度明显不同，从高到低依次为中部、东部和西部地区，其中西部地区的惯性值明显小于中部和东部地区，说明西部地区消费对各种冲击的反应是比较快速的；收入对消费的影响，就当期来看最大的是西部地区，其次是中部和东部地区，考虑到消费的惯性可以计算出其长期的影响系数，则东、中、西部依次为：0.7、1.1、0.6，说明收入对消费的长期影响在中部地区是最大的，其次是东部地区，最后是西部地区，这与静态面板模型得到的结论完全一致。

而我们关注的房价变化对居民消费的影响在不同地区也表现出明显的不同，并且这种差异不仅体现在当期的影响效果上，而且还体现在由消费惯性所决定的房价变动对消费影响的时间特征上。在控制了房价的内生性问题之后，西部地区房价上升对城镇居民当期的消费支出依然表现为显著的促进作用，房价每上涨1%，居民消费支出增长0.09%；中部地区房价上升对城镇居民当期的消费支出也仍表现为微弱的挤出效应，弹性系数值为-0.016%；而东部地区房价上涨对城镇居民当期消费支出的影响却只表现为微弱的正效应，且不显著，说明东部地区房价和居民消费呈现出的同步变化趋势在一定程度上可能是缘于共同因素驱动所导致的，并不是真正的因果关系，这时若利用静态面板模型进行估计可能会因遗漏变量而导致结果有偏。从房价波动对消费影响的持续性上来看，虽然在东部和西部地区，房价上升都对消费具有正向的影响，但在东部地区该影响表现为一种长期的促进作用，而在西部地区则更多地体现为一种短期的效应。最后，在控制了内生性问题之后，与静态面板模型的估计结果相比，储蓄资产对居民消费的影响发生了较大的变化，并且在不同地区也表现出一定的差异性：在东部和西部地区均表出微弱的财富效应，而在中部地区则体现为对当期消费的替代。

接下来，进行高中低房价组的检验。由于尽管东部地区的平均房价水平远高于中西部地区，但也有广西、河北等房价水平较低的省份。同样，中、西部地区房价水平虽然整体不高，但也有陕西、重庆、吉林等房价水平相对较高的省份。考虑到近年来房地产的调控政策一直都将房价作为调控的重要目标，而上述基于区域分组的检验结果并不能清晰地反映出随着房价水平的上升，房价波动对消费的影响效果究竟会发生怎样的变化，因此接下来我们将利用我国各省住房销售价格水平由高到低的分组做进一步的分析，具体结果如表7-18所示。

表7-18　　房价波动对居民消费影响的区域差异（住房价格水平划分）

解释变量	静态面板模型（FGLS）			动态面板模型（一步系统GMM）		
	高房价组	中等房价组	低房价组	高房价组	中等房价组	低房价组
$\ln Y_t$	0.86*** (16.66)	0.842*** (22.81)	0.986*** (23.33)	0.259** (2.48)	0.173*** (3.5)	0.398*** (4.52)
$\ln H_t$	0.054** (2.44)	0.001 (0.04)	-0.025 (-1.21)	-0.024* (-1.9)	0.074** (2.22)	0.027 (0.51)
$\ln F_t$	-0.073** (-2.05)	0.016 (0.58)	-0.043* (-1.84)	0.028*** (2.6)	-0.009 (-0.61)	-0.003 (-0.18)
$\ln C_{t-1}$				0.689*** (5.95)	0.719*** (11.69)	0.521*** (5.07)
常数项	1.365*** (8.04)	1.052*** (9.2)	0.391* (1.95)	0.375** (3.34)	0.477*** (3.48)	0.456 (1.22)
AR(1)系数	0.372	0.42	0.826			
联合显著性检验p值	0.000	0.000	0.000	0.000	0.000	0.000
Hansen检验				0.68 [1.000]	7.71 [1.000]	5.04 [1.000]
Diff-in-Hansen GMM检验				0.00 [1.000]	0.00 [1.000]	-0.00 [1.000]
AR(1)				-1.94* [0.053]	-2.78*** [0.005]	-1.58 [0.114]
AR(2)				-0.22 [0.826]	0.54 [0.592]	1.44 [0.15]
样本数	56	112	80	56	112	80

注：***，**，*分别代表在1%、5%、10%显著性水平下显著；（）内是估计参数的t统计量；[ ]内为相应检验统计量的P值；由于将所有的解释变量均视作弱外生变量或内生变量，故差分检验只给出了Diff-in-Hansen GMM检验的结果，该检验为对GMM Style工具变量子集包括内生变量和前定变量的有效性检验；AR(1)和AR(2)检验分别为Arellano-Bond一阶和二阶自相关检验，原假设分别为模型不存在一阶和二阶自相关。为了检验估计结果的有效性，我们分别对高、中、低房价地区进行了混合OLS估计和FE估计，其中高、中、低房价地区滞后消费的混合OLS估计值为：0.69、0.793、0.565，FE估计值为0.152、0.391、0.439，可以看出不同地区滞后消费的sys-GMM估计值均落于两者之间，因此估计结果是有效的。

在中等房价组和高房价组，动态面板估得的房价波动对消费的影响系数和显著性与静态面板的估计结果相比均发生了较大的变化，这说明由于持久收入往往会内生地影响房价，因此在房价水平越高的地区房价与消费的同步变动越有可能是由对未来收入的预期共同驱动的①，因此住房价格的内生性问题可能更严重，从而导致静态面板模型的估计结果会存在严重的偏差，不仅在数值上可能较大地偏离真实值，甚至于方向都可能相反。根据动态面板的估计结果，房价上升对消费的促进作用在按房价水平由低到高的不同组中表现出随着房价水平的上升先递增后递减的倒"U"型变化趋势。在低房价组，房价上升对消费的促进作用非常微弱且不显著，从时间特征来看也是较为短暂的；在中等房价组，房价上升对消费的影响表现为显著的长期的促进作用，而在高房价组，在考虑到房价的内生性问题之后房价上升对消费的影响由显著的正效应转变为显著的负效应，说明在这些地区房价的快速上涨已对居民的消费产生了显著的抑制作用。

由于动态面板分析不仅充分利用了面板数据的优势，同时还控制了住房价格的内生性对估计结果的影响，因此我们认为该估计结果更稳健，也能更加贴近我国城镇居民消费行为的现实特征，故下面将以动态面板的估计结果来进行具体的分析。

根据动态面板对东、中、西部地区的检验结果，在西部地区，由于经济发展处于起步阶段，房地产投机炒作行为相对较少，再加上土地资源相对丰裕，人口相对稀少，所以房价上涨速度比较适中，居民的购房压力不是很大，因此房价上升所带来的挤出效应并不明显。此外，居民的购房行为往往还会刺激与住房相关的派生性消费支出，如对住房装修、家庭设备用品等的消费支出，因此房价的上涨对西部地区居民消费的短期促进效应较强；在东部地区，由于经济较为发达，住房市场和金融市场的发育较为完全，居民自有住房中具有更高价值的商品住房所占的比重显著高于其他地区（郑思齐等，2009），因而房屋持有者能够较容易的获得住房增值所带来的资本收益，并且较快的经济发展速度和城市化进程，也使人们认为房价的上涨更多的是持久的，这些都会增强房价上升可能带来的财富效应，但同时相对较高的房价收入比也对那些刚性和改善性住房需求者产生了显著的挤出效应，因此最终正、负效应相互抵消后，房价上涨对居民的消费则表现出一种长期的微弱的正向影响；而在中部地区，由于住房的市场化程度不高②，资产的流动性不强，因此房价上涨引起的资产增值收益并不能像东部地区那样快

---

① 张亚丽等（2011）的研究表明，高房价、中等房价地区预期收入对房价的影响非常突出，而在低房价地区，预期收入对房价没有显著的影响。

② 郑思齐等（2009）的调查发现虽然中部地区住房自有化率（86.3%）接近东部地区（86.5%），但自有住房的市场化程度（31.25%）却远低于东部地区（42.59%），甚至还低于西部地区（32.02%）。

速的实现，而且近年来房价的快速上涨不仅加重了居民的购房压力，同时还强化了居民对房价上升的预期，将购房计划提前，在信贷市场发展不完善①的情况下为支付购房支出居民不得不压缩其他的消费性支出，最终导致房价的上涨对中部地区城镇居民的消费表现为持续的挤出效应。

根据动态面板对高中低房价组的检验结果可以看出，高房价组的 7 个省份虽都属于东部地区，但其房价收入比②均大于 7，排在全国前列，其中北京、上海、海南的房价收入比更是超过了 11，说明在这些地区房价已完全超出了普通居民的支付能力，市场中越来越多的是投资性需求，在它们的驱使下房价会呈现出进一步上升的趋势。面对房价的这种非理性上涨，人群中能买得起商品房的越来越少，在公租房、廉租房等保障性住房供给缺乏的情况下，只能靠长期租赁私人住宅来解决住房需求，因此房价的上升不仅在短期会抑制其消费支出，更会在长期对其消费产生显著的、持续的挤出效应。中等房价组既有山东、辽宁、江苏、河北这样的东部省份，也有重庆、湖北、吉林这些中、西部地区经济较发达的地区，整体上看这些省份房价的上升基本没有脱离经济基本面，而且相对发达的房地产市场和金融市场也使住房资产具有较强的流动性，便于住房资产财富效应的实现，因此房价的上升对消费表现出持续的促进作用。低房价组的大部分省份都属于西部地区，其次是中部地区，虽然这些省份的房价水平、经济发达程度相差不多，但整体的检验结果却并没有像西部地区那样表现出显著的短期消费促进作用，这可能是因为政府在西部地区的保障房供给水平相对较高（陈健等，2012），因而一定程度上减弱了房价上涨对中低收入群体的挤出效应所致。

综上所述，2003 年之后虽然从总体上看房价上升对我国城镇居民的消费表现为一种促进作用，但这一影响无论是其大小还是时间特征在不同地区之间都表现出非常显著的差异。根据这些差异我们可以得出如下结论：随着房地产市场的不断发展，只要房价的增长是在一个合理范围内，房价的上升就能起到促进消费的作用，并且房地产市场化程度越高，金融市场越完善，就越便于住房增值收益的实现，从而使房价上升对消费表现为长期的促进作用。但当房价的上涨速度过快吸引了越来越多的投资甚至投机性需求时，在他们的推动下房价会表现出一种脱离基本面的支撑持续上涨的趋势，这不仅会将居民的真实住房需求完全挤出市场，而且高昂的住房支出会给其带来沉重的生活负担，甚至对消费起到一种长期的抑制作用。而一个合理的保障房供应体系由于可以对居民的基本住房需求提供一定的保障，因此不仅可减弱房价上升对中低收入阶层消费的挤出效应，释放其

---

① 东部地区占据了我国消费信贷的绝大部分，2004 年东部地区消费信贷占全部消费信贷余额的比重达到 73.53%，2011 年虽略有下降，但也达到 68.3%。

② 依据的是 2010 年的房价收入比数据。

因为住房负担而压抑的消费潜能，还可在一定程度上抑制房价的非理性上涨。

（二）收入差异、房价波动与居民消费

1. 城镇居民的房价收入比差异

随着城镇居民收入水平的不断提高，不同收入阶层之间收入的增长幅度表现出较大的差异。在房价不断上涨的背景下，较大收入差距的存在，意味着不同收入阶层居民的购房支付能力明显不同，如表7-19所示。

表7-19　　　　　　我国不同收入阶层的房价收入比

年份	全国平均	最低收入户	低收入户	中等偏下收入户	中等收入户	中等偏上收入户	高收入户	最高收入户
2004	6.92	22.78	14.72	10.82	7.98	5.90	4.36	2.57
2005	7.31	24.45	15.69	11.42	8.34	6.08	4.46	2.66
2006	7.19	23.68	15.26	11.19	8.23	6.02	4.43	2.64
2007	7.40	24.24	15.69	11.47	8.48	6.23	4.59	2.77
2008	6.41	21.29	13.74	9.93	7.24	5.26	3.86	2.32
2009	7.79	25.46	16.39	11.90	8.69	6.36	4.71	2.86
2010	7.81	25.10	16.08	11.75	8.67	6.44	4.81	2.90
2011	7.49	23.75	15.30	11.26	8.35	6.18	4.59	2.77

注：房价收入比=（商品住宅平均销售价格*人均住房面积）/城镇居民家庭人均可支配收入，由于没有人均住房面积、住房价格的分组数据，人均住房面积按全国城镇居民的平均水平来估算，住房价格按当年住宅平均价格计算。

中等收入户的房价收入比接近全国平均水平，中等以下收入户的房价收入比均高于全国平均水平，而中等以上收入户的房价收入比均低于全国平均水平。从具体的数值来看，只有中等偏上收入户、高收入户和最高收入户有能力承受住宅价格的持续上涨，尤其是对于高收入阶层来说，4倍左右的房价收入比意味着其购房的支付能力很强。而对于中等偏下收入户、低收入户和最低收入户来说，住房支付力明显不足，尤其是低收入阶层，15倍以上的房价收入比已达到非常高的程度，说明其基本上不具备购买商品住宅的能力。购房支付能力的较大差异，往往直接会导致不同收入阶层在住房资产的持有量上存在明显的差别。一般居民收入水平越低，拥有住房资产的数量就可能越少，甚至可能只是住房租赁者；收入水平越高，购房能力越强，从而拥有自住住房的可能性就越大。根据2007年城镇住户大样本调查统计数据，随着收入水平的提高，家庭拥有的住房资产的价

值也增长，两者存在非常显著的正相关关系（郑思齐等，2009）。

此外，考虑到房价波动除了通过直接财富效应渠道影响消费外，还可能通过抵押渠道、预防性储蓄渠道影响居民的消费支出，由于不同收入阶层居民面临的流动性约束的强度可能是不同的，对风险的态度也可能是不同的，因此这些渠道对不同收入阶层居民的作用效果也会表现出较大的差异。李和姚（Li & Yao）(2005)、西奈和苏勒雷斯（2005）都认为房产财富增加对消费分布的影响要大于对消费总量的影响。可究竟最终房价波动对居民消费的影响在不同收入阶层间的分布结构是怎样的，不同学者的研究结论却未达成一致。如豪林等（Haurin et al., 2004）利用 SCF 与 NLSY 的数据进行研究，发现收入较高的家庭的住房财富效应低于收入较低的家庭，赵（2011）发现房价上升对高收入阶层消费的财富效应最显著，哈里发（2013）发现中间收入区域的住房财富效应最明显。

为进一步考察我国房价波动对消费的影响在不同收入阶层间的分布是怎样的，接下来将重点检验房价波动对不同收入阶层城镇居民消费的影响是否存在显著的不同，并进而分析和比较不同收入人群消费行为的差异。

2. 变量选取和数据说明

限于数据的可获得性，本节只搜集整理到了 2004~2011 年我国部分省份各个收入阶层城镇居民的人均可支配收入、人均消费支出数据和各省市的住宅价格数据①，而不同收入阶层储蓄资产的数据却无法获得。为了分析的简化，在利用面板数据检验房价波动对不同收入阶层消费影响的差异时，不再将储蓄资产纳入待估模型，即利用如下的静态面板数据模型进行分析：

$$\ln C_{jit} = \beta_{0,j} + \beta_{1,j} \ln Y_{jit} + \beta_{2,j} \ln H_{it} + \mu_{ji} + \varepsilon_{jit} \quad (7-22)$$

在此基础上，考虑到消费行为的动态性，进一步利用如下的动态面板数据模型进行分析：

$$\ln C_{jit} = \alpha_{0,j} + \alpha_{1,j} \ln Y_{jit} + \alpha_{2,j} \ln H_{it} + \gamma_j \ln C_{jit-1} + \mu_{ji} + \varepsilon_{jit} \quad (7-23)$$

其中，下标 i 表示省份，下标 j 表示不同的收入组②，下标 t 表示年份。H 代表房价，F 代表金融资产，μ_i 表示不可观测的地区特定效应，ε_{it} 表示随机误差项。由此可以看出，在所设定的实证模型中，住房价格变量在不同收入阶层的模型中均采用各省的平均住宅价格表示，这一设定的含义实际上是在测量同样的房价波动会对不同收入阶层的居民分别产生怎样的影响。

为了能够最大化地利用各省居民生活数据的信息，我们将所有七分类法下的居民收入、消费数据采用加权平均转换为五分类下的收入消费数据。但由于一些

---

① 以商品房中住宅销售额与销售面积之比计算得到
② j=1 代表低收入组，j=2 代表中等偏下收入组，j=3 代表中等收入组，j=4 代表中等偏上收入组，j=5 代表高收入组。

省份并没有统计相关分组居民的数据,故我们最终整理得到了全国24[①]个省、市、地区五分类收入法下的居民收入消费数据。考虑到通货膨胀的影响,对这些数据以2004年为基期按照各省市城镇居民的消费价格指数进行平减处理,表7-20报告了主要变量的基本统计信息。

表7-20 主要变量的描述性统计

变量	定义	样本数	均值	标准差	中位数	最小值	最大值
lnC_1	低收入组消费支出	192	8.422	0.331	8.391	7.836	9.313
lnY_1	低收入组可支配收入	192	8.514	0.362	8.481	7.886	9.541
lnC_2	中等偏下收入组消费支出	192	8.795	0.303	8.782	8.209	9.611
lnY_2	中等偏下收入组可支配收入	192	9.008	0.324	8.981	8.426	9.908
lnC_3	中等收入组消费支出	192	9.032	0.29	8.99	8.523	9.841
lnY_3	中等收入组可支配收入	192	9.307	0.31	9.279	8.743	10.143
lnC_4	中等偏上收入组消费支出	192	9.261	0.3	9.234	8.707	10.11
lnY_4	中等偏上收入组可支配收入	192	9.594	0.311	9.583	9.016	10.404
lnC_5	高收入组消费支出	192	9.675	0.322	9.646	9.051	10.454
lnY_5	高收入组可支配收入	192	10.114	0.338	10.098	9.51	10.945
lnH	住房价格	192	7.957	0.54	7.84	7.022	9.634

3. 实证结果与分析

首先,分析静态面板估计结果。为了避免非平稳变量回归所造成的伪回归问题,与前文一样先对不同收入组的面板数据进行平稳性检验,结果显示,变量 lnC、lnY、lnH 除了 LLC 检验拒绝原假设外,其余检验都不能拒绝原假设,其一阶差分也均不存在面板单位根,因此可判定变量 lnC、lnY、lnH 均为一阶单整序列。在此基础上,又对不同收入组的变量进行面板协整检验,Kao 检验均在 1% 的显著水平下拒绝原假设,Pedroni 检验中的 Panel PP、Panel ADF、Group PP 以及 Group ADF 统计量也均在 1% 的显著水平下拒绝原假设,由此可认为在各个收入组变量 lnC、lnY、lnH 之间都存在面板协整关系,接下来就可采用面板回归模型对参数进行估计了。为了节约篇幅,并未列出相应的检验结果。

在对(7-22)式进行估计时,采用与前文相同的步骤,首先根据豪斯曼检

[①] 东部地区包括:北京、天津、辽宁、上海、江苏、浙江、福建、广东、广西和海南,中部地区包括:内蒙古、山西、吉林、黑龙江、安徽、江西、河南和湖北,西部地区包括:四川、西藏、陕西、宁夏、青海和新疆。

验对不同收入组的面板数据模型形式进行选择,然后对误差结构进行检验,在此基础上利用 FGLS 方法进行估计,具体结果如表 7-21 所示。

表 7-21 静态面板数据的估计结果

解释变量	低收入组	中等偏下收入组	中等收入组	中等偏上收入组	高收入组
$\ln Y_t$	0.809*** (22.16)	0.840*** (33.34)	0.850*** (24.48)	0.822*** (30.43)	0.742*** (10.09)
$\ln H_t$	0.055** (2.43)	0.003 (0.15)	0.023 (1.21)	0.069*** (4.05)	0.095*** (2.63)
常数项	1.104*** (7.02)	1.295*** (15.01)	0.933*** (4.33)	0.829*** (4.55)	1.432*** (2.7)
AR(1)	0.653		0.569		0.605
联合显著性检验 p 值	0.000	0.000	0.000	0.000	0.000
个体数	192	192	192	192	192

注:***,**,*分别代表在 1%、5%、10% 显著性水平下显著,括号内是经过稳健性调整 t 统计量。

由表 7-21 可以看出,不管对于哪一个收入组,收入水平都是决定城镇居民消费需求的最主要因素,并且随着收入水平的增加其影响系数呈现出先增后减的变化趋势,其中高收入组的弹性系数值最小为 0.742,中等收入组的弹性系数值最大为 0.85。从住房价格的弹性系数估计值来看,房价上升对不同收入组居民的消费支出均表现为促进作用,且呈现出随着收入水平的增加而不断增强的趋势,其中,对中等偏上收入组和高收入组消费的促进作用最强且在 1% 的水平上显著。而房价上升对低收入组居民消费的影响也表现为显著地正效应,这与我们的预期有一定的差距。由于大部分低收入阶层的居民往往是租房者,根本没有自有住房,因此房价上升不会对其产生财富效应。并且房价上升带来的住房租金的上涨,会迫使他们为了应对未来房租增加导致的预算开支增加而不得不减少当期的消费支出,如果再考虑到未来购房的打算的话,房价上升更是会对低收入组居民的消费产生抑制作用。

下面分析动态面板估计结果。考虑到消费的动态性和收入、房价的内生性,为提高估计的准确性,接下来进一步利用动态面板数据对式(7-23)进行分析。在工具变量的设定上,与前面类似,允许误差项与住房价格和收入的未来实现值相关,即把 $\ln H_{it}$ 和 $\ln Y_{it}$ 做弱外生变量或内生变量处理,选取两个变量的滞后项作工具变量，利用一步系统 GMM 进行估计，结果如表 7－22 所示。

表 7－22　　　　　　　　动态面板数据的估计结果

解释变量	低收入组	中等偏下收入组	中等收入组	中等偏上收入组	高收入组
$\ln Y_t$	0.555*** (5.62)	0.593*** (5.95)	0.614*** (7.46)	0.499*** (5.89)	0.347*** (4.07)
$\ln H_t$	-0.032* (-1.69)	0.024 (0.76)	0.05* (1.76)	0.06 (1.29)	0.007 (0.26)
$\ln C_{t-1}$	0.416*** (3.55)	0.280*** (2.98)	0.240*** (3.83)	0.388*** (4.28)	0.591*** (8.51)
常数项	0.478*** (2.83)	0.815*** (4.27)	0.771*** (3.55)	0.435 (1.22)	0.441*** (2.83)
联合显著性检验 P 值	0.000	0.000	0.000	0.000	0.000
Hansen 检验	18.2 [0.999]	20.57 (0.995)	21.38 [1.000]	22.79 (0.944)	22.71 [0.987]
Diff－in－Hansen GMM 检验	2.13 [1.000]	-0.13 [1.000]	-0.57 [1.000]	1.25 [1.000]	5.86 [1.000]
AR（1）	-2.97*** [0.003]	-2.89*** [0.004]	-2.36** [0.018]	-1.62 [0.105]	-2.45** [0.014]
AR（2）	1.31 [0.189]	1.42 [0.157]	0.52 [0.604]	1.48 [0.138]	1.34 [0.18]
个体数	192	192	192	192	192

注：***，**，*分别代表在1%、5%、10%显著性水平下显著；（）内是估计参数的 t 统计量；[ ] 内为相应检验统计量的 P 值；由于将所有的解释变量均视作弱外生变量或内生变量，故差分检验只给出了 Diff－in－Hansen GMM 检验的结果，该检验为对 GMM Style 工具变量子集包括内生变量和前定变量的有效性检验；AR(1) 和 AR(2) 检验分别为 Arellano－Bond 一阶和二阶自相关检验，原假设分别为模型不存在一阶和二阶自相关。为了检验估计结果的有效性，我们分别对低、较低、中等、较高、高收入组分别进行了混合 OLS 估计和 FE 估计，其中低、较低、中等、较高、高收入组滞后消费的混合 OLS 估计值为：0.611、0.464、0.487、0.579、0.675，FE 估计值为 0.248、0.103、0.163、0.291、0.455，可以看出不同收入组滞后消费的 sys－GMM 估计值均落于两者之间，因此 GMM 估计是有效的。

　　与静态面板下的估计结果相比，动态面板下房价上升对各收入组消费的影响系数和显著性均发生了较大的变化，如图 7－9 所示。这再次说明如果不对住房价格的内生性问题加以控制，会导致估计结果有偏，而估计结果的经济意义也必定是扭曲的。首先，从短期影响效果来看，房价上涨对低收入组居民的当期消费存在显著的抑制作用，这与我们的预期较为一致；其次，房价上涨对中等偏下收入组居民的当期消费存在微弱的促进作用，而对中等收入组居民当期消费的影响系数为 0.05，且在 10% 的水平上显著；再次，房价上涨对中等偏上收入组当期消费的影响系数最大为 0.06，但却并不显著；最后，房价上涨对高收入组当期消费的影响系数仅为 0.007，且非常的不显著。从消费滞后项系数来看，房价波动对消费影响的持续时间由长到短依次为：高收入组、低收入组、中等偏上收入组、中等偏下收入组和中等收入组。因此，总的看来，房价上升对于从低到高的五个不同收入组居民消费的最终影响效果表现为：房价上升对低收入组居民的消费存在显著的、长期的抑制作用，对中等偏下收入组居民的消费存在微弱的短期促进作用，对中等收入组居民的消费存在显著的短期促进作用，对中等偏上收入组居民消费的促进作用最强但显著性有所降低，而对高收入组居民消费的影响不仅不显著且非常微弱，呈现出倒"U"型特征。

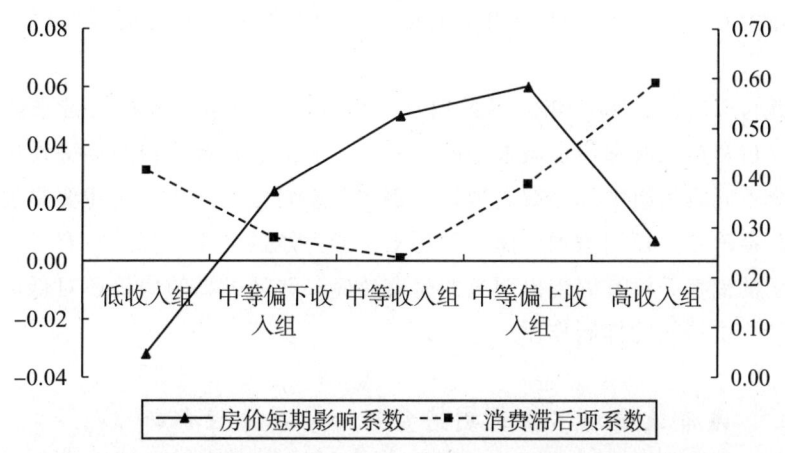

图 7-9　房价上升对不同收入组居民消费影响的差异分析

综上所述，考虑到动态面板分析可以有效地控制住房价格的内生性问题，因此应更加稳健、可信，更能贴近不同收入组城镇居民消费行为的现实特征，故下面将以动态面板的估计结果为依据来进行分析。对最低收入组居民而言，在目前保障房供给体系不完善，主要依靠市场供给的背景下，房价的快速上涨会强化他们关于未来住房租金上涨的预期，为了能满足自己未来对居住的最基本的需求，他们只有压缩自己的各项开支，故房价上升对其消费表现为持续的抑制效应。对中等偏下收入组，尤其是中等收入组而言，房价上升对消费的短期促进作用非常明显，一方面可能源于购房行为所产生的派生性消费支出的增加，另一方面可能是由于这类家庭所持收入与资产比例相当,因此不会对住房产生强烈的改善性需求更不会有投机性需求,而房价的快速增长,对资产组合较为单一且储蓄资产持有量较少的中低收入家庭而言,使住房资产不仅起到一种很好的缓冲储备效应,而且作为一种优质资产它还可为家庭消费或者个人创业投资进行融资,从而在一定程度上缓解了家庭可能面临的"流动性约束"。就中等偏上收入组而言,房价上升对消费产生的促进作用从数值上看是最大的,但却不像中等收入组那样显著,可能是因为收入水平的快速增加使这类家庭对住房的改善性需求不断增强,在我国二套房信贷政策不断趋紧的情况下居民只好减少消费支出来满足自己的需求[1],这在一定程度上会夸大改善性住房需求所带来的挤出效应,从而削弱已有住房的财富效应。最后,对于高收入组而言,虽然他们往往除了拥有自住住房外还可能拥有第二套甚至多套住房[2],但房价上升似乎并没有对他们产生明显的财富效应,这恰好说明这一时期房价的快速上涨,使住房日益成为高收入家庭青睐的投资对象,尤其是在投资渠道缺乏、货币贬值的背景下,更是会刺激其对住房的投资或投机性需求(李绍荣等,2011),这就导致房价上升所带来的财富的增加从用途上看,并没有主要的用于消费支出的增加上,而是更多地用于住房投资上。

由此可以看出,2003 年之后城镇居民内部收入差距不断扩大带来的不同收入阶层住房资产持有和住房需求上的差异,使房价上升对消费的促进作用在从低到高五个不同收入组中的分布表现出"倒 U"型特征:房价上升主要是促进了中等收入阶层消费的短期增加,而对住房支付能力最强、住房资产持有量最多的高收入阶层的消费并没有表现出明显的财富效应,并且过高的房价还对低收入阶层的消费产生了持续的抑制作用。

(三) 房价波动对不同类别消费影响的差异性分析

居民消费行为的研究一般可分为两个层次:第一个层次主要研究消费的生命周期配置问题,即消费者在一生总资源的约束下,对各期消费的配置;第二个层次则着眼于研究每期消费支出在各类消费品间的配置,即消费结构问题。我们前面就房价波动对居民消费影响的结构性差异研究都是在第一个层次内展开的,即住房价格变化对居民跨期消费配置影响的差异。接下来我们将进一步分析住房价格变化对城镇居民期内各消费支出项目配置影响的差异,即对消费结

---

[1] 臧旭恒、李燕桥(2012)发现较高收入组居民的信贷敏感系数最高。
[2] 西南财大发布的《中国家庭金融调查报告2011》显示,中国城市家庭拥有两套及以上住房的比例占到19.07%。

构的影响。

首先，从住房本身具有的消费属性来看，购房行为的发生往往会刺激与住房相关的派生性消费，如家具、家用电器等消费品需求的增加，因此房价上升就可能对不同消费品支出的影响效果存在较大的差异。其次，从不同消费品的消费特点来看，非耐用消费品往往是当期购买，当期消费，比如日常消费中的食品。而耐用消费品则是当期购买、多期消费，比如汽车和各类家用电器。这种消费特点上的不同可能会导致消费者的购买决策存在较大的差异，因此当住房资产的价格发生波动时，可能对它们的消费行为的影响就会存在较大的差别。如果耐用品的消费取决于未来不可预期的财富变化，或者说，耐用消费品的购买可以使家庭持有的资产更加多元化，那么，相对于非耐用品的消费，耐用品对资产的波动更具有弹性。如果耐用品的消费是一种长期购买行为，那么短期内财富的变化对耐用品消费的影响不大（博斯蒂克等，2009）。最后，我国目前城镇居民的消费正处于结构变化加快、品质不断升级的阶段，而如何通过居民消费结构升级来启动居民消费正成为各方面普遍关注的问题。在这样一个大背景下，究竟房价上升促进了哪些消费类别的增长，抑制了哪些消费类别的增长，与当前居民的消费结构升级有无相互关联，存在怎样的内在关系，都是亟待解决的问题。而这些也正构成了本节分析的出发点。

1. 变量选取和数据说明

为了检验房价波动对不同消费品影响的异质性并探寻房价波动与消费结构升级之间的关系，我们将按照《中国统计年鉴》中城镇居民消费支出的分类标准，具体考察房价波动对食品、衣着、家庭设备、医疗保健、交通通信、文教娱乐、居住这七大类消费支出的影响。考虑到在总量检验中储蓄资产对消费的影响非常的不显著，因此为了分析的简化，也不再将储蓄资产纳入待估模型，而是分别构建如下的静态面板数据模型和动态面板数据模型来分析房价波动对不同分项消费影响的差异：

$$\ln C_{j,i,t} = \beta_{0,j} + \beta_{1,j}\ln Y_{i,t} + \beta_{2,j}\ln H_{i,t} + \mu_{j,i} + \varepsilon_{j,i,t} \quad (7-24)$$

$$\ln C_{j,i,t} = \alpha_{0,j} + \alpha_{1,j}\ln Y_{i,t} + \alpha_{2,j}\ln H_{i,t} + \gamma \ln C_{j,i,t-1} + \mu_{j,i} + \varepsilon_{j,i,t} \quad (7-25)$$

其中，下标 i 表示省份，j = 1，2，…，7 表示消费类别，下标 t 表示年份，μ_i 表示不可观测的地区特定效应，ε_{it} 表示随机误差项。$C_{j,i,t}$ 代表各省市城镇居民第 j 类人均消费支出，$Y_{i,t}$ 表示各地区城镇居民人均可支配收入，$H_{i,t}$ 表示各省市商品房住宅价格。所有数据均来自 2004~2012 年的《中国统计年鉴》。为消除价格波动因素的影响，对上述数据均以 2003 年为基期的各省市城镇居民消费价格指数进行了平减处理。表 7-23 报告了主要变量的基本统计信息。

表7-23　　　　　　　　　主要变量的描述性统计

变量	定义	样本数	均值	标准差	中位数	最小值	最大值
lnC_1	食品支出	248	8.069	0.281	8.052	7.473	8.883
lnC_2	衣着支出	248	6.816	0.32	6.821	5.673	7.599
lnC_3	家庭设备支出	248	6.239	0.378	6.214	5.299	7.334
lnC_4	医疗保健支出	248	6.391	0.332	6.384	5.348	7.247
lnC_5	交通通讯支出	248	6.952	0.439	6.892	6.179	8.152
lnC_6	文教娱乐支出	248	6.94	0.384	6.871	5.831	8.017
lnC_7	居住支出	248	6.746	0.289	6.737	5.115	7.519
lnY	可支配收入	248	9.372	0.314	9.345	8.852	10.286
lnH	住房价格	248	7.885	0.509	7.777	7.022	9.634

2. 实证结果与分析

首先，分析静态面板估计结果。与前文一样，为了避免非平稳变量回归所造成的伪回归问题，首先对各个消费分组中的变量 lnC_j，lnY，lnH 及其一阶差分值进行面板单位根检验，结果表明变量 lnC_j，lnY，lnH 均为一阶单整序列。然后又对各个消费分组中的变量进行面板协整关系，发现在各个消费分组中变量 lnC_j，lnY，lnH 之间都存在面板协整关系，这里为了节约篇幅，同样没再列出相应的检验结果。

在协整检验的基础上，利用豪斯曼检验对不同组面板数据的模型形式进行选择，然后判定误差结构，在此基础上利用 FGLS 方法对（7-24）式进行估计，具体结果如表7-24所示。

表7-24　　　　　　　静态面板数据的估计结果

解释变量	食品消费	衣着消费	家庭设备及用品消费	医疗保健消费	交通通讯消费	教育文化娱乐消费	居住消费
lnY_t	0.878*** (34.6)	1.013*** (30.11)	1.103*** (17.04)	0.851*** (13.55)	0.923*** (14.22)	0.425*** (9.01)	0.786*** (14.26)
lnH_t	-0.055*** (-3.06)	0.069** (2.52)	0.045 (0.91)	-0.138*** (-2.75)	0.194*** (3.68)	0.08** (2.42)	-0.057 (-1.27)
常数项	0.235* (1.96)	-3.45*** (-23.69)	-4.479*** (-15.43)	0.089 (-0.33)	-3.24*** (-11.92)	2.794*** (12.14)	-0.214 (-0.92)
AR(1)	0.322	0.307	0.389	0.233	0.215	0.303	0.18

续表

解释变量	食品消费	衣着消费	家庭设备及用品消费	医疗保健消费	交通通讯消费	教育文化娱乐消费	居住消费
联合显著性检验 p 值	0.000	0.000	0.000	0.000	0.000	0.000	0.000
个体数	248	248	248	248	248	248	248

注：***，**，* 分别代表在 1%、5%、10% 显著性水平下显著，括号内是系数估计值的 t 统计量。

可以看出，不管对于哪一类消费支出，收入始终是最重要的决定因素，其中家庭设备支出、交通通讯支出和衣着支出的收入弹性最大，表明随着收入的增加，城镇居民对这三类分项消费支出的增长最快，这与上文中根据消费结构的演变趋势得到的结论一致。但房价波动对不同分项消费的影响却表现出了明显的差异：首先，房价上升对交通通讯支出、教育文化娱乐支出和衣着支出表现为显著地促进作用；其次，房价上升对家庭设备支出和住房消费支出并不存在显著的影响；最后，房价上升对对医疗保健支出和食品支出表现出明显的抑制作用。

接下来，分析动态面板估计结果。考虑到消费的动态性和解释变量的内生性问题，接下来进一步采用动态面板数据对模型（7-25）进行分析，在工具变量的设定上，与前文相同将 lnY_{it} 和 lnH_{it} 均视为弱外生变量或内生变量，并选取两个变量的滞后项作为自身的工具变量，利用一步系统 GMM 进行估计，结果如表 7-25 所示。

表 7-25　　　　　　　　动态面板数据的估计结果

解释变量	食品消费	衣着消费	家庭设备及用品消费	医疗保健消费	交通通讯消费	教育文化娱乐消费	居住消费
lnY_t	0.279*** (2.96)	0.284*** (3.33)	0.523*** (3.18)	0.125 (0.94)	0.555*** (3.46)	-0.081 (-0.77)	0.139 (1.44)
lnH_t	-0.011 (-0.25)	-0.015 (-0.25)	0.063 (0.58)	-0.022 (-0.27)	0.183** (2.45)	0.156* (1.73)	0.034 (0.96)
lnC_{t-1}	0.638*** (4.03)	0.758*** (12.07)	0.547*** (9.5)	0.867*** (10.66)	0.462*** (6.18)	0.875*** (16.29)	0.724*** (7.14)
常数项	0.078 (0.25)	-0.831*** (-2.65)	-2.525*** (-4.96)	-0.095 (-0.37)	-1.904*** (-3.49)	0.434*** (0.98)	0.325 (1.4)
联合显著性检验 P 值	0.000	0.000	0.000	0.000	0.000	0.000	0.000

续表

解释变量	食品消费	衣着消费	家庭设备及用品消费	医疗保健消费	交通通讯消费	教育文化娱乐消费	居住消费
Hansen J	29.73 [0.938]	30.22 [0.892]	27.39 [0.949]	30.15 [0.871]	30.05 [0.706]	29.89 [0.9]	30.24 [0.892]
Hansen 差分检验	0.73 [1.000]	4.57 [1.000]	11.12 [0.982]	1.84 [1.000]	7.6 [0.997]	2.74 [1.000]	6.88 [1.000]
AR(1)	−3.96*** [0.000]	−3.54*** [0.000]	−2.31** [0.021]	−3.51*** [0.000]	−3.28** [0.001]	−2.000 [0.045]	−3.75 [0.000]
AR(2)	1.2 [0.228]	0.23 [0.819]	1.31 [0.19]	1.64 [0.101]	1.38 [0.166]	0.57 [0.569]	−1.24 [0.217]
个体数	248	248	248	248	248	248	248

注：***，**，*分别代表在1%、5%、10%显著性水平下显著；( )内是估计参数的t统计量；[ ]内为相应检验统计量的P值；由于将所有的解释变量均视作弱外生变量或内生变量，故差分检验只给出了 Diff – in – Hansen GMM 检验的结果，该检验为对 GMM Style 工具变量子集包括内生变量和前定变量的有效性检验；AR(1) 和 AR(2) 检验分别为 Arellano – Bond 一阶和二阶自相关检验，原假设分别为模型不存在一阶和二阶自相关。为了检验估计结果的有效性，我们分别对食品支出、衣着支出、家庭设备、医疗保健、交通通讯、文教娱乐支出和居住支出分别进行了混合 OLS 估计和 FE 估计，其滞后消费的混合 OLS 估计值分别为：0.827、0.921、0.78、0.92、0.683、0.939、0.851，FE 估计值为 0.497、0.399、0.466、0.357、0.34、0.541、0.424，可以看出不同分项消费下滞后消费的 sys – GMM 估计值均落于两者之间，说明我们的估计结果是有效的。

在所有分项消费的检验结果中，滞后一期消费的弹性系数值均在1%的统计水平上显著，说明城镇居民的消费行为不仅在总消费支出上表现出较强的惯性，在各分项消费中也表现出不同程度的惯性和对冲击调整的缓慢。在有效地控制了消费的惯性和房价、收入的内生性问题之后，检验结果表明，当期收入水平的增加，会带来交通通讯支出、家庭设备支出、衣着支出和食品支出的显著增加，这与静态面板下的估计结果基本一致。而我们关注的房价上升对各分项消费的影响具体表现为：短期内会显著的促进交通通讯支出和文教娱乐支出的增加，但对家庭设备支出和住房支出的正向效应不明显，且对衣着支出、食品支出和医疗保健支出均表现出微弱的抑制作用。进一步考虑到消费的惯性可以发现，在长期内房价上升将对文教娱乐支出表现出一种持续的促进作用，因而正向效应最大，对交通通讯支出的促进作用短期效果更明显，而对家庭设备支出和住房支出的正向效应即使在长期作用效果也是比较微弱的。另外，房价上升在长期内会对衣着支出、食品支出和医疗保健支出表现出持续的挤出效应，虽然这一效应并不明显。

综上所述，根据静态面板和动态面板的检验结果，我们可以得出：这一时期房价上升对总消费的正向影响并不能归咎于是住房消费所带来的派生效应的结果，或者至少在总量上看这不是其主要原因，因为房价上升无论是短期还是长期都没有显著的促进居住支出以及与购房行为高度相关的家庭设备支出的增加；其次，根据狭义的非耐用品消费支出的计算方式来看①，在耐用品消费和非耐用品消费之间，房价上升显著的促进了耐用品消费的增加，说明居民并没有将房价上升所带来的财富的增加如同收入增加一样纳入生命周期消费决策当中，因此它对衣、食这种日常性的消费行为没有产生显著的影响，而主要促进了交通通讯、家庭设备等耐用消费品支出；最后，从消费结构升级的视角看，房价上升对文教娱乐、交通通讯等"享受型"消费支出表现为显著的促进作用，而对食品、衣着和医疗保健等"生存型"消费支出具有一定的抑制作用，这表明房价上升对当前我国城镇居民消费结构升级具有一定的积极意义。但考虑到房价波动对不同收入阶层居民消费影响的差异，这一结果可能意味着，房价上升主要促进了中高收入阶层享受型消费支出的增加，使其消费结构和消费品质不断提高，但同时面临巨大的购房压力和不断上涨的租金价格，低收入阶层不得不压缩日常的"生存型"消费支出，这不仅会导致其现在的生活质量不断下降，还会使其未来的人力资本存量从而收入水平进一步恶化，因此房价上升在加快消费升级的背后可能会带来收入差距的继续扩大和消费不平等现象的进一步加剧。

第三节　家庭资产财富效应微观横截面数据的实证检验②

2007 年 2 月以来，美国"次贷"危机引发的风险迅速释放，房地产价格的持续下跌产生的房地产财富负效应导致了居民消费的严重不足，使得美国经济放缓并对世界经济产生影响。其中，在本次危机中显示出来的房地产财富效应对国民经济的影响值得我们关注。所谓"财富效应"是指："货币余额的变化，假如其他条件相同，将会在总消费开支方面引起变动。这样的财富效应常被称作庇古效应或实际余额效应"。一般说来，现代意义上的财富效应，是指居民资产价值的变动对于居民消费需求的影响。由于社会财富构成日益多样化且其比重不断调

---

① 非耐用品消费支出＝食品消费支出＋衣着消费支出，耐用品消费支出指标＝总消费性支出－非耐用消费品支出。

② 本部分内容作为课题的阶段性成果，已发表于《统计与决策》2015 年第 4 期。

整,不仅货币实际余额的变动影响个人财富的价值,而且其他资产价值的变动同样可以引起财富水平的变动,从而导致消费需求的变动。现代家庭所拥有的房产是其全部资产的一个重要组成部分,房产正在成为对于居民家庭消费行为产生显著影响的资产种类。因此弄清楚房产的财富效应对我国扩大内需的战略具有重要意义。

本节利用北京大学国家发展研究院 2013 年 3 月发布的中国健康与养老追踪调查(CHARLS)微观数据,以家庭为基本单位,对房产、金融资产、其他物质资产等不同类型资产的财富效应进行了对比分析。

一、研究方法及数据简介

(一)研究方法

目前在研究资产对消费影响问题中,采用较多的是布兰查德和费希尔(Blanchard & Fisher,1989)的生命周期—持久收入假说(LC - PIH)。假说认为,消费者存在着时间偏好率 δ,消费者的预算约束要使得每一时间段末的资产等于期初资产与收入之和再减去该时间段的消费函数,即:

$$\max E[\sum_{t=0}^{T}(1+\delta)^{-t}U(C_t)]$$
$$s.t.\ A_{t+1}=(1+r_t)(A_t+Y_t-C_t) \qquad (7-26)$$

最优消费的欧拉方程为:

$$C_t = \frac{r}{1+r}A_t + \frac{r}{1+r}\sum_{t=0}^{\infty}(1+r)^{-p}E_tY_{t+p} \qquad (7-27)$$

在确定性情况下居民消费取决于个人持久收入,而持久收入是指居民一生所有获得资源的平均值,这就确定了居民消费与当期收入波动不相关。说明消费者的每期消费是资产价值与持久收入的线性函数。其中 A_t 的系数可以看作是当期财富的边际消费倾向。而假定收入遵循一阶自回归过程 AR(1):

$$Y_t = \mu Y_{t-1} + \varepsilon_t \qquad (7-28)$$

则消费方程便可以用当期资产与收入的函数来表示:

$$C_t = \beta_1 A_t + \beta_2 Y_t \qquad (7-29)$$

本节的模型便借鉴方程式(7-29)的形式,利用微观截面数据,分析当期资产对于当期消费的影响。鉴于我国长期城乡居民消费存在差距的现状,为避免笼统分析造成的差异均等化,而带来较大拟合偏误,以下的分析将分城乡进行分别分析。实证检验则分为两个模块,一是房地产是否存在财富效应的检验,二是家庭资产财富效应程度的检验。并根据检验目的的不同而设置不同的解释变量组合，但本质上同方程（7-29）是一致的，都是消费类变量作为被解释变量，收入和资产类变量作为解释变量，再加入一些人口统计学变量信息，建立在家庭微观单位上的具体模型设定如下：

$$\ln C = F(\ln y, \ln nhou, Dhouse, Z) \quad (7-30)$$

$$\ln C = F(\ln y, \ln tfin, \ln oth, \ln house, Z) \quad (7-31)$$

方程（7-30）检验房地产是否存在财富效应，若存在的话，那么有房者和无房者的消费应该会存在一定的差别，解释变量依次为收入、非住房财富、是否拥有住房的虚拟变量，以及人口统计学变量。方程（7-31）检验家庭资产财富效应的大小。解释变量依次为收入、家庭总金融资产、家庭其他物质资产、房产价值、人口统计学变量。

（二）数据说明

本节使用的数据来源于中国健康与养老追踪调查（China Health and Retirement Longitudinal Study，CHARLS）2011 年的全国基线调查数据。CHARLS 是北京大学中国社会科学调查中心对中国中老年人进行的一项调查，调查对象是随机抽取的家庭中 45 岁及以上的人。调查旨在建立一套高质量的公开的微观数据库，数据包括从广泛的社会经济状况到个人健康状况方面的信息。CHARLS 是在健康与养老调查（Health and Retirement Study，HRS）的基础上进行的调查，考虑到全国调查的复杂性，2008 年首先选取甘肃、浙江两个省开展预调查。预调查样本来自两省 32 个县/区的 95 个社区/村庄，共 1 570 户家庭中的 2 685 个人。预调查最终产出了一套高质量的调查数据，证明了在中国进行健康与养老类型的调查是可行的。在预调查的经验基础上，CHARLS 项目于 2011~2012 年进行了全国基线调查。为了保证样本的代表性，CHARLS 基线调查覆盖了全国 150 个县、区的 450 个村、居，成功访问了 10 257 户家庭的 17 708 个人。

全国基线调查数据收集了丰富的家庭和个人信息、家庭和个人收入、支出和资产信息、健康状况、医疗保险状况等。由于本节的分析重点是资产的财富效应，所以剔除了消费为 0 及家庭总收入为 0 的家庭样本，同时还删掉了关键变量缺失或无效的一些样本，以及极端值样本，把家庭中的主要受访者（ID 后两位为 01）视为户主。按照户主的户口为农业和非农业，我们又将样本分为农村家庭和城镇家庭，最终，我们得到的有效样本家庭中，农村家庭 2 129 个，城镇家庭 636 个。因为模型采用的是自然对数形式，形式变换后其中有些家庭的某些变量还会显示无效值，所以实际分析样本比得到的有效数据样本还要小一些。

CHARLS 提供了丰富的消费支出信息，其中有样本观测值的子名目多达 24 项，可以很容易计算出总消费支出和耐用品消费支出及非耐用品消费支出。由于众多家庭的耐用品消费支出信息为 0，观测值缺少，所以本节的分析以总消费支出和非耐用品消费支出为主。

CHARLS 的资产信息也相对丰富，有两部分：其一是受访者和其配偶的资产；其二是其他家庭成员的资产，我们把受访者及其配偶的资产进行分类汇总求和，然后利用相同的 Household ID 与其他家庭成员资产匹配，两部分相加，得出以家庭为单位的各资产名目，包含金融资产、其他实物资产和房产①。

CHARLS 的收入信息也相当丰富，对于家庭总收入的处理类似对资产的处理，将两部分合并得出。其中家庭总收入包括工资、养老金、各类补贴、农业生产收入（农业总收入减去总投入）、自雇收入、转移收入等项目。为明确户主的背景特征对消费的影响，借鉴坎贝尔和科科（2007）做法，加入了人口统计学变量的虚拟变量，如年龄、学历水平、婚姻状况、性别等。其中关于年龄的分类，城乡又有所不同，分别以 60 岁、70 岁为界②。

具体初始变量描述如表 7-26 所示。

表 7-26　　　　　　　　　　初始变量描述

名称	变量名	说明
非耐用品支出	Ndur	食品、衣着、休闲娱乐、健康等非耐用品支出
总消费支出	tc	非耐用品支出与家庭耐用品支出之和
家庭年总收入	y	工资、补贴、资产收入及农业生产收入（已扣除农业投入）
家庭总金融资产	tfin	风险资产与无风险资产之和
其他物质资产现值	oth	非生产性资产现值、生产性资产现值之和
家庭非住房资产	nhou	家庭总金融资产与其他物质资产现值之和
家庭房产价值	House	住房资产总和
家庭是否拥有房产	Dhouse	1 = 拥有，0 = 不拥有
户主 60（70）岁及以下虚拟变量	Below60（below70）	城镇户主年龄小于等于 60，为 1；大于 60，为 0 农村户主年龄小于等于 70，为 1；大于 70，为 0
户主 60（70）岁以上虚拟变量	Above60（above70）	城镇户主年龄大于 60，为 1；小于等于 60，为 0 农村户主年龄大于 70，为 1；小于等于 70，为 0

---

① 由于受访者中农村户口占了 77.49%，城镇户口只有 21.85%，所以金融资产中风险金融资产的样本观测值很少，有效样本中几项的合计数只有 118 个，因而无法对金融资产中的风险资产和无风险资产进行分别分析。

② 按照调查中对拟退休年龄的统计，以 60 岁和 70 岁的年龄居多，分别占 23.97%、23.75%，城镇参考国家法定男性退休年龄，以 60 岁为界，农村因 70 岁以下健康状况良好时会普遍参加农业生产活动，所以以 70 岁为界。

续表

名称	变量名	说明
户主学历小学及以下虚拟变量	Xiaoxue	户主学历为小学及以下，为1；其他，为0
户主学历中学及职校虚拟变量	Zhongxue	户主学历为初中或高中、职校，为1,；其他，为0
户主学历大学及以上虚拟变量	daxue	户主学历为大学及以上，为1；其他，为0
婚姻状况虚拟变量	Marry	户主为已婚并和配偶共同生活为1；其他，为0
性别虚拟变量	gender	户主为男性，为1；女性，为0

二、实证分析

（一）房产财富效应的存在性检验

如研究方法所述，实证检验分两部分进行，首先对房产财富效应的存在性进行检验。根据方程（7-30）的设定，以家庭总消费和非耐用品消费为被解释变量，以家庭总收入、是否拥有房产的虚拟变量、以及代表总金融资产和其他实物资产的非住房财富、家庭人口统计特征等为解释变量，对拥有房产与无房产家庭的消费进行分析。应用 Stata 计量软件回归，模型均通过了异方差与多重共线性的检验。结果如表 7-27 所示。

表 7-27　　是否拥有房产对家庭消费的影响检验结果

被解释变量 解释变量	城市		农村	
	家庭总消费	非耐用品消费	家庭总消费	非耐用品消费
lny	0.7362 (13.95)***	0.7135 (13.72)***	0.6797 (36.64)***	0.6487 (34.5)***
lnnhou	0.0582 (1.93)*	0.0305 (1.03)	0.1046 (8.55)***	0.0844 (6.84)***
Dhouse	0.1418 (2.12)**	0.1711 (2.37)**	0.0877 (2.29)**	0.0951 (2.4)**
Below60	0.023 (0.21)	-0.0269 (-0.25)		

续表

被解释变量 解释变量	城市		农村	
	家庭总消费	非耐用品消费	家庭总消费	非耐用品消费
Below70			0.0452 (0.74)	0.0284 (0.46)
Xiaoxue	Dropped	Dropped	-0.0046 (-0.10)	-0.0224 (-0.47)
Zhongxue	0.1610 (1.5)	0.1473 (1.93)*	Dropped	Dropped
Marry	0.1178 (1.92)*	0.2381 (1.89)*	0.1846 (4.05)***	0.1991 (4.35)***
Gender	0.0355 (0.34)	0.0169 (0.16)	-0.0825 (-2.13)**	-0.1082 (-2.78)***
Constant	0.3649 (1.86)*	0.6924 (1.66)*	0.5355 (3.07)***	0.9178 (5.22)***
Obs.	299	298	2 049	2 040
Adj R-squared	0.5519	0.5304	0.5538	0.5197

注：( ) 内为 t 值，***、**、* 分别表示在1%、5%、10%的水平上显著。部分人口统计学变量在回归时显示 Dropped，表中不再显示。

从表7-27可以看出，总体来讲，不论城市还是农村，不论总消费还是非耐用品消费，Dhouse 的系数都为正，且都是在5%显著水平下显著，说明拥有房产的家庭消费要高于无房产的家庭，即房产对消费有正向的提升作用。同时，非住房财富对消费的影响也均为正，只是对城市非耐用品消费的影响不显著。而家庭总收入的消费弹性系数都较高，也都在1%水平下显著，说明当期收入对当期消费发挥着非常重要的作用。拥有房产对城市家庭非耐用品消费的提升（0.1711）高于对总消费的提升（0.1418），对农村家庭非耐用品消费的提升（0.0951）也高于对总消费的提升（0.0877），但总体上看，房产对城市家庭消费的提升要高于农村家庭。家庭人口统计特征变量中，年龄、文化程度对消费均没有显著影响，而婚姻、性别影响显著，城镇和农村家庭中户主婚姻状况为已婚并和配偶共同居住的家庭对消费有正向影响，说明完整的家庭环境对消费有正向影响。农村户主性别为男性的家庭对消费有显著负影响，说明农村男性户主倾向于节省消费。

(二) 分城乡家庭资产财富效应检验

更进一步,下面将以拥有房产的家庭为研究对象,依据式(7-31)设定不同的形式,分城乡来详细探讨房地产财富以及其他家庭财富对消费的影响,及他们的协同作用,模型均通过了异方差与多重共线性的检验。结果如表7-28所示。

表7-28　　　　　　城市家庭资产财富效应检验结果

被解释变量	家庭总消费 lntc			
	(a)	(b)	(c)	(d)
lny	0.7306 (12.11)***	0.6854 (10.72)***	0.7041 (11.09)***	0.7043 (11.36)***
lnhouse	0.0644 (1.86)*	0.0679 (1.72)*	0.0489 (1.96)**	0.0621 (1.2)
lnnhou		0.0615 (1.78)*		
Dothhou			0.0130 (1.25)	
Dfinhou				-0.0828 (-0.66)
Below60	0.0320 (0.26)	0.0601 (0.48)	0.0271 (0.22)	0.0182 (0.15)
Xiaoxue		0.4114 (1.67)*		
Zhongxue	0.2104 (1.7)*	0.5212 (2.23)**	0.2011 (1.69)*	0.2157 (1.73)*
Marry	0.0964 (0.62)	0.0933 (0.63)	0.0901 (0.58)	0.1003 (0.65)
Gender	-0.0314 (-0.27)	0.0049 (0.04)	-0.0345 (-0.29)	-0.0261 (-0.22)
常数项	0.3824 (0.66)	-0.1671 (-0.24)	0.7457 (1.22)	0.3315 (0.57)
样本容量	239	234	239	239
Adj R-squared	0.5173	0.5060	0.5201	0.5183

续表

被解释变量	家庭非耐用品消费 lnndur			
	(e)	(f)	(g)	(h)
lny	0.6731 (12.17)***	0.6491 (10.21)***	0.6553 (11.08)***	0.6869 (11.93)***
lnhouse	0.0631 (2.3)**	0.0684 (1.74)*	0.0525 (1.99)**	0.0604 (2.24)**
lnnhou		0.0339 (1.98)**		
Dothhou			0.0088 (0.86)	
Dfinhou				-0.0931 (-0.78)
Below60	-0.0344 (-0.29)	-0.0193 (-0.16)	-0.0375 (-0.31)	-0.0494 (-0.41)
Xiaoxue		0.2337 (0.91)		
Zhongxue	0.1838 (1.53)	0.3634 (1.64)*	0.1769 (1.46)	0.1893 (1.77)*
Marry	0.1897 (1.34)	0.1847 (1.26)	0.1858 (1.31)	0.1944 (1.37)
Gender	-0.0605 (-0.52)	-0.0355 (-0.29)	-0.6301 (-0.54)	-0.0549 (-0.47)
常数项	0.8711 (1.51)	0.5132 (0.73)	1.1173 (1.84)*	0.8139 (1.43)
样本容量	238	233	238	238
Adj R-squared	0.4879	0.4695	0.4893	0.4893

注：回归系数下的（ ）内为t值。***、**、*分别代表1%、5%、10%的显著水平。部分人口统计学变量在回归时显示 Dropped，表中不再显示。

先来分析表7-28中城市家庭资产财富效应的检验结果。形式（a）、（e）分析的仅是家庭资产中的房产对消费的影响。在此基础上形式（b）、（f）中加入了家庭非住房财富，我们可以看出家庭总收入的消费弹性系数依然很高，（b）、（f）中家庭房产的消费弹性系数比（a）、（e）中略高，说明加入其他资产的协同作用后，房产的财富效应变得略微明显。而无论四个方程中的哪种形式，城市家庭的房产财富效应对于总消费和非耐用品消费影响差异不大。值得注意的是，家庭非住房资产对于家庭总消费的影响（0.0615）要高于对家庭非耐用品消费的影响（0.0339），前者是后者的近一倍。说明家庭非住房资产对耐用品的消费产生更大的影响，这和非住房资产中包括以耐用品为主的其他物质资产有很大关系。

许多关注微观家庭资产财富效应的学者将家庭资产分为房产、金融资产和其他实物资产，然后分别进行分析（张大永，2012；解垩，2012），本文采用这种方法后，除收入外，各种解释变量均不显著，回归结果不理想[①]，所以城市家庭样本分析中没有用该方法。但为了分析其他家庭资产和房产对消费的协同作用效果，探讨在不同其他家庭资产水平下房产财富效应大小，设定了虚拟变量，模型中引入了交叉项[②]。即设定 Dfin 和 Doth 两个虚拟变量，然后分别和 lnhouse 相乘得到交叉项 Dfinhou 和 Dothhou。即在不同的其他家庭资产水平下使用不同的斜率[③]。

回归结果由形式（c）、（g）和（d）、（h）报告出。（c）、（g）表明，其他物质资产与房产对于消费的影响是同向的，其他物质资产大于等于 3 850 的家庭的房产总消费和非耐用品消费弹性系数为 0.0619、0.0613，而其他物质资产较小的家庭为 0.0489、0.0525，说明其他物质资产较多的家庭，房产对消费者的影响较大。（d）、（h）表明总金融资产与房产对于消费的影响是反向的，家庭总金融资产大于 0 的家庭房产的总消费和非耐用品消费弹性系数分别为 -0.0207、-0.0327，而家庭金融资产为 0 的家庭房产对消费的影响与（a）、（e）相当。但两个交叉项均不显著。

下面来分析表 7-29 农村家庭资产财富效应的检验结果。形式（A）、（F）中仅分析的家庭房产对消费的影响，可以看出农村房产对农村家庭总消费和非耐用品消费的影响都显著为正，且对总消费的影响稍大一些。（B）、（G）中实现了将家庭总金融资产和其他物质资产一起引入模型，这样样本数虽大幅下降，但仍达到 600 多个，与（A）、（F）相比较，加入其他家庭资产后，房产的消费弹性系数有所下降，但仍然在 1% 的水平下显著，其中家庭总消费的弹性系数下降较

[①] 主要原因是城市有效分析的样本较少，家庭金融资产和其他物质资产中又有很多观测值为 0，解释变量使用 lnoth（其他物质资产）和 lntfin（家庭总金融资产）后，去除无效观测值，只有 110 个样本。

[②] Dfin 和 Doth 两个虚拟变量，前者指家庭金融资产虚拟变量，当家庭金融资产为 0 时，输出 0，大于 0 时，输出 1；后者指其他物质资产虚拟变量，当其他物质资产大于等于 3 850（其他物质资产的中位数）时，输出 1，否则输出 0。

[③] 以 Dothhou 为例，在模型 $lntc = \alpha lny + \beta lnhouse + \gamma Dothhou + Z + \xi$ 中，当其他物质资产大于等于 3 850 时，lnhouse 的系数为 $(\beta + \gamma)$，当其他物质资产小于 3 850 时，lnhouse 的系数为 β。

明显。农村家庭其他物质资产的消费弹性系数均在1%水平下显著,数值均比房产消费弹性系数要大,而金融资产消费弹性系数较小,且均为负,对家庭总消费的影响还不太显著。说明各类资产对农村家庭消费影响由大到小的排列是:其他物质资产>房产>金融资产。原因应该是目前农村房产大都为自建房,几乎没有投资价值,也没有像城市的升值空间,流通性较差,拥有房产的目的就是为了自住,所以不如农业生产设备、家电家具等其他物质资产对消费的影响大。这也进一步说明农村的资产性收入来源较少,而农地确权,变土地资源为现实的资产和资本,将释放出农村家庭的巨大消费潜力。将总金融资产和其他物质资产求和后加到一起引入模型就产生了形式(C)、(H),可以看到两个方程的主要变量都在1%水平下显著,家庭非住房资产对家庭总消费的影响(0.0911)明显大于对非耐用品消费的影响(0.0688),但比房产的消费弹性系数都要高。由于在(B)、(G)中金融资产消费弹性系数均为负,且(B)中还不显著,因此有必要进一步进行深入分析三类资产的协同作用,类似城镇家庭的处理,引入交叉项①,得出形式(D)、(I)和(E)、(J),四个方程的主要变量较高的显著性水平和系数说明农村家庭中其他物质资产、金融资产与房产对于消费的影响均为同向的。其他物质资产大于等于3 300的家庭房产总消费弹性系数(0.0799)要大于其他物质资产小于3 300的家庭(0.0534),对非耐用品消费影响同样如此。

表7-29　　　　　　　　农村家庭资产财富效应检验结果

被解释变量	家庭总消费 lntc				
	(A)	(B)	(C)	(D)	(E)
lny	0.7286 (41.26)***	0.6049 (18.82)***	0.6553 (33.58)***	0.6893 (37.24)***	0.7207 (40.33)***
lnhouse	0.0855 (5.99)***	0.0625 (2.66)***	0.0611 (4.14)***	0.0534 (3.57)***	0.0805 (5.60)***
lnnhou			0.0911 (6.98)***		
lntfin		-0.0065 (-0.34)			
lnoth		0.1317 (5.40)***			

---

① 以 Dothhou 为例,在模型 lntc = αLny + βLnhouse + γDothhou + Z + ξ 中,当其他物质资产大于等于3 850时,Lnhouse 的系数为 (β+γ),当其他物质资产小于3 850时,Lnhouse 的系数为 β。

续表

被解释变量	家庭总消费 lntc				
	(A)	(B)	(C)	(D)	(E)
Dothhou				0.0265 (6.41)**	
Dfinhou					0.0103 (2.67)***
Below70	0.0372 (0.60)	−0.0337 (−0.36)		0.0244 (0.40)	0.0462 (0.74)
Xiaoxue		0.0373 (0.51)	−0.0239 (−0.50)	−0.0178 (−0.37)	−0.0439 (−0.90)
Zhongxue	0.1258 (0.21)				
Daxue		0.5341 (0.69)	−0.2436 (−0.41)	−0.1918 (−0.32)	−0.1362 (−0.23)
Marry	0.2299 (4.88)***	0.0958 (1.3)	0.2089 (4.59)***	0.2168 (4.65)***	0.2321 (4.94)***
Gender	−0.0521 (−1.3)	−0.0951 (−1.56)	−0.0615 (−1.54)	−0.0482 (−1.21)	−0.0563 (−1.40)
Constant	0.0381 (0.60)	0.7095 (2.29)**	0.3444 (1.82)*	0.7036 (3.41)***	0.2395 (1.24)
Obs.	1904	666	1851	1904	1904
Adj R^2	0.5642	0.5585	0.5567	0.5732	0.5656
被解释变量	家庭非耐用品消费 lnndur				
	(F)	(G)	(H)	(I)	(J)
lny	0.6854 (38.49)***	0.5805 (17.7)***	0.6234 (31.37)***	0.6521 (34.72)***	0.6794 (37.68)***
lnhouse	0.0812 (5.66)***	0.0720 (2.99)***	0.0632 (4.23)***	0.0552 (3.66)***	0.0774 (5.35)***
lnnhou			0.0688 (5.23)***		

续表

被解释变量	家庭非耐用品消费 lnndur				
	(F)	(G)	(H)	(I)	(J)
lntfin		-0.0357 (-1.83)*			
lnoth		0.1188 (4.78)***			
Dothhou				0.0219 (5.26)***	
Dfinhou					0.0078 (2.03)**
Below70	0.0251 (0.40)	-0.0707 (-0.75)		0.0150 (0.24)	0.0319 (0.51)
Xiaoxue	-0.0336 (-0.06)	0.0449 (0.60)	-0.0347 (-0.72)	-0.0256 (-0.53)	-0.0475 (-0.97)
Zhongxue	0.0135 (0.02)				
Daxue		0.6262 (0.80)	-0.0968 (-0.16)	-0.0677 (-0.11)	-0.0214 (-0.04)
Marry	0.2378 (5.05)***	0.1576 (2.09)**	0.2181 (4.76)***	0.2278 (4.87)***	0.2394 (5.09)***
Gender	-0.0736 (-1.83)*	-0.1327 (-2.13)**	-0.0847 (-2.10)**	-0.0705 (-1.76)*	-0.0768 (-1.91)*
Constant	0.5118 (0.81)	1.0838 (3.43)***	0.7221 (3.78)***	0.9726 (4.67)***	0.5830 (3.02)***
Obs.	1 895	664	1 842	1 895	1 895
Adj R^2	0.5345	0.5223	0.5200	0.5410	0.5353

注：回归系数下的（ ）内为 t 值。***、**、* 分别代表 1%、5%、10% 的显著水平。部分人口统计学变量在回归时显示 Dropped，表中不再显示。

（E）、（J）中也是类似结果，说明农村家庭其他物质资产、金融资产较多的家庭，房产的财富效应较明显，对消费的影响也就较大。最后来分析金融资产相关变量的系数问题，lntfin 项系数为负，Dfinhou 项为正，前者表明所有农村家庭样本的金融资产财富效应为负，后者表明金融资产大于 0 时的农村家庭样本财富效应为正，说明增加农村家庭的金融资产，提升理财观念，将会带动农村家庭的消费。家庭人口统计变量特征检验结果显示，对家庭总消费和非耐用品消费有显著正影响的是婚姻状况，而性别状况对非耐用品消费的影响显著为负。说明农村已婚的完整正常家庭资产对消费有显著正向影响，农村家庭户主为男性的偏好于节省性消费。其他变量如学历、年龄则影响不显著。

综合来看，由于样本数比较多，农村家庭的回归结果较好，资产财富效应比城市家庭更加明显。

三、结论及政策建议

本节借助于 CHARLS 中国健康与养老追踪调查 2011 年全国基线数据，分城乡重点分析了房产对家庭消费的影响，并将其与家庭金融资产、其他物质资产的财富效应进行了对比。研究表明，不管是城市还是农村，对于是否拥有房产的家庭消费检验中系数均显著为正，家庭房产对总消费和非耐用品消费都有显著的提升作用，且对城市家庭的提升作用更大一些。这说明在目前相对落后的消费观念影响下，城市家庭自有住房率的提高可以显著提高消费。

通过对拥有自有住房家庭不同资产价值影响效应的对比，我们发现：

第一，对城镇有房家庭来说，房产对消费的影响大于其他类型资产，城镇家庭房产的消费弹性系数在 0.063~0.068 之间，非住房财富也有显著正影响，但比房产的影响程度略低，且非住房财富对总消费的影响约为对非耐用品消费影响的两倍。

第二，农村家庭房产的消费弹性系数在 0.062~0.085 之间，金融资产与其他物质资产对消费均有显著影响，在住房很少进入流通领域的农村中，其他物质资产的影响要大过房产的影响。综合来看对农村家庭消费影响由大到小依次为：其他物质资产、房产、金融资产。

第三，通过加入金融资产和其他物质资产的虚拟变量与房产的交叉项，分析得出：城乡非住房资产较多的家庭，房产的财富效应相应较明显。说明有房家庭房产的财富效应可能会和家庭非住房资产的有无、大小相关。家庭人口统计学变量中，对城市消费有显著正影响的是户主学历为初中、中学或职校的变量，而户主已婚并和配偶共同居住的农村正常家庭对消费有正向影响，户主为男性的农村家庭对非耐用品消费有显著负影响。

当然，在本文的分析中，还存在较多的不足和欠缺之处，首先调查数据针对 45 岁以上的中老年人群，且农村受访户居多，虽然这些家庭中也有年轻人群被归类在家庭成员中，但毕竟不是主要受访者，信息还存在一定的不完整，不能就年轻人群与中老年人群的差异性进行分析。其次，一个年度的截面数据无法分析房价的变化带来的效应及其变动趋势，且分析结果仅在特定时间段内有效，希望随着跟踪调查数据的完善，后续能做更进一步的研究。

第四节　家庭资产结构与居民消费倾向

近年来，随着中国经济的高速增长，居民家庭资产总量得以迅速增加。据中国社会科学院经济研究所收入分配课题调查数据显示，1995~2002年，我国居民的人均财产从12 102元增加到25 897元（以2002年价格计算），8年间增加了1.14倍。2012年我国居民部门的净资产总额达到247万亿元，从2002年到2012年10年间增加了5倍多，是同期居民部门可支配收入的7倍多①。按2012年总人口13.54亿计算，人均净资产18.2万元，分别为1995年和2002年人均财产的15倍和7倍。伴随着资产存量的增加，我国居民的财产性收入也进入了快速增长阶段，从1992年的1 191.4亿元增加到2012年的2.4万亿元，扣除价格因素之后，年均增长速度达到9%，而近10年的增速更是高达16%，远远高于同期人均收入的增长速度②。与此同时，由于居民理财意识的日益增强，中国居民的家庭资产构成也日趋多元。金融业竞争的加剧所带来的多样化投资渠道则进一步加速了这一进程。

居民家庭资产及其所产生的财产性收入直接影响到其在整个生命周期内资源禀赋的多寡，因而会对居民家庭的消费行为产生显著影响。不同形式的资产在其变现以可供用于购买消费品或服务时会有不同的交易成本，有可能导致运用传统的生命周期模型分析消费者行为时产生偏差。人们注意到，在我国居民家庭资产快速积累的近十几年期间，居民消费率快速下降了近10个百分点，2012年下降到35%上下，近两年来略有回升③。消费需求的持续走低严重制约了我国经济发展方式的转型，同时也不利于国民经济的长期平稳发展。深入探究居民家庭资产究竟如何影响居民消费，对于从家庭微观视角构建提振我国居民消费的长效机制

---

① 数据来源：Wind资讯数据库。
② 数据来源：历年《中国统计年鉴》。
③ 参见《中国统计年鉴（2014）》，中国统计出版社2014年版，第68~69页。也有学者或研究机构认为中国国家统计局有关居民消费率的数据低估了居民消费，按他们的估算，居民消费率，即居民消费占GDP的比重远高于国家统计局公布的35%上下（2012年），而大约为46%上下（据摩根士丹利（Morgan Stanley）Garner J. & Qiao H.，转引自Economist，http://www.economist.com/news/china/21574503-consumption-china-may-be-much-higher-official-statistics-suggest-bottoms-up）

具有重要的意义。同时，中国居民的"低消费之谜"具有显著的中国特色，从居民家庭资产结构入手无疑为理解这一问题提供了一个有益的视角。

本节利用 CFPS（2012）微观调查数据，在考虑不同类型资产变现成本的基础上，将居民家庭总资产划分为两类，即流动性较高的资产和流动性较低的资产，并结合生命周期模型，对我国居民家庭资产结构与消费倾向之间的关系进行全面的探讨，以期更加深入地了解我国居民消费率的变动，为提振我国的消费需求提供相应的政策建议。

一、理论模型——双资产消费决策模型

本部分将一个简单的"消费—储蓄"决策模型与鲍莫尔—托宾（Baumol - Tobin）货币需求模型相结合，构建了一个包含流动性较低的资产和流动性较高的资产的双资产消费决策模型，用以分析家庭资产结构对消费倾向的影响。

在传统生命周期模型中，所有的资产在变现用于消费时不需要支付任何成本。然而，现实中流动性较高的资产和流动性较低的资产在变现时却具有差距悬殊的交易成本，因而在整个生命周期内，家庭有动机持有部分流动性较高的资产，并多次变现用以平滑各期消费，而且与持有流动性较低的资产而言，又不必支付较高的"变现"交易成本。假定家庭总资产s_t可分为流动性较高的资产s_t^H和流动性较低的资产s_t^L，两者在总资产中的占比分别为σ和$1-\sigma$，所对应的预期收益率分别为R_t^H和R_t^L（$R_t^H < R_t^L$）。家庭在第 t 期内，会分多次变现资产用来消费，每次变现的金额平均为K_t，那么第 t 期共需变现资产c_t^T/K_t次。这里，c_t^T为在 t 期家庭需用资产平滑的那部分消费。如果每次变现的交易成本为b_t，那么 t 期内变现的总成本为$b_t c_t^T/K_t$。对于流动性较高的资产，$b_t = b_t^H$；对于流动性较低的资产，$b_t = b_t^L$；在每一期内，均有$b_t^H \ll b_t^L$。假定每次变现资产后，获得的现金均以均匀的速度支出，那么 t 期内家庭的平均手持现金额为$K_t/2$。这里，假定在资产变现前家庭除拥有与正常消费流相当的"消费基金"外，不拥有任何手持现金。若变现资产的收益率为R_t，那么家庭 t 期内用来变现资产的总成本D_t为：

$$D_t = b_t c_t^T/K_t + K_t R_t/2 \qquad (7-32)$$

显然，当家庭变现流动性较高的资产用以消费，所付出的成本最低。因而，（7 - 32）式中$R_t = R_t^H$，$b_t = b_t^H$。通过求解成本最小化的一阶条件可得 t 期最优的变现金额为：

$$K_t^* = \sqrt{\frac{b_t^H c_t^T}{2R_t^H}} \qquad (7-33)$$

这意味着每期流动性较高资产的持有量 s_t^H 应不低于 K_t^*，即 $s_t^H \geq K_t^*$。K_t^* 与流动性较高的资产每次变现的成本 b_t^H、家庭需用资产平滑的消费支出 c_t^T 成正比关系，与其自身的收益水平 R_t^H 成反比关系。为方便分析，不妨假定家庭在各期持有的流动性较高的资产的数量等于 K_t^*，即：

$$s_t^H = \sqrt{\frac{b_t^H c_t^T}{2 R_t^H}} \qquad (7-34)$$

那么流动性较高的资产占比 σ 可表示为：

$$\sigma = \frac{s_t^H}{s_t} = \sqrt{\frac{b_t^H c_t^T}{2 R_t^H s_t^2}} \qquad (7-35)$$

因而，在资产变现成本和资产收益率不变的情况下，σ 主要受家庭需用资产平滑的消费支出和资产总量二者相对变动的影响。假定家庭总消费 c_t 由需用资产平滑的消费支出 c_t^T 和不需用资产平滑的消费支出 c_t^P 两部分组成，且 c_t^T 与 c_t^P 近似成正比关系。与（7-35）式相关的一种接近现实的情况是，随着收入的增长，家庭总资产 s_t 的增长速度在初期较快，随后逐渐降低；而消费 c_t 在初期增长较慢，随后随着消费需求的逐步升级，增速逐渐提高。那么这就会导致 σ 随着收入的增加呈现出先减小后增加的"U"型变化轨迹。

此外，可求得家庭资产的整体预期收益率为：

$$R_t = \frac{s_t^H R_t^H + s_t^L R_t^L}{s_t^H + s_t^L} = R_t^L - \sigma(R_t^L - R_t^H) \qquad (7-36)$$

因而，家庭总资产中流动性较高的资产的比重越高，家庭资产的整体预期收益率也越高。

假设家庭的效用函数为 CRRA 形式，各期收入、流动性较高的资产和流动性较低的资产的预期收益率均外生给定，则家庭的效用最大化问题可以表示为：

$$\begin{aligned}
&\max E_0 \sum_{t=0}^{\infty} \beta^t \frac{c_t^{1-\theta} - 1}{1 - \theta}, \quad 0 < \beta < 1, \quad \theta > 0 \\
&\text{s.t. } c_t + s_t = (1 - \delta) A_t \\
&\quad A_{t+1} = s_t R_{t+1} \\
&\quad R_t \sim iid, \quad A_0 \text{ 给定}
\end{aligned} \qquad (7-37)$$

其中，β 为主观效用贴现率，θ 为相对风险厌恶系数，A_t 为家庭在 t 期的可供使用的总财富（包括各类收入），R_t 代表家庭持有资产的整体收益率，δ 代表家庭持有各类资产的整体变现成本。

对于上述最优化问题，将 A_t 和 R_t 视作状态变量，s_t 和 A_{t+1} 视作控制变量。假定 $s_t = \gamma(1-\delta) A_t$，这是因为伴随着当期消费会产生 δA_t 的资产变现成本，需要从当期总财富中扣除。可以写出相应的贝尔曼方程：

$$V(A, R) = \max_s \left\{ \frac{[(1-\delta)A - s]^{1-\theta} - 1}{1-\theta} + \beta E[V(s\tilde{R}, \tilde{R}) | R, A] \right\} \quad (7-38)$$

将（7-38）式求关于 s 的一阶条件，可得：

$$[(1-\delta)A - s]^{-\theta} = \beta E[V_1((\tilde{A}, \tilde{R})\tilde{R}) | R, A] \quad (7-39)$$

再求出（7-38）式的包络条件：

$$V_1(A, R) = [(1-\delta)A - s]^{-\theta} \quad (7-40)$$

把 $s_t = \gamma(1-\delta)A_t$ 代入（7-40）式，整理得：

$$V_1(A, R) = [(1-\delta)(1-\gamma)A]^{-\theta} \quad (7-41)$$

相应地，可得：

$$V_1(\tilde{A}, \tilde{R}) = [(1-\delta)(1-\gamma)\tilde{A}]^{-\theta} \quad (7-42)$$

将（7-42）式代入（7-39）式，可得欧拉方程为：

$$[(1-\delta)A - s]^{-\theta} = \beta E\{[(1-\delta)(1-\gamma)\tilde{A}]^{-\theta}\tilde{R} | R, A\} \quad (7-43)$$

进一步整理，可得家庭消费的最优解为：

$$c_t = (1 - \delta - \beta^{\frac{1}{\theta}}(E[R_{t+1}^{1-\theta}])^{\frac{1}{\theta}})A_t \quad (7-44)$$

可以看出，家庭资产的整体变现成本越低，整体预期收益率越低，那么家庭的消费支出越多。结合前面的分析不难发现，当家庭持有更多流动性较高的资产时（即 σ 较大时），会导致家庭储蓄资产的整体收益水平和整体变现成本的降低，进而会使得家庭增加消费支出。

二、数据简介与变量分布特征

（一）数据简介

本节使用的数据来自北京大学中国社会科学调查中心提供的中国家庭追踪调查（CFPS）2012 年截面数据。该调查于 2010 年在全国基线展开，覆盖了全国 25 个省级行政区 162 个县的 14 798 户家庭，调查内容包含了家庭人口学变量、收入、资产等方面的信息，其分层多阶段的抽样设计使其样本具有较好的代表性。2012 年 CFPS 对 2010 年样本进行了追踪调查，相比于前者提供了更为详尽的关于家庭资产方面的信息。由于本部分研究中引入了家庭金融资产及住房资产等变量，难以对不同年份上述资产价值做出可比性调整，加之前后两个年份的调查在家庭资产的分类口径上并不完全一致，因而本部分仅采用 2012 年的截面数据，考虑到数据的完整性及极端异常值问题，经筛选共获得 9 134 个样本。值得注意的是，在上述样本中，仅有 64% 的家庭平均消费倾向小于 1，有 36% 的家庭支出大于收入。这一方面可能是由于调查样本中部分家庭确实因日常生活负担过重（如大病医疗支出、子女教育负担等）出现上述入不敷出的情形；另一方面可能由于调查中，家庭对于消费支出的回答较为明确，而对于收入的回答中低报了收入或遗漏了部分隐性收入等①。但正常情况下，多数家庭的消费支出不会大于收入。因而，下面选择平均消费倾向小于 1 的 4 903 个家庭作为基准样本进行分析，其余样本的消费行为特征将在稳健性检验部分进行讨论，以对本部分的主要结论做进一步检验。基准样本主要变量的统计性描述如表 7-30 所示。

表 7-30　　　　变量的统计性描述（样本容量：4903）

变量	含义	平均值	中位数	标准差	最小值	最大值
apc	消费倾向	0.52	0.51	0.26	0.01	1.00
c_total	人均消费（元）	9 876.83	6 550.67	15 87.09	113.20	450 000
c	人均非耐用品消费（元）	8 143.40	6 044.00	7 788.93	113.20	110 000
income	人均净收入（元）	18 762.70	13 070.86	26 502.01	500.00	610 000
gender	户主性别②（男性=1，女性=0）	0.55	1.00	0.50	0.00	1.00
marriage	户主婚姻状况（已婚=1，其他=0）	0.90	1	0.50	0	1
edu	户主受教育年限（年）	7.14	9.00	4.82	0.00	22.00
age	户主年龄（周岁）	50.10	49.00	13.58	16.00	92.00
urban	户籍（城市=1，农村=0）	0.49	0	0.50	0	1
pension	养老保险人口比例	0.04	0.00	0.12	0.00	1.00
health	医疗保险人口比例	0.27	0.25	0.17	0.00	1.00
oldratio	老年抚养比（65 岁以上人口数/15~64 岁人口数）	0.13	0.00	0.34	0.00	2.00
childratio	少儿抚养比（15 岁以下人口数/15~64 岁人口数）	0.13	0.00	0.16	0.00	0.71
lnfinance	金融资产对数值	9.02	9.47	2.59	0.00	15.30

---

① 本部分还考察家庭的非房贷金融负债和房贷金融负债与平均消费倾向的关系，但发现二者均与平均消费倾向大体上呈现负相关关系，因而排除了借贷消费导致平均消费倾向过高的可能性。

② CFPS 中没有明确户主身份，本节将最熟悉家庭财务信息的个体视为户主。

续表

变量	含义	平均值	中位数	标准差	最小值	最大值
lnhouse	住房资产对数值	11.74	11.92	1.51	5.30	17.18
σ	流动资产占比	0.11	0.06	0.14	0.00	0.88

本节把消费倾向定义为人均消费支出[①]与人均纯收入[②]之比。将流动性较高的资产占比定义为各类金融净资产（具体包括现金和金融机构存款、政府债券、股票、基金、金融衍生品，并扣除各项金融负债）之和占总资产的比重。相应地，将流动性较低的资产占比定义为房产占总资产的比重。进一步，定义总资产由上面界定的流动性较高的资产和流动性较低的资产构成。由表 7-30 可知，2012 年样本中居民人均消费支出为 9 876.83 元，人均净收入为 18 762.70 元，样本总体平均消费倾向为 0.52。样本中城乡家庭数目较为接近，城镇户籍家庭占比为 49%；户主男女数目相近，平均年龄为 50 岁左右，多数已婚，平均受教育年限为初中水平。家庭资产在不同的家庭间差距巨大，而且家庭大部分资产以房产形式持有，流动性较高的资产占比的平均值为 11%。

（二）关键变量分布特征

本节主要研究家庭资产结构与居民消费倾向之间的关系，资产结构有可能受到资产总量的影响，而资产总量作为存量指标又和作为流量指标的家庭收入联系紧密。因而，研究家庭资产结构对消费倾向的影响，有必要详细了解上述关键变量的分布特征。接下来，依资产总量五分位数将样本分为五组，各组内依流动性较高的资产占比的五分位数，进一步将每组样本细分为五组（依次分别记作 gr = i，i = 1，2，3，4，5）。在上述分组策略的基础上，同时考察资产结构与消费倾向的变动规律，为后面的实证分析提供依据，详见图 7-10、图 7-13。

在各图中，主纵轴代表样本流动性较高资产占比 σ 的频数分布，对应的横轴代表流动性较高的资产占比；次纵轴代表对应样本在不同 σ 分位区间内消费倾向的平均值，对应的横轴为 σ 的百分位数[③]。图 7-10 为全样本流动性较高的资产占比与消费倾向分布图，图 7-11~图 7-13 分别为子样本相关变量分布图，限于篇幅限制，将依据资产总量五分位数分组后的第二、三、四组相关变量的分布统一绘于图 7-13 中。

[①] 具体包括食品、衣着、居住、医疗保健、交通通讯、文教娱乐、日用品和其他等 8 项支出，不包括汽车、可办公类电器、家具和家电等支出。其中，居住支出包括水电费、燃料费、取暖费、物业费和房租。
[②] 具体包括工资性收入、经营性收入、财产性收入、转移性收入和其他收入。
[③] 此处首先计算出 σ 的百分位数，将对应样本分成 100 组，然后分别计算各组内样本的消费倾向的均值。因而，对应的横轴刻度应为 0，1，…，100，为图形简洁起见，不再标出。

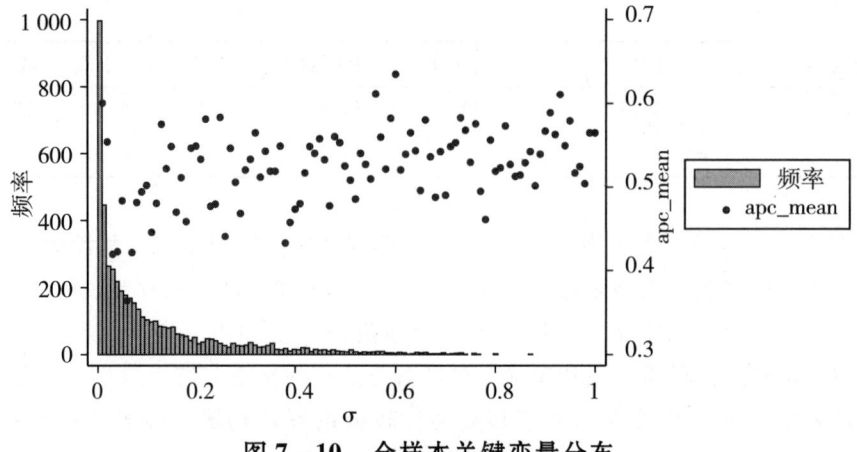

图 7-10　全样本关键变量分布

图 7-11　子样本（gr=1）关键变量分布

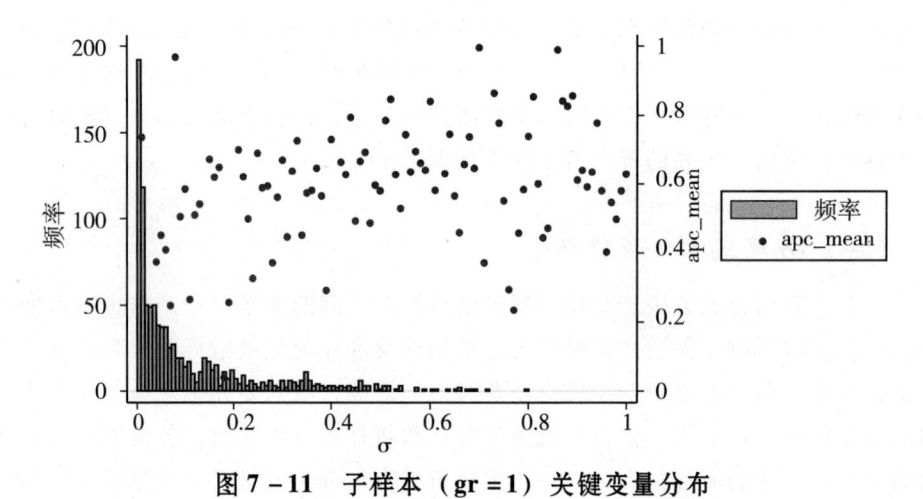

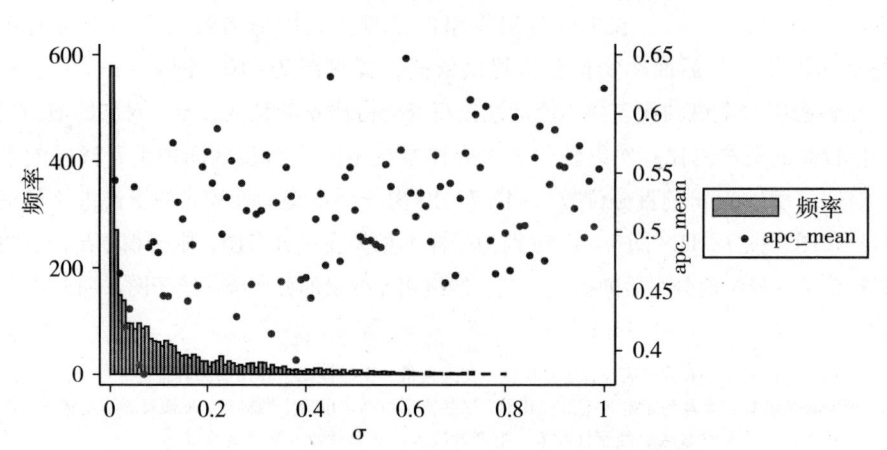

图 7-12　子样本（gr=2, 3, 4）关键变量分布

图 7-13 子样本 (gr = 5) 关键变量分布

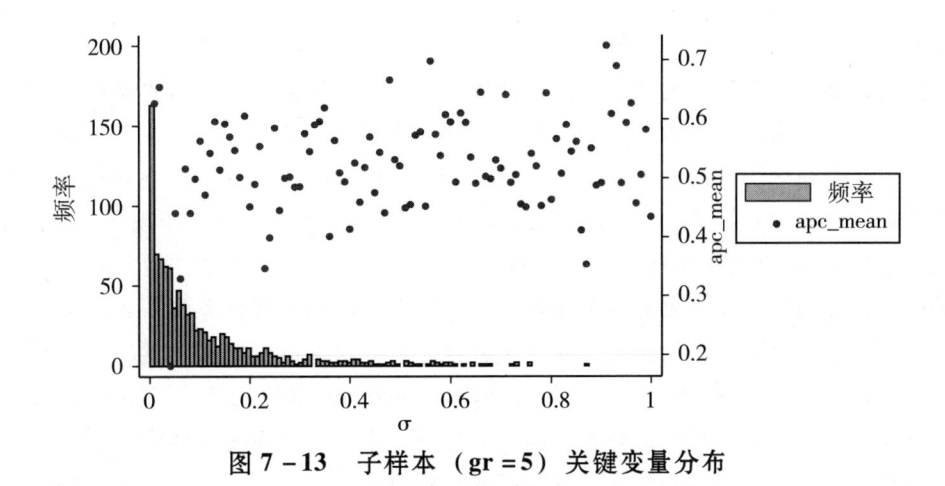

从样本数量的分布来看，随着 σ 的升高，样本整体及各组子样本均呈现类指数分布形态。随着资产总量的增加，各组内样本分布形态并未发生较大改变。这表明，资产总量的多少对家庭资产结构的影响并不明显，而且目前中国居民家庭更多的偏好于持有流动性较低的资产。从消费倾向的分布来看，消费倾向整体上随着 σ 的升高而逐步升高，并在横轴的两端呈现较大的异方差。随着总资产的增加，消费倾向的水平数值有所降低，异方差也有所减弱。这表明分布在 σ 数值区间两端的家庭样本，消费倾向存在较大的异质性，但这种异质性会随资产总量的增加而减弱。

由于资产总量及 σ 无法有效反映出家庭消费及资产配置状况随时间变化的趋势，而家庭收入则是一个动态增长的过程，因此，接下来将样本按照家庭人均收入的百分位数分成 100 组，并分别计算每组的流动资产占比的平均值，绘出流动性较高的资产占比与人均收入的关系图（见图 7-14）。

图 7-14 流动性较高的资产占比与人均收入关系

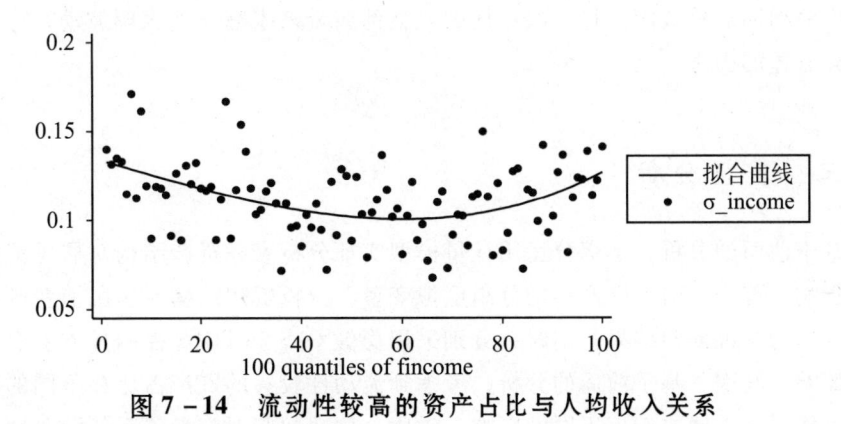

图 7-14 显示，样本流动性较高的资产占比在不同的收入水平上均呈现较明

显的异方差，表明家庭的资产配置状况随收入的增加会呈现出多元化分布。但整体上看，随着人均收入的增加，流动性较高资产的占比近似呈现出先减小后增加的"整型"变化轨迹，与本节理论模型的预测相符。具体来讲，如果假定家庭在整个生命周期内为了获取最高的跨期效用之和，时刻需要在资产收益和资产流动性（即资产的变现成本）之间做出取舍（因为高收益资产往往变现成本较高，反之亦然），那么对于上述变量的分布特征，一个可行的解释是：随着家庭收入的增加，在初始阶段，家庭更加注重未来的消费，因而主要任务是积累财富，以提升整个生命周期的效用水平，此时家庭更愿意把财富以流动性较低的资产形式持有，以获取更大的资产收益。在这一阶段，资产的增值比资产的变现更为重要。随着收入的进一步增加和生命周期的推进，家庭更加注重现期的消费，此时适当地增加现期消费（反映在平均消费倾向提高）要比类似于上一阶段的投资于流动性较低的资产，所获得的总效用水平更高，即家庭为了维持现期消费水平，用收益较低但更易变现用于消费的流动性较高的资产代替流动性较低的资产。之所以发生这种转变可能与家庭的消费需求的升级有关，因为收入的持续增加往往会带来消费需求的升级。

值得注意的是，上述的分析是针对样本整体所表现出来的变化趋势，对于家庭个体来讲，会表现出较大的异质性，导致上述各图中异方差的出现。对于一个强烈偏好当期消费的家庭，即使在收入处于较低水平时，也有可能保留较大比例的流动性较高的资产，以方便现期消费；而对于一个追求较高财富总量的家庭，即使收入处于较高的水平，仍然会持有较多的流动性较低的资产，以获取更多的收益。此外，随着收入的增加，部分家庭的 σ 也有可能不会保持持续上升。这是因为随着收入的增加，当家庭面临收益相比之前收益更高而之前又无力购买的非流动性较低的资产时，有可能再次提升该类资产的存量，以获取较高收益来提升剩余生命周期的总效用。每一次这样的调整都会带来家庭 σ 的大幅波动，进一步导致异方差的出现。

三、实证分析

基于前面的分析，本部分运用计量模型实证分析家庭资产结构对居民消费倾向的影响。首先，引入资产结构分组虚拟变量，分析资产结构对居民消费倾向的影响，作为基准回归结果。同时，分别采用稳健 OLS 和 FGLS 控制异方差引发的估计偏差。其次，基于前面的分析，考虑到流动性较高的资产占比在不同的分位数处可能对消费倾向产生不同的影响，采用分位数回归对变量关系的阶段性特征进行探究。最后，为检验结果的稳健性，分别对样本分城乡进行分析；同时对由于出现异常值而删除的样本个体的特征（包括收入水平、户主年龄、户主教育水平等）进行分析，探讨样本删除偏差的影响。

（一）基准回归

表 7-31 显示了各基准回归结果，被解释变量均为消费倾向（apc）。其中，lnpi 为持久收入的对数值，lnti 为暂时收入的对数值。关于持久收入和暂时收入的估计，与多数截面数据分析类似（沈坤荣、谢勇，2012；李晓嘉、蒋承，2014），采用了研究中通常采用的戴南等（2004）的估计策略，利用户主特征和家庭人口学特征构建家庭的收入方程，用方程的预测值作为持久收入，残差值作为暂时收入。本节收入方程估计中使用的人口学变量包括户主的性别和政治面貌，家庭成员的平均年龄及平方项、平均受教育年限、工作人口比例等。模型（Ⅰ）（Ⅱ）中的分组虚拟变量 group 按家庭流动性较高资产占比 σ 的五分位数分组获得，具体的，如 group2 代表分组变量第 1 个分位数和第 2 个分位数之间的样本所在的组；与之类似，模型（Ⅲ）（Ⅳ）中的分组虚拟变量 group 分别按家庭资产总量和户主年龄变量①的五分位数分组获得。其余变量含义参见表 7-30，模型（Ⅰ）（Ⅲ）（Ⅳ）均为稳健 OLS 回归，模型（Ⅱ）为 FGLS 回归。

表 7-31 基准回归结果（样本容量：4568）

变量	Ⅰ（稳健 OLS）		Ⅱ（FGLS）		Ⅲ（稳健 OLS）		Ⅳ（稳健 OLS）	
	系数	标准误	系数	标准误	系数	标准误	系数	标准误
lnincome	-0.201***	0.005	-0.201***	0.005	-0.199***	0.005		
lnpi							-0.114***	0.017
lnti							-0.208***	0.005
gender	-0.025***	0.007	-0.026***	0.007	-0.026***	0.007	-0.014*	0.007
marriage	0.022*	0.012	0.021*	0.011	0.030**	0.012	0.032*	0.012
edu	0.004***	0.001	0.004***	0.001	0.004***	0.001	-0.001	0.001
age	-0.002***	0.000	-0.002***	0.000	-0.002***	0.000		
pension	0.143***	0.031	0.140***	0.028	0.141***	0.031	0.111***	0.031
health	0.220***	0.024	0.212***	0.023	0.217***	0.024	0.214***	0.024
oldratio	0.005	0.011	0.005	0.011	0.006	0.011	0.006	0.012

---

① 此处首先计算出的百分位数，将对应样本分成 100 组，然后分别计算各组内样本的消费倾向的均值。因而，对应的横轴刻度应为 0，1，…，100，为图形简洁起见，不再标出。

续表

变量	I （稳健 OLS）		II （FGLS）		III （稳健 OLS）		IV （稳健 OLS）	
	系数	标准误	系数	标准误	系数	标准误	系数	标准误
childratio	-0.086***	0.023	-0.086***	0.023	-0.083***	0.023	-0.097***	0.024
lnfinance	0.005***	0.002	0.005*	0.003			0.009***	0.002
lnhouse	0.052***	0.003	0.052***	0.003			0.047***	0.003
σ					0.096***	0.025	0.113***	0.-33
group2	0.131	0.013	0.012	0.013	0.046***	0.011	-0.009	0.010
group3	0.047***	0.015	0.043***	0.015	0.098***	0.011	-0.059***	0.010
group4	0.047***	0.016	0.044***	0.016	0.149***	0.012	-0.067***	0.011
group5	0.073***	0.018	0.070***	0.019	0.232***	0.012	-0.097***	0.014
Constant	1.761***	0.051	1.753***	0.051	2.315***	0.051	0.944***	0.148
R^2	0.271		0.279		0.264		0.277	

注：***，**，*分别代表估计结果在1%，5%和10%的水平上显著，下同。

对比模型（I）（II），不难发现稳健 OLS 和 FGLS 的估计结果在数值上仅存在微小的差别，这表明本节的估计结果较为稳健。考虑到稳健 OLS 回归在不确定条件方差函数形式的情形下仍然可以得到对系数和标准差的一致估计，而 FGLS 的估计效力依赖于对条件方差函数形式的准确设定，因而采用稳健 OLS 的结果分析。具体来看，随着家庭人均净收入的增加，会导致消费倾向显著降低。具体来看，人均收入增长1%将导致消费倾向降低0.2个百分点。户主年龄的增加会降低家庭的消费倾向，但影响较小；男性户主的家庭相比于女性户主的家庭，消费倾向要低0.025个百分点；结婚家庭的消费倾向相比不结婚家庭高0.022个百分点。受教育年限的提高，拥有养老保险和医疗保险均能显著提升居民的消费倾向。教育年限的提高表明家庭人力资本积累更为充足，更有可能在劳动力市场上获得较高收入的职位，因而消费会增加。而养老保险和医疗保险可以降低家庭未来支出的不确定性，进而降低预防性储蓄动机，提高消费倾向。老年抚养比对消费倾向的影响并不显著，而少儿抚养比的系数均为负，这表明家庭少儿抚养人口的增加会显著增加家庭的预防性储蓄动机，人口老龄化尚未对消费倾向产生影响。家庭金融资产和住房资产均对消费倾向具有显著的促进作用，二者各增加1%分别会使消费倾向提升0.005和0.052个百分点。

对于分组虚拟变量，基准回归（I）中以第一组样本作为参照，回归结果中只有第二个百分位分组的虚拟变量 group2 的系数不显著。不难发现，随着流动性较高资产占比的提升，σ 对消费的促进作用也不断增加，这与图 7-10～图 7-13 所示情形相符。流动性较高资产占比对消费倾向存在显著的影响，还表明估计结果中金融资产和房产变量的系数只能作为样本整体的平均估计值，二者相对比例的变化同样会引起消费倾向的波动。因而，如果在实证分析中不考虑资产结构变动对消费倾向的影响，有可能带来估计上的偏差。

模型（Ⅲ）将样本按照家庭资产总量的五分位数分成五组，因而对应的虚拟变量含义与其他模型不同。结果显示，随着资产总量的增加，资产总量对消费倾向的促进作用也逐步增大。这表明，家庭资产的总量和内部结构变化均会对消费倾向产生影响，实证估计得出的金融资产和房产的系数只能视为样本整体在现有资产总量和资产结构下的一个平均值，随着家庭资产总量的增长和内部结构的变化，相应的估计系数也会发生显著的改变。

模型（Ⅳ）将收入分为持久收入和暂时收入，同时引入了流动性较高资产占比与两类收入和两类家庭资产的交叉项，以检验资产结构对消费倾向的影响渠道。由于各交叉项的系数均不显著，此处结果中不再列示，表明资产结构只会通过资产变现成本来影响消费倾向。此外，模型（Ⅳ）的分组虚拟变量分段考察了户主年龄对消费倾向的影响。结果显示，当户主年龄较为年轻时（处于第一组中），平均消费倾向位于整个生命周期的最高点，而随着户主年龄的增加，家庭的消费倾向会逐步降低。这是因为，在家庭生命周期的初期，家庭收入较少，因而平均消费倾向较高。随后随着收入的增加，虽然消费需求也在增加，但随着家庭新增加了青少年人口以及老年人口，在这个时候家庭往往有更强的预防性储蓄动机，相比于上一时期，虽然消费和收入的总量有了较大提高，但收入中用于消费的比例却有所下降。当家庭步入中老年阶段，虽然中老年家庭的医疗养老支出较多，但中国的老年家庭往往有很强的遗赠动机，同时更易受到节俭等传统文化的影响，因而平均消费倾向相比于之前各期进一步降低。

（二）分位数回归

前面的分析表明不论是家庭资产的总量还是家庭资产的结构，对家庭消费倾向的影响均会随着资产总量或资产结构的变化而呈现出差异化。为了进一步检验上述结论，接下来采用分位数回归，一方面能够刻画本节所关注的解释变量对在消费倾向不同数值分位处的影响差异，更为全面地了解家庭资产结构对消费倾向的影响；另一方面分位数回归较之于 OLS，能够有效地克服极端数值的影响，得出的结果也更为稳健，结果如表 7-32 所示。

表 7-32   分位数回归（样本容量：4568）

变量	1/5 分位数		2/5 分位数		3/5 分位数		4/5 分位数	
	系数	标准误	系数	标准误	系数	标准误	系数	标准误
lnpi***	-0.091***	0.021	-0.105***	0.024	-0.127***	0.025	-0.131***	0.033
lnti***	-0.184***	0.007	-0.221***	0.007	-0.245***	0.007	-0.235***	0.007
gender	-0.008	0.009	-0.221**	0.009	-0.016*	0.009	-0.010	0.013
marriage	0.046***	0.011	0.046***	0.012	0.263	0.018	-0.014	0.027
edu	-0.001	0.002	0.001	-0.001	-0.002	0.002	-0.003	0.002
age***	-0.002***	0.000	-0.003***	0.000	-0.003***	0.000	-0.003***	0.001
pension*	0.122***	0.044	0.144***	0.052	0.163***	0.042	0.163***	0.046
health***	0.243***	0.031	0.248***	0.031	0.248***	0.029	0.203***	0.044
oldratio	0.026*	0.014	-0.002	0.013	0.001	0.014	0.008	0.022
childratio***	-0.114***	0.029	-0.084***	0.030	-0.127***	0.034	-0.154***	0.043
lnfinance	0.007***	0.002	0.008***	0.002	0.007***	0.002	0.011***	0.003
lnhouse***	0.046***	0.004	0.050***	0.004	0.055***	0.003	0.052***	0.005
σ**	0.128***	0.037	0.121***	0.043	0.122***	0.047	0.126***	0.052
Constant	0.582***	0.187	0.851***	0.191	1.137***	0.208	1.378***	0.287
Pseudo R^2	0.1639		0.1789		0.1778		0.1424	

注：标准误由自助抽样法得到，重复次数为 400。变量后的 *，**，*** 代表该变量对应的系数在对应的 4 个分位数回归中分别在 1%，5% 和 10% 的水平上不完全相等。

可以看出，大部分变量对消费的影响在各分位数处均显著，各估计系数在各分位数处的差别程度并不相同。具体来看，随着分位数的增加，不论是持久收入还是暂时收入，系数均为负且绝对值逐渐增大，与边际消费倾向递减规律的预测相符。金融资产和房产对消费的影响也有增大的趋势，但数值上的差别并不明显。家庭人口特征变量（户主性别、婚姻状况、受教育年限、户主年龄）等在各分位处对消费的影响有所差异，但变化不大。养老保险人口比例和医疗保险人口比例对消费的影响均为正，数值随分位数的变化并不明显。老年抚养比对消费的影响只在 1/5 分位数处显著，这是因为只有家庭步入中老年时期，老年抚养比的影响才会逐步显现，而这一时期的平均消费倾向显著低于之前的阶段。少儿抚养比的系数为负，整体上看，其绝对值随分位数的增加而增大。这是因为少儿抚养比对消费的影响在家庭的中青年阶段最为明显，而这一阶段的消费倾向处于整个生命周期的较高水平。不难发现，老年抚养比和少儿抚养比系数的变化，与基准回归中关于消费倾向随年龄变化的估计结果完全一致。

流动性较高资产占比的系数为正，而且在分位数的两端（1/5 和 4/5 分位数处）要比中间分位数处的数值略大（约 0.6 个百分点），但总体上看与基准回归中的结果十分接近。这表明消费倾向在低数值区间和高数值区间受 σ 的影响更大。这意味着，如果流动性较高资产占比从较小的数值水平开始增大，那么其对消费的促进作用会表现为"先减小后增大"的动态变化轨迹。我国当前流动性较高的资产占比明显低于发达经济体，这一方面和我国资本市场不健全相关，另一方面也受居民旺盛的住房需求的影响。随着我国多层次资本市场的逐步健全，居民家庭资产的流动性也将逐步提高，我国政府应采取多重措施加快家庭资产结构的调整和优化，有效释放居民的消费潜力。

（三）稳健性检验

由于中国的城乡之间差异较大，为检验前述实证结果的稳健性，此处对样本分城乡分别进行回归，并与前述结果进行对比，结果如表 7-33 所示。

表 7-33　　　　　　　　　　分城乡检验

自变量	城市		农村	
	系数	标准误	系数	标准误
lnincome	-0.193***	0.007	-0.220***	0.007
gender	-0.027***	0.010	-0.008	0.009
marriage	0.008	0.017	0.046***	0.017
edu	0.005***	0.001	0.001	0.001
age	-0.001***	0.000	-0.003***	0.000
pension	0.093***	0.035	0.171**	0.069
health	0.150***	0.032	0.289***	0.036
oldratio	0.005	0.015	-0.007*	0.015
childratio	-0.095***	0.034	-0.071**	0.031
lnfinance	0.006***	0.004	0.003	0.003
lnhouse	0.047***	0.005	0.040***	0.004
group2	0.014	0.019	0.009	0.017
group3	0.040*	0.021	0.047**	0.020
group4	0.037	0.023	0.053**	0.023
group5	0.064***	0.027	0.078***	0.025
Constant	1.742***	0.071	2.070***	0.081
样本容量	2 187		2 381	
R-squared	0.244		0.311	

具体来看，各主要变量系数的符号均与基准回归相一致。城市家庭人均年净收入和住房资产的系数与农村家庭相近，但城市金融资产的系数是农村家庭的 2 倍，而且农村家庭的这一系数并不显著，这主要是由于农村家庭相比于城市家庭较少参与到金融市场当中，因而金融资产的财富效应并未得到有效发挥。城市户主的受教育年限系数显著为正，而农村样本则不显著，且远小于城市样本，这很可能由于农村户主整体受教育水平要低于城市户主，且多为初中以下文化水平，教育的人力资本效应并未显现出来，因而对消费倾向的影响也不显著。从衡量不确定性的相关变量来看，农村家庭受不确定性的影响要大于城市家庭。城乡样本的分组虚拟变量变化趋势与基准回归中揭示的规律相一致，随着流动性较高资产占比的提升，家庭消费倾向也会逐步变大。但城市样本分组变量的系数整体上要略低于农村样本，这是由于城市样本人均收入水平要高于农村样本，对应着流动性较高资产占比的水平也要低于农村样本（见图 7－14），而上述实证已揭示 σ 与消费倾向之间存在着正相关关系，因而导致了上述现象的发生。这进一步支持了上述的实证结果。

考虑到异常值可能带来的影响，在上述分析中只选择了平均消费倾向小于 1 的样本。但现实中少数极困难家庭的存在，则有可能导致部分家庭出现"入不敷出"，即在一定时期内平均消费倾向大于 1 的情形。但一般而言，平均消费倾向大于 10 的情形十分异常，而且从概率分布密度函数来看，此时的样本分布变得十分分散，因而对于该部分样本本节不再考虑。为考察本节的样本筛选是否会带来严重的选择偏差，进而影响到结论的一般性和适用性，接下来对删除样本和未删除样本主要变量的统计学特征做进一步分析，详见表 7－34。

表 7－34　　　删减样本与未删减样本主要变量统计学描述

变量	变量含义	样本容量	平均值	中位数	样本容量	平均值	中位数
		删减样本（apc＞1）			未删减样本（apc≤1）		
income	人均净收入	3 029	6 437	4 550	6 111	17 936	12 530
edu	户主受教育年限	3 029	6.210	6	6 110	6.950	9
eduave	平均受教育年限	3 029	5.990	6	6 111	7.140	7.200
age	户主年龄	3 029	50.14	49	6 111	49.50	49
ageave	平均年龄	3 029	48.10	45.50	6 111	45.08	42.50
urban	户籍	3 029	0.380	0	6 111	0.430	0
childratio	少儿抚养比	3 029	0.140	0	6 111	0.130	0
oldratio	老年抚养比	2 672	0.150	0	5 703	0.130	0
c_total	人均消费	3 029	12 604	9 260	6 111	9 674	6 480

续表

变量	变量含义	样本容量	平均值	中位数	样本容量	平均值	中位数
		删减样本（apc>1）			未删减样本（apc≤1）		
c	人均非耐用品消费	3 029	11 525	8 770	6 111	7 986	5 944
food	食品支出	3 029	18 638	15 600	6 111	13 291	10 400
dress	衣着支出	3 029	1 891	1 000	6 111	1 956	1 000
house	居住支出	3 029	2 475	1 680	6 111	2 215	1 620
daily	日用品支出	3 029	4 652	1 100	6 111	6 941	1 200
med	医疗保健支出	3 029	4 690	1 500	6 111	2 651	1 000
trco	交通通讯支出	3 029	3 277	1 800	6 111	3 198	1 800
eec	文教娱乐支出	3 029	4 622	660	6 111	3 327	500
other	其他支出	3 029	2 787	0	6 111	1 291	0

注：样本此处容量与实证分析时使用样本容量的差异由所用变量得数据完整性造成。

从表面上看，删减样本平均消费倾向较高的原因主要在于家庭人均收入远低于未删减样本（仅为后者的1/3多），而人均消费支出又是后者的1.3倍多。具体来看，删减样本的户主受教育年限和家庭人口平均受教育年限均比未删减样本短，这表明删减样本家庭可能由于人力资本的匮乏导致收入水平的低下。从户主年龄和家庭人口平均年龄来看，未删减样本家庭更为年轻，少儿抚养比和老年抚养比要低于删减样本家庭，这导致删减样本家庭中的非劳动人口较多，进而提高了消费倾向。此外，删除样本农村户籍家庭占到62%，而未删除样本的这一比例为57%，这表明农村家庭更有可能出现较为严重的"入不敷出"情形。从分项消费支出对比来看，删除样本的食品支出、医疗保健支出、文教娱乐支出和其他支出要显著高于未删除样本1.5～2倍。这与两类家庭的人口年龄结构密切相关，较高的少儿抚养比和老年抚养比直接推高了医疗保健支出和文教娱乐支出。而农村家庭享受的社会保障体系不完善也进一步加剧了删除样本家庭消费倾向值的异常。

为探究上述异常值样本对本节实证结果的具体影响，接下来对全体样本进行分位数回归，结果如表7-35所示[①]。可以看出，各变量系数的符号均未发生改变，但系数的绝对值均随分位数的增加而变大。表7-35中各分位数消费倾向的数值依次为0.36、0.61、0.95和1.53，可见基准回归中被删减的样本集中于消

[①] 此处首先计算出的百分位数，将对应样本分成100组，然后分别计算各组内样本的消费倾向的均值。因而，对应的横轴刻度应为0，1，…，100，为图形简洁起见，不再标出。

费倾向的 3/5 分位数右侧，而且极端值样本则落在消费倾向的 4/5 分位数右侧。整体来看，消费倾向越大的样本受到各变量的影响越敏感，这与表 7-34 所揭示的异常值样本多为低收入家庭，预防性储蓄动机较强等结论相一致。对于 σ，则从 1/5 分位数处的 0.174 增加到 4/5 分位数处的 0.956。而基准回归中各变量在各分位数处的回归系数则呈现出了较强的稳健性，未出现随分位数的增加而大幅变动的情况。

表 7-35　　　全样本分位数回归结果（样本容量：7138）

变量	1/5 分位数 系数	标准误	2/5 分位数 系数	标准误	3/5 分位数 系数	标准误	4/5 分位数 系数	标准误
lnpi ***	-0.317 ***	0.023	-0.453 ***	0.026	-0.627 ***	0.039	-0.975 ***	0.061
lnti ***	-0.415 ***	0.007	-0.576 ***	0.016	-0.771 ***	0.022	-1.130 ***	0.035
pension *	0.263 ***	0.048	0.362 ***	0.049	0.420 ***	0.065	0.585 ***	0.152
health ***	0.493 ***	0.040	0.613 ***	0.052	0.730 ***	0.059	1.000 ***	0.104
oldratio	0.011 *	0.015	0.008	0.029	0.004	0.036	0.045	0.074
childratio ***	-0.198 ***	0.038	-0.334 ***	0.046	-0.530 ***	0.062	-0.941 ***	0.119
lnfinance	0.013 ***	0.003	0.016 ***	0.004	0.013 ***	0.004	0.012 ***	0.008
lnhouse ***	0.075 ***	0.004	0.095 ***	0.006	0.126 ***	0.006	0.170 ***	0.011
σ **	0.174 ***	0.052	0.221 ***	0.065	0.488 ***	0.089	0.956 ***	0.177
Pseudo R²	0.1705		0.2052		0.2421		0.3256	

四、结论及政策建议

本节基于 CFPS 数据，把不同类型资产的变现成本引入到了家庭消费决策的分析中，将家庭资产区分为流动性较高的资产和流动性较低的资产两种类型，构建了一个简单双资产消费决策模型，并通过实证研究发现中国居民家庭资产结构对消费倾向有着显著的影响。与已有研究关注边际消费倾向不同，本节将家庭不同资产的变现成本引入到了对家庭平均消费倾向的分析中。在考虑不同资产的变现成本的前提下，由于不同类型资产的变现成本及预期收益率存在着差异，家庭在整个生命周期内使用不同类型的资产平滑消费时会面临着不同的机会成本，因而家庭资产结构有可能对家庭的消费决策产生影响。

研究发现，当家庭持有更多流动性较高的资产时，会导致家庭储蓄资产的整体收益水平和整体变现成本降低，进而会使得家庭增加消费支出。从样本整体来看，流动性较高的资产占比每增加 1 个百点，家庭的平均消费倾向会增加 0.11 个百分点；随着家庭流动性较高的资产占比的增加，其对消费的促进作用也会显著增加。对基准样本的分位数回归结果显示，各变量系数随分位数的增加，变化很小，具有较高的稳健性。分城乡样本的回归分析则进一步支持了上述结论。此外，对包含异常值样本在内的全样本进行分位数回归后，结果显示，在消费倾向的较高数值区间，各主要变量对消费倾向的影响均变得十分敏感，这表明本节实证分析的结果对异常值较为敏感。

  本节的研究表明，随着未来我国家庭资产总量的进一步扩张以及资产结构的日趋多元，家庭资产总量以及资产结构将在居民消费决策的过程中发挥越来越重要的作用。当前，我国经济正处于发展转型的关键时期，从家庭微观视角上构建扩大居民消费需求的长效机制，对于转型时期国民经济的稳定健康发展具有重要意义。依据本节的研究，流动性较高的资产占比的提升能够显著提升家庭消费。而与发达经济体相比，我国家庭资产的流动资产占比明显偏低。因而，伴随着我国资本市场的进一步发展，快速促进流动资产占比的进一步提升，有助于构筑扩大居民消费需求的微观基础。基于此，政府首先应当通过进一步促进资本市场的发展，增强金融市场的竞争，为家庭提供种类更为丰富、"期限—收益"搭配多样化的可投资资产，改变以房产为代表的不动产在家庭资产中占比过大的局面；其次，在利率市场化改革深入推进的背景下，降低国有金融机构的垄断地位，通过降低社会金融服务的整体资费水平，减少居民各类资产变现的机会成本，提高其流动性，进而促进消费倾向的提升；再次，应在合理监管的前提下，促进以"余额宝"、P2P 网贷为代表的互联网金融产业的发展，为居民提供更为便捷、高效的金融服务，通过不断提升居民家庭流动资产占比，在长期内促进居民消费倾向的提高。

第八章

网络消费与居民消费政策

网络消费作为一种新型消费业态,近年来发展迅速,直接改变了居民传统的消费方式,进而对居民的消费决策产生影响。而2008年以来,以"家电下乡""汽车下乡""家电以旧换新"为代表的居民消费政策,作为经济危机背景下的政策创新工具,也对居民消费行为产生了显著的影响。不论是网络消费,还是"家电下乡"等居民消费政策,作为影响居民消费的"新型"因素,在未来均会对居民的消费行为产生深远影响。本章分别对网络消费和居民消费政策对居民消费的影响机制和作用效果进行分析。

第一节 我国网络消费的现状与发展趋势[①]

一、我国网络消费的现状

"十二五"规划建议提出,坚持扩大内需战略,充分挖掘我国内需的巨大潜力,拓展新型消费业态,完善新型服务消费,继续保持经济平稳较快发展。网络

[①] 课题组成员赵学菊、尹莉等承担与本部分内容相关的子课题研究,这一部分作为课题研究成果的一部分也形成赵学菊的硕士学位论文《我国网络消费发展的影响因素分析》的一部分。

消费是一种新型消费业态,作为一种崭新的消费模式正在迅猛发展,越来越受到人们的关注。网络消费是指人们以互联网络为平台,通过在线消费而实现其自身需要得到满足过程。广义上指消费者直接或间接利用互联网平台进行商品或劳务的购买行为,包括网络教育、网络游戏、网络购物;从狭义上说网络消费是指通过相关网站(淘宝网、京东商城等),在网络上购买有形商品或服务的行为,包括 B2C(business-to-customer)、C2C(customer-to-customer)两种形式。作为研究的典型和限于数据获取的困难,本部分主要的研究重点是在网络上购买有形商品的网络消费形式。

网络消费与传统消费模式相比网络消费具有以下优点:第一,网络消费的整个过程是在虚拟的网络购物平台中实现的,通过网络在线方式完成整个消费的各个环节,从而使得消费者的购物行为不再受时间、地点和空间的限制。第二,网络消费是以网络为媒介的消费方式,融合了网络强大的信息搜索功能,方便网络消费者迅速获取丰富而详尽的产品信息,增加商品的比较选择空间。第三,网络销售减少了商家中间渠道的分成、保管储存费用以及租用店面费用等,节约了经营成本,最直接的体现也是对消费者最大的吸引就是降低了商品的价格。第四,网络消费使商家可以通过网络平台来获取消费者需求信息,消费者也可以参与商家的生产设计,满足消费者消费需求的多样化和个性化,实现定制化服务。第五,在网络消费中除了购买到的商品或服务,消费者和商家交互式的购买过程更能给消费者带来情绪或者精神上的愉悦与满足。已有数亿的网民享受到了网络消费带来的便利。据中国电子商务研究中心[①]监测数据显示,截至 2013 年底中国网络零售市场交易规模达 18 851 亿元,同比增长 42.8%,中国网购用户规模达 3.12 亿人,同比增长 26.3%,国内 B2C、C2C 与其他电商模式企业数已达 29 303 家,较去年增幅达 17.8%[②]。根据麦肯锡全球研究院发布的数据显示,中国网上零售市场在传统经济和互联网的推动下,市场规模增速将长期保持在较高的水平上,2011 年中国在世界上是第二大网络零售市场,而在 2012 年的成长接近于全球最大规模的美国[③]。

虽然近几年我国网络消费迅猛发展,但是对于整个中国零售市场来说比重很小,根据中国电子商务研究中心数据显示,2013 年我国网络零售市场交易规模占到社会消费品零售总额的 8.04%,我国网络消费用户规模在整体网民规模中的占比为 50%,都还有很大的增长空间。并且我国的网络消费用户常购商品种类

---

① 中国电子商务研究中心(www.100EC.cn)。
② 详见中国电子商务研究中心发布的《2013 年度中国网络零售市场数据监测报告》。
③ 详见麦肯锡全球研究院(McKinsey Global Institute)发布的 *Chinas E-tail Revolution*:*Online Shopping as a Catalyst for Growth*。

中服装鞋帽、话费充值、化妆品占了整体网络消费规模的60%，还是多局限在了低价值低风险的产品上。根据麦肯锡全球研究院对美国和中国在2012年的网络零售市场对比分析可以看出，虽然两国在网络零售市场规模和其在社会消费品零售总额中占比中已经没有太大的差距，但是两国在网络消费的具体形式上存在很大的不同，中国90%的网络消费形式是借助平台商，如淘宝、天猫、拍拍等，而美国借助平台商实现的消费份额仅占23%~24%，更多的是企业直接采用在线上销售。

不难发现，我国网络消费无论是从网络消费整体规模，还是网络消费者规模和网络消费品规模都存在巨大的发展空间，因此挖掘我国网络消费潜力，探索影响我国网络消费的影响因素对于实现我国网络消费这一新型消费模式的持续、健康、有序发展是举足轻重的。

随着经济的发展和网络技术的普及，仅仅几年的时间网络消费在我国从一个新鲜事物发展到已有数亿的居民享受到了网络消费的便利。图8-1为2001~2013年我国的网民数和网络购物人数的增长状况，由其可以看出，发展到2013年我国网络购物的人数占到了我国网民数的50%，网络购物用户规模比2008年仅5年的时间已经翻了近4倍。随着网络的普及和智能手机的开发应用，预计我国的网民数和网络购物的用户规模仍呈现出不断增长的趋势。由图8-2、图8-3看到我国网络零售市场的交易规模从2001年的6亿元逐年飞速发展到2013年的18 851亿元，其增长率历年来更是维持在40%以上，远远超越我国社会消费品零售总额的增长率。相较于实体消费，以网络为媒介的网络消费这一新型消费模式有着无法比拟的优点，如不受时间空间的限制、更多的选择性、更强的自主性、较大的价格优势、更快的信息流通等，这些使得规模经济效应和正反馈效应在我国网络消费发展中正充分地发挥着作用，从而促进我国网络消费的快速发展。

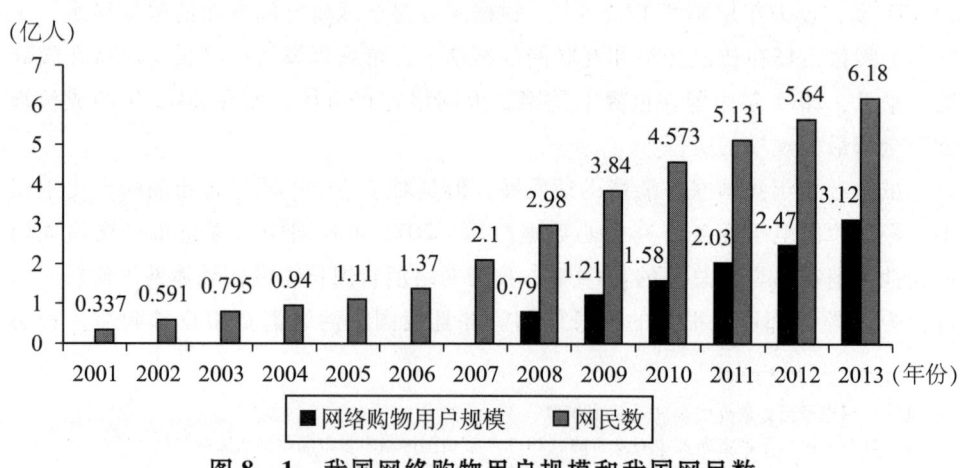

图8-1 我国网络购物用户规模和我国网民数

资料来源：根据中国电子商务研究中心相关数据整理。

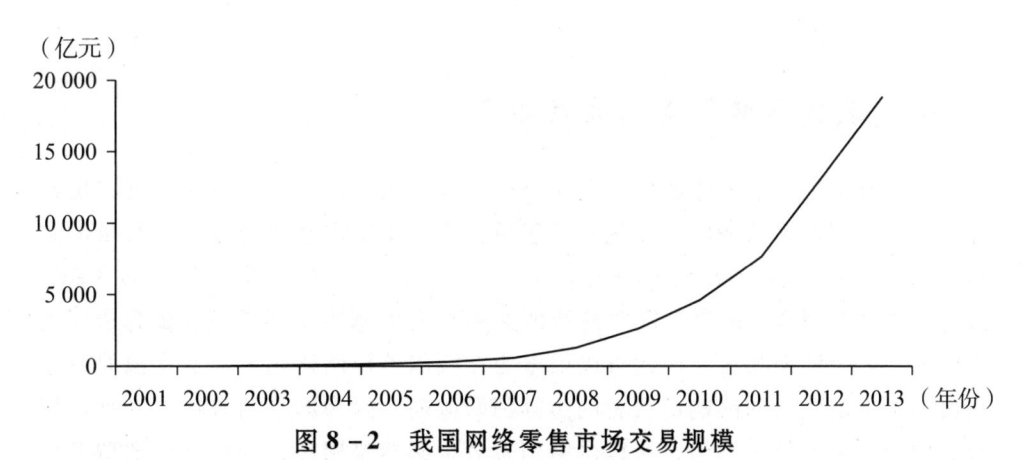

图 8-2　我国网络零售市场交易规模

资料来源：根据中国电子商务研究中心相关数据整理。

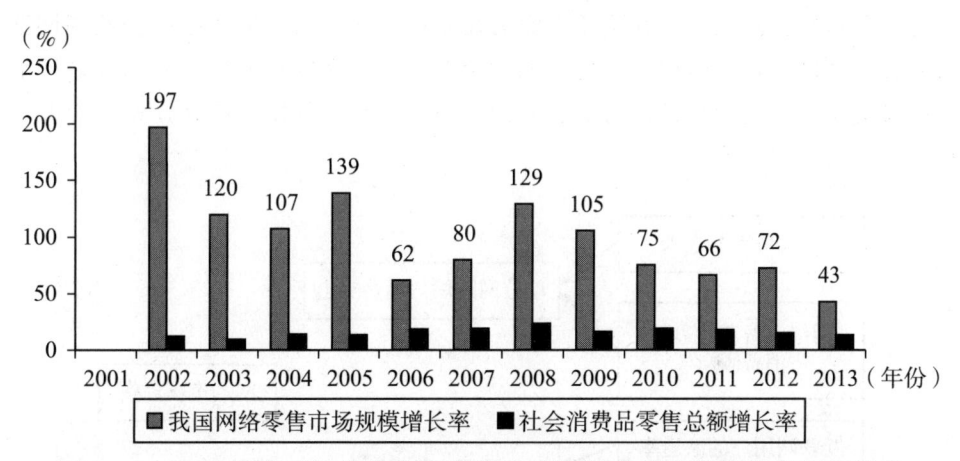

图 8-3　我国网络零售市场交易规模和我国社会零售业销售总额增长率

资料来源：根据中国电子商务研究中心和中国统计年鉴相关数据整理。

虽然我国网络消费发展迅速，以网络购物为代表的"鼠标经济"也越来越被人们熟知，但是与发达国家相比，我国网络消费还处于发展初期。根据中国互联网信息中心的数据显示我国网购用户的渗透率在 2013 年达到 50%，而根据德邦证券[1]的统计这一渗透率美国和日本在 2010 年的时候就分别达到了 71% 和 70%，在 2011 年中国的单位网购用户支出额为 617 美元，而美国已经达到 1 351 美元，这显示出我国网络消费仍然存在很大的发展空间。

---

[1] 德邦证券（www.tebon.com.cn）。

二、我国网络消费的发展趋势

总消费水平等于个体消费水平与个体数量的乘积是宏观经济学原理,由此可以得出我国网络消费的市场规模等于单位用户支出水平和网购用户数量的乘积。绝对消费理论[①]指出消费是人们收入水平的函数。消费函数即 $c = \alpha + \beta y_t$,式中 c 为现期消费,α 为自发性消费即必须要有的基本生活消费,β 为边际消费倾向,y_t 为即期收入。由此可以引申为在我国单位网购用户消费支出取决于居民的可支配收入和网购消费者的边际消费倾向。因为网络消费这一新型消费模式的中介平台就是网络,所以网络消费者也必然是网民,因此网络消费者的个体数量自然与互联网用户的数量和网购用户的渗透率相关。我国互联网用户渗透率是指我国网民数与我国总人数的比率,而网购用户渗透率是指我国网购人数在互联网用户总体中的占比。网购消费者的个体数量取决于我国互联网用户的渗透率和网购用户的渗透率,我国网络消费市场规模的计算方式如图 8-4 所示。

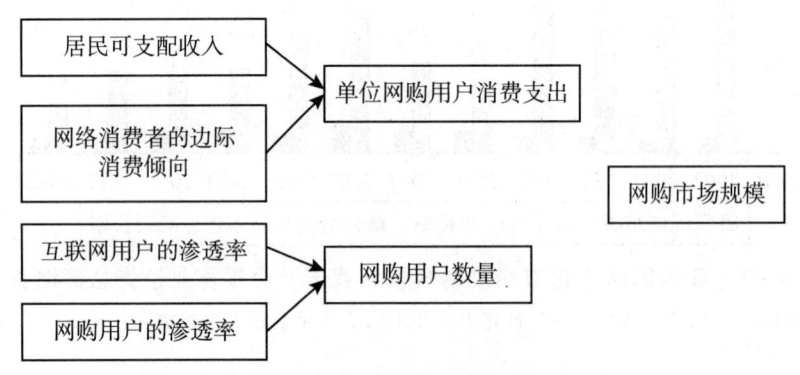

图 8-4 我国网络市场规模的决定因素分析

第一,居民收入水平是制约消费发展的决定性因素。在上述的理论基础中我们有详细的阐述,无论是从消费函数理论的发展还是从居民收入水平对生活水平的制约都说明了这一点。根据中国统计年鉴数据可以看出在我国无论是城镇居民家庭人均可支配收入还是农村居民家庭人均可支配收入都在稳步增长,且近 3 年都在 10% 以上的增长率,如图 8-5 和图 8-6 所示。在居民收入增长的同时,我

---

① 绝对消费理论是凯恩斯在《就业、利息和货币通论》(1936)一书中提出的:总消费是总收入的函数,即 $c = \alpha + \beta y_t$。

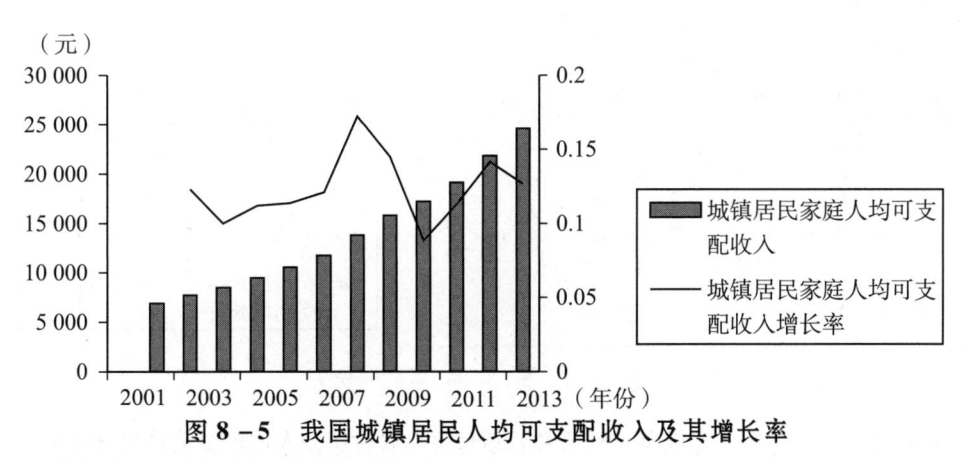

图 8-5 我国城镇居民人均可支配收入及其增长率

资料来源：历年《中国统计年鉴》。

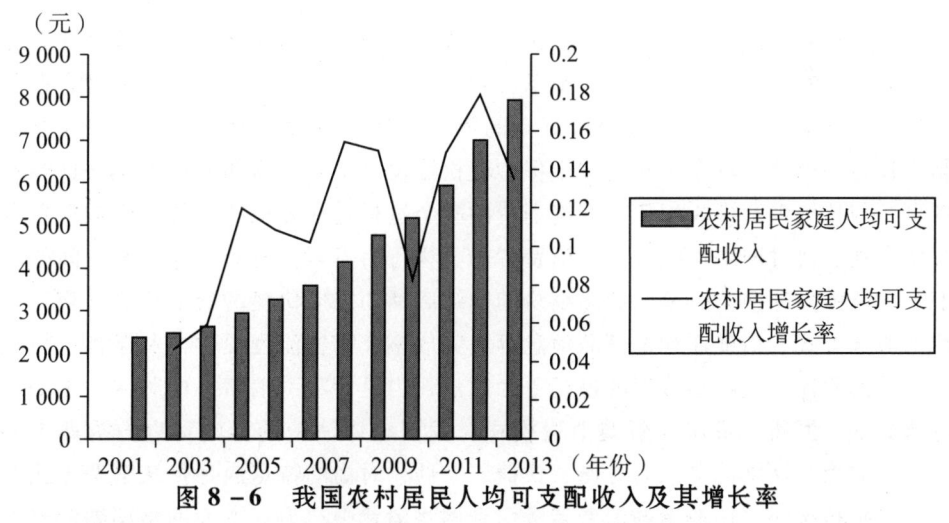

图 8-6 我国农村居民人均可支配收入及其增长率

资料来源：历年《中国统计年鉴》。

国居民的消费支出和人均储蓄也分别在不断增长，由图 8-7 可以看出，近 3 年我国人均储蓄增长率、城镇居民人均现金消费支出和农村居民的人均现金消费支出也在以不低于 10% 的增长率增长。由此可以看出我国居民可支配收入的稳定增长为我国网络消费这一新型消费模式的发展打下了基础。

第二，在一定时期内居民消费需求不仅取决于居民收入水平，还取决于他们的消费倾向。消费倾向是指居民收入中用于消费支出的比例，消费倾向大，那么居民收入用于消费的部分就大，对于网络消费亦是如此。挖掘居民的消费潜力，必然要提高他们的消费倾向。影响消费倾向的因素有消费能力和消费状态[1]。消

---

[1] 于传贵：《影响消费倾向和社会需要量的因素分析》，载于《流通经济》2005 年第 26 期。

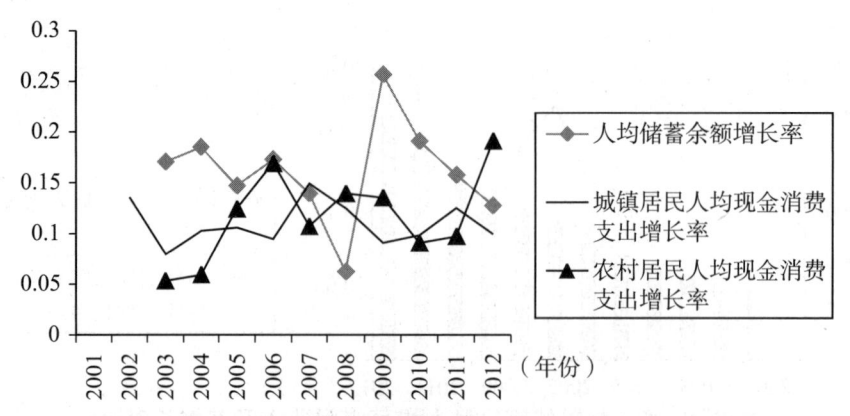

图 8-7　我国居民人均储蓄增长率和城镇居民、农村居民人均现金消费支出增长率

资料来源：根据《中国统计年鉴》数据整理。

费能力是指对消需求的满足，不仅包括消费者使用消费品并从中取得效用和满足的能力，还有消费者从消费过程中享受到效用和乐趣。消费状态是指消费者在既定的消费环境下参与消费过程所具有的消费心情，不同的消费者有不一样的性情，让每一位消费者在消费过程中保持轻松愉悦、享受购物的愉悦不是一件容易的事。与传统消费模式相比，网络消费的整个过程是在虚拟的购物空间或消费网页中实现。通过网络在线方式，消费者的购物行为不再受时间、地点和空间的限制，功能强大的搜索引擎、商品缤纷的网络店铺、方便快捷的交易模式、交互自由的服务方式、精准详细的商品信息等为完成整个购物流程提供便利条件，简化了更多的程序，使购物过程的进行更为简洁，也更为吸引消费者的关注。正如上述提到的，网络消费这一新型消费模式对我国整体消费的影响可以分为两个方面，一方面是网络消费以其方便、快捷、个性、时尚的特点成为传统消费方式的替代，把传统的实体消费的消费者吸引到网络消费中；另一方面网络消费的绝对价格优势、交互的交流平台、规模经济和正反馈效应能够挖掘出人们潜在的消费需求，挖掘出隐藏的消费者。这两方面都带来网络消费者的边际消费倾向的增大。

第三，我国拥有 13 亿人的全球最大消费市场，因此网络消费用户的数量也是决定我国网络消费发展的决定性因素。网络消费是以网络为媒介的消费方式，因此人们进行网络消费肯定要先成为网络的使用者，即网民，换言之网络消费者一定是网民。随着我国互联网的普及，我国的网民数量也在飞速增长，网络普及率越来越高，越来越多的商家在网上开展业务，越来越多的网民选择网络消费，因此将产生网络消费的规模效应。如图 8-8 所示，2013 年我国互联网的普及率达到了 45.8%，网络购物用户的渗透率为 50%，但是这两个数字相较于发达国家还有较大的差距，如美国 2013 年的网络普及率为 68%，网络购物用户渗透率为71%。由此可以看出我国网络消费市场还存在巨大的发展潜力。

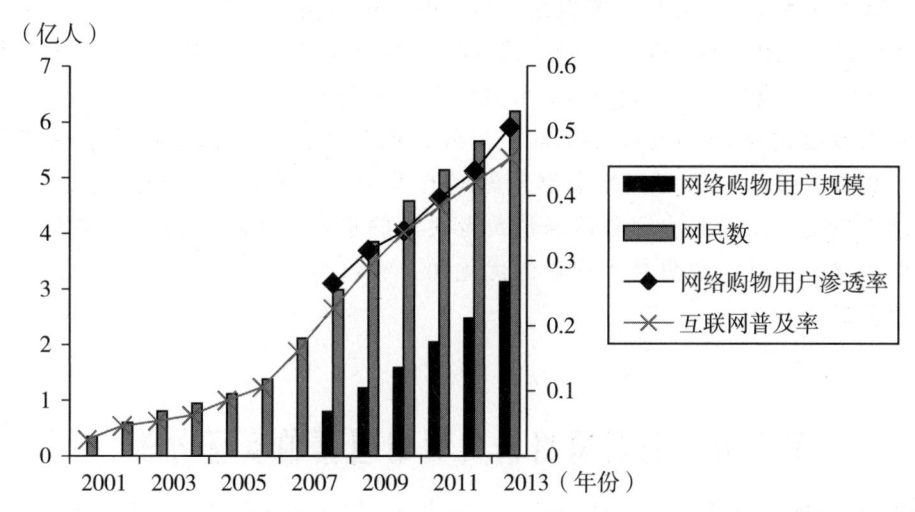

图 8-8　我国网络购物用户规模、网民数以及网络购物用户渗透率和互联网普及率

资料来源：根据中国电子商务中心相关数据整理。

第四，行业支持。网络消费虽然是以互联网为媒介进行的，但是也离不开各行业的支持。制造业的商品供应是网络消费的基础，银行业的网银支付是网络消费的工具，通讯业是实现网络消费整个过程的纽带，物流业是网络消费实现的保证。

网络消费的内涵是商家通过互联网可以为任何区域的消费者提供商品交易和服务。物流配送是网络消费中最后也是最重要的一个环节，及时、保质、保量地配送是影响消费者购买意愿的重要因素。根据艾瑞网（iRearch）[①]对中国网络消费者选择网购原因的调查显示，可以送货上门占到了26.4%，居第二位，在对不愿意尝试网上购物的原因调查中，担心物流配送的问题几乎占1/3，可见物流配送是我国网络零售中消费者看重并需要改善的问题之一。物流配送服务的本质是满足顾客的需求——在消费者需要的时间内送达（保证送到）和保证商品的安全（保证质量）两个方面。到目前为止，我国物流配送还处于起步阶段，在城市区域内，几乎是"电动车+配送工人"的配送方式，而且往往还必须限制在城区以内，同时配送延迟和商品损坏也是在我国现有物流条件下经常出现的问题，因此，良好的物流配送服务是商家留住顾客的保证。另外，物流配送费用也是不可忽视的重要影响因素之一，费用的承担者不是商家就是消费者，如果物流费用太高，一方面增加买家或卖家支出，另一方面不利于商品退换服务，自然就降低消

[①] 详见艾瑞网的《2012~2013中国网络购物用户行为研究报告》。

费者的购买意愿。

除了物流配送,支付环节也是网络消费实现的保证。中国互联网信息中心(CNNIC)[①]指出,网络消费支付方式采用最多的是网上银行支付和第三方支付平台支付,如支付宝、财付通等,分别为63.1%和61.6%,因此这些行业的完善和发展是网络消费发展的基础。另外,现阶段消费者信息泄露、密码被盗、病毒入侵等一系列网络漏洞问题时有发生,给消费者带来损失。所以,网络消费的安全,是大多数网络消费者关注的重点,也成为制约网络消费发展的因素,因此,信息技术产业的优化和升级将为网络零售市场奠定更好的发展基础。

第二节 我国网络消费影响因素的实证分析[②]

一、我国网络消费宏观影响因素

(一)模型建立

根据上述分析可知,影响我国网络消费的因素很多,但是由于我国对网络消费的统计工作起步较晚,并且对我国网络消费影响因素的统计不是很全面,因此本节将结合上节的理论分析加上现有能搜集到的网络消费影响因素的数据进行实证分析。根据我国网络消费的现状和网络消费影响因素的理论分析,本节建立如下模型:

$$Y = \alpha + \beta_1 x_1 + \beta_2 x_2 + \beta_3 x_3 + \beta_4 x_4 \qquad (8-1)$$

为了方便计算,在不影响最后结果的前提下,我们对等式两边取对数,得:

$$Y = \alpha + \beta_1 \ln x_1 + \beta_2 \ln x_2 + \beta_3 \ln x_3 + \beta_4 \ln x_4 \qquad (8-2)$$

各变量的解释如表8-1所示。

[①] 详见中国互联网信息中心《第33次中国互联网发展状况统计报告》。
[②] 课题组成员赵学菊等承担与本部分内容相关的子课题研究,这一部分作为课题研究成果的一部分也形成赵学菊硕士学位论文《我国网络消费发展的影响因素分析》的一部分。

表 8-1　　　　　　　　居民网络消费函数变量说明

符号	变量	单位	说明
Y	人均年度网络平均消费	元	我国网络购物用户人均年度用于网络消费的支出
X_1	居民人均收入	元	我国居民人均年收入
X_2	我国每十万人拥有的大专及以上教育程度的人数	人	我国每十万人拥有的大专及以上教育程度的人数
X_3	网络普及率	%	我国网络用户占我国总人数的比重
X_4	快递业务总量	万件	我国快递业每年业务总量
α	常数		

（二）变量数据的选取

本节数据主要来源于中国互联网信息中心（CNNIC）、中国统计年鉴、中经网、艾瑞网（iResearch）等，数据时间主要是 2001～2012 年，有些数据直接从以上数据源获取，有的数据经过了一定的数学计算处理。

1. 网络消费水平

本节取人均年度网络消费来衡量我国的网络消费水平，原因是我国虽然网络消费总量在逐年以较高的增长率增长，但是我国网络消费起步晚，总量占社会零售总额的比重还很小，同时我国是人口大国，因此单用网络消费总量不能反映我国网络消费水平的真实情况，所以本节选取了网络消费用户的人均年网络消费总量来作为我国网络消费水平的衡量指标，数据来源于艾瑞网（iResearch.cn），如表 8-2 所示。

表 8-2　　　　　我国网络消费用户的人均消费额　　　　　单位：元

指标	2001 年	2002 年	2003 年	2004 年	2005 年	2006 年
人均网购消费支出	147	152	128	230	483	610
指标	2007 年	2008 年	2009 年	2010 年	2011 年	2012 年
人均网购消费支出	1 020	1 602	2 413	3 115	4 099	5 364

资料来源：根据艾瑞网、中国电子商务研究中心、中国互联网信息中心数据整理。

2. 城镇居民人均收入

理论上，相对于居民人均收入对我国网络消费影响更为直接的是网民人均收入，但是由于我国没有对网民收入情况的统计，因此很难确定我国网民每年的人均收入情况。同时，由于我国农村网络普及率还不是很高，加上我国快递业还没有农村站点，快递的收送业务还没有普及到农村，因此农民对网络消费这一新型消费模式接受程度还很低。所以，网络消费仅处于城镇的飞速发展阶段。综上，本节采用城镇居民人均年收入来代替我国网民人均收入进行实证分析，数据来源于中国统计年鉴，如表8-3所示。

表8-3　　　　　　　我国城镇居民人均收入　　　　　　单位：元

指标	2001年	2002年	2003年	2004年	2005年	2006年
城镇居民人均收入	6 860	7 703	8 472	9 422	10 493	11 760
指标	2007年	2008年	2009年	2010年	2011年	2012年
城镇居民人均收入	13 786	15 781	17 175	19 109	21 810	24 565

资料来源：历年《中国统计年鉴》。

3. 我国每十万人拥有的大专及以上教育程度的人数

在关于网络消费者的人口统计特征分析中提到过，收入、学历都会影响网络消费者的行为。《2011~2012网络购物用户分析报告》指出，19~30岁是我国网络购物用户的主力军，白领及在校学生合计占网络消费用户的三成；专业人士、技术人员及教师职业占比相当，均在8%左右。这些群体毫无疑问都是较高学历的代表，因为高学历人群对新鲜事物的接受能力和传播能力都很强，也就容易成为网络消费这一新型消费模式的宠儿。因此，本节用我国每十万人拥有的大专及以上教育程度的人数来衡量学历对网络消费的影响，数据来源于中经网，如表8-4所示。

表8-4　　　我国每十万人拥有的大专及以上教育程度的人数　　　单位：万人

指标	2001年	2002年	2003年	2004年	2005年	2006年
人数	3 806	4 711	5 487	5 769	5 562	6 219
指标	2007年	2008年	2009年	2010年	2011年	2012年
人数	6 557	6 704	7 287	8 930	10 058	10 592

资料来源：根据历年《中国统计年鉴》数据整理。

4. 我国互联网普及率

近些年随着我国网络技术的发展，我国互联网的普及率呈上升趋势（见表8-5），网民数量更是呈现出急剧增加之态势。互联网是网络消费的实现平台，而网民是网络消费的直接主体，因此网络普及率的发展会直接影响到网络消费总量的变化。

表 8-5　　　　　　　　我国互联网普及率　　　　　　　　单位:%

指标	2001 年	2002 年	2003 年	2004 年	2005 年	2006 年
普及率	2.5	4.6	5.3	6.2	8.5	10.5
指标	2007 年	2008 年	2009 年	2010 年	2011 年	2012 年
普及率	16.0	22.6	28.9	34.3	38.3	42.1

资料来源：根据中国互联网信息中心数据整理。

5. 快递业务总量

快递业务总量可用于衡量我国网络消费影响因素中快递业发展的作用。快递业是保障网络消费实现的关键因素，是必不可少的环节，能否及时、保质、保量地将商品送达对于消费者衡量整个消费过程具有重要作用，因此，快递行业的发展才能使更多的消费者加入网络消费。据中国电子商务研究中心（100EC.CN）监测数据显示，70%以上的网络消费需依靠快递来完成，快递行业 50%以上营收来自网络消费。由于我国快递行业的营业收入数据缺失，因此我们用快递业务的总量来衡量我国快递业的整体发展情况对于网络消费的作用，数据来源于中经网，如表 8-6 所示。

表 8-6　　　　　2001～2012 年我国快递业务总量　　　　　单位：万件

指标	2001 年	2002 年	2003 年	2004 年	2005 年	2006 年
快递业务总量	12 652.7	14 036.2	17 237.8	19 771.9	22 880.3	26 988
指标	2007 年	2008 年	2009 年	2010 年	2011 年	2012 年
快递业务总量	120 189.6	151 329.3	185 785.8	233 892	367 311.1	568 548

资料来源：历年《中国统计年鉴》。

（三）多元回归分析

以网购用户人均消费额为被解释变量，以城镇居民人均收入、每十万人拥有的大专及以上教育程度的人数、我国网络普及率和我国快递业务总量为解释变量的回归分析如表 8-7 所示。

表 8-7　　　　　我国网络消费影响因素的多元回归分析

lny	系数	标准误	T 统计量	P 值	95% 置信区间	
lnx_1	5.803098	1.548516	3.75	0.007	2.14144	9.464755
lnx_2	-2.401768	0.8067024	-2.98	0.021	-4.309316	-0.4942198
lnx_3	-0.1143583	0.4006024	-0.29	0.784	-1.061632	0.8329158

续表

lny	系数	标准误	T统计量	P值	95%置信区间	
lnx_4	-0.2131949	0.2187912	-0.97	0.362	-0.7305539	0.3041641
_cons	-24.99136	10.38612	-2.41	0.047	-49.55063	-0.4320883

由 Stata 12.0 统计软件输出结果可知，上述各因素对网络消费水平之间的线性回归关系前两项显著，后两项不显著，如表 8-7 所示。同时第二项的系数为负，这就意味着每十万人拥有的大专及以上教育程度的人数和我国网购用户人均消费额呈负相关，显然与上述理论分析相悖，可知该多元回归的结果并不合理，导致这种结果可能有以下几个方面的原因：

首先，本节选取了 2001~2012 年的共 12 组数据，由于我国对相关因素的统计相对较晚，数据样本不够大，并且数据来源出处不一致，统计口径也不一样，加上早年数据存在统计精确度方面的缺失，因此存在数据失真的原因。其次可能是解释变量选取不足，由上述分析可知，影响我国网络消费发展的因素有很多原因，包括宏观社会影响、产业影响、微观个人因素、技术因素等，而我们对解释变量的选取仅限于现有的能查到的统计数据，而其他的影响因素未能列入该回归方程。再次就是可能各解释变量之间存在较强的相关性，如网络的普及率就会受到居民收入的影响，收入越高，网民就会越多，网络普及率也就会越高。另外，教育水平对居民收入也会有影响，教育水平越高，居民的收入水平也就越高。限于无法直接得到回归结果，同时上述分析理论解释了各解释变量对因变量具有影响，因此本节将采用对解释变量逐个回归的方法来进行实证分析，即来确定我们选取的各解释变量和我国网络消费的相关性，验证各解释变量是我国网络消费发展的影响因素，并分别得出解释变量与被解释变量之间的回归方程。

（四）各解释变量与我国人均网络消费的关系

分别对各解释变量对我国的人均网络消费作回归分析，所得结果如表 8-8 所示。

表 8-8　　　　基于 Stata 12.0 回归结果做出的分析

解释变量	回归方程	F(1, 10)	Prob > F	P>|t|	调整的 R^2
X_1	Lny = -23.7489 + 3.214923lnx_1	401.08	0.0000	0.000	0.9732
X_2	Lny = -30.7025 + 4.250906lnx_2	59.11	0.0000	0.000	0.8408

续表

解释变量	回归方程	F(1, 10)	Prob > F	P > |t|	调整的 R^2
X_3	Lny = 9.584325 + 1.421521lnx$_3$	223.57	0.0000	0.000	0.9529
X_4	Lny = −3.9152 + 0.9539428lnx$_4$	173.11	0.0000	0.000	0.9399

由表 8-8 可以看出，各回归方程的 F 和调整的 R^2 的值都很大，方程拟合程度较高，因此可以认为这些回归方程就是各变量与我国人均网络消费的关系形式。由表中显示的各变量的回归系数可知，城镇居民人均可支配收入（x_1）、我国网络普及率（x_2）、每十万人拥有的大专及以上教育程度的人数（x_3）和快递业务总量（x_4）对我国人均网络消费（y）的影响与前面的理论分析基本一致。

（五）结果分析

根据对网络消费影响因素的理论分析，结合中国统计年鉴、中经网和艾瑞网的统计数据，利用 Stata 12.0 统计软件，对我国网络消费影响因素的实证分析得到如下结果：

第一，城镇居民人均收入对我国网络消费有显著的正面影响。当我国城镇的人均收入增加 1% 时，我国人均年度网络消费增加 3.21%，当网络消费这一新型消费模式普及到农村后，估计居民收入对网络消费的推动作用会更大，因而促进我国居民人均收入的增加是促进网络消费的重要因素，只有居民收入增加才能从根本上进一步扩大网络消费。

第二，计量结果显示每十万人拥有的大专及以上教育程度的人数对我国网络消费的发展存在正向的相关关系，解释变量增长 1% 时，被解释变量增长 4.25%，这体现了学历对网络消费的重要影响作用，也解释了各调查报告中网络消费主体主要集中在白领、学生和专业技术人员、教师等群体的原因。

第三，网络普及率对我国人均网络消费存在着显著的正面影响。当网络普及率增加 1% 时，人均网络消费增加 1.42%。网络作为网络消费的媒介，其发展自然也会影响到我国网络消费的发展。麦肯锡研究机构的 *MGI China e-tailing Report-March* 2013 指出，中国的互联网普及率仍然相对较低（42%）。而美国达到 68%。这也体现了网络普及率对网络消费发展的影响。

第四，快递业务量是以上列出的网络消费的各影响因素中作用最小的。研究结果显示，当快递业务量增加 1% 时，人均网络消费增加 0.95%，原因有两个方面：一是数据选取源自中国统计年鉴，而在 2006 年之前统计的是邮政的快递件数，2006年之后统计的是规模以上快递企业的业务总量；二是在网络消费发展初期，快递业务总量中由网络消费产生的业务量占比可能很小，因此快递业务总量变化对网络消费发展的解释作用相对较小。

由以上结果可知，本部分中选取的解释变量分别对被解释变量有一定的解释程度，也就说明我国居民收入水平、教育水平、互联网普及率和快递业的发展均与我国网络消费的发展存在正向相关关系。

二、我国网络消费者的行为影响因素的实证分析

网络消费者是网络消费行为的主体，研究其进行网上购物意愿的影响因素对于挖掘我国潜在网络消费者和促进我国网络消费的持续发展具有重要意义。

（一）模型构建

基于国内外学者对消费者网络消费行为的分析，以及综合理性行为理论、计划行为理论和技术接受模型的分析和探讨，本部分以技术接受模型为框架，结合先前对消费者网络消费意向影响因素的研究，将性别、网络使用经验、网上购买经验、产品质量、经济风险、隐私风险、时间成本、健康风险等个体差异变量作为外在变量，探讨其对感知有用和感知易用的影响，并将主管准则和感知行为控制引入模型，来探讨网络消费者行为的关键影响因素。如图8-9所示。

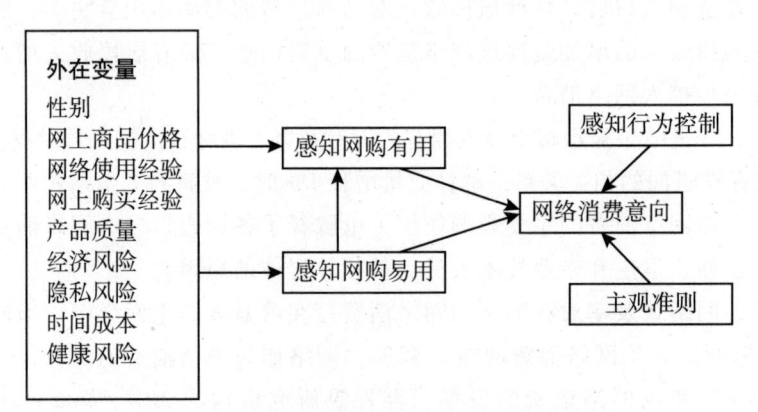

图 8-9 我国网络消费者网购意向模型

（二）问卷设计

（1）本研究问卷分为五部分：第一部分是个人基本资料、网络使用经验和网上购物经验的概况；第二部分是网上商品价格、质量的测量量表；第三部分是网

购过程中各风险因素和时间成本的测量量表;第四部分是对主管准则和感知行为控制的测量量表;第五部分是消费者网络消费态度和意向的测量量表。问卷均为李克特五点量表。

(2) 变量的测量指标及来源如表 8 – 9 所示。

表 8 – 9　　　　　　　　各变量题项分析及来源

变量		测量指标	指标来源
统计变量		性别	马丁等（2006）
网络使用经验		1. 我使用互联网超过 5 年 2. 我感觉自己使用互联网很有经验	西特林等（Citrin et al.，2000）
网购经验		1. 我在网上进行购物的次数远超过在实体店的购物次数 2. 有需要的商品时首先想到去上网买	科比特等（Corbitt et al.，2003）
网购商品价格		1. 我在网上购买的商品一般价格低于实体店的价格 2. 网购时我会在超过 5 家卖家比较要买商品的价格	苏柏全（2002） 德杰拉图等（2000）
网购商品质量		1. 网上购买的商品可能是假货 2. 实际购买的商品经常与期望的商品相差甚远	德杰拉图（2000）
感知网上购物有用		1. 网上购物能提高效率 2. 网上购物方便	程华（2003） 戴维斯（1989） 特里等（2001）
感知网上购物易用		1. 我能掌握购物网站的各种功能及购物程序 2. 通过网站很容易买到我所需要的商品	
主观准则		1. 我的亲戚朋友认为网上购物是个好主意 2. 亲戚和朋友大多能成功进行网上购物	弗雷德里克·W.安德森（2009）
风险因素	经济风险	1. 网购可能出现款付而货不到的情形 2. 黑客可能盗用您的信息数据导致金钱损失	兰加纳坦等（Ranganathan et al.，2002） 科比特等（2003） 鲁耀斌和周涛（2005）
	隐私风险	1. 在零售网站填写的个人信息，可能会泄露给其他公司和个人 2. 我的购物经历和习惯会被零售网站或他人分析跟踪	
	健康风险	1. 商品出现问题，与网站沟通及退换货、维修的过程会使自己心情烦躁 2. 网购发上损失，自己心里会有压力	
时间成本		1. 从网上下订单到我收到货的时间可能过长 2. 商品不合适，与商家沟通退换货的时间会很长	科比特等（2003）

续表

变量	测量指标	指标来源
购买意向	1. 我会带动亲戚朋友和家人和我一起购物 2. 网购是我喜欢的购物方式	保罗 A. 帕夫洛（Paul A. Pavlou，2003） 陈（Chen，2004）

（3）样本描述。本部分以在校大学生为研究对象。中国互联网信息中心的第 31 次中国互联网发展状况统计报告中显示我国网民的职业集中在学生，占比为 30%。艾瑞咨询网 2011 年的调查报告显示我国网络消费群体中职场白领及在校学生是网购的用户主体，占比近三成，18~30 岁的网购用户占到接近 65%。这些数据表明大学生是网络消费的活跃分子，他们知识丰富、易于接受新鲜事物、有可以随意支配的生活费用，并且是潜在的职场白领，因此，他们是网络消费研究的目标客户群。同时，根据研究需要，我们的研究对象是济南地区的大学生。本次问卷采用集中时间发放的形式，共发放问卷 200 份，回收 196 份，扣除填写不规范的 2 份问卷，有效问卷数为 194 份。

（三）统计结果分析

1. 信度和效度分析

我们通过信度与效度的检验来考察各个变量测量项目的可靠性和有效性。信度是检验一组测量项目是否是为同一主题而服务，也就是同一变量下各测量项目的相关度。对于信度分析最常用的是克朗巴哈 α 系数，大多数学者认为信度系数在 0.9 以上则问卷信度甚佳，在 0.8 以上是可以接受的，如果在 0.7 以上仍然有价值，在 0.7 以下问卷价值就很低了。问卷的效度是指对象之间的调查值的差异能反映对象之间真实值的差异程度。它可以分为内容效度分析和结构效度分析。在 SPSS 中有专门的信度分析菜单，但是没有效度分析菜单。由于本研究所使用问卷的测量项目均引用或改编自过去的文献，很多学者都曾使用这些测量项目，并且本部分也通过预试修正过问卷的测量项目使之更合理，因此问卷具有相当的内容效度。另外本部分通过最常用的因子分析来检验问卷的结构效度，同一维度中，因子载荷越大（通常为 0.5 以上），表明收敛效度越高，即彼此之间的相关度越高，越适合作因子分析。

利用 194 份有效问卷首先对问卷的总信度系数进行分析，如表 8-10 所示。

表 8 - 10　　　　　　　　　问卷的信度和效度分析

变量	Cronbach'α	测量项目	因子载荷
网络使用经验	0.754	1	0.899
		2	0.899
网购经验	0.893	1	0.950
		2	0.950
网购商品价格	0.871	1	0.942
		2	0.942
网购商品质量	0.818	1	0.920
		2	0.920
感知网购有用	0.731	1	0.893
		2	0.893
感知网购易用	0.713	1	0.882
		2	0.882
主观准则	0.851	1	0.933
		2	0.933
感知行为控制	0.819	1	0.921
		2	0.921
经济风险	0.767	1	0.901
		2	0.901
隐私风险	0.811	1	0.917
		2	0.917
健康风险	0.819	1	0.921
		2	0.921
时间成本	0.928	1	0.966
		2	0.966
购买意向	0.932	1	0.968
		2	0.968

如表 8 - 10 所示，问卷总的克朗巴哈 α 系数为 0.788，而且各变量所使用的测量项目的克朗巴哈 α 系数均在 0.7 以上，这表明问卷的调查数据是可靠的。同时，对问卷的各个变量进行因子分析可以看到因子载荷均在 0.8 以上，表明各变量的测量项目之间的相关度很高，适合进行因子分析。

2. 描述性统计

为了更好地了解当下消费者网上购物的有关情况，本部分对回收的 194 份有效调查问卷的各个变量进行了描述性统计分析，如表 8-11 所示。

表 8-11　　　　　　　　　调查问卷的描述性统计

变量	样本数量	最小值	最大值	平均值	标准差	题项数	每题平均得分
网络使用经验	194	2.00	10.00	6.8608	2.08528	2	3.430412
网购经验	194	2.00	10.00	5.0567	2.24921	2	2.528351
网购商品价格	194	3.00	10.00	8.0155	1.54208	2	4.007732
网购商品质量	194	4.00	10.00	6.6598	1.38374	2	3.329897
感知网购有用	3.00	10.00	7.5412	1.64485	3.00	2	3.770619
感知网购易用	2.00	10.00	7.2526	1.71344	2.00	2	3.626289
主观准则	2.00	10.00	6.6649	1.57247	2.00	2	3.332474
感知行为控制	2.00	10.00	6.8866	1.80314	2.00	2	3.443299
经济风险	2.00	10.00	6.1856	1.64666	2.00	2	3.902784
隐私风险	2.00	10.00	7.9278	1.36384	2.00	2	3.963918
健康风险	194	2.00	10.00	7.8866	1.42790	2	3.943299
时间成本	194	2.00	10.00	7.2938	1.70985	2	3.646907
购买意向	194	2.00	10.00	6.1753	1.94489	2	3.087629

对于网络使用经验来说，每题的平均得分为 3.430412，属于中等程度范围，意味着在我国现有网络普及率的条件下大学生对于网络的了解和使用情况处于中等程度。

对于网购经验来说，每题的平均得分为 2.528351，属于偏低程度，意味着虽然大学生群体是我国网络消费的活跃部分，但网购经验相对不足，网购经历较少，仍然存在很大的发展空间。

在感知网上购物有用和网上购物易用方面，两个变量的每题平均得分分别为 3.770619 和 3.626289，相差不多，都属于中等程度，说明了大学生群体还是能够对网络购物这一新型消费模式的特点有很好的认识。

在主观准则和感知行为控制上每题的平均得分分别为 3.332474 和 3.443299，也均在中等程度范围，说明亲戚、朋友、同学等社会的影响以及时间、金钱等购物资源的限制也都一定程度地影响着大学生的网上购物行为。

经济风险、隐私风险和健康风险的每题平均得分均在 3.9 以上，说明这些问题是我国当前网络消费模式存在并且制约大学生消费者行为的关键因素，不难看出这也是大众消费者关注的问题,因此在这些方面的改善是我国网络消费亟待解决的。

时间成本这一变量的平均每题得分为 3.646907,也就是说商品下单后发货—快递—收货的时间以及商品出现问题消费者与店家协商解决的时间普遍较长,这也是大学生网络消费者比较关心的问题。

购物意向变量下的每题平均得分为 3.087629,程度偏低,即目前大学生消费群体对网络消费的认可还有待提高,说明网络消费这一消费模式还没有成为其主要的消费模式。

3. 独立样本 t 检验——性别对网上购物感知有用和感知易用的影响

性别对感知网购有用、感知网购易用的影响如表 8-12 所示。在 194 份有效问卷的数据中,男性样本数目为 104 人,女性样本数目为 90 人。可以看出,在给定显著性水平 0.05 下不同性别的消费者对感知网购有用、感知网购易用并无显著差异。

表 8-12　　　　　　　　　　　独立性检验

		方差方程的 Levene 检验		均值方程的 t 检验			
		F	Sig.	t	df	Sig.(双侧)	均值差值
感知网购有用	假设方差相等	0.327	0.568				
感知网购有用	假设方差不相等			0.149	192	0.881	0.03547
感知网购易用	假设方差相等	1.330	0.250	0.150	190.070	0.881	0.03547
感知网购易用	假设方差不相等			0.901	192	0.369	0.22244

4. 相关分析

我们利用皮尔逊积差相关方法首先探讨消费者感知网购易用对感知网购有用的影响,然后分析网络使用经验、网上购买经验、网上商品价格、网购商品质量、经济风险、隐私风险、时间成本、健康风险等对感知网购有用的影响,最后对主观准则、感知行为控制、感知网购有用和感知网购易用对消费者网购意向进行皮尔逊积差相关分析。

消费者对感知网购易用、主观准则和感知行为控制对感知网购有用的皮尔逊积差相关分析如表 8-13 所示。表中对大学生消费者群体的调查实证分析显示,感知网购易用、主观准则和感知行为控制与感知网购有用有显著性正相关关系,感知网购有用、主观准则和感知行为控制与感知网购易用也有显著性正相关关系。

表 8-13　　　　　　　　皮尔逊积差相关分析

		感知易用	感知有用	主观准则	行为控制
感知网购易用	皮尔逊相关性	1	0.319**	0.178*	0.367**
	显著性（双侧）		0.000	0.013	0.000
	N	194	194	194	194
感知网购有用	皮尔逊相关性	0.319**	1	0.217**	0.204**
	显著性（双侧）	0.000		0.002	0.004
	N	194	194	194	194
	N	194	194	194	194

注：** 表示在 0.01 水平（双侧）上显著相关；* 表示在 0.05 水平（双侧）上显著相关，下同。

网络使用经验、网上购买经验、网上商品价格、网购商品质量、经济风险、隐私风险、时间成本、健康风险等对感知网购有用的影响皮尔逊积差相关分析如表 8-14 所示。由表 8-14 可知，大学生网络使用经验与感知网购易用呈显著性正相关，与感知网购有用没有显著相关关系；大学生网购经验与感知网购易用和感知网购有用均有显著性正相关关系；网上商品的价格与大学生感知网购易用和感知网购有用均有显著性正相关关系；网上产品质量不好与大学生感知网购易用呈显著性正相关，与感知网购有用没有显著相关关系；网购的经济风险、隐私风险、健康风险和时间成本均与感知网购有用和感知网购易用没有太显著的相关关系。

表 8-14　　　　　　　　相关性分析

		感知网购有用	感知网购易用
网络使用经验	皮尔逊相关性	0.105	0.306**
	显著性（双侧）	0.144	0.000
	N	194	194
网购经验	皮尔逊相关性	0.384**	0.425**
	显著性（双侧）	0.000	0.000
	N	194	194
价格	皮尔逊相关性	0.820**	0.202**
	显著性（双侧）	0.000	0.005
	N	194	194

续表

		感知网购有用	感知网购易用
产品质量不好	皮尔逊相关性	-0.080	-0.143*
	显著性（双侧）	0.266	0.047
	N	194	194
经济风险	皮尔逊相关性	0.099	-0.037
	显著性（双侧）	0.172	0.609
	N	194	194
隐私风险	皮尔逊相关性	0.110	0.143*
	显著性（双侧）	0.127	0.047
	N	194	194
时间成本	皮尔逊相关性	-0.031	0.051
	显著性（双侧）	0.667	0.484
	N	194	194
健康风险	皮尔逊相关性	-0.029	-0.052
	显著性（双侧）	0.689	0.473
	N	194	194
	N	194	194

主观准则、感知行为控制、感知网购有用和感知网购易用对消费者网购意向的皮尔逊积差相关分析如表 8-15 所示。由表中可以看出，大学生对网购感知有用、感知网购易用和大学生的主观准则以及感知行为控制与大学生的网购意向均有显著的正相关关系。

表 8-15 　　　　　　　　皮尔逊积差相关分析

		感知网购有用	感知网购易用	主观准则	感知行为控制
网购意向	皮尔逊相关性	0.176*	0.253**	0.228**	0.210**
	显著性（双侧）	0.014	0.000	0.001	0.003
	N	194	194	194	194

5. 路径分析

本部分的模型构建提出了基于技术接受模型和计划行为模型为基础的消费者网上购物意向模型，并综合借鉴分析国内外学者的相关研究提出了本部分消费者行为研究的影响因素。本部分的路径分析在于分析该研究模型是否可以得到支持。

第一，感知网购有用和感知网购易用都可以直接影响消费者的网购意向，此为直接影响。同时，感知网购易用也可以以感知网购有用为中介变量进而影响消费者网络消费意向，此为间接效果。

第二，消费者的主观准则和感知行为控制对网上购物意向的影响路径有两条：一为直接影响网上购物意向，这是直接效果；二是以感知网购有用和感知网购易用为中介变量进而影响消费者网络消费意向，这为间接效果。

第三，网络使用经验、网上购买经验、网上商品价格、网购商品质量、经济风险、隐私风险、时间成本、健康风险等统计变量均通过影响感知网购有用和感知网购易用进而来影响消费者网上消费意向。

运用多元回归分析法之强迫进入法（Enier）进行路径分析，本部分的研究路径要进行3次回归分析，分析结果如表8-16所示。

表8-16 回归分析

模型		标准系数	t	Sig.	是否显著
1	（常量）		2.334	0.021	
	行为控制	0.113	1.529	0.128	否
	主观准则	0.169	2.385	0.018	是
	感知网购易用	0.065	0.884	0.378	否
	感知网购有用	0.160	2.090	0.038	是

因变量：网购意向

第一，因变量为网上购买意向，预测变量为感知网购有用、感知网购易用、主观准则和感知行为控制。在此分析中可以看到有两条路径是显著的：一条是主观准则直接显著影响网购意向；另一条是感知网购有用直接显著影响网购意向。如表8-17所示。

表8-17 回归分析

模型		标准系数	t	Sig.	是否显著
1	（常量）		6.138	0.000	
	行为控制	0.087	1.189	0.236	否
	主观准则	0.158	2.299	0.023	是
	感知易用	0.259	3.539	0.001	是

因变量：感知有用

第二，因变量为感知网购有用，预测变量为感知网购易用、主观准则和感知行为控制。在此分析中有两条路径是显著的：一为主观准则显著影响感知网购有用进而影响网购意向；二为感知易用显著影响感知网购有用进而影响网购意向。如表8-18所示。

表8-18　　　　　　　　　　回归分析

模型		标准系数	t	Sig.	是否显著
1	（常量）		6.521	0.000	
	行为控制	0.348	5.166	0.000	是
	主观准则	0.128	1.895	0.060	否

因变量：感知易用

第三，因变量为感知网购易用，预测变量为主观准则和感知行为控制。在此分析中可以看出只有一条路径，即感知行为控制显著影响感知网购易用进而影响感知网购有用最后影响网购意愿。

综合上述分析，各变量对网购意向影响的路径图如图8-10所示。

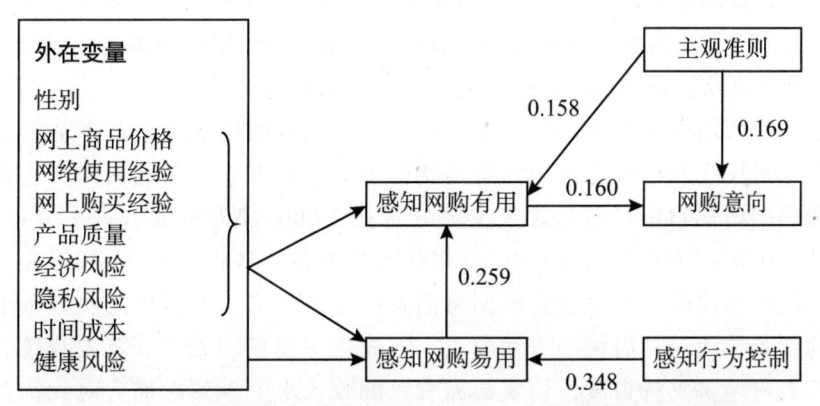

图8-10　基于TAM和感知风险的网上购物意向扩展模型

注：采用0.05的显著性水平。

6. 结论

从本部分中我们得出以下结论：

第一，性别对于消费者的网购意向没有明显的影响。

第二，网络使用经验、网购经验、网上商品价格和质量均显著影响到消费者的感知网购有用和感知网购易用，进而影响网购意向。这为发展我国的网络消费从网络建设和网上商家经营策略方面都提供了重要依据。

第三，经济风险、隐私风险、时间成本和健康风险在相关分析中虽然显示对消费者感知网购有用和感知网购易用没有显著的影响，但是描述性统计中显示，这些因素在问卷中的得分偏高，也就意味着消费者还是关注这些影响因素的，这也是目前网络消费中存在的现实问题，是网购过程中需要改善的部分，这无疑说明了这些因素也制约着网络消费的发展。

第四，主观准则和感知行为控制是消费者对于周围环境影响和自身拥有资源的一个衡量，上述实证分析也得出了这两项对于网购意向的影响路径，这也是挖掘潜在消费者、发展网络消费的一个便利条件。

三、发展网络消费的政策建议

（一）宏观经济环境

网络消费这一新型消费模式与传统的消费模式的影响因素既有相同点也有不同点，因而在对网络消费的研究中既要考虑影响消费函数的各种因素也要考虑网络消费的特殊性。本部分在综合考虑这些因素后，基于理论分析和计量模型实证分析显示，我国居民人均收入、网络普及率、教育水平和快递业发展都对我国网络消费发展存在正向影响，虽然由于数据原因没有得到很好的证实，但是对于给出促进我国网络消费发展的政策建议还是具有借鉴意义的。

第一，增加居民收入。收入对于消费具有绝对的影响作用，本节的实证检验也得出居民人均收入是我国网络消费的重要影响因素。艾瑞网的调查报告中显示我国网络购物用户的月收入主要分布在2 000～3 000元，占了接近三成，其次是3 000～5 000元和1 000～2 000元的群体，各占25%和20%左右，因此增加我国居民收入是发展我国网络消费的重要举措。提高居民收入水平亟待解决的就是扩大农村居民的人均收入，首先进一步巩固强农、惠农政策，加大对发展农村经济支持力度，切实提高农民的收入水平。其次加大对我国贫困地区经济发展支持力度，他们的收入低，消费自然低，国家应该加强扶持贫困地区经济发展的力度。对于整体居民收入的提高，还要进一步完善收入分配体制，提高个人所得，规范房地产市场，加大力度建设保障性房产项目，提高居民实际购买力等。

第二，加强我国网络基础设施建设。网络消费的支撑是我国信息产业的发展。互联网正在造就一个庞大的信息产业，催生着信息技术产业和信息商品化产业。随着网络技术的快速发展，我国零售行业正在进行着结构调整，在不久的未来，网络消费必将成为人们的主流消费模式。要进一步推动我国网络消费的发展，当务之急就是解决网络的便利性问题。这就需要我国进一步加强网络基础设施建设，促进信息技术的升级和信息产业的发展。尤其要在农村和偏远地区提高网络普及率，促进网络消费的普通化、大众化，使网络消费得到广泛认可，加快我国网络消费的发展。

第三，切实提高我国居民的教育水平。人们教育程度的高低直接决定了网络消费能力的高低。一般来讲，教育程度越高的人，对于新事物的接受和应用能力就越强，网络消费能力也就越强，网络消费的层次也就越高。中国互联网信息中心的报告显示，低学历的网络用户一般是聊天、网络游戏，用于生活、学习和工作的网络消费较少。消费者整体文化素质的提高不仅促进我国网络消费总量的增长，也有利于我国网络消费的长远均衡发展，因此，国家要继续大力普及九年义务教育，并提高对我国高等教育机构的扶持力度。

第四，规范市场秩序，促进我国产业结构升级。本部分虽然只实证检验了物流业与消费消费的关系，但是由理论分析可知网络消费的发展需要一系列相关行业（物流业、IT行业、银行业、制造业等）的支持。网络消费是应用互联网发展的新型消费模式，因此其相关支持行业也应适应市场需求变化，根据科技进步新趋势，发展成为结构优化、技术先进、附加值高、吸纳就业能力强的现代产业体系。国家应在致力于全面提高信息化水平的前提下，加快发展服务业、加强综合运输体系建设，培育战略新兴产业，提升制造业，为消费模式的升级打好基础。

第五，规范网络消费环境。要进一步提高我国居民的网络消费水平，必须要为我国网络消费健康发展提供保障，即政府要为网络消费经济活动营造良好的环境。目前，在网络消费过程中存在着用户信息泄露、银行账户安全、商品劣质等诸多问题，这会给消费带来顾虑，也必然会制约我国网络消费的发展。因此，政府的作用就是首先要加大网络消费的宣传力度，宣传合理的、健康的、持续的消费意识，加强对网络道德、良好网络行为的引导；其次要加强对网络消费过程的监督，制定一系列的法律规范文件，为网络消费的发展提供政策和法律保障。

（二）微观消费主体挖掘

根据本节的研究，消费者感知网购有用性和感知网购易用性以及主观准则和感知行为控制会影响到消费者的网络消费意向，感知网购有用性强调的是对消费者购物过程体验和购物目标完成的衡量，感知网购易用性是消费者对网络消费便捷性的判断，主观准则是指消费者受周围亲戚、朋友和同学消费方式的影响，感知行为控制则体现了消费者在网络消费的便利条件下如果拥有资源是否会选择该购物方式。因此，网上零售商需要提高消费者在这些方面的认知才能促成消费者的网上购物行为。

第一，网上零售商为消费者提供种类齐全、价格低廉的商品，提高产品的性价比。价格是消费影响因素中的"敏感元素"，如果网络消费无法达到价格比现实市场更便宜，网络消费市场将远不会如此快速发展。同时，任何一个网络零售平台都能提供按价格条件来搜索同种商品的功能，消费者能在一个相对"透明"的价格环境中选择自己所需要的产品或服务，使得产品和服务质量也成为影响网络消费者行为的关键因素。零售商需要充分利用网络消费平台的成本优势，另外利用网络的交互性准确定位消费者的需求，为其提供定制化的产品和服务，并提供高质量的产品。因此，提高性价比对于零售商而言是打开销路的基础，也是挖掘潜在消费者的关键。

第二，简化网上购物操作流程，提供便捷的购物系统。本节研究发现，在对于网络使用经验和网上购买经验方面我国消费者普遍缺乏自信，本节研究认为主要原因在于现有的购物网站普遍存在交易过程复杂的问题。当前消费者选择网上购物的一个重要原因就是网络消费的方便、快捷。时间、环境等方面的因素使得越来越多的消费者以购物的方便性为目标，尽量减少购物的时间和劳动成本，因此网上零售商应致力于降低网络消费者购物所花费的时间和精力，使得消费者感知到网上购物的方便、快捷，这就需要零售商做到通过网络技术升级使消费者更容易地操作网上购物程序，如进入网站、搜索商品信息、撤销订单、付款、退换货等。

第三，加强口碑传播，做好安全保证。根据本节的研究结论，主观准则和感知行为控制显著影响消费者网络消费意向，现实的消费者比较关注网上购物本身的特征，如网络消费是否安全、存不存在个人信息的泄露、付款到收货的时间长短等，以便他们在有资源如时间、金钱时能更好地做出购买决策。而由于社会文化的影响，潜在消费者的网络消费意向则更容易受其主观准则的影响，即当一个消费者周围的亲戚朋友成功地进行了网络消费并且认可网络消费这种消费方式时，该消费者就会有较强的网络消费意愿。现实的网络消费者对网上购物的态度在很大程度上影响潜在消费者的网络消费的态度和意向，因此网上零售商要在增加忠诚顾客的同时致力于挖掘潜在顾客，要以消费者需求为中心，还要不断创新、做好货物跟踪、出现问题及时解决。另外，平台商也要通过技术升级保证消费者安全支付，减少消费者的损失，为他们提供更多的便利和价值，从而不断促进消费者的网上购物行为。

第三节 "家电下乡"对农村居民消费的影响[①]

为应对国际金融危机的影响，扩大国内消费，从 2007 年 12 月开始，财政部和商务部分三批在全国范围内先后推行"家电下乡"政策，对农村居民购买的限价范围内的彩电、电冰箱（含冰柜）、手机给予 13% 的补贴。出于政策公平性考虑，各地实施时间均为 4 年。在政策推行的过程中，补贴产品的种类不断丰富，产品的最高限价也逐步提高。据商务部统计，截至 2013 年 1 月，"家电下乡"产品累计销售 29 781.29 万台，实现销售额 7 206.85 亿元，对农村居民的家电消费影响显著。

根据"家电下乡"政策在全国范围内推行时间的先后，可将各省份分成三个批次：其中，山东（含青岛）、河南、四川为第一批；内蒙古、辽宁（含大连）等 14 个省、自治区、直辖市及计划单列市为第二批；吉林、甘肃等 22 个省、自治区、直辖市、计划单列市及新疆生产建设兵团为第三批。尤其在 2008 年，三批地区实施"家电下乡"的时间各不相同，其中，第一批地区实施了 1 年，第二批地区实施了 1 个月，第三批地区尚未实施。这为通过自然实验的方法研究"家电下乡"政策对农村居民消费的影响提供了便利。

科学评估"家电下乡"政策对农村居民消费的影响对于日后提升政府运用公共财政刺激居民消费政策的效率，探究农村居民消费决策机制，构建扩大我国消费的长效机制均具有重要意义。本节依据"家电下乡"政策分批在全国推行的特点，构造了四组准实验，运用匹配双差法和中国健康与营养调查（CHNS）2006 年和 2009 年的数据评估"家电下乡"政策对农村居民消费的影响。

一、理论模型分析

本节使用一个简单的生命周期模型（以三期为例），重点分析农村家庭是否有动机购买下乡产品，以及在哪一期购买下乡家电最优，为"家电下乡"的实证研究提供理论依据。假设家庭需要做三期决策，每一期均需要决定消费、储蓄，以及是否购买家电下乡产品。为简化求解过程，模型中不考虑各期家电下乡产品价格的变化，假定仅有一种家电下乡产品，售价均为 P 元，一个农村家庭最多只

---

① 本部分内容作为课题的阶段性研究成果，已发表于《经济学动态》2014 年第 5 期。

会购买一件产品。若家庭在 t（t=1，2，3）期选择购买家电下乡产品，记 $H_t=1$，否则，$H_t=0$。由于家电下乡产品的价格往往低于家庭年收入，因而模型中不考虑家庭消费决策时的信贷约束问题。为了方便得到显式解，此处不考虑预期因素的影响。家庭的跨期选择问题，可由以下方程来表示：

$$\max_{C_1,C_2,C_3,A_1,A_2,H_1,H_2,H_3} \sum_{t=1}^{3} \beta^{t-1} U(C_t, H_t)$$

$$\text{s.t. } C_t + P(H_t - H_{t-1}) + A_t = W_t + (1+r)A_{t-1} + \delta P(H_t - H_{t-1}), \quad t=1,2$$

$$C_3 + P(H_3 - H_2) = W_3 + (1+r)A_2 + \delta P(H_3 - H_2)$$

$$C_t \geq 0, \ A_t \geq 0, \ H_t \in \{0,1\}, \ A_0, W_t(t=1,2,3) \text{ 给定}, H_t = 0 \quad (8-3)$$

其中，$U(C_t, H_t)$ 为家庭效用函数，C_t 为家庭 t 期非家电下乡产品消费，β 为贴现率，H_t 为家庭 t 期是否购买下乡产品的 0-1 变量，P 为下乡产品的价格，δ 为家电下乡产品的价格补贴比例，A_t 为 t 期末的储蓄（$A_3=0$ 表示最后一些家庭会将所有储蓄用来消费，以最大化其效用），利率为 r。最初的储蓄 A_0 和各期的家庭净收入 $W_t(t=1,2,3)$ 是给定的。

为了求解这个动态最优化问题，首先需要找到给定下乡产品购买选择后的最优消费储蓄选择，即在 H_1，H_2，H_3 给定的情况下，求出最优的 $\{C_t, A_t\}_{t=1,2,3}$，然后比较不同的下乡产品消费选择下的家庭效用值，找到最优的下乡产品消费选择。为此，接下来分别讨论农村家庭不购买下乡产品和分别在第一、二、三期购买下乡产品的情形，并进行相互比较。为方便求解，模型中采用对数形式的效用函数，即 $U(C_t, H_t) = \ln(C'_t)$，C'_t 为 t 期等效的总消费，即 $U(C_t, H_t)$ 为消费非家电下乡产品和家电下乡产品的总效用。例如，若选择在第一期购买下乡家电，则 $C'_2 = C_2 + \eta P$，ηP 即为与购买的下乡产品在下一期带给家庭效用相等效的消费。

情形一：$H_1 = H_2 = H_3 = 0$，即家庭在各期均不购买下乡家电。可解得家庭的最优消费选择为：$C_1 = \dfrac{1 - \dfrac{\beta}{1+r}}{1 - \left(\dfrac{\beta}{1+r}\right)^3} \left[(1+r)A_0 + W_1 + \dfrac{W_2}{1+r} + \dfrac{W_3}{(1+r)^2}\right]$，$C_2 = \beta C_1$，$C_3 = \beta^2 C_1$。从求解过程可知，消费者的跨期消费效用之和取决于第一期的最优总消费量 $C'_1 = C_1 + P(H_1 - H_0)$。这一结论在其他情形中也成立。由于本情形中 $P(H_1 - H_0) = 0$，因而消费者的跨期消费效用之和仅取决于 C_1。而这里 C_1 只受家庭初始存款、各期收入和利率的影响。

情形二：$H_1 = 1$，$H_2 = H_3 = 0$，即家庭决定在第一期购买下乡家电，解得此时的 C'_1 比情形一增加了 $\dfrac{1 - \dfrac{\beta}{1+r}}{1 - \left(\dfrac{\beta}{1+r}\right)^3} \left[\dfrac{\eta p}{1+r} + \dfrac{\eta^2 p}{(1+r)^2} + \delta P\right]$。值得注意的是，此处

的 C_1 比情形一减少了 $\dfrac{1-\dfrac{\beta}{1+r}}{1-\left(\dfrac{\beta}{1+r}\right)^3}\left[-(1-\delta)+\dfrac{(\eta-\beta)(1+r+\eta+\beta)}{(1+r)^2}\right]P$，即下乡家电的消费对非下乡家电消费造成了一定程度的挤占，但要小于消费下乡家电所带来的消费增加量，因而总消费相比情形一仍然增加。

情形三：$H_1=0$，$H_2=H_3=1$，即家庭决定在第二期购买下乡家电。此时 C_1' 与情形一相比增加了 $\dfrac{1-\dfrac{\beta}{1+r}}{1-\left(\dfrac{\beta}{1+r}\right)^3}\left[\dfrac{\delta P}{1+r}+\dfrac{\eta p}{(1+r)^2}\right]$。但与情形二相比，$C_1'$ 减少了 $\dfrac{1-\dfrac{\beta}{1+r}}{1-\left(\dfrac{\beta}{1+r}\right)^3}\left[\dfrac{\eta-\delta}{1+r}+\delta+\dfrac{\eta-\eta^2}{(1+r)^2}\right]$。因而，家庭在情形二中的跨期效用之和大于情形三，情形二中的决策优于情形三，所以家庭会选择在第一期购买下乡家电。

情形四：$H_1=H_2=0$，$H_3=1$，即家庭决定在第三期购买下乡家电。求得结果与情形三类似，要劣于情形二和情形三。

从上述分类讨论可知，家庭的最优选择为在第一期购买下乡家电，而且家庭购买下乡家电越早，其跨期效用之和越大。分别计算情形一和情形二中的总消费的现值，情形一中为 $\sum_{t=1}^{3}\dfrac{C_t}{(1+r)^{t-1}}$，情形二中为 $C_1+P+\sum_{t=2}^{3}\dfrac{C_t}{(1+r)^{t-1}}$。可见情形二比情形一中的家庭共增加了 δP 的消费。因而，"家电下乡"政策对农村家庭消费的总影响取决于下乡产品的价格补贴比率和产品限价，并与二者呈正比例关系。

二、研究设计

（一）数据说明

本节使用数据来源于中国营养与健康调查（CHNS）。该调查目前总样本涉及约 4 400 个家庭，城乡比为 1∶2，具有较好的代表性。参与调查的 9 个省中，有 2 个省（山东省、河南省）属于"家电下乡"的第一批施行区域，5 个省属于第二批施行区域（辽宁省、黑龙江省、湖北省、湖南省、广西壮族自治区），2 个省属于第三批施行区域（江苏省、贵州省）。在家庭层面的调查中，每个受访家庭均被要求选出位于城市还是农村，并提供上一年收入、资产及日常消费支出以及户主的相关信息。本节所用到的家庭消费额具体包括家电消费、汽车机动车类消费、家用设备消费、婚丧嫁娶支出、教育支出等,但不包含食品消费(限于数据版权问题)。为了研究需要,本节选取了"家电下乡"政策实施前后两个年度:2006 年和 2009 年的调查数据(分别对应家庭 2005 年和 2008 年的经济活动)。在剔除了部分数据缺失严重的个体后,得到的总样本数为 953 个。

(二) 评估方法选择

评估一项公共政策的影响,通常基于准实验的方法采用"双重差分模型"。双重差分模型要求实验对象必须被随机的分配至处理组和对照组,否则往往会产生选择偏差,导致政策效果的高估。然而,现实中由于缺失变量的存在,往往难以控制影响目标变量的非政策因素。匹配双差法根据样本的协变量,基于通过非参数回归得到的倾向值对处理组和控制组的个体进行匹配,通过构造出随机化样本可排除非政策因素对目标变量的影响,可得到更稳健的结果。

根据"家电下乡"逐步推行过程中所形成的三个批次及准实验的设计原则,可分别将三批地区分别分为处理组和控制组,具体分组及待验证结论如表 8-19 所示。

表 8-19　　　　　　　　　　准实验设计

模型	基本模型	对比模型(Ⅰ)	对比模型(Ⅱ)	对比模型(Ⅲ)
处理组	第一批	第一批	第一批	第二批
控制组	第三批	第二批	第二、三批	第三批
待验证结论	"家电下乡"实施一年和未实施的效果差异	"家电下乡"实施一年和实施一个月的效果差异	"家电下乡"实施一年和实施一个月及未实施(混合组)的效果差异	"家电下乡"实施一个月和未实施的效果差异

基本模型严格遵循准实验的设计原则,截至 2008 年底,实验组中家庭所在地区已实施了 1 年的"家电下乡"政策。而控制组中家庭所在地区尚未实施该政策,并未受其影响。因而,基本模型的估计结果最能说明"家电下乡"政策对农村家庭消费的影响。对比模型(Ⅰ)和对比模型(Ⅲ)设计思路与基本模型类似。而对比模型(Ⅱ)可看基本模型和对比模型(Ⅰ)的检验模型,其估计结果应介于上述两者之间。在"家电下乡"政策执行的外部环境不变的前提下,基本模型与对比模型(Ⅰ)、(Ⅲ)的估计结果相结合,可大体描述出"家电下乡"政策效应力度随时间的变化趋势,即该政策分别在实施了 1 个月、11 个月以及 1

年等时点处时所发挥的效应。

记第 i 组（实验组）与第 j 组（控制组）匹配双差分析的结果为 V(i, j)，由上文讨论可推断 V(i, j) 应满足以下关系：

（1）V(1, 2) < V(1, 2 + 3) < V(1, 3)，即实验组与控制组的政策实施时间差越大，政策效果越明显。另外，按照理论推导应有 V(1, 2) > V(2, 3)，但实际上，V(1, 2) 与 V(2, 3) 仍然存在不确定性。这是因为第一批实施政策时可能存在补贴兑付程序复杂、农村居民知晓度不高等问题，而第 2 组实施时该项政策的实施得到了优化（如简化下乡家电补贴兑付程序、增加下乡家电种类并提高补贴上限等），可能刺激作用会更大。

（2）V(1, 2) + V(2, 3) = V(1, 3)，即"家电下乡"政策实施了 1 年的地区相比于实施了 1 个月的地区的农村家庭消费增长率与"家电下乡"政策实施了 1 个月的地区相比于未实施地区的农村家庭消费增长率之和等于"家电下乡"政策实施了 1 年的地区相比于未实施地区的农村家庭消费增长率，类似于传递性原理。

（三）计量模型设定

本节用 I_0 和 I_1 分别代表控制组和处理组，用 C_{1i}^t 表示处理组家庭在"家电下乡"实施之前的家庭消费额对数值，$C_{1i}^{t'}$ 表示处理组家庭在"家电下乡"实施之后的家庭消费额对数值。同理，用 C_{0i}^t 和 $C_{0i}^{t'}$ 分别表示控制组家庭在"家电下乡"实施前后家庭消费额对数值。根据匹配双差法，可由以下模型估计"家电下乡"政策对农村家庭消费额影响的平均效应 ATT：

$$ATT = \frac{1}{n_1} \sum_{i \in I_1 \cap S_p} \left[(C_{1i}^{t'} - C_{1i}^t) - \sum_{j \in I_0 \cap S_p} \omega(i, j)(C_{0i}^{t'} - C_{0i}^t) \right] \quad (8-4)$$

式中，n_1 代表处理组中同属于共同支撑域中家庭的数目，S_p 代表共同支撑域。$\omega(i, j)$ 是根据处理组家庭 i 和与之匹配的控制组家庭 j 的倾向得分计算的权数，也可以理解为 i 和 j 之间在倾向值上的距离。当一个控制组的家庭 j 的倾向值更接近于处理组的家庭 i 的倾向值时，该控制组家庭 j 在建构结果的加权平均值时就会得到一个更大的权数。$\sum_{j \in I_0 \cap S_p} \omega(i, j)(C_{0i}^{t'} - C_{0i}^t)$ 为对控制组中所有位于共同支撑域中家庭的加权求和，通过这一指标构建出一个与处理组家庭 i 时间变化轨迹完全相同的"虚拟家庭"。处理组家庭消费额在"家电下乡"政策实施前后的变化减去加权后的控制组家庭消费额的变化，才是"家电下乡"政策对控制组家庭消费额的净影响。

倾向值得分为用家庭特征变量及其对数值作解释变量，通过 logistic 回归估计一个家庭成为政策干预家庭的概率。在用 logistic 模型估计倾向值得分时，解释变量X的选择需满足独立同分布假定（CIA），对最终结果有重要影响。在实际中,实验组与对照组家庭消费的变化除了受到"家电下乡"政策的影响之外,还会受到家庭本身特征变量(见表 8-20)变化的影响。因而,理想状况下,模型中选取的解释变量 X 应涵盖影响家庭消费的各项因素(不包括"家电下乡"政策等外部因素),而且能够解释家庭是否选择购买下乡家电。通过比较不同 X 中变量选择方案对应的估计结果,可评估每种 X 选择方案的有效性。满足 CIA 条件的有效的 X 选择方案所对应的估计结果差别不会很大。如果各种方案对应的结果差别较大,则说明协变量的选择仍存在改进的空间。

在中国农村,家庭日常经济活动一般采取"家长式"决策方式,因而一个家庭是否选择购买下乡家电(进而影响到家庭总消费)与户主特征有很大相关性。其中户主的性别、年龄和教育背景直接影响到户主的决策方式。而户主的工作情况(包括就业单位类型、就业岗位雇佣类型、就业单位规模)决定了户主的收入水平及未来的预期收入状况,这些因素又会对家庭的总收入造成显著影响,进而影响到家庭的消费决策。家庭的收入状况(包括净收入、总收入、单位资产收入及其对数)一方面反映了家庭的收入水平,直接决定家庭的消费决策;另一方面,如家庭单位资产收入,包含有家庭资产利用率等方面的信息,对家庭的未来收入有一定的影响。各类家庭设备用品(如汽车、洗衣机、冰箱、空调等主要家电用品)往往是耐用品,这些设备的拥有情况会影响到家庭未来的家电需求,如果不把这些状况加以控制,会造成对"家电下乡"政策效应的低估。

综上,本节选取的 logistic 模型的解释变量包括户主信息(包括性别、年龄、教育背景、工作情况等)、家庭人口数、家庭收入状况、各类家庭设备用品拥有情况。在考虑各变量数据完整性的基础上,模型选用的解释变量如表 8-20 所示。

表 8-20　　　　　　logistic 回归解释变量

解释变量	含义	解释变量	含义
hhinc	家庭净收入	worktype	户主就业单位类型
hhincpc	家庭单位资产收入	occupation	户主工作职务类型
hhincgross	家庭总收入	secondjob	户主是否有第二职业
lnhhinc	家庭净收入对数值	job	户主就业岗位雇佣类型
lnhhincpc	家庭单位资产收入对数值	jobsize	户主就业单位规模
lnhhincgross	家庭总收入对数值	car	是否拥有汽车
hhsize	家庭人口数	washing-machine	是否拥有洗衣机
gender	户主性别	refrigerator	是否拥有冰箱
edu	户主最高学历	air-conditioning	是否拥有空调
age	户主年龄		

计算倾向值得分之后，本节使用基于三次立方函数的局部线性回归来确定 ω(i, j)：

$$\omega(i, j) = \frac{G_{ij} \sum_{k \in I_0} G_{ik} (P_k - P_i)^2 - [G_{ij}(P_j - P_i)][\sum_{k \in I_0} G_{ik}(P_k - P_i)]}{\sum_{j \in I_0} G_{ij} \sum_{k \in I_0} G_{ij}(P_k - P_i)^2 - [\sum_{k \in I_0} G_{ik}(P_k - P_i)]^2}$$

(8-5)

这里，G(·) 为三次立方内核函数，h 为落入带宽中的观测家庭的数目，P_j，P_k 为落入带宽中的第 j 个和第 k 个控制组中家庭的倾向值，P_i 为带宽内的焦点。除局部线性回归匹配之外，常用的匹配方法还有内核匹配。两者的不同之处在于局部线性回归在处理倾向值P_i时，除了截距项之外还纳入了一个线性项。当控制组案例关于实验组案例呈非对称分布时，纳入线性项有助于提高匹配效率。由于非对称分布的假定更符合"家电下乡"案例实际情况，因而采用局部线性匹配。

三、实证结果

（一）基本模型与对比模型结果

首先，使用表 8-20 所列解释变量通过 logistic 回归估计一个家庭是否成为"家电下乡"政策干预家庭的概率，构造出倾向值得分，进而得到匹配双差法的估计结果（见表 8-21）。结果显示，基本模型中，实验组中的家庭相比控制组，消费增长了 5.5%，即"家电下乡"政策实施了一年的地区相比未实施地区，消费增长率高出 5.5%。经检验，匹配之后样本的"标准偏差"大幅降低，且降低幅度均在 5% 以上。大部分经验分析显示，经匹配后，偏差降低幅度在 3%~5% 以上可被视为有效的；另外，从平衡性检验的 t 值看，匹配后实验组与控制组样本不再具有显著差异，均表明匹配分析是有效的。

表 8-21　　　　　　　　　基本模型结果

变量	样本	Treated	Controls	Difference	标准差
dlnc	Unmatched	0.3581	0.3662	-0.0081	0.0946
	ATT	0.3581	0.3031	0.0550	0.1075

为了进一步检验"家电下乡"政策对消费的影响，接下来分析对比模型（Ⅰ）~（Ⅲ）的估计结果（见表 8-22）。可以看出，"家电下乡"政策实施 1 年

的地区相比实施 1 个月的地区，消费增长率高 1.10%，远低于原始模型的 5.5%，虽然二者实验组政策实施的"净时长"仅相差 1 个月，这可能与两个模型实验组家庭所在地区施行政策时所处的外部环境不同相关；实施 1 个月的地区相比未实施地区，消费增长率高 1.96%；实施 1 年的地区相比实施 1 个月及未实施地区整体，消费增长率高 4.96%。三个对比模型的估计结果均为正，进一步表明"家电下乡"政策对农村家庭消费具有显著的促进作用。结合基本模型的估计结果，发现满足 $V(1,2) < V(1,2+3) < V(1,3)$，这在一定程度上表明政策实施的时间越长，对农村家庭消费的促进作用越显著。但同时也注意到，虽然 $V(1,2)$ 对应的政策实施"净时长"（即实验组与控制组"家电下乡"政策实施时间长度之差）要大于 $V(2,3)$，但上述结果显示 $V(1,2) < V(2,3)$。这很可能是由于上文提到的对比模型（Ⅰ）与（Ⅲ）所处的政策实施背景不同所导致。模型本身存在的估计偏差以及因样本容量较少所带来的估计偏差也会增加 $V(1,2)$ 与 $V(2,3)$ 之间关系的不确定性。

表 8-22　　　　　　　　　　对比模型结果

对比模型（Ⅰ）~（Ⅲ）	$V(1,2)$	$V(1,2+3)$	$V(2,3)$
ATT	1.10%	4.96%	1.96%

（二）稳健性检验

1. 改变协变量

构造倾向值得分时，变量X的选择必须满足 CIA 假定。然而这一假定难以用统计方法进行检验，加之本节变量X的选择很大程度上受限于 CHNS 中统计变量数据的完整性，X的选择带有一定程度的主观色彩。接下来，分别对X中的变量做不同的改变，重新对基本模型和对比模型（Ⅰ）~（Ⅲ）进行估计，并将结果与上文结果作对比，从协变量选取角度检验估计结果的稳健性。

首先，把上述估计中所使用的家庭净收入、家庭总收入换成了其对数值，并增加户主的工作职务变量。在家庭净收入、家庭总收入对数化处理的同时，引入户主工作职务变量可在一定程度上弥补对数化处理所带来的收入绝对水平在决定倾向值构成中被减弱的影响力。其次，针对将户主性别考虑进X主观性较大，因而，在上述改变的基础上，把户主性别变量从X中剔除后分别对基本模型和对比模型再次进行估计。为方便对比，将原始结果与经上述处理后得到的估计结果同时呈现在表 8-23 中。

表 8-23　　　　　　　　不同 $\mathbb{X}$ 处理方法的估计结果

$\mathbb{X}$ 处理方法	V(1, 3)	V(1, 2)	V(1, 2+3)	V(2, 3)	V(1, 3) - [V(1, 2) + V(2, 3)]
原始结果	5.50%	1.10%	4.96%	1.96%	2.44%
收入水平对数化处理	8.27%	2.31%	5.81%	0.87%	5.09%
剔除性别变量	6.54%	2.21%	5.06%	0.86%	3.47%
平均值	6.77%	1.87%	5.28%	1.23%	3.67%

可以看出，上述三种关于 $\mathbb{X}$ 选择的处理方法对应的估计结果均为正，这表明"家电下乡"政策对农村家庭消费存在正向影响。而且三组结果均满足 V(1, 2) < V(1, 2+3) < V(1, 3)，符合理论预期。相比于原始结果，后两种 $\mathbb{X}$ 处理方法得出的估计值中，V(1, 3) 和 V(1, 2) 的值明显变大，V(1, 2+3) 也相应变大。但 V(2, 3) 分别从 1.96% 降低到 0.87% 和 0.86% 这两个相近的水平上。这一变化提升了"家电下乡"政策的整体效应，而且降低了该政策的短期对农村家庭消费的刺激效应。尤其是 V(1, 3) 均远大于 V(2, 3)，表明短期内该项政策对消费的刺激作用并不十分明显，而且远低于长期（1年）平均水平。

三种对 $\mathbb{X}$ 的处理方法的估计结果均不满足等式 V(1, 2) + V(2, 3) = V(1, 3)，且均有 V(1, 2) + V(2, 3) < V(1, 3)。这主要是由于基本模型与对比模型中实验组所处的政策实施环境不同所致。在"家电下乡"政策实施之初，政策宣传力度、农村居民对政策的知晓程度、下乡产品的质量、补贴兑付环节等均存在一系列的问题，会显著影响到"家电下乡"政策作用的发挥，对政策效应产生负向影响。随着社会舆论监督的持续关注，政府宣传力度的加强以及补贴兑付程序的简化，这种负向影响也会逐渐减弱，使得"家电下乡"政策发挥出真正的潜力。因而，用匹配双差法估计出来的结果往往比真实值偏低，而且实验组样本对应的政策实施时间越往后，估计结果越接近政策的真实效应。V(1, 2) + V(2, 3) 可看作是两次偏低估计量的加和，与政策的真实效应偏离了两次。而 V(1, 3) 与政策的真实效应仅偏离了一次，因此，得到的结果中，V(1, 3) 会大于 V(1, 2) + V(2, 3)。受此启发，可以用 V(1, 3) 与 V(1, 2) + V(2, 3) 之差度量政策实施环境对政策效应产生的负向影响的大小，进而评估 $\mathbb{X}$ 的选择的优劣。差值越大，说明这一负向影响越大，尚存在影响样本自我选择的变量没有包含进 $\mathbb{X}$；反之，则说明模型中选择的 $\mathbb{X}$ 较好地控制住了样本自我选择偏差以及外部环境因素对估计结果的影响。综合各种 $\mathbb{X}$ 处理方法的估计结果，平均来讲，"家电下乡"政策实施 1 年时，促使农村家庭消费增长率提高了 6.77%；随着政策实施时间的推进，对消费增长率的促进作用也逐渐提升。

2. 收入分层估计

收入水平对居民消费行为有着显著影响。农村家庭收入水平的高低也会直接影响到其是否购买下乡家电。本节依据农村家庭净收入将第一组和第三组地区的农村家庭分为低收入组（低于18 000元）、中等收入组（18 000元与48 000元之间）和高收入组（高于48 000元），利用基本模型分别对各组数据做出估计。各组样本数占总样本数的比例分别为30%、40%和30%。三组的估计结果如表8-24所示。

表8-24　　　　　　　　　收入分层估计结果

分组	低收入组	中等收入组	高收入组
ATT	52.37%	13.1%	-18.55%

表8-24显示，"家电下乡"政策对各组家庭消费增长的促进作用差别较大。这在很大程度上是由样本数量偏少所导致，控制组和实验组中的样本数大部分不到100，会影响结果的准确性。但对于分析"家电下乡"政策的对不同收入水平的农村家庭消费增长率的影响仍具有参考价值。可以看出，"家电下乡"对低收入组家庭消费增长的促进作用最为明显，远高于对中等收入家庭的促进作用；对高收入家庭消费增长率的影响为负，这一结论类似于清谷（Shimizutani，2006）和帕克等（Paker et al.，2008）的研究结果。除估计偏差之外，在另一方面，可能由于高收入家庭相比于低收入家庭或者中等收入家庭，在选择购买下乡家电时会选择限价范围内质量更好、价位相对更高的家电产品，这导致其短期内支出更多，因而对其他消费的挤出更为明显。此外，高收入家庭有更高的可能性拥有各类新颖的家电用品，家电的升级换代需求并不高，导致"家电下乡"对其吸引力低于低收入家庭。这点可从家庭收入与各类家电拥有情况之间的相关系数看出（见表8-25）。

表8-25　　　　　　家庭净收入与家电拥有情况变量相关系数

分组	汽车	洗衣机	冰箱	空调
低收入组 （含140个样本）	0.1038	0.1949	0.0415	0.0528
高收入组 （含137个样本）	0.1013	0.0313	0.1062	0.1343

注：样本总数为466。

3. 敏感性分析

敏感性分析可以度量经匹配所得到的估计结果对隐藏偏差的敏感性水平，由此检验研究结果的稳健性。下面使用罗森鲍姆（Rosenbaum）提出的 Wilcoxon 秩和检验，对本节使用的模型分别进行敏感性分析。经检验，发现本节使用的三种 X 处理方法的（Γ，最大的 p 值）基本相同，因而此处仅列示基于 X 原始处理方法原始模型和对比模型的检验结果，如表 8-26 所示。

表 8-26　　　　　　　　隐藏偏差敏感性分析

模型	V(1, 3)	V(1, 2)	V(1, 2+3)	V(2, 3)
（Γ，最大的 p 值）	(1.98, 0, 052)	(1.64, 0, 056)	(1.78, 0.057)	(1.68, 0.057)

注：（Γ，最大的 p 值）中的 Γ 代表研究结果对隐藏偏差变得敏感时的 Γ 临界值，临界值越大，表明研究结果对隐藏偏差越不敏感。

整体上看，隐藏偏差对研究结果的影响程度较低。原始模型对隐藏偏差最不敏感，对比模型（I）对隐藏偏差最敏感。此外，基于局部线性匹配过程中"带宽"的设定和干预案例的"修剪"，以基本模型为例，对研究结果的稳健性进行了进一步的检验。结果显示，当带宽设定于 0.02~0.5 之间（0.03 处除外）时，估计结果大体上在 5.62% 上下波动，与上述估计结果 5.50% 较为接近。上述结果表明，本节的分析结论是可信的。

（三）关于"家电下乡"的进一步讨论

1. 对家电行业的影响

"家电下乡"政策直接带动了农村居民的家电消费，家电市场需求的快速增长，有可能引起供给方扩大规模。而在补贴政策结束后，政策引发的需求随即突然下跌，引发行业整体产能过剩，造成资源的浪费。但由于"家电下乡"推行之初就明确表示各地区政策实行年限为 4 年，给家电企业一个准确的预期，同时，在"家电下乡"推出之前，家电行业已经出现较为严重的产能过剩，消化过剩产能也是"家电下乡"的初衷之一，在这种背景下，企业扩张产能的冲动会有所抑制。从统计数据看（见图 8-11），全社会主要家电产品新增生产能力在 2007 年之前数年均保持着较高的规模，而 2007 年之后，全社会主要家电产品新增生产能力保持着较为平稳的变动趋势，并未因"家电下乡"的实施而出现大幅增长。

这表明，"家电下乡"并未进一步引发家电行业的产能过剩。与之相反，如果企业在保持原有"过剩"生产规模基本不变的情况下，利用闲置的生产能力生

(万台/年)

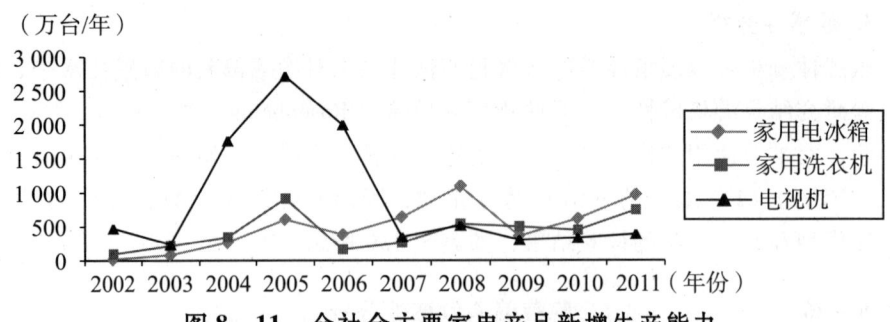

图 8-11 全社会主要家电产品新增生产能力

资料来源：中经网产业数据库。

产下乡家电，以满足因政策刺激所引发的消费需求，那么因"家电下乡"所引发的巨大市场需求则有可能在一定程度上消化了一部分过剩产能，并为家电行业的调整赢得了时间。从这个角度讲，"家电下乡"反而促进了家电行业生产资源的优化配置。

2. 政策的"挤出效应"

"家电下乡"在促进家电等家庭耐用品消费的同时，也可能因此对其他分项消费造成"挤出"，减缓其他分项消费的增长，进而影响到总消费的变化，导致上述匹配差分估计结果高估了政策的实际效果。为此，我们利用《中国统计年鉴（2002~2012）》计算了2003~2011年各地区农村居民各分项消费增长率，限于篇幅限制，仅列出占比最高的食品消费的增长率（见图8-12）。不难看出，不论是三组地区之间还是各组内的各省份之间（以第一组为例，见图8-13）食品消费的年增长率变动与实施"家电下乡"的先后顺序并无明显联系。考虑到宏观经济形势、各地区农村居民收入水平的变化等因素的影响，仅仅通过宏观数据的比较，仍难以判断"家电下乡"对居民各分项消费的具体影响。但整体上看，该政策确实促进了农村居民消费的增长。

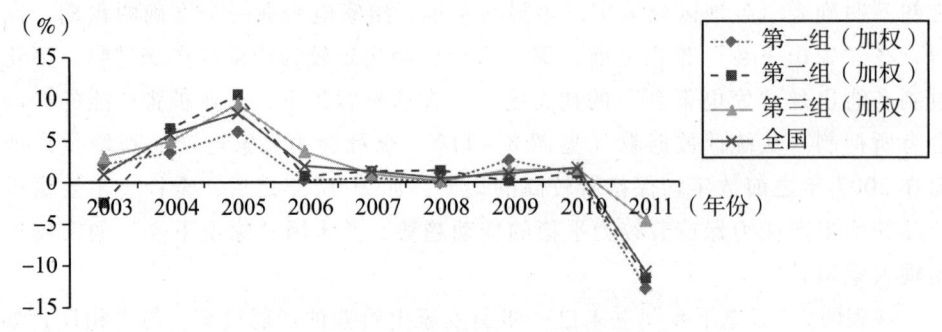

图 8-12 各地区食品消费增长率

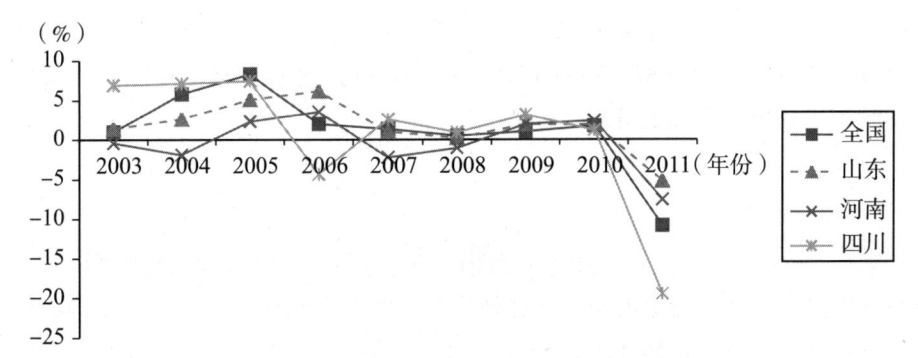

图 8-13　第一组地区食品消费增长率

四、结论和启示

通过分析"家电下乡"政策对农村居民消费的影响机制、影响程度及政策效力随时间的变化趋势，得出如下结论与启示。

（一）研究结论

本节研究表明，在 2008 年，"家电下乡"对农村家庭消费具有显著的促进作用。从时间因素上看，"家电下乡"政策实施的时间越长，对消费增长的促进作用越明显。"家电下乡"在实施了 1 年、11 个月和 1 个月时对农村家庭消费增长率的平均促进率分别为 6.77%、1.87% 和 1.23%。需要注意的是，本节设计的四组准实验对应的政策实施背景并不相同，政策施行环境的逐步完善必然会促进政策潜力的进一步释放，因而上述三个时点处的研究结果并不能进行简单的比较，还必须结合其分析时点处政策施行环境的变化。从影响结构上看，"家电下乡"政策对家庭消费增长率的促进作用随家庭净收入的增加而减弱。限于样本容量，本节利用基本模型对高收入家庭和低收入家庭的分析结果仅具有序数意义，与政策的实际效果偏差较大，但仍能看出"家电下乡"政策对低收入家庭消费增长的促进作用远大于高收入家庭。但也必须注意到，限于样本容量，这一结论仍待进一步验证。另外，基于宏观数据的考察，"家电下乡"并未进一步引发家电行业的产能过剩，且无明显证据证明该政策对农村居民的非家电消费造成挤占。

限于数据的可获得性，本节使用的家庭消费变量中并不包含家庭食品消费，研究结果主要针对家庭耐用品消费及少部分其他分项消费（包括婚丧支出、教育支出等），这是本节的一大缺憾。另外限于可用样本容量，本节对于"家电下乡"政策效力随时间变化趋势的研究及对不同收入层次家影响的研究仅具有序数意义，在准确性上仍需进一步研究。虽然目前"家电下乡"政策已经结束，但本节使用的微观调查数据截至2008年，无法对"家电下乡"政策整个实施期间的效应做出较为全面的分析。随着CHNS后续年份数据的公布，有望对"家电下乡"政策进行更为全面的分析。

（二）启示

第一，"家电下乡"作为政府刺激内需的一项政策工具，短期内可以起到有效刺激内需的作用。当国内经济遭遇外来冲击时，实施该项政策对于平抑经济波动、稳定社会就业，在防止特定行业（如家电行业）出现大幅衰退具有重要作用。另外，由于该政策对低收入阶层的刺激效果更为明显，因而在一定程度上有助于改善社会的贫富差距，实现帕累托改进。不过，也应该注意在政策执行的过程中应加强政策宣传，使政策受众及时、准确了解政策细节。还应加强对政策实施过程的监督，包括对产品质量的监督和补贴兑付程序的监督，尤其是销售低劣产品和骗取购买补贴的行为。

第二，"家电下乡"的政策效果呈现明显的时间变化趋势，从本节结论看，其对农村消费的刺激作用短期内随时间的推移而增强。但"家电下乡"引发的消费需求也可以看作对农村未来消费需求的提前释放，长期施行效果必然会逐渐减弱。不过也应注意到，"家电下乡"政策的实施直接推动了农村物流网络的发展和相关产品售后维修服务体系的建设，在长期内会促进农村居民消费潜力的释放。因而，"家电下乡"政策作为我国公共财政政策的一项创新，应当定位于构建扩大居民长效消费机制的有益补充，旨在应对短期外来需求冲击，而且政策应在其效力出现显著减弱之前停止实施，以减少公用资源的低效率使用。最佳的政策实施时长应视政策实施的外部环境、居民的购买需求而定。

第九章

公共物品供给与居民消费（一）

——政府公共物品供给与居民消费

公共物品作为民生建设中的基础环节，直接决定着民生建设能否又好又快地发展。公共物品是一国经济发展、社会进步和人民生活质量提高的重要推动力，合理的公共物品供给对于经济发展的促进作用不言而喻。合理供给公共物品对节约社会成本以及提高经济运行效率有较大效果，已经成为决定一国生产多样化、增强国际竞争力、缓解人口增长和扶贫的重要制约条件。特别的，目前我国"十二五"计划的重要任务之一是拉动内需刺激居民消费，消费的增长对国家经济的增长有着非常重要的意义。目前国内存在着明显的消费不足的情况，激发居民消费的潜力成为一个亟待解决的问题。根据公共经济学的理论研究，公共物品供给对于经济增长和居民消费都有促进作用，公共建设在改善居民消费环境、消费结构优化升级、带动互补品消费上的作用也日益增加。

改革开放三十多年以来，我国的市场经济体制逐步的确立起来，政府公共物品供给的合理性和规范性在逐步提高，不论是公共物品的数量还是质量都取得了显著进步。随着我国经济的全面发展和民生问题的不断深入，公共物品领域也出现了一些改革，但是在社会公众对于公共物品的需求愈来愈大的背景下，政府对于公共物品的供给却相对不足。特别是随着我国经济的持续发展，社会对公共物品的消费需求不断提高，这对公共物品的供给无疑提出了新的要求，政府公共物品的供给是否满足经济发展和居民的需要，公共物品供给对于居民消费产生了怎样的作用，政府在公共物品供给中应该承担什么样的责任，有必要对公共物品供给进行深入分析并找出解决问题的方法和途径，以实现公共物品更为有效的供给，使其能够维持国民经济的持续、健康、稳定发展，充分发挥促进居民消费的良好作用。

第一节　我国政府公共物品供给不足的特征事实

公共物品是一国经济发展的基础支柱，特别是改革开放后，公共物品越来越被各级政府重视起来。由于公共物品的供给本身就是一个难以度量的量，政府应该供给多少公共物品，供给什么样的公共物品，对其没有一个统一的标准进行衡量。在本节中，笔者参考了大量的文献，最终确定了公共物品供给量和公共物品应有供给量的衡量标准。第一，对于衡量政府应该供给多少公共物品，学界普遍认同的观点是：随着经济增长和人民生活水平的提高，公共物品的供给也应该随之上升。也就是说，政府公共物品供给的增长至少应该不低于经济增长的速度和人民生活水平提高的速度，才可以使公共物品供给适应经济社会的发展，发挥其应有的作用。第二，对于公共物品供给量本身的衡量，一般的指标有以下几个：

（1）政府的公共支出。财政支出是政府供给公共物品的直接资金来源，政府支出直接决定着公共物品供给的数量和质量，有的研究更把政府的公共支出作为政府供给公共物品的替代变量，比如用教育支出衡量政府教育建设水平，用医疗卫生支出衡量政府的卫生事业发展水平。如果政府支出过少，投向公共项目的资金不足，那么难以保证政府公共物品的充足提供；又如政府支出的结构不合理，本该投向某项公共物品的支出资金投向了其他公共项目，也难以保证政府公共物品供给的有效性。因此，公共支出是衡量公共物品供给的一个有效指标。

（2）公共物品的实际供给量。大多数情况下，由于公共物品供给过程中存在着各种不确定因素，政府支出并不能真实的反映公共物品的供给状况。比如，政府在供给公共物品时效率较低，发生腐败或寻租等现象；或者公共项目的承包商在项目建设时偷工减料；又或者同一种类不同地区公共物品的建设成本差别较大等等，那么相同支出规模产出的公共物品在质和量上并不相同，因此用公共物品的实际供给量可以更客观的反映公共物品的供给情况。在选择公共物品的实际供给量指标时，本节均选择了公共事业中具有基础性和代表性的指标，如衡量教育类公共物品的指标选择中小学老师数，衡量医疗卫生类公共物品的指标选择卫生机构床位数，等等。

以下就对我国政府公共物品的供给现状进行描述，分别分析了政府的公共支出、公共物品的实际供给量、支出与实际供给量的比较，并进行了上述指标的国际比较（数据来源于中经网统计数据库、国家统计局、国泰安数据库、世界银行）。

一、政府公共支出

政府在经济社会中担当着调控者的角色，其作用就是确保经济的正常运行，其中最重要的即为均衡资源配置，维持公共物品的提供。财政支出是政府供给公共物品的直接资金来源，政府支出的规模和投向直接决定着公共物品供给的数量和质量，有的研究把政府的公共支出作为政府供给公共物品的替代变量，因此，研究公共物品供给的现状，有必要研究政府支出的状况，本部分内容即以政府财政支出度量公共物品的供给水平。

（一）政府公共支出[①]与宏观经济发展指标的比较

对于合理的公共物品供给数量的界定，不同的研究方法得出的结论各不相同。但是，随着经济增长和人民生活水平的提高，公共物品的供给量也应该随之上升，这是学界普遍认同的观点。李永友（2009）在研究政府财政支出在部门间横向配置时提出，根据瓦格纳财政支出规模增长理论，随着经济规模的扩大，政府支出在不同部门间的配置应遵循一定的规律：根据国家的相关标准，科教文卫支出可以确定其标准，其中教育支出占 GDP 的百分比应不低于 4%，而文卫支出的增长应该与政府收入保持相同速度；社会保障支出和政府支农支出的合理配置水平，则应以全民共享的原则确定，一种方法是用经济发展的速度来确定二者的增长速度。由此可以认为，政府公共物品供给规模的增长至少应该与经济增长和人民生活水平提高的增长速度相适应，即前者的增速应该在同一时期不低于后者的增速，才可以使公共物品发挥应有的作用。基于以上理论，本节以人均 GDP（现值）增长速度表示经济增长的速度，以居民人均收入（现值）的增长表示人民生活水平的提高，将二者作为参照，认为公共支出的增长应该至少不低于二者的增长速度，政府才可以提供与经济发展相适应的公共物品供给量，以此研究公共支出是否符合经济社会发展的需要。

图 9-1、图 9-2 显示了各指标的具体变化，1978~1994 年处于我国经济转轨的初期阶段，政府采取的策略可以简单概括为是"重视经济高速增长，轻视公共物品的提供"，政府初步进行放权让利的尝试，对支出的方向和规模都处于摸

[①] 为了有效地衡量政府公共物品总体供给的支出情况，并且使得 2006 年前后的数据更为平滑，本节仅将"政府供给公共物品的支出结构变动"部分除其他项以外的其余各项加总，由此得到政府公共支出的基本数据。

索阶段，公共支出增长率的波动幅度较大、增长趋势也不明显，而同时经济正处于高涨时期，所以公共支出的增长水平低于人均收入和人均 GDP 的增长，公共支出不足以支撑经济社会的发展。1992~1994 年经济呈现出高速增长的态势，1996 年后趋于平缓，这是由于 1992 年正式提出建立社会主义市场经济体制并明确了市场化改革的方向，所以面向基础设施建设的投资迅速增长，与之相关的重工业在 2 年内迅速发展并拉动了经济增长，但过热的经济发展速度随后便趋于缓和，同时 1994 年实行的分税制财政改革使得公共支出的情况有所改善，地方政府包揽公共物品供给的重任后，支出规模和投向比以往有了很大改观，其增长速度不再有较大波动，也逐渐超过了经济发展的增长速度，1995 年政府公共支出的增长率超过 GDP 的增长率后，支出增长大于 GDP 增长成为常态，可见以分税制为主题的财政改革对于财政支出结构的改善和经济发展都有明显的促进作用，特别是从近几年的数据来看，政府公共支出总体增长已基本适应了国民经济的发展，满足人民生活水平提高的需要（数据来源于中经网统计数据库）。

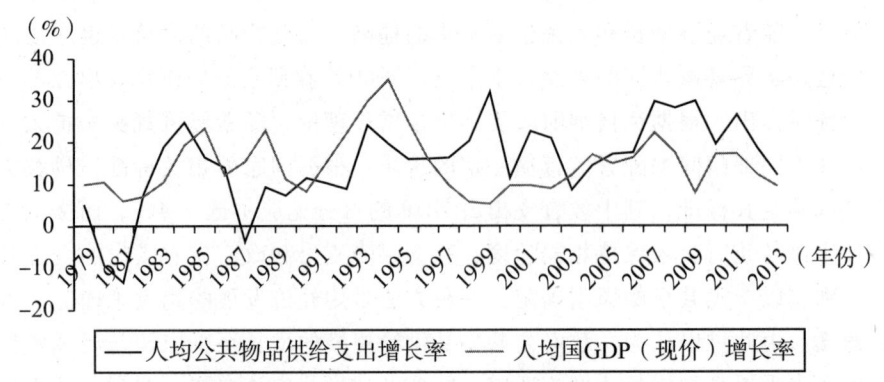

图 9-1　人均公共物品支出增长率与人均 GDP 增长率的比较

资料来源：中经网统计数据库。

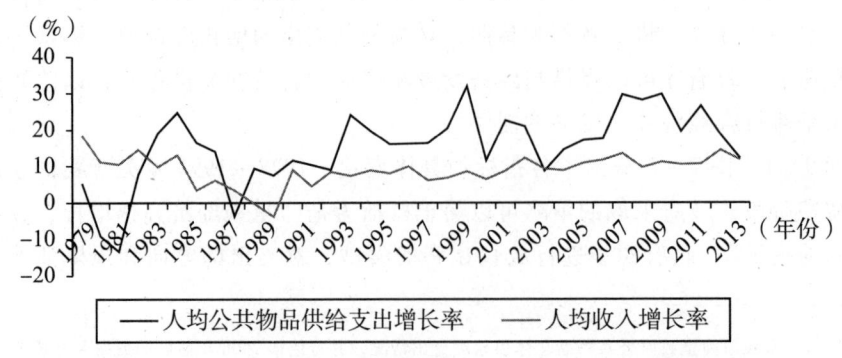

图 9-2　公共物品支出增长率与人均收入增长率的比较

资料来源：中经网统计数据库。

（二）政府公共支出结构的变化

改革开放和财政的改革，使得政府规模逐步扩大，政府支出的结构也发生了变化。为了观察政府供给公共物品支出结构的变化，本节将政府支出按一定的公共物品供给种类进行划分，对数据进行以下整理：1978~2006年分为基本建设支出①；工、交、流通部门事业费；支农支出；科教文卫支出；社会保障支出；其他支出②。根据国家统计局的分类统计数据，政府财政支出的统计项目在2007年后发生了变化，为使数据保持统一，本节将2007年后的环境保护支出和城乡社区事务支出归入基本建设支出，其余各项为科教文卫支出③；社会保障和就业支出；农林水事务支出；交通运输支出和其他支出④。其中农林水事务支出对应支农支出，而交通运输支出对应工、交、流通部门支出（数据处理结果如图9-3所示）。

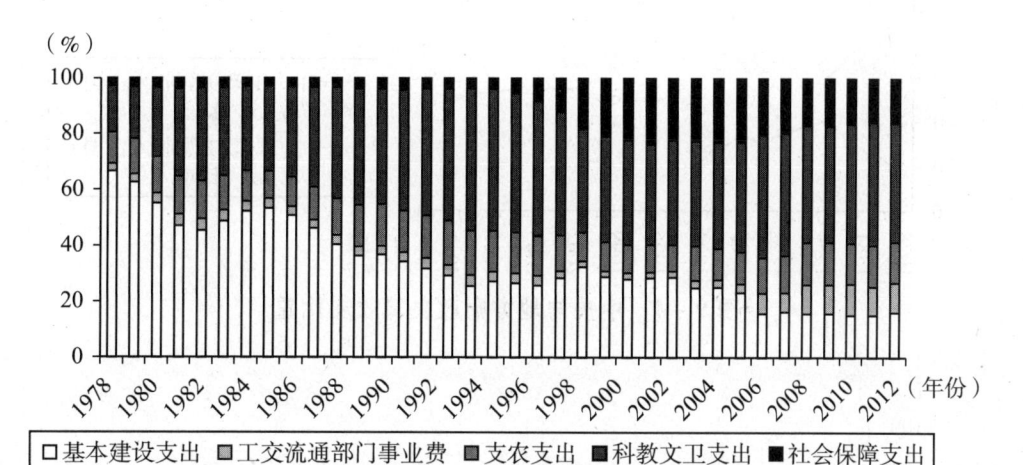

图9-3 政府支出结构变动（不同部门支出占比）

资料来源：国家统计局。

由图9-3可以看出，改革开放以来，政府支出占比减少最多的是基本建设支出，由33%下降至17%，下降了16个百分点；教育科学卫生支出和社会保障

---

① 基本建设支出：属于基本建设范围内的基本建设有偿使用、拨款、资本金支出以及经国家批准对专项和政策性基建投资贷款，在部门的基建投资额中统筹支付的贴息支出。
② 其他支出包括行政管理费、增拨企业流动资金、地质勘探费、政策性补贴支出和国防支出。
③ 科教文卫支出2006年以前包括挖潜改造资金和科技三项费用，以及文教、科学、卫生支出；2007年后包括教育支出、科学技术支出、文化体育与传媒支出和医疗卫生支出。
④ 其他支出包括公共服务支出；车辆购置税支出、粮油物资储备等事务支出、地震灾后恢复重建支出、国债付息支出、武装警察部队支出和对外援助支出国防支出、公共安全支出、外交支出。

支出都有明显的上升趋势，科教文卫支出由 16% 上升至 27% 左右，社会保障支出则由 2% 上升至最高 15%，所占比例增长了 7.5 倍；另外，农业支出和交通部门支出比重也有不同程度的上升。这些结论表明，改革开放后，政府逐渐减少了基本建设支出，用于社会保障、医疗卫生、交通设施、支农等的支出逐渐增加，政府越来越重视教育、社会保障等公共物品的供给。

在现行的财政制度下，中央逐渐将公共物品的供给权力下放给地方政府，中央和地方政府的支出结构也有了明显的变化，表现在中央与地方政府公共物品供给支出权责的分配上。图 9-4～图 9-6 反映了改革开放以来中央政府和地方政府预算内和预算外财政收支占比的变化情况，较为明显地反映出中央和地方在公共物品供给权责上的分配特点。

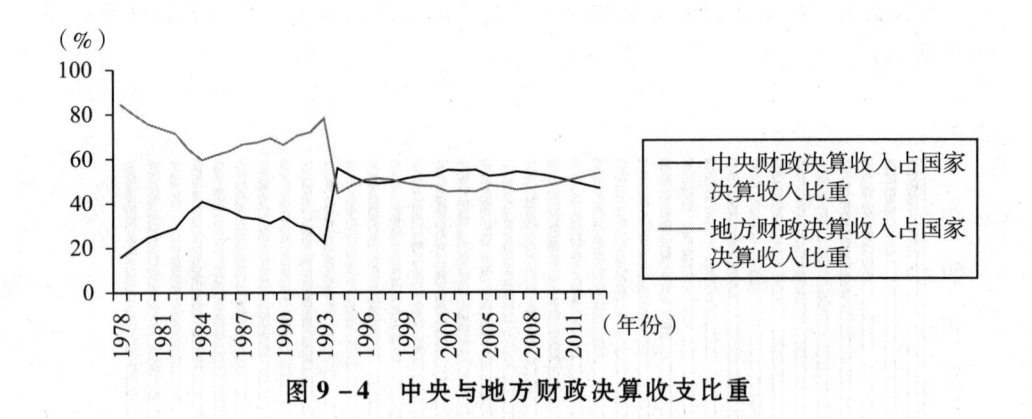

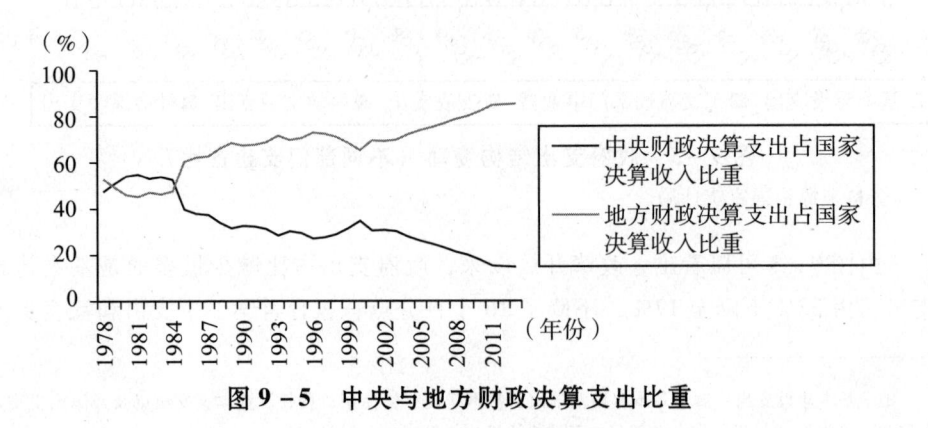

图 9-4　中央与地方财政决算收支比重

图 9-5　中央与地方财政决算支出比重

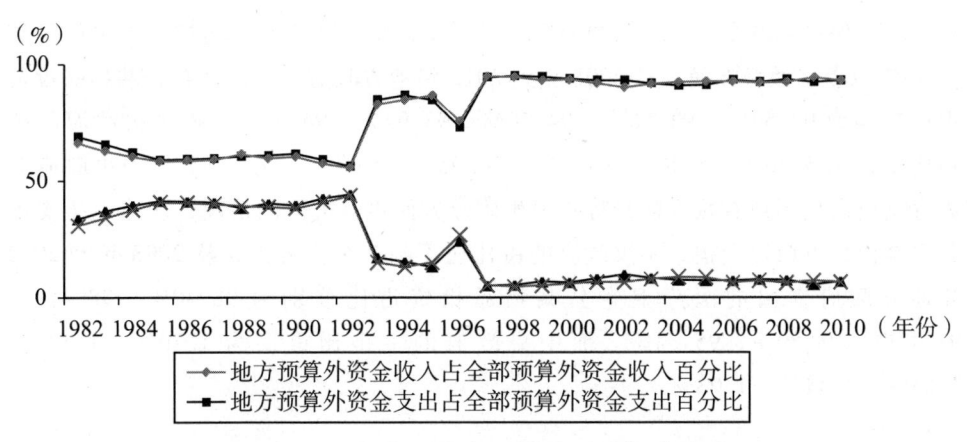

```
（%）
100

 50

  0
    1982 1984 1986 1988 1990 1992 1994 1996 1998 2000 2002 2004 2006 2008 2010 （年份）
         ─◆─ 地方预算外资金收入占全部预算外资金收入百分比
         ─■─ 地方预算外资金支出占全部预算外资金支出百分比
```

图 9-6　中央与地方预算外财政收支比重

首先，虽然政府支出规模快速增长，但中央和地方政府"财权"、"事权"不对称。1994年分税制改革实施后，地方政府收入在政府总收入中的比重下降，中央政府收入比重则上升，1993年地方政府收入比重为78%，1994年下降至44.3%，直接下降了34%。尽管地方政府的税收划分模式发生改变，但在支出权责上并没有做出相应的改变，地方政府仍然需要承担基本公共物品的供给，甚至有所增加，1994年地方政府承担了70%的政府支出，中央政府支出只占30%。地方政府支出呈现指数型增长趋势，人均地方财政决算支出从1994年的337元增加到2011年的6882元，17年间涨了20.4倍。一方面地方政府要担负着供给公共物品以满足地方经济发展基本需要的责任，另一方面地方政府严重入不敷出，地方政府供给公共物品的支出难以得到保证。面对如此大的收支逆差，地方政府开始寻求预算外资金的支持，如土地出售、收费以及地方政府融资平台等，地方政府预算外资金所占比重迅速增加，这在很大程度上支撑着地方政府进行公共物品的供给。由于政府政绩考核以GDP为主，地方政府对公共物品的供给偏向于周期短、见效快、效果易于显现的公共物品，如面子工程、市政建设等，相反地，那些收效慢、效果难以衡量的公共物品，如文化教育、卫生医疗等的供给，则被地方政府轻视。

其次，政府支出结构近几年逐渐优化。虽然一般公共服务支出过高，我国政府的行政划分比较复杂，繁杂的政府系统必然需要庞大的管理开支，这一部分费用在政府支出中所占比重较大。但是教育、文化体育、医疗卫生等公共物品的供给规模近几年逐年上升，几乎5年均翻了3倍以上，科学技术、社会保障、环境保护和城乡社区事务也翻了一番，这表明政府更加重视教育、医疗卫生等有助于民生建设的公共物品，也显示出政府支出结构在逐渐优化。

最后，一些公共物品供给的地方政府负担过重。教育、社会保障、卫生医疗、环境保护和城乡社区事务的公共物品供给由地方政府几乎包揽，支出份额高达 90% 以上。教育方面，从 2008 年到 2012 年地方政府支出的教育公共物品投资占比分别为 94.54%、94.56%、94.26%、93.94%、94.81%，而中央政府的负担比重仅为 5.46%、5.44%、5.74%、6.06%、5.19%，在 2012 年中央政府对教育支出的负担还有减少的趋势；卫生医疗方面也有类似的情况，医疗卫生支出几乎全由地方政府负担，中央政府的占比还不到 2 个百分点，从 2008 年到 2012 年地方政府支出的医疗卫生公共物品投资占比分别为 98.30%、98.41%、98.47%、98.89%、95.34%，而中央政府的负担比重仅为 1.70%、1.59%、1.53%、1.11%、1.03%。

二、政府公共物品的实际供给状况

公共支出的投向应该是公共物品，但在实际中，政府公共支出不能完全成为公共物品供给的资金支持。其中最为重要的原因就是政府失灵，由于我国政府财政支出效率较低，以公共支出衡量的公共物品供给规模必然会被高估，鉴于此，本部分内容对政府实际供给公共物品的数量进行比较分析，以期反映公共物品供给更为客观真实的情况。

公共物品供给的增长要适应经济增长和人民生活水平的提高，即公共物品实际供给的增长，至少应该不低于经济增长的速度，才能达到公共物品供给的适度规模。根据这一理论，依然选取 GDP 和人均收入的增长速度作为对照，以人均 GDP（实际值）表示经济增长，以人均收入[①]表示居民生活水平的提高，比较公共物品实际供给增长率与二者的关系，反映出公共物品实际供给的状况。如果公共物品实际供给量的增长速度不低于 GDP 和国民收入的增速，那么可以认为，公共物品的实际供给量可以满足经济发展和人民生活的需要，反之，则说明公共物品的实际供给量不能适应经济和社会发展，公共物品供给不足。

指标的选取上，参考相关的文献对每类公共物品分别选取不同的指标：如衡量教育的指标中，虽然很多文献采用小学入学率来衡量，但小学入学率是普及义务教育的重点工作，近年来数据的变化已不大，因此不适宜用来衡量教育供给。相关文献中（Barro，1991），中小学师生比[②]（也即教师平均负担学生数）运用广泛，学生拥有的老师数量是教育水平的最基本衡量指标。良好的教育条件下，每个老师负担的学生数不会太多，并且此指标的时间和区域差异也较大，因此中

---

① 这一部分的人均 GDP 是经过指数平减后的实际 GDP、人均收入则是经价格指数折算后的实际收入。
② 中小学师生比即每 100 名学生拥有的老师数。

小学师生比是在我国更为适合衡量教育的指标。衡量医疗卫生的指标，选择代表政府建设医疗设施的每千人口医院卫生院床位数和代表医疗卫生技术服务水平的每千人口拥有的卫生技术人员数，卫生医疗公共物品供给增加，卫生机构的基础设施和技术服务均应有相应的提高。综合所选指标，将其增长速度同经济和社会发展的增长速度作比较，数据的处理结果如图9－7~图9－10所示。

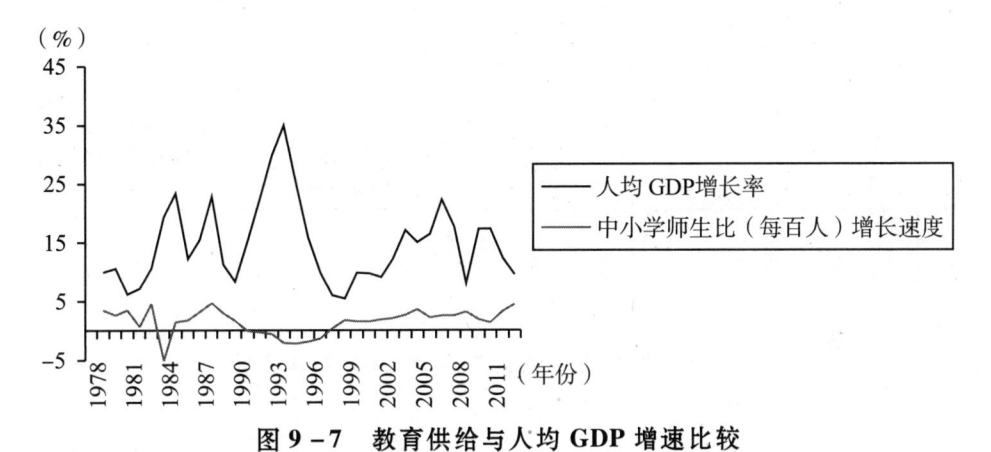

图9－7　教育供给与人均GDP增速比较

资料来源：中经网统计数据库。

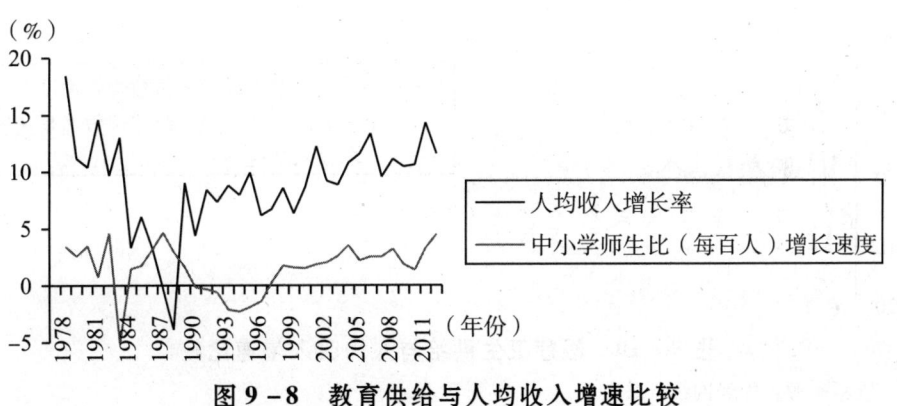

图9－8　教育供给与人均收入增速比较

资料来源：中经网统计数据库。

教育方面，人均GDP和人均收入增长速度均远远高于中小学师生比的增速。经济增长方面，1978~1992年的改革开放初期，是由计划经济向市场经济转变的试探时期，各种经济政策的制定也是"摸着石头过河"，因此人均GDP和人均收入的增长速度波动幅度较大；自1992年后二者趋于稳定，经济增长一直维持在10%的水平上下波动，人均收入的增长速度则在8%~13.5%之间稳步增长。教育实际供给方面，中小学师生比的增长速度一直在5%水平以下，个别时期还出现了负增长,即学生人均教师数减少的状况。师生比的增长速度低于人均收入和 GDP 的增长,教育的实际供给不能适应社会经济的发展,政府在提高中小学教师数量方面的建设,远远不能跟上经济发展步伐。

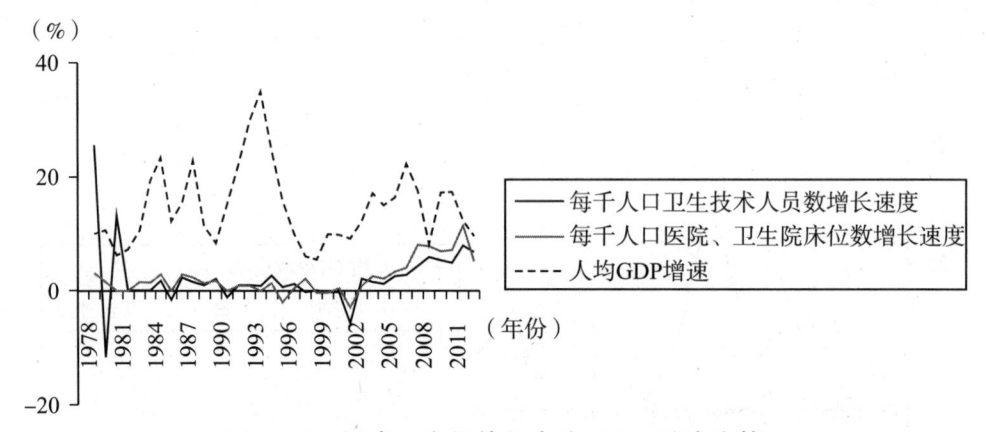

图 9-9　医疗卫生供给与人均 GDP 增速比较

资料来源:中经网统计数据库。

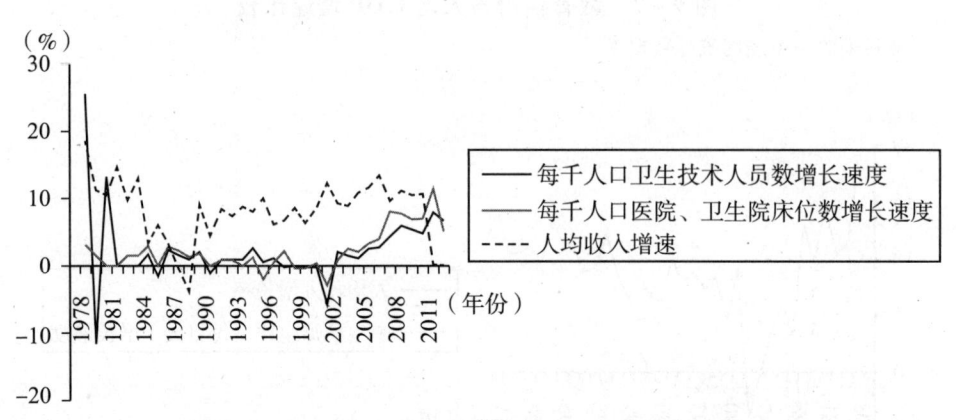

图 9-10　医疗卫生供给与人均收入增速比较

资料来源:中经网统计数据库。

医疗卫生方面,每千人口医院卫生院床位数和卫生技术人员数的增长速度变化水平与幅度基本趋于一致,二者在 2005 年之前均在 2.5% 以下且变动幅度较小,2006 年开始有所增长,最高值分别在 5.8% 和 8% 左右。比较可知,2006 年以前,床位数和卫生技术人员数增长率远远低于人均 GDP、人均收入的增长率;2006 年后,虽然二者都有上升,但仍然低于人均 GDP 和收入的增长。其结论是:政府对于医疗卫生方面的床位设施和医护人员数量的供给均没有达到经济增长的要求,且其差距较大。

综合比较了教育、医疗卫生等方面的公共物品实际供给量的增长情况，各项公共物品实际供给指标—中小学师生比、卫生机构床位数和人员数、废水和废弃治理设施数的增长速度均低于人均 GDP 和人均收入的增长速度。这说明公共物品实际供给量的增长仍然较慢，很多公共物品的实际供给达不到经济发展的步伐和人民生活水平提高的需要。

三、政府公共支出与公共物品实际供给量的比较

政府公共支出完全转化为公共物品供给是一种理想的情况，大多数情况下，政府的支出不能完全成为公共物品供给的资金支持。其中最重要的原因就是政府失灵，也就是政府支出的效率问题。可以认为，如果政府部门是高效的，即政府公共支出基本上都能投入到公共建设当中，那么在同一时期，被投入的公共物品实际供给量的增长速度应该与对应支出的增长速度保持一致，至少不能产生较大的差距。如果公共支出的增长快于公共物品的实际供给量的增长，则说明政府在供给公共物品上存在低效。根据这一原则，以下分别考察政府分项支出中教育和医疗卫生事业的支出的效率，在实际公共物品供给指标的选取上，参照前述，分别采用中小学师生比和人均卫生机构床位数和人员数衡量教育和医疗卫生的实际公共物品供给（见图 9-11、图 9-12）。

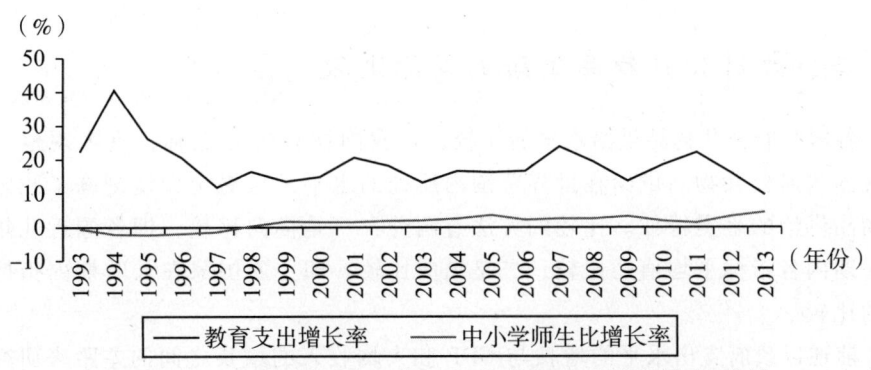

图 9-11　教育支出增长率与中小学师生比增长率的比较

资料来源：中经网统计数据库。

图 9-11、图 9-12 可以直观地反映出公共支出与实际供给之间的差距，教育性财政经费的增长一般在 10%～30% 之间，近几年保持在 20% 上下，但中小学师生比的增长持续在 5% 以下；医疗卫生支出的增长基本也在 10% 以上，2007 年甚至突破 45%，但卫生机构床位数和人员数的增长也基本在 5% 以下，虽然 2007 年后增长有所加快，但增长率也低于 10%。在医疗卫生和教育方面的支出

增长明显快于公共物品实际供给的增长速度,说明政府供给公共物品的效率低下,公共支出中相当一部分没有转化为公共物品的实际供给。

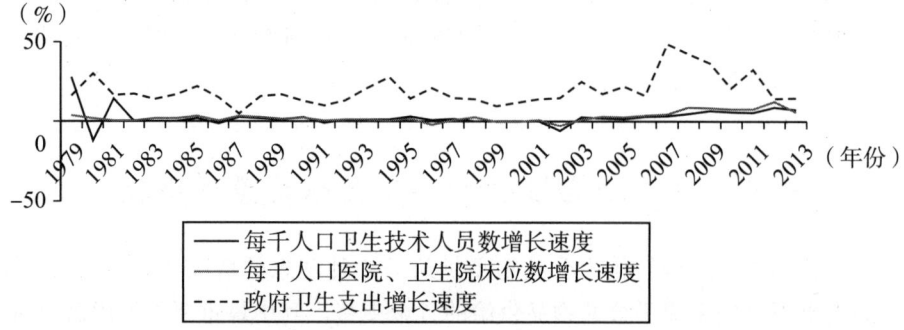

图 9-12　医疗卫生支出增长率与卫生机构床位数、人员数增长率的比较
资料来源:中经网统计数据库。

虽然与宏观经济增长速度相比,政府公共支出的增长已经逐步追上,并已基本实现了与经济的同步增长。但是,在比较了教育和医疗卫生支出水平及与其对应的实际公共物品供给水平后,发现由于支出效率较低,政府公共支出不能完全成为公共物品实际供给的资金来源,单纯公共支出的规模和增速足够大,并不能说明公共物品得到了充足的供给,相反,政府供给公共物品的实际量并没有达到经济社会发展的需求。

四、政府公共物品供给的国际比较

各国政府公共物品供给水平的比较,将我国摆在世界之林,更客观地反映了我国政府公共物品供给在世界范围内所处的水平,也更全面地刻画了我国公共物品供给的事实特征。比较的方法有两种:一是横向比较,即各国近几年的短时期内各指标平均值的比较;二是纵向比较,即主要国家在长时期内指标变化的比较。

前述以政府支出水平的增长与 GDP 和人均收入的增长之间的差距来研究政府公共支出是否适应经济发展的步伐。在国际比较中,因为各国发展水平不同,公共支出的增长情况也各不相同,支出的增长速度难以成为衡量政府公共物品供给水平的指标,现有的研究中所采用的指标有:

其一,政府支出占 GDP 的比重。因为各国的人口和经济规模不同,直接比较政府支出规模显然是不合理的,在大多数研究中,采用一国财政支出占国民生产总值(G/GDP)的比重来衡量政府公共支出的规模,支出所占 GDP 的比重越大,政府支出规模越大,越容易供给充足的公共物品。其二,政府分项支出占总支出的比重，衡量政府在某项公共建设中的支出规模，此比重越大，说明政府越偏好于提供此类公共物品。其三，人均政府支出。衡量政府的实际支出水平，人均支出约大，人们从政府公共物品供给事业中的获益越多，公共物品供给越充足。

政府支出的规模总体上反映了一国公共服务和公共物品的支出水平，本节选用 G/GDP 衡量不同国家政府总支出水平，并以人均 GDP 衡量一个国家的经济发展状况，由此可以比较发展状况在同一水平的不同国家间的政府支出规模。本节的观测对象为世界银行提供的 107 个国家和地区 2001~2011 年的人均 GDP 和 G/GDP①（均为现值美元）。分别做短时期内 107 国支出规模平均值的横向比较和长时期内几个主要国家支出规模变化趋势的纵向比较。

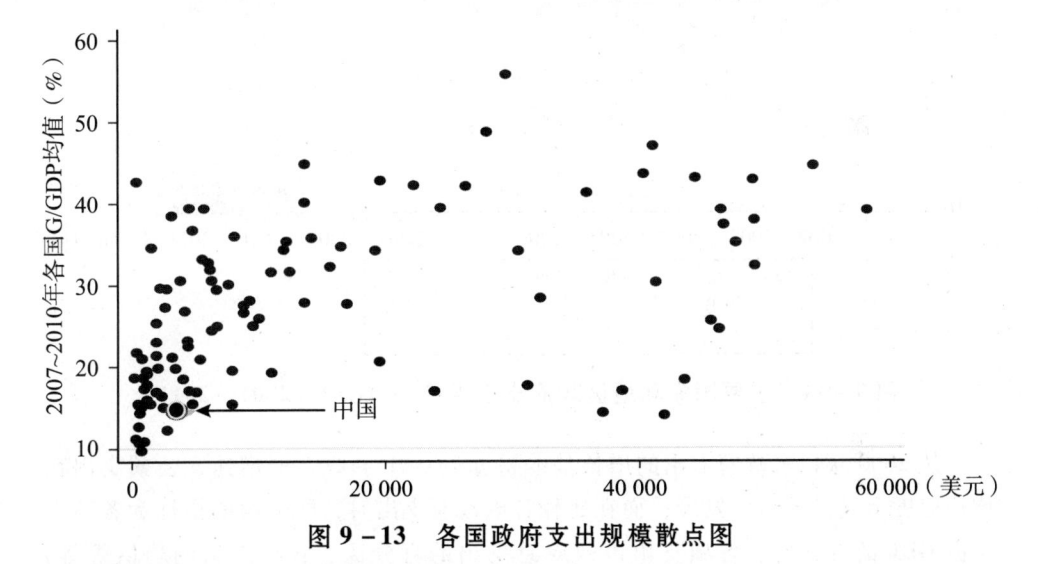

图 9-13　各国政府支出规模散点图

资料来源：世界银行、国泰安数据库。

横向比较。分布图 9-13 比较了 107 个国家 2007~2010 年政府规模的平均情况，人均 GDP 和 G/GDP 之间线性关系虽不明显，但大多数经济发展较慢的国家其政府支出规模也较低，我国的 G/GDP 为 14.15%②，在众多国家属于非常低的水平，其中乌克兰的人均 GDP 为 3 119 美元，G/GDP 约为 38%，我国人均

---

① G/GDP 数据来源于世界银行，其中支出 G 为政府提供货物和服务的运营活动的现金支付，它包括劳动者薪酬（如工资和薪金）、利息与补贴、赠予、社会福利及租金和红利等其他支出。由于世界银行缺少我国大部分的数据，所以我国的数据是由国家统计年鉴中的政府支出与国内生产总值数据根据世界银行的规定计算所得。

② 由于世界银行统计口径的不同，其中支出仅仅包括政府提供货物和服务的运营活动的现金支付，因此数据低于用全部财政支出计算所得的 G/GDP 数据。

GDP 为 3 561 美元，为乌克兰的 1.14 倍，但 G/GDP 为 20.8%，仅为乌克兰的 0.54 倍。可见在众多国家中，我国的政府支出规模偏低。

纵向比较。图 9-14 比较了 2000 年以来主要国家或地区的政府支出规模，G/GDP 世界平均水平在 25%~30% 之间，东亚环太平洋地区 G/GDP 在 15%~20% 之间，美国、印度、韩国和巴西分别在 22%、15%、20% 和 25% 左右，而我国自 2001 年以来一直在 11% 左右，直到 2008 年才突破 12% 呈现上升趋势，但还是远远低于同一时期其他国家的支出规模。可以看出，无论是在世界范围内还是在发展水平与我国相近的国家中，我国公共财政支出规模都相对过小。

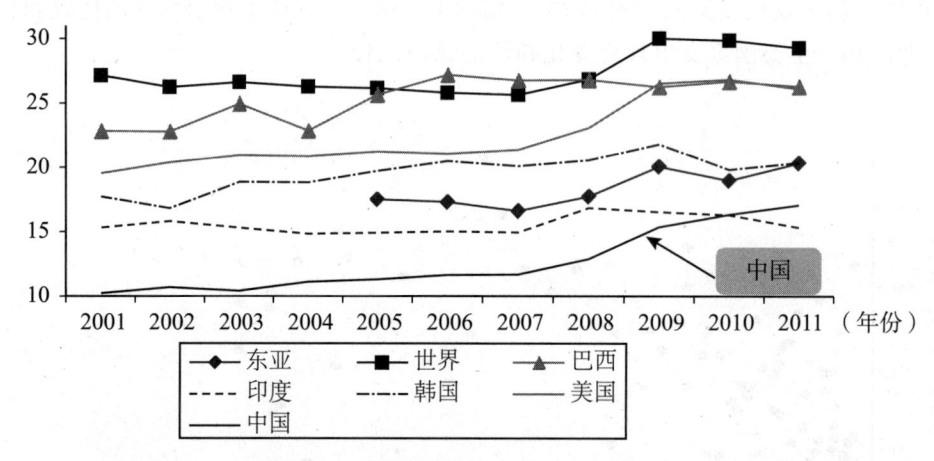

图 9-14 主要国家和地区政府支出规模 G/GDP（2001~2011）

从 2000 年以来政府支出的增长基本超过了 GDP 和收入的增速，公共支出在增长速度上满足了经济发展；而在比较各国政府支出时，所采用的指标为各项支出占 GDP 的百分比、各项支出占政府总支出的百分比、各项支出的均值等等，这并不是增长速度的比较，而是规模的比较，可以得出我国政府不仅总体公共支出规模相对世界水平较低，各项公共支出如教育和医疗卫生支出的规模与世界各国相比也不足。

第二节 我国政府公共物品供给不足的原因

第一节的现状分析告诉我们，我国政府公共物品的供给不足，既不能满足国内经济发展的要求和人民生活水平提高的需要，在世界范围内也处于较低水平。公共物品是一国经济发展、民生建设和人民生活保障的基础，公共物品的缺乏会影响经济建设、破坏社会和谐，因此，有必要对影响公共物品供给不足的原因加以分析。本节首先从理论上说明政府公共物品供给不足的原因，随后提出假设并使用模型加以证明。

一、政府公共物品供给不足的原因分析

由于公共物品具有较强的"外部性"，并且存在大量的"搭便车者"，所以公共物品的供给需要靠政府的支持，我国的公共物品大多都是由政府提供。公共物品供给不足，可以从政府行为与宏观环境两方面解释，本部分着重于政府行为对公共物品供给造成的影响，即以分析政府自身因素造成公共物品供给不足为主，以分析宏观环境因素为辅，以保证全面性。

（一）政府效率

根据第一节第三部分的数据分析可知，公共物品实际供给量的增长速度远远低于政府支出的增长速度，政府在公共物品的供给过程中，有相当一部分支出并没有转化为实际的公共物品供给。政府在提供公共物品时供给效率低下，导致公共物品供给的不足，具体表现在两方面：其一，政府提供公共物品的过程中，由于不能克服信息不对称、市场失灵等造成公共物品供给效率降低；其二，政府内部的腐败贪污和寻租等不良行为也会降低公共物品供给的效率，造成公共物品供给不足。

（二）宏观环境因素

公共物品是在开放的经济环境中提供的，必然受到宏观经济运行的影响。

首先是财政制度。我国政府在实行分权财政政策时存在以下问题：第一，由于我国实行户籍制度，居民的流动性受到限制，无法根据自己的偏好选择政府，即所谓"用脚投票"是失效的。第二，在我国集权制的政府层级下，地方政府不能有效地反馈当地居民对公共物品的需求，导致政府的财政支出资金投向与居民需求之间产生差距，政府供给的公共物品与公众真实偏好的公共物品之间产生差距，使得居民实际需要的公共物品（居民最需要的公共物品经常是有利于民生的医疗卫生建设、教育和社会保障等）供给不足。

其次是人口密度。在不同的地区、同一地区的不同时期人口密度都有差别，这时就需要政府根据人口密度的变化适时地调整公共物品的供给量，使之与人口数量达到最佳配比。如果在人口较多的地区没有适当地增加公共物品的供给，或

者在同一地区随着人口的增加没有及时增加公共物品的供给，则会导致有限的公共资源被膨胀的人口抢夺，导致公共物品供给的不足。

另外，经济发展与公共物品供给之间的影响是相互的。一方面，经济发展使得公共物品供给水平提高，良好的经济环境提供了稳定的市场和有效的市场机制，使得公共项目在计划、准备、建设、完成到投入使用的各个环节得以顺利进行。另一方面，公共物品为经济发展创造了条件，经济发展较快的地区对公共物品的需求也较高，经济的高速增长应该伴随着公共物品供给的增加，如果在某个地区经济飞速发展，但公共物品供给量并没有较大增加，那么其公共物品供给是相对不足的，将会制约经济发展的速度。

基于以上对我国政府公共物品供给不足的原因分析，提出如下模型假设：第一，政府公共物品供给的低效率较低，降低了公共物品的实际供给水平。第二，政府对于不同公共物品的供给偏好不同，使某些公共物品（主要是有利于民生的公共物品如教育、医疗卫生等）的供给受到限制。以上两点假设有待于在后面的计量工作中加以验证。

此外，宏观经济因素也影响公共物品的供给：在我国特殊的经济体制下，分权使得政府层级增加、分权的政绩考核方式对于公共物品的供给都会产生阻碍作用，财政分权程度的增加可能会降低公共物品的供给水平，尤其造成非经济型公共物品供给的不足。而随着人口密度的增加、经济发展水平的提高，如果政府公共物品的实际供给没有随之增加，膨胀的人口将会抢夺有限的公共资源，而经济的发展也得不到基础设施的支持，造成公共物品的供给不足。也就是说，政府应该随着宏观经济的变化适时调整公共物品的供给，否则也会导致公共物品供给的不足。基于上述分析，考虑在模型中加入代表宏观经济因素如财政分权、人口密度等控制变量，以期检验政府公共物品供给是否适应宏观经济的发展变化。

二、影响公共物品供给不足因素的实证检验

本部分内容通过建立面板模型综合解释政府部门公共物品供给不足的原因，充分考虑政府效率、政府偏好和宏观经济因素，以期验证先前的假设，说明影响公共物品供给不足的各项原因。

（一）变量的选择

被解释变量的选取方面，传统的公共物品供给研究采用财政支出作为被解释变量的较多，但是这一指标更多的只是说明了政府对于公共物品的投入水平而并

不是产出的数量，政府效率较低使得公共支出不能完全地反映公共物品的真实供给水平，可见支出对于衡量公共物品供给有失偏差。近几年，更多的研究转向对公共物品供给实际量的考察，本部分就是选取具有代表性的公共物品的实际供给量进行考察，分别是教育方面的公共物品实际供给量——中小学师生比（TSR）、医疗卫生方面的公共物品实际供给量——每万人卫生机构床位数（BED），这里的被解释变量都是公共物品实际供给数量，而不是以某项政府支出作为被解释变量，使得模型更具现实的意义。

解释变量的选取方面，基于前述分析，政府供给公共物品过程中效率较低，使得公共支出不能完全转化为公共物品的实际供给，造成公共物品的供给不足；政府对于不同公共物品供给的偏好不同，限制了教育、医疗类公共物品的供给，在下述计量分析中，分别采用以下指标来计量：

对于政府效率的考察，采用不同国家间比较的方法。具体来讲，用分项财政支出（exp）表示政府对某类公共物品的供给支出，即在医疗卫生公共物品的回归中加入了人均医疗卫生支出（exp-hos）变量，在教育公共物品的回归中加入了人均教育支出（exp-edu），以此反映政府公共物品实际供给量对公共支出的弹性，进而反映政府支出以多大程度转化为公共物品实际供给。按照前述假设，我国政府效率较低，有相当一部分支出损失，如果同其他公共物品供给效率较高的国家（本文以美国为参照）相比，支出增加带来的公共物品实际供给增加较小。为了比较我国与美国政府支出效率的差距，本部分对美国 1995～2012 年卫生机构床位数[①]与政府医疗卫生支出、小学师生比与教育支出的全国时间序列数据进行时间序列回归，得到美国政府公共支出转化为公共物品实际供给的比率。

对于政府偏好的考察，构造政府偏好（pre）指标来衡量。政府对于不同公共物品供给的偏好不同，表现在公共支出上，即政府用于不同公共项目上的支出规模和增长速度均不同。由于不同的公共物品其成本差别较大，因此不同类型的公共支出规模差距也较大，缺乏一定的可比性，而支出的增长率可以有效衡量政府支出投向的偏好。政府总支出的增长率为政府各项公共支出增长率的均值，反映了政府各项支出增长的平均水平，那么教育支出增长率与总支出增长率的比值则反映了相对于政府各项支出增长的平均水平，政府用于教育的支出增长情况，进而反映出政府对教育类公共物品的偏好程度（pre-edu）。同理，医疗卫生支出增长率与政府总支出增长率的比值则反映了政府对医疗卫生类公共物品的偏好程度（pre-hos）。根据前述假定，政府对于有利于民生的教育、医疗类公共物品的

---

① 美国数据中的床位数是指由联邦政府提供的非营利性医疗机构床位数。

偏好较弱，制约了此类公共物品的实际供给，因此，预计此项指标在模型回归中应为负值。

此外，考虑加入以下控制变量以控制宏观经济变化对公共物品供给产生的影响，以此观察政府公共物品的供给对于宏观经济发展的适应情况：

财政分权（fd）。财政分权是多数文献研究财政制度的指标，现有的研究主要有两种方法来度量：一是欧茨（Oates，1985）构造的指标——财政收支，即以下级政府收支占政府收支的份额来说明分权程度；二是以政府自有收入的边际增量来衡量分权程度（吴一平，2008）。本部分主要采用欧茨的方法，用地方人均财政决算支出比地方人均财政支出与中央人均财政支出的和来度量。根据假定，分权程度与教育和医疗类公共物品的实际供给量之间应该呈反向关系，分权程度越高，医疗和教育类公共物品的实际供给就越缺乏。

人口密度（pop）。人口较为密集的地区，公共物品供给的数量应该较多。若此指标系数为正，说明随着人口密度的增加，政府公共物品的供给规模随之增加；若为负，则说明政府公共物品的供给没有随着人口的增加而增加，公共物品的使用容易发生拥挤，说明公共物品供给不足。我国政府是否按照人口密度适度的供给公共物品有待于在模型中加以检验。

人均GDP（gdp）。以人均GDP反映地区经济发展水平，与人口密度较为类似，经济发展的加速往往需要更多的基础设施予以支持，如若此指标系数为负，则说明政府对于公共物品的实际供给不能适应经济发展增长的需求，公共物品供给不足。此指标也待于在模型中进行检验。

（二）数据的分析和处理

本部分的样本数据包含全国31个省、直辖市和自治区，数据来源于1999~2012年（教育类为2003~2012年）的《中国财政统计年鉴》、中经网统计数据库、《新中国60年统计资料汇编》以及世界银行数据库、联合国数据库。国内数据方面，对被解释变量人均医疗卫生机构床位数、中小学师生比均取对数，解释变量也均取对数，然后对各指标进行数据描述和基本统计检验；由于国际数据可得性的限制，本部分采用美国政府1990~2010年[①]数据，分别对小学师生比与教育支出、卫生机构床位数与卫生支出做了简单的线性回归，以期估计美国政府支出转化成实际公共物品供给的效率。数据特征如表9-1所示。

[①] 美国1990~2010年的数据中有年份缺失的情况，在此用移动平均法对数据进行处理。

表9-1 变量的描述性统计分析

变量	样本	均值	标准差	最小值	最大值
中小学师生比（lnTSR）	279	2.85	0.20	2.28	3.27
人均卫生机构床位数（lnBED）	403	3.41	0.28	2.73	4.07
人均教育支出（lnexp-edu）	279	6.50	0.74	4.95	8.23
人均医疗卫生支出（lnexp-hos）	403	4.93	1.07	2.89	7.39
政府偏好（pre-edu）	279	0.04	0.49	-2.01	1.29
政府偏好（pre-hos）	403	-0.003	0.72	-3.16	2.06
财政分权（lnfd）	403	-0.27	0.23	-0.66	-0.05
人口密度（lnpop）	403	-1.66	1.47	-6.16	1.32
人均GDP（lngdp）	403	-0.93	0.16	-1.25	-0.27

变量的描述性统计分析（美国：1993~2012年）

变量	样本	均值	标准差	最小值	最大值
小学师生比（lnTSR）	20	2.69	0.10	2.60	2.79
人均卫生机构床位数（lnBED）	20	3.67	0.34	2.36	5.07
小学生人均教育支出（lnexp-edu）	20	6.72	0.24	6.33	7.06
人均卫生支出（lnexp-hos）	20	5.63	0.32	5.09	6.09
人口增长率（lnpop）	20	-0.09	0.18	-0.41	0.18
人均GDP（lngdp）	20	10.56	0.21	10.18	10.85

由于国内数据采用面板回归，因此在做计量回归前需要对数据进行单位根检验，以检验所用数据是否平稳，由表9-2显示的检验结果可知，各指标为一阶单整，也就是说所用指标数据是平稳的，不存在单位根。但是数据显示为一阶单整，那么需要对其进一步进行协整检验，如果各指标数据通过协整检验，则说明方程右边的回归残差平稳，变量之间存在着稳定长期的均衡关系。

表9-3的检验结果显示变量通过协整检验，至此，可以用数据进行回归分析，所得的结果是可信的。

表9-2 单位根检验结果

	中小学师生比	卫生机构床位数
Levin, Lin & Chut	-58.479 (0.0000)	-113.451 (0.0000)

续表

	中小学师生比	卫生机构床位数
Im – Pesaran – Shin W – stat	–23.484 (0.0000)	–32.653 (0.0000)
ADF – Fisher Ghi – square	204.634 (0.0000)	258.791 (0.0000)

表 9 – 3　　　　　　　　　协整检验结果

	中小学师生比	卫生机构床位数
Panel PP – Statistic	–9.856 (0.0000)	–6.302 (0.0000)
Panel ADF – Statistic	–3.483 (0.0023)	–2.795 (0.0000)
Group PP – Statistic	–9.127 (0.0179)	–4.875 (0.0000)
Group ADF – Statistic	–3.029 (0.0000)	–1.604 (0.0001)

(三) 模型的设定与回归结果

根据所选的变量，考虑建立以下回归模型：

$$BED = \alpha + \beta exphos + \gamma prehos + \delta fd + \sigma pop + \varepsilon gdp + \varepsilon \quad (9-1)$$

$$TSR = \alpha + \beta expedu + \gamma preedu + \delta fd + \sigma pop + \varepsilon gdp + \varepsilon \quad (9-2)$$

对于面板模型的选择，常用的有三种：一是混合估计模型，如果所选样本的不同截面和不同个体间在截面和时间两个维度上的差异并不显著，那么面板回归可以使用 OLS 直接在一个模型中进行，得到估计参数；二是固定效应模型，如果不同截面和个体存在显著的差异，这时就需要把虚拟变量添加到模型中再做回归；三是随机效应模型，如果不同个体和不同截面存在显著的差异，并且截距包含了时间和截面的随机误差项，随机误差项的分布为正态分布，此时应该使用随机效应模型进行回归。

在实际的操作中，究竟是用哪一种模型进行回归，可以使用 F 检验和豪斯曼检验来确定，F 检验可以说明使用混合估计模型还是固定效应模型，豪斯曼检验可以说明使用固定效应模型还是随机效应模型（检验结果见表 9 – 4）。

表 9-4　　　　　　　　　模型选择检验

	中小学师生比	卫生机构床位数
F 检验	47.870 (0.0001)	39.058 (0.0000)
豪斯曼检验	6.49 (0.4843)	7.83 (0.3475)

从 F 检验结果来看，所有模型均拒绝混合估计模型，豪斯曼检验 P 值较大，故强烈接受原假设，应该采用随机效应模型进行回归分析。表 9-5、表 9-6 所示的是模型回归结果。

表 9-5　　　　　　　　　模型回归结果

变量	中小学师生比	卫生机构床位数
人均教育支出 (exp-edu)	0.0642** (2.70)	
政府教育偏好 (pre-edu)	-0.0138* (-1.56)	
人均医疗卫生支出 (exp-hos)		0.1162*** (4.62)
政府医疗卫生偏好 (pre-hos)		-0.0345*** (-3.90)
财政分权 (fd)	-0.1104 (0.45)	-0.7298*** (-5.45)
人口密度 (pop)	0.0255 (0.79)	0.0513** (2.45)
人均GDP (gdp)	-0.1637** (-3.97)	-0.0716* (-1.75)
常数项 (cons)	4.7220*** (11.53)	3.94*** (11.95)
组	31	31
Obs	254	343
R^2	0.7118	0.8126
(P 值)	0.0000	0.0000

注：***、**、* 分别表示 1%、5%、10% 以下的显著水平，括号中为 t 值。

表 9-6　　　　　　　　　模型回归结果（美国）

变量	小学师生比	卫生机构床位数
人均教育支出 （exp-edu）	0.3393* (4.1)	
人均医疗卫生支出 （exp-hos）		0.4970** (6.49)
人口密度 （pop）	-0.0380 (-1.14)	0.0342* (2.07)
人均 GDP （gdp）	0.2472* (2.95)	0.0523 (0.48)
常数项 （cons）	5.5691*** (10.34)	4.7840** (9.82)
R^2	0.8962	0.8730
（P 值）	0.0000	0.0000

（四）回归结果分析

第一，政府效率低下制约了公共物品的实际供给。政府分项支出的计量结果显示，在卫生机构床位数和中小学师生比的回归中系数为正，且都在 5% 以下的水平显著，即各项财政支出的增加使得公共物品实际供给增加。但是其回归系数值不大，说明政府支出转化成公共物品实际供给的效率较低。具体来看，政府教育支出每增加 1 个百分点，中小学师生比增加 0.0642 个百分点（中小学师生比的均值为 16.71，人均教育支出的均值为 868.14 元，即在其他条件不变时，人均教育指出每上升 8.68 元，每 100 名中小学生拥有的老师数由 16.71 个上升至 16.72 个）；政府医疗卫生支出每增加 1 个百分点，人均卫生机构床位减少 0.1162 个百分点（每万人卫生机构床位数的均值为 31.57，人均医疗卫生支出均值为 238.02 元，也就是说在其他条件不变时，人均医疗卫生支出每上升 2.38 元，会使每万人拥有的床位数由 31.57 张上升至 31.61 张）。基于以上分析，可以得到以下我国政府公共支出增加对于基础性公共物品实际供给增加的贡献，政府人均教育支出每增加 868 元，每百名中小学学生拥有的老师数会增加 1 人；政府人均医疗卫生支出每增加 78.54 元，每万人卫生机构床位数会增加 1 张。同理，对美国的相关回归结果可以计算美国政府支出，具体来说，联邦政府平均每位小学生教育支出每增加 1%，小学师生比增加 0.3393%（平均小学生教育支出为 0.0675，小学生平均教育支出为 856 美元，在其他条件不变的情况下，人均教育支出每增加 8.57 美元，小学生拥有的教师数量则由 14.81 个上升至 14.94 个）；联邦政府人均卫生支出每增加 1%，每万人卫生机构床位数增加 0.4970%（人均卫生机构床位数均值为 31.00，人均医疗卫生支出均值为 950 美元，在其他条件不变时，人均医疗卫生支出每上升 9.5 美元，会使每万人拥有的床位数由 31.00 张上升至 31.15 张）。进一步可知，美国政府人均教育支出每增加 171 美元，会使每百名小学生拥有的教师数增加 1 位；人均卫生支出每增加 60 美元，使得每万人卫生机构床位数增加 1 张。综合上述分析，对比我国与美国政府支出所带来的公共物品实际供给量的增加情况可以看出，相对于政府效率较高的美国政府，我国政府支出转化成实际公共物品供给的效率较低，我国政府在供给公共物品的过程中，由于自身存在寻租、贪污腐败、监管松懈等现象，导致公共物品的供给成本增加、公共支出被挤出、公共支出的投向被扭曲。公共物品项目一般开支较高，政府官员可以利用职权从中谋取私利；而腐败的盛行扭曲了公共支出投向，使得政府供给的公共物品与居民实际需要的公共物品产生很大偏差。总之，政府效率低下导致公共物品的供给不足。

第二，政府偏好对于医疗、教育公共物品的实际供给产生显著的负影响。代表政府对教育和医疗卫生偏好的指标在两个模型回归中的结果均为负值，其回归系数分别为 -0.0138 和 -0.0345，显著性也较强。即政府对于公共物品的支出偏好总体上降低了中小学学生拥有的教师数量和人均卫生机构床位数，对教育和医疗卫生公共物品的实际供给量增加产生抑制作用，造成两类公共物品的实际供给不足。此结论验证了前文的假设，在一定的财政规模限制下，基于现行的政绩考核制度，地方政府为了显现政绩，在选择和权衡短期收益和长期收益、基础性投入和直接转化成 GDP 的投入、社会实际需要的公共物品和有利于政绩的公共物品供给时，更多偏好于经济建设型的公共物品，这些公共物品的建设周期相对短、成果易于显示、功利性较强，而教育、医疗卫生等有利于民生的非经济型公共物，其建设周期长，建成后的成果难以显现，对于政府当期 GDP 增加的贡献也不明显，因此容易遭到政府的忽视，其实际供给数量也严重缺乏。也就是说，在选择向社会提供什么样的公共物品时，政府往往较不偏好教育、医疗等公共物品的投入，使得这类公共物品的供给不能满足社会和人民的基本需求，导致其供给不足。

第三，宏观经济环境（财政政策、人口密度和经济发展水平）对公共物品的实际供给情况产生影响。首先，分权显著降低了教育、医疗卫生公共物品的实际供给量。分权指标的回归系数均为负值，即分权对于中小学教师和卫生机构床位的供给起到了削弱的作用。分权的程度越高，人均卫生机构床位数就越少，中小学学生拥有的教师数量越少。这与大多数研究结果相符合，即分权限制了教育、医疗卫生等非经济型公共物品的供给。在我国，分税制使得地方政府更加偏向于周期短、成果易于显现的政绩公共工程建设，忽视了有利民生的基础设施建设。另外，公共物品的供给存在着一定的规模效应，人口密度与公共物品的实际供给呈现正向关系，人口密度较高的地区，人均卫生机构床位数越多，中小学师生比例也越高。这也说明，我国政府能够根据人口密度的变化适当调整公共物品供给量，以避免公共物品的使用在人口较为密集的地区发生拥挤，导致公共物品供给不足。但是，经济发展水平指标的回归结果显示，我国政府供给公共物品的数量与地区经济发展水平呈现一定的负相关关系。经济发展程度较高的地区往往需要更多的基础设施予以支持，如果没有基础设施的增加予以支持，则经济增长会受到限制，模型回归中代表经济发展水平的人均 gdp 指标为负，说明我国政府对于公共物品的实际供给不能适应经济发展增长的需求，相对于经济发展较快的地区没有适时适当增加公共物品供给，造成这些地区公共物品供给的短缺。

第三节　公共物品供给不足对居民消费的影响

随着社会经济的飞速发展，人们对公共物品的需求无论在量上还是质上都有了提升，作为经济社会运行的中流砥柱，公共物品的有效供给不仅改善了经济社会环境，更提高了人们的生活水平，对居民消费也会产生一定的刺激作用。

一、公共物品供给不足影响居民消费的机制分析

公共物品对于居民消费理论上有互补和替代两方面作用：一方面，政府供给的公共物品很大程度上满足了居民生活所必需的公共品，使得居民不必自己提供，减少了居民对这类物品的消费，因此对消费产生一定的替代效应；另一方面，公共物品的提供可以改善消费环境，带动公共物品相关产业的发展，推动居民消费的增加，对消费产生互补效应。学界对这一问题的研究主要在于其互补作用上，大多文献的结论也显示公共物品对居民消费的互补作用远大于替代作用。本节研究的公共物品是政府提供的基础设施类公共物品（教育、医疗卫生等），这类公共物品的提供对居民消费的作用主要体现在互补效应上。具体来讲，公共物品的供给可以通过以下几种机制带动居民消费的增加（见图 9-15）：

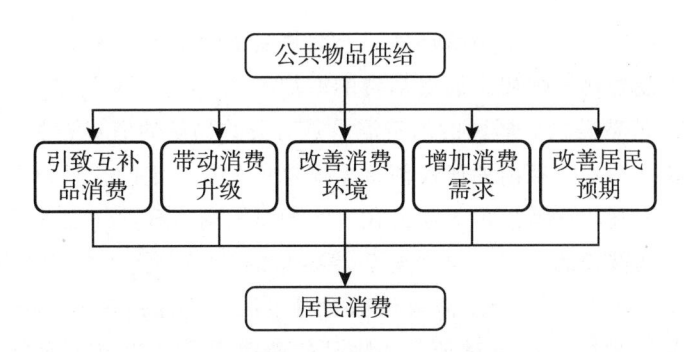

```
            ┌──────────────┐
            │ 公共物品供给 │
            └──────────────┘
      ┌────────┬────────┼────────┬────────┐
      ▼        ▼        ▼        ▼        ▼
  ┌──────┐ ┌──────┐ ┌──────┐ ┌──────┐ ┌──────┐
  │引致互补│ │带动消费│ │改善消费│ │增加消费│ │改善居民│
  │品消费 │ │升级  │ │环境  │ │需求  │ │预期  │
  └──────┘ └──────┘ └──────┘ └──────┘ └──────┘
                        ▼
                  ┌──────────┐
                  │ 居民消费 │
                  └──────────┘
```

图 9–15　公共物品供给刺激消费作用机制

（1）引致互补品消费。基础设施类公共物品与私人物品之间往往存在着高度的互补性，政府提供公共物品，在很大程度上支持着相关的互补品产业的发展。例如，政府对基础教育的大力建设有效带动了教育业的发展，增加了居民对教育的投入；政府对医疗卫生公共物品的投资则促进了医药产业的发展，增加了；政府对交通基础设施的建设改善了道路状况，促进了汽车产业的发展。实际上，很多产业的发展需要公共物品作为基础和支持，公共物品促使相关互补品产业发展，使居民的需求不仅局限在政府供给的公共物品上，也对公共物品的互补品产生需求，进而增加了对这类物品的消费需求。所以公共物品的供给推动着居民对公共物品互补品的消费增加，政府公共物品供给不足，则会制约此类消费。

（2）带动消费升级。长期内全社会消费结构的升级，需要全民素质的提升。一国教育水平的提高不仅能够提高受教育者的预期收入，更重要的是提高了受教育者的技能和素质，提升了消费观念，从而带动整体消费升级。而由前文的论述可知，我国政府对教育的公共支出严重缺乏，尤其是基础教育类的公共物品，无论在数量和质量上都不能满足居民的需求。理论和实践均证明，基础教育建设对于一国全民素质提升的重要性，基础教育可以帮助社会减少文盲，改善人们的基本思维能力和行为方式，大力推行义务教育是各国普遍采取的措施。我国政府基础教育公共物品就不足，大大制约着全社会人员素质的提升，进而阻碍了消费结构的优化升级。

（3）改善消费环境。良好的消费环境对于增加居民消费的作用不言而喻，尤其是在第三产业迅速发展的背景下，居民消费越来越重视对服务的消费和消费的品质。公共物品的提供对于改善了居民的整体消费环境起到重要的作用。"城市化建设"和"新农村建设"可以有效地改善居民消费环境，如城市公共设施如产业园区、大型娱乐商圈、城市环境美化，不仅加快了城市化建设的步伐，更推动了城市居民消费环境的改善；农村地区的交通、通讯和文娱教育等的公共物品供给增加，也在一定程度上便利了居民消费，改善了农村居民的消费环境。所以，公共物品的供给提高了消费环境，公共物品供给不足，消费环境不能得到有效改善甚至可能恶化，阻碍了居民消费的增加。

（4）增加消费需求。居民的消费需求是对公共物品的消费需求与私人物品消费需求的总和，一定时期内的居民消费需求总规模是一定的，且每个个体都面临着预算约束的限制，这就决定了居民在一定的时期内对公共物品的消费与私人物品消费存在此消彼长的关系，也即对公共物品的消费会挤占用于私人物品消费的预算资金。居民的公共物品需求往往是对生活必需品的需求，政府供给此类公共物品可以有效降低居民对于公共物品的消费需求，相当于增加了居民用于消费私人物品的财富，对私人物品的消费需求相应会增加。政府提供的公共物品不足，居民被迫自己提供所需的公共物品，必然会挤占原本可以用于私人物品的消费需求。

（5）改善居民预期。居民对未来的预期影响着居民的当期消费，公共物品的供给有助于改善居民对未来的消费预期，进而增加消费。例如，医疗卫生公共物品的提供，短期内能够降低对医疗卫生有需求的居民用于医疗卫生的支出，从而增加该群体对私人物品的消费；长期内，医疗卫生的改善使居民预期在未来会享受更加完善的医疗卫生服务、拥有更健康的身体，从而减少当期的预防性储蓄，这部分储蓄很有可能转化成有效的消费需求。但是，我国医疗卫生类公共物品供给不足，这就使得居民基于对于未来的预期而增加预防性储蓄，进而挤占当期消费。

本部分分析了公共物品供给对居民消费的影响机制。公共物品的有效提供，可以引致公共物品互补产业消费增加、带动社会消费升级、改善消费环境、增加居民对私人物品的有效需求并改善居民对未来的预期，通过这些作用有效地刺激居民的消费需求，对于扩大内需有重要作用。但是由于我国政府公共物品的实际供给不足，这就必然阻碍公共物品发挥其刺激居民消费的良好作用，制约了居民消费的增加。这种情况下，政府增加公共物品的供给，使其对居民消费产生充分的促进作用，则消费会较大增长。基于以上分析可以推出，政府增加公共物品供给可以刺激居民消费。另外，我国是一个幅员辽阔的国家，不同地区的经济发展水平和公共物品的供给情况均有所不同，因此公共物品供给增加对居民消费的刺激作用可能也会出现地域差异。根据以上的推测，在下面进行实证分析之前提出了两点假设以供模型验证：

（1）公共物品供给增加可以有效地拉动居民消费。这种对于消费的刺激作用在不同种类的公共物品供给上都应该有所体现，体现在模型上，代表公共物品实际供给数量的解释变量与被解释变量消费在模型中拟合度应该较高，且模型回归中对居民消费的影响系数应该显著为正，即公共物品的增加导致居民消费水平的提高。为体现不同的公共物品对消费均有促进作用，实证模型中选择了多种公共物品的实际供给作为解释变量，进行多个模型的回归，从而观察其影响系数。

（2）公共物品供给对居民消费的影响存在区域差异，不同区域的公共物品供给对居民消费的影响效果不同。对于区域差异的研究，国内的惯例是根据东部地区、中部地区和西部地区进行分类，本节也根据这种分类方法，建立对应的三个地区的模型。结合国内区域经济发展现状，对于区域差异可以进一步进行推测：首先，西部地区的公共物品供给水平一直是最低的，较少的公共物品供给没有满足居民的基本需求，公共物品供给不足制约着居民消费的增加，此时政府增加对其公共物品的供给，会显著的提高居民的消费水平，因此西部地区公共物品供给对于居民消费的影响程度应该大于其他两个地区；其次，中部地区的公共物品供给水平高于西部地区，但是比东部地区的低，其公共物品供给对于居民消费的影响按照前面的分析应该比西部低，但高于东部。另一方面，由于东部地区的经济发展较中西部地区快，经济运行和产业布局较为完善，居民的购买力和消费能力较强，消费的弹性也较大，消费的增加对于公共物品供给增加应该更为敏感。因此，公共物品供给增加对于消费能力较强的东部地区居民消费刺激作用较大。

按照前面的假定推论，公共物品供给对三地区影响程度整体可能存在一种与经济水平相反的阶梯状排列情况，但是由于东部地区居民购买力相对较强，消费弹性较大，居民消费增加对于公共物品供给增加的敏感度也可能会超过其他两个地区。这些假定推论有待于后面的实证工作加以验证。

二、公共物品供给对居民消费影响的实证检验

（一）变量选取与模型设定

基于前述对于公共物品影响居民消费机制的研究，在下面的计量中，采用的解释变量均为典型公共物品（教育和医疗卫生）的实际供给量，分别为中小学师生比（trs）、人均卫生机构床位数（bed），以此代表公共物品的实际供给水平。此外，在控制变量的选择上，第一，考虑到第三产业发展较好的地区其消费结构和消费环境也较为良好，消费水平较高，为了控制各地区发展水平不同对于居民消费的影响，加入控制变量第三产业占比（indr），理论上此指标系数应该为正。其二，政府支出通过乘数效应带动经济增长，经济增长则通过乘数效应提升投资，刺激消费，因此，加入控制变量政府支出占 GDP 的比重（gov），来控制政府支出规模对于居民消费的影响。

本部分数据仍然选择样本容量较大的面板数据，采用 2000~2011 年除西藏

以外的 30 个省、直辖市和自治区的年度数据，数据均来源于中经网统计数据库和《新中国 60 年统计年鉴》。除第三产业占比外，各变量均取对数，变量的统计特征如表 9-7 所示。

表 9-7　　　　　　　　　变量的描述性统计

变量	Obs	Mean	Std. Dev.	Min	Max
人均消费（lncost）	360	6.64	0.44	5.98	7.99
中小学师生比（lntsr）	240	2.85	0.20	2.28	3.27
人均卫生机构床位数（lnbed）	360	3.89	0.27	2.73	4.03
第三产业占比（indr）	360	4.77	1.01	2.89	7.39
政府支出规模（lngov）	360	2.77	0.39	1.93	4.06

依照所选变量，考虑建立如下归回模型：

$$lncost = \alpha + \beta lntrs + \gamma lndr + \delta lngov \qquad (9-3)$$

$$lncost = \alpha + \beta lnbed + \gamma lndr + \delta lngov \qquad (9-4)$$

为全面验证前述提出的假设，对上述两模型首先做全国 30 省市的数据回归，总体上估计不同种类的公共物品供给对于居民消费支出的影响；再按照东部、中部和西部三个地区划分成三个数据组，依次估计公共物品供给对居民消费影响的地区差异。

（二）模型回归

1. 总体模型回归

首先用 30 个省市的总数据，在总体上估计公共物品供给对居民消费产生的影响。仍然采用 F 检验和豪斯曼检验来选择采用面板回归的三种模型，即混合回归模型、随机效应模型和固定效应模型。表 9-8 所示的检验结果显示，对于三个模型，F 检验均拒绝使用混合回归模型，豪斯曼检验均拒绝使用随机效应模型，因此三个模型均应采用固定效应模型。回归结果如表 9-9 所示。

表 9-8　　　　　　　　　模型选择检验

	bed	trs
F 检验	58.476 (0.0000)	73.547 (0.0000)
豪斯曼检验	51.53 (0.0000)	46.63 (0.0000)

表 9-9　　　　　　　　　　总体模型回归结果

解释变量	居民消费	
	(1)	(2)
人均卫生机构床位数（lnbed）	0.1365*** (3.76)	
中小学师生比（lntrs）		0.0624* (1.89)
第三产业占比（indr）	0.1741* (3.48)	0.2175* (5.98)
政府支出规模（lngov）	-0.2623*** (-7.02)	-0.1690*** (-3.47)
常数项（cons）	5.9733*** (48.20)	5.9573*** (39.55)
组	30	30
Obs	360	240
R^2	0.8707	0.8377
(P 值)	0.0000	0.0000
备注	FE	FE

2. 分区域模型检验

不同地区的经济发展水平和公共物品的供给情况均有所不同，因此公共物品供给对居民消费的影响可能也会出现地域差异，为检验前述假设，本部分将 2000~2011 年的全国 30 个省市的面板数据依据东部、中部、西部三个地区进行划分，分别建立三组模型进行比较，以期得出公共物品供给对于居民消费的分区域影响差异。采用 F 检验和豪斯曼检验来选择采用面板回归的三种模型，即混合回归模型、随机效应模型和固定效应模型，检验结果显示各模型均拒绝使用混合回归模型和随机效应模型，应该使用固定效应模型，检验结果不再赘述。实证结果如表 9-10、表 9-11 所示。

表 9-10　　　　卫生机构床位数回归结果——分区域

解释变量	居民消费		
	东部	中部	西部
人均卫生机构床位数（lnbed）	0.5246*** (8.58)	0.3156*** (4.04)	0.8083*** (10.70)

续表

解释变量	居民消费		
	东部	中部	西部
第三产业占比 （indr）	0.1233*** (3.85)	0.1595*** (4.32)	-0.0458 (-1.62)
政府支出规模 （lngov）	0.3159*** (5.97)	0.4012*** (5.14)	-0.0325 (-0.47)
常数项 （cons）	3.8793*** (19.19)	3.9613*** (28.76)	4.1754*** (23.71)
组	11	8	11
Obs	132	96	132
R^2	0.7460	0.8563	0.7424
（P值）	0.0000	0.0000	0.0000
备注	FE	FE	FE

注：***、**、*分别表示1%、5%、10%以下的显著水平，括号中为t值。

表9-11　　　　　中小学师生比回归结果——分区域

解释变量	居民消费		
	东部	中部	西部
中小学师生比 （lntsr）	0.5994*** (6.72)	0.3809*** (2.88)	0.7710*** (4.74)
第三产业占比 （indr）	-0.0328* (-0.90)	-0.0292 (-0.65)	-0.0148 (-0.40)
政府支出规模 （lngov）	0.1133 (1.58)	0.4233*** (4.54)	0.2568*** (3.73)
常数项 （cons）	8.5695*** (20.25)	6.4944*** (11.28)	7.8342*** (11.69)
组	11	8	11
Obs	88	72	88
R^2	0.7670	0.7010	0.7308
（P值）	0.0000	0.0000	0.0000

注：***、**、*分别表示1%、5%、10%以下的显著水平，括号中为t值。

（三）回归结果分析

公共物品供给增加可以提高居民的消费水平。回归结果显示，两个代表公共物品供给的变量，即人均卫生机构床位数和中小学师生比的回归系数均为正，且分别在1%、5%和10%的水平下显著。具体来看，人均卫生机构床位数每增加1%，人均消费至少增加0.13%；中小学师生比每增加1%，将导致人均消费增加0.06%。在回归中，医疗卫生公共物品（卫生机构床位数）供给增加对居民消费的影响比教育类（师生比）公共物品大，这可能是由于医疗卫生公共物品的供给增加使居民医疗保健得到改善，降低了居民对未来健康的不确定性预期，因而较多减少了预防性储蓄，这部分储蓄可能直接转变成消费；而教育公共物品（中小学师生比）增加，可以提高社会成员的素质，转变消费者意识，使得消费结构优化升级而带动消费的增加，这是一个较为漫长的过程，而且其作用效果不易显现。因此，医疗卫生公共物品的供给增加对于消费增加的影响比较大。尽管如此，回归结果有力地论证了前述假设，公共物品供给的增加有力地刺激了居民消费，且不同种类的公共物品对居民消费均有一定的刺激作用。公共物品的提供可以引致公共物品互补产业消费增加、带动社会消费升级、改善消费环境、增加居民对私人物品的有效需求并改善居民对未来的预期，通过这些作用有效地刺激居民的消费需求，对于扩大内需有重要作用。但是，我国公共物品供给相对不足，尤其是教育、医疗卫生等公共物品的供给严重缺乏，这就必然阻碍公共物品发挥其刺激居民消费的良好作用，制约了居民消费需求的有效增加。

公共物品供给对居民消费的影响，西部地区大于东部地区，东部地区大于中部地区。从分组的具体情况来看，卫生机构床位数对东、中、西部地区居民消费的回归系数分别是0.52、0.31和0.80，中小学师生比的分区域影响系数则为0.59、0.38和0.77。首先，公共物品对西部居民消费的影响较大，这是由于西部地区的公共物品供给不足的程度较高，严重制约着居民消费的增加，这时政府增加对其公共物品的供给，将会带动大量的消费需求，并且消费环境的改善也大大刺激了居民消费的增长。近些年来"西部大开发"政策的实行使得西部地区人民消费水平更多地受到来自政府支持方面带来的积极影响，公共物品供给增加对消费的刺激作用大于其他地区。其次，东部地区公共物品供给对居民消费的刺激作用稍大于中部地区，这有悖于影响效果按经济发展水平成阶梯状分布的假设，如前所述，可能是由于东部地区的经济水平比中部地区高，产业格局和经济运行较为完善，居民的购买能力也较强，消费弹性也较大，消费的增加对于公共物品供给增加更为敏感，公共物品供给增加对于消费能力较强的东部地区居民消费刺激作用比中部地区更大。以上分析验证了前述假设，即不同地区公共物品供给对居民消费的影响效果不同。在我国，公共物品供给增加对于西部地区居民的消费产生的刺激作用最大，其次是东部地区和中部地区。我国政府公共物品的供给总体不足，尤其是医疗卫生、教育等方面公共物品供给严重缺乏，这就制约了居民消费的增加。

第四节　结论和政策建议

一、结论

随着经济的高速发展和社会主义现代化不断完善，公共物品建设的意义越来越凸显，本章顺应时代背景，针对政府公共物品供给的事实特征进行总结，分析了政府公共物品供给不足的原因并进行模型检验；分析了公共物品供给增加对居民消费的作用机制并验证了公共物品供给增加对消费的刺激作用，说明我国政府公共物品供给不足制约了居民消费的增加。得到以下结论：

第一，在翻阅了大量的相关文献并对已有研究结果进行梳理总结的基础上，查找了大量的数据对我国公共物品供给的事实特征进行细致的描述，包括对政府支出状况的分析，公共物品实际供给量情况的分析以及公共物品供给的国际间比较，得出的一致结论是：我国政府公共物品供给不足，供给结构也存在不合理因素。

第二，本章对公共物品供给不足的原因进行解释，着重分析了影响公共物品供给的政府行为原因，并考虑了宏观经济环境对公共物品供给的影响，在此基础上提出两点假设。使用计量的方法对公共物品供给不足的原因进行检验时，对我国 31 个省、市和直辖区 2000~2012 年的数据进行面板回归分析，被解释变量选取公共物品的实际供给量，解释变量包括了政府偏好、政府效率等相关指标，得出的结论验证了本章的假设：首先，我国政府的支出效率较低，相当一部分公共支出不能转化为公共物品实际供给；其次，政府供给公共物品偏向于短期可提升 GDP 的公共物品，抑制了教育、医疗卫生等非经济型公共物品的供给；最后，宏观经济环境对政府公共物品的供给也产生一定影响。

第三，本章分析了公共物品供给增加对居民消费的刺激作用。公共物品供给增加可以引致公共物品互补产业消费增加、带动社会消费升级、改善消费环境、增加居民对私人物品的有效需求并改善居民对未来的预期，通过这些机制有效地刺激居民消费需求的增加。随后提出模型假设并利用计量的方法进行检验。面板回归的结果有力地证明了公共物品供给增加对居民消费起到刺激作用，并且在不同的地区公共物品供给增加对消费的带动作用大小不同。我国政府公共物品供给不足，制约了居民消费的增加。

二、政策建议

（一）提高政府效率

政府能够有效提供民众认可的公共物品的前提是，政府必须自上而下建立起廉洁高效的工作态度，规范政府行为，加强法制建设，建立和健全完善的监督管理机制，构建一系列权利和司法机关、社会舆论和群众监督等措施，减少浪费消除腐败的同时，保证公共物品的供给效率和质量。在公共物品的供给过程中，对政府自身建设的要求，一是公共物品投资项目落实"一对一"责任制，建立合理的责任约束机制；二是加强监督，切实实现决策责任和决策权的统一，出现"道德风险"问题，要落实到直接责任人；三是进一步明确各级政府的权责，协调审查监督、监察监督和社会舆论三者关系，遏制公共物品供给过程中容易出现的寻租腐败问题，有效改善政府公共物品供给的质量和效率。

（二）优化公共支出结构

合理的公共支出结构形成，最重要的是建立科学合理的公共物品供给发展计划和完善的决策机制。在发达国家，公共财政往往受到高度重视，政府制定财政计划，必须通过议会达成一致意见，有些计划长达10余年之久。科学的公共财政支出计划，一是要按照地区经济发展的需要确定公共物品总投资量，财政支出不足，公共物品供给缺乏，会阻碍当地经济发展，财政支出过多，则会造成经济资源的浪费。二是要协调各项公共支出水平，统筹规划，协调发展，由于公共物品的建设往往工程大、周期长、耗时耗力，牵涉的利益也是方方面面，公共物品建设对当地的经济和环境都会产生较大的影响，并且各级政府均是公共物品的投资主体，必须对其进行统筹规划，尽量避免重复建设和资源浪费。

（三）完善财政分权体制

虽然实行了分税制政策，中央政府将很多财权和事权下放政府，但财权和事权的划分并不符合国际经验，主要的财政支出责任被分配到县乡政府，而市级以上政府的支出占整个政府支出的不到一半，相反，主要的税收收入由上级政府所有，事权和财权在省、市、县、乡四级政府间的分配显然是不合理的。在这种格局下公共物品的供给根本没法得到保障。基于此，要解决分权的问题，必须做到以下几方面：首先，中央政府必须明确政府的支出责任，上级政府必须明确下级政府的权责，做到各级政府的财税权利相匹配。其次，规范管理政府的财政收支，使预算合理化。最后，改革中央对政府的激励机制。政府公共物品供给偏离群众需求，是考虑政府考核制度的后果。现行的政府政绩考核制度下，政府必然将大量的公共财政支出投入到"政绩建设项目"，增加经济建设的投入，意味着减少公共服务的支出，居民迫切需要的医疗保健、科学教育等公共物品的供给得不到保障。要解决这一问题，使政府的投资行为更为合意，有效的方法是进行"自下而上"的政绩考核，让居民参与到政府考核中，强化"用手投票"和"用脚投票"的机制。

第十章

公共物品供给与居民消费（二）

——生活基础设施供给与居民消费

1990~2010年，城镇家庭恩格尔系数从54.2%降到了35.7%，这表明伴随着经济社会的发展与人们收入水平的提高，越来越多的消费将转向让生活更舒适、便捷的商品，即消费层次的提高与消费结构的转变。实际状况也是如此，参照国家统计局2013年对居民消费支出分类当中的家庭设备用品及服务支出一项进行最近10年的计算得出其平均年增长率也达到了6.29%；具体到居民耐用品支出，城镇居民的增长比率达到8%。越来越多更高级的家电、设备为居民所使用，不过由此导致的与这些商品存在互补性的基础设施供给的增加也势在必行；城市年末供水管道长度的年均增长率为7.09%，燃气供应管道长度的年均增长率为14.54%，供热管道与下水道管道长度的年均增长率为10.7%与10.1%，人均生活用电量年均增长率为13.2%[①]。尽管数据表明此类生活基础设施的供给在快速发展，但对于居民耐用品消费需求的释放是否已经不存在制约，是否与居民消费层次、结构的变动得到同步，是否有效地满足了居民提高生活质量的欲求等问题还需通过实证方法得到周详的检验。

另外，从2000年起我国的总储蓄占比基本一直处于上升趋势，由2000年的36.83%增加到了2008年的53.43%，近几年也一直维持在50.00%左右；不仅高于美国、日本等发达国家近40%，和巴西、马来西亚等发展中国家相比也要超

---

① 数据来源于中经网统计数据库城镇居民家庭基本情况板块，经作者整理计算而得。

出 15% 左右①；如此之高的储蓄率从侧面也反映出我国整体消费能力的不足。现阶段正是我国调整经济增长方式的重要时期，如何将相对较高的储蓄率转化为居民消费支出的不断提高，如何从单纯依靠投资、出口等日渐凸显弊端的拉动模式转变为由"三驾马车"共同驱动的新的经济增长路径成为了我国未来经济继续保持高速增长的关键。作为构建居民消费环境的重要组成部分，生活基础设施发展水平的高低、供给状况的好坏直接影响到相关商品的需求和相应消费支出的变动。可见，生活基础设施发展状况的详尽描述以及发展问题的充分揭示对于促进居民消费能力提升，进而间接促进本国经济增长具有可取的参考价值。

最后，参照世界银行数据②，2005 年、2010 年、2012 年我国的人均居民消费支出在 150 多个指标值完整的国家和地区中分别位列第 115 位、第 104 位、第 88 位，显示出本国居民消费水平同其余各国的显著差距。国内状况也较为接近，东中西部地区的消费水平差距同样非常明显；比如 2001～2011 年东部地区的城镇居民平均消费水平要比中西部地区高近 55.00%；耐用消费品支出额高 45.00%③。导致这种消费能力差异的原因包括多种，除收入水平、消费预期、消费习惯等因素外，各类生活基础设施在不同区域供给状况的差别是否也是其中重要的原因还有待深入的研究。进行生活基础设施供给水平区域差异的研究不仅具有解释消费能力差距的作用，更能为今后刺激居民消费增长提供背景依据，为不同区域、国家间开展此类领域的合作提供理论支撑。

本章主要使用了文献研究与数据分析、计量检验相结合的方法。通过对相关文献的搜集、梳理，较为清晰地对生活基础设施的概念进行了界定，而后应用数学方法结合得到数据对基础设施的发展状况给予全面、清楚的描述。最后，利用面板数据的随机系数计量方法检验了我国不同省份不同类型生活基础设施供给水平对居民耐用消费品支出的影响程度、方向。从理论到实际、部分到整体，较为条理地分析了基础设施的发展状况及其带来的效应。

第一节 我国生活基础设施发展特征事实

生活基础设施作为基础设施整体的一部分，其发展状况自然会从后者的变化

---

① 数据均来源于世界银行国民经济核算数据库。
② 人均居民最终消费支出（2005 年为价格指数基期）数据来源于世界银行世界发展指数（World Development Indicators）数据库，排名数值经作者整理得到。
③ 数据来源于中经网统计数据库城镇居民家庭基本情况板块，经作者整理计算而得。

中得以体现，本节第一部分就事先对基础设施整体发展状况进行了记述。另外，考虑到生活基础设施的发展水平不仅直接体现在相关投资额的连续增加和实际存量水平的增长上，同时也能从与其密切相关的居民生活用品消费状况的变动上加以间接反映，所以本部分内容依次从上述两个视角对其发展水平进行描述。此外，生活基础设施包含种类相对较多，单独从部分类型进行分析难免会有失偏颇；为此文章既通过构建对应发展指数从总体上进行了描绘，也对不同类型生活基础设施的发展历程进行了详尽的刻画。

一、基础设施整体发展状况描述

我国基础设施从新中国成立以来尤其是改革开放以后获得了快速发展，逐步形成了以能源、交通、邮电通信为主的纵横交错覆盖全国的基础设施网络体系，顺利完成了多项重大建设项目，对经济增长、社会进步和人民生活水平的提高起到了极大的促进作用。如果以1953年的价格水平作为基准价格，我国的基础设施资本存量从1953年的202亿元增长到了2008年的40 590亿元，在56年间增长了200倍，年增长速度达到9.93%[①]。基础产业和基础设施方面的累计投资达到365 304亿元，年均增长13.7%[②]。前两者增速如此之快的原因在于固定资产投资额的不断增长[③]，从1953年到2010年我国的固定资产投资总额从91.59亿元急剧增长到了278 121.9亿元，年增长率达到14.8%[④]。与基础设施投资总量不断增长的稳定趋势相比，投资类别、投资区域侧重却不断发生着变化。借鉴已有学者[⑤]对中国基础设施发展阶段的分类，本章将其划分为三个阶段，这三个不同阶段见证了国家产业结构的发展与转变、基础设施投资体制的改革、区域发展战略的制定与实施等方面对我国基础设施发展的影响。

第一阶段（1979～1989年）：基础设施建设在此阶段经历了结构的逐步调整与投资体制的初步改革，获得的建设经验有效地保障了下阶段我国基础设施更快更好的发展。1979～1989年国家对基础产业和基础设施基本建设总投资累计完成5 479亿元，年均增长10.7%。

为了改善改革开放前基础设施投资过度偏重重工业和社会基础产业的状况，农业基础设施投资占比在这个阶段得到了显著提高。从1978～1989年，农林牧

---

① 金戈：《中国基础设施资本存量估算》，载于《经济研究》2012年第4期。
②⑤ 王海民：《中国基础设施发展经验——增长与减贫的视角》，中国国际扶贫中心、经合组织发展援助委员会，2010年9月。
③ 固定资产投资额当中的基本建设、更新改造两部分包括了各类基础设施的具体支出之和。
④ 资料来源：《中国统计年鉴（2011）》与《中国统计年鉴（1984）》。

渔业累计完成投资509亿元，占全部基础产业和基础设施投资的8.9%，建成了"三北"防护林一期工程和一批重要粮食生产基地等农林业项目。另外，针对国家工业体系当中能源、通信、交通基础设施供应依然紧张的情形，在这几方面的投资力度继续增大，投资总和接近3 000亿元，建成了规模最大的葛洲坝水电站、"黄河第一坝"龙羊峡水电站以及吉林白山水电站。我国自行研究、设计的第一座核电站"秦山核电站"也在这一时期开始建造。交通方面建成了襄渝线、大秦电气化铁路一期、秦皇岛煤码头三期工程和我国的第一条高速公路：上海至嘉定高速公路。邮电通信行业方面建成了京汉广同轴电缆载波工程、宁汉渝光缆试验段部分，明显改善了北京、上海、天津等大城市的通话紧张情况。

基础设施投资体制改革在这一阶段也初步得到展开，1979年国务院批准的《关于基本建设拨款改贷款的报告》、1982年国家计委等部门联合颁布的《关于试行国内合资建设暂行办法》、1984年颁布的《关于改进计划体制的若干暂行规定》、1987年国务院颁布的《企业债券管理暂行条例》等等政策共同从若干角度解决了以往基础设施投资存在投资主体单一、资金来源单一、建设主体单一、基础设施项目执行效率低下等问题，有力地促进了基础设施建设的发展。

第二阶段（1990～2002年）此阶段为我国基础设施发展最为迅猛的时期，也是投资体制改革逐步深化的时期。1990～2002年基础产业和基础设施基本建设投资累计完成80 249亿元，年均增长率为26%，比第二阶段年均增幅高15.3个百分点。"八五"规划（1991～1995年）的顺利完成、1994年地方分税制改革的实施①、1998～2002年用于基础设施投资建设的6 600亿元特别国债的发行共同促成了基础设施建设在这一时期的跨越式发展。

相比前两阶段，第二阶段基础设施建设投资更为全面，取得成果的覆盖面也更广。农林业方面完成了野生动植物保护及自然保护区建设工程、退耕还林还草工程、"三北"防护林二期工程、内蒙古和黑龙江100亿斤商品粮基地等项目。能源方面建成了神府东胜矿区、新疆塔里木油田、岭澳核电站一期工程、大亚湾核电站、二滩水电站、黄河小浪底水利枢纽工程等等，进一步缓解了我国能源紧张的局面，为日后经济的快速发展提供了有利的支撑。以铁路为代表的交通基础设施建设取得了历史性的成就，建成了举世瞩目的京九线以及长达242公里的重

---

① 关于分税制改革（财政分权）对我国基础设施发展的影响参见张军，高远，傅勇等：《中国为什么拥有了良好的基础设施？》，载于《经济研究》2007年第3期，第4～19页。
这篇文章较合理地解释了财政分权为什么会极大地促进一些省份基础设施的发展：（1）地方政府对于所管辖地区缺乏的基础设施类型更了解（信息优势），进行供给、改善时也更有效率（管理优势）；（2）地方政府在进行"政绩之争"时获得胜利的一个重要手段便是"招商引资"，尤其是吸引FDI，而良好的基础设施是吸引外商的重要因素之一；（3）与投资教育等其他社会服务相比，投资于基础设施存在更多、更大的官员腐败机会。

载铁路大秦线、连接西北诸多省份的宝中线和兰新铁路复线还有成昆线电气化改造的完成;另外,沈大高速公路的通车标志着我国现代化高速交通网络的逐步形成。邮电通信、社会公共设施也都取得了显著的成果:京沈哈、杭福贵成等11个光缆项目建成投产,北京西客站、广州白云和上海普通机场、上海地铁二号线等社会公共设施的建成投产。

第三阶段(2003年至今)国家在此阶段的基础设施建设更加注重区域发展的均衡与人民当前实际生活需要的满足。2001年开始"西部大开发"战略的实施、2006年《中共中央国务院关于促进中部地区崛起的若干意见》的颁布以及后续2009年、2010年出台的若干指导中部地区发展进程的规划与政策、2007年国务院批复的《东北地区振兴规划》等都确立了在基础设施建设方面缩小东部地区与中、西、东北地区差距,实现区域协调发展的局面。

2003~2008年中西部地区基础产业和基础设施投资129 805亿元,年平均增长率达到了27.8%,快于全国整体投资增长水平3.3个百分点;施工项目个数达到509 758个,占全国6年施工总数目的66.2%①。中西部地区固定资产投资额占全社会总固定资产投资额的比重也从2000年的39.38%提高到了2011年的49.00%;东部地区则从60.62%下降到了51%(见图10-1)。中西部地区逐渐建成了一大批对经济发展起巨大拉动作用的基础设施,包括世界装机总容量最大的"三峡工程"、西气东输、西电东送、青藏铁路、渝怀铁路、甘肃宝天高速路、贵州黔西电厂、内蒙古锡盟牧业设施等。

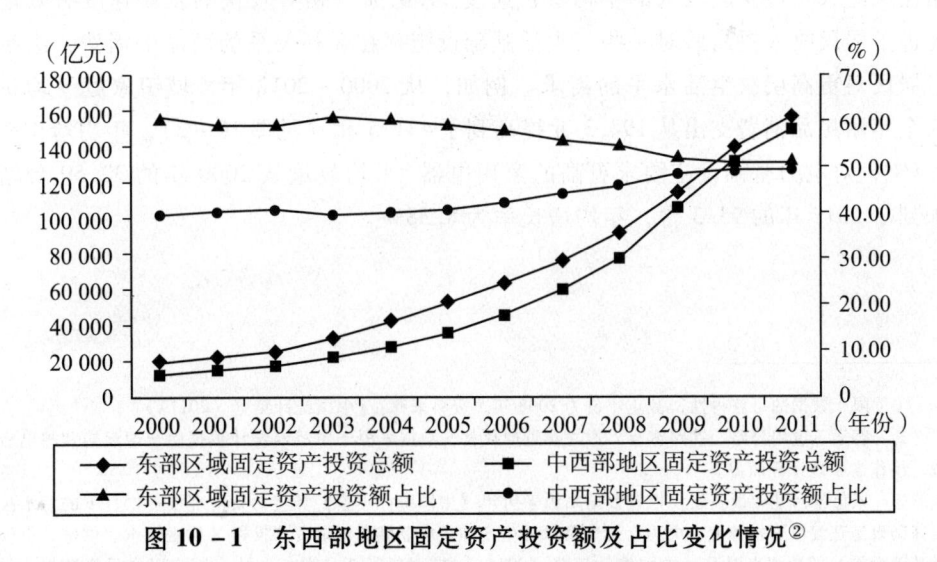

图10-1 东西部地区固定资产投资额及占比变化情况②

① 限于数据的可获得性,截止年份为2008年,资料来源:《中国统计年鉴(2011)》。
② 资料来源:国泰安区域经济数据库固定资产投资板块,经作者整理计算而得。

另外，对居民日常生活影响更为直接的生活基础设施从 2003 年以来有了更明显的发展。2003～2008 年电力、热力生产和供应、煤气生产和供应、水利管理业（供水基础设施）、公共设施管理等行业的 6 年累计总投资占比达到 33.4%[①]；交通方面也更加注重客运数量、质量的提高，2000～2005 客运人数总量年均增长率为 3.76%，而同样的指标在 2005～2013 年达到 9.50%[②]。以京沪高铁为代表的中国高速铁路网也正在逐步形成，到 2013 年底高铁里程已达到 11 028 公里，位居世界第一，居民的出行正变得更为便捷、舒适。

总体而言，现阶段基础设施的建设、发展正朝着提高居民生活质量的方向进行。

二、生活基础设施整体发展状况描述

文献综述部分作者已大致界定了生活基础设施所包含类型，限于篇幅以及各种数据可获得性，选取了各类生活基础设施当中比较有代表性的四项，分别为供水、供电、燃气供应以及排污设施；通过借用这四类基础设施的发展状况来较为详细的分析生活基础设施的变化过程。

首先，从 2000～2013 年这几类基础设施的城镇投资总额从 3 157.4 亿元增长到了 20 798.93 亿元，年均增长速度达到 14.15%[③]，超过了 2000～2013 年城镇居民家庭人均可支配收入的年均增长速度 11.87%。相对较快的发展速度有效地促进了居民收入提高后对一些与生活基础设施存在互补关系的商品的消费，满足了居民对更高层次生活水平的需求。例如，从 2000～2012 年，城镇家庭平均每人全年耐用品消费支出从 194.3 元提高到了 431.5 元（见图 10-2），年均增长率 7.1%；对电力基础设施要求更高的家用电器[④]平均数量从 2000 年的 32.50 台增加到了 2012 年的 93.3 台，年均增长率为 8.38%。

---

① 限于数据的可获得性，截止年份为 2008 年，资料来源：《中国统计年鉴（2011）》。
② 客运总量用公路、铁路客运人数之和近似代替，数据来源于中经网统计数据库交通运输和邮电板块，经作者整理计算而得。
③ 城市排污基础设施建设投资数据来源于历年《中国统计年鉴》环境污染治理投资栏目下的污水排放基础设施建设投资指标值；电力、燃气及水的生产和供应业城镇固定资产投资（代表供水、供电、供气类基础设施）的数据来源于《中国统计年鉴（2014）》按主要行业分类的全社会固定资产投资数据；另外，基于数据的完整性选择了城镇投资额。
④ 本章选取空调、微波炉、淋浴热水器三类家电作为此类电器是因为它们功率都比较高，对输电线路的质量要求较高，并且耗电量也较大。

（元）

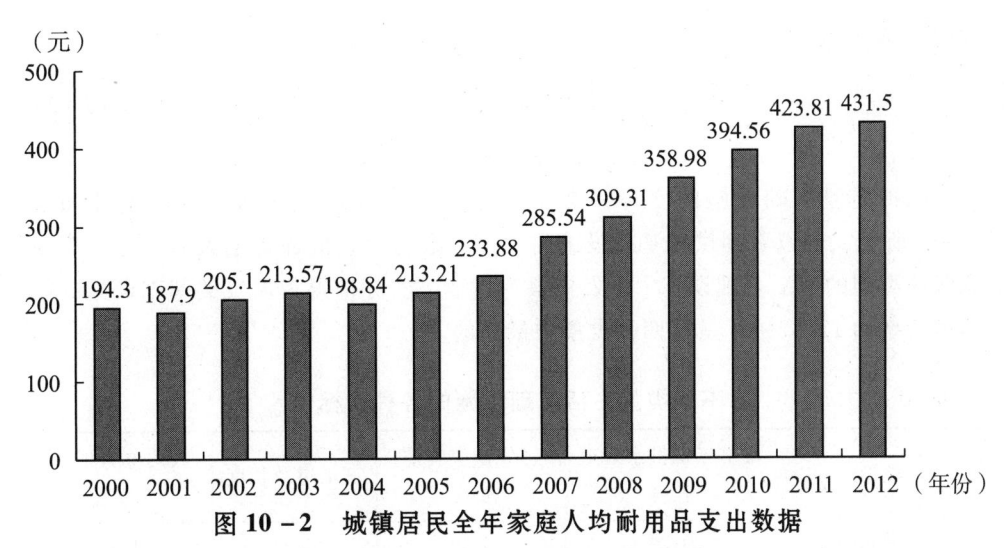

图 10 – 2　城镇居民全年家庭人均耐用品支出数据

资料来源：中经网城镇居民家庭平均每人全年消费性支出板块。

除了可通过总投资额以及相关耐用品支出水平的变动情况来间接反映生活基础设施发展状况外，本章还将利用变异系数法（coefficient of variation method）对其所包含的几类基础设施赋予客观权重，通过数据的标准化处理后构造出了生活基础设施发展指数。与本章类似，查克拉博蒂等（2012）也利用印度农村地区核心基础设施当中"实物"与"非实物"两种类型的调查数据构建了"农村基础设施指数"。具体步骤简单描述如下：

首先，对所得到的四种类型生活基础设施①数据用归一化方法②进行标准化处理。如果用 x_{ij} 代表 i 类基础设施第 j 年的数值，则标准化处理后的数值 y_{ij} 为：

$$y_{ij} = \frac{x_{ij}}{\sum_{j=2000}^{2011} x_{ij}} \qquad (10-1)$$

在得到标准化数据后，下一步任务是确定变异系数，第 i 类基础设施的变异系数 V_i 为：

$$V_i = \frac{\sigma_i}{\bar{y}_{ij}} \qquad (10-2)$$

其中，σ_i 为 y_{ij} 的标准差，$\bar{y}_{ij}$ 为 y_{ij} 的平均值；进而得到的每种类型基础设施

---

① 四类基础设施的代表指标与本章后边计量验证部分一致，分别为：城市年末供水管道长度（公里）代指供水基础设施发展水平；燃气供应管道长度（公里）代指供气基础设施发展水平；下水道总长度（公里）和人均电力生活年消费量（千瓦时）分别代表排污、电力两类基础设施发展水平。
② 此方法可以反映出各类基础设施的发展趋势。

的权重 W_i[①] 为:

$$W_i = \frac{V_i}{\sum_{i=1}^{4} V_i} \quad (10-3)$$

四种类型基础设施的变异系数、指标权重值以及年均增长速度整理如表 10-1 所示，可以看到供气基础设施的变异系数与权重值都是最大的，这表明在这四种类型的生活基础设施中它发展最为迅速，实际情形为供气类基础设施的年均增长率为 12.82%，是这四种类型中最高的。

表 10-1　　　　　不同类型生活基础设施的各种指标值

类型	城市年末供水管道长度	燃气供应管道长度	下水道总长度	人均电力生活消费量
变异系数	0.24	0.44	0.32	0.42
权重大小（%）	17.48	30.70	22.70	29.12
年均增长率（%）	7.01	12.82	9.34	11.74

获得不同类型基础设施的权重后，本章计算出了生活基础设施的整体发展指数（见图 10-3）。将 2000 年的生活基础设施指数定为基准值 1.00，2011 年此数值达到了 3.36，年均增长速度为 10.62%；反映出生活基础设施整体水平的快速提高。

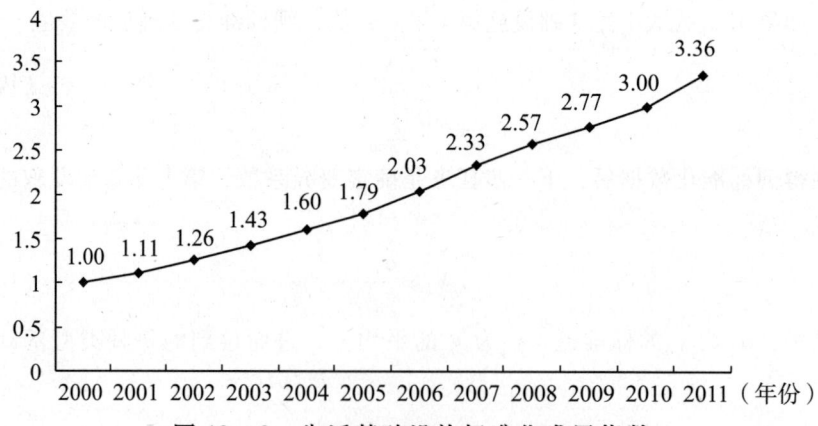

图 10-3　生活基础设施标准化发展指数

---

① 可以看到变异系数与变量的变化程度成正比，变化幅度越大（在本章是指某类基础设施的发展水平越快），则其在生活基础设施发展指数中所占的比重（W_i）也越大。

为了能够更加全面地反映生活基础设施的发展状况，也为了给后边针对不同类别基础设施的计量检验提供全面的分析背景，在下面内容中会依次对四种类型的基础设施发展状况进行详尽的描述。

三、分类型生活基础设施发展状况描述

本部分内容按照发展状况数据描述、供给体制沿革总结两方面依次详尽描绘了电力、供水、供气、排污四类生活基础设施代表类型的发展状况，为后续的国际、国内比较以及实证检验部分提供了充裕的背景支撑。

（一）电力基础设施发展状况

电力基础设施主要由发电和输电设施两部分组成。前者的发展水平可从电力产出量、环境影响程度以及能源消耗强度等不同角度进行度量。本节选取了全社会发电量、分电源发电量当中水电、风电、核电三者发电量之和、发电标准煤耗三个指标代表上述不同分析角度；后者的发展水平可以从不同类型的输电线路长度[①]、供电标准煤耗、输配电损失量来体现。

1978~2012年全社会发电量从2 566亿千瓦时增加到了49 875.5亿千瓦时，从1996年开始一直位居世界第二位[②]（见图10-4），而在2012年以63 112亿千瓦时领先于美国（54 188亿千瓦时[③]），位居世界第一。可再生能源与核能发电量从1978年的446亿千瓦时增长到了2012年的8 294亿千瓦时，年增长率达到了8.71%，在历年总发电量中的占比也基本维持在17%以上。发电标准煤耗指标也从1978年的434克/千瓦时降到了2012年的320克/千瓦时，实现能效利用率提高了26.3%。种种迹象都体现了我国淘汰落后产能、降低碳排放、实现可持续发展的能源发展思路[④]。

[①] 按照输电电压高低可分为高压（HV）、超高压（EHV）、特高压（UHV）三种；一般来说输电电压越高，输电容量越大、线路损耗与线路单位造价越低，占用耕地面积也越小。因而可以用超高压输电线路长度占比来反映输电线路总体发展水平。

[②] 资料来源：中经网产业数据库电力行业数据。

[③] 资料来源：CIA World Factbook，收录于Index mundi网站，通过历年数据和中经网国内数据的换算比例计算得来。链接地址：http://www.indexmundi.com/g/g.aspx?c=ch&c=ja&c=rs&c=us&v=79。

[④] 《中华人民共和国国民经济和社会发展第十二个五年规划纲要》第一篇第四点提到"发展循环经济，推广低碳技术，走可持续发展之路"。

```
(亿千瓦时)
60 000
                                                        49 875.5
50 000                                           42 071.6
40 000
                                         28 657.3
30 000
                                 16 540.0
20 000
                          9 281.0  11 670.0
10 000        3 277.0  4 495.0  6 212.0
       2 566.0
     1978 1980 1982 1984 1986 1988 1990 1992 1994 1996 1998 2000 2002 2004 2006 2008 2010 2012 (年份)
```

图 10-4　全社会发电量总计

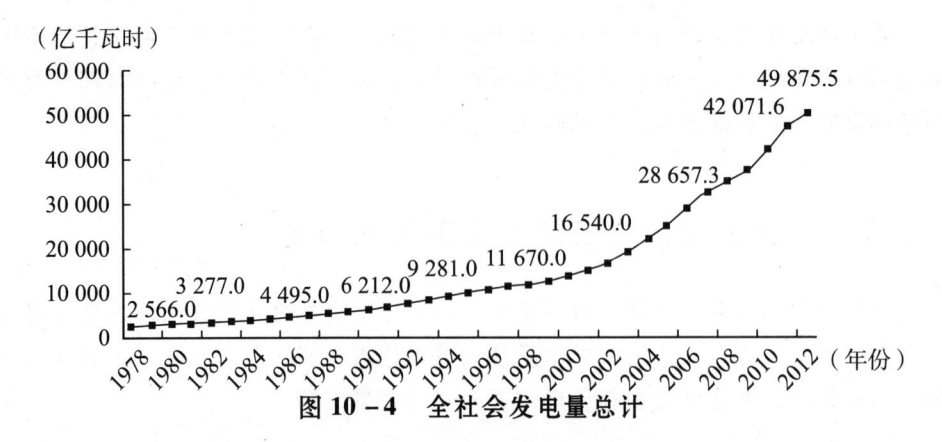

输电线路总长度（包括35KV及以上输电线路长度）从1997年的625 871千米增加到了2003年的879 479千米，后由2007年的1 106 345千米增加到2012年的1 479 963千米①，近几年的年增长率达到了6.51%；超高压输电线路占比从1993年的1.98%增加到了2012年的11.14%②；县供电企业农村居民户通电率在2010年达到了100%，全民通电的目标得到了实现。另外，输配电损耗比例也从1991年的7.20%降到了2013年的5.78%③。从2001年开始具体实施的"西电东送"工程的逐步完成更使我国形成了从南到北，从西到东，北、中、南三路送电格局；极大地提升了我国的输电、配电能力，有效地缓解了华东、华中、华南、华北地区发达省份用电紧缺的问题。除此之外，特高压电网技术、500千伏直流输电设备全国产化的实现，750千伏示范工程的建成运转，1 000千伏交流特高压输电试验示范工程的开始都表明了我国的输电基础设施正朝着全面化、智能化、高效化的方向发展。

（二）供水基础设施发展状况

供水基础设施主要包括生产水和配送水④两部分。前者可通过自来水年供水量反映其发展水平；后者本节采用年末供水管道长度、用水人口数、用水普及

---

① 如果没有特别说明，此部分的数据都来源于《中国电力年鉴》《电力工业统计资料汇编》历年数据；输电线路长度指标的统计口径分别在2004年与2007年发生了较大变动，并且2006年的统计数据缺失，因而本节并没做出反映整体变动趋势的图表。

② 此处的超高压输电线路占比等于500kV、750kV、800kV、1 000kV 四类输电线路长度之和与总输电线路长度的比值。

③ 输配电损耗比例：电力在供电源与配电点之间输送以及向消费者配送过程中产生的损耗量与发电量的比例。

④ 供水行业的狭义定义，广义上讲还包括污水排放以及处理、中水循环利用（重新被原水生产阶段利用）环节。

率[1]几个指标加以说明。对于供水基础设施的整体发展状况本节选取供水综合生产能力[2]进行衡量。

从 1978 年到 2013 年，我国城市自来水年供水量由 78.8 亿吨增长到了 537.3 亿吨，年均增长率为 5.34%；供水企业数量从 1980 年的 223 个增加到了 2010 年的 1 757 个[3]。自来水生产能力的逐步提高使居民用水和工业用水从需求紧缺的状况发展到现在基本得到满足甚至略微超前的情形。城市年末供水管道长度[4]从 1996 年的 202 613 公里增加到了 2013 年的 646 413.4 公里，平均每年增加两万多公里（见图 10-5）。城市用水普及率也得到极大提高，1978 仅为 81.6%，到 2013 年为 97.6%，绝大多数城市居民都用上了自来水；由此导致城市用水人口数量在这些年也得到快速增长，1996 年用水人口数为 21 996.98 万人，到 2013 年增长为 42 261.44 万人，占城市人口总数的 96.2%[5]。反映供水基础设施总体

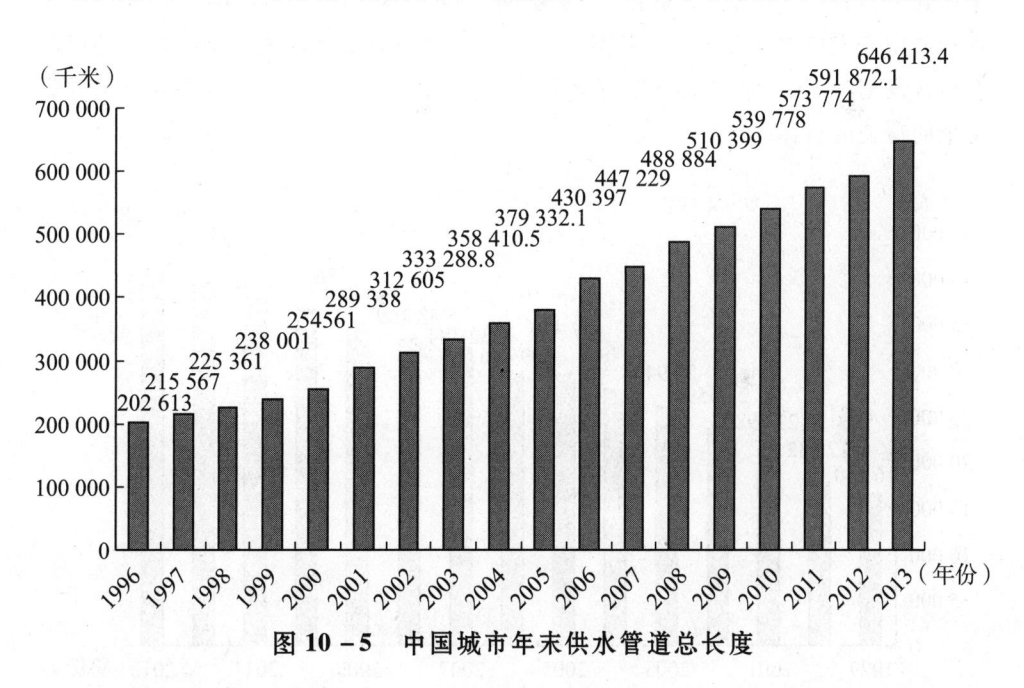

图 10-5 中国城市年末供水管道总长度

---

① 这三个指标主要衡量配水管网的覆盖程度。
② 供水综合生产能力是指按供水设施取水、净水、送水、输水等四个环节设计能力计算的综合生产能力，以其中最薄弱环节的生产能力大小确定此指标数值。通常情况下，为了应对将来自来水需求的增长，供水基础设施一般会以未来 20～25 年的需求量为参照进行建造（供水设施建设周期较长是导致如此考虑的主要原因）。
③ 以上数据部分来源于中经网统计数据库城市供水情况栏目，部分来源于国泰安数据库工业行业数据。在没有特别说明的情形下，由于数据的可获得性大部分数据都为城市数据。
④ 由于数据的可获得性，此指标只获得 1996 年后的数据。
⑤ 资料来源：《中国城市建设统计年鉴》《中国统计年鉴》历年数据。

发展状况的城市供水综合生产能力指标值从 1978 年的 2 530.4 万吨每日增长到了 2013 年的 28 373.39 万吨每日，36 年间增长了 10.21 倍，平均每年自来水日生产能力增加 717.86 万吨。如果按照城市人均日生活用水量 199.50 升①计算，每年新增的自来水生产能力能够为 3 558.65 万人提供充足的生活用水。

（三）其他两类生活基础设施发展状况

供气和排污两类生活基础设施从改革开放以来也获得了巨大的进步。城市全年供气总量②由 1978 年的 24.16 万立方米增加到 2013 年的 2 073.52 万立方米；年均供气增加绝对量为 58.55 万立方米，超出 1978 年全年供气量 1.42 倍。供气管道长度由改革开放之初的 4717 公里增长到 2013 年的 432 377 公里，年均增长率达到 13.49%。用气人口数由 1999 年的 1.65 亿增加到 2013 年的 4.03 亿，年均新增用气人口 1 700 万人（见图 10-6）。换种统计方式来看，我国城市地区的燃气普及率由 1978 年的 13.9% 提高到了现在的 92.4%，基本实现了供气基础设施全面覆盖的目标。

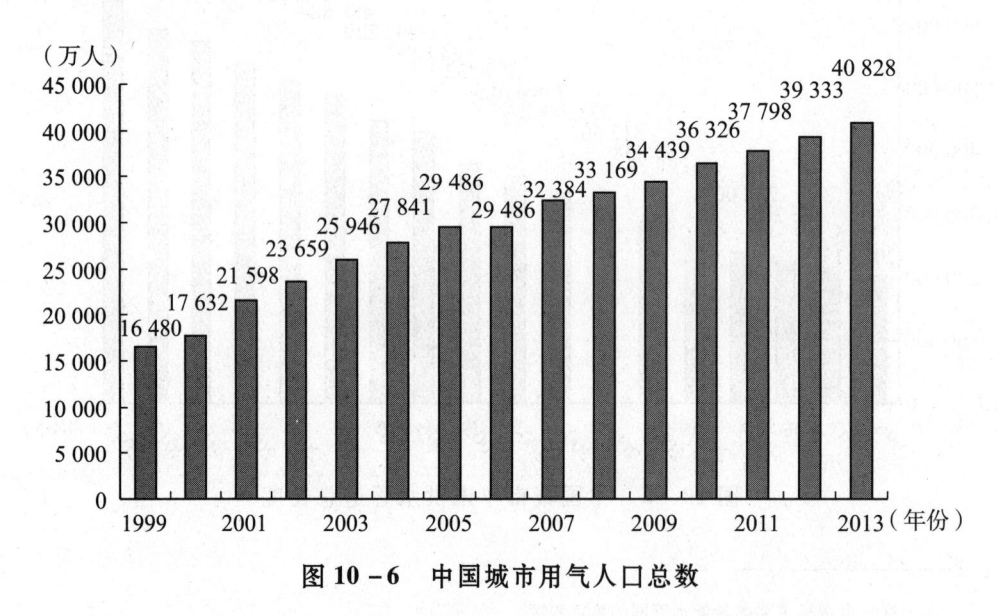

图 10-6 中国城市用气人口总数

得益于城市排水基础设施建设投资的快速增长，居民生活基础设施当中的排

---

① 此数值是通过将 1996~2011 年城市人均日生活用水量求平均值后得到，可以近似反映居民人均生活用水量。

② 供气总量等于城市全年人工煤气、天然气、液化石油气三种类型供气总量之和；资料来源于中经网综合年度库城市概况板块。

污部分同样获得了快速的发展。2000~2011年排水设施建设投资[①]由149.30亿元增加到了2011年的770.10亿元，平均每年增加51.73亿元，年均增长率为14.65%。城市下水道管道长度从1990年的5.8万公里增长到了2013年的46.5万公里，平均每年增长17 000多公里（见图10-7）。快速发展的排污基础设施解决了城市人口越来越多，居民用水日益增加所造成污水排放处理问题，有效地满足了居民提高生活水平的欲求。

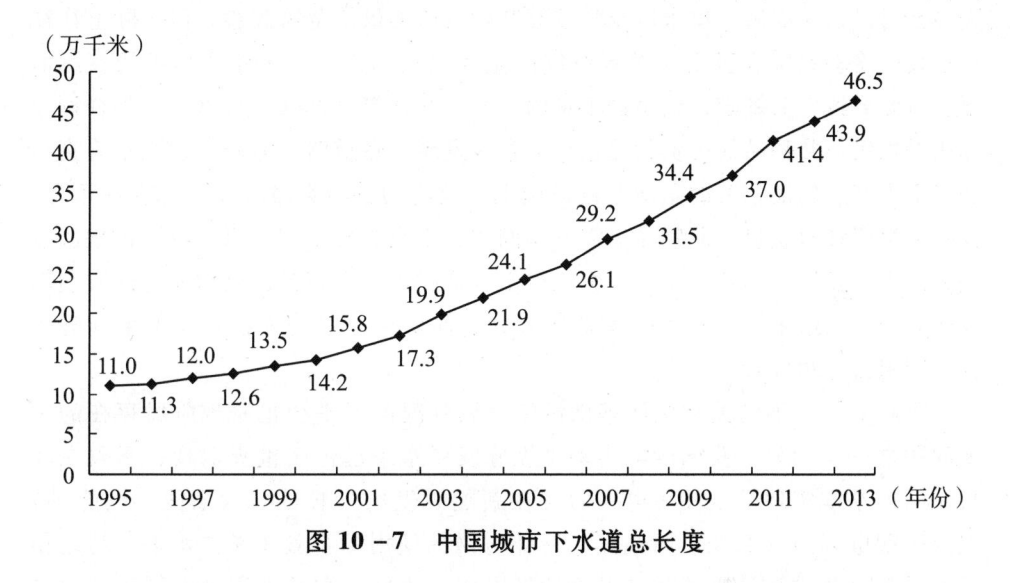

图10-7 中国城市下水道总长度

四、生活基础设施发展问题总结

从全国范围以及总体发展状况来看，生活基础设施取得了巨大的成就，但如果深入到不同类型、不同区域又会发现其中存在的诸多问题。

首先，城乡生活基础设施的发展存在较大失衡；农村地区不仅底子薄、投入少，而且发展侧重与实际需要也存在较大偏离（马晓河、方松海，2005）。从1981年以来，城镇固定资产投资额一直保持在农村地区的6.9倍以上，农村地区的生活基础设施投资额占比更是不到全社会总投资额的10%[②]。尽管"十五"以

[①] 资料来源：《中国统计年鉴（2012）》按主要行业划分的全社会固定资产投资。

[②] 参照《国民经济行业分类》（GB/T 4754—2002）将电力、燃气及水的生产和供应业固定资产投资额以及水利、环境和公共设施管理业固定资产投资额两者之和作为生活基础设施投资额的数值；前者包括了供水、供电、供气三类基础设施的投资数据，后者包括了排污基础设施的投资数据。具体结果所需数据来源于中经网统计数据库全社会固定资产投资以及城镇固定资产投资板块，农村地区的数据通过计算两者的差额得到。

来，国家在不断加大农村地区基础设施建设的投入，但由于历史积累过多，现阶段农村地区的生活基础设施依然远远落后于城市。与此同时，融资渠道的单一也是导致其投入较低的重要原因，集体经济在农村地区的衰弱也导致其发展的"可持续性"降低（董志凯，2008）。

其次，供需不匹配也是农村地区生活基础设施发展存在的主要问题之一。叶敬忠等（2006）在对江苏、甘肃等四个省份的部分农村居民进行问卷调查后发现大多数村民认为灌溉、供水以及学校等基础设施的供给急需改善，但实际上往往存在政府将多数资金投资于关系政绩的重大项目与设施，忽略了居民的实际需要，由此导致生活基础设施供需不符的情况。李强等（2006）同样利用抽样调查方法对村级公共物品的投资状况进行考察后发现：在道路、灌溉和饮用水等直接和居民生产、生活相关的生活基础设施上，政府的供给数量和质量都存在不足。此外，尽管针对农村公共物品供需不符问题，中央提出了"一事一议"的解决办法，但由于所需的具体资金、劳力依然由本地村民进行筹措，供给能力的限制以及政府作为供给主体职责的失衡造成公共物品供给总量仍存在较大不足（韩鹏云、刘祖云，2011）。

除此之外，不同类别生活基础设施发展状况的不平衡也是现阶段存在的主要问题之一。例如：我国的电力基础设施发展水平已位于世界前列，不仅在较短时间内基本实现了全民用电，而且在新能源发电（核能、太阳能、风能等）以及输配电方面（高压、特高压、智能电网的使用）都处于领先水平。与之相反，供水以及排污等生活基础设施的发展相对滞后，在某种程度上制约了居民生活水平的提高。比如，2012 年我国的自来水城市普及率为 97.2%，县城、乡村和村庄的平均用水普及率不到 70.00%[①]；饮用水标准也低于欧美发达国家，并且在某些地区存在"二次污染"的情况。截至 2012 年 9 月约有 26.7%[②]的县城及建制镇依旧没有污水处理厂，大约 318 个县城及建制镇的污水问题不能得到妥善解决。

最后，生活基础设施的区域失衡更是发展过程中形成的最为突出的问题。东西部地区、内陆以及沿海省份，不管从整体水平还是细分类型来看，都呈现较大差异。整理并分析这些差异，从进一步研究其对居民日常消费的影响成为一项繁琐但有意义的事情。本章后半部分将对上述内容依次进行展开。

[①] 资料来源：历年《中国第三产业统计年鉴》、《中国城市建设统计年鉴》与《中国城乡建设统计年鉴》历年指标值。

[②] 资料来源："中国新闻周刊"文章，链接地址：http://finance.inewsweek.cn/20120917,8430,all.html。

第二节 生活基础设施发展水平国内外比较

前述提到居民生活基础设施在不同区域存在较大差异，是否本国的整体发展状况及各类型的发展水平同其他国家相比也存在明显差别？为此需要我们进行更进一步的比较分析。同时，此项工作也可以让我们从横向上获得生活基础设施发展状况更为清晰、直观的认识。

一、生活基础设施发展水平国际比较

在进行国际比较前，需要选取合适的比较对象，构建合理的比较指标以保证比较过程的真实性与合理性。本章后续部分则依次从比较对象的选取、指标的构建以及结果的分析加以展开。

（一）国际比较对象的选取

由文献回顾可以看出，生活基础设施的发展受多种因素的共同影响，在国际比较的时候很难找到与我国各方面状况都类似的国家，这也决定了基础设施的国际比较是一件相对较为困难的事情（刘国光，2012）。不过参照比较分析应该具备的可比性、真实性、有效性以及全面性等要求来看，依然能够选择"金砖国家"作为本章比较合适的比较对象，主要原因为以下几方面。

首先，"金砖国家"分布于世界四大洲，较广的地理分布让本节的比较具备了一定的代表性和全面性。其次，"金砖国家"都处于相似的发展阶段，面临着类似的发展问题，并且肩负着同样的发展任务，比如优化产业结构、改善外部环境、完善各类基础设施、完善金融市场、完善社会保障、缩减地区发展差异等等（蔡春林等，2013）。再次，按照本章前面提到的经济增长与基础设施发展存在密切关联的理论基础可知，"金砖国家"在最近若干年内较为类似的经济发展状况也让本章的国际比较具备了更多的有效性。比如：黄凌云、黄秀霞（2012）文章中也提到了"金砖国家"的经济增长相比其他国家而言都更快，从1999～2008年10年当中均高于了世界平均增长水平3.07%，是世界新兴市场的典型代表。除此之外，白维军（2013）指出"金砖国家"在社会特质上还存在较多的相似性。

综上所述，生活基础设施发展状况在"金砖国家"间的比较不仅能够让我们

更清楚地认识自身发展水平的相对情况，为今后继续完善某类基础设施提供了借鉴和参照；更能为"金砖国家"在此类领域的国际间合作提供经验基础。

（二）生活基础设施指标构建及数据说明

按照前边对生活基础设施类型的划分也基于数据的可获得性，本节确定了以下四个不同类型的指标（见表10-2）。指标的构建依然基于存量和实际使用量两方面，此种方法也为绝大多数文献所使用（倪鹏飞，2002；Kumar & De，2008；黄金川等，2011；查克拉博蒂等，2012；Calderon et al.，2014）。

表 10-2　　　　　　　　　　国际比较指标描述

名称	含义	解释
GS	年人均天然气年消耗量（立方米）	生活基础设施供气方面发展水平的代理变量
WS	获得改善水源的人口所占百分比	生活基础设施供水方面发展水平的代理变量
PS	年耗电量（人均千瓦时）	生活基础设施供电方面发展水平的代理变量
IS	每100人所拥有的电话线路数量①	生活基础设施通信方面发展水平的代理变量

构建比较指标有多种方法，最为常用的是PCA（主成分分析法），不过使用PCA需要相对较多的指标类型，并且容易导致某项指标的权重过小，影响最终结果的客观性。除此之外，还有层次分析法（AHP）、德尔菲法（Delphi）等主观赋权以及变异系数法（CV）等客观赋权指标构造法。每种方法都各有优缺点，考虑到各项生活基础设施对于居民不可或缺性，也考虑到本章前边提及的指标比较应该具备的真实性、客观性，最终决定使用熵权法作为构建比较指标的方法，其优势在于能够更加客观地反映比较群体在截面上的差异，符合本章的要求和目的。

另外，周浩、郑筱婷（2012）强调基础设施的质量差异既可以体现在时间序列上样本单元自身的变化，又能够体现在横截面上的群体间差异。本章前面部分已使用能够反映样本纵向变化的变异系数法（CV）对生活基础设施的发展状况进行了分析，此部分任务则在于比较"金砖国家"的生活基础设施在同一时间点上的差异情况。

对于熵权法，其基本原理来源于信息论，反映了某一系统无序程度的大小。体现在本节的指标构建中就是反映某项生活基础设施指标在不同国家间的离散程

---

① 电话线路数除固定电话用户线路数外，还包括了综合服务数字网络通道用户（上网人数）和固定无线用户（移动电话用户数）。

度。如果某项指标的变异程度越大、信息熵越小，表明其所提供的信息量越多，在最终综合指标构建当中的作用越大、权重也越大；反之，则有相反的情况。在计算最终的生活基础设施比较指标前，先需要将不同国家不同指标的原始数值矩阵进行标准化处理，以消除量纲①，数学表述为：

$$n_{ij} = \frac{p_{ij} - \min\limits_{1 \leq i \leq 5}\{p_{ij}\}}{\max\limits_{1 \leq i \leq 5}\{p_{ij}\} - \min\limits_{1 \leq i \leq 5}\{p_{ij}\}} \quad (10-4)$$

其中，n_{ij} 指某个国家某类生活基础设施指标值标准化的值。

在得到指标的标准化处理结果后，接下来的任务为确定每种类型生活基础设施在最终比较指标中的权重，具体步骤为：

首先，计算不同国家在具体某一年份、某一类型生活基础设施下指标值的比重，数学表述为：

$$p_{ij} = x_{ij} / \sum_{i=1}^{5} x_{ij} \quad (10-5)$$

其中，下标 i 表示国家序号，共有五个"金砖"比较国家；j 表示 GS、WS、PS、IS 四种类型生活基础设施的序号。

其次，计算第 j 种类型生活基础设施指标的熵值 e_j，公式为：

$$e_j = \left[\ln\left(\frac{1}{5}\right)\right]^{-1} * \sum_{i=1}^{5} p_{ij} * \ln p_{ij} \quad (10-6)$$

在得到熵值 e_j 后便可计算出各类生活基础设施的熵权 w_j 以及最终的国际比较指标，计算方法如下：

$$w_j = (1 - e_j) / \sum_{j=1}^{4} (1 - e_j) \quad (10-7)$$

$$\text{Infra\_dev\_index}_i = \sum_{j=1}^{4} n_{ij} * w_j \quad (10-8)$$

其中，w_j 为计算得出的某类型生活基础设施的最终权重，Infra_dev_index_i 为某个国家某一年的生活基础设施发展指数。

除指标 GS 数据来源于 BP 世界能源统计报告（BP Statistical Review of World Energy）统计数据外，WS、PS、IS 数据均来自世界银行（World Bank）世界发展指标数据库当中的基础设施年度数据。依照数据的完整性、可获得性以及时间跨度的合理性，确定了 1995～2010 年的四个比较年份。

(三) 结果整理及分析

首先，按照本章前边的叙述，知道熵值的大小反映了某类指标变动程度的大

---

① 由于所有指标均为正向指标，因而使用同一种标准化方法。

小，进而能够体现出不同国家在此类基础设施上差异程度的高低，由所得数据计算得到各个指标的熵值如表10-3所示。

表10-3　　　　　　　不同类型生活基础设施指标的熵值

年份	熵值			
	WS	PS	GS	IS
1995	1.000	0.793	0.679	0.842
2000	1.000	0.815	0.696	0.914
2005	1.000	0.849	0.746	0.903
2010	1.000	0.882	0.708	0.872

从表10-3可以看出供水基础设施的发展水平在"金砖国家"间基本没有区别，原始数据也显示近年来五个国家在"获得改善水源的人口所占百分比"这一指标数值上相差不到3.1%，均达到97%以上。供气类基础设施发展水平的指标数值熵值较小，表明不同国家在此类生活基础设施的发展状况上存在较大差异。其余两种类型生活基础设施的熵值呈现不同的变化趋势，供电类型由1995年的0.793变为2010年的0.882，说明电力基础设施的发展差距在"金砖五国"间正在逐步缩小；而通信类基础设施的熵值呈现先上升后下降的趋势，可见在通信、信息技术发展初期，不同国家由于对应发展基础的差异，造成起步阶段的发展水平参差不齐。原始数据也显示中国和印度在1995年"每100人所拥有的电话线路数量"不足俄罗斯的20%；到2005年中国与俄罗斯此指标的差距降为1.08，2010年又拉大为9.47。此种情况说明我国的通信类生活基础设施近些年来发展相对缓慢，应在此类基础设施上继续加快发展步伐，以免在当前和未来的信息化浪潮中错失发展机遇。

表10-4为各类生活基础设施指标在最终比较指数当中的权重值。可见由于供水类生活基础设施发展状况在不同年份、不同国家间的差异很小，无法为横截面的比较对象提供参照信息，因而其权重基本为零。供气类基础设施在不同国家间的发展差距较为明显，其权重较高；供电和通信类次之。不过通信类基础设施在2010年的权重超过了电力基础设施，表明近年来"金砖"国家在此类设施上的发展差距在扩大。

表 10-4　　　　　　　不同类型生活基础设施指标的熵权

年份	熵值			
	WS	PS	GS	IS
1995	0.000	0.301	0.468	0.231
2000	0.000	0.321	0.529	0.150
2005	0.000	0.301	0.506	0.193
2010	0.000	0.220	0.542	0.238

最后，通过式（10-8）得到的不同国家生活基础设施发展指数的排名情况如表 10-5 和图 10-8 所示。

表 10-5　　　　　　国际生活基础设施发展指数数值及排名

国家	1995年	排名	2000年	排名	2005年	排名	2010年	排名
巴西	0.252	4	0.301	4	0.376	4	0.357	4
中国	0.417	3	0.403	3	0.586	3	0.483	3
印度	0.000	5	0.000	5	0.000	5	0.000	5
俄罗斯	0.763	2	0.704	2	0.900	2	1.000	1
南非	1.000	1	1.000	1	1.000	1	0.945	2

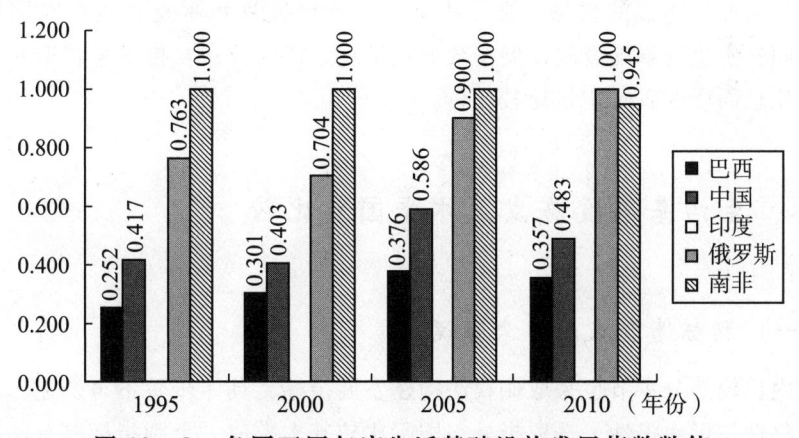

图 10-8　各国不同年度生活基础设施发展指数数值

从表 10-5 和图 10-8 可以看到我国生活基础设施的总体发展水平在不断提高，从 1995 年的 0.417 提高到了 2010 年的 0.483；在"金砖"国家中排名第三。相比之下，印度的生活基础设施一直保持很低的水平，与其余四个国家相比几乎接近于零，因而在图 10-8 中未能得到显现。俄罗斯此数值的增长速度是"金砖"国家中最快的,从1995年0.763增加到了2010年的1.000,增加相对量将近31.1%。导致此结果的出现有两方面原因:一是俄罗斯自身各类生活基础设施都有较为明显的发展,比如俄罗斯供电基础设施代理指标"人均年耗电量"从1995年的5 109.64千瓦时增加到了2010年的6 451.87千瓦时,增长率超过了1/4;通信类基础设施的代理指标值20年间增长了将近一倍。另一方面在于其他国家相对发展水平的缓慢甚至倒退,比如我国的供气、通信两类基础设施从2005～2010年几乎没有发展,前者的代理指标值增加不到1%,后者还有所下降;南非共和国也呈现相同情况。

综上所述,我国的生活基础设施同印度相比具备明显优势,并且总体水平高于巴西;不过同时应注意到同俄罗斯、南非等相对发达国家间存在的差距以及自身在发展过程中存在的问题。比如2010年我国的生活基础设施发展指数不到两者的一半;作为通信基础设施重要组成部分的互联网建设也相对滞后。由国际最大的CDN(Content Delivery Network)服务商阿克迈(Akamai)公司公布的互联网接入速度数据显示2012年第一季度我国的平均接入速度仅为1.5Mbps,不仅低于2.6Mbps的全球平均水平,在国际上的排名更是接近于100位[①]。尽管以特高压、超高压等先进输电技术为代表的供电基础设施发展水平已走到世界前列,但我们更应注意到不平衡性在不同类型基础设施发展中的存在。

另外,众所周知我国的生活基础设施发展状况还存在巨大的区域差异。张学良(2007)研究表明我国的交通基础设施呈现很强的空间集聚效应,发展水平呈现由东往西逐步递减的情形。那么生活基础设施发展水平是否也存在同样的情况?不同省份生活基础设施发展指数究竟呈现怎样的分布?接下来将会对其进行与国家比较同样的省际定量比较分析。

二、生活基础设施发展水平国内比较

(一) 指标选取及数据来源说明

国内比较部分本节也采取熵权法构建发展指标,具体步骤不再赘述。基于数据的完整性与可获得性,选取指标与国际比较基本类似,个别指标略有不同,如表10-6所示。

---

① 相应数据来源于阿克迈官方网站,其中中国的互联网接入速度位列世界第93位。数据链接地址:http://wwwns.akamai.com/soti/soti_q112_figures.zip。

表10-6 国内比较指标描述

名称	含义	解释
GS	城市燃气普及率（％）	生活基础设施供气方面发展水平的代理变量
WS	城市人口用水普及率（％）	生活基础设施供水方面发展水平的代理变量
PS	人均电力生活消费量（千瓦时）	生活基础设施供电方面发展水平的代理变量
IS	互联网上网人数占比（百分比）①	生活基础设施通信方面发展水平的代理变量

上述四项指标中，GS、WS 来源于中经网统计数据库城市概况板块，PS 数据来自各省对应年份统计年鉴能源平衡表城镇居民生活电力消费一栏，然后除以各省历年常住人口数计算而来。

（二）结果整理及分析

首先，经计算得出各类生活基础设施的熵权值如表10-7所示。可以看出，各省市生活基础设施除供电外，其余三种类型的整体发展水平差距都在逐步缩小，其中通信类基础设施最为显著，权重由 2003 年的 0.600 降低为 2011 年的 0.458，表明 2011 年通信类基础设施在各省市的整体发展水平差异状况同 2003 年相比降低了将近 1/4。电力基础设施的发展情况则相反，2011 年同 2003 年相比整体发展水平差距提升了 1/2；供水与供气两类基础设施的权重一直相对较小，主要原因在于这两类生活基础设施在各省市的发展状况相对较为同步；另一方面也由于两者的发展水平都达到了比较完善的程度，难以再有较大幅度的变动。比如到 2011 年年底，我国各省市的平均供气、供水普及率都达到 90％ 以上。综上所述，国家在今后各类基础设施的建设、完善过程中更应该重点考虑电力类型的区域发展平衡性。

表10-7 国内不同类型生活基础设施指标的熵权

年份	熵值			
	IS	WS	GS	PS
2003	0.600	0.019	0.056	0.326
2011	0.458	0.005	0.041	0.496

---

① 由于没有现成数据，通过将互联网上网人数除以年底总人口数所得比值来反映互联网在不同省份的使用普及率；互联网上网人数（万人）与年底总人口数（万人）数据均来源于国泰安区域经济数据库；2011 年的互联网上网人数数据来源于中经网综合年度库。

进而经计算得到的各省份生活基础设施发展指数值及排名情况如表10-8所示。可以看出大部分省份的生活基础设施发展水平均有所提高，全国层面此数值更是从20.34%提高到了38.57%，增加近90%，反映出我国生活基础设施整体水平的快速进步。此种情形也从侧面表明多数省份的生活基础设施发展水平同一线城市的差距正在逐步缩小，比如福建、浙江、广东、江苏等较发达省份在2003~2011年的7年间同上海、北京等最发达地区的平均指数差距由54.31%降低为25.49%；辽宁、河北、山西、湖北、重庆、陕西等次发达或欠发达省份同北京、上海的平均指数差距缩小13.54个百分点。另外，甘肃省是31个比较区域当中唯一一个生活基础设施发展水平倒退的省份；黑龙江、江西、四川、新疆等地区从2003年以来也基本处于停滞状态。由此可见，国家应加大对这几个省份各类生活基础设施的改善力度。

表10-8　　　　国内生活基础设施发展指数数值及排名

区域	全国或省（区、市）	2003年生活基础设施发展指数（%）	排名	2011年生活基础设施发展指数（%）	排名
中国	全国	20.34	13	38.57	9
东部地区	北京	100.00	1	100.00	1
	天津	58.44	3	61.01	6
	河北	19.84	14	38.23	10
	辽宁	33.68	7	57.16	7
	上海	90.25	2	98.94	2
	江苏	32.14	9	56.60	8
	浙江	41.80	5	78.89	4
	福建	37.20	6	86.03	3
	山东	33.31	8	36.14	11
	广东	52.13	4	76.87	5
	海南	12.58	20	27.18	18
中部地区	山西	10.91	23	30.25	14
	吉林	23.62	10	29.29	17
	黑龙江	23.43	11	24.20	19
	安徽	7.37	29	15.43	29
	江西	8.69	27	9.10	30
	河南	6.21	30	17.98	26

续表

区域	全国或省（区、市）	2003年生活基础设施发展指数（%）	排名	2011年生活基础设施发展指数（%）	排名
中部地区	湖北	18.26	16	31.07	13
	湖南	9.63	26	20.23	24
西部地区	内蒙古	8.43	28	29.31	16
	广西	11.80	21	21.97	22
	重庆	20.63	12	32.56	12
	四川	17.42	17	17.41	27
	贵州	4.40	31	18.72	25
	云南	9.94	24	15.43	28
	陕西	16.02	19	30.10	15
	甘肃	10.98	22	5.94	31
	青海	9.75	25	22.16	21
	宁夏	17.03	18	24.02	20
	新疆	19.66	15	20.88	23

可以看出，东部省份以及沿海省份的发展分布状况基本未变，一直处于较高水平；四川、陕西、宁夏、新疆等西部省份从2003年的高位[1]降为2011年的低位。产生这种情况的原因为：首先，这几个省份在2000年实施的西部大开发战略当中都处在示范、带头地位，较早地开展了各种基础设施的建设、完善。例如：国务院总理朱镕基2000年9月在新疆考察工作时就强调了将新疆维吾尔自治区的基础设施和生态环境建设作为西部大开发战略的良好开端部分，并指出当前要集中力量做好新疆维吾尔自治区的水资源开发利用与西气东输工程的建设[2]。陕西省也同样较早受到国家西部开发政策的影响，2000年宁西铁路的开工[3]拉开了开展各类基础设施建设的帷幕。另外，近些年其他省份尤其是东部沿海以及辽宁、重庆、湖北等中部、东北部省份各类生活基础设施的高速发展是造成2011年这几个省份分布层次降低的直接外部原因。

从全国以及东中西地区整体发展数据看，2003年中西部的平均发展指数[4]为

---

[1] 张军（2011）也有相类似的结论。
[2] 参见中国西部开发网《西部大开发及国务院西部开发办工作大事记（2000年）》，http://www.chinawest.gov.cn。
[3] 同上。
[4] 平均发展指数通过求各省相对发展指数之和与省份个数的比值得到。

13.51%与13.28%，两者相差不到1%，和全国整体水平相差7%左右；到2011年中西部的此指标依然持平，均达到22.1%左右，不过与全国整体水平相差幅度扩大到16.5%左右，增加了近10%。主要原因在于东部各省生活基础设施的发展速度远超越了中西部，从而拉高了全国整体水平。2003年、2011年东部地区的平均发展指数为46.49%和65.19%，分别高于中西部地区33.0%、43.0%左右。可见这些年东部与中西部地区的生活基础设施发展水平差距依旧在扩大。按照本章开头对基础设施发展水平影响因素的归结来看，和东部省份在经济发达程度、产业结构构成、经济金融制度完善水平、公共物品需求层次等多种因素上的差距共同造成中西部省份在生活基础设施方面发展动力的不足。因此，要想实现各省份生活基础设施甚至整体经济的均衡发展，国家以及各省份就必须协同努力，解决上述各个层面的差距和问题，促成中西部地区在市场机制下自我配置资源以及自我发展能力的提高（陈栋生，2001；程宝军，2002）。

第三节 生活基础设施供给对居民消费的影响

由已有研究可知基础设施和居民消费间的关系一直存在若干争议，部分学者认为通过基础设施投入对经济增长的各项正向效应，可间接提高居民的收入水平，从而促进消费增加；也有部分学者认为基础设施投入会挤占社会总产出中用于消费的部分，同时也可能存在降低劳动者收入分配比例的状况。对于上述种种分歧，本部分内容将通过选取生活基础设施与居民耐用品消费间的互补性视角重新检验两者间的真实关系。

一、理论模型的构建与假定

本节通过对居民消费品消费类型进行分类来构建我们的理论框架；按照国家统计局2013年第1号统计公告①，居民消费支出划分为八大类商品：食品烟酒，衣着，居住，生活用品及服务，交通和通信，教育、文化和娱乐，医疗保健，其他用品和服务；其中我们最关心的部分是与生活基础设施有密切关系的消费类型。生活用品及服务一项当中家用器具子类包含了与我们所要选取的对象；具体

---

① 国家统计局：《居民消费支出分类（2013）》，2013年5月2日，http：//www.stats.gov.cn/tjdt/zygg/gjtjjgg/P020130318592816256923.doc。

而言：此子类包括大型家用器具、小型家用器具、家用电动工具和设备三方面，基本涵盖了居民生活当中与生活基础设施相关的用品。按照互补品理论，如果两种产品是互补品，那么必须在一起使用才能满足消费者的需求，或者说两者在一起消费时才能带给消费者更大的效用。由此可见以上产品的消费受生活基础设施的制约最为明显。

我们假定用耐用品支出 C_{nt} 来代指上边提到三方面产品的总消费，则 C_{nt} 的大小可表述为：

$$C_{nt} = P_{nt} \times Q_{nt} \qquad (10-9)$$

其中，P_{nt} 指耐用品消费价格。Q_{nt} 指耐用品消费数量，由于 Q_{nt} 会受到自身价格 P_{nt} 以及互补品价格、互补品供给数量的影响，因此又可表述为：

$$Q_{nt} = Q(P_{nt}, P_{it}, Q_{it}) \qquad (10-10)$$

其中，P_{it} 的指生活基础设施所提供物品的价格；Q_{it} 指供给数量。除此之外，由于耐用品种类中包括的各类商品 t 单价相对较高，需要居民收入达到一定水平后才会有消费需求的形成，因而我们在（10-10）式中加入收入水平 I_t，得到（10-11）式：

$$Q_{nt} = Q(P_{nt}, P_{it}, Q_{it}, I_t) \qquad (10-11)$$

整理（10-9）式、（10-11）式得到耐用品总消费支出的最终表达式为：

$$C_{nt} = P_{nt} \times Q(P_{nt}, P_{it}, Q_{it}, I_t) \qquad (10-12)$$

由此得到影响耐用品支出 C_{nt} 的外生变量包括耐用品价格 P_{nt}、生活基础设施所提供用品的价格 P_{it} 以及生活基础设施提供物品的供给水平 Q_{it}；还有居民的收入水平 I_t。时间下标 t 具体到文章中指的是年度情况。为了分析各个外生变量对居民耐用品消费的影响方向，也为了给后边的实证检验提供理论假设，笔者依次对上述四个变量和耐用消费品支出间的关系进行了分析。

首先，对 P_{nt} 求偏导得：

$$\partial C_{nt}/\partial P_{nt} = Q_{nt} + P_{nt} \times \partial Q_{nt}/\partial P_{nt} \qquad (10-13)$$

从（10-13）式可知，耐用品价格变动对耐用品支出的影响包括两部分：前一部分表示在购买商品数量确定时，价格变动引起的支出变动，作用方向为正；后半部分表示价格变动导致商品需求量发生变动，进而间接对总支出产生影响。所以，在耐用品为正常商品的基本假定下，价格变动会对需求量产生负向作用，对总支出也会产生负向效应。可见耐用品价格 P_{nt} 对 C_{nt} 的最终影响方向并不确定，取决于两部分和的大小。

其次，（10-12）式对 P_{it} 求偏导得：

$$\partial C_{nt}/\partial P_{it} = P_{nt} \times \partial Q_{nt}/\partial P_{it} \qquad (10-14)$$

依据互补品定义可知，耐用品需求量 Q_{nt} 和生活基础设施所提供物品价格 P_{it}

间的交叉价格弹性为负,所以(10-14)式中的 $\partial Q_{nt}/\partial P_{it}$ 值为负;可知在 P_{nt} 给定的情况下,耐用消费品支出会受到生活基础设施供给物品价格的负向影响。

同理,(10-12)式分别对 Q_{it} 与 I_t 求偏导有:

$$\partial C_{nt}/\partial Q_{it} = P_{nt} \times \partial Q_{nt}/\partial Q_{it} \qquad (10-15)$$

$$\partial C_{nt}/\partial I_t = P_{nt} \times \partial Q_{nt}/\partial I_t \qquad (10-16)$$

在对(10-15)式进行分析时我们应注意到以下两点:(1)变量 Q_{it} 反映的是生活基础设施所供给物品的数量,而不是居民的实际需求量、使用量;更不是生活基础供给水平本身。不过本章的研究出发点为生活基础设施供给水平对居民消费的影响,因此在后续的分析与检验中均利用生活基础设施供给水平作为其所提供物品的最近似替代。(2)耐用品和普通商品的最大区别在于其使用期限长,并且存在用量饱和的情况,所以只有当居民耐用品拥有量不足时生活基础设施供给变动才会对耐用品消费支出 C_{nt} 产生影响;同时,供给水平的适度与否也会影响 Q_{it} 与 C_{nt} 数量变动关系。

(10-16)式蕴含的变动关系比较明显,由于前述已假定耐用品为正常商品,所以其需求函数的收入效应为正,故 $\partial Q_{nt}/\partial I_t > 0$,则 $\partial C_{nt}/\partial I_t > 0$。即居民收入增加会提高耐用品支出水平。

为了直观地反映四个外生变量和耐用品消费支出间存在的数量关系,我们通过简单的流程图加以描述(见图 10-9)。

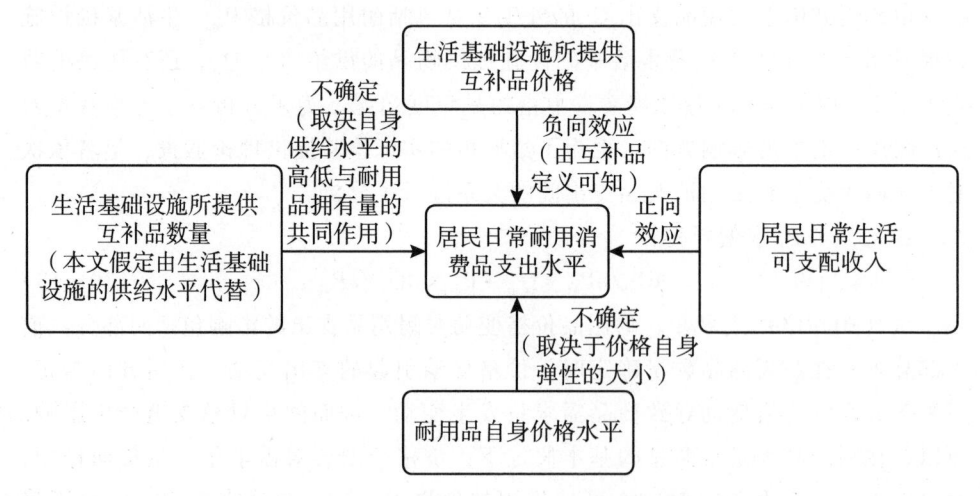

图 10-9 各变量相关关系假定分析

此外,我们还知道影响消费者对于某项商品消费情况最重要的因素是消费者偏好,而造成偏好不同的原因又是多种多样的,受教育水平、广告宣传、人口学因素(性别、民族属性)、职业类型,等等。不过本章假定影响消费者偏好的因素与上述解释变量相互独立，因而在后边实证检验中所得系数符合一致性。为了更进一步保证结果的可信度，实证部分加入了对消费者偏好影响较大（张学敏、何西宁，2006）且比较有代表性的因素"受教育程度"作为控制变量，检验回归结果的稳健性。

二、变量选定与数据说明

对于耐用品消费水平我们选择居民家庭平均每人全年耐用消费品支出作为其代表。而像生活基础设施这样的公共物品，供给数量不能像普通商品那样以个数计量，因此本章使用总体供给水平为代理变量反映其供给情况，搜集到的数据指标有城市年末供水管道长度，燃气供应管道长度（人工煤气、天然气、液化石油气之和），下水道总长度。关于电力生活设施部分，在以往的诸多文献当中都没有区别其对居民日常生活消费互补的部分与对全体社会或居民生产互补的部分。通过查找各省份历年的能源平衡表，我们只找出了反映在对居民日常生活消费的部分；用人均电力生活消费量来反映电力生活设施对居民日常消费的贡献，分离了前面提到的电力基础设施所具有的双重属性。

另外，选择存量指标后还存在最终以哪种形式度量的问题。用货币方式表示的优点在于不同类型的基础设施具备了可比性，而且也便于纳入国民经济核算体系，不过需要估计每种类型基础设施单位数量的货币价格（托里西，2009）。

综上所述，由于本章研究的目的主要在于衡量不同地区当前基础设施存量对居民日常耐用品消费的影响，不同于流量指标可以从生活基础设施动态变化的角度进行研究，也不需要牵涉到国民经济核算体系相关内容，另外，也基于普通实物存量指标所具备的流量指标没有的优势，对于生活基础设施供给水平的衡量最终采用实物存量指标。

对于生活耐用品的价格与生活基础设施所提供物品的价格本章没有采用实际价格，而是使用了价格水平指标，这样更能反映价格变动情况对居民耐用品消费的影响。选取变量的含义及其描述性统计如表10-9所示。

表 10-9　　　　　　　　变量的描述统计

变量名称	变量含义	变量类型	样本个数	平均值	最小值	最大值
TE	城镇居民家庭平均每人全年耐用消费品支出（元）	被解释	341	273.747	89.310	815.820

续表

变量名称	变量含义	变量类型	样本个数	平均值	最小值	最大值
WS	城市年末供水管道长度（公里）	解释	341	27 284.100	851.000	573 773.400
GS	燃气供应管道长度（人工煤气、天然气、液化石油气之和）（公里）	解释	341	13 169.480	185.000	348 966.000
DS	城市下水道总长度（公里）	解释	341	17 504.610	264.000	413 999.700
PC	人均电力生活消费量（千瓦时）	解释	341	267.610	61.040	753.610
EPBP	耐用消费品消费价格指数（2000年=100）	解释	341	87.608	70.739	100.305
EBP	水电燃料消费价格指数（2000年=100）	解释	341	137.774	96.300	214.992
TI	城镇居民家庭人均可支配收入（元）	解释	341	12 474.380	5 267.419	36 230.610
EL	高中文化及以上人口数占总人口的比重（%）	控制	341	20.406	6.083	53.864

绝大多数省的数据来源于国泰安区域经济数据库、中经网统计数据库，人均电力生活消费量来自各省 2001~2011 年统计年鉴能源平衡表城镇居民生活电力消费一栏，然后除以各省历年常住人口数计算而来；"受教育程度[①]"数据来源于 2001~2011 年《中国统计年鉴》分地区按受教育程度划分人口部分。由于数据的可获得性与研究对象的原因，以上变量所搜集的仅为城镇居民数据，共包含 31 个不同区域（不包括西藏地区，加入全国整体水平）2001~2011 年的数据。

最终确定计量模型前，我们对用到的解释变量做相关性分析，如果有的变量存在高度相关，那么回归结果的方差会变得很大，也容易存在多重共线性的情况。因此我们将除被解释变量之外的其余变量做相关性检验，整理出存在高度相关的变量，结果如表 10-10 所示。

---

① 本章的"受教育程度"用高中及以上文化人口占比代表。

表 10 - 10　　　　　　　　变量的相关性检验

变量名称	WS	GS	DS
WS	1		
GS	0.9774	1	
DS	0.9941	0.9888	1

上面的相关系数显示三者存在高度相关，不过由于三个变量对于城镇居民生活水平的影响难以权衡，而且变量个数太少，不大适合做主成分（PCA）分析，因此我们在后边的实证部分会将这三个变量依次加入回归模型，分别检验不同类型的生活基础设施对居民耐用品消费的影响程度。

进行计量回归前，我们先对被解释变量做简单的统计分析，找出可能存在较明显数据关系的个体。通过计算得到的各省份城镇居民人均耐用品消费支出年均增长率①数据如表 10 - 11 所示。可以看出内蒙古地区耐用品支出年增长率最快，达到 13.40%；吉林、江西、黑龙江等地增长也较快，均保持在 8.50% 以上；云南、宁夏、新疆、陕西等地增长迟缓，基本维持于 1% ~ 3% 之间。是否增长率快的省份生活基础设施对于其影响就更为明显呢？后续的实证部分给予更准确的估量。

表 10 - 11　　全国和有关省（区、市）城镇居民人均耐用品消费支出年均增长率

地区	耐用品支出年均增长率（%）	地区	耐用品支出年均增长率（%）	地区	耐用品支出年均增长率（%）
全国	5.40	江苏	2.30	新疆	1.84
北京	3.49	安徽	5.89	海南	8.29
天津	0.88	福建	6.93	重庆	4.87
河北	3.37	江西	9.47	四川	5.79
山西	8.79	山东	3.90	贵州	6.94
内蒙古	13.40	河南	8.59	云南	2.98
辽宁	7.94	湖北	5.61	陕西	1.09
吉林	9.85	湖南	3.48	甘肃	2.83
黑龙江	8.58	广东	5.76	青海	3.44
上海	8.10	广西	3.33	宁夏	2.19

注：可能由于所获数据问题，浙江省耐用消费品年均增长率为负 3.16%，较为异常；不过基于分析的完整性、真实性，后边回归结果中对其相关数据予以保留。

---

① 年均增长率 = ((末期数值/首期数值)^(1/(统计年数 - 1)) - 1) * 100%

三、模型设定及回归结果分析

(一) 模型设定

通过对以上内容总结,最终确定的回归方程为:

$$\ln\_TE_i = \alpha_i + \beta_i \cdot X'_i + \varepsilon_{it} \qquad (10-17)$$

$$(i = 1, 2, 3, \cdots, 31; t = 2001, 2002, \cdots, 2011)$$

其中,$\ln\_TE_i = \ln\_TE_{it}$($t = 2001, 2002, \cdots, 2011$)代指各个省份历年城镇居民人均耐用品支出水平对数;$\beta_i = (\beta_{i1}, \beta_{i2}, \beta_{i3}, \beta_{i4}, \beta_{i5})$分别表示每个个体不同解释变量的回归系数;$X_i = (X_{i1}, X_{i2}, X_{i3}, X_{i4}, X_{i5})$代表每个个体解释变量的时间序列数据;$\alpha_i$是每个个体的不同截距项;$\varepsilon_{it}$为不可观测因素与数据的测量误差所形成的扰动项。为了消除数据可能存在的异方差,并且从更有经济学含义的弹性角度分析变量之间的关系,我们对所有数据采取对数形式进行分析。

(二) 回归结果分析

运用 Stata12 对数据进行随机系数模型(Swamy, 1970)回归,得到了各个省份的解释变量回归系数,并且回归结果的 F 统计量值为 1514.69, P 值为 0.000,高度拒绝每个省份解释变量系数相同的原假设,表明每个省份生活基础设施对居民日常消费水平的影响存在显著差异。为了分析的便利与结果的直观性,我们将各个省份的系数情况整理如表 10 – 12 所示。

表 10 – 12　　　　　　　不同省份解释变量系数情况

区域	全国或省 (区、市)	变量名称				
		lnGS	lnEPBP	lnEBP	lnPC	lnTI
中国	全国	高度显著 (-0.5193695)	高度显著 (2.654542)	不显著	不显著	高度显著 (1.670954)
东部 地区	北京	不显著	不显著	高度显著 (-1.868649)	不显著	高度显著 (1.805778)
	天津	不显著	显著 (3.080187)	不显著	不显著	显著 (1.262462)

续表

区域	全国或省（区、市）	变量名称				
		lnGS	lnEPBP	lnEBP	lnPC	lnTI
东部地区	河北	不显著	不显著	不显著	高度显著（1.16733）	不显著
	辽宁	显著（-0.740209）	高度显著（5.284521）	不显著	不显著	高度显著（1.546633）
	上海	不显著	高度显著（3.488311）	高度显著（3.43518）	高度显著（1.11802）	高度显著（-0.9396148）
	江苏	高度显著（-0.7573698）	不显著	不显著	不显著	不显著
	浙江	高度显著（-0.7153105）	不显著	高度显著（-1.773418）	不显著	高度显著（2.153885）
	福建	不显著	高度显著（2.891485）	高度显著（-1.28971）	不显著	显著（1.001511）
	山东	不显著	不显著	不显著	高度显著（0.5166049）	不显著
	广东	不显著	高度显著（3.743474）	高度显著（-1.653783）	不显著	高度显著（1.317196）
	海南	不显著	不显著	不显著	不显著	不显著
中部地区	山西	不显著	不显著	显著（-1.469556）	不显著	高度显著（1.691088）
	吉林	不显著	高度显著（2.939635）	不显著	不显著	高度显著（1.291182）
	黑龙江	不显著	高度显著（3.6338）	不显著	不显著	高度显著（2.12745）
	安徽	不显著	高度显著（2.50126）	显著（-0.9606138）	高度显著（1.502725）	不显著
	江西	不显著	不显著	不显著	不显著	高度显著（1.47319）
	河南	不显著	高度显著（2.869802）	不显著	不显著	不显著

续表

区域	全国或省(区、市)	变量名称				
		lnGS	lnEPBP	lnEBP	lnPC	lnTI
中部地区	湖北	不显著	不显著	显著 (-2.089958)	不显著	高度显著 (1.509588)
	湖南	不显著	高度显著 (3.464917)	显著 (-2.053643)	不显著	高度显著 (1.691646)
西部地区	内蒙古	不显著	高度显著 (3.08142)	高度显著 (-2.206504)	高度显著 (0.8831629)	高度显著 (1.38525)
	广西	高度显著 (-0.3888794)	不显著	高度显著 (-2.046001)	不显著	高度显著 (2.806575)
	重庆	显著 (-0.3046927)	高度显著 (1.723426)	不显著	不显著	高度显著 (1.056114)
	四川	不显著	不显著	高度显著 (-2.291221)	不显著	高度显著 (2.045469)
	贵州	不显著	高度显著 (5.474233)	不显著	不显著	高度显著 (1.614553)
	云南	不显著	显著 (2.794547)	不显著	不显著	高度显著 (1.243916)
	陕西	不显著	高度显著 (4.962861)	不显著	不显著	不显著
	甘肃	不显著	高度显著 (3.162682)	不显著	不显著	不显著
	青海	不显著	不显著	高度显著 (-1.881885)	不显著	高度显著 (1.824415)
	宁夏	不显著	高度显著 (2.471828)	不显著	不显著	不显著
	新疆	不显著	不显著	不显著	不显著	高度显著 (2.27599)

注：P值在（0，5%］显著水平为高度显著，（5%，10%］显著水平为显著。

整体情况而言，燃气供应方面的生活基础设施对几乎所有省份的耐用品消费支出不存在影响，有的地区影响系数甚至为负。产生这种情况的原因可能在于部分地区与燃气相关耐用品拥有量的饱和或以电力为主要能源家电数量的增加,从而导致家用耐用品当中与供气设施有关设备使用数量的下降。最近若干年,微波炉、电磁灶等更方便、便宜的家用电器获得大规模普及,燃气炉具逐渐被取代;既能获得更高的能耗效率,又能避免可能存在的危险。例如,从 2001 年到 2011 年,城镇居民家庭平均每百户微波炉拥有量以 10.52%①的年速递增,超过了耐用品消费支出的速度,也超过了其他耐用品拥有量的增速。

对于耐用品价格,我们发现它对全国绝大多数省份耐用品支出影响为正。这意味着当价格水平下降或上升 1%,居民耐用品总消费支出反而减少或增加 2%,3% 甚至 5%。这一结果似乎违背经济学的基本原理,因为对于正常商品而言,在质量一定的情况下,相对价格越低,消费者的购买数量会越大,与此商品相关的支出额也会越大。我们认为产生这种情况的原因包括以下两点:一方面原因在于城镇地区居民耐用品拥有量的饱和,以及耐用品本身属性的特殊。例如,居民一般在拥有一台电视机之后,除非在效果上有重大突破的新产品上市,否则不会轻易购买第二件;而且在做出购买决定时,新产品的价格往往也比较高。另一方面,价格水平与城镇居民在作购买决策时所面对的价格并不等价,而且随着收入的提高,消费者在选择耐用品时价格和质量变得同样重要,收入提高后的居民倾向于买质量较高但价格相对昂贵的耐用品(荣昭等,2002)。因而上述两方面原因共同导致耐用品自身价格水平对其支出水平影响不显著,甚至与正常商品的作用方向相反。

生活基础设施供给物品的价格(水、电、燃气价格等)越来越成为影响居民做出耐用品购买决策的主要因素。原因之一在于发达地区拥有数量较多的耐用品设备,消费的能源较多,价格小幅变动便会引起较大支出变化,从而引发收入中可用于更新或购买更高级别耐用品预算的不足;其次,收入水平较低的落后地区本身由于预算的约束,较高的价格直接导致对应互补耐用品消费能力的不足。像北京、浙江、广东三省的影响系数显著为负充分印证了第一种情况;而中部地区的山西、安徽等地虽然系数也为负,但绝对值小于东、西部省份说明中部地区耐用品拥有量不及东部,受价格因素的影响小于东部;且收入水平相对西部较高,所受影响也较少;四川、内蒙古、青海等地的系数则说明水电价格对这些区域居民耐用品消费的抑制作用比较明显,最直接的改善途径是降低这些地区的生活基础设施供应物品的价格;最根本的途径必然是进一步发展生产,提高居民收入水平。上海市、海南省回归系数与其他省份存在显著差异的原因可能在于其耐用消费品价格指数存在异常,引起其余变量的不显著,甚至为负。图 10 - 10 揭示了

---

① 资料来源:中经网统计数据库人民生活板块,经作者整理计算而得。

此种情况。

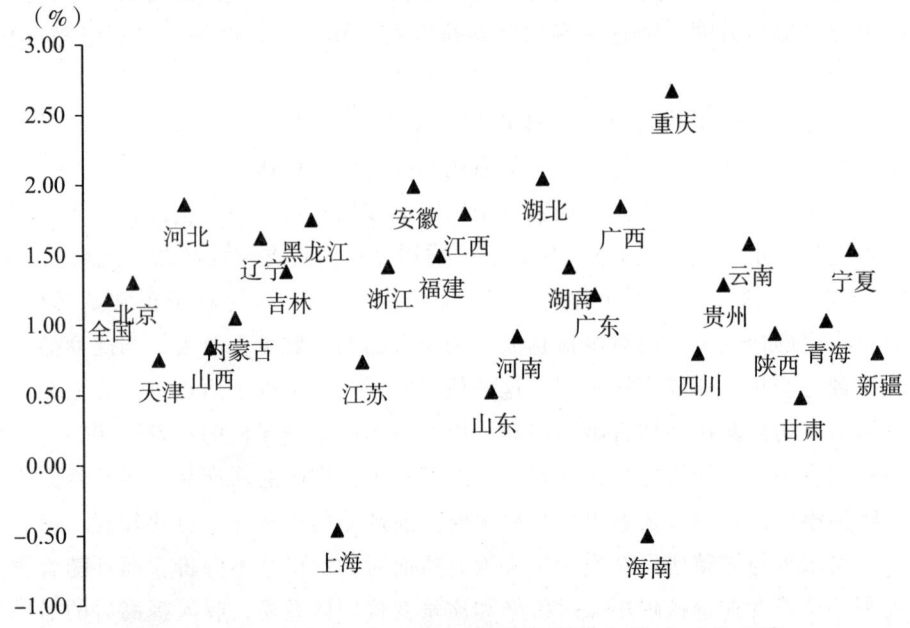

图 10-10　各省份耐用消费品价格指数年均变动比例①

反映生活基础设施电力方面供给状况的变量系数对全国大多数省份并不显著,此种情况是否说明我国电力基础设施已经发展完善或处于发展停滞状态? 结果并非如此,图 10-11 显示,除北京、天津、上海、广东、山东等东部发达省份外,其余众多省份生活用电年增长率都超过了 8%,全国范围内用电增长率甚至达到 13%。这说明除东部发达省份电力基础设施发展已经较为完善外,其余多数省份的电力设施在若干年内依然处于快速发展阶段; 西部省份贵州、云南、内蒙古等地发展最为迅速。系数不显著的情形可从下列角度解释: 对于东部地区由于基础设施发展已经相对较为完善,居民在做耐用品购买决定时受生活基础设施所提供互补品的影响较小; 对于西部省份,尽管设施发展较为迅速,但对于释放耐用品消费需求依然存在不足。安徽、内蒙古、河北等省份生活基础设施的发展水平恰好与居民收入增加后耐用品消费需求的增长较为同步(内蒙古、安徽、河北三个省份的收入年增长率都达到 12% 以上,位居全国前列),由此带来了比较显著的影响系数; 其中安徽省最为显著,达到了 1.50。

---

① 年均变动比例的计算方法同年均增长率。

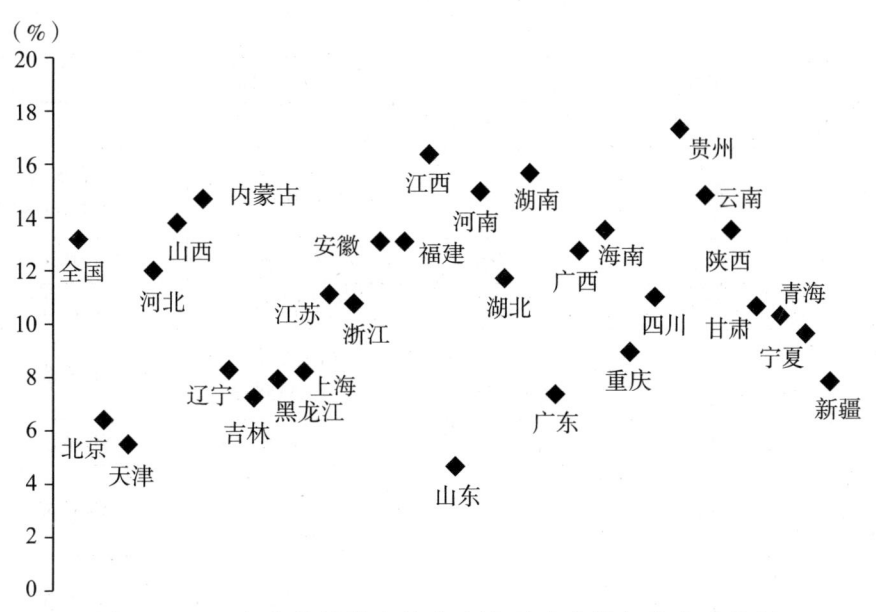

图 10-11　各省份城镇人均电力生活消费量年均变动比例

居民收入对大部分省份的耐用品支出的影响高度显著，比较符合经济学理论；陕西、甘肃、宁夏等地可能由于生活基础设施完善程度过低，导致收入提高也无法进行耐用品消费。

上面已经进行了供气类设施的回归分析，下面我们对其余两类进行检验。模型与前面一致，只不过分别将解释变量由 GS 变为 WS 或 DS。回归结果表明除替换变量外，其余变量系数变化不明显；由于添加控制变量受教育程度 EL 所得结果与上面情况类似。限于篇幅，我们只整理变换变量与控制变量的系数①（见表 10-13）。上述两种情况也从侧面反映了回归结果的稳健性。

表 10-13　不同省份解释变量系数情况（只包括 WS 与 DS、EL）

区域	全国或省（区、市）	变量名称		
		lnWS	lnDS	lnEL
中国	全国	显著 （-0.717601）	不显著	不显著
东部地区	北京	不显著	高度显著 （-1.557164）	显著 （-0.4497527）

---

① 详细回归结果可向作者本人索要。

续表

区域	全国或省（区、市）	变量名称		
		lnWS	lnDS	lnEL
东部地区	天津	不显著	不显著	高度显著（-0.9269757）
	河北	不显著	不显著	不显著
	辽宁	不显著	不显著	不显著
	上海	高度显著（1.051782）	高度显著（-0.2335833）	不显著
	江苏	不显著	不显著	不显著
	浙江	不显著	高度显著（-1.244023）	不显著
	福建	显著（0.4267236）	不显著	不显著
	山东	不显著	不显著	高度显著（-0.6493949）
	广东	不显著	不显著	不显著
	海南	高度显著（0.5872552）	高度显著（-0.8667521）	不显著
中部地区	山西	不显著	不显著	不显著
	吉林	显著（0.9260716）	显著（1.127646）	不显著
	黑龙江	不显著	高度显著（1.886473）	不显著
	安徽	不显著	显著（0.6974187）	不显著
	江西	不显著	不显著	不显著
	河南	显著（1.16781）	不显著	不显著
	湖北	不显著	显著（0.8784222）	不显著
	湖南	高度显著（1.306998）	不显著	不显著

续表

区域	全国或省(区、市)	变量名称		
		lnWS	lnDS	lnEL
西部地区	内蒙古	不显著	不显著	不显著
	广西	不显著	不显著	显著 (-0.5321111)
	重庆	不显著	不显著	不显著
	四川	显著 (-0.9671395)	不显著	不显著
	贵州	高度显著 (0.876704)	不显著	不显著
	云南	不显著	高度显著 (-1.066956)	不显著
	陕西	不显著	不显著	不显著
	甘肃	高度显著 (-0.7239922)	高度显著 (-1.644561)	高度显著 (-0.8262397)
	青海	不显著	不显著	不显著
	宁夏	不显著	不显著	高度显著 (-0.9053203)
	新疆	高度显著 (1.104356)	不显著	高度显著 (-0.8553451)

注：P值在（0，5%］显著水平为高度显著，（5%，10%］显著水平为显著。

供水类生活设施对居民耐用品支出的影响是这三类中最显著的；东、中、西部地区若干省份的系数都为高度显著。新疆、湖南、河南影响系数均大于1，表明最近10年供水基础设施发展水平和对应耐用品需求增长较为同步，极大地带动了与供水相关的耐用品消费增加；例如，河南省城镇居民每百户淋浴热水器拥有量台数在10年内的平均年增长率为11.2%[①]，超过全国多数省份。部分省份供水生活基础设施系数不显著的原因与供电类型相似，即有些地区发展已经比较完善，相关耐用品的消费不存在制约，比如广东、天津、浙江、江苏等地。相反，宁夏、云南、陕西、青海等省份供水设施依然存在短缺情形，无法满足耐用

① 资料来源：中经网统计数据库城镇居民平均每百户主要耐用消费品拥有量指标，经作者整理计算而得。

品消费需求；甘肃、四川出现负值表明耐用品支出需求较为迫切，但设施的不完善导致负向效应的产生，这些地区更应该加快供水类基础设施的发展、完善。

生活污水排放设施对于东部省份耐用品消费的制约要高于中西部，这是因为发达省份生活质量较高，对水的需求量更大，产生的生活污水也更多。例如，浙江省 2010 年城市人均日生活用水量为 185.4 升，分别比甘肃、云南多 30.3 升、39.2 升[①]。污水排放设施系数为负的省份更应该重视此类生活设施的发展；系数显著为正的省份，例如，吉林、黑龙江、湖北、安徽等省份此类设施供给水平比较合理，并未对会产生污水排放的耐用品消费形成约束。

最后，控制变量受教育程度从全国大多数省份来看并不存在显著影响，此种情形表明耐用品消费与受教育程度之间的关系很小，甚至可以忽略。另外，西部地区若干省份受教育程度与耐用品消费呈负相关关系，原因可能在于这些地区教育文化等社会型基础设施供给不足，当地居民为了让子女受到更好的教育，将本该用于耐用品消费的收入投入到了教育上，挤占了自身耐用品消费。从全省整体来看受教育程度得到提高，但由此也对耐用品消费产生了负向影响。不过总体而言，伴随着生活水平的提高，耐用品已逐渐成为了生活必需品。

第四节 政策建议

通过应用熵权法、变异系数法等指标构建方法以及全面的数据统计、描述发现并归结了现阶段我国生活基础设施存在的问题，包括城乡差距过大、不同类型、区域发展差距过于明显、供需结构不匹配等；而实证分析又指出不同类型的生活基础设施在不同省份、区域会对当地居民的耐用品消费产生不同方向、程度的影响。鉴于上述分析结论，本章为基础设施的发展以及促进居民消费水平的提高提供下述建议。

（1）针对现阶段我国生活基础设施发展中存在的问题，应从以下几个方面着手解决：

第一，继续维持甚至增加对乡镇、农村地区各类生活基础设施的投资额；重点发展供水、排污等和城市发展水平差距较大的类型。

第二，寻找并建立多种可以反馈不同区域、层次居民对不同类型生活基础设施实际需求的申诉渠道，同时尽快调整不合理的官员晋升机制，加强对各类生活

---

① 资料来源：《中国统计年鉴（2011）》城市人均日生活用水量指标值。

基础设施投资情况的监督，从而让当前及未来的基础设施建设更符合群众的真实需要，避免腐败和供需不匹配状况的发生。

第三，通过多种渠道推进城乡基础设施融资体制的多元化。对于经济发展水平低、融资能力差、市场化程度弱的城乡，可以增加相应的财政转移支付，促进当地生活基础设施建设。与前述状况相反的地域，在其融资当中可更多地考虑市场化运作，比如通过特许经营、公开招标或在金融市场中发行债券、基金等方式解决融资困难。

第四，通过加强国际间合作、促进技术水平提高等方式加快发展同国外相比差距较大的生活基础设施类型，如通信、供气等方面。另外，需要更加坚定地坚持"西部大开发"战略，从中西部同东部地区差距较大的生活基础设施类型入手，努力缩小东中西地域间的整体水平差异，为不同地区居民生活水平的提高奠定良好的基础。

（2）促进居民消费相关政策建议。

第一，针对各省的特殊情况有针对性的发展对居民生活水平提高制约最为明显的生活基础设施。比如，东部地区的上海市要更加注重排污类生活基础设施的发展；四川、甘肃两个省份应尽快加强供水类基础设施的发展；西部绝大多数省份依然需要加强电力基础设施的完善，保证供电量的充足与电压的稳定。

第二，生活基础设施发展水平还应该与收入增长速度相统一、同步，如果单纯地增大其供给但是居民还没有足够的收入去提高自身生活质量，那么生活基础设施也不能发挥其应有的效果；同样，单方面注重收入的提高而不注重其建设也无法更好地满足居民生活需求。

第三，生活基础设施所提供物品的价格对耐用品消费释放的抑制作用比较大，如果多数省份的水电燃料价格可降低1%，将带动居民耐用品消费额增长1%~2.2%。由此，政府在制定电力价格时也应该根据不同省份居民收入水平以及对电力价格变动的敏感程度（回归系数大小），实行价格差异化，在保证电力企业成本的前提下尽量促进居民耐用品消费水平的提高。

第四，对于部分西部省份，国家应尽快提高教育科技等社会性基础设施的供给，满足当地群众的教育需求，进一步减少教育支出对居民日常耐用品和其他商品消费的挤出效应。

第十一章

公共物品供给与居民消费（三）

——交通基础设施与居民消费

作为拉动经济的三驾马车之一，消费的增长对国家经济的增长有着非常重要的意义。目前国内存在着明显的消费不足的情况，激发居民消费的潜力成为一个亟待解决的问题。根据发展经济学理论中罗斯托对于国家经济发展阶段的研究，消费的增加应该是与交通、通讯等基础设施的发展相伴而生的，罗森斯坦·罗丹的大推进理论中也提出应该优先发展基础设施，只有基础设施发展起来才能为经济起飞提供保证。

交通基础设施是一国或地区为发展和保证生活供应而提供的道路、铁路、航道、管道、港口码头、客货运枢纽等设施，是支撑一国或地区经济、决定经济水平的前提条件之一，更是主要的基础产业之一。许多国家和地区都将交通基础设施作为基本的发展战略，因此经济发展获得了强有力的支持。事实表明，交通基础设施的发展有利于资源的高效配置，降低企业运输成本，增加产品竞争力和扩大市场范围，促进地区交流和沟通，改善和提高人民的生活水平，是提高社会生产力和推动经济发展的基础之一。

国内学界对交通基础设施建设与经济发展的相关研究主要集中在两者相互关系的定性及初步的定量分析的水平上。由于新中国成立才短短几十年，国内交通建设和经济发展之间的研究起步远远晚于国外，缺乏足够的实践经验和数据，所以前期研究往往集中在两者关系的定性分析上。国内就交通与经济相互关系的研究上有三个主要观点：第一种观点认为交通基础设施是国民经济的关键条件，强调了其对经济的推动作用，"交通投资热"就是以这一观点为基础的；第二种则认为交通基础设施应顺应经济发展的水平，但也因此忽视了其对经济发展的刺激作用；第三种观点认为交通基础设施建设与经济增长是相伴而生的，两者互相推动共同发展。

进入20世纪90年代，中国交通实现了革命般的发展，这也为学者对其进行研究提供了宝贵的实践数据，出现了大量的定量研究。经济学家们结合统计学、计量学、新经济地理学等学科的知识，加深了对交通基础设施与经济发展互动关系的研究，并且在此基础上延展出对交通基础设施投资创新的研究以及微观层面上交通基础设施对企业发展的作用等方面的探讨，此外也出现了从公路、水运、铁路等交通细分行业的角度去研究和测算其各自对经济发展的贡献。

国内学者们虽然选取的研究视角各有不同，且利用不同的方法得出的相关系数和弹性数值也有些差异，但最终的结论基本一致，即认为交通基础设施是经济发展的原因之一，而经济发展则从需求方面带动了交通基础设施的进一步发展，并且不同时期不同行业的交通基础设施对经济的影响程度也不同。目前从区域经济研究的角度来看，中国交通基础设施建设还存在一定的缺陷：东部、中部和西部地区的交通基础设施建设差距过大，中部和西部地区的交通事业远没有实现带动经济发展的预期效果，这也为下一步国家制定整体交通基础设施建设规划提供了参考意见。当然，已有的研究还存在一些不足之处：大部分研究是从国家或者政府规划角度出发，关于微观层面上交通基础设施的研究，比如对消费影响方面的考虑比较少，因此还存在很大的研究空间。

结合当前中国交通基础设施的建设和发展情况以及出现的问题，本章考察其对于居民消费的影响。进一步，为具体衡量这一正向影响的程度，我们选择合适的变量建立实证模型进行估计，并选取相关数据，利用计量模型和软件分析研究中国交通基础设施的建设对于居民消费水平的影响，探究从交通基础设施建设角度促进居民消费的可能性，并对研究结果进行解释，提出针对性建议。

第一节　中国交通基础设施建设的现状

1994年世界银行的发展报告《世界发展报告：为发展提供基础设施》中对基础设施范围进行了定义：公共设施——电力、电信、自来水、卫生设施与排污，固体废弃物的收集与处理及管道煤气；公共工程——公路、大坝和灌溉及排水用的渠道工程；其他交通部门——城市和城市间铁路，城市交通，港口和水路，以及机场。而在我国，普遍认为交通基础设施包括五大类：公路、铁路、水运、航空、管道。这其中，前四类与居民生活关系比较密切，对国民经济的影响也比较大，而第五种管道运输仅仅作为物的运输载体而存在，对人民生活的直接影响并不大，所以本节中的交通基础设施是指前四种。

国内研究对于交通基础设施的衡量指标主要有两类，一类是用交通基础设施的投入来衡量，比如交通基础设施的投资等，另一类是用交通基础设施存量来衡量，比如营业里程等。而前者作为流量指标容易存在误差，且较难获得详细的统计数据，进行实证研究有一定困难；后者作为一个存量数据比较容易获得。另外，交通基础设施资本投入和建成设施之间存在一定的时间滞后，比如一条铁路从投入到建成到运行需要比较长的一段时间，在建的交通基础设施并不能完全发挥出其经济和社会效应，而交通存量如已经运行的铁路则可以作为一个完整的统计单位，因此本节在数据描述方面考虑采用存量指标来衡量交通基础设施。

改革开放以来，我国的各项交通事业一直保持着高速的发展状态，特别是近年来西部大开发、中部崛起等战略的提出，以及为了应对 2008 年金融危机而提出的 4 万亿的基础设施投资建设方案，都为交通基础设施的发展注入了新的动力。交通基础设施建设成就大大提高，推动了中国的国民经济快速发展，缩小了地区之间的差异，促进了社会的全面发展。下面就我国主要的四类交通运输方式（公路运输、铁路运输、内河航运和航空运输）为代表进行交通基础设施建设的现状描述。其中，国内主要数据来源于中经网统计数据库和《新中国六十年统计年鉴》及交通部、中国统计局公布的统计年鉴和行业公报，国外数据来源于世界银行（http://data.worldbank.org.cn/topic/infrastructure）和美国交通部国家运输数据库（U. S. Department of Transportation, National Transportation Statistics）(2005 ~ 2012)。

一、公路

公路运输相对于其他交通运输方式而言，对地理环境和经济发展水平等因素的要求不高，且建成以后的运营、管理、维护等都较方便，对地区经济发展的促进作用也明显，因此成为交通基础设施中比重最大的一类。中国公路于 20 世纪 80 年代末进入百万公里的行列，2000 年以后开始快速增长（见图 11 - 1）。

公路线路长度建设比较稳定（见图 11 - 2），新建线路的年增长速度均在 2.5% 以上。图 11 - 2 中 2006 年出现不正常峰值的原因是国家统计局 2006 年起将农村公路加入统计数据中，所以 2006 年前后数值有较大的变动，但随后几年的增长率恢复到 2006 年以前，且略有提升。

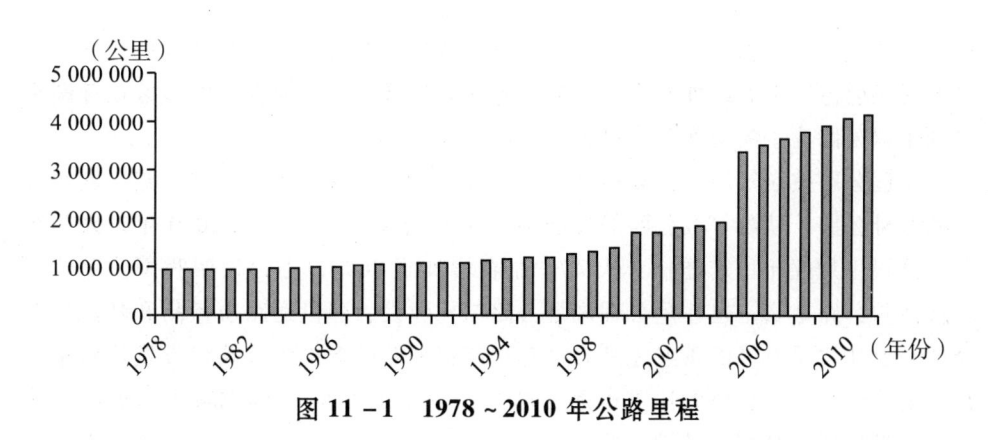

图 11-1 1978~2010 年公路里程

图 11-2 1978~2011 年公路里程增长率

另外，公路运输里程的增长也可以从公路密度方面体现出来：由最初 10 公里/百万平方公里左右增加到 40 公里/百万平方公里以上，其中 2005 年以后公路密度增速大幅度提高（见图 11-3）。公路密度的增加从另一个方面也反映了我

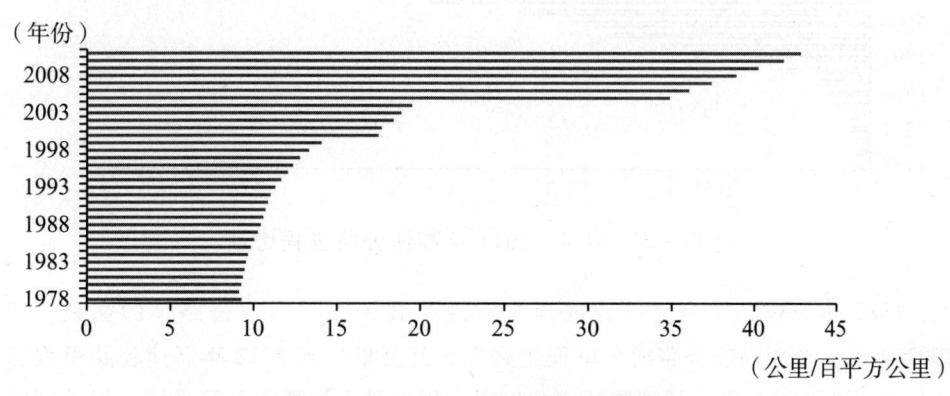

图 11-3 1978~2008 年公路密度

国公路覆盖面的增加：除了已有的经济较发达地区的公路建设继续发展，使得经济发展辐射范围更大以外，农村、偏远地区和地理条件较为复杂的地区也逐渐享受到了以公路为主的交通基础设施带来的方便。

中国公路按照等级分为高速公路、一级公路、二级公路、三级公路、四级公路和等外公路。从各等级公路的发展情况来看（见图11-4），2000年以来等级公路建设里程逐年稳定增长，从72%左右增加到86%以上，说明我国公路建设不仅注重公路数量，也注重合理规划公路结构建设，建设道路质量高和功能更健全的公路建设是发展的重点之一。这其中高速公路的建设为公路建设发展贡献了巨大的力量，高速公路的比重也逐年提升（见图11-5），标志着中国公路建设技术日渐成熟，公路基础设施的质量逐步提高。

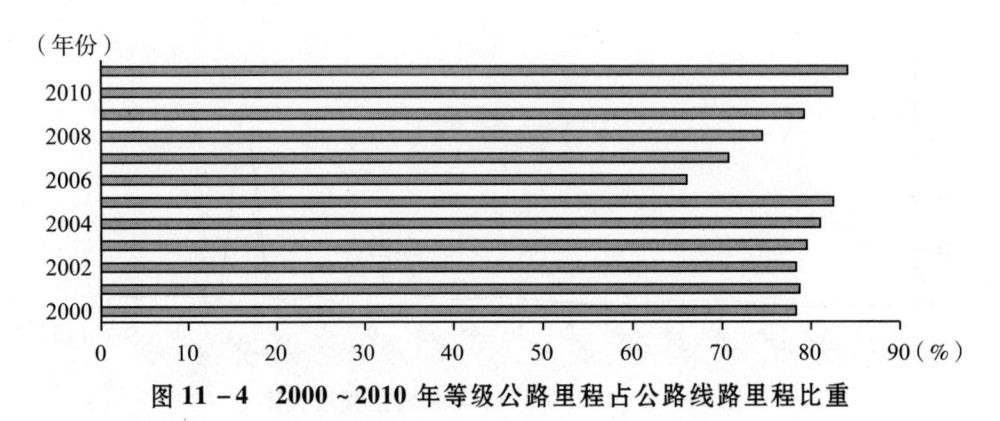

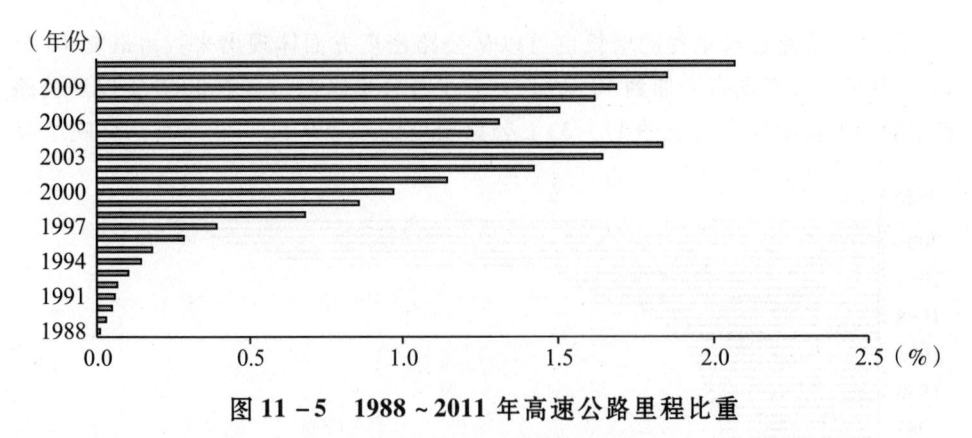

图11-4 2000~2010年等级公路里程占公路线路里程比重

图11-5 1988~2011年高速公路里程比重

1988年沪嘉高速公路的建成通车实现了我国大陆高速公路零的突破。到2002年底，全国高速公路通车里程达到2.5万公里，到2012年高速公路里程已经达到了9.6万公里，超越美国成为世界上规模最大的高速公路系统。但就高速公路增长速度来看（见图11-6、图11-7），1999年以前呈现波动性上升，增长率在 50% 上下摆动，而 2000 年以后高速公路增长率开始下降，多年徘徊于 15% 甚至以下。这说明近年来高速公路建设有所放缓，各地区的"高速热"开始降温。目前我国各地区高速公路建设情况同其经济发达情况大体保持一致：经济发达的地区，高速公路建设里程比较多；经济较落后的地区，高速公路建设相对滞后。这一局面的形成主要同我国之前推行的优先发展发达地区交通基础建设的战略规划有很大的关系。从国家角度规划高速公路网的建设有利于从全局角度布置公路交通基础设施建设，充分整合全国资源因地制宜地进行公路建设。

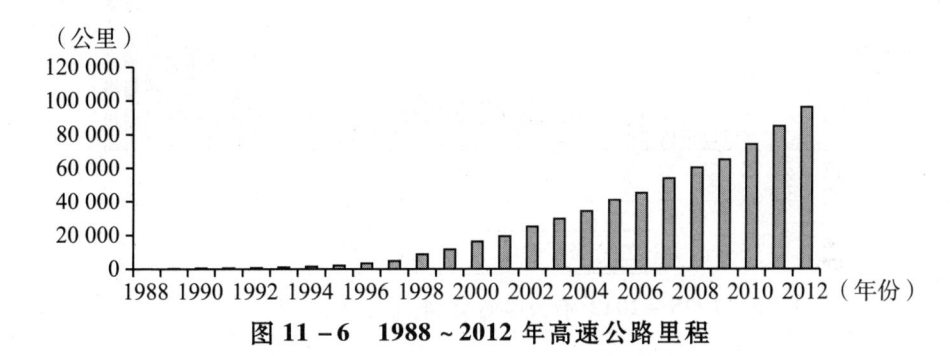

图 11-6　1988~2012 年高速公路里程

图 11-7　1988~2014 年高速公路里程增长率

公路客货运输方面（见图 11-8、图 11-9），2001~2012 年中国公路客运量由 140 亿人大幅增加至 356 亿人，年均增长率约为 10%；公路客运周转量则由 7 207 亿人公里上升至 18 467 亿人公里，年均增长率 11%，在总客运周转量中的占比达到 54%。公路货运量到 2014 年仍保持稳定增长，由 2001 年的 106 亿吨升至 334 亿吨，年均增长率 9.2%；公路货运周转量从 6 330 亿吨公里大幅增长至 61 139 亿吨，年均增长率 19%，在总货运周转量中的占比达到 31%。二者相比较而言，公路货运增长速度略快于公路客运增长速度，而公路货运周转量在 2008 年以后开始有了很大的增幅。而自 2013 年起公路客运量明显下降，仅

2013年就下降了48%。公路运输这种在旅客运输上的变化表明了其正受到其他交通运输方式的冲击，尤其是铁路和航空这两类在长途运输方面具有更舒适更快捷的特点的运输方式，因此旅客们在出行方式上已经开始逐渐改变过去那种首选公路的出行习惯，转而考虑其他交通方式。而公路货物运输则没有受到太大的冲击。

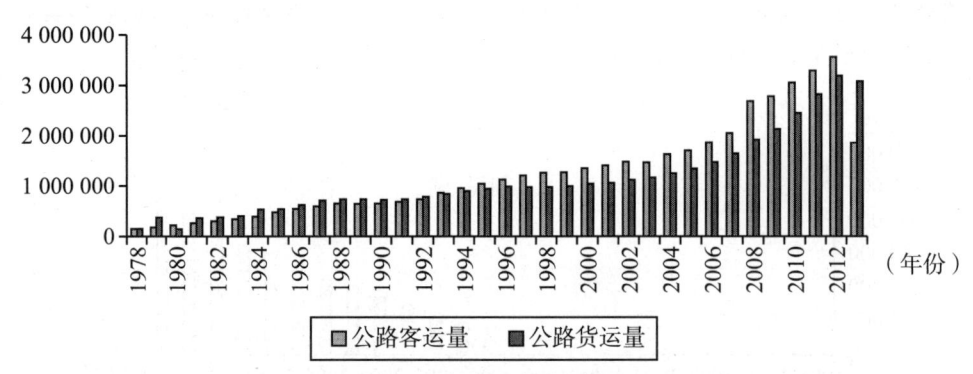

图11-8 1978~2012年公路客运量（万人）、货运量（万吨）

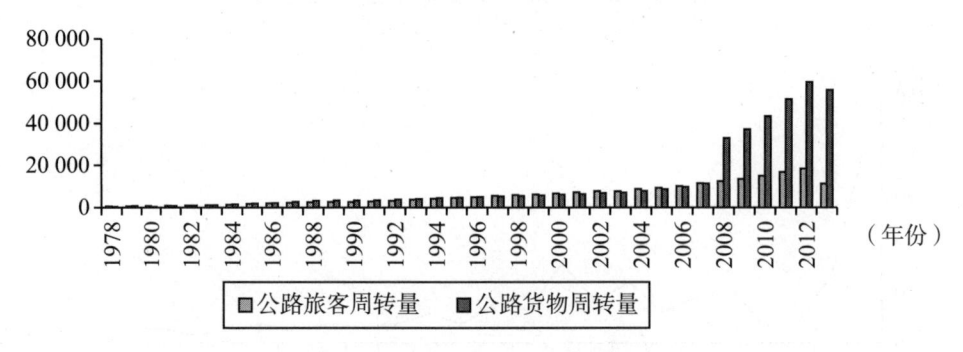

图11-9 1978~2012年公路旅客周转量（亿人公里）公路货物周转量（亿吨公里）

二、铁路

铁路具有运量大、成本低、能耗少的特点，既在长途客货运输方面有绝对竞争优势，又在区域和城际间短途客运竞争中有一定的优势，因此非常适合在中国作为区域间的骨干运输方式。

新中国成立以来，中国的铁路建设经历了从数量发展到质量提升，从学习技术到自主创新的发展里程：1952年建成的成渝铁路是新中国成立后建设的第一条铁路；1992年大秦铁路全线贯通，这是中国第一条重载列车线路，也是第一条实现微机化调度集中系统和第一条采用全线光纤通信系统的线路,科技含量达到了国际水平;2004年10月,以大秦铁路线运营为主营业务的中国第一家以路网干线为主体的股份铁路公司宣告成立;2005年10月,世界上海拔最高、线路最长的高原冻土铁路——青藏铁路铺轨全线贯通,标志着西藏正式结束了不通铁路的历史,也意味着我国所有省、市、区全部通上铁路;2008年7月京津城际铁路开通,这是时速最高的铁路(时速最高超过了每小时350公里),是中国第一条拥有完全自主知识产权、具有世界一流水平的高速铁路;2008年8月1日大秦铁路上市,开启了中国铁路企业走向资本市场的发展之路。

除了铁路建设规模在快速增加之外,铁路的运行速度也在一直提升:从1997年到2007年之间,中国铁路实现了六次大提速。2007年第六次大提速中,正式开行CRH动车组列车,在主要干线开行时速200公里以上动车组、大面积开行5 000吨级货物列车和一大批先进技术装备投入运用,标志着中国进入高铁时代,铁路发展水平已跻身世界先进行列。

(一) 铁路里程建设方面

铁路里程方面,其增加率自1978年开始呈现波动性增加(见图11-10、图11-11、图11-12),2008年和2009年增长率达到了6%以上。"十一五"期间我国铁路进入了高速发展期,到2010年底全国铁路营业里程达到91万公里,相较于2005年底的75万公里增加了21%,电气化率和复线率也分别从27%和34%提高到了46%和40%。大规模铁路建设的推进,成为拉动内需的龙头。其中,最近几年中国的铁路建设主要是由高速铁路发展所带动的。到2010年底,中国高铁运营里程8 358公里,位列世界第一,其中新建线路为4 945公里。2009年和2010年两年全国新增铁路营业里程为1.1万公里,其中38%来自新建高铁里程。

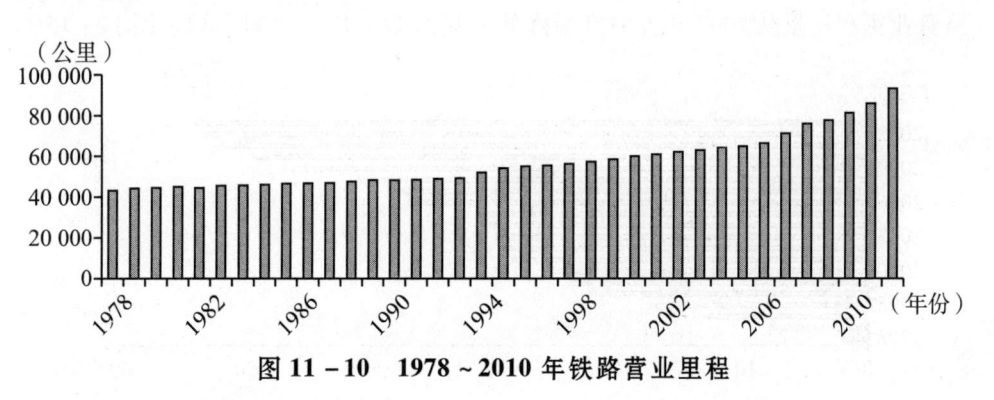

图11-10 1978~2010年铁路营业里程

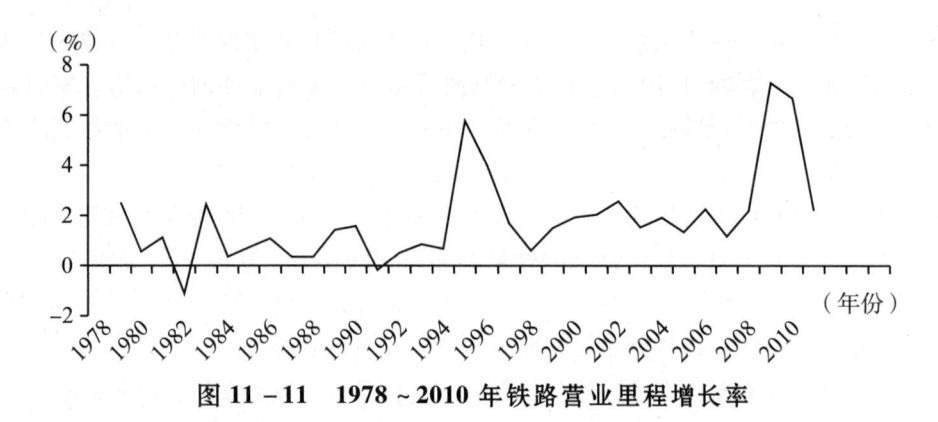

图 11-11 1978~2010 年铁路营业里程增长率

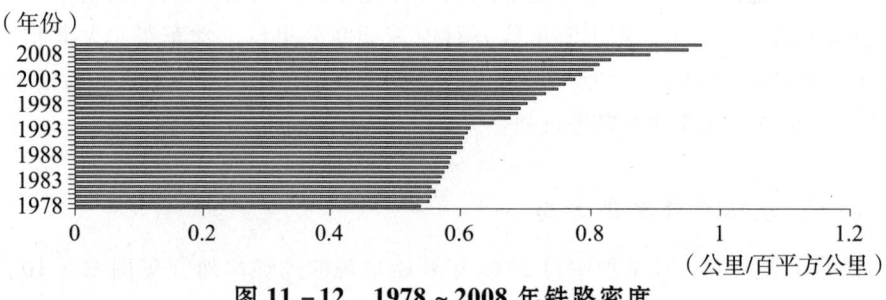

图 11-12 1978~2008 年铁路密度

（二）铁路质量方面

电气化铁路（主要包括电力机车和动车组）具有运输能力强、运行速度快、能源消耗少、运营成本低等优点，中国的铁路电气化率已经从 1980 年的 3% 提升至 2013 年的 54.3%；复线铁路可以扩大双倍甚至以上的交通量，且安全性更高，是衡量铁路质量的另一主要指标。经过三十多年的发展，中国的铁路复线率从 1978 年不足 16% 提高到 2013 年的 48%。相对地，内燃机牵引线路里程占国家铁路营业里程比重从 2002 年左右开始降低（见图 11-13、图 11-14、图 11-15）。

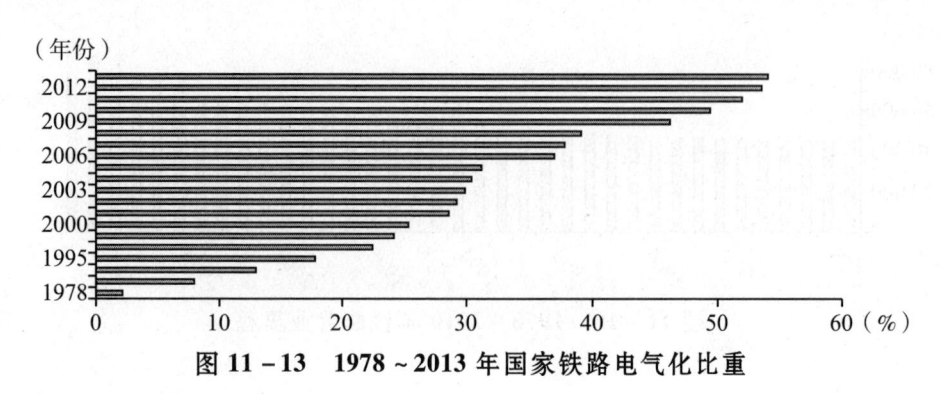

图 11-13 1978~2013 年国家铁路电气化比重

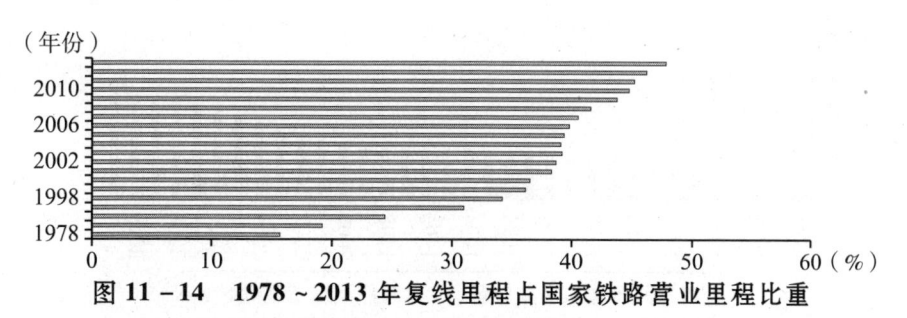

图 11-14 1978～2013 年复线里程占国家铁路营业里程比重

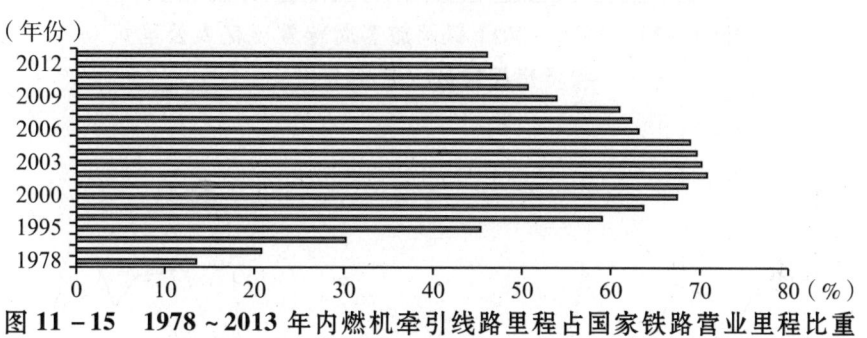

图 11-15 1978～2013 年内燃机牵引线路里程占国家铁路营业里程比重

(三) 客货运输方面

铁路客运量 1978 年为 8 亿人，1983 年即达到 10 亿人，随后呈现波动性增长，2011 年已达到 18 亿人，比上年增长 11%；铁路货运量 1978 年为 11 亿吨并以略高于客运量增速的速度逐渐增长（铁路客运年均增长率 2.7%，铁路货运年均增长率 3.99%），截至 2011 年底铁路货运量已经接近 40 亿吨，比上一年增长 8%；铁路旅客周转量 1978 年为 1 093 亿人公里，以每年平均 7% 的增长量波动递增，截至 2011 年底实现 9 612 亿人公里；铁路货物周转量年均增长率略低于旅客周转率增长率，为 5.4%，从 1978 年的 5 343 亿吨公里增长到 2011 年 29 465 亿吨公里（见图 11-16～图 11-19）。

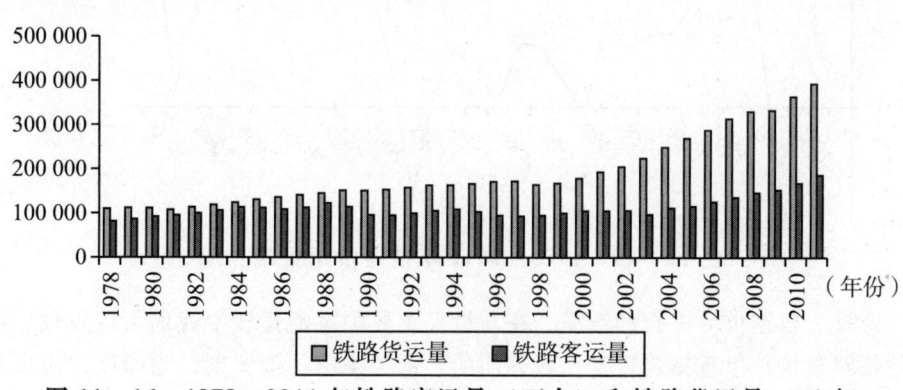

图 11-16 1978～2011 年铁路客运量（万人）和铁路货运量（万吨）

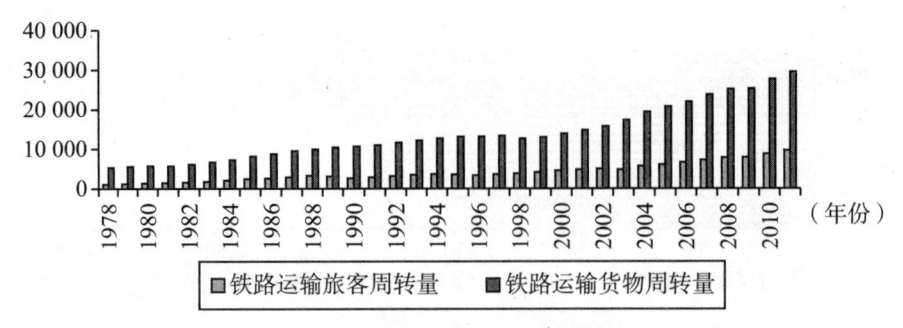

图 11-17　1978～2011 铁路旅客周转量（亿人公里）和货运周转量（亿吨公里）

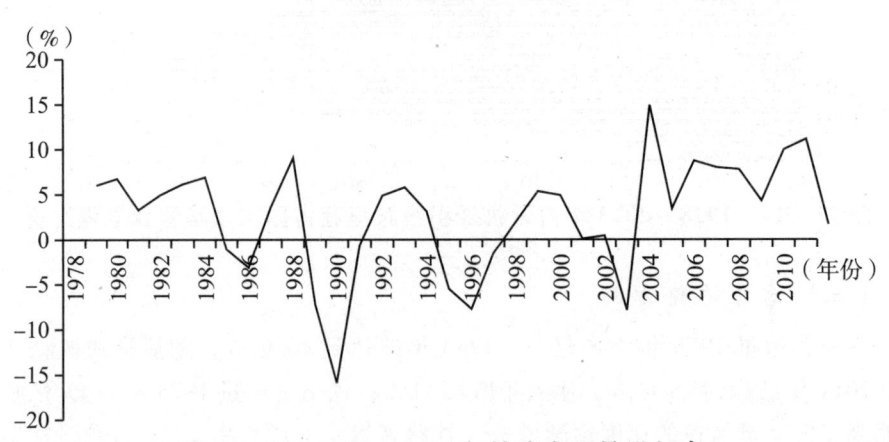

图 11-18　1978～2011 年铁路客运量增长率

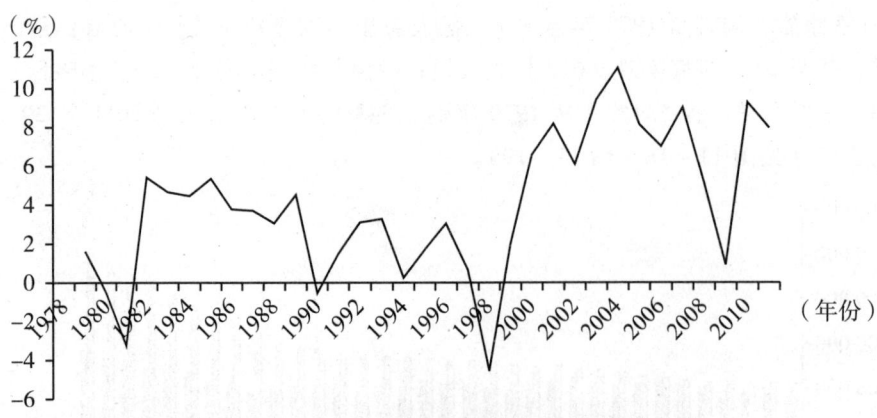

图 11-19　1978～2011 年铁路货运量增长率

此外，根据世界银行的数据，在与世界主要国家的比较中我们可以发现，中国的铁路建设总里程排名还是比较靠前的，低于美国、俄罗斯，与印度建设里程总数比较接近，但高于德国、日本等国家（见图 11-20、表 11-1）。

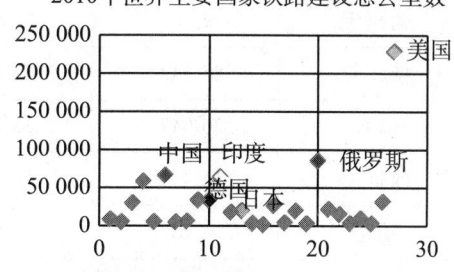

图 11-20 世界主要国家铁路建设总公里数

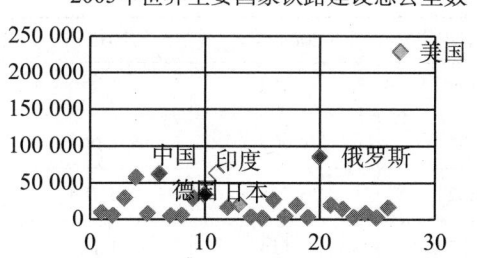

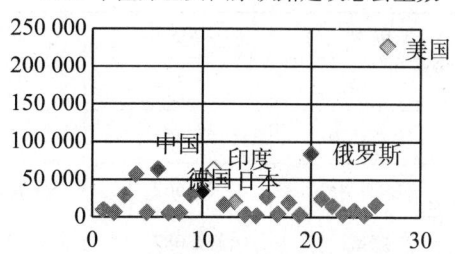

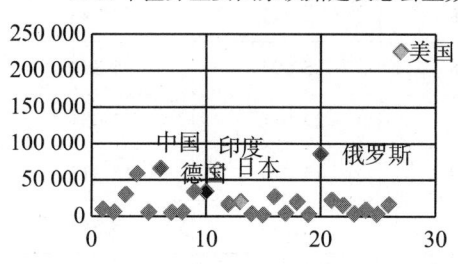

表 11-1　　　　　世界主要国家铁路建设总公里数　　　　　单位：公里

国家	2005 年	2007 年	2009 年	2010 年
澳大利亚	9 528	9 639	9 674	8 615
奥地利	5 781	5 818	5 784	5 066
巴西	29 314	29 487	29 817	29 817
加拿大	57 671	57 042	58 345	58 345
智利	7 928	5 898	5 352	5 352
中国	62 200	63 637	65 491	66 239
埃及	5 150	5 195	5 195	5 195
芬兰	5 732	5 899	5 919	5 919
法国	29 286	29 488	33 778	33 608
德国	34 228	33 897	33 706	33 708
印度	63 465	63 327	63 273	63 974
意大利	16 751	16 668	16 959	18 011
日本	20 096	20 050	20 036	20 035

续表

国家	2005 年	2007 年	2009 年	2010 年
韩国	3 392	3 399	3 378	3 379
马来西亚	1 657	1 667	1 665	1 665
墨西哥	26 662	26 662	26 704	26 704
挪威	4 087	4 087	4 114	4 114
波兰	19 599	19 419	19 764	19 702
葡萄牙	2 839	2 838	2 842	2 843
俄罗斯	85 542	84 158	85 194	85 292
南非	20 047	24 487	22 051	22 051
西班牙	14 484	14 832	15 043	15 317
瑞士	3 252	3 619	3 544	3 543
土耳其	8 697	8 697	8 686	9 594
土库曼斯坦	2 529	3 069	3 095	3 115
英国	16 208	16 208	16 173	31 471
美国	228 999	226 706	226 205	228 513

三、内河航道

中国有大小天然河流 5 800 多条，总长 40 多万公里，现已辟为航道的里程约 10 万多公里，其中 7 万多公里可通航机动船只，几乎是英、法、德三国内河航道总长的 3 倍；另有可通航的大小湖泊 900 多个（不包括中国台湾地区）。其中主要内河航运干线有下列 6 条：长江、珠江、淮河、黄河、黑龙江和松花江、京杭运河。

中国的内河航道运输受地理条件限制，运输线路长度一直比较稳定，没有太大的增长（见图 11-21）。就内河航道里程增长率来看，1998 年以前增长比较缓慢且增长量也不大，1999 年开始增长较快，并达到 5% 以上的增长率峰值（见图 11-22）；随后增长率开始回落，截至 2014 年增长到 12.63 万公里。内河航道中等级航道里程比重近年来一直稳定在 50% 以上（见图 11-23），但自从 2002 年以来开始有所下降。

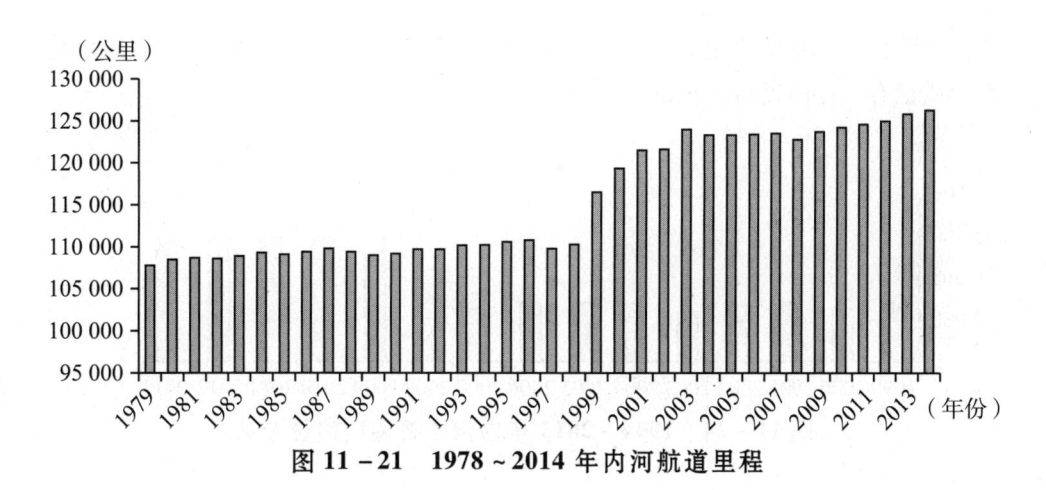

图 11-21　1978~2014 年内河航道里程

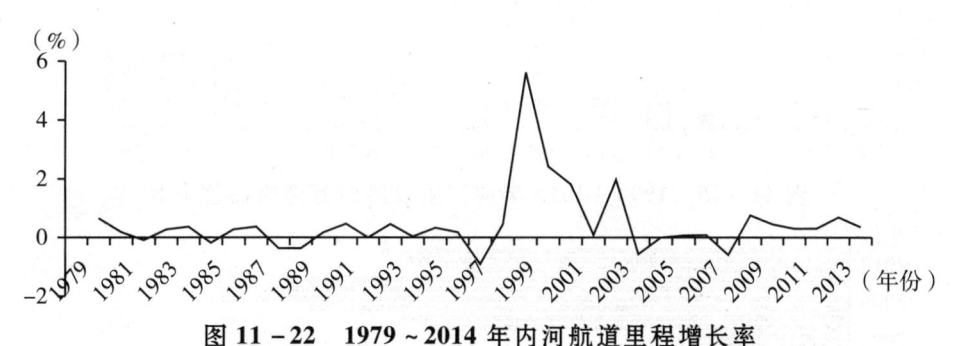

图 11-22　1979~2014 年内河航道里程增长率

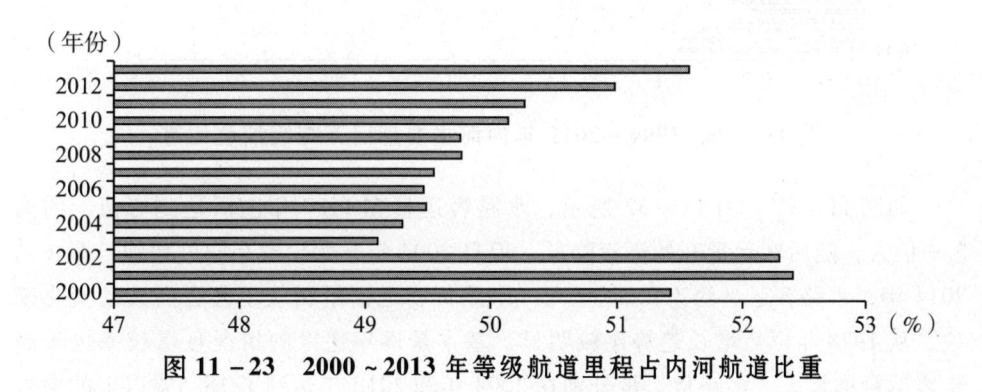

图 11-23　2000~2013 年等级航道里程占内河航道比重

内河港口的建设也是内河航运的配套基础设施建设之一，港口泊位的数量和规模代表了港口发展水平。从我国内河港口的泊位个数来看，近年来呈现一种波动性发展趋势，并且进入 2007 年出现了大幅度的提升，到 2013 年内河主要港口泊位数达到了 14 618 个（见图 11-24）。其中万吨级泊位的个数从 1994 年的 42 个，增加到 2002 年的 121 个，随后以年均 15% 的速度增长，到 2013 年内河港口万吨级泊位已有 394 个（见图 11-25）。2002 年以后万吨级泊位在所有内河港口泊位中的比重一直保持在2%左右，2007年前后达到了3%，这说明内河港口建设的质量有一定的提高（见图11-26）。

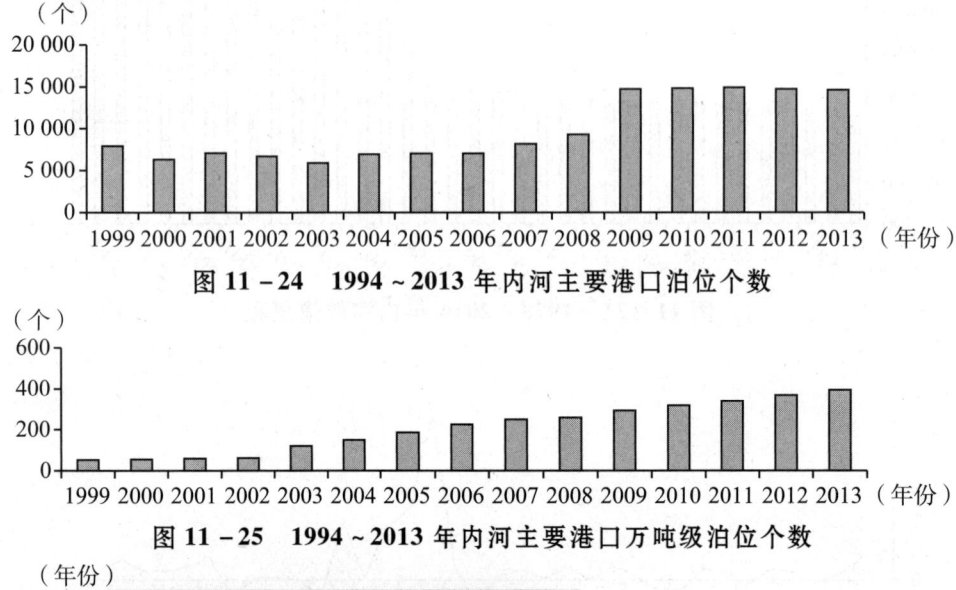

图11-24 1994~2013年内河主要港口泊位个数

图11-25 1994~2013年内河主要港口万吨级泊位个数

图11-26 1994~2011年内河主要港口万吨级泊位比重

如图11-27~图11-32所示，水路客运量在1987年前后达到峰值，约为3.9亿人，随后客运量开始逐年降低，但自2004年开始出现小幅度增加，截止到2014年，水路客运量约为2.63亿人。水路货物运输量相较于客运的波动变化来说，从1978年以后增长趋势比较明显，基本是逐年递增的情况且增长率也较高于客运量增长率，水路货运量分别在2004年和2010年达到了18.5%以上的增长率，截止到2014年水路货运量为59.6亿吨。水路周转量方面的表现也比较类似：水路旅客周转量自1978年以来呈现波动性变化，分别于1988年和1992年达到两个最大值（204亿人公里和198.4亿人公里），随后开始大幅度降低，截至2014年水路旅客周转量为74.4亿人公里；货物周转量呈现比较稳定的上升趋势，只有在2008年有一个小幅度回落，随后又开始继续增长，总体而言货物周转量的增长率也比旅客周转量的增长率高。从客货运输方面的历年变化我们可以发现，由于受到其他交通运输方式的冲击，特别是航空和高速铁路快速发展而产生的替代作用，使得内河在旅客运输上的分担量已经开始降低，并且呈现非常明显的被其他运输方式分流的状况，而内河货物运输量受冲击的影响则相对较弱一些。

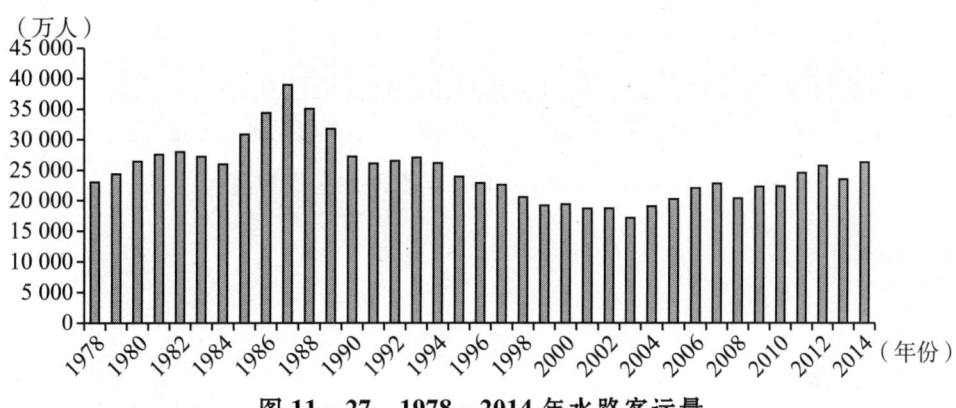

图 11-27　1978~2014 年水路客运量

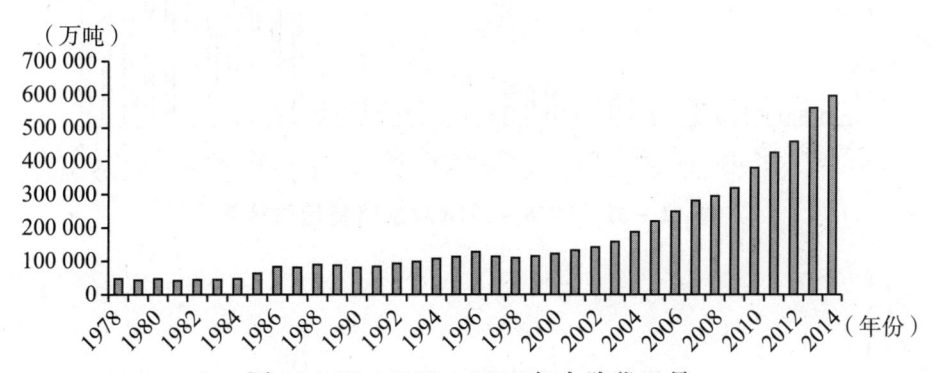

图 11-28　1978~2014 年水路货运量

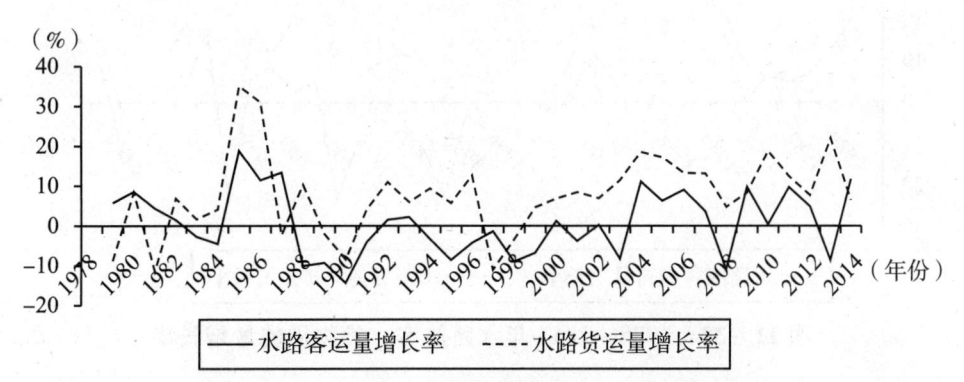

图 11-29　1978~2014 年水路客货运量增长率

图 11–30 1978~2014 年水路旅客周转量

图 11–31 1978~2014 年水路货运周转量

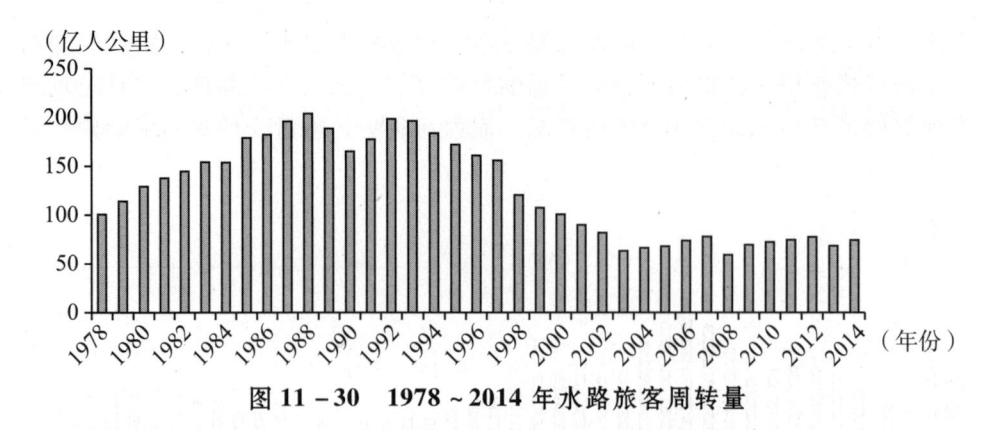

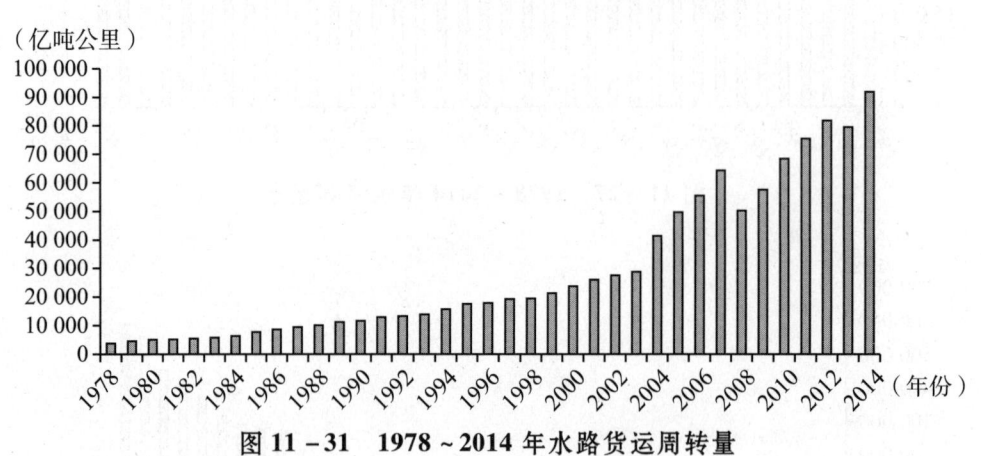

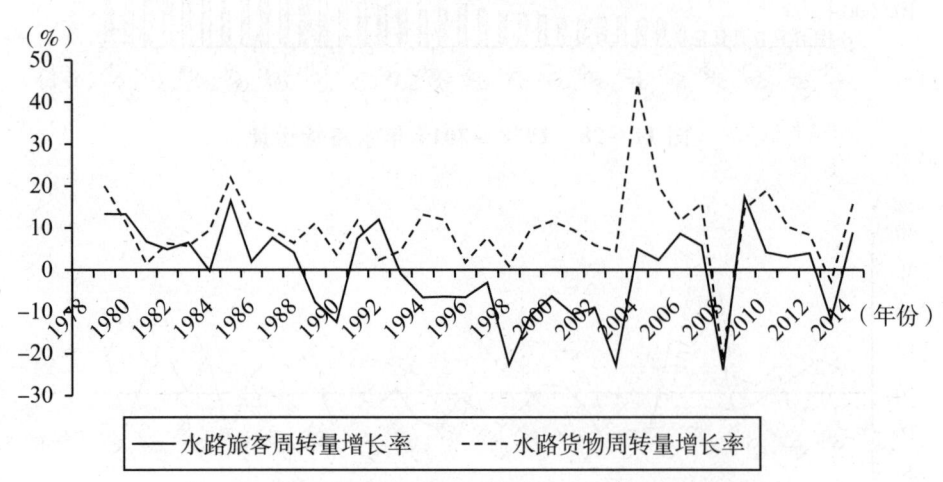

图 11–32 1978~2014 年水路旅客、货物周转量增长率

四、航空

航空运输具有快速机动的特点,是现代旅客运输的重要方式之一,尤其适用于远程旅客运输,同时也是国际贸易中贵重商品、鲜活货物等运输不可或缺的运输方式。中国是近几年全球航空运输业增长最快的市场之一:中国航空从无到有,再到发展壮大,在国民经济各个领域发挥出巨大作用,逐渐成为交通基础设施中重要的一部分。据国际航空协会(IATA)预测,中国将是全球航空货运增长速度最快的国家,将成为亚洲最繁忙的航空货运市场。

(一) 航空里程建设方面

中国航空里程发展迅速,从 1978 年的不足 15 万公里,以平均接近 11% 的增速在增加,其中在 1992 年实现 49% 的增长率,截止到 2015 年中国民航运输里程已经达到 463.7 万公里(见图 11-33、图 11-34)。

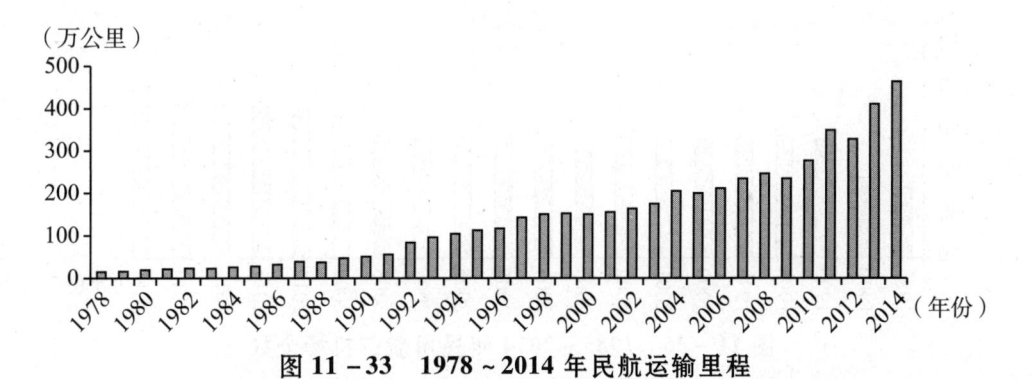

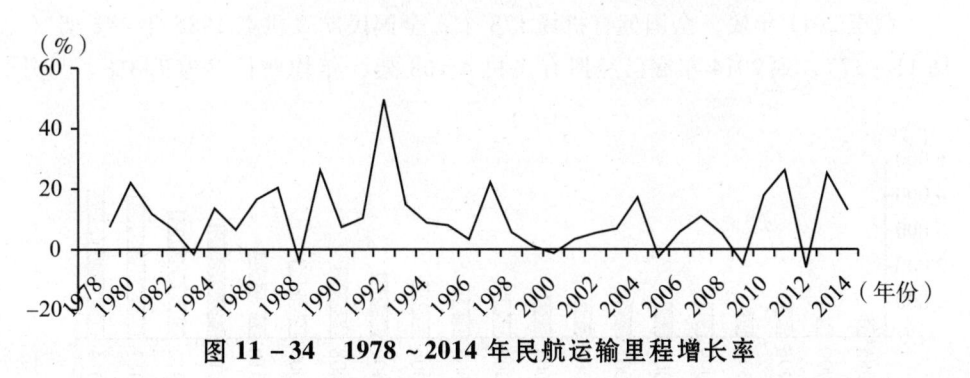

图 11-33 1978~2014 年民航运输里程

图 11-34 1978~2014 年民航运输里程增长率

（二）航空线路发展和机场建设方面

1985年国内民航航空线路仅有268条（见图11-35），到2014年全国拥有民航航空线路3 142条，其中国内航空占80%以上；机场建设数量增长幅度比较缓慢，主要原因是机场建设本身要求较高，需要考虑地区经济发展水平、地理区位等原因，所以机场建设数量以平均3%的增速小幅度增加（见图11-36）。

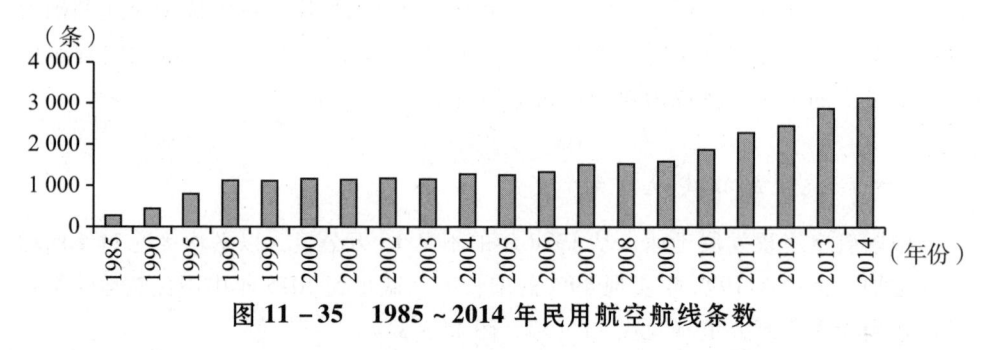

图11-35　1985~2014年民用航空航线条数

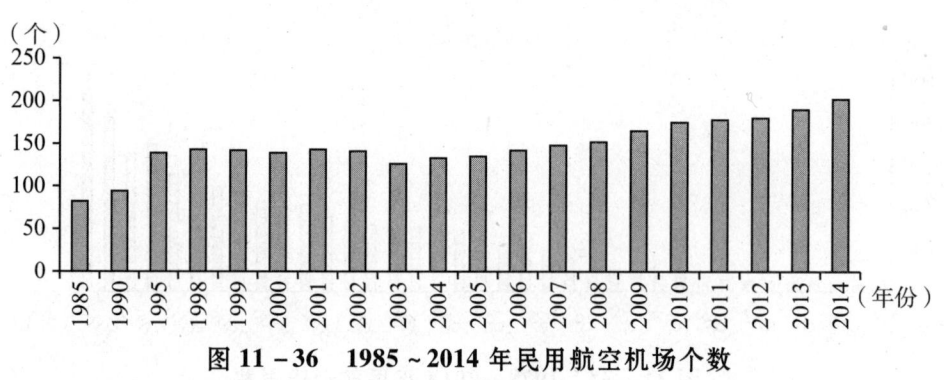

图11-36　1985~2014年民用航空机场个数

截至2011年底，全国拥有机场178个；全国民航飞机数1985年472架（见图11-37），到2014年底已经拥有飞机4 168架，年均增长率为7.8%。另外，

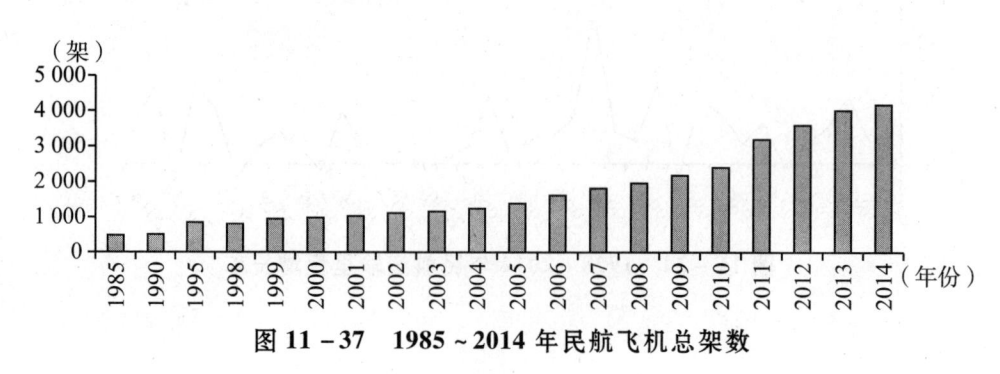

图11-37　1985~2014年民航飞机总架数

国内航空的通用飞行时间以平均14%的增速逐年递增（见图11-38），从一开始的43 022小时增加到2013年的590 890小时，其中2010年的通用飞行时间比上年增加了215%。

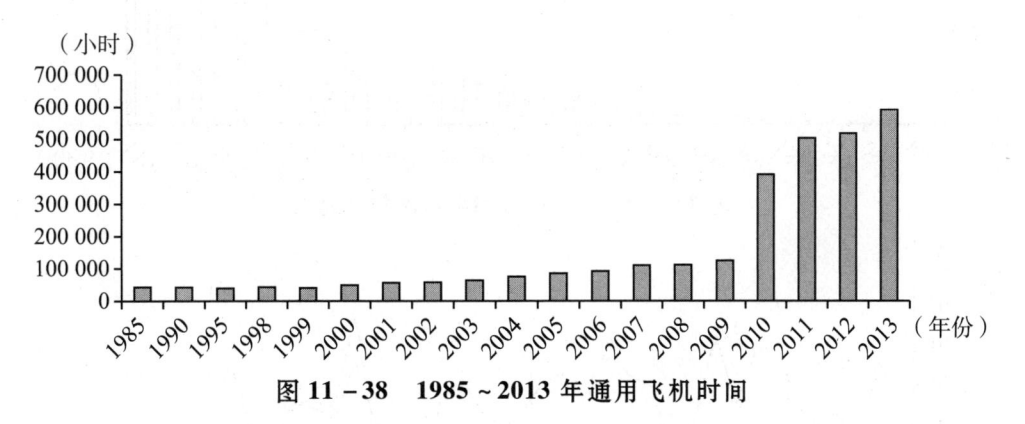

图11-38　1985~2013年通用飞机时间

（三）客货运数量方面

民航客运量在1978年仅为231万人，经过30多年的发展，达到了3.9亿人，平均年增长率为15.3%；货运量方面的增长与客运量增长趋势相近，也是以13.4%的年均增长速度，在三十多年间增长了93倍。此外根据中国民航局的统计，中国航空客运周转量以16.3%的平均年增速：从1980年的40亿客公里增长到2014年的6 333亿客公里，同时，中国的航空货邮周转量以16%的平均年增速，从1980年的1.4亿吨公里增长到2014年的186亿吨公里（见图11-39~图11-44）。

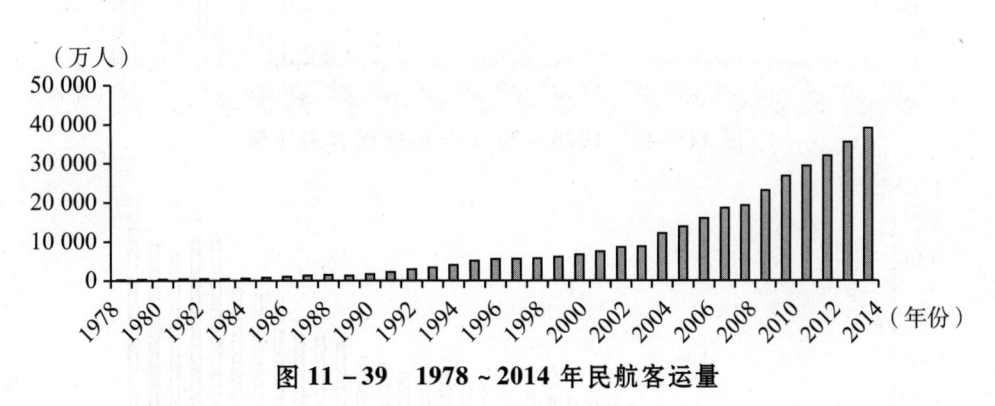

图11-39　1978~2014年民航客运量

图 11-40 1978~2014 年民航货运量

图 11-41 1978~2014 年民航客货运量增加率

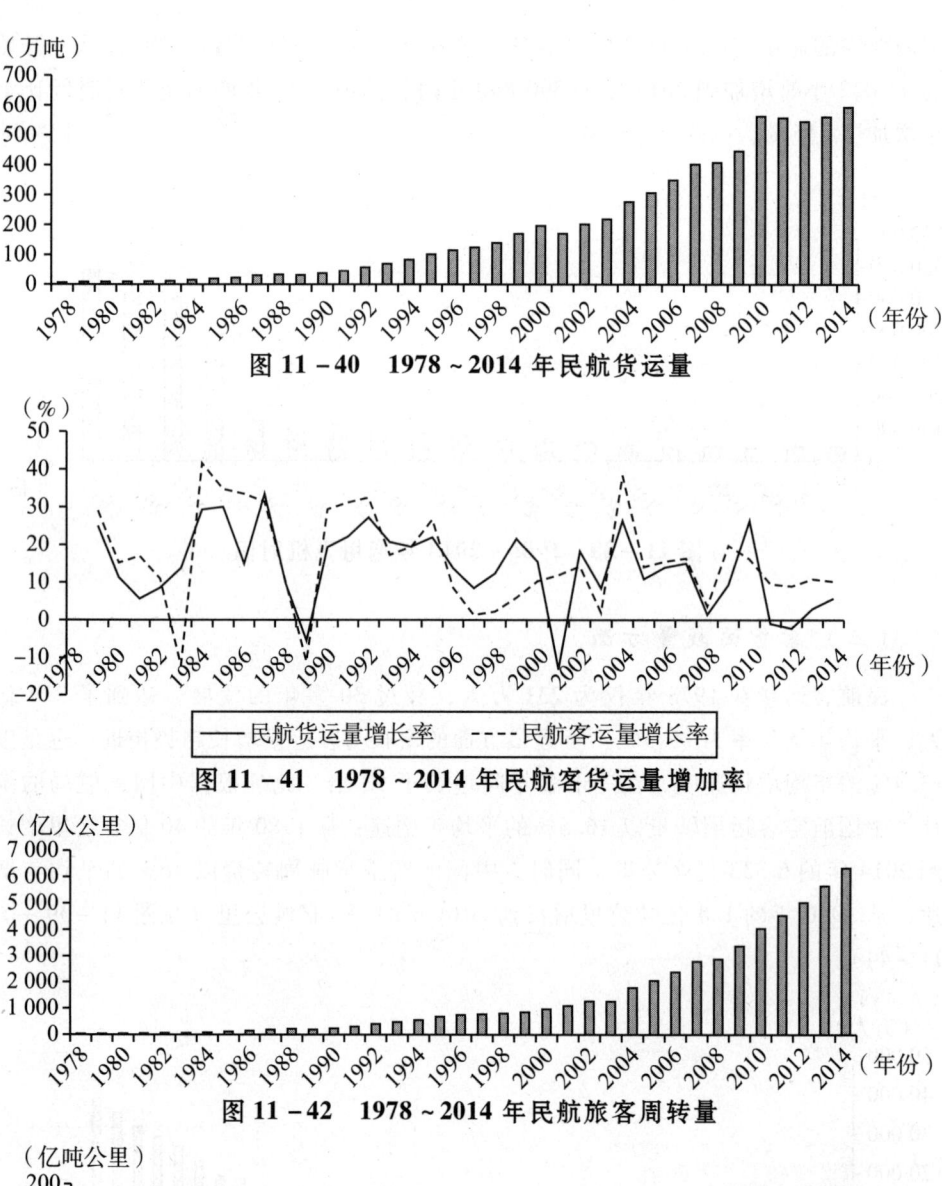

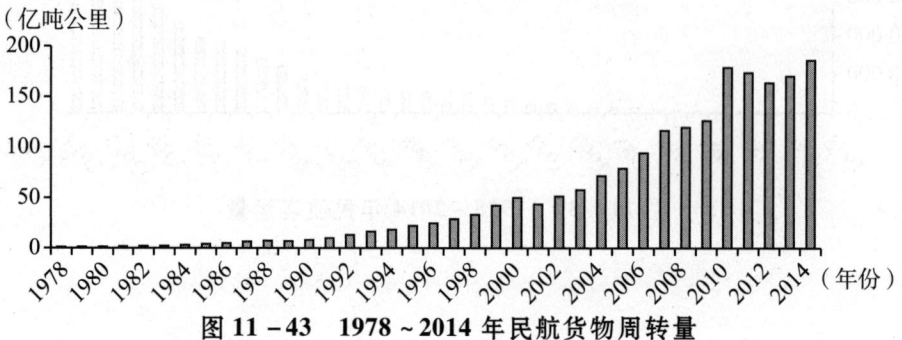

图 11-42 1978~2014 年民航旅客周转量

图 11-43 1978~2014 年民航货物周转量

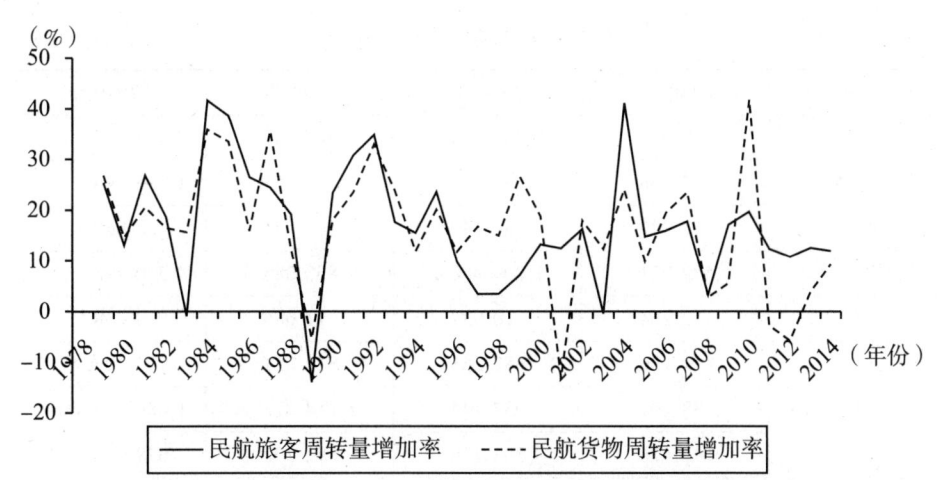

图 11-44 1978~2014 年民航旅客、货物周转量增加率

根据国际银行的相关数据，进入 2000 年以后，在世界主要国家中，中国的航空运输量一直都是排名前列，2008 年以后仅次于美国成为航空运输量第二大的国家（见图 11-45、表 11-2）。

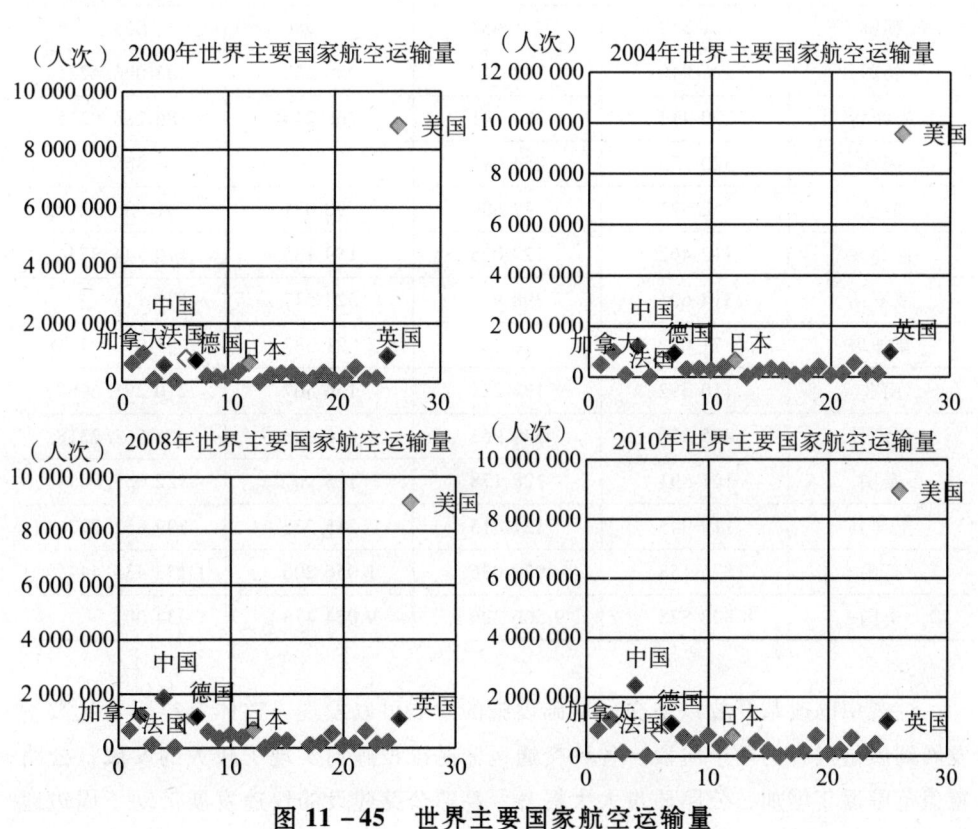

图 11-45 世界主要国家航空运输量

表11-2　　　　　　　世界主要国家航空运输量　　　　　单位：人次

国家	2000年	2004年	2008年	2010年
巴西	628 081	486 025	647 753	884 755
加拿大	963 468	988 755	1 200 361	1 235 444
智利	87 945	86 140	108 565	108 840
中国	572 921	1 209 900	1 853 088	2 390 793
古巴	12 264	10 937	11 686	9 658
法国	811 776	682 263	827 851	751 127.4775
德国	738 297	937 143	1 154 472	1 086 415.407
印度	198 426	302 790	592 292	629 991.4727
印度尼西亚	159 027	318 488	345 240	404 547
爱尔兰	145 457	261 345	483 741	683 441
意大利	367 584	382 317	382 590	364 329
日本	645 087	638 430	655 495	650 310.4628
朝鲜	1 332	1 652	1 986	665
韩国	226 910	232 077	250 260	483 006.4221
墨西哥	290 412	330 441	266 244	186 288.9215
挪威	320 753	254 045		3 368
波兰	52 371	77 690	90 031	91 085.32542
葡萄牙	112 462	127 025	159 135	170 744.3746
俄罗斯	314 621	398 958	522 577	673 113
新加坡	71 042	76 253	91 387	81 073.81818
南非	110 392	133 222	156 567	210 295.6667
西班牙	485 856	549 963	616 893	605 567.7318
泰国	101 591	128 178	125 907	122 065.9098
土耳其	119 945	121 815	215 275	399 852.7776
英国	876 158	970 036	1 056 206	1 173 434.444
美国	8 820 878	9 566 226	9 054 478	8 934 001

综观中国改革开放以来交通基础设施的发展可以发现，整体上经历了从数量发展到质量提升的两个阶段。各种交通运输基础设施均实现了较大的发展：公路覆盖范围逐年增加，公路质量大大提升，高速公路建设的快速发展带动了周边地区经济社会的进步；国家铁路网的不断完善，使得长途客货运输获得了强有力的

支撑，高速铁路技术的发展更带动了中国交通技术的革新；内河航运平稳发展，使水路运输和陆路运输更好地结合在一起；航空运输的飞速发展，为中国交通基础设施的发展提供了新活力，潜移默化中改变了人们的出行方式，其未来发展前景不容小觑。此外，各类交通基础设施之间互相融合，联通发展的趋势愈加明显，多式联运的效果已经有所显现，这为中国交通运输未来的发展提供了一个切实可行的方向。

第二节 交通基础设施发展中的问题

一、交通运输结构不成熟

中国四类交通运输方式自改革开放以来都获得了较大的发展，其中高速公路和航空事业的发展最为突出。然而与发达国家相比，高速公路和航空在交通基础设施中所占比重仍较低，且水路和铁路里程的发展速度相对落后。这就使得当前中国的交通基础设施发展过程中出现了结构成熟的问题：公路尤其是高速公路的占比需要进一步提高，而作为骨干交通运输方式的铁路需要进一步扩大在交通运输结构中所占的比重。

从建设里程各自所占比重来看（见图 11-46），1978~2011 年各类交通基础设施中比重保持最大的一直是公路里程，20 世纪 80 年代达到接近 75% 的峰值，虽然随后出现波动性变化，但仍然没有低于 50%。第二位的航空里程的比重则呈现波动性的增长，从最初不到 10% 的比例加速度增长，截至 2011 年已经超过了 30%。比例呈持续下降趋势的是影响系数占前两位的铁路运输和内河航运，且比重一直都很小：铁路里程占比一直在 5% 以下，内河航运占比最多时仅为 11%。

我们采用了 2000~2009 年的美国四类交通运输方式的建设里程比重与中国交通基础设施发展情况进行简单比较（见图 11-47）。由此可以发现，美国的四类交通基础设施中（不涉及管道数据，仅比较高速、航道运输、铁路和航空四类），高速公路的比重最大，超过了 96%，其次是铁路，约占 3%，航道运输和航空运输的比重均不足 1%。另外，从整体情况来看，数据涉及的 10 年间，美国各类交通基础设施营业里程的比重没有太大的变化，公路比重增长了约 12%，内河航运减少了约 2%，铁路减少了约 1%，航空减少了约 10%；而同期的中国则变化幅度比较明显。这也说明了,美国当前的交通基础设施结构已经比较成熟,处在稳定阶段,而中国的交通结构尚在发展过程中,需要进一步完善。

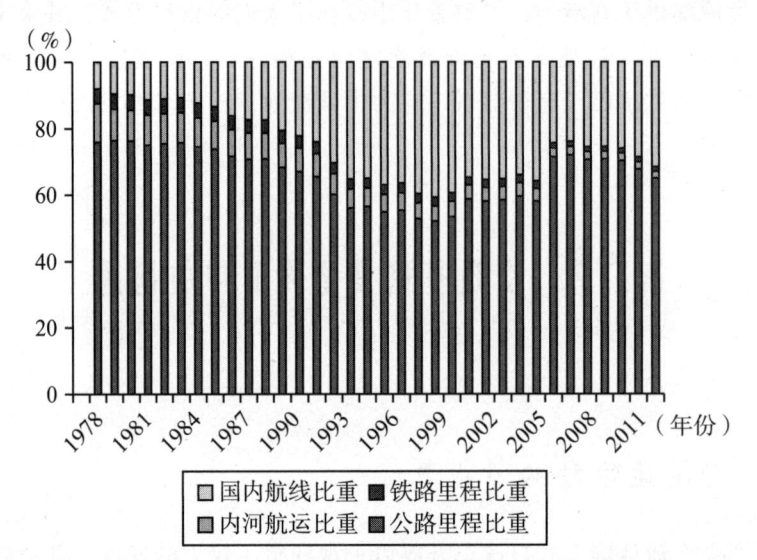

图 11-46　1978~2011 年中国四类交通运输方式营业里程各自占比

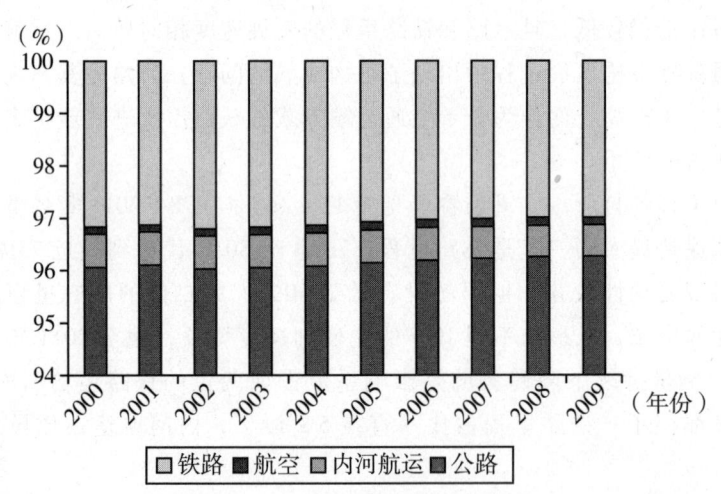

图 11-47　美国 2000~2009 年四种交通运输方式营业里程比重

二、交通基础设施增长率波动大,且与 GDP 增长相比较缓慢

国内外的研究和经验事实均显示:交通基础设施与经济发展之间是一种互相推动的作用机制。因此,交通基础设施的发展应该与经济发展程度相适应,并且

当交通基础设施的发展速度高于经济发展速度时才能为经济发展产生稳定的推动力。但是我国的交通基础设施增长率本身波动较大且与同期的 GDP 增长率相比，略显不足。这说明我国交通基础设施的发展水平尚未与国家经济发展水平达到一致，因此对经济的推动作用也没有很好地发挥出来。

从图 11 - 48 中可以看到，1978 ~ 2014 年之间，内河航运、铁路运输的里程增长率均低于同期的 GDP 增长率，公路里程增长率只有个别年份超过了 GDP 增长率，2005 年增长尤其突出。民航里程增长率在四类交通基础设施中表现最好，有些年份甚至超过 GDP 增长率，但总体来说波动较大，不够平稳。

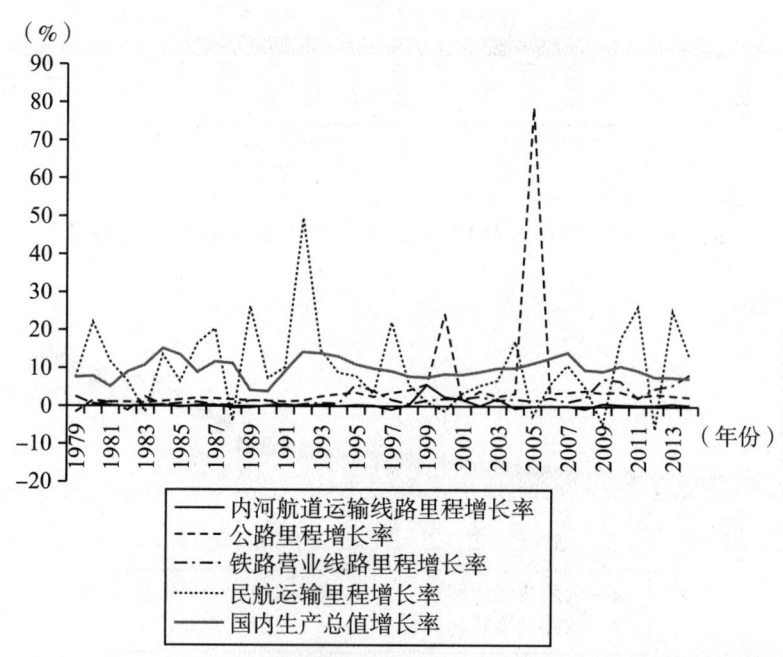

图 11 - 48　1978 ~ 2014 年 GDP 增长率与各类交通基础设施建设里程增长率

三、作为交通运输骨干的铁路运输表现较差

铁路作为一种运量大、速度较快、运输成本较低的交通运输方式，非常适合在我国作为交通运输的主要骨干力量，但是目前铁路所发挥的作用与已有的表现并不能体现出这种骨干作用。改革开放以来，从四类交通基础设施的旅客周转量（见图 11 - 49）可以发现，铁路在前 10 年还处于领先，但随后在 1988 年和 1989 年左右开始被公路超过，而近年来虽然铁路的旅客周转量依然在四类交通基础设施中位居第二，但可以发现增长速度已经开始落后于航空旅客周转量。从货运周转量（见图 11 - 50）上比较，铁路的表现也从一开始的与水路、公路"齐头并

进"的情况,变成被公路和水路货物运输能力超越。这包括外部原因和内部原因,外部原因主要有来自公路(尤其是高速公路)和航空事业发展带来的冲击,即替代效应造成了铁路需求量被迫转移;内部原因有铁路自身管理体制造成的进入壁垒问题以及大额负债压力。尽管如此,铁路未来的发展潜力依然很大。

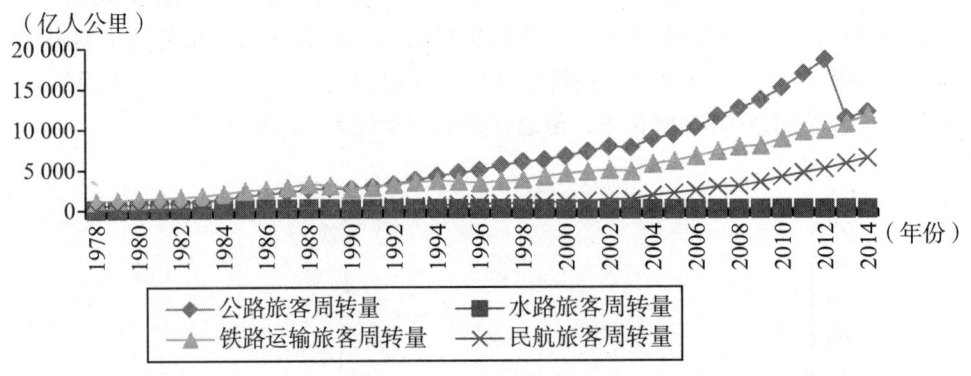

图 11-49　1978~2014 年四类交通基础设施旅客周转量

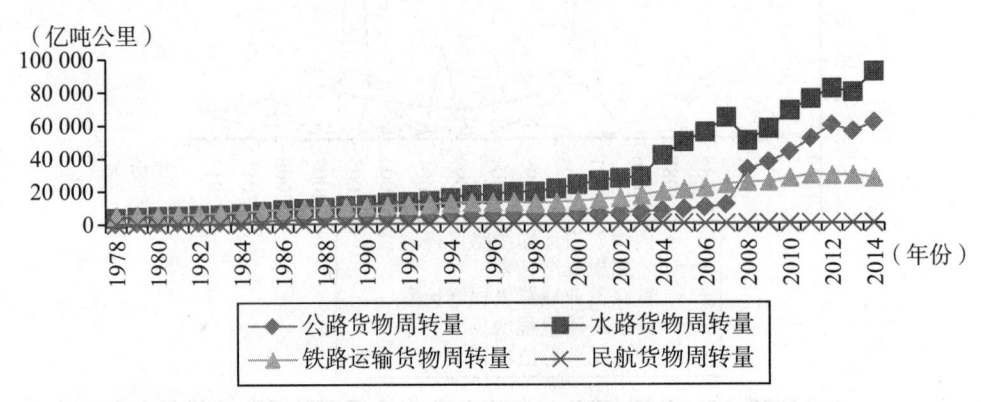

图 11-50　1978~2014 年四类交通基础设施货物周转量

从客货周转量的增长率(见表 11-3)上来看,1978~2014 年,旅客周转量年均增长率铁路约为 7.1%,公路约为 11.2%,水运约为 -0.3%,而民航约为 17.3%;货物周转量年均增长率(见表 11-4)铁路约为 5.4%,公路约为 21.3%,水运约为 9.9%,而民航约为 17.7%。因此,改革开放 30 多年来,从旅客周转量的变动上可以发现,民航运输的增长速度远远高于其他运输方式,其次为公路,而水运则受到其他交通运输方式的冲击,客运量出现大幅度降低;货运周转量增速则是公路最大,其次是民航和水运,铁路的增长率则为最低。

表 11 – 3　　　　1979~2011 年中国四类交通运输方式
　　　　　　　　　　旅客周转量的增长率　　　　　　　　单位：%

年份	公路旅客周转量增长率	水路旅客周转量增长率	铁路旅客周转量增长率	民航旅客周转量增长率
1979	15.729906	13.32007952	11.25137212	25.44802867
1980	20.91828278	13.24561404	13.7312942	13.14285714
1981	15.01028101	6.738962045	6.463273569	26.76767677
1982	14.88676996	4.862119013	6.940105935	18.52589641
1983	14.70069509	6.505190311	12.80797562	-0.840336134
1984	20.920767	-0.259909032	15.19279482	41.52542373
1985	29.02236517	16.41693811	18.06587177	39.76047904
1986	14.88781958	1.902630106	7.06096602	25.36418166
1987	10.53136196	7.578253707	9.912243399	24.47026658
1988	15.42184076	4.083716182	14.67412332	19.16529379
1989	5.296258207	-7.65080922	-6.83679416	-13.91705069
1990	-1.570188949	-12.42697823	-13.98564562	23.38313704
1991	9.594321261	7.459066101	8.248488096	30.72734822
1992	11.17456559	11.96388262	11.45999081	34.7826087
1993	15.91492827	-1.008064516	10.50377514	17.60650086
1994	14.04058692	-6.568228106	4.383774007	15.49413735
1995	9.070445229	-6.376021798	-2.48349835	23.51406817
1996	6.641176598	-6.519208382	-5.587049102	9.76017153
1997	12.88705997	-3.051058531	7.088660533	3.436747794
1998	7.243656838	-22.73603083	5.258166197	3.451842275
1999	4.314464562	-10.80631754	9.606720729	7.135716071
2000	7.391276294	-6.337371855	9.591624556	13.20934329
2001	8.256977198	-10.54726368	5.167012311	12.45243259
2002	8.307086068	-9.010011123	4.250230763	16.24518966
2003	-1.411770735	-22.8606357	-3.638266189	-0.433514621
2004	13.68054473	5.071315372	19.28747442	41.09404687
2005	6.214850716	2.262443439	6.123735163	14.73538686
2006	9.025946772	8.554572271	9.239524909	15.93068668

续表

年份	公路旅客周转量增长率	水路旅客周转量增长率	铁路旅客周转量增长率	民航旅客周转量增长率
2007	13.58234295	5.706521739	8.972984401	17.75846796
2008	8.423714673	-23.90745501	7.792081815	3.263244618
2009	8.298266285	17.22972973	1.289435117	17.08061607
2010	11.17130719	4.178674352	11.21095584	19.66686419
2012	10.18660223	3.958137663	2.081085777	10.77314672
2013	-39.07724631	-11.80949923	7.982711548	12.55583003
2014	6.495101743	8.883360164	9.524029741	11.9598585

表 11-4　　1979~2011 年中国四类交通运输方式货物周转量的增长率　　单位：%

年份	公路货物周转量增长率	水路货物周转量增长率	铁路货物周转量增长率	民航货物周转量增长率
1979	112.6749	20.05366	4.742956	26.80412
1980	-53.97315	11.22431	2.122275	14.63415
1981	127.4716	1.445681	-0.096545	20.56738
1982	21.66667	6.354116	7.140219	16.47059
1983	14.2255	5.669038	8.605916	15.65657
1984	41.69742	9.457946	9.043967	35.80786
1985	23.90625	22.00928	12.11456	33.44051
1986	11.28573	11.88426	7.865453	15.90361
1987	25.60919	9.44961	8.063066	35.55094
1988	21.04955	6.395311	4.287604	12.26994
1989	4.794761	11.08618	5.229919	-5.327869
1990	-0.494844	3.621232	2.195459	18.03752
1991	2.081534	11.76252	3.291259	23.47188
1992	9.550467	2.321812	5.500916	32.87129
1993	8.390873	4.560885	4.452056	23.77049
1994	10.21496	13.1724	4.475267	11.86033
1995	4.649711	11.89295	3.30494	20.02153

续表

年份	公路货物周转量增长率	水路货物周转量增长率	铁路货物周转量增长率	民航货物周转量增长率
1996	6.737098	1.76787	0.434347	11.79372
1997	5.194365	7.683695	1.249184	16.72684
1998	4.019349	0.887965	-5.348956	14.94845
1999	4.39364	9.569304	2.788358	26.57698
2000	7.076848	11.62312	6.66282	18.72933
2001	3.27993	9.499751	6.707459	-13.02964
2002	7.141052	5.855233	6.562344	17.90942
2003	4.673498	4.380711	10.14298	12.31814
2004	10.4433	44.27165	11.84068	24.00691
2005	10.8698	19.89823	7.451279	9.888579
2006	12.20565	11.70365	5.92675	19.49303
2007	16.40762	15.85831	8.392801	23.45142
2008	189.468	-21.81253	5.50187	2.757969
2009	13.14532	14.5117	0.52931	5.543478
2010	16.67396	18.88723	9.528681	41.72542
2011	18.40316	10.22441	6.589681	-2.789268
2012	15.88353	8.331239	-0.945843	-5.761601
2013	-6.377406	-2.780562	-0.045225	3.905058
2014	9.69	15.66734	-5.634148	9.284162

四、交通基础设施区域分布不均衡

从区域发展情况上来看，东部地区的交通基础设施建设发展程度远高于中部地区和西部地区，基础设施建设呈现自东向西递减的情况。从1999~2014年的面板数据的初步分析中（见图11-51）可以发现，就公路和铁路这两类主要的交通基础设施来看，东部地区的运输能力在三个地区中最高，中部次之，西部最低。这种交通基础设施在区域上的不均衡既是区域经济发展程度的一种表现也是交通基础设施在区域分布上的一种体现。众所周知，交通基础设施作为经济发展的动力之一能够与经济产生互相推动的效果，进而促进经济和社会的发展。而当前这种交通基础设施不均衡的分布则会影响区域经济增长进而不利于国家整体经济的飞跃式发展。

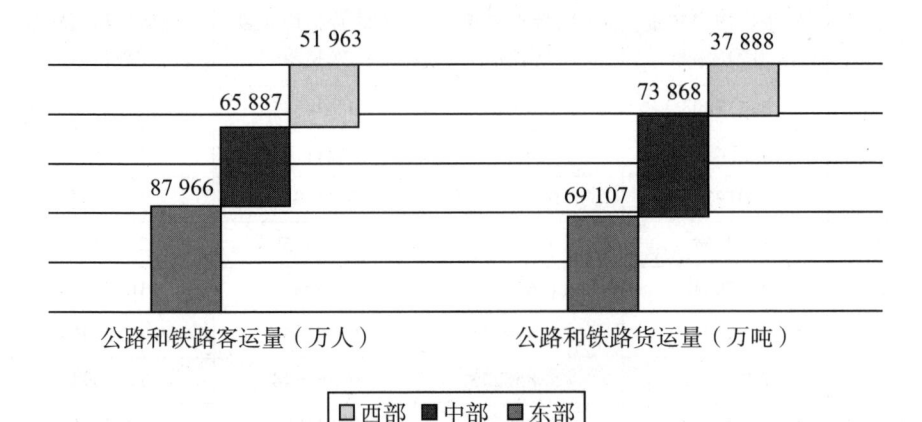

图 11-51 1999~2011 年东部、中部和西部地区公路和铁路平均客货运量比较

第三节 交通基础设施对居民消费的影响——以公路、铁路数据为实证研究对象

中国交通基础设施的发展与国民经济的发展相辅相成。作为经济发展和社会进步的坚实基础，交通不仅改善了人们的生活水平，更从一定程度上改变了人们的生活方式，成为影响国内居民消费的因素之一。从国际发展经验来看，发达国家的经济发展和居民消费的提高均伴随着交通基础设施的建设和改善。所以，由一系列的事实和研究结果我们可以发现：交通基础设施的发展应该能够对居民的消费产生一定的影响，所以当前为了建立健全我国居民消费的长效机制，从交通基础设施方面研究着手，不失为一种可行之技。

樊纲、王小鲁（2004）的消费条件模型中曾经提到交通基础设施对于居民消费有正向的影响。该模型考察了影响中国人均消费水平的各因素，包括交通运输和通讯、城市化水平、消费者信用手段、社会保障体系以及收入分配差距等。他们研究发现交通设施是对居民消费影响比较突出的变量之一。扎兰等（2002）以中国农村消费增长为研究对象建立模型，研究发现公路密度对中国农民的消费支出有正向效应：每公里公路投资增加 1%，农民消费上涨 0.08%。这些都从实证角度说明了交通基础设施和居民消费的相关性。

关于交通基础设施与经济发展的研究，目前主要分为交通基础设施对国民经济的研究和对区域经济的研究,所选用的核心解释变量主要有以下几种:交通基础设施密度、交通基础设施投资和具体的建设里程或客货运输量,研究对象则多用公路或者铁路来代表。本部分将结合国内外研究情况和所掌握的数据,采用公路和铁路两类国内最重要也是最主要的交通基础设施作为研究对象,使用客货运输量等流量数据从影响消费的角度来分析交通基础设施对于居民消费的影响程度。

一、纵向分阶段比较

本节数据选择比时间序列更能反映个体效应的面板数据,采用1999~2011年全国30个省、市、自治区(不包括西藏和港澳台地区)的数据。其中,由于2008年前后中国进入高铁时代且高速公路的发展进一步加快,对居民消费的影响可能存在变化,因此考虑以2008年为分界点进行两阶段的划分,分别建立实证模型。

具体地,被解释变量采用居民消费总量(按照1978年为基期进行折算),核心变量选择了公路和铁路的客运量和货运量,同时加入进出口贸易占GDP比重和政府决算支出占GDP的比重作为控制变量建立两个多元回归模型,利用STATA软件进行计量分析,以期得出交通基础设施对于人均居民消费的影响。本节的数据来源于中经网数据库和《新中国60年统计年鉴》有关解释变量的说明如下:

第一阶段(1999~2007年)。

模型一:核心解释变量为公路和铁路客运量(万人)pt;被解释变量为居民消费总量(亿元,按照1978年为基期进行折算)cost;控制变量为政府决算支出占GDP比重(%)govern和所在地进出口贸易占GDP比重(%)trade。

所有变量取对数处理,实证模型为:

$$\text{lncost} = \beta_{10} + \beta_{11}\text{lnpt} + \beta_{12}\text{lngovern} + \beta_{13}\text{lntrade} \quad (11-1)$$

模型二:核心解释变量为公路和铁路货运量(万人)ft;被解释变量为居民消费总量(亿元,按照1978年为基期进行折算)cost;控制变量为政府决算支出占GDP比重(%)govern和所在地进出口贸易占GDP比重(%)trade。

所有变量取对数处理,实证模型为:

$$\text{lncost} = \beta_{20} + \beta_{21}\text{lnpt} + \beta_{22}\text{lngovern} + \beta_{23}\text{lntrade} \quad (11-2)$$

所有变量的统计特征如表11-5所示。

表 11 – 5　　　　　　　第一阶段模型变量的描述统计

变量名	观察值	均值	标准误差	最小值	最大值
lncost	270	5.4526	0.8505637	3.222964	7.2719
lnpt	270	10.53947	1.014873	8.094073	12.22126
lnft	270	10.54732	0.77553	8.384804	12.10423
lngovern	270	2.643064	0.3494312	1.839906	3.56649
lntrade	270	2.850494	1.041088	1.164626	5.148355

第二阶段（2008～2011 年）

模型三：核心解释变量为公路和铁路客运量（万人）pt；被解释变量为居民消费总量（亿元，按照 1978 年为基期进行折算）cost；控制变量为政府决算支出占 GDP 比重（％）govern 和所在地进出口贸易占 GDP 比重（％）trade。

所有变量取对数，模型形式为：

$$\text{lncost} = \beta_{30} + \beta_{31}\text{lnpt} + \beta_{32}\text{lngovern} + \beta_{33}\text{lntrade} \qquad (11-3)$$

模型四：核心解释变量为公路和铁路货运量（万人）ft；被解释变量为居民消费总量（亿元，按照 1978 年为基期进行折算）cost；控制变量为政府决算支出占 GDP 比重（％）govern 和所在地进出口贸易占 GDP 比重（％）trade。

所有变量取对数，模型形式为：

$$\text{lncost} = \beta_{40} + \beta_{41}\text{lnpt} + \beta_{42}\text{lngovern} + \beta_{43}\text{lntrade} \qquad (11-4)$$

所有变量的统计特征如表 11 – 6 所示。

表 11 – 6　　　　　　　第二阶段模型变量的描述统计

变量名	观察值	均值	标准误差	最小值	最大值
lncost	119	5.761414	0.8590623	3.551461	7.437319
lnpt	119	11.15366	0.9563709	9.006509	13.13835
lnft	119	11.12544	0.8072558	9.117677	12.61996
lngovern	119	2.969317	0.3862094	2.168314	4.059012
lntrade	119	2.91206	1.021154	1.273118	5.134413

结合 Stata 11 尝试用固定效应和随机效应模型分别进行计量，并经过豪斯曼检验，最终决定采用固定效应模型来模拟交通基础设施对居民消费的影响。软件计量过程不再赘述，最终结果如下：

第一阶段（1999～2007 年）。

模型一：

$$\text{lncost} = 2.971 + 0.136\text{lnpt} + 0.150\text{lngovern} + 0.230\text{lntrade} \quad (11-5)$$

其中，核心解释变量 pt 的 p 值为 0.124。

模型二：

$$\text{lncost} = 0.822 + 0.410\text{lnpt} + 0.461\text{lngovern} + 0.152\text{lntrade} \quad (11-6)$$

其中，核心解释变量 ft 的 p 值为 0.000。

第二阶段（2008~2011 年）。

模型三：

$$\text{lncost} = 0.078 + 0.443\text{lnpt} + 0.174\text{lngovern} + 0.078\text{lntrade} \quad (11-7)$$

其中，核心解释变量 pt 的 p 值为 0.000。

模型四：

$$\text{lncost} = 1.310 + 0.367\text{lnpt} + 0.087\text{lngovern} + 0.039\text{lntrade} \quad (11-8)$$

其中，核心解释变量 ft 的 p 值为 0.000。

根据上面计量结果得出的各模型中核心解释变量的 p 值可以发现，模型和变量的选择对于我们想考察的问题还是比较具有解释力的。综合以上四个模型，我们可以得出以下的结论：(1) 交通基础设施对于居民消费能够产生一定的积极作用。具体地，第一阶段旅客运输每增加 1%，居民消费就会增加 0.136%，货物运输每增加 1%，居民消费就会增加 0.410%；第二阶段旅客运输每增加 1%，居民消费就会增加 0.443%，货物运输每增加 1%，居民消费就会增加 0.367%。(2) 交通基础设施对居民消费的影响程度会因一些外部因素而发生变化，比如 2007 年铁路第六次大提速标志着中国正式进入"高铁时代"，这也为居民出行生活提供了新的选择。本节考虑了这一时间分界点，故将面板数据分成前后两个阶段，以便参考。从实证结果中可以发现，2008 年以前货物运输对居民消费的影响程度要大于旅客运输，但 2008 年以后二者的影响发生对调，旅客运输对居民消费的影响程度开始大于货物运输的影响程度，所以高铁的发展使得交通基础设施中在旅客运输方面的消费效应变大。(3) 除了交通基础设施之外，政府支出和贸易等也会影响居民消费，而且影响也不是一成不变的。

二、横向分区域比较

上面小节中，我们已经从纵向分时间阶段就交通基础设施对居民消费的影响进行了实证分析，除了时间因素可能会影响交通基础设施的消费弹性之外，不同区域的地理位置和经济发展水平、居民生活习惯等因素也会对这一弹性产生影响。为了比较全面地了解交通基础设施对居民消费的影响机制，下面将从横向，即区域的角度选取数据进行实证分析。

具体地，将1999~2013年的全国30个省份的面板数据依据东部、中部、西部三个地区进行划分，分别建立三组模型进行比较。被解释变量采用该地区居民消费总量（按照1978年为基期进行折算），核心变量选择该地区公路和铁路的客运量和货运量，同时加入该地区进出口贸易占GDP比重和政府决算支出占GDP的比重作为控制变量建立多元回归模型，利用Stata软件进行计量分析，以期得出交通基础设施对于人均居民消费的影响。本部分的数据来源于中经网数据库和《新中国六十年统计年鉴》。所有变量取对数，各组模型形式说明如下：

东部地区：旅客运输

$$\text{lncost}_{pe} = \beta_{pe} + \beta_{pe}\text{lnpt} + \beta_{pe}\text{lngovern} + \beta_{pe}\text{lntrade} \quad (11-9)$$

货物运输

$$\text{lncost}_{fe} = \beta_{fe} + \beta_{fe}\text{lnft} + \beta_{fe}\text{lngovern} + \beta_{fe}\text{lntrade} \quad (11-10)$$

中部地区：旅客运输

$$\text{lncost}_{pm} = \beta_{pm} + \beta_{pm}\text{lnpt} + \beta_{pm}\text{lngovern} + \beta_{pm}\text{lntrade} \quad (11-11)$$

货物运输

$$\text{lncost}_{fm} = \beta_{fm} + \beta_{fm}\text{lnft} + \beta_{fm}\text{lngovern} + \beta_{fm}\text{lntrade} \quad (11-12)$$

西部地区：旅客运输

$$\text{lncost}_{pw} = \beta_{pw} + \beta_{pw}\text{lnpt} + \beta_{pw}\text{lngovern} + \beta_{pw}\text{lntrade} \quad (11-13)$$

货物运输

$$\text{lncost}_{pw} = \beta_{pw} + \beta_{pw}\text{lnpt} + \beta_{pw}\text{lngovern} + \beta_{pw}\text{lntrade} \quad (11-14)$$

所有变量的统计特征如表11-7、表11-8、表11-9所示。

表11-7　分地区实证模型变量统计特征（东部地区）

变量名	观察值	均值	标准误差	最小值	最大值
lncost	156	5.952164	0.8289474	3.780851	7.437319
lnpt	156	10.85784	1.186007	8.094073	13.13835
lnft	156	10.83393	0.8535981	8.384804	12.61996
lngovern	156	2.505062	0.312951	1.839906	3.429855
lntrade	156	3.849331	0.8842486	1.875713	5.148355

表11-8　分地区实证模型变量统计特征（中部地区）

变量名	观察值	均值	标准误差	最小值	最大值
lncost	117	5.665487	0.4229141	4.866055	6.566578
lnpt	117	10.92738	0.5861112	9.351493	12.17053

续表

变量名	观察值	均值	标准误差	最小值	最大值
lnft	117	11.04664	0.5644588	9.970491	12.36517
lngovern	117	2.696406	0.2311387	2.140823	3.100406
lntrade	117	2.226971	0.3948064	1.164626	2.984423

表11-9　分地区实证模型变量统计特征（西部地区）

变量名	观察值	均值	标准误差	最小值	最大值
lncost	116	4.882851	0.8541227	3.222964	6.489525
lnpt	116	10.35014	1.081181	8.116417	12.452
lnft	116	10.25131	0.8151376	8.405591	11.91132
lngovern	116	3.109542	0.3386577	2.298703	4.059012
lntrade	116	2.199286	0.4705556	1.256898	3.607831

考虑到各分组的情况"因地而异"，并结合豪斯曼检验结果，决定采用固定效应模型。Stata 软件计量过程同样不再赘述。最后得到各分组对应的模型组：

东部地区：旅客运输

$$\text{lncost}_{pe} = 1.984 + 0.194\text{lnpt} + 0.437\text{lngovern} + 0.198\text{lntrade} \quad (11-15)$$
$$(0.005) \quad (0.021) \quad (0.024) \quad (0.003)$$

货物运输

$$\text{lncost}_{fe} = 1.940 + 0.212\text{lnft} + 0.516\text{lngovern} + 0.108\text{lntrade} \quad (11-16)$$
$$(0.095) \quad (0.195) \quad (0.109) \quad (0.233)$$

中部地区：旅客运输

$$\text{lncost}_{pm} = 3.241 + 0.040\text{lnpt} + 0.770\text{lngovern} - 0.039\text{lntrade} \quad (11-17)$$
$$(0.000) \quad (0.243) \quad (0.000) \quad (0.773)$$

货物运输

$$\text{lncost}_{fm} = 2.128 + 0.224\text{lnft} + 0.407\text{lngovern} - 0.017\text{lntrade} \quad (11-18)$$
$$(0.017) \quad (0.076) \quad (0.088) \quad (0.837)$$

西部地区：旅客运输

$$\text{lncost}_{pw} = 1.221 + 0.304\text{lnpt} + 0.163\text{lngovern} + 0.004\text{lntrade} \quad (11-19)$$
$$(0.165) \quad (0.014) \quad (0.072) \quad (0.923)$$

货物运输

$$\text{lncost}_{fw} = 1.185 + 0.306\text{lnft} + 0.147\text{lngovern} + 0.049\text{lntrade} \quad (11-20)$$
$$(0.015) \quad (0.000) \quad (0.144) \quad (0.231)$$

从最终的模型检验结果来看，交通基础设施的两个核心变量的系数都是正的，说明中国的交通基础设施对居民消费存在积极的影响，因为交通基础设施建设的增加能够进一步完善交通运输体系，加强地区之间人流物流的运转，拓宽居民与市场接触层面的同时丰富消费品的种类和范围，这些都在一定程度上刺激了居民的消费欲望。从分组的具体情况来看，我们可以得出以下三个结论：（1）西部地区的交通基础设施对居民消费的影响略大于东部和中部，这可能是由于近些年来"西部大开发"政策的实行使得西部地区人民消费水平更多地受到交通基础设施发展带来的优惠和积极影响，效应大于交通基础设施已经得到充分满足的东部地区。（2）中部地区在货运方面的消费效应也略大于东部地区。这可以解释为受到振兴中部地区等国家发展战略的利好影响，但是也需要看到中部地区的这一经济效益仅在货运方面略高，旅客运输方面还是低于东部地区，且货运和客运两方面的影响都小于西部地区。这也从另一个方面说明中部地区仍然没有将交通基础设施建设的积极影响发挥出来，振兴中部的战略仍需要继续大力推进下去。（3）控制变量方面，可以认为政府支出同样能对居民消费产生积极的影响。这与国内有些文献所讨论得出的政府支出会挤占居民消费的结论不同，有可能是数据选取和方法上的不同导致。此外，贸易对居民消费的影响无法确定。

第四节 政策建议

改革开放以来，我国的交通基础设施建设获得了快速的发展，尤其是进入2000年以来，高速公路和高速铁路的发展在很大程度上带动了中国交通进入新的发展时期：从提高数量为主进入到提高质量为主的阶段。众多研究文献和经验事实表明，交通基础设施的进步能够带动国家经济的发展，对社会进步和人民生活水平提高都有着积极的影响。我们使用了1999～2011年全国30个省、自治区、直辖市（不包括西藏和港澳台地区）的面板数据，结合计量方法建立实证模型，采用固定效应模型进行纵向和横向两方面的估计，从而得出了比较可靠的结果。实证的结论是：作为社会先行资本的交通基础设施对于居民消费具有积极的正面影响，除了交通基础设施这一核心解释变量，模型还设置了控制变量：政府财政支出和进出口贸易也对居民消费有所影响。经验证后的核心解释变量系数模拟程度较高，结论具有稳健性。

结合本章的实证结果和当前现状，就如何从交通基础设施建设的角度采取措施促进居民消费，有以下几点建议可供参考：政府在公共财政的支出上要合理分配，对于和人民生活关系密切的那些基础类的交通设施要重点支持，并且对设施投资、建设、运营和管理等流程采取严格的监督和审查，防止出现贪污腐败和偷工减料等有严重危害的行为。交通基础设施建设应该更加注重质量的提高和人民的实际需求。目前我国交通基础设施的建设在数量上已经非常大，公路设施基本可以覆盖全国，但质量问题并没有引起太大的重视，而且许多地方对于高速公路和高速铁路这些高质量交通基础设施的建设并不是完全出于地方对公共物品的需要，更多是为了追求实现地区 GDP 增长和体现官员"政绩"的目的，这就出现了过度建设、重复建设和资源浪费的问题。因此需要重新对交通基础设施建设进行规划，实现质量提高和建设结构的合理化，这也能为居民消费更大程度上提供便利。交通基础设施本身存在网络效应，一地区的基础设施不仅对本地人民生活产生影响，还会对周边地区居民的生活产生影响，并且不同交通方式之间也会有替代和互补作用，所以在规划交通基础设施建设的时候要考虑周边的影响以及不同交通方式之间的链接合作，这样才有可能将让居民从交通基础设施中得到的福利实现最大化。在交通基础设施供给方面，可以积极拓展资金来源，吸引除政府公共财政支出以外的资金进入，或采用以工代赈、引导社会捐赠、吸引民间资本投资入股等方法，既能减轻政府财政负担，又有利于解决就业、提高社会闲散资本流动性、增加行业内企业资本运作能力。2011 年 3 月撤销铁道部成立铁路总公司，实行企业管理方式引入市场机制就是对铁路方面供给体制和管理体制的一个革新：综合各类交通基础设施，大力发展物流行业。可以考虑多种交通方式联运，充分利用各种交通基础设施的优越性，根据地区实际情况和需要整合不同交通运输方式，发挥各类交通运输方式的优点。这是打破市场限制、工具限制的一种新的发展方式，对物流行业来说是一场重新梳理整合的机遇。除此之外，综合交通运输方式也便于将其对居民消费的影响效果发挥到最大。这在国内的货物运输方面已经取得一定的发展，比如铁路与集装箱港口运输联运、航空机场与城际铁路进行衔接等。我国经济目前已经进入快速起飞阶段，面对即将到来的"窗口期"，必须要改变当前国内居民消费滞后的现状。本章的研究就是从交通基础设施的角度探讨改善居民消费现状和刺激内需的可行性，希望所得的结论和建议能够对建立居民消费的长效机制和实现社会经济跨越式发展有一定的参考意义。

第十二章

人口年龄结构与居民消费

第一节 中国人口年龄结构对消费模式的影响研究

一、引言

我国在改革开放后的三十多年里,经济实力和社会发展水平有了较大提高,但作为拉动经济增长"三驾马车"之一的消费一直处于比较低迷的状态,并呈逐年下降之势。我国是世界上的人口大国,20世纪70年代末计划生育政策的推行,促进了人口年龄结构的转型,当前我国人口年龄结构已经经历了年轻型、成年型,2012年我国人口老年系数为12.7%,少儿系数为22.2%,老少比为57.05%,年龄中位数在35~39岁,各项指标均显示目前我国已经进入老年型(见表12-1),老龄化问题日益突出[①]。开展人口年龄结构对消费模式的影响研究,具有重要的理论和实践意义。

---

① 数据取自相关年份《中国统计年鉴》并通过简单计算而得。

表 12-1　　　　　联合国对人口年龄结构类型的划分标准

指标	年轻型	成年型	老年型
老年人口比重（%）	<4	4~7	>7
少儿人口比重（%）	>40	30~40	<30
老少比（%）	<15	15~30	>30
年龄中位数（岁）	<20	20~30	>30

资料来源：刘铮主编：《人口理论教程》，中国人民大学出版社 1985 年版。

经济学从未忽略过对消费问题的研究，但是除了莫迪利安尼的生命周期假说外，国外学者中无论是凯恩斯、杜森贝里、弗里德曼的经典消费理论，还是霍尔的理性预期生命周期假说等，几乎都未考虑人口年龄结构变动对消费的影响。国内学者对消费问题的研究也几乎未涉及人口年龄结构因素。近几年，即便有学者将人口年龄结构引入消费函数，但只是通过简单的计量方法分析人口年龄结构变动对总量消费的影响或是定性的分析人口老龄化对不同种类消费品支出的影响。研究人口年龄结构对消费模式的影响在一定程度上丰富了消费理论，对今后的研究有一定的借鉴作用。

我国是世界上人口最多的国家，人口老龄化问题突出。由于计划生育政策的实施，使我国较快地进入老龄化社会，面临未富先老的局面。通过对我国人口年龄结构对消费模式的影响研究，可以了解我国人口年龄结构变化对经济的影响效应，从而为相关产业的发展和社会保障体系的建设提供一定的理论支撑和相关对策建议，也可以为其他区域应对人口年龄结构转变提供一定的借鉴意义。

二、我国人口年龄结构变动趋势

（一）人口转变与不同阶段的人口政策

在我国，人口政策对人口年龄结构变动有很大影响。研究人口年龄结构变动应从政策演变研究开始。新中国成立后我国人口政策的演变历程，大致可划分为 4 个阶段 11 个时期（见表 12-2）。

表 12-2　　　　　　　　　　我国生育政策演变历程

阶段	时期
阶段一：鼓励生育阶段	1949~1953 年，鼓励生育政策
阶段二：酝酿转变阶段	1954~1957 年，政策转变酝酿
	1958~1959 年，顶层思想反复
阶段三：限制生育阶段	1960~1966 年，开展限制生育
	1966~1969 年，实施环境缺失
	1970~1980 年，全面推行限制生育——晚稀少
	1980~1984 年，由晚稀少到一孩政策
	1984~1999 年，生育政策完善，地方条例形成
	2000~2006 年，稳定低生育水平
阶段四：应对老龄化阶段	2006~2012 年，人口问题统筹解决
	2012 年至今，生育政策酝酿调整

资料来源：根据以下文献改编而得人口研究编辑部：《中国人口政策的过去、现在与未来》，载于《人口研究》2007 年第 7 期，第 23 页。

在鼓励生育阶段，我国政府完全放任生育及人口增长。城市住房和农村自留地按家庭人口数量进行分配，补助政策照顾人口多特别是子女多的困难家庭。

酝酿转变阶段包括 1954~1957 年的政策转变酝酿时期和 1958~1959 年的顶层思想反复时期。首次人口普查显示，我国总人口数突破 6 亿，人口自然增长率高达 23‰。过多的人口数量和过快的人口增长率凸显了资源的稀缺性，引发一系列社会问题。决策层意识到人口与经济社会发展的矛盾，对"党是赞成节育的"给予明确表态。

到了限制生育阶段，伴随人口增长与经济社会发展严重不匹配状况的恶化，国家再次重视计划生育工作，逐步形成了"晚、稀、少"的生育政策方针[①]。生育政策进一步收紧，将 20 世纪 70 年代"最多两个"转变为严格控制生育第二个孩子和独生子女政策。2000 年，我国基本实现了人口再生产类型的转变，此后我国政府人口与计划生育工作的主要任务是稳定低生育水平，提高出生人口素质。

在应对老龄化阶段，缓解人口老龄化问题的主要手段是生育政策的调整，调整生育政策长期内能够使劳动力数量、结构更加合理。我国"双独二孩"政策已

---

① 1978 年中央对该政策给予明确解释：女性 23 岁，男性 25 岁为晚婚，一对夫妇最好只生一个子女，最多生育两个并且两个孩子的生育间隔要在 3 年以上。

在全国范围内展开实施，而十八届三中全会决定，启动实施"单独二孩"生育政策。放开"单独二孩"，能够为转变经济发展方式、培育经济持续健康发展新优势准备更有利的人口条件，与此同时，放开"单独二孩"不会带来人口暴涨。

（二）我国历年和当前的人口年龄结构

截至2013年底，我国老年人口总数达到2亿，老龄化问题严重。我国老龄化呈现以下六个特点：一是老年人口数量多；二是老年人口增速快；三是高龄化趋势明显；四是地区间老龄化程度差异大；五是未富先老；六是老龄产业未配套齐全。表12-3是我国历年人口普查中的人口年龄结构的数据。

表12-3　　　　　人口普查中各年龄段人口比例　　　　单位：%

年份	0~14岁	15~64岁	65岁及以上
1982	33.59	61.50	4.91
1990	27.69	66.74	5.57
2000	22.89	70.15	6.96
2010	16.60	74.53	8.87

资料来源：相关年份《中国统计年鉴》。

表12-3显示，我国0~14岁人口所占比例从1982年的33.59%下降到2010年的16.60%，不到30年的时间，下降了16.99个百分点。一方面总人口在不断增长，另一方面出生率在不断下降，一升一降使得少年人口的比例下降最为显著。1982~2010年，15~64岁人口所占比例增加约为13%，这是因为计划生育实行前出生婴儿数量的基数大。1982~2010年，中年组的人口增长速度逐渐减慢。中年人口即劳动年龄人口，是我国经济快速发展的中坚力量。凭借这部分中坚力量，我国才能利用人力成本优势，率先发展劳动密集型产业，进而推动国家经济的快速发展。1982~2010年，65岁及以上人口的增长速度出现逐年递增的趋势。根据世界银行数据库数据显示，我国65岁及以上人口所占比例从5%上升到7%用了不到20年，而大多数发达国家老年人口所占比例从5%上升到7%一般需要几十年甚至上百年时间。例如，从5.3%上升到7.1%日本经历了50多年；从4.7%上升到7.4%美国经历了约70年；英法等国则经历了100年左右。相比其他国家，我国人口老龄化速度更快。研究人口年龄结构变动对消费模式的影响，可以应对老龄化带来的各种影响，从而保证我国经济平稳快速发展。

（三）我国未来的人口年龄结构预测

人口年龄结构是指在某一时点，一个地区各年龄段的人口在总人口中所占的比重。考虑到数据的可得性及研究的有效性，分成三个年龄段 0~14 岁、15~64 岁、65 岁及以上。三个年龄段的人口在总人口中所占的比例分别记为 x_1、x_2、x_3，显然我们可以知道 $x_1 + x_2 + x_3 = 1$。统计学上通常把总和等于 1 的各份额数据的组合称为成分数据，因此三维向量 (x_1、x_2、x_3) 是一成份数据，其构成时间序列数据如表 12-4 所示。

表 12-4　　　　1991~2011 年奇数年份我国人口年龄结构表

年份	序数 (k)	0~14 岁比例 (x_1)	15~64 岁比例 (x_2)	65 及以上比例 (x_3)
1991	1	0.277104	0.662994	0.059902
1993	2	0.271497	0.667001	0.061502
1995	3	0.265998	0.671997	0.062004
1997	4	0.259597	0.675004	0.065399
1999	5	0.254003	0.676999	0.068998
2001	6	0.224999	0.703997	0.071004
2003	7	0.220999	0.704001	0.075000
2005	8	0.202698	0.720403	0.076899
2007	9	0.194204	0.725299	0.080497
2009	10	0.184781	0.730491	0.084728
2011	11	0.164501	0.744298	0.091201

资料来源：根据历年《中国统计年鉴》相关数据整理而得。

1991 年之后以"一胎化"为核心的生育政策被严格贯彻，人口发展的外部环境稳定。此外，由于相邻两年指标数值相差不大，本研究选用了 1991~2011 年奇数年份我国人口年龄结构相关数据。如果分别对成分数据的时间序列的各个分量进行预测，其结果往往不能保证各分量之和为 1，于是人们创造出一种成分数据降维预测的方法。结合本预测，其基本步骤如下：

第一步：原数据的非线性变换。令 $y_i = \sqrt{x_i}$，i = 1、2、3，显然有 $y_1^2 + y_2^2 + y_3^2 = 1$。

第二步：将点 (y_1、y_2、y_3) 用球坐标表示：$y_1 = \sin a$，$y_2 = \cos a \sin b$，$y_3 = \cos a \cos b$，由此可以求出 $a = \arcsin y_1$，$b = \arcsin \frac{y_2}{\cos a}$。

第三步：分别对两个转角 a 和 b 的时间序列建立预测模型进行预测。

第四步：由于每步都是可逆的，求出 $\hat{a}$ 和 $\hat{b}$ 后，可以反推出 $\hat{x}_1$、$\hat{x}_2$ 和 $\hat{x}_3$。

按照以上步骤，我们根据表 12-4 所给的相关数据，先求出人口年龄结构所对应的两个转角 a、b 的时间序列（见表 12-5）。然后用计量经济学软件 Stata12 并使用 scatter 命令画出时间序列 a、b 的散点图（见图 12-1、图 12-2）。由

图 12 - 1、图 12 - 2 可知，这些点可以用直线进行拟合，应用 stata12 对散点进行线性回归，得到 $\hat{\alpha}$ 的预测模型：$\hat{\alpha} = -0.0139026k + 0.5812443$，其 $R^2 = 0.9670$、$\overline{R}^2 = 0.9633$，拟合程度非常好；整个方程显著性的 F 统计量之 p 值（Prob > F）为 0.0000，显示这个回归方程是高度显著的。用同样的方法得到 $\hat{b}$ 的预测模型：$\hat{b} = -0.0042906k + 1.28583$，其 $R^2 = 0.9655$、$\overline{R}^2 = 0.9617$，拟合程度也非常好；回归方程也是高度显著的。根据 $\hat{\alpha}$ 和 $\hat{b}$ 两个模型求出相关预测值（见表 12 - 6）。

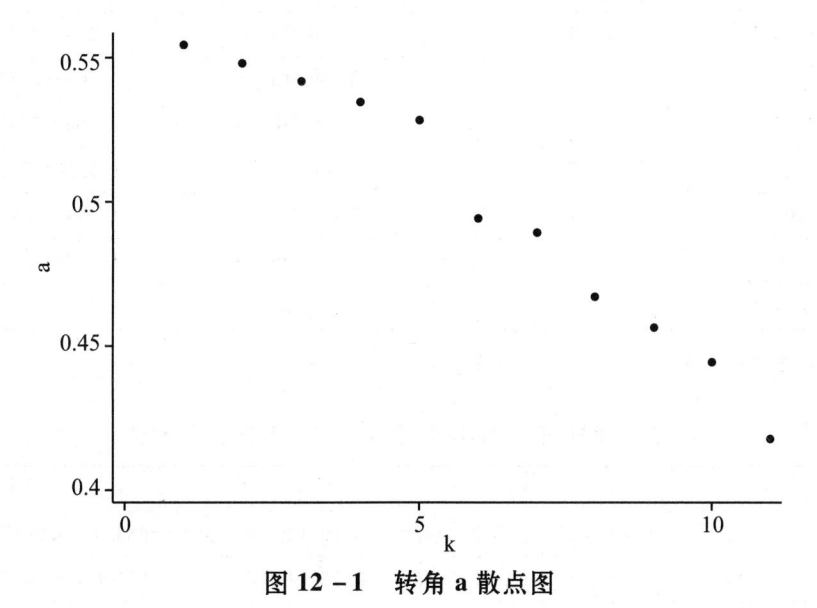

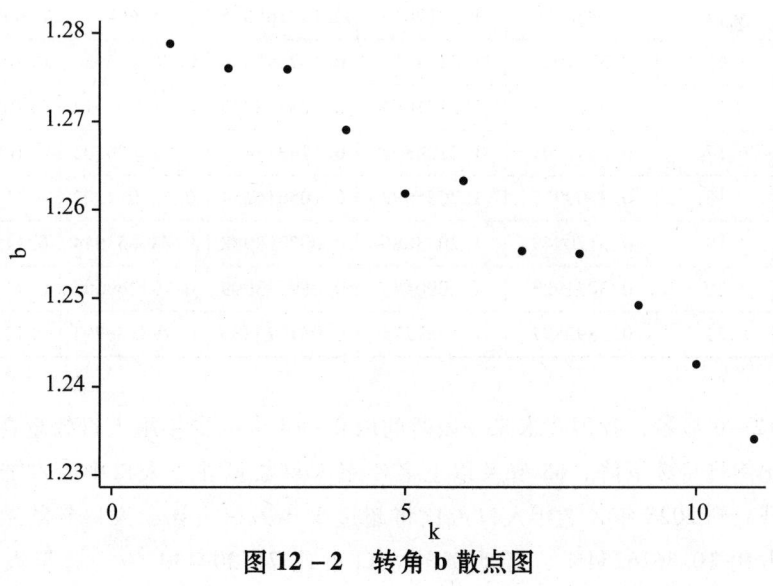

图 12 - 1　转角 a 散点图

图 12 - 2　转角 b 散点图

表 12-5　1991~2011 年奇数年份我国人口年龄结构对应转角值

年份	序数（k）	转角值（α）	转角值（b）
1991	1	0.554369	1.278804502
1993	2	0.548085	1.275989797
1995	3	0.541883	1.275896224
1997	4	0.534612	1.269035831
1999	5	0.528209	1.261778026
2001	6	0.494215	1.263288631
2003	7	0.489410	1.255303361
2005	8	0.467012	1.255011722
2007	9	0.456363	1.24921644
2009	10	0.444339	1.242546526
2011	11	0.417621	1.234079219

资料来源：根据历年《中国统计年鉴》相关数据计算而得。

表 12-6　2012~2031 年奇数年份我国人口年龄结构预测值

年份	序数（k）	$\hat{\alpha}$	$\hat{b}$	$\hat{x}_1$	$\hat{x}_2$	$\hat{x}_3$
2013	12	0.4144131	1.2343428	0.162129261	0.746548324	0.091322415
2015	13	0.4005105	1.2300522	0.152013037	0.753282106	0.094704857
2017	14	0.3866079	1.2257616	0.142165835	0.75969871	0.098135455
2019	15	0.3727053	1.221471	0.132595267	0.765792936	0.101611796
2021	16	0.3588027	1.2171804	0.123308733	0.771559914	0.105131353
2023	17	0.3449001	1.2128898	0.11431341	0.776995105	0.108691485
2025	18	0.3309975	1.2085992	0.105616254	0.782094303	0.112289443
2027	19	0.3170949	1.2043086	0.097223988	0.786853644	0.115922368
2029	20	0.3031923	1.200018	0.089143099	0.791269602	0.119587299
2031	21	0.2892897	1.1957274	0.081379836	0.795338994	0.123281171

表 12-6 显示，我国在未来一段时间内 0~14 岁的少年组人口数量在总人口中所占比例将持续下降，65 岁及以上老年组人口数量在总人口中所占的比例将持续上升。到 2025 年，老年人口占比将超过少年人口占比，人口年龄结构为少年人口占比 10.5616254%、劳动年龄人口占比 78.2094303%、老年人口占比 11.2289443%。到 2031 年，我国老年人口占总人口比例将达到 12.3281171%，

我国的老龄化问题必将日益突出。考虑到近期为应对人口老龄化问题，政策出现微调，所以实际情况会与预测结果产生偏差，但短期内政策的微调不会对人口年龄结构产生巨大影响。首先，政策从颁布到实施会有一定时滞；其次，生活压力的增大、女性拥有自己的事业、观念的改变使人们不会因政策的改变而改变自己的生育策略；最后，城镇化的加速、周边人的示范效应使人们更加重视孩子的质量而不是数量。因此，政策调整短期内不会对人口年龄结构产生重大影响，长期内实际老年人口比例会略低于预测值而实际少年人口比例会高于预测值，少年人口比例的变动会更加明显。

三、人口年龄结构变动对消费模式的影响

在国内，消费模式[①]（consumption pattern）一词最早由周叔莲提出。后来不少学者也对消费模式的内涵进行了概括，其中比较有代表性的有以下几种：杨圣明（1988）主要从消费体制的角度考察消费模式，他认为消费模式是消费体制中最核心的部分，是消费体制的基本规定性、主要原则和框架；林白鹏（1991）认为消费模式是在一定的生产关系和生产力水平以及与生产力和生产关系相适应的上层建筑的作用下，人们所形成的消费活动的基本规范。尹世杰（1993）认为，消费模式是指"在一定的生产力水平和一定的生产关系下人们消费行为的程式、规范和质的规定性"[②]。葛威（2012）认为消费模式是在一定的生产力水平和消费下所形成的规格、关系程序和质量监管，反映消费过程中的主要要求、内容和特点。国外学者对消费的研究历史悠久，无论是理论还是实践都比较丰富，但对于消费模式的概念界定却比较模糊，他们通常认为消费方式就是消费模式。本节中消费模式是指一定时期消费的主要特征，包括消费水平、消费结构和消费习惯。

（一）人口年龄结构变动对消费水平的影响

生命周期理论认为，消费者是理性的，因而他们能够进行动态最优的消费决策。在整个生命周期内，不同年龄段的消费者由于收入、偏好、所处环境、需求等方面的差异会有不同的消费倾向。本节将实证研究人口年龄结构变动对居民消

[①] 消费模式，出自周叔莲于1981年发表的《正确处理生产和消费的关系——兼论中国式的社会主义消费模式》一文中。文章给出了消费模式的定义，即消费模式指一定时期内消费的主要特征，包括消费水平、消费内容、消费结构、消费爱好、消费趋势、消费方式以及消费其他方面的主要特点。

[②] 尹世杰在《中国消费模式研究》中给消费模式所下定义。

费的影响。

1. 模型设定与数据说明

学界多将这些因素归纳为经济增长、居民收入、利率水平、物价、收入分配差距、社会保障、消费金融、政府财税收入、消费品供给结构、消费文化等[①](克雷，2000；王政霞，2003；罗云毅，2004)。

由于部分影响因素难以量化及相关数据的可得性，本节未能把影响居民消费率的所有因素均纳入模型中，这是行文过程的一大遗憾。部分学者在人口年龄结构变动对消费影响研究的实证分析中使用特定的消费函数，例如，王军（2001）基于西方主流的消费函数理论，通过建立三个不同的消费函数模型，探讨了符合我国实际的消费函数理论；王超（2013）以绝对收入假说为基础，建立简约计量模型研究我国居民消费函数。本节认为以上做法存在不妥。这是因为特定消费函数是以外界环境稳定（制度不变、环境稳定）为前提的，而我国目前状况不符合外界环境稳定的前提。因此，本节借鉴费尔和多明格斯（Fair & Dominguez，1992）和洛艾萨等（2000）的做法，采用简约型（reduced-form model）计量模型[②]。按照凯恩斯（1936）的理论，简约型消费函数模型形式如下：

$$C = f(Y) \qquad (12-1)$$

借鉴樊纲、王小鲁（2004）的做法，将消费函数模型采用线性形式，一般形式如下：

$$C = \alpha_i \sum_{i=1}^{n} X_i + \alpha Y + \xi_i \qquad (12-2)[③]$$

本节主要研究三类解释变量：基本变量 B、关注变量 DEP 和其他重要变量 V，其表达式如下：

$$CR_{it} = \beta_b B_{it} + \beta_v V_{it} + \beta_{dep} DEP_{it} + u_i + \xi_{it} \qquad (12-3)[④]$$

通过对相关文献的阅读及不断筛选，本节选取的基本变量包括：人均地区 GDP 对数变量、人均储蓄存款余额对数变量、人均地区 GDP 增长率变量。为了让模型更具解释力，引入通货膨胀率、实际利率、城乡收入比和参加城镇基本养老保险的人数的对数作为控制变量。我们重点关注的变量是人口年龄结构变量（少儿抚养比和老年抚养比）。为了消除模型中可能存在的自相关问题，模型中引

[①] 转引自李魁：《人口年龄结构变动与经济增长》，武汉大学博士论文集，2010年。
[②] 简约型计量模型有以下三个优点：第一，不依赖任何特定理论和特定环境；第二，能包含影响居民消费率的所有因素；第三，能得出符合我国国情的消费函数。
[③] X_i 为影响居民消费的各种因素，Y 表示居民实际可支配收入，ξ_i 为随机扰动项。
[④] CR 表示各地区居民消费率，即居民消费占人均 GDP 地区的比例，i 表示地区，t 表示时间，u_i 为不可观察的地区效应，ξ_i 为随机扰动项。

入滞后一期居民消费率 CR（-1）。本节采用的相关变量具体如表 12-7 所示。

表 12-7　　　　　　　　　　消费函数变量

被解释变量	CR	居民消费率
基本变量（B）	CR（-1）	滞后一期的消费率
	lnAGDP	人均地区生产总值的对数
	IGDP	人均地区生产总值增长率
	lnADBB	城乡居民人均人民币储蓄存款余额的对数
关注变量（DEP）	CDR	少儿抚养比
	ODR	老年抚养比
控制变量（V）	IFR	通货膨胀率
	RI	实际利率
	URR	城乡收入比
	lnOI	参加城镇职工基本养老保险人数的对数

基于上述说明，可以得出本节所用计量模型：

$$CR_{it} = \beta_0 + \beta_1 CR_{i,t-1} + \beta_2 \ln AGDP_{it} + \beta_3 IGDP_{it} + \beta_4 \ln ADBB_{it} + \beta_5 CDR_{it}$$
$$+ \beta_6 ODR_{it} + \beta_7 IFR_{it} + \beta_8 RI_{it} + \beta_9 URR_{it} + \beta_{10} \ln OI_{it} + u_i + \xi_{it} \qquad (12-4)①$$

被解释变量的选取：本节选取居民消费率为被解释变量，CR_{it} 表示第 i 个地区 t 年的居民消费率。CR_{it} 为按常住人口计算的居民平均消费支出与支出法计算的人均地区 GDP 的比值。数据均取自于历年《中国统计年鉴》。

解释变量的选取：

滞后一期居民消费率（$CR_{i,t-1}$）。杜森贝里认为，消费者会受过去习惯和周围人示范作用的影响，因而消费是相对决定的。消费还具有棘轮效应，收入减少时，人们会继续维持原消费水平。因此我们选择前一期的消费作为解释变量。

人均地区生产总值对数（$lnAGDP_{it}$）。关于收入是影响消费的重要因素，学者们已达成共识。但由于收入水平的数据较难获得，本节选取人均地区 GDP 作为代理变量，这也是学者们研究这类问题的惯常做法。祁鼎、王师等（2012）研究人口年龄结构对消费的影响时用地区 GDP 的对数做解释变量，本节也是将人均地区 GDP 以对数的形式引入模型。

人均地区 GDP 增长率（$IGDP_{it}$）。本节认为，居民消费率或储蓄率主要受到实际收入增长率的影响（莫迪利安尼和曹，2004）。由于无法获得实际收入增长

---

① 下标 i 表示第 i 个地区，t 代表年份，u_i 为不可观察的不随时间变化的个体效应，ξ_{it} 为随机扰动项。

率的数据，本节用人均地区 GDP 增长率的数据代替。数据取自历年地区统计年鉴，部分缺失数据参考历年《中国统计年鉴》和中经网统计数据库。

城乡居民人均人民币储蓄存款余额的对数（lnADBB$_{it}$）。收入决定财富的增量，储蓄存款决定财富的存量，消费率与持有财富相关。因此，本节引入 lnAD-BB$_{it}$变量，数据由历年《中国统计年鉴》相关数据计算而得。

少儿抚养比（CDR$_{it}$）和老年抚养比（ODR$_{it}$）。人口年龄结构变量是本节的关注变量。不同年龄段的人口消费具有异质性。少儿人口是纯消费者，劳动年龄人口兼具生产性和消费性，老年人口绝大部分退出劳动力市场，也有少部分继续发挥余热。少儿抚养比用少儿人口（即 0 ~ 14 岁人口）与劳动年龄人口（即 15 ~ 64 岁人口）的比值来表示；老年抚养比用老年人口（65 岁及以上人口）与劳动年龄人口（即 15 ~ 64 岁人口）的比值表示。本节用少儿抚养比和老年抚养比为解释变量来反映人口年龄结构的变动情况。抚养比通过对历年地区统计年鉴的相关数据计算而得，部分缺失数据取自相应年份《中国统计年鉴》。

通货膨胀率（IFR$_{it}$）。通货膨胀率反映货币的购买力。本节的通货膨胀率由居民消费价格指数（CPI）计算而得。计算公式为：$IFR_t = \frac{CPI_t - CPI_{t-1}}{CPI_{t-1}} * 100\%$。2008 年之前的数据取自《新中国六十年统计资料汇编》，2008 年之后的数据来源于《中国统计年鉴》。

实际利率（RI$_{it}$）。在经济学中，利率变动从两方面影响消费。利率提高时，一方面人们认为自己拥有的财富变多了从而提高消费（即利率的收入效应）；另一方面人们认为未来能够进行更多的消费从而降低消费（即利率的替代效应）。西方经济学相关理论认为利率对消费是促进还是抑制取决于两种效用的对比关系。按照惯常做法，本节用排除通货膨胀影响的名义利率来表示实际利率。名义利率数值取自历年中国人民银行公布的一年期定期存款利率，同一年中利率出现调整的，按各自执行的天数加权计算而得。

城乡收入比（URR$_{it}$）。国内主流研究一致认为城乡收入差距对消费有负的影响。基尼系数是衡量收入差距的重要指标，但由于部分数据缺失，本节采用城镇居民人均全年可支配收入和农村居民家庭平均每人纯收入的比值反映城乡收入差距。当社会财富平均分配时，整个社会的消费倾向就越高。数据取自历年各地区统计年鉴，缺失数据参考历年《中国统计年鉴》和中经网统计数据库。

参加城镇职工基本养老保险人数的对数（lnOI$_{it}$）。消费率低迷是由于社会上的不确定性特别是社会保障网络的脆弱性所导致的预防性储蓄动机或谨慎储蓄动机所造成的（李焰，1999）。当社会保障水平更健全时有助于提高居民消费率。由于数据的可得性，直接衡量社会保障水平的指标难以获得。因此，本节用参加城镇职工基本养老保险的人数作为代理变量，以期获得可靠性的结果。为了避免可能存在异方差，将参加城镇职工基本养老保险的人数的对数引入模型。数据取自《新中国六十年统计资料汇编》，部分缺失数据来源于历年《中国统计年鉴》。

2. 数据处理与描述

面板数据[①]是既有时间维度又有截面维度的二维数据。为了能够同时反映变量在不同省份和不同年份二维空间上的变化规律和特征，本节使用宏观省际面板数据模型。采用我国省际宏观面板数据对人口年龄结构与消费水平的关系进行实证分析。本节选用除港澳台以外大陆的省、自治区和直辖市 2000~2012 年的数据为样本，横截面维度为 31，时间维度为 13，由于横截面维度大于时间维度，因此属短面板数据。短面板数据共有 403 组观测值。所选的变量描述性统计特征如表 12-8 所示。

表 12-8 显示，不同省份的居民消费率、人均地区 GDP 增长率、少儿人口抚养比及老年人口抚养比均有很大的变异。其中少儿抚养比的平均值 26.69% 远低于世界平均水平，而老年人口抚养比的平均值 11.77% 已接近世界平均水平。下面将通过实证研究进一步揭示它们之间的相关关系。

表 12-8 相关变量描述性统计特征

变量	样本量	平均值	标准差	最小值	最大值
CR	403	37.09893	6.60417	22.88	62.15
CR (-1)	403	37.81561	6.779612	22.88	62.15
lnAGDP	403	9.671811	0.7721389	7.84	11.44
lnADBB	403	9.335464	0.7596385	7.506779	11.5579
IGDP	403	14.96676	6.025219	0.0743978	42.51627
CDR	403	26.68819	8.170861	9.64	51.13
ODR	403	11.77097	2.544065	6.27	21.88
IFR	403	2.396402	2.327839	-3.3	10.1
RI	403	0.1968735	1.91965	-6.18	5.55
lnOI	403	5.963077	1.134088	1.48	8.3
URR	403	3.018288	0.6446857	1.75	5.1

资料来源：《中国统计年鉴》《新中国六十年统计资料汇编》以及中经网统计数据库和各地区历年统计年鉴。

[①] 与纯时间序列数据和纯横截面数据相比，面板数据具有以下优点：扩充样本容量，解决遗漏变量问题，提供更多关于个体的动态行为信息。

3. 计量方法与回归结果

通常采用三种策略估计面板数据。第一种，忽略数据的异质性，把面板数据当作横截面数据进行混合回归，个体拥有完全相同的回归方程；第二种，忽略数据间的共性，个体拥有完全不同的回归方程。这两种方法都比较极端。因此，实践中一般采用第三种，即个体效应模型（Individual Specific Effects Model），形式如下：

$$y_{it} = \beta x'_{it} + \delta z'_i + u_i + \varepsilon_{it} \qquad (12-5)$$
$$(i = 1, \cdots, n; \ t = 1, \cdots, T)①$$

若 u_i 与 x_{it} 或 z_i 相关，则称之为固定效应模型（Fixed-Effects Model）；若 u_i 与 x_{it} 和 z_i 均不相关，则称之为随机效应模型（Radom-Effects Model）。对模型进行 F 检验，原假设为"$H_0: all\ u_i = 0$（即混合回归适用本模型）"，F 检验的 p 值为 0.0003，所以强烈拒绝原假设，我们认为固定效用模型优于混合回归，个体效应是存在的。由于进行 F 检验时未使用聚类稳健标准差，所以 F 检验并不一定有效，因此我们又进一步用 LSDV 法来验证，结果支持存在个体效应的结论。对于面板数据，是使用固定效应模型还是随机效应模型，是最基本的问题。为此，对模型进行豪斯曼检验，检验的原假设为"$H_0: u_i$ 与 x_{it}、z_i 不相关"，由于 p 值为 0.0000，所以应该使用固定效用模型。我国收入分配差距较大，模型中存在异方差的可能性较大，一方面，富人消费有很大的弹性，而穷人多消费必需品，极少变动；另一方面，富人消费支出难以预测，包含更多误差，故使用稳健标准差。为消除模型的自相关，故本节采用聚类稳健标准差，分别使用固定效应模型和随机效应模型对我国 31 个省、自治区和直辖市进行估计，估计结果如表 12-9 所示。表 12-9 显示，部分变量不显著，剔除使用固定效应和随机效应均不相关的变量，重新对模型进行估计。估计结果如表 12-10 所示。

对比表 12-9 和表 12-10 发现，使用固定效应模型时，不显著变量剔除前后变量系数的正负均未发生变化。由于未剔除不显著变量前，模型具有更好的拟合性，因此，本节在研究中保留所有解释变量，即以表 12-9 中固定效应估计作为实证分析的依据。

表 12-9　　　　　　我国居民消费率面板数据回归结果

解释变量	固定效应	随机效应
CR（-1）	0.5991043（0.0653095）***	0.868871（0.029296）***
lnAGDP	-4.239056（1.939635）**	-0.4008304（0.3649692）

---

① 式（12-5）中，Z_i 为个体特征，不随时间而变，$u_i + \varepsilon_{it}$ 为复合扰动项，u_i 为反映个体异质性的截距项。

续表

解释变量	固定效应	随机效应
lnADBB	2.53173 (1.832733)	0.5363547 (0.3687946)
IGDP	-0.0887733 (0.0404439)**	-0.1210023 (0.030202)***
CDR	0.1295943 (0.0744578)*	0.0627997 (0.0295289)**
ODR	-0.0482578 (0.0663968)	0.1123897 (0.0434743)***
IFR	0.4306169 (0.4306169)	0.194281 (0.2416873)
RI	0.4741978 (0.3153628)	0.1751676 (0.2808688)
lnOI	1.557725 (0.9223657)*	0.3000459 (0.1422472)**
URR	-1.595582 (0.8777492)*	-0.5246966 (0.1901588)***
_CONS	15.01592 (4.791047)***	-1.949192 (2.405843)

注：***、**和*分别表示在1%、5%和10%水平上显著，括号里的值为标准误。

表12-10　剔除不显著变量后居民消费率面板数据回归结果

解释变量	固定效应	随机效应
CR(-1)	0.6205049 (0.056238)***	0.8652427 (0.029722)***
lnAGDP	-1.670193 (-1.67019)***	0.0772444 (0.1831607)
IGDP	-0.0961444 (0.032139)***	-0.1149524 (0.026981)***
CDR	0.1417284 (0.078005)*	0.056397 (0.0287875)**
ODR	-0.0371831 (0.0668826)	0.1008618 (0.0428899)**
lnOI	1.925542 (0.9186325)**	0.348724 (0.1454196)**
URR	-1.337263 (0.7793946)*	-0.5694309 (0.174474)***
_CONS	12.36573 (5.279822)**	-1.137925 (1.694409)

注：***、**和*分别表示在1%、5%和10%水平上显著，括号里的值为标准误。

实证结果表明，我们关注的变量中少儿抚养比（CDR）与居民消费率正相关且在10%的显著性水平上通过了检验，老年抚养比（ODR）和居民消费率成反比。当少儿抚养比下降1个百分点时，居民消费率下降0.13个百分点，因此，少儿抚养比下降是造成我国居民消费率持续低迷的原因之一。消费率与少儿抚养比正相关，原因大致如下：一是非劳动年龄人口的"无偿消费"，少儿人口是纯消费者，他们的消费支出来自父母的供养，所以少儿人口的减少必然导致消费率的降低；二是传统"养儿防老"观念深入人心，由于每个家庭中孩子的数量减少，在社会保障制度尚未健全的情况下，人们因担心老年养老问题而把更多的收入储蓄起来。老年抚养比上升1个百分点，居民消费率下降0.05个百分点，这与莫迪利安尼的生命周期理论不符,不符的原因既可能是因为生命周期理论本身的缺陷造成的,即生命周期理论未考虑谨慎动机和遗赠动机,也可能是因为我国特殊制度造成的。老年抚养比的上升,对居民消费率有正反两方面的影响。一方面老年人作为纯粹的消费者,老年抚养比提高会提高居民消费率。另外,老年人身体机能退化,而我国又普遍存在"看病难,看病贵"的问题,老年人增多,增加了在医疗保健等方面的消费,这在一定程度上也能提高居民消费率。另一方面,由于社会保障的缺乏,导致预防性养老的储蓄动机增强(钟水映、李魁,2009),这在一定程度上会降低居民消费率。年轻人社会压力增大,导致"啃老一族"的出现,在一定程度上加大了老年人的遗赠储蓄动机。综上所述,老年人口占比对消费的影响取决于两种动机的较量。老年人口占比对消费率的影响并不显著,既可能是因为"消费动机"和"储蓄动机"力量相当,也可能是因为从2000年到2012年老年人口占比仅上升了2.8个百分点。滞后一期的居民消费率的系数为0.5991043,在1%的水平上显著为正,这说明我国居民具有非常稳定的消费习惯。我国居民消费谨慎,不会"寅吃卯粮",几千年形成的勤俭节约的习惯短时间内难以改变,这也是我国长期消费率低迷的重要原因。观念的改变需要很长的时间,预期未来一段时间内我国居民消费率仍将低于世界平均水平。人均地区GDP的对数(lnGDP)、人均地区GDP增长率(IGDP)与居民消费率负相关,且均在5%的显著性水平上通过了检验。这与经典理论相悖,也与人们的共识不符,但也具有一定的合理性。因为我国居民具有相对保守的消费观,倾向于把更多的收入用于储蓄,也很好地解释了我国在经济发展中所伴随的高增长、高储蓄现象。参加城镇职工基本养老保险人数的对数(lnOI)与居民消费率正相关,且在10%的显著性水平上通过了检验,因为人们预期未来生活有保障时,会增加即期消费,从而减少储蓄。不同人群具有不同的边际消费倾向,富人的边际消费倾向较小,因而城乡收入比与居民消费率负相关且在10%的显著性水平上通过了检验。另外,居民消费率与城乡居民人均人民币储蓄存款余额的对数(lnADBB)、通货膨胀率(IFR)和实际利率(RI)成正比,但均不显著。当储蓄余额较多时,人们倾向于把新增收入用于消费。温和的通货膨胀率能够起到刺激消费的作用。利率水平对消费的影响取决于利率的替代效应和收入效应的对比,当替代效应小于收入效应时,人们更倾向于增加当前消费而降低未来消费。

（二）人口年龄结构变动对消费结构的影响

人口数量的多少在宏观上影响居民的消费水平,而人口年龄结构的变动不仅在宏观上影响居民的消费水平而且在微观上影响居民的消费结构。近年来不少学者采用灰色关联分析方法研究人口年龄结构变动对消费结构的影响。例如,李洪心、高威（2008）运用灰色关联分析方法，对我国人口老龄化与消费支出的数据进行定量分析，用具体数值反映老龄化对各类消费品产生的影响。查奇芬、周星星（2011）基于省际时间序列数据，采用灰色关联分析法，定量研究人口老龄化对消费结构的影响。潘蹦蹦（2013）运用灰色关联分析方法，分析了河南省各年龄段人口所占比例与八大类消费支出的关联度。

由于无法得到我国全部居民各项消费支出的构成，因此本节分别对城镇居民消费品支出和农村居民消费品支出做灰色关联度分析。原始数据取自历年统计年鉴，具体如表12-11～表12-15所示。

1. 灰色关联分析简介

灰色关联分析（grey relational analysis，GRA）被广泛应用于研究具有相似或相异态势的几大因素间的影响程度。它根据序列曲线几何形状的相似程度来判断其联系的紧密程度。灰色关联分析是动态过程发展态势的量化分析，是系统地对历年来有关统计数据关系的比较。需要说明的是，灰色关联分析通过关联度测度序列间相互关系，它关注的是序的关系，而不是关联度数值大小。① 它的优势在于灰色关联分析是按发展趋势进行分析，因此对样本量的多少没有过多的要求，也不需要样本典型的分布规律②，而且计算较小。

2. 不同年龄段与城镇居民消费品支出的灰色关联度分析

由表12-11整理得出年龄母序列 $\{Y_1\}$、$\{Y_2\}$ 和 $\{Y_3\}$ 和城镇居民消费支出子序列 $\{X_1\}$、$\{X_2\}$、$\{X_3\}$、$\{X_4\}$、$\{X_5\}$、$\{X_6\}$、$\{X_7\}$ 和 $\{X_8\}$，具体如表12-14、表12-15所示。由于数据的可得性，我们在此假设城乡居民具有相同的人口年龄结构。定义 $\{Y_1\}$ 为0～14岁少儿人口的比重，$\{Y_2\}$ 为15～64岁劳动年龄人口的比重，$\{Y_3\}$ 为我国65岁及以上老年人口的比重。$\{X_1\}$、$\{X_2\}$、$\{X_3\}$、$\{X_4\}$、$\{X_5\}$、$\{X_6\}$、$\{X_7\}$ 和 $\{X_8\}$ 分别代表我国城镇居民食品支出比重、衣着支出比重、家庭设备及服务比重、医疗保健比重、交通通信比重、文教娱乐比重、居住比重和杂项商品与服务比重。

表12-11　　　　2000～2012年我国人口年龄结构构成

年份	0～14岁占比（%）	15～64岁占比（%）	65岁及以上占比（%）
2000	22.9	70.1	7.0
2001	22.5	70.4	7.1
2002	22.4	70.3	7.3

---

① 陈燕武：《消费经济学——基于经济计量学视角》，社会科学文献出版社2008年版。
② 刘思峰、谢乃明：《灰色系统理论及其应用》，科学出版社2013年版。

续表

年份	0~14岁占比（%）	15~64岁占比（%）	65岁及以上占比（%）
2003	22.1	70.4	7.5
2004	21.5	70.9	7.6
2005	20.3	72.0	7.7
2006	19.8	72.3	7.9
2007	19.4	72.5	8.1
2008	19.0	72.7	8.3
2009	18.5	73.0	8.5
2010	16.6	74.5	8.9
2011	16.5	74.4	9.1
2012	16.5	74.1	9.4

注：人均消费性支出＝100。

资料来源：《中国统计年鉴（2013）》。

表12－12　2000~2012年城镇居民家庭平均每人消费性支出构成

单位：%

年份	食品	衣着	家庭设备及服务	医疗保健	交通通信	文教娱乐	居住	杂项商品与服务
2000	39.18	10.01	8.79	6.36	7.9	12.56	10.01	5.17
2001	37.94	10.05	8.27	6.47	8.61	13	10.32	5.35
2002	37.68	9.8	6.45	7.13	10.38	14.96	10.35	3.25
2003	37.12	9.79	6.3	7.31	11.08	14.35	10.74	3.3
2004	37.73	9.56	5.67	7.35	11.75	14.38	10.21	3.34
2005	36.69	10.08	5.62	7.56	12.55	13.82	10.18	3.5
2006	35.78	10.37	5.73	7.14	13.19	13.83	10.4	3.56
2007	36.29	10.42	6.02	6.99	13.58	13.29	9.83	3.58
2008	37.89	10.37	10.19	6.15	6.99	12.6	12.08	3.72
2009	36.52	10.47	10.02	6.42	6.98	13.72	12.01	3.87
2010	35.67	10.72	9.89	6.74	14.73	12.08	6.47	3.71
2011	36.32	11.05	9.27	6.75	14.18	12.21	6.39	3.83
2012	36.23	10.94	8.9	6.69	14.73	12.2	6.38	3.94

注：人均消费性支出＝100。

资料来源：2001~2013年《中国统计年鉴》。

表 12-13　2000~2012 年农村居民家庭平均每人消费性支出构成
（人均消费性支出 =100）　　　　　　单位：%

年份	食品	衣着	居住	家庭设备	交通通信	文教娱乐	医疗保健	其他
2000	49.13	5.75	15.47	4.52	5.24	5.58	11.18	3.14
2001	47.71	5.67	16.03	4.42	5.55	6.32	11.06	3.24
2002	34.82	7.12	18.50	5.46	7.08	8.76	14.33	3.93
2003	45.59	5.67	15.87	4.20	5.96	8.36	12.13	2.21
2004	47.23	5.50	14.84	4.08	5.98	8.82	11.33	2.21
2005	45.48	5.81	14.49	4.36	9.59	11.56	6.58	2.13
2006	43.02	5.94	16.58	4.47	10.21	10.79	6.77	2.23
2007	43.08	6.00	17.80	4.63	10.19	9.48	6.52	2.30
2008	43.67	5.79	18.54	4.75	9.84	8.59	6.72	2.09
2009	40.97	5.82	20.16	5.13	10.09	8.53	7.20	2.11
2010	41.09	6.03	19.06	5.34	10.52	8.37	7.44	2.15
2011	40.36	6.54	18.41	5.92	10.48	7.59	8.37	2.34
2012	39.33	6.71	18.39	5.78	11.05	7.54	8.70	2.50

资料来源：2001~2013 年《中国统计年鉴》。

表 12-14　年龄母序列 $\{Y_1\}$，$\{Y_2\}$，$\{Y_3\}$

年份	$Y_1(1)$	$Y_2(1)$	$Y_3(1)$
2000	22.9	70.1	7.0
2001	22.5	70.4	7.1
2002	22.4	70.3	7.3
2003	22.1	70.4	7.5
2004	21.5	70.9	7.6
2005	20.3	72.0	7.7
2006	19.8	72.3	7.9
2007	19.4	72.5	8.1
2008	19.0	72.7	8.3
2009	18.5	73.0	8.5
2010	16.6	74.5	8.9
2011	16.5	74.4	9.1
2012	16.5	74.1	9.4

表 12-15　　　　　　　城镇居民消费支出子序列
$\{X_1\}, \{X_2\}, \{X_3\}, \cdots, \{X_8\}$

年份	$X_1(1)$	$X_2(1)$	$X_3(1)$	$X_4(1)$	$X_5(1)$	$X_6(1)$	$X_7(1)$	$X_8(1)$
2000	39.18	10.01	8.79	6.36	7.9	12.56	10.01	5.17
2001	37.94	10.05	8.27	6.47	8.61	13	10.32	5.35
2002	37.68	9.8	6.45	7.13	10.38	14.96	10.35	3.25
2003	37.12	9.79	6.3	7.31	11.08	14.35	10.74	3.3
2004	37.73	9.56	5.67	7.35	11.75	14.38	10.21	3.34
2005	36.69	10.08	5.62	7.56	12.55	13.82	10.18	3.5
2006	35.78	10.37	5.73	7.14	13.19	13.83	10.4	3.56
2007	36.29	10.42	6.02	6.99	13.58	13.29	9.83	3.58
2008	37.89	10.37	10.19	6.15	6.99	12.6	12.08	3.72
2009	36.52	10.47	10.02	6.42	6.98	13.72	12.01	3.87
2010	35.67	10.72	9.89	6.74	14.73	12.08	6.47	3.71
2011	36.32	11.05	9.27	6.75	14.18	12.21	6.39	3.83
2012	36.23	10.94	8.9	6.69	14.73	12.2	6.38	3.94

通过用灰色系统理论建模软件计算后得到关联矩阵：

$$R = \begin{pmatrix} 0.8809 & 0.8095 & 0.7189 & 0.746 & 0.5862 & 0.757 & 0.8279 & 0.8268 \\ 0.8663 & 0.9684 & 0.7695 & 0.8983 & 0.5927 & 0.8763 & 0.8334 & 0.6656 \\ 0.7295 & 0.8126 & 0.6886 & 0.8233 & 0.5942 & 0.8128 & 0.8045 & 0.5794 \end{pmatrix}$$

矩阵第一行依次表示少儿人口比重与城镇居民食品支出比重、衣着支出比重、家庭设备及服务支出比重、医疗保健支出比重、交通通信支出比重、文教娱乐支出比重、居住支出比重和杂项商品与服务支出比重的关联程度；第二行依次表示劳动年龄人口比重与城镇居民八类消费支出占比的关联程度；第三行依次表示老年人口比重与城镇居民八类消费支出占比的关联程度。系数越接近于1，关联性越大；系数越接近于0，关联性越小。

从计算结果可以看出，我国城镇居民少儿人口比重对八大类消费品的需求程度影响的顺序由大到小依次是：食品、居住、杂项商品与服务、衣着、文教娱乐、医疗保健、家庭设备及服务和交通通信。少儿人口比重对食品支出的影响最大可能基于以下原因：第一，儿童食品本身价格较高；第二，我国食品安全问题令人担忧，家长在经济条件允许的情况下会购买价高质优的产品；第三，同一群体中的攀比和示范效应。少儿人口比重对居住的影响次之，原因如下：新生儿降临，居民有换大房子的需求；伴随着孩子的成长，居民有对学区房的需求。少儿人口比重对交通通信的影响最小主要基于下列原因：少年儿童本身出行不便，年幼的子女需要父母照料，父母也会因此降低出远门的概率；年幼子女认知能力不足，对通信工具尚无需求，通常情况下，年幼子女与父母同住，这在一定程度上也减少了对通信的需求。我国劳动年龄人口比重对八类消费品需求程度影响的顺序由强到弱依次是：衣着、医疗保健、文教娱乐、食品、居住、家庭设备及服务、杂项商品与服务和交通通信。老年人口所占比重对八大类消费品需求程度影响的顺序由弱到强依次是：杂项商品与服务、交通通信、家庭设备及服务、食品、居住、衣着、文教娱乐和医疗保健。生老病死是自然规律，随着年龄的增长，老年人的身体机能逐渐衰退，因此，老年人患病概率高于其他群体，所以健康问题是老年人需要面对的重要问题，而且比其他年龄段更强烈。随着老年人健康状况和自理能力的不断下降，这就需要更多的保健和医疗服务。除杂项商品与服务以外，老年人口比重影响最小的是交通通信。主要是因为老年人出行不变，所以会尽量降低出行的频率。而且由于我国人口众多，外出比较拥挤，这也促使老年人尽量减少出行。另外，老年人独居的越来越多，需要与子女联系，虽然这在一定程度上会促进其对通信产品的需求，但老年人勤俭节约，对通信工具的要求不高，这在一定程度上又会抵消对通信产品的需求。

3. 不同年龄段与农村居民消费品支出的灰色关联度分析

由于假设城乡居民具有相同的人口年龄结构，本节母序列沿用上节 $\{Y_1\}$，$\{Y_2\}$ 和 $\{Y_3\}$，农村居民消费支出子序列（见表 12-16）$\{Z_1\}$，$\{Z_2\}$，$\{Z_3\}$，$\{Z_4\}$，$\{Z_5\}$，$\{Z_6\}$，$\{Z_7\}$ 和 $\{Z_8\}$ 分别表示我国农村居民食品支出比重、衣着支出比重、居住支出比重、家庭设备支出比重、交通通信支出比重、文教娱乐支出比重、医疗保健支出比重和其他支出比重。通过用灰色系统理论建模软件计算后得到关联矩阵：

表 12-16　　　　　农村居民消费支出子序列 $\{Z_1\}$，$\{Z_2\}$，$\{Z_3\}$，…，$\{Z_8\}$

年份	Z_1	Z_2	Z_3	Z_4	Z_5	Z_6	Z_7	Z_8
2000	49.13	5.75	15.47	4.52	5.24	5.58	11.18	3.14
2001	47.71	5.67	16.03	4.42	5.55	6.32	11.06	3.24
2002	34.82	7.12	18.50	5.46	7.08	8.76	14.33	3.93
2003	45.59	5.67	15.87	4.20	5.96	8.36	12.13	2.21
2004	47.23	5.50	14.84	4.08	5.98	8.82	11.33	2.21
2005	45.48	5.81	14.49	4.36	9.59	11.56	6.58	2.13
2006	43.02	5.94	16.58	4.47	10.21	10.79	6.77	2.23

续表

年份	Z_1	Z_2	Z_3	Z_4	Z_5	Z_6	Z_7	Z_8
2007	43.08	6.00	17.80	4.63	10.19	9.48	6.52	2.30
2008	43.67	5.79	18.54	4.75	9.84	8.59	6.72	2.09
2009	40.97	5.82	20.16	5.13	10.09	8.53	7.20	2.11
2010	41.09	6.03	19.06	5.34	10.52	8.37	7.44	2.15
2011	40.36	6.54	18.41	5.92	10.48	7.59	8.37	2.34
2012	39.33	6.71	18.39	5.78	11.05	7.54	8.70	2.50

$$R_1 = \begin{pmatrix} 0.9253 & 0.8143 & 0.7682 & 0.7943 & 0.5497 & 0.5508 & 0.8432 & 0.8483 \\ 0.7925 & 0.9266 & 0.8414 & 0.8614 & 0.5416 & 0.5601 & 0.6993 & 0.6771 \\ 0.6763 & 0.7997 & 0.875 & 0.8362 & 0.5748 & 0.6333 & 0.6294 & 0.5958 \end{pmatrix}$$

矩阵第一行依次表示少儿人口比重与农村居民食品支出比重、衣着支出比重、居住支出比重、家庭设备及服务支出比重、交通通信支出比重、文教娱乐支出比重、医疗保健支出比重和其他支出比重的关联程度；第二行依次表示劳动年龄人口比重与农村居民八类消费支出占比的关联程度；第三行依次表示老年人口比重与农村居民八类消费支出占比的关联程度。

在农村居民中，对食品支出影响最大的是少儿人口比重。与城镇居民相比，农村少儿各年龄阶段所占比重对食品消费的影响普遍较大，这与城乡居民的收入差距有关，一个地区越贫穷，食品支出在各项支出中所占的比例越大，即恩格尔系数越高；一个地方越富裕，食品支出在各项支出中所占的比例越小，即恩格尔系数越低。对衣着支出影响最大的是劳动年龄人口占比，影响最小的是老年人口。因为劳动年龄人口消费力强，服装市场的供给主要针对这部分人。对居住支出影响最大的是老年人所占比重，主要有两个原因：第一，独居老人越来越多，而且老年人还要为年轻子女准备新的住房；第二，老年人年轻时为社会做出贡献，为安享晚年，对住房有更高的要求。对家庭设备支出影响最大的是劳动年龄人口占比，首先因为劳动年龄人口对家庭设备需求最大，其次因为劳动年龄人口对家庭设备购买力最强。农村居民中对交通通信支出影响最大的是老年人口，这与城镇居民截然不同。城镇居民中，即便老年人独居，也在同一城市，而农村居民中，独居老年人与子女大都处于异地，因此会对交通通信有更大需求。对文教娱乐支出影响最大的是老年人口所占比重，对医疗保健影响最大的是少儿人口比重。

四、结论分析与政策建议

(一) 主要研究结论

通过 1991~2011 年奇数年份我国人口年龄数据预测未来 20 年我国奇数年份的人口年龄结构显示,2025 年我国老年人口数量将超过少儿人口数量,2031 年我国老年人口比例将达到 12.3281171%。

本节采用我国省际宏观面板数据对人口年龄结构与居民消费率的关系进行实证分析。引入人口年龄结构变量,采用固定效应模型对面板数据进行估计,主要得到以下结论:

第一,我国居民具有比较稳定的消费习惯。模型中引入滞后一期的居民消费率,通过实证检验发现,本期居民消费率与滞后一期的居民消费率在 1% 的显著性水平上正相关。

第二,少儿抚养比对消费水平有正的影响,系数在 10% 的水平上是显著的。这与生命周期理论相符。王霞(2012)对 2000~2009 年的面板数研究也得到同样的结论:少儿抚养比与消费水平正相关,老年抚养比与消费水平负相关。

第三,人口老龄化对消费有抑制作用,但系数并不显著。实证研究显示老年抚养比的系数为负,表明老年人口比例的上升会降低社会整体消费水平。这与我国的现实情况相符,但与生命周期理论相反。

第四,收入水平及收入增长率对居民消费率有显著的影响,城乡收入差距与居民消费率负相关,社会保障水平、城乡居民人均储蓄存款余额与居民消费率正相关。

本节建立灰色关联分析模型,对人口年龄结构变动对消费结构影响进行了实证分析。分别研究不同年龄段人口对城镇居民八大类消费支出和农村居民八大类消费支出的影响程度,得出以下结论:

第一,城镇居民中,少儿人口比重对食品支出的影响最大,对交通通信支出的影响最小;劳动年龄人口比重对衣着支出的影响最大,对交通通信支出的影响最小;老年人口比重对医疗保健支出的影响最大,对杂项商品与服务支出的影响最小。

第二,农村居民中,少儿人口所占比例与食品支出的关联度最大,与家庭设备支出的关联度最小;劳动年龄人口所占比例与衣着支出的关联度最大,与交通通信支出的关联度最小;老年人口所占比例与居住支出的关联度最大,除其他支出外与医疗保健支出的关联度最小。

（二）政策建议

本节对未来人口年龄结构的预测表明，目前我国已经步入老龄化社会，老龄化程度呈不断加剧之势。这说明计划生育政策自实施以来取得了显著的成效，但不可否认，计划生育政策使我国陷入两难困境。一方面计划生育政策能控制人口数量，另一方面计划生育政策加剧了我国的老龄化程度。本节的实证结果显示，居民消费水平与老年抚养比显著负相关。因此，要提高内需，保证我国经济的可持续发展，要在以下方面有所考虑：

第一，人口政策适当调整，在控制人口数量和加剧老龄化程度中间寻找平衡点。我国仍是世界上人口最多的国家，环境问题、拥挤问题层出不穷，继续实行计划生育政策尤为必要，但应适当放宽以应对老龄化问题。

第二，退休延迟，退休年龄不宜一刀切，让即将迈入老龄人口队伍的人们继续留在能胜任的工作岗位，让这部分人继续发挥余热。由于提高了退休年龄，所以劳动年龄人口所占比例提高，创造社会财富就会增加。

第三，建立覆盖面更广的社会保障制度。各类保障制度不完善，使人们对未来的预期不明朗，导致预防性储蓄动机增大，消费倾向降低。因此，应加大养老保险基金和医疗保险基金的政府补贴部分，在保证基金安全的情况下，提高基金的投资收益率。另外，让医疗保险成为强制保险，对于没有支付能力的居民，由政府买单。让全民老有所养，病有所医。

通过灰色关联分析，发现不同年龄段人口对消费品具有不同的需求。城镇居民中老年人口比重对医疗保健支出的影响最大，而农村居民中老年人口比重对医疗保健支出的影响最小，这值得我们反思。随着老年人口年龄的增大，身体机能退化，对医疗保健的需求应该加大，但农村居民纯收入较低，对医疗保健的支付能力不足，导致出现上述情况。因此，应该在以下几点有所考虑：

第一，医疗保险制度惠及全民。改革医保报销范围，"小病[①]自己治，大病[②]国家补"。建立严格的医保诚信档案，对连续两次违背诚信小病大治的患者，终身取消医保报销。

第二，尽快解决"看病难，看病贵"问题。农村医疗卫生条件较差，国家应加大农村医疗卫生条件的投资，改善农村的医疗卫生条件。

灰色关联分析显示，城乡居民中少儿人口比重对食品消费的影响最大。少年儿童是祖国的未来，因此应做到以下几点：

---

① 所谓小病，可定义为日均花费在家庭收入10%以下，且持续时间不超过1个月。
② 所谓大病指小病以外的病。

第一，国家层面上，解决食品安全问题，刻不容缓。食品安全与人们息息相关，食品质量影响人民的身心健康。提高儿童食品质量检验标准，短期内与国际接轨，长期内超越国际水平；对提供问题产品的企业施行严惩，让企业成为"良心企业"，让国民不再"谈食色变"。

第二，企业层面上，搞好市场营销，开发设计出更具针对性且迎合青少年需求的各种产品。"太阳市场"潜力巨大，作为"4+2+1"家庭结构中心的小公主、小皇帝们，家长一般都会竭尽全力满足他们的需求。

另外，根据灰色关联度分析结果，国家应合理安排产业布局，避免重复投资，造成资源浪费。在税收方面要有所倾斜，从而减少企业对饱和市场的投资，加大企业对未饱和市场的投资。以省或市为单位，进行一次广泛的民调，对所需产品进行"定制式生产"。这样就可以在满足消费者需求的同时，使得产业结构更加合理。

第二节 中国人口老龄化对居民消费的影响分析

一、研究背景与意义

人口老龄化和经济发展、社会转轨相互交织着，并且已经引起了国际广泛关注。在这样的背景下，研究人口老龄化对我国消费的影响具有重大意义。

一方面从理论意义来看。探讨人口老龄化对消费的影响，给我们提供了一个新的思路去解释消费低迷的原因，有助于进一步完善、发展消费理论。1929~1933年的资本主义经济危机催生了凯恩斯绝对收入假说。凯恩斯以消费函数的形式定性分析了现期收入对消费的影响。自此，对消费影响因素的研究一直和收入相挂钩，依次经历了杜森贝里的相对收入假说、莫迪利安尼的生命周期假说、弗里德曼的持久收入假说。直到1978年霍尔的随机游走假说将消费影响因素的研究领域延伸到不确定性因素分析，理性预期、预防性储蓄、流动性约束等逐渐地运用到了消费领域。但是，不仅收入水平、收入差距等影响消费，人生中的不同阶段，消费倾向、消费特点及消费行为也存在着差异，人口年龄结构也影响着消费。因此，研究人口老龄化对消费的影响，有助于我们完善消费函数，从实证检验的基础上扩充消费函数的解释变量，增强消费函数的实用性，推进消费理论的演进。

另一方面从实践意义来看。第一，研究人口老龄化对我国消费领域的影响，对于实现消费结构升级、发展老年产业具有着重要指导意义。老年人的生理和心理具有特殊性，对消费的需求有着不同于其他年龄段的特点和要求。通过研究中国人口老龄化对不同种类消费品的影响，充分了解老年人的消费心理，进一步认识到"银发市场"的重要性，可以有针对性地进行老年产业结构升级，激发老年市场活力。概括地说，人口老龄化对消费、经济增长的影响有着复杂性和不确定性，在实证分析的基础上，充分认识到人口老龄化不仅是人口学问题而且是重大经济问题，应该及早地从国家经济战略层面展开应对。深入考察中国人口老龄化对居民消费的影响，从中找出解决中国目前消费低迷的问题的契机，进而找出解决我国经济发展动力问题所在，为扩大国内消费提供新的战略视角，指导中国经济转型和可持续发展。第二，研究人口老龄化对居民消费的影响，为我国完善社会保障政策提供了参考依据。进入 21 世纪以来，我国人口年龄老化现象加剧，老年人口数量的增加速度更是呈现加快趋势，我国经济社会的发展面临着越来越重的赡养负担。因此，研究人口老龄化对居民消费的影响有利于我们更好地掌握老年人这一特殊群体的消费和储蓄状况，引发社会各阶层对老年人的关注。进而在全社会的参与、监督下，将社会资源高效率用于社会保障领域，为老龄人口政策的制定提供参考，指导我国制定人口政策和社会保障。

二、中国人口老龄化现况

（一）人口老龄化的概念与衡量

1. 人口老龄化概念与界定

未成年人口、成年人口和老年人口共同组成一个国家或地区的总人口。由于人口的出生、死亡等多种因素的作用，人口的年龄结构会不断发生变化。在总人口中，如果老年人口的比重不断提高，而其他年龄组人口的比重不断下降，我们就称这一动态过程为人口老龄化趋势[1]。经济的发展、物质生活水平的提高、医疗卫生条件的改善、人口出生率和死亡率的下降及平均寿命的延长，这些因素相互作用，将导致人口老龄化。

联合国对人口老龄化的具体定义是：人口老龄化亦称人口老化，指老年人口数占总人口数的比例随时间的推移不断上升的动态变化[2]。60 岁以上老年人口占总人口的比重达到 10% 以上，或者 65 岁以上的老年人口占总人口的比重达 7%

---

[1][2] 李通屏：《人口经济学》，清华大学出版社 2008 年版。

以上,标志着这个国家或地区的人口进入了老龄型[①]。

2. 人口老龄化的衡量指标

根据人口老龄化的定义,衡量人口老龄化的直观指标是老年人口系数,又称为老龄化指数,指的是老年人口(≥60)与总人口数的比,它最能直观地表达出人口老龄化的基本含义。

其他重要的人口年龄结构指标有以下一些:

第一,老年人口抚养比。也称老年人口抚养系数,指某一社会中老年人口数与劳动年龄人口数之比,通常用百分比表示,用以表明每100名劳动年龄人口要负担多少名老年人[②]。它从经济学的角度反映了人口老龄化的社会影响。计算公式为:

$$ODR = \frac{P_{65+}}{P_{15-64}} \times 100\%$$

其中,ODR表示老年人口抚养比,P_{65+}为65岁及65岁以上的老年人口数[③]。相对地,总抚养比、少儿抚养比分别是非劳动年龄人口(0~14岁及15~64岁人口之和)、少年儿童人口(0~14岁人口)与劳动年龄人口数之比。

第二,老少比,它是指老年人口数(≥60)占少年人口数(0~14)的比重。按照联合国颁布的人口年龄类型划分标准,老少指数在15%以下属于年轻型人口年龄结构,15%~30%之间属于成年型人口年龄结构,30%以上则属于老年型人口年龄结构[④]。

除此之外,常用的老龄化衡量指标有平均年龄和年龄中位数及老年人口密度指数(老年人口系数的倒数)。

(二) 人口老龄化产生背景和现状

在我国经济、社会和人口政策的作用下,中国于2000年进入了人口老龄化阶段。表12-17显示,2000年,中国65岁及以上老年人口在总人口中所占比重达到了7%。近几年我国人口老龄化现象加剧,截至2013年年末,我国60岁及以上老年人口数占总人口的比重为13.9%,高于联合国颁布的人口老龄化标准(10%)3.9个百分点;65岁及以上人口占总人口比重为9.7%,高于联合国人口老龄化标准(7%)2.7个百分点。另外,少年人口在总人口的比重由2000年的22.9%下降到2013年的16.4%,下降了6.5个百分点。如图12-3所示,少

[①] 李通屏:《人口经济学》,清华大学出版社2008年版。
[②] 舒尔茨、裴晓梅:《老龄化经济学》,社会科学文献出版社2010年版。
[③] 中华人民共和国统计局:《中国统计年鉴(2014)》,中国统计出版社2014年版。
[④] 李通屏:《人口经济学》,清华大学出版社2008年版。

年人口下降速度高于老年人口增长速度4个百分点。这些都表明我国的老年人口会加速增长，人口老龄化现象在未来生活中会变得更为严峻。甚至，若不采取相关政策来控制人口老龄化，抑制少年人口下降，我国未来将会出现人口负增长现象。

从人口规模上看，目前中国是世界上唯一一个老年人口多于一亿的国家。2013年年末，我国已有28个省市区进入了人口老龄化阶段，老龄化水平（65岁及以上人口占该地区人口的百分比）超过全国平均值（9.7%）的地区有：重庆（13.24%）、四川（12.76%）、江苏（12.25%）、天津（11.46%）、山东（10.98%）、上海（10.64%）、湖南（10.57%）、安徽（10.53%）、辽宁（10.22%）、湖北（9.91%）、陕西（9.83%）。值得一提的是，在政策作用下，2012年、2013年北京市的人口老化水平低于全国平均水平，分别为8.60%、8.58%。

表12-17　　　　　　　　中国各年龄段人口变动

年份	0~14岁		15~64岁		65岁及以上	
	人口数（万人）	比重（%）	人口数（万人）	比重（%）	人口数（万人）	比重（%）
2000	29 012	22.9	88 910	70.1	8 821	7.0
2001	28 716	22.5	89 849	70.4	9 062	7.1
2002	28 774	22.4	90 302	70.3	9 377	7.3
2003	28 559	22.1	90 976	70.4	9 692	7.5
2004	27 947	21.5	92 184	70.9	9 857	7.6
2005	26 504	20.3	94 197	72.0	10 055	7.7
2006	25 961	19.8	95 068	72.3	10 419	7.9
2007	25 660	19.4	95 833	72.5	10 636	8.1
2008	25 166	19.0	96 680	72.7	10 956	8.3
2009	24 659	18.5	97 484	73.0	11 307	8.5
2010	22 259	16.6	99 938	74.5	11 894	8.9
2011	22 164	16.5	100 283	74.4	12 288	9.1
2012	22 287	16.5	100 403	74.1	12 714	9.4
2013	22 329	16.4	100 582	73.9	13 161	9.7

资料来源：中华人民共和国国家统计局：《中国统计年鉴（2014）》，中国统计出版社2014年版。

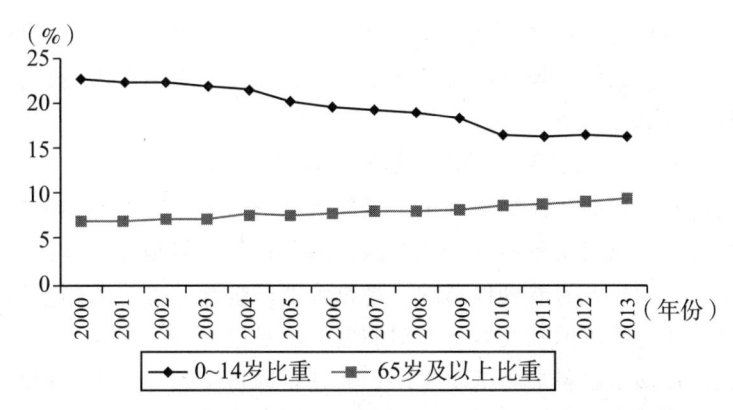

图 12-3　中国少年人口和老年人口占总人口比重及趋势

资料来源：中华人民共和国国家统计局：《中国统计年鉴（2014）》，中国统计出版社 2014 年版。

三、中国人口老龄化与居民消费

（一）人口老龄化影响消费的作用机制

较早的消费理论是围绕着收入展开讨论，自莫迪利安尼的生命周期假说提出后，人口年龄结构尤其是人口老龄化逐渐引入到消费领域。随着消费理论的发展，人们普遍认为人口老龄化从宏观和微观层面影响着居民消费。究竟人口老龄化是通过什么途径作用于消费的？人口老龄化对消费的具体影响有哪些？面对着我国严峻的人口老龄化现象，这些问题更值得思考。

1. 老年人的收入水平较低直接制约了老年人的消费水平

《中国人口老龄化与老年人状况蓝皮书》将老年人收入分为市场收入（工资性收入、投资收入及经营性收入）、退休金收入、公共转移性收入、家庭转移收入和其他收入。《中国人口老龄化与老年人状况蓝皮书》指出中国老年人的人均收入远远小于全国人均收入，并且随着年龄的提高，老年人的收入水平呈下降趋势，与平均水平差距越来越大。其中农村老人由于缺乏工资性收入，与全国人均收入差距更加明显。总的来说，老年人的购买力最主要来源于之前的储蓄、养老金补贴和家庭支持，购买力较低，降低了居民的消费水平。

2. 老年人特有的消费习惯直接影响着消费

从消费行为角度来说，老年人不会像年轻人一样追求时尚和名牌，他们更多地注重商品的实用性和消费的合理性。老人们闲暇时间较多，因此在购买商品时他们习惯性地慢慢挑慢慢对比，最后找出最实惠的商品进行消费，很少会出现老人冲动性的购买行为。从消费结构角度来说，老年人注重养生，更多地偏向医疗保健等类消费品。老年人属于风险厌恶型群体，偏向于实用性消费，很少涉及股票、证券等虚拟商品市场。

3. 人口老龄化影响储蓄，进而作用于资本积累

根据莫迪利安尼的生命周期理论，老年人是依靠中年时期的储蓄来进行消费的，老年阶段他们只消费不储蓄，这会减少储蓄积累。但是另一方面，受中国传统文化的影响，老年人有着勤俭节约、稳重消费的理念，有着依赖家庭养老为主的消费环境，并且我国的社会养老保障制度并不是很完善。在这样的背景下，人们会更加积极地储蓄以备老年消费支出，尤其是即将步入老年人行列的人们，会在有能力的情况下有意识地减少消费，增加储蓄。这也会使社会总体储蓄增加，增加资本积累。人口老龄化通过对储蓄的影响效果间接地作用于社会消费，影响着消费水平。

4. 人口老龄化减少劳动力供给

老年人缺乏进行高强度工作的体力，且人口老龄化使得专门照顾老年人的劳动力增加。在老龄化加深的今天，劳动力供给面临着巨大的挑战，人力资源储备减少。王立军等（2012）指出，随着老龄化程度的加深，劳动力供给下降趋势不可逆转[1]。中国社会科学院人口与劳动经济研究所所长蔡昉认为"2013年是人口红利消失的转折点。其实，根据最新的人口数据，我们甚至可以认为，这个转折点目前已经到来"[2]。IMF更是预计，到2050年，日本的劳动力人口将从巅峰期1955年的8 700万人缩减到5 500万人左右。按照国际货币基金组织的报道，这意味着2050年日本的适龄劳动者将减少到"二战"结束时的规模[3]。人口老龄化直接减少劳动力供给，减少家庭收入，减慢经济发展速度，间接作用于居民消费。

5. 人口老龄化影响长期产出水平而间接影响居民消费

资本、劳动力是制约经济增长的重要因素，人口老龄化通过影响这两个因素作用于我国经济的长期发展。在"十二五"阶段，我国大力提倡转变经济发展模式——由劳动密集型产品市场向高附加值的资本密集型产品市场转变。人口老龄化现象关系着社会资本积累能力及劳动力的质和量，对国家经济的长期产出有着影响。另外，老年人口的增多，增大了社会赡养负担，国家需要挪出部分财产用

---

[1] 王立军、马文秀：《人口老龄化与中国劳动力供给变迁》，载于《中国人口科学》2012年第6期，第35页。

[2] 人民网：《专家：2013年中国人口红利或将消失　第二次人口红利可能再来》，http：//politics. people. com. cn/n/2012/0824/c1001 - 18820528. html. 2012 - 08 - 24。

[3] 华尔街见闻：《日本老龄化雪上加霜：2013年人口减少规模再创新高》，http：//wallstreetcn. com/node/70500. 2014 - 01 - 02。

于提高老年人福利,这也进一步减少了社会可用资金,制约着经济结构升级。

(二) 人口老龄化下消费的特点

中国不仅面临着严峻的人口老龄化现象,也面临着居民消费低迷现象。通过将中国人口老龄化现况和居民消费现况综合分析,可以得出我国居民消费在人口老龄化背景下的特点。

1. 居民消费率和老年抚养比负相关

利用1978~2012年时间序列数据,分别做出居民消费率和老年抚养比的曲线图,如图12-4所示。图12-4显示,1978~2012年间,尽管居民消费率偶有上升,但是居民消费率的整体变动趋势是下降的,特别是进入2000年后居民消费率下降趋势更加明显;而老年抚养比的整体变动趋势是上升的。值得一提的是,中国进入21世纪后,老年抚养比曲线有上扬趋势,表明老年抚养比的增长势头呈现上升趋势,中国人口老龄化速度在加快。图12-4表明,中国居民消费率和老年抚养比二者间的变动方向相反。

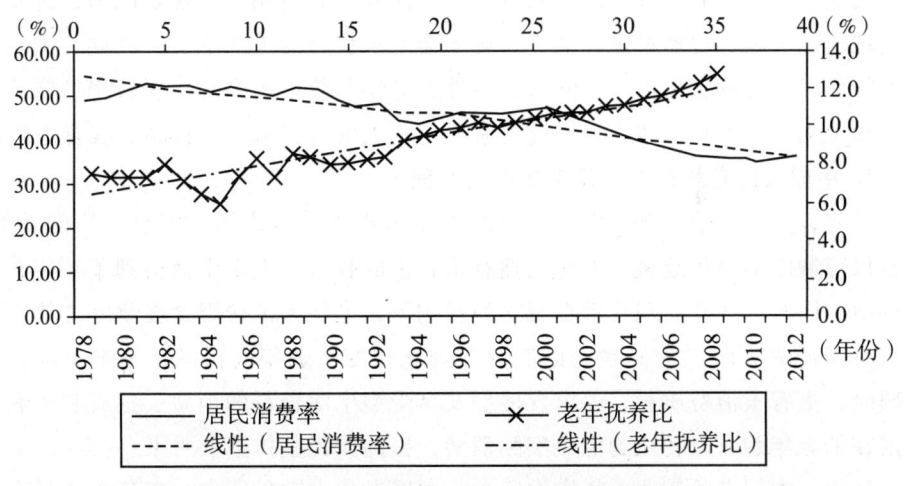

图 12-4 中国老年抚养比和居民消费率

资料来源:中华人民共和国国家统计局:《中国统计年鉴(2013)》,中国统计出版社2013年版;新中国60年统计资料汇编。

为了进一步确定中国居民消费率和老年抚养比之间的相关性,引入居民消费率(con)作为被解释变量,老年抚养比(odr)作为解释变量,利用1978~2012年的时间序列数据做一个简单的线性回归。校正拟合优度 $\overline{R}^2 = 0.8239$,F 统计量的 P 值为 0,表明中国居民消费率和老年抚养比的回归效果显著。回归显示,中国居民消费率和老年抚养比之间负相关,函数表示形式为 $con = 71.7 - 2.9 odr$。

说明老年抚养比每增加 1 个百分点，居民消费率则下降约 2.9 个百分点。

2. 中国人口老龄化促进消费结构优化

老年人对食物、衣着等生存资料的需求相对较低，更多地偏好文教娱乐和医疗保健等发展资料的消费，这在一定程度上促进了我国消费结构的优化。中国进入 21 世纪后，城镇和农村食品消费支出占比下降；文教娱乐、医疗保健占比城镇先增加后减少，但增加幅度大于减少幅度，整体水平上升，农村则是始终保持增长态势。

首先，中国的人口老龄化程度不断加深，老年抚养比不断提升，这和文教娱乐、医疗保健支出占比及居住、交通通信占比变动趋势一致。老年人生活压力小，时间充裕，在国家、社会、家庭的共同努力下，收入有了一定的保障，此时他们有能力且能够进行旅游等文教娱乐消费。加上老年人对于电脑等新兴产品了解不多、兴趣相对较小，他们更多地选择老年社团、老年秧歌队等老年活动来消遣、娱乐。并且，老年人身体逐渐老化，对家政服务类服务品需求较大；另外，老年人注重养生，人口数量增多势必增加医疗保健品的消费。

其次，老年抚养比和食品、衣着消费占比变化方向相反。这是因为，老年人的生理代谢缓慢，食物量消耗减少，更不会追求食物的极致享受，因此，随着老年人的增多，食物支出占比会降低；另外，老年服装市场推陈出新较慢，样式陈旧，加上老年人不追求时尚，因此现阶段老年人的增多减少了食品、衣着消费。

3. 中国人口老龄化下居民消费增长空间大

首先，老年人消费观念的提升有利于我国扩大消费市场。随着经济的发展，社会保障制度的逐步健全，老年人拥有了一定的收入，未来生活得到了一定程度的保障。同时，在社会现代消费观念的影响下，老年人消费观念逐渐由"注重储蓄、忽视消费"向"既储蓄、也消费"观念转变。老年人在满足基本生存需要的同时，更看重消费质量，追求发展型及享受型生活资料的消费。这有利于我国将潜在的老年购买力转化为老年实际消费，提高居民整体消费水平。

其次，中国老龄产业市场潜力巨大。中国老年人数量巨大，老年人市场存在巨大商机。国家发改委社会发展司郝福庆曾指出"预测到 2020 年，生活照料护理方面的消费是一个上万亿元的市场"①。但是，不论是在老年人专用品市场（如老年服装、老年饮食）、老年人家政服务市场、老年人闲暇娱乐市场（如老年旅游活动、老年大学）还是医疗保健市场，市场开发不完善，产品缺少多样性和针对性。在老年人消费更加追求消费质量，追求消费的舒适、方便、保健的前

---

① 《我国正在进入快速老龄化进程 挑战与机遇并存》，载于《中国经济时报》，http://big5.xinhuanet.com/gate/big5/news.xinhuanet.com/2013-09/27/c_125456826.htm. 2013-09-27。

提下，中国"银发市场"亟待挖掘。

四、中国人口老龄化对居民消费影响的实证检验

研究人口老龄化对居民消费的影响时，采用的模型大致分为三大类：莱夫模型、消费函数模型和简约型模型①。其中，简约型模型在计量分析时不依赖于事先给定的某种特定的消费函数，而是依据相关消费理论建立计量模型。这是因为消费函数繁多，并且每种消费函数的假定存在差异，它最大的好处是不依赖于某种特定理论，比较灵活。本节使用1978~2012年时间序列数据，尝试采用简约型模型研究思想，建立误差修正模型来检验人口老龄化和居民消费间是否存在负相关关系，确定人口老龄化对居民消费的影响程度。选取居民消费率（con）为因变量，选取人均收入对数（lcgdp）、GDP的增长率（zgdp）、实际利率（r）和老年抚养比（odr）为自变量。同时利用1995~2012年时间序列数据，采用灰色关联度分析方法，以老年抚养比和少儿抚养比为参考序列，八类消费支出占比为被参考序列，计算得出人口抚养比和八类消费支出比重的关联系数，进而分析人口老龄化对各类消费品的影响。

（一）相关数据处理及说明

1. 数据来源

本节实证检验中使用的数据具有真实性、准确性和权威性。所用的数据来源于历年《中国统计年鉴》《中国金融年鉴》《中国人口统计年鉴》和《新中国60年统计资料汇编》及中国经济信息网。

2. 数据处理

被解释变量——居民消费率（con）。本节的目的是分析人口老龄化对居民消费的影响，因此我们忽略政府消费，选择居民消费率作为被解释变量。它是根据《中国统计年鉴（2013）》分别获得居民消费和支出法下GDP数据，并做了简单除法得到1978~2012年的居民消费率数据。

关注变量——老年抚养比（odr）、少儿抚养比（cdr）、总抚养比（gdr）。它们是根据历年《中国统计年鉴》搜集而来。需要提及的是抚养比数据自1995年后在《中国统计年鉴（2013）》中比较全面，但1978~1994年除了1982年、1987年、1990年几次人口大普查获取了数据，其他年份数据缺失，因此查阅了

---

① 李文星、徐长生、艾春荣：《中国人口年龄结构和居民消费：1989~2004》，载于《经济研究》2008年第7期，第20页。

《中国人口统计年鉴》《新中国 60 年统计资料汇编》获得各个年龄段的人数,之后进行数学运算得到缺失数据。

基本变量——人均 GDP 对数（lcgdp）、GDP 增长率（zgdp）。考虑到人均收入的不可得性,我们用人均 GDP 代替人均收入。首先,将人均 GDP 利用人均 GDP 指数换算为 1978 年不变价格的人均 GDP,剔除价格因素的影响。其次,为减小人均 GDP 对居民消费率的过大波动影响,我们采用其对数形式（lcgdp）。对于 GDP 增长率而言,我们利用消费者价格指数（CPI）以 1978 年为不变价格将支出法 GDP 进行换算,然后对其进行简单计算得到 GDP 增长率（zgdp）。

潜在变量——实际利率（r）。实际利率可以通过简单计算名义利率与通货膨胀的差获得。而名义利率是通过查阅《中国金融年鉴》得到一年期定期存款的调整时间后,根据时间加权得到;通货膨胀率利用历年居民消费价格指数（上年 = 100）计算得出。

（二）人口老龄化对居民消费率影响的时间序列分析

1. 模型选择与变量设定

为了研究人口老龄化对居民消费产生的长期影响,本节使用 1978~2012 年时间序列数据,建立误差修正模型来研究人口老龄化对居民消费的影响。主要关注点是：第一,老年抚养比和居民消费率间是否存在长期稳定的均衡关系？第二,老年抚养比的增加对居民消费率产生了怎样的作用,是正效应还是负效应？具体影响程度有多大？

误差修正模型（error correction model,ECM）最初由萨甘应用于存储模型,后来安德森（Hendry – Anderson）及戴维森在 1977 年进行了完善。它是由自回归分布滞后模型得来的。设 ADL 模型为：$y_t = \beta_0 + \beta_1 y_{t-1} + \gamma_0 x_t + \gamma_1 x_{t-1} + \varepsilon_t$,其中 $|\beta_1| < 1$,经过求期望和等式加减可得到简单的误差修正模型：$\Delta y_t = \beta_0 + \gamma_0 \Delta x_t$ $(\beta_1 - 1) y_{t-1} + \gamma_1 x_{t-1} + \gamma_0 \Delta x_t + \varepsilon_t$,简单整理得：$\Delta y_t = \beta_0 + \gamma_0 \Delta x_t + (\beta_1 - 1)$ $\left(y_{t-1} - \frac{\gamma_0 + \gamma_1}{1 - \beta_1} x_{t-1}\right) + \varepsilon$,这就是误差修正模型。进一步,令 $k = \frac{\gamma_0 + \gamma_1}{1 - \beta_1}$,则 $(\beta_1 - 1)(y_{t-1} - kx_{t-1})$ 称为误差修正项,$(\beta_1 - 1)$ 是修正系数,β_0、k 是长期参数,γ_0、$(\beta_1 - 1)$ 是短期参数。鉴于 ECM 将生命周期理论和预防性假说有效结合,并且该模型依据变量间的协整关系,不存在伪回归、多重共线性问题,因而误差修正模型具备优良计量特征。

本节采用不依赖于特定理论的简约模型,采用的变量分为：被解释变量 con——居民消费率；关注变量 odr——老年抚养比；基本变量 lcgdp——人均 GDP 对数,zgdp——GDP 增长率；潜在变量 r——实际利率。设模型为：

$$con = \alpha_0 + \alpha_1 odr + \alpha_2 lcgdp + \alpha_3 zgdp + \alpha_4 r + \varepsilon$$

2. 协整分析

对于有单位根的变量，比较传统的做法是对其进行差分从而得到平稳序列。但是，差分后的变量的经济含义一般会发生改变，不方便经济分析。如果多个单位根序列拥有"共同的随机趋势"，那么这些变量的线性组合会消去随机趋势，这是协整分析的基本思想[1]。

首先对各变量进行 DF 检验，验证变量的单整性。检验结果是各个变量都具有单位根，并且是一组具备良好游走性质的 I(1) 变量。五个统计变量都在 1% 的水平上接受"存在单位根"的假设，麦金农的近似 P 值大于 0.1。各统计变量的滞后一阶项都在 1% 的水平上拒绝"存在单位根"假设，序列为平稳序列。因此我们说 con、lcgdp、zgdp、r、odr 是一阶单整 I(1) 序列。

确定滞后阶数。计量结果显示模型滞后阶数为 2。根据信息准则、大多数准则，可以得出系统的滞后阶数是 2。

确定协整秩。计量结果表明模型的协整秩是 2。n 个 I(1) 变量，最多可能存在 (n-1) 个协整秩。对实证检验中采用的五个变量运用 Stata 软件确定协整秩，五个变量间存在协整关系，协整秩为 2。

3. 建立误差修正模型

使用 Stata 计量软件，建立误差修正模型，估计人口老龄化对居民消费的长效影响。估计结果如表 12-18 所示。居民消费率的函数记为：

$$con = 63.34 + (16 - 4.44e)lcgdp + 1.23zgdp + 0.72r - 2.86odr$$

其中，P 值接近于 0，说明模型效果显著。

表 12-18　　　　　　　　　　误差修正模型的估计

被恰好识别施加 Johansen 标准化约束（Johansen normalization restrictions）						
beta	Coef.	Std. Err.	z	P>|z|	[95% Conf. Interval]	
con	1					
lcgdp	4.44e-16					
zgdp	-1.233956	0.244812	-5.04	0.000	-1.71378	-0.7541323
r	-0.7225762	0.1866398	-3.87	0.000	-1.088383	-0.3567689
odr	2.856088	0.2431441	11.75	0.000	2.379534	3.332641
_cons	-63.33865					

---

[1] 陈强：《高等计量经济学及 Stata 应用》，高等教育出版社 2010 年版。

在获得误差修正模型后,我们仍然需要检验模型的残差是否存在自相关。如果存在自相关,则预示着我们需要增加滞后阶数,检验结果如表 12-19 所示。表 12-19 表明可以接受"残差无自相关"的假设,模型不存在自相关。

表 12-19   残差自相关检验

拉格朗日—乘子检验			
lag	chi2	df	Prob > chi2
1	24.5714	25	0.48659
2	28.1703	25	0.30007
H0:无自相关			

最后,检验模型残差不存在自相关后,我们需要继续检验误差修正系统是否稳定,结果如图 12-5 所示。图 12-5 显示,除了模型本身假设的单位根外,伴随矩阵的所有特征值均落在单位圆内,因此我们建立的误差修正模型是稳定的。

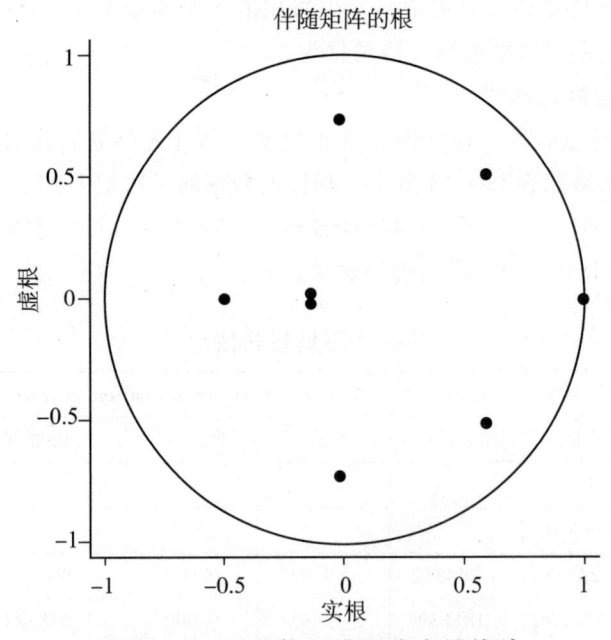

图 12-5   误差修正模型稳定性检验

4. 实证结果分析

第一,居民消费率和人均收入、GDP 的增长率成正比。这和传统的经济学理论是相一致的。消费是收入的函数,随着收入的增加,消费也会增加。GDP 增长速度越快,居民手中可支配收入越多,经济预期乐观,消费会增加。具体来说,人均收入、GDP 增长率对居民消费率的影响系数分别为（16 - 4.44e）、1.23。说明人均收入每增加一个百分点，居民消费率提高（16 - 4.44e）个百分点；GDP 增长率每增加 1 个百分点，居民消费率提高 1.23 个百分点。GDP 增长率对居民消费率的影响弱于人均收入对居民消费率的影响。

第二，居民消费率和实际利率正相关，实际利率的上升带来居民消费率的提高。利率影响着社会资源的分配，消费和储蓄的本质就是货币在当前和未来使用的分配。利率的增加，使得储蓄增加，消费减少，这是利率的替代效应；利率的增加也会带来实际收入的增加，从而使得人们当前消费增加，这是利率的收入效应。收入效应和替代效应的相对大小决定了利率对我国居民消费的总体影响。实证发现，我国利率的收入效应大于替代效应，与居民消费率成正比。

第三，居民消费率和老年抚养比成反比，表现出显著负相关性。居民消费率和老年抚养比的相关系数是 -2.86，这表示老年抚养比每增加 1 个百分点，居民消费率下降约 2.86 个百分点。总体上看，人口老龄化降低了我国的居民消费率，作用效果强于 GDP 增长率对居民消费的影响，弱于人均收入对居民消费的影响。

（三）人口老龄化与居民消费结构的灰色关联度分析

1. 灰色关联度分析

"九五"时期，我国基本消除了贫困，人们已经基本满足了生存资料的需要，处于消费结构由生存型消费逐渐向享受型和发展型消费转变的起始阶段。因此选择 1995～2012 年时间序列数据分析人口老龄化对居民消费结构的影响。

令 Y_1 = 总抚养比，Y_2 = 少儿抚养比，Y_3 = 老年抚养比，X_1 = 食品支出占比，X_2 = 衣着占比，X_3 = 居住占比，X_4 = 家庭设备及用品占比，X_5 = 交通通信占比，X_6 = 文教娱乐占比，X_7 = 医疗保健占比，X_8 = 其他占比。其中 $\{Y_1\}$，$\{Y_2\}$，$\{Y_3\}$ 是参考序列，$\{X_1\}$，$\{X_2\}$，$\{X_3\}$，$\{X_4\}$，$\{X_5\}$，$\{X_6\}$，$\{X_7\}$，$\{X_8\}$ 是被参考序列。

使用 1995～2012 年城镇、农村居民各项消费构成，利用 GTM3.0 灰色系统理论建模软件分别输入城镇、农村八项消费支出占比与抚养比（少儿抚养比、老年抚养比）数据，直接得到城镇、农村八项消费支出占比与抚养比的灰色关联系数，结果如表 12 - 20 所示。

表 12-20　　　　　　　　　　灰色关联度分析结果

邓氏关联度		城镇		农村	
		少儿抚养比 Y_2	老年抚养比 Y_3	少儿抚养比 Y_2	老年抚养比 Y_3
食品支出	X_1	0.81	0.42	0.89	0.5
衣着	X_2	0.74	0.42	0.78	0.56
居住	X_3	0.38	0.53	0.56	0.85
家庭设备及用品	X_4	0.77	0.45	0.76	0.61
交通通信	X_5	0.27	0.3	0.26	0.26
文教娱乐	X_6	0.34	0.54	0.49	0.61
医疗保健	X_7	0.24	0.27	0.35	0.39
其他	X_8	0.72	0.52	0.45	0.71

2. 实证结果分析

第一，在人口老龄化对文教娱乐的影响方面，城镇居民老年抚养比与文教娱乐的关联系数最大，农村居民老年抚养比与文教娱乐的关联系数略小于居住。表明城镇人口老龄化对文教娱乐的影响在对八类消费品的影响顺序中排第一，农村排第二。这是因为，老年人拥有一定可靠的保障性储蓄，加上国家社会保障制度的完善降低了未来生活的不确定性，使得老年人的消费观念逐渐现代化。另外，老人一般自己生活，比较孤单，相对于少年和中年人群老年人更是拥有大量的闲暇，因此会选择老年旅游或者老年秧歌队等的娱乐，既能获得快乐还能锻炼身体，因此，不论是城镇居民还是农村居民人口老龄化对文教娱乐的影响较大。

第二，在人口老龄化对居住的影响方面，城镇居民老年抚养比与居住的关联系数略小于文教娱乐，位于第二的位置，农村居民是第一。这是因为，老人希望生活得安稳，骨子里希望老有所居。或者随着老年人年龄的增大，他们的子女已经结婚，孙子辈的孩子逐渐长大，这时他们会更多地选择和子女分开住，购买自己的老年公寓，增加了对居住的需求。

第三，在医疗保健领域中，不论是城镇还是农村，老年抚养比和医疗保健消费支出比重的灰色关联系数都大于少儿抚养比和医疗保健消费支出比重的关联系数。原因在于，随着经济的发展，社会的进步，人们健康意识逐渐提高，尤其老年人更加注重养生和健康。随着老年人身体机能、机体免疫力的逐渐下降，老年人对改善肠胃保健品、维生素补充剂、钙类保健品及理疗仪等医疗器械的需求增大。老年人通过消费医疗保健品来调节其生理功能，缓解症状，增进身体健康。因此，中国人口老龄化的到来势必会激活医疗保健市场。

五、研究结论与政策建议

(一) 研究结论

一方面,本节使用1978～2012年的时间序列数据,建立居民消费率和老年抚养比的误差修正模型来实证检验人口老龄化对居民消费的影响方向及影响大小;另一方面,使用1995～2012年时间序列数据,以老年抚养比和少儿抚养比作为参考序列,八项消费支出比重作为被参考序列,利用灰色关联度分析法研究了人口老龄化对居民消费结构的影响。可以得到以下结论:

中国人口老龄化降低了居民消费率。居民消费率和老年抚养比成反比,表现出显著的负相关性。人口老龄化降低了我国的居民消费率,作用效果强于GDP增长率对居民消费的影响,弱于人均收入对居民消费的影响。

人口老龄化下中国消费市场增长空间巨大,其中人口老龄化对文教娱乐和居住消费支出的影响相对于其他消费品的影响更大。城镇居民人口老龄化对文教娱乐的影响在对八类消费品的影响顺序中排第一,农村排第二;城镇人口老龄化对居住的影响在对八类消费品的影响顺序中位列第二,农村则位列第一。

在医疗保健领域中,不论是城镇还是农村,老年人对医疗保健的影响均大于少年和中年人群对其的影响。原因在于随着老年人身体机能、机体免疫力的逐渐下降,老年人更加注重养生和健康,通过消费医疗保健品来调节其生理功能,缓解症状,增进身体健康。因此,中国人口老龄化的到来势必会激活医疗保健市场。

(二) 政策建议

人口老龄化是中国面临的一个挑战,然而这也意味着一个机遇。通过完善社会社会保障制度,降低老年人未来生活的不确定性,合理开发老年用品市场和老年闲暇消费市场,增加老年群体的消费,促进消费机构升级,来提高中国居民消费水平。

积极开发老年人用品市场,实现老年用品市场的产业化发展。市场上短缺商品,是一个信息,更是一种创造财富的机遇。目前,中国老年人用品市场中,老年人专用品市场、老年人家政服务市场和医疗保健市场供给较小,并且缺乏产品针对性和产品多样性,为此可以进行多个方面的改进。第一,开发适合老年人的用品,提高老年人专用品的针对性和多样性。一方面,多生产适合老年人假牙咀嚼的口香糖，配备特大按钮的老年专用手机，建设集体老年公寓等针对老年人的专用产品。另一方面，开发老年人专用品的多样性。例如，老年人食品市场应该考虑到食品搭配，注重食品营养，降低食品脂肪等含量。老年人服装市场应使用舒适健康的优选面料（牛奶棉、针织棉等），多采用些暖色系、亮色系，打破服装的陈规旧套，积极融入流行款系，在追求舒适、美观的同时展现老年人的健康、向上，富有活力的精神面貌。第二，提高老年家政服务的质量，增强家政服务人员的职业素质。"空巢老人家庭"的增多以及子女照料能力和精力的限制，使得老年人尤其是高龄老人对家政服务的需求不断增大。但是，目前老年家政服务市场上，服务项目不全，服务价格随意性大，服务质量良莠不齐。因此，我们应该规范家政服务行业的发展，构建制度化家政管理体系，加大员工培训力度，提高服务的专业化和精细化，实现家政服务行业的规模化、专业化和品牌化发展。第三，大力研发医疗保健品，提高产品质量和科技含量。目前我国医疗保健市场产品结构不尽合理，产品功能缺乏多样性。中国市场调查研究中心发布的中国医疗保健市场发展研究报告指出，国产医疗产品大部分属于中低端产品，高端市场份额不足1/3；保健品功能集中度高，产品营养价值含量低，其中免疫调节、抗疲劳及调节血脂三种功能的保健品市场份额高达68%。因此，我们要加大力度研发医疗保健品，提高产品功能多样性，实现医疗保健市场的良性竞争发展。开拓、完善老年闲暇消费[①]市场。老年闲暇消费的形式很多，其中旅游消费、文教娱乐消费是现代消费最重要的形式。老年人闲暇时间充裕，并且渴望交流，偏向节奏缓慢的闲暇消费。但是，目前可供老年娱乐的场所并不完善，主要集中于公园、小区广场等地，老年棋牌社、老年大学等老年活动中心场所亟待开拓。其次，老年人旅游服务质量参差不齐，服务没有特色。我们可以选择在旅游淡季组织老年旅游团，开发文化旅游等特色旅游，提供热心周到的服务，提高老年人旅游的整体服务质量。

完善老年社会保障体系制度。人口老龄化不是某个人、某个城市、某个省份的事情，它的影响遍及整个国家，涉及千家万户。因此，我们需贯彻落实社会保障体系"十二五"规划，健全城市社会养老保险、医疗保险体系、医疗救助制度，减小老年人未来生活的不确定性，确保人们老有所依、病能可治。如此一来，老百姓在有钱花、敢花钱，生活有所保障的前提下，将追求精神消费，把手中的钱转移出来，更好地促进金融市场的流动性，提高居民消费水平。

---

① 尹世杰在《消费经济学》将闲暇消费定义为："闲暇消费，是人们在工作时间之余，在闲暇时间里，根据自己的具体情况、根据自己的爱好，自由地进行享受和发展的活动。"

第十三章

消费者权利的法律保护

——以金融消费者为例[①]

随着我国居民消费市场规模的不断扩大以及以互联网为代表的新技术的不断涌现,居民的消费方式发生了深刻的变革。与此同时,随着我国居民收入水平和受教育程度的提升,居民越来越追求消费品的品质。由于当前我国消费者权益保护相关法律法规并不十分健全,仍在一定程度上落后于消费者消费体验的创新和演进,因此,一段时间以来,消费品的质量问题、商品信誉问题、虚假广告问题等成为消费者关注的焦点,消费者权益的法律保护的研究显得尤为紧迫和重要。

在消费者权益保护领域中,最为核心的又是金融消费者的权益保护。

一方面,金融市场的飞速发展使金融产业以前所未有的速度覆盖了广大消费者的生活领域,金融商品与金融服务日益走近普通消费者。消费者不仅在证券市场购买金融商品、银行理财产品及投资连结保险等新型金融商品,而且在金融创新的形势下,越来越多的金融商品与金融服务介入社会生活的各个方面,消费者为满足自己的消费需求,开始广泛地接受金融机构所提供的金融服务。因此,"金融消费者"的权益保护问题成为消费者权益保护的重中之重。

另一方面,我国传统消费业态的消费者权益保护日渐完善,然而,随着金融改革的深化,我国的金融商品交易中的侵害消费者权利问题开始凸显并呈迅速扩

[①] 课题组成员由永宁等承担与本部分内容相关的子课题研究,这一部分作为课题的阶段性研究成果,也形成于永宁博士后研究工作报告《中国金融消费者权利的法律保护》的一部分。

大的趋势，相关法律的不完善日渐显露。近年来，我国金融商品交易中的侵害消费者权利问题日益严峻，以证券市场虚假陈述为焦点的事件层出不穷，远的如银广夏、琼民源、蓝田事件，近的如科龙、五粮液事件，其对金融消费者的损害之大之广有目共睹；银行业的垄断经营带来的信用卡消费纠纷呈上升趋势，跨行收费、信用卡年费等大面积纠纷引发对于银行经营"潜规则"的质疑；保险人与投保人之间的保险合同争议诉讼数量大幅增长，尤以保险人说明义务不足、销售误导为焦点，如2006年的"友邦重疾险"争讼案件、投连险退保事件等。随着分业经营要求的松动，银行理财产品又成为金融消费者问题的新焦点，银保产品、银证产品等也成为消费者与金融机构纠纷的热点。因银行销售保险产品的欺诈与误导导致的争议不断，消费者投诉直线上升，如理财产品客户诉渣打银行案。与日益频繁而大量涌现的金融领域消费者问题相比，一个尴尬的事实是，目前，我国金融消费者权利保护方面的法律法规并不健全，《中华人民共和国消费者权益保护法》（以下简称《消费者权益保护法》）仅仅确定了消费者的基本概念及基本权利，对金融消费领域消费者的特殊要求不能起到切实的保护作用；《中华人民共和国证券法》（以下简称《证券法》）、《中华人民共和国银行法》（以下简称《银行法》）、《中华人民共和国保险法》（以下简称《保险法》）、《中华人民共和国信托法》（以下简称《信托法》）、《中华人民共和国银行业监督管理法》（以下简称《银行业监督管理法》）等涉及金融领域行为规制的法律中，对于金融消费者的权益保护亦模糊而且原则化，不易操作。长期以来，我国金融立法以"行、刑"为主，重"行""刑"而轻"民"，对于金融市场中侵害金融消费者的行为，以行政责任和刑事责任代替民事责任的承担，导致金融消费者的权益保护无法真正得以实现。2003年，我国最高人民法院颁布的《关于受理证券市场因虚假陈述引发的民事赔偿案件的若干规定》初步确立了证券虚假陈述行为的民事赔偿规则，打破了金融立法忽视证券投资者民事权利保护的状态。随后，2005年《证券法》的修改增加了对虚假陈述、内幕交易、操纵市场、欺诈客户行为民事责任承担的规定，体现了对于金融消费者的民事权益的关注。在大力推进金融改革的今天，混业经营已在实践中进行，金融消费者作为金融活动的一方参加者，其权益的维护事关金融市场的稳定与发展。毋庸讳言，中国的国情决定了其所进行的金融改革引发的金融消费者问题将较之任何一个国家更为严重，而现行的立法无法承担金融消费者保护的艰巨任务。当前，我国立法、司法、行政各部门已经开始关注金融消费者权利保护问题，并开始着手进行相关政策措施的制定，《消费者权益保护法》也在紧锣密鼓的修订过程中。在金融危机转化为经济危机并进一步影响各国经济体系的大趋势下，我国金融体系及金融立法面临着严峻的困难与挑战，可以预言，金融消费者保护问题也将成为今后一段时间日益突出的社会矛盾。在此种情势下，以金融消费者保护问题作为研究的核心，探讨相关解决路径的选择，有着理论和现实的双重意义。

因而，本章以金融消费者的权益保护为例，研究中国消费者权益保护问题。从法律制度层面，解除当前制约居民消费的一系列制约因素，构建扩大居民消费需求的法律制度保障。

第一节 金融消费者：一个既有概念的扩张

从20世纪末至今，世界金融现代化发展呈现出这样一些特点：金融机构主流经营模式从分业经营朝向混业经营转变，金融机构大型化、集团化、国际化，金融衍生产品随金融创新而日益繁多。为了应对金融现代化的变革趋势，发达国家先后放弃了对金融分业经营的监管法律规定，允许一家金融机构可以同时开展银行、证券、保险、信托等金融业务。从2008年的全球金融危机来看，以往法律体系内对传统消费者保护制度已经无法为混业经营背景下金融消费者提供充分的保障。因此，将金融消费者从普通消费者概念中升华出来，作为特定的金融市场一方参与者，通过研究其权利内容及边界，在金融消费者与金融机构之间寻求利益的均衡，是解决金融消费者权利保护困境的有效路径。通过分析金融消费者与金融机构之间存在的信息不对称等重大问题，提出对于金融服务者的规制应当从强制信息公开义务要求、强化说明义务、禁止不当销售行为等不同方面分别作出具体规制措施。此外，就金融服务法律体系重塑而言，金融消费者权利保护的路径选择上可以从金融机构自律、监管部门的金融监管、非诉讼调解机制和法院诉讼并行作为保护制度的构成，通过对现有法律规范的整合和提升，构造出适合于我国金融市场需求的金融服务法。在改革的步骤上可以分为两步，在短期内通过加强监管者之间的协调来应对混业经营的金融机构监管，在中长期实现金融法制的统一和监管机构的整合，以实现金融市场的规制，最终实现金融消费者利益保护的目的。

投资者保护始终是各国证券监管部门的工作宗旨，无论是美国的证券交易委员会、英国的金融服务局、澳大利亚的证券与投资委员会还是中国证监会，都将自己的首要目标定位于保护投资者。投资者之于证券市场上市公司来说，是其发行的股票的购买者，是上市公司股东，保护投资者即是保护公司公众股东权益。这种特征在我国证券市场尤为明显，我们通常所说的投资者，大多指的是国内A股的上市公司股东。但近年来随着金融混业经营的发展，发行/销售主体已经不限于上市公司和券商,包括银行、保险公司、基金管理公司在内的金融市场参与主体,打破了过去单一的经营模式和销售品种。广义的证券交易已经不仅仅是股票、债券的买卖,许多带有投资性质的金融商品合同,如集合投资计划份额、保险合同、期权、期货以及其他金融衍生品在不断出现。可见,如果将金融产品简单地划分为银行产品、证券产品、保险产品或信托产品的做法无法正确反映现代金融实践,必然要出现法律管制脱节的现象。如银行理财产品本已具有基金的性质而非单纯的银行产品,但因发售银行理财产品引发的争议,或者因为银行理财产品交易和服务而产生的纠纷,是否适用证券法和证券投资基金法,就产生了较大争议。[①] 加之,普通民众的财力与金融知识水平较金融机构来说存在巨大差距,这种相对的弱势地位可能产生金融机构道德风险。因此,当投资者的概念向金融消费者的概念扩张时,一个基于金融消费者保护的法律制度会随之酝酿产生。

一、投资者向金融消费者身份的转变

在当代市场经济环境中,市场运行不仅以商品或服务的不断丰富和变化为显著特征,而且不断改变利用商品和服务的市场主体的身份角色及其相互间的关系。金融行业的混业经营和金融创新的发展,创造出日新月异、令人目不暇接甚至匪夷所思、难以理解的金融产品和金融交易模式;利用金融商品和处在金融交易模式中的金融市场投资者,其经济功能、身份角色和市场地位也在发生着不断变化。金融商品复杂化、多元化、抽象化和金融交易模式的专业化、综合化,导致原本金融市场中的投资者群体出现分化,甚至金融投资者身份出现转化。因此,在这样的市场变更进程中,为了有效应对市场主体分化格局,市场发达的西方国家将金融消费者保护列为金融改革的措施之一,与金融机构监管列为同等高度。那么到底哪些人可以被称为金融消费者,其法律和经济依据为何,如何制定立法政策,是金融法律体系预先要解决的问题。

(一)从投资者的责任说起

在证券市场中,投资者是市场重要的结构性参与主体,是证券法理论中的重要概念。对于投资者的概念,虽然在《中华人民共和国证券法》并未作出具体界定,但是通常认为,所谓投资者,是指具有一定资金来源,从事以证券为介质或手段的投资活动,对投资收益享有所有权并承担市场化风险的证券市场主体,即

---

① 叶林、郭丹:《中国证券法的未来方向——关于金融消费者的法律保护问题》,载于《河北学刊》2008年第6期。

投资者是证券市场从事证券交易的主体。①

投资者作为证券市场的主要参与主体，其产权是私法必须确认和保护的中心，这是市场经济的基石和法律制度的核心。因此，任何国家的证券法都对投资者的合法权益作出了明确的保护，并作为法律的基本宗旨。但是，同样作为现代经济市场的基本理念，还有一项更基本的法则值得遵守，那就是关于市场风险的"买者自负"原则。

"买者自负"原则与证券三原则"公平、公正、公开"同是证券法制的基本制度。"买者自负"原则背后的市场逻辑，是在证券市场中，证券投资必然存在风险，收益是风险的补偿，风险是收益的代价。正所谓"股市有风险，入市需谨慎"。因此，在证券投资中期望获利者必然要对自己的投资行为承担风险，接受由市场机制决定的任何投资结果，也就是获利或者亏损。根据"买者自负"原则看证券法律制度，无论是机构投资者还是个人投资者，从经济关系上看，其与证券市场的证券发行人、市场中介机构一样，都是通过市场活动实现盈利的目的的群体；从法律关系上看，投资者与发行人、中介机构一样，都是平等的民事主体。因此投资者依照自行判断进行的投资行为，责任自然由自己承担。

根据"买者自负"法则，在市场经济范畴中参与主体对自己的行为后果负责又延伸出两项法律基本原则：一是市场主体的行为如果给自己造成不利后果，则应自己承担不利后果而不得将其归咎于他人；二是市场主体的行为如果给他人造成不利后果，应就自己行为所造成的伤害向他人承担法律责任。根据这两个基本法律原则，法律规范形成了风险承担体系与民事责任体系两大内容，从而把市场行为及其风险后果的经济规则与法律制度融为一体。

"买者自负"原则在证券市场交易中得以贯彻，并演化成分配市场交易风险、划分证券市场各主体责任的基本法律规范。当具有经济理性与独立人格的市场主体依照其意思自治作出交易行为，其行为人自担交易后果是合乎市场理性，又符合市场主体的道德要求的。基于该原则，非出于法定情形和正当理由，投资者不得将证券交易损失归结于诸如证券发行人、证券交易代理人、其他证券交易参与人、证券市场行政及自律监管机构，不能将交易损失归结于其他主体或外部因素。可以说，"买者自负"原则以及相关证券法律制度，划清了投资者与证券监管机构、上市公司、证券公司等主体之间的责任界限。在我国《证券法》制度规范上，从法律、行政法规、部门规章、规范性文件、行业自律规则、投资者教育等内容，都体现着"买者自负"原则。

---

① 叶林：《证券法教程》，法律出版社2010年版，第15页。

(二)"买者自负"原则的适用问题

尽管"买者自负"原则是风险承担的基本原则,但是并不是在一切场合之下皆可适用这样的原则。在假定市场"同质性"的前提下,"买者自负"原则隐含着三个必要的适用前提,即信息的对称性、投资者的适当性和监管的正当性。在满足这三项前提条件时,投资者"买者自负"才是合理的,应当承担除道德风险以外的所有资本经营本身具有的风险。然而在现实环境中,这三项前提都有不同程度的变异,由此证券市场上的投资者身份也开始发生变异。

第一,理论上的"信息的对称性"和现实中的"信息不对称"存在巨大差异。

经济学的不完全信息理论指出,由于交易中信息的稀缺性、交易的不确定性等因素,信息不对称是必然存在的。在证券的发行和交易过程中,证券产品性质与功能的特殊性决定了信息不对称现象尤为突出。从证券发行方面,发行人作为证券的创设者和销售者,发行人自行掌握或决定证券标的物等一系列因素,如公司资本状况、公司的组织结构和股权结构、经营情况、财务状况、行业地位等,这些决定了所发行证券的品质与价值。而投资者只能依据发行人披露的信息来对证券的品质与价值作出判断,然后作出投资决策行为。证券产品与普通商品相比所具有的专业性、信息性、复杂性、高风险性等特殊品质,使证券投资交易与传统商品交易出现不同的特质,如市场信息的获取与分析处理能力决定了投资者的判断能力、披露信息的质量在很大程度上决定了证券的市场价格、投资者在证券市场中交易行为需要证券交易中介机构辅助,等等。如果说证券市场的一类基础性证券,像股票、债券、基金等成熟的证券产品因为证券法贯彻始终的信息披露制度而使相关主体的信息披露和风险揭示较为充分,道德风险只是个别现象,那么在场外交易的金融衍生产品等高风险品种的交易中,实现市场信息的对称在现实中就几乎是不可能的,出现道德风险的概率极高。那些由金融专家、金融工程师设计出的特殊商品,绝非普通投资者能够凭借有限的经济理性和生活常识就能够全面掌握。所以在这样的情形下,除了少数精通法律、经济、数学等专业人士,很少有投资者能够掌握这些金融产品的全部信息,包括金融产品的组成、效能、结构等。因此,证券市场信息的对称性不是绝对的,追求市场信息的对称性仅是一个基本目标,这在一定程度上动摇了"买者自负"原则。

第二,"投资者的适当性"也是对市场中参差不齐的投资者群体的一般假设。一般而言,投资本身就是需要一定专门知识和专门技能的商业活动,如果一种投资形式所需要的专门知识和专门技能离普通大众投资者的日常经验越接近,投资者的适当性程度就越高;反之,适当性程度就越低。证券市场既是一个高风险的市场，也是一个需要更高专门知识和专业技能的市场，因为诸多投资产品的设计非常复杂，需要投资者具备较多的知识和经验才能够真正理解产品的经营规则和投资风险。随着金融创新的不断深入，高风险、高难度的复杂金融产品尤其是结构性产品逐渐推出，既需要投资者具备很强的经济实力和心理素质，更需要适当的知识经验和投资技巧。而现实中，投资者在经济实力、专业水平、风险偏好等方面情况迥异，因此对于投资者群体而言并非所有的金融产品都是合适的选择。面对投资者群体的差异性，金融中介机构应当把适当的产品或服务以适当的方式和程序提供给适当的投资者，就是在复杂金融市场中维持交易诚信的基本要求，也是在这种市场交易环境中贯彻"买者自负"原则的一个重要前提。例如，美国证券交易委员会就要求证券经纪自营商仅向顾客推荐他认为对该顾客适合的股票。① 但在市场上，在投资者对金融衍生产品极易产生理解错误和偏差的情形下，相当多的金融中介处于逐利动机，采取诱导等不当的销售方式向投资者推销名不副实的金融商品。如 2008 年中国香港地区的雷曼"迷你"证券、美国的 KODA 累计期权，都是金融机构掩盖金融商品实质，对公众进行无差别销售，通过扩大收益水平等不当销售行为，将这些产品销售给并不合适的个人顾客。香港证监会在总结时指出，雷曼"迷你"证券购入者所购入的金融产品预期财务状况、投资目标、期望和风险承受水平相较而言并不适合。② 在这样情形下，如果仍然按照"买者自负"原则，让投资者承担全部风险和损失，否定金融机构应有的责任，显然是不公平的。由此关于证券市场投资者可以归纳为：（1）当证券市场越复杂，投资者群体的分化就越明显，也就越难以用一般性的适当性标准衡量投资者的整体状况；（2）投资者与证券市场中介机构的关系越紧密，投资者适当性的实现就越是依赖中介机构的专业水平和诚信程度；（3）证券市场越复杂，市场中介机构越参差不齐，对所有投资者一体适用"买者自负"原则的公平性就越低。

第三，"监管的正当性"也是证券法对证券监管机制设置和监管活动效果的理想期待。证券市场监管者的监管执法行为，尤其是面向证券市场采取的、涉及不特定投资者、具有普遍约束力的监管行为，无疑会对市场交易产生重大影响，从而直接或间接地影响特定投资者的交易环境与投资结果。但是"买者自负"原则实际上排除了证券监管机构、证券交易所等承担责任的可能，或者说割断了监管疏忽与投资者损失之间的关系。例如，我国对证券发行一贯采用核准制，通过严格的实质审查，其本意在于期望证券监管机构充分发挥证券市场看门人的作用。采用核准制的理由在于，只要政府监管机构尽到审核责任，即便出现审核疏

---

① 何颖：《金融交易的适合性原则研究》，载于《证券市场导报》2010 年第 2 期。
② 香港证券与期货监察委员会：《执法通讯》2008 年第 60 期。

漏以及不良证券发行，政府监管机构也不因此承担相应责任。① 但是，如果监管机构没有尽到审核责任又该如何？判断监管机构尽到审核责任的标准是什么？实践中，即使证监会的诸多审核结果屡屡遭到市场的强烈质疑，证监会也从未为自己的审核失察承担过责任。投资者曾广泛质疑证券交易所权证业务规则的合法性和推行"权证创设"这一权证交易平衡机制的正当性，但是投资者将证券交易所起诉到法院的结果却往往以"买者自负"原则来要求当事人自行承担责任。有观点认为，在交易所是否应当承担监管失职责任问题上，应该借鉴美国的民事责任绝对豁免原则。② 在美国的长期司法实践中，美国法院基于证券交易所履行公共职责的属性，逐渐将其视为准政府机构，并将原本适用于政府机构的民事责任绝对豁免原则适用于交易所的自律管理。当交易所在善意执行法律或者自己的规则履行自理管理的公共职能时，即便给被管理者带来损害，交易所及其管理人员也无需承担违约或侵权之类的民事责任。③

信息的对称性、投资者的适当性和监管的正当性作为"买者自负"原则三个适用前提条件，并不是否定"买者自负"原则的合理性、正当性和可适用性，而是意在表明"买者自负"并不是具有绝对性，尤其是司法审判中不能僵硬地将这一原则适用于所有市场行为和投资者。从本质上说，关于"买者自负"原则中"买者"所承担的风险、不利后果与法律责任只能是源自于市场风险，而除了市场风险之外的因道德风险、制度缺陷、监管失职而出现的损失，并不一概由买者承担。但是在我国证券市场上，投资者实际上自觉或不自觉被放置在由宽泛"买者自负"原则理念构建的制度之上，并为此承担了远远超过市场风险的风险和损失。在目前的相关论述中，人们习惯从证券产品、市场层次的角度去界定"买者自负"原则的使用范围，而未从法律操作层面规范"买者自负"适用的具体条件及其责任分配，不仅不能够适应金融创新实践，也没有起到对投资者保护的目的，以及设立投资者保护的真实标准。

（三）投资者向金融消费者身份转变

如前所述，"投资者"是证券法理论中的重要概念，有时还采用证券持有人或者权利人等替代概念。在传统理论上，投资者与消费者存在清晰差别，故我国无论是实务界还是理论界对于投资者采用金融消费者的概念莫衷一是。对于消费者的概念，根据《消费者权益保护法》的定义，消费者是为生活消费而获得商品

---

① 叶林：《证券法教程》，法律出版社2010年版，第49页。
② 卢文道：《证券交易所自律管理论》，北京大学出版社2008年版，第145页。
③ 卢文道：《美国法院介入证券交易所自律管理之政策脉络》，载于《证券市场导报》2007年第7期。

或者服务的个人。由于着眼于"生活消费",因此多数学者认为,投资者的目的是获得投资财产性收益而不是生活消费,买卖证券等商事行为与个人生活消费截然不同,必须在消费者与投资者之间划出明确的界限;"金融消费"不是人类生存和延续的必需消费。作为消费品的商品和服务,其本质是作为人类生活必需品。有学者指出,"我们在把到银行存款,或者与保险公司签订保险合同的个人描述成消费者可能没什么困难,但是当我们将投资人也视为消费者时往往面临阻碍。"①

从投资与消费的目的来看,投资者是那些具有一定资金来源,从事投资活动,对投资收益享有所有权并承担投资风险的市场主体。证券投资者是指对证券享有收益并承担风险的投资者。而且作为证券市场活动的参与主体,证券投资者是证券市场的资金供给方,其将资金投入证券市场的目的主要是实现个人资本的保值与增值,并且对证券市场的风险应有充分的认知。这与普通以生活消费为目的的消费者的确缺乏共同之处。但是如果投资者固定在自然人这一身份时,自然人投资者的金融消费者身份并不难统一。

二、金融消费者概念产生的基础

(一)金融消费者概念的法律界定

金融需求就像衣食住行一样是个人消费的一部分,而且个人金融需求是随着消费需求结构升级而出现的。② 具体分析,金融消费者作为消费者的从属概念和解释的延伸,应该与消费者的定义保持原则上的同一。

(1)金融消费者应当是自然人,因此,以保护弱势地位为导向的《消费者权益保护法》同样适用于金融消费者,而法人、其他组织等则不属于金融消费者的范围,应受《民法通则》《合同法》《证券法》等基本民商事法律调整。正如上面提到的,消费者权利是一种人权,以消费者的身份进行消费活动,是享有消费者权利的必要条件,这一点对于金融消费者也不例外。在金融市场上,根据参与主体的种类可以分为个人投资者和机构投资者,属于金融消费者的只能是个人投资者而不包括机构投资者。因为机构投资者(信托公司、证券投资基金等)虽然是为了个人消费者的利益而管理和运用从个人投资者处募集的资金,但与普通

---

① Peter Cartwright, *Consumer Protection in Financial Services*, *Kluwer Law International*, 1999, P.5. 转引自何颖:《金融消费者刍议》,载于《金融法苑》2008年第3期,第24页。

② 何颖:《金融消费者刍议》,载于《金融法苑》2008年第3期。

投资者相比，机构投资者自身资金实力雄厚、管理科学、有强大的财务工具和盈利能力；普通投资者多数是依靠上市公司红利和股票差价获利，而机构投资者除利用这种方式外，还能够通过买卖目标公司的股票，以实现对目标公司控股或参股从而影响目标公司的经营决策。在这样的交易中，他们的地位是平等的商事主体，而绝非需要额外倾向性保护的弱势群体。

（2）在自然人与金融机构发生交易行为时，两者是否构成消费关系成为界定金融消费者法律意义的核心。通常，金融机构把接受其提供的金融服务和购买金融产品的自然人称为客户，而客户与金融机构的交易应界定为消费行为还是投资行为并无深入探讨。应当说，金融机构的客户囊括了绝大部分金融消费者，但二者概念并不可替换。从基本概念角度看来，金融机构的客户具有消费者的身份特征：一是客户是自然人；二是客户在银行存款、购买理财产品或办理贷款，这些行为当然是自然人生活的一部分。随着社会经济的发展，金融类的消费支出已经成为日常家庭中不可或缺的一部分，也可理解为自然人进行的这些活动属于为了生活需要而进行的消费行为。如个人银行储蓄存款一般是为了将来的生活所需，而个人的信用卡消费以及房屋、车辆贷款，就是为了现实的生活需要。人们购买保险、保障人身或家庭财产的安全，归入生活需要应无异议。而个人将自己的闲钱用于购买基金或投资股票，为的是家庭财富的积累，多是希望能获得收益，用收益改善生活，数量不大，所以仍与储蓄相似。①

由于金融机构客户的投资行为是否属于消费行为在理论界存尚在争议，也影响了对金融机构的客户是否属于消费者的判定。在证券界，投资者是指那些具有一定资金来源，从事投资活动，对投资收益享有所有权并承担投资风险的市场主体。在证券市场上参与交易的投资人，他们的主要目的是追求盈利，谋求资本的保值和升值。传统观念认为，金融消费者与金融投资者以是否承担风险以及是否以获利为目的作为分野界标。对于投资者因为对风险判断失误而导致的损失，基于完全竞争市场上"理性经济人"的价值预设，适用证券法领域中的另一项基本原则——"买者自负"原则，故而认为消费者保护法上的保护消费者的成熟理念和实践不适用于投资者。但在金融创新的现实中已越来越难精细地划分二者。②这些投资者资产规模很小，并且在与资本市场其他机构投资者的博弈中毫无疑问处于弱势地位，这种生活化的投资所能承担的风险层级也较低。个人投资者的弱势使得他们丧失了投资者的强势市场掌控权，对自身的投资安全性难以把握，证券市场的利益失衡使其符合消费者保护的机理。因此，对证券市场上的个人投资

---

① 吴弘：《金融消费者保护制度亟待建立》，载于《上海金融报》2009年8月4日A07版。
② 韩华胜：《投资行为也应受消费者权益保护法保护》，http://www.lcr88.com/Article/zx/hyzxh/200703/14681.html，2009年3月20日。

者性质不能想当然地否认其消费者身份。另外,当个人投资者在具备一定条件时也可能转化为专业投资者,例如,自身通过多年经营已拥有较大资产规模和丰富经验者,这一类被称为股票"大户"的群体已经超出了一般意义上的弱势消费者概念,此时是否应当将他们归入金融消费者的群体尚无定论。

在银行业,虽然个人以金融投资的行为方式与银行进行交易,但如果从接受金融服务或购买金融商品的角度而言,与银行进行交易的个人被称为金融消费者更容易让人接受。根据我国目前银行业的发展状况,为满足个人或家庭生活需要而接受银行提供的金融服务或购买银行提供的金融商品,与作为金融服务者的银行之间进行交易,办理相关的银行业务,基本符合《消费者权益保护法》中所界定的"满足个人生活需求"的条件相对应。同时,基于银行提供金融服务内容的不断发展创新,网上银行的普及,尤其是银保合作、银证联合的大趋势临近,银行金融服务项目大幅增加,业务办理内容不断变化,与银行进行交易的消费者的业务内容开始触及金融投资产品等领域,如信用卡、银行理财产品、银行销售的保险产品等,其目的仍是为了个人或家庭的生活需要。因此,将与银行之间形成金融服务关系的社会成员界定为金融消费者符合基本的法学理念。①

在保险业,保险投保人同样是金融消费者的构成主体,因为我国保险法领域同样存在着交易双方信息不对称的问题。投保人与保险人签订保险合同,投保人以支付保费的形式购买了保险产品与保险人提供的服务,或者使用其保险人提供的保险产品和服务,给投保人带来的是对风险的阻抗,基于此,投保人会获得心理上的安全与满足感。② 在保险产品即险种的具体设计上,像人身险、意外伤害险等险种的初衷就是为了保障个人原有资产的可持续性,帮助个人当发生意外时,能够在生活上得到相对连续性的保障。因此,投保人购买保险产品的行为与普通消费者一样,具备生活消费的要件,本质上是一种消费行为。

(3) 在金融服务领域,不仅是购买商品,就连使用商品或者接受服务的自然人都可以理解为金融消费者。金融消费形式已经从以往单一的银行款项支付向金融理财、投资、保险等一体化交易进一步延伸,个人与金融机构之间购买金融产品或接受金融服务都是实质上的金融交易行为。如果是单纯地仅在某一金融领域发生的交易,如个人与银行之间的金融交易,是由银行为个人提供的存贷款、信用透支等金融服务;个人与保险公司之间的金融交易,是由支付保费为对价而获得人身和财产保障的服务,虽然保险合同除涉及保险人之外,还有被保险人与受益人等主体,使得购买保险产品的人,不是保险产品的最终使用人,但这不影响

---

① 郭丹:《金融消费者之法律界定》,载于《学术交流》2010 年第 8 期。
② 郭丹:《保险服务者说明义务的边界兼评〈中华人民共和国保险法〉第 17 条》,载于《北方法学》2009 年第 6 期。

接受保险人服务的主体与投保人一起作为消费者，其消费行为亦应适用《消费者权益保护法》；而个人购买基金等信托产品，既包括购买基金产品，也包括以支付手续费、管理费和托管费等方式接受基金公司所提供的管理资金和披露信息的服务；个人买卖证券产品，也包括接受证券公司提供的证券经纪服务。但是在金融商品和服务日益繁复多样的今天，金融交叉交易领域已经难以单纯地分门别类地确定交易种类，并对特定的交易对象进行保护。因此，金融消费领域正在大量出现侵害消费者正当权益的做法，如诱导消费者进行不理性消费、超出消费者风险承受范围的高风险投资、信用类消费隐藏消费陷阱、夸大理财产品收益率、没有对消费者进行有效的风险提示等。当金融领域中的个人利益受到侵害时，金融消费者作为一个群体概念的引入正好将此类人群作为法律调整保护的范围，满足了消费金融和其他金融业务迅猛增长过程中维护金融领域公共利益的需求。

至此，根据金融消费者的身份与地位特征，可以将金融消费者归纳为这样一个群体：他们以满足个人需要为目的，以非职业身份从金融机构那里购买、使用金融商品，或接受金融服务。这样的群体，既含有从银行那里获得存款、贷款和理财服务的个人，也包括从证券公司那里获得证券经纪、基金份额的个人，还包括从保险公司那里获得保险利益或投资利益的个人。这些购买、使用或接受金融机构服务的个人都应当被视为金融消费者的范围。

（二）金融消费者与消费者的关系

（1）金融商品较之普通商品具有无形性的特点，其价值完全依赖于金融机构给金融消费者提供的信息。普通商品可以通过其外形、质地、商标等因素判断其市场价值，而金融商品由金融服务构成，这使得金融商品没有可供评定其价值的一般要素，消费者无法像对一般产品一样直观看到有形的消费对象，所以其作出是否交易的判断完全依赖于金融机构一方所披露的信息。同时，金融商品相对于普通商品在结构上更复杂，如商品风险形式、费用构成、盈利分配、合同提前终止构成违约、税费负担等各方面都有较高的专业性。消费者在接受金融服务时，即便金融机构向消费者提供了金融商品的所有信息，消费者也无法通过自身知识水平判断金融服务的质量。

金融商品又是一类货币化的特殊商品，收益和风险共生。它具备普通商品所没有的盈利功能，并能够追求收益最大化，因此对同一类商品的质量没有统一的衡量标准和规范模式，同类产品的结构性差异很大。[①] 不同金融商品的设计为了

---

① 例如，由不同银行提供的同一类保本理财产品，在资金规模、存续期间、收益率等方面存在诸多差异。

迎合不同消费者的风险偏好也千差万别。金融商品收益性的大小是通过收益率来衡量的，像利用杠杆交易的金融衍生商品，在交易时只需交付少量保证金即可签订大额交易合同，从而扩大投资的收益。但是高风险产品的收益保障较之普通金融消费更弱，消费者的收益期待不能全部满足。当缺乏必要的风险意识或无法获取有关风险的信息时，金融消费者则极易遭受损失。

金融商品具有投资盈利的功能，但对于金融消费者而言，其投资购买金融商品的目的，仍然是为个人或家庭对于未来的生活消费，银行贷款主要是为了满足个人生活类需求，购买基金是为了家庭财富的积累和对未来的储蓄，购买保险是为了保障家人的人身、财产安全等。如果金融消费者将他可供支配的大部分财产购买金融商品，一旦出现较大风险往往会影响他个人乃至家庭的生活水平，因此不同于专业机构者高风险高利润的投资行为，也不同于一般消费者购买使用商品的目的，金融消费者对金融商品有更强的安全性需求。

（2）与消费者作为弱势群体相比，金融消费者处于更加弱势的地位。金融消费者因为金融商品的无形性、专业性、高风险性等特点，既依赖于金融机构的信息披露，又不可避免地处于严重的信息不对称状态。同时，金融商品的高度专业性决定了金融消费者在面对金融商品信息时，由于金融消费者的知识水平普遍有限，仅靠自身专业技能，很难正确有效地把握金融商品的重要信息内容和规避不适当的风险。同时，个人在获取并处理有效信息，了解购买、接受服务流程，与金融机构交涉等方面也处于劣势。在这种情况下，当与金融机构交易时，金融机构对金融商品存在夸大宣传、恶意推销和劝诱购买行为，选择性地提供涉及金融商品的信息，就直接影响了消费者的交易判断。即便金融机构一方提供了商品的所有信息，但是如果大量采用晦涩难懂的专业术语，消费者仍然无法真正理解金融商品。① 普通消费者购买商品的过程主要是对商品价格的协商过程，双方一经达成意向便可完成交易。而根据现行法律的规定，金融机构有义务区分不同金融消费者的风险承受能力，由金融机构经过一系列严格的筛选，从而决定是否进行交易。因此，买卖合同的主导权掌握在金融机构手中，消费者并不是处于平等的地位，这种交易地位不对等很容易造成平等交易实质的扭曲。实践中，金融机构道德风险的发生比比皆是，均是利用金融市场上的信息不对称侵害消费者的权益。可见，较之普通商品或服务而言，金融商品的信息对于消费者进行交易判断更具有决定性的意义。

金融消费者接受金融服务的目的更具多样性。普通消费者购买商品的动机为获得商品所有权，获得商品占有、使用、收益或处分的权利。而金融消费者根据

---

① 何颖：《论金融消费者保护的立法原则》，载于《法学》2010年第2期。

自身收入水平的差异和消费动机的不同在接受金融服务费时具有多元化、个性化的需求，例如，选择单位或家庭附近的金融机构反映了对消费便捷度的需求，选择专属私人的金融服务反映了对金融产品量身定制的需求，选择签名、密码、手机短信等服务反映了对资金安全性的需求，等等。虽然金融商品种类多样，但金融消费者的交易地位和金融机构提供服务的方式在横向上大体一致，对金融机构的行业性监管和对消费者保护的目标更加明确统一。因此，有必要对金融产品进行统一的监管和规范，维护消费者的权益，保障社会公平。与普通消费者相比，金融消费者的防范能力更为有限。普通消费者可以通过保存消费商品的证据，到商家进行索赔或向消费者权益保护机构进行投诉。而金融消费者在遇到类似情况时，证明金融消费的证据难以收集，金融机构因为雄厚的资金实力和优越的市场地位对金融消费者在投诉过程中实施打压或者毁灭证据也不乏先例。而现阶段金融消费者权利救济机制的空白也让金融消费者的防范能力几乎为零，无法实现全面的救济。总之，在金融市场上由于商品交易信息的不对称，加上交易双方实力地位悬殊，使得金融消费者很难实现与金融机构之间的公平交易。这就要求法律伸出援助之手，给予金融消费者应有的倾斜保护，以矫正金融消费者与金融机构之间的信息不对称，维持二者在信息的搜集、掌握、辨别、理解等各方面的力量均衡。①

三、金融消费者权利保护的法理基础

（一）法律主体地位的不平等

消费者群体的产生与消费者权利保护问题的出现是市场经济发展进程中不可避免的，因而消费者和经营者并非一种零和博弈关系，而应当是和谐共生的社会关系。同样，金融消费市场的逐步成熟和发展是建立在对金融消费者权利保障这一基石之上的，金融消费者的利益同样也是金融机构的长远利益。次贷危机爆发之后，关于金融消费者保护问题已经加速提到各国金融法制改革的日程中。后危机时代一个争论的焦点就集中于如何在金融体系的构建中增加消费者保护这一参数，在监管政策制定和监管法律执行上更倾向于对消费者权益的保护。

在以往涉及交易关系的法律体系中，消费者与经营者之间的交易关系被当作是平等主体展开的法律行为，是由民法加以调整的。传统民法基于平等、等价有

---

① 何颖：《论金融消费者保护的立法原则》，载于《法学》2010 年第 2 期。

偿的判断，运用意思自治的基本原则，对民事主体之间的活动和由其产生的法律关系进行有效的调整。所谓平等，是指民事主体在市场交易与社会生活，各自在经济实力上没有太大的差异，没有高低贵贱之分，相互之间法律地位平等。然而，随着社会生产力的不断进步，市场经济的产生，传统平等主体间的交易方式发生巨大变化，社会分工的细化使得商品的生产群体和消费群体逐渐分离。一方面，作为商品提供者的经营者，其能够运用大量生产资料进行生产，并利用不断积累的资本和经验让他的经营者地位不断巩固和强化；另一方面，作为商品购买者的消费者转成固定的消费群体，与生产无关。经济实力的变化导致双方的身份差距逐渐拉大，法律地位也发生了改变。基于平等主体之间的权利保护的传统民法理念已经不能有效地对这种新型社会关系进行调整，在单纯追求形式正义而忽略实质正义的价值目标、将消费者和经营者抽象为自然人与法人的平等民事主体制度及一系列规则的调整下，必然导致实质的社会正义的歪曲。因此，法律应对在交易关系中社会成员实质地位的改变做出回应，不断完善适应社会发展新变化的法律规范。面对这种新型社会关系的形成，各国法律采取了不同调整策略和态度。第一种方式，是改造传统民法，修正其平等、等价有偿的基本判断，以实质正义作为现代民法的价值目标，并对其主体制度、责任制度等作出相应的改革。例如，2000年《德国民法典》在修订时增设了两条，分别规定了消费者的定义（第13条）、经营者的定义（第14条），并将此种规定的精神体现在其债法部分的修订之中。但是，此种调整方式并不能从根本上完全适应市场经济的要求，作为私法的民法在其自身体系内进行了制度修补，然而民法体系从整体上说仍然是基于个人本位法，无法从社会整体利益或公共利益出发来调整社会关系差异导致的主体失衡，消费者与经营者的主体分类与民法存在着本质上的矛盾与冲突。我国《合同法》尽管也将消费者与经营者之间的合同关系纳入该法的调整，但其第113条第2款对《消费者权益保护法》的援引也间接地说明了这一问题。该款规定："经营者对消费者提供商品或者服务有欺诈行为的，依照《中华人民共和国消费者权益保护法》的规定承担损害赔偿责任。"因此，需要制定一种更为行之有效的法律模式，打破形式上的绝对平等，确立消费者地位并给予倾斜性的法律保护。目前，大多数国家现在采取的方式是另行制定消费者权益保护的单行法律。这种方式承认了消费者与经营者的地位悬殊，在交易活动中极易受到经营者的损害，因而需要针对其弱者地位，超越传统民法的理念与制度，对消费者的权利进行全方位的特殊规定即倾斜性保护。于是，在法律体系中，必然出现消费者的概念，并且围绕该概念建立起相应的法律制度。

《消费者权益保护法》中明确规定了消费者所享有的权利和经营者应负担的义务，这一规定对于平衡消费者与经营者的地位具有重要的作用。正是由于消费者与经营者的地位不均等，消费者处于弱势地位，为实现双方的地位平等，交易公平，国家才对消费者给予了特别的保护。但同时，也不能过分偏袒，让其完全在制度的呵护下生存，不利于消费者发挥其作为社会经济主体的主动性与能动性。体现在法律规范上，即国家通过立法形式，站在消费者的立场上，对经营的活动进行一定的限制与约束，偏重其义务规范，对消费者偏重于其权利规范，并对消费者权利的实施给予保障。通过对消费者权利和经营者义务的规范和对消费者自身的维权诱导，使消费者在消费活动中享有充分权利，而改变其相对于经营者的弱势地位。在消费者权益保护法的具体规定中，除对消费者的权利和经营者的义务进行规定外，在救济手段上也体现出了国家对消费者权益的保护。当消费者权益受侵害时，通过无过失救济的赔偿机制，使消费者的权益得到保护。因此，依靠传统的法律公平理念和法律制度难以有效保护消费者的正当权益，需要采用适当倾斜性保护的法制新理念和制度，才能有效实现对消费者的公平保护。

（二）信息不对称

信息不对称，是指缔约当事人一方知道而另一方不知道，甚至第三方也无法验证的信息；或者即使能够验证，但验证成本过高，故经济上不合算的信息。[①] 阿尔克洛夫、史宾斯、斯蒂格利茨都曾指出，信息不对称的存在具有普遍性，其原因主要有这样几个方面：第一，交易中的信息是稀缺的，交易的一方想要获得信息就必须付出对价即信息成本方有可能得到，并且有时因为对价过高而造成无法获得信息；第二，交易双方获取的信息并不相同，交易过程中的诸多不确定因素即交易的不确定性，或者信息的"单向购买"导致双方获取的信息必然不同；第三，不完备的或有限制的契约中对剩余控制权的配置影响事后双方重新谈判的能力，进而影响了当事人事前的激励，也就产生了信息不对称问题。

信息不对称是现代市场交易中不可避免的弊病，对市场价格的决定以及社会资源配置产生严重的不良影响。在信息不对称的情况下消费者根据片面的消息往往做出不利于自己的决断，这种行为集中在一起会对市场竞争产生负面的资源配置结果，继而严重影响市场的正常秩序。如今，花样繁多的新型结构性产品和金融衍生品开始在普通家庭中流行，而这些复杂的金融产品并没有得到金融机构充分的信息披露。不健全的交易机制导致消费者盲目购买金融产品或者购买质次价高的金融产品。传统交易中，消费者在交易中的弱势地位还不突出，因为其所购

---

① 张维迎：《博弈论与经济学》，三联书店、上海人民出版社1996年版，第396页。

买和接受的服务均源于人的自然需求，基本上是可以认知的生活用品，所以消费者对于所购买的商品与服务能够以感官感受得到，信息的传递直观而且基本明确。而金融商品交易中，金融消费者所消费的金融商品与金融服务，因为服务化倾向明显，无法给消费者以准确直观的第一感觉；又因为专业化与技术化的特性，很难了解其确切含义；加之在金融机构的劝诱与广告攻势下，消费者容易被诱导，理想化地认定自己的金融消费必然会带来极大的回报。在此前提下，除极少数的专业人士，很少有消费者真正了解金融商品真实的组成与结构，甚至也很少有消费者能够了解该商品的真实情况。大多数人仅凭金融服务者的游说就决定购买，并非对所欲购买的产品有即便是初步的认识。而一旦购买了金融商品之后，又极少有消费者关注其运行方式与结构变化，发生损失时更是难以查明真实原因。基于此，笔者认为，应将金融消费与传统的消费区分开来，作为一个新的领域加以规制。[①]

与传统意义上的消费不一样的是，金融消费者所购买的商品或服务更多地体现为信息的汇集与传递，尤其在权利证券化、证券无纸化的今天，大多数金融消费者看不到、更接触不到所购买的金融商品，更无从知道金融商品的真实性状，以及自己购买的产品的实际运行情况，因而难以对其质量和使用做出正确判断。而传统消费情境下，消费者购买商品或接受服务，对于所购内容即商品与服务基本可以直观地了解到，其质量问题除特别专业的之外，是可以看到和感受到的。因此，传统消费不存在消费者对自己所获得的商品和服务无法判断的问题，而金融消费者接受金融服务、购买金融产品时则严重依赖于信息的质量，在此前提下，金融消费者权益的维护则更显艰难。因此，在金融消费领域，相对于金融消费者的其他权利，信息权是金融消费者实现其利益的最基本权利，应当将其作为保护金融消费者权利的根本，唯有信息权利得以实现，方能达到金融消费的目的。[②]

例如，在次贷危机爆发后被广泛报道的金融机构掠夺性贷款，就是利用了交易双方的信息不对称。掠夺性贷款在次级抵押贷款市场十分普遍，信贷机构对借款人的欺诈主要表现为以下几个方面：

1. "爆炸式"抵押贷款（Exploding Mortgage）

这种抵押贷款利率为浮动贷款利率，而在多数掠夺性贷款案件中，借款人之所以丧失对抵押物的赎回权，大多原因与浮动利率有关。信贷机构为了吸引更多的低收入者，无视消费者信贷权益保护的法律，推出各种浮动利率按揭贷款。此类贷款的特点是最初的两三年还款利率很低，但之后几年利率会重新设定或本金

---

①② 郭丹：《论金融消费者信息权益的保护》，载于《学习与探索》2009 年第 4 期。

重新计算,一旦实行新调整的利率,那么借款人的还款压力会骤然上升。[①] 一些中低收入者只看到初始年份的低利率而借款买房,而没有看到这些带有欺诈性、隐藏性的结构贷款利率,为日后借款人因无力还款而违约留下了隐患。

2. 提前还款罚金条款

大约 80% 的次级抵押贷款具有提前还款罚金条款,借款人提前偿还了过多的贷款就要交纳这笔费用。尽管收取这种费用是不合法的,但是此项条款却让借款人深陷高利率贷款的泥潭,即使他们的信用记录改善到可以获得利率较低的贷款,还得接着忍受沉重的还款负担。因此这种罚金条款始终是对借款人权益的掠夺,增加了借款人违约的可能性。

3. 搭售和费用

贷款中附加各种名目的费用、高额手续费和不必要的保险条款,这样借款人不知不觉中就承受了更高的贷款成本。许多人都不读贷款合同中的细则或者认为合同中收取的费用都是标准的。有些掠夺性贷款在贷款中附加的费用高达贷款总额的 5% 以上,该费用不被计入贷款利息,需要另行支付。这既增加了贷款的成本,又没有带给消费者任何利益。

4. 强制仲裁条款

一些贷款合同包括强制仲裁条款,当借款者发现他们的房产受到非法的或者滥用的借贷合同威胁时,无法得到法律的公正救济。同时,在放贷人违约的情形下,强制仲裁条款使得借款人获得公平和合理救济的机会减少。

5. 歧视政策

《公平信贷机会法》的立法原意是保护各类消费者,降低信贷标准的次级抵押贷款是为了让更多低收入的人获得贷款。但是这实际加深了对消费者的损害,因为大部分次贷的申请人并不是富有的人,而是贫穷者、少数裔族、移民、教育程度低者等弱势群体。[②] 除了以上手段外,信贷机构对潜在消费者还存在提供虚假广告、信息以及代替消费者填报个人收入等欺诈行为。

信贷机构对借款者的欺诈行为从对次贷危机产生的影响上看,是构成次贷危机风险积累的根本性原因之一。从实践来看,信贷机构和借贷者之间存在着明显的信息不对称,信贷机构的金融知识水平远高于普通借贷者,所以即便存在借款者对信贷机构的欺诈,也是属于低级和微不足道的,信贷机构不难发觉借款者可

---

① 浮动利率贷款(Adjustable Rate Mortgage,ARM),其利率在贷款的第二年或第三年就会从 7% 上涨到 12%。"爆炸式"抵押贷款也被称为"2/28"型浮动利率贷款或"3/37"型浮动利率贷款,这两组数字表示前两年或三年的利率是固定的,而接下来的 28 年或 37 年的利率则是浮动的。

② 孙天琦、张晓东:《美国次贷危机:法律诱因、立法解危及其对我国的启示》,载于《法商研究》2009 年第 2 期。

能在提供的虚假信息和欺诈行为。因而，面对众多信贷合同中存在的虚假信息，我们有理由相信是信贷机构明知这些行为或纵容这种行为，由此也必须承担相应的法律后果。次贷证券化本身并不能够降低风险，只是转移风险的工具。无论金融工程技术如何发达，衍生产品设计得如何精妙，其基础资产始终是信贷机构债权，最终的收益来源是借款人，风险的大小最终是由借款人的还款能力决定的。次贷证券化虽然可以改善信贷机构的资产质量、分散信用风险，但不能改变贷款的违约概率，消除风险。

市场交易中的信息不对称现象是客观存在的要求掌握信息一方揭示更多有关产品和劳务的信息，使金融消费者能把不同类别、风险的产品区别出来。因此，信息经济学认为，当公司内部的信息太专门化，不能及时披露，或者是披露代价太大时，政府的金融监管政策可能就是修正信息不对称的一种有效办法。

（三）格式合同的合理限制

合同是平等民事主体之间根据意思自治原则，设立、变更、终止的民事权利义务关系，协商一致达成交易的法律行为。合同自由是私法自治原则在合同领域的直接反映，而在金融消费领域，由于信息不对称和地位不平等问题的存在，传统合同理论要求的合意，对于消费者来说其意思表示已不够真实。现代市场经济坚持的效率原则，客观上要求提高交易的速度，使消费合同从原来的双方合意，到现在的一方先表意，另一方仅承诺，减少了协商的过程，具有了定式合同或者附从合同的特征。格式合同为了使用便捷，一般要求采用书面形式，有关商品和服务的交易条件都是经营者一方事先规定，消费者一方能且只能处在单纯被动地表示接受合同内容的地位，与经营者之间没有协商、讨价还价、参与设立合同内容的自由，因此合同双方当事人的平等地位缺乏实质性保障。由于格式合同的采用对合同自由原则产生了极大的冲击，导致合同当事人之间的利益平衡。因此，经营者在合同拟定过程中就首先限制了消费者的缔约自由，加上原本交易双方不均衡的实力进一步压缩了可谈判的空间。平时经常会有类似的现象，某金融机构利用格式合同巩固自己的利益、利用单方面免责条款免除自己的责任，转嫁不适当的风险给金融消费者，抑或单方面授予金融机构任意合同解除权，要求金融消费者放弃自身合理权利，等等。消费者对于此类合同或接受或拒绝，其权益较易受到侵犯。[①] 因此需要对合同的权利加以合理限制，这也正是为了更好地维护合同的实质正义。

在实践中，金融消费者的合同自由经常受到无故侵犯。例如，银行、保险公

[①] 吴弘：《金融消费者保护制度亟待建立》，载于《上海金融报》2009 年 8 月 (04) 版。

司一类的经营者会事先印制好格式贷款合同、担保合同、保险合同等，待消费者有金融需求时供其直接签署，确立相应的法律关系。然而，一般消费者对金融、法律相关专业知识知道得极为有限，对金融产品的理解仅局限于未来的收益，大多数时候完全依靠经营者或其代理人对产品和相关条款的解读，对于格式合同中是否含有不公平或欺诈性条款没有能力知晓，导致侵权事件的产生。尤其是保险合同，多为典型的格式合同，其由投保人支付保险费、保险人承担保险标的约定风险。关于保险合同费率的确定、保险事故的理赔事实上都具有极高的技术性，因投保人客观人数众多，从效率的角度出发，保险公司不可能为所有投保人提供不同的交易条件，而只能定型化地将根据同一类风险所作出的理赔承诺向一类客户群体提供格式合同。保险合同的格式性，在便利当事人达成交易的同时，当然弊端明显。类似"要么接受、要么走开"的缔约方式在一定程度上剥夺了投保人的缔约自由，而保险人则具有滥用其优势地位、借助格式合同侵害投保人或被保险人利益的自然冲动。这些决定了保险法最大诚信原则存在的必要性。① 另一种情况是保险合同中还经常出现限制性条款。如人寿保险合同约定住院期间的天数限制，如果超过限制天数需要向保险人申请，得到首肯后才能继续享受保险公司支付的医疗津贴。类似这种违背道德伦理的要求，在保险行业则貌似天经地义。从法律的角度来审视，保险公司的权利只有"核实"权内容，保险人无权以单方制定的格式条款免除自己的责任而加重对方的责任。在《合同法》关于格式合同的规定中，不得在合同中指定规避义务和违反公平的条款，格式合同中的这类条款均视为无效。

格式合同的出现有其必然的内在原因，但是需要平衡效率与自由、公平的关系。事实上，格式合同对于消费者来说并非只是有害无利。消费者与经营者的交易是个人对法人组织的关系，从交易起始双方地位便不均等，信息获取又不对称，再加之金融机构作为合同提供方，其使用格式合同更进一步让金融消费者实际地处于不平等地位。因此，交易中如何维护合同正义是现在法律所应负担的任务，法律需要明确这一类金融格式合同对交易双方不同的适用方式，并加强行政监管部门的控制，完善监管职责。在世界范围内，各国对于金融机构与消费者之间的法律关系均作了必要的限制，以防止金融机构利用格式条款侵犯消费者的正当权益。

（四）金融服务者的自然垄断

当一种自然条件使市场的需求只能容纳一家公司经营时，便形成了自然垄

---

① 任自力：《保险法最大诚信原则之审思》，载于《法学家》2010年第3期。

断。自然垄断起源于对自然资源的占有，其产生主要是由于资源条件的分布集中而无法竞争或不适宜竞争。在过去，自然垄断一般多局限于煤炭、石油、稀土等资源领域。而美国著名经济学家萨缪尔森与诺德豪斯曾指出，有着规模经济的产业也可产生自然垄断。传统意义上的自然垄断与规模经济紧密相连，一个企业能以低于两个或者更多的企业的成本为整个市场供给一种物品或者劳务，如果相关产量范围存在规模经济时自然垄断就产生了。自然垄断使得经济的产出效率实现了最大化，但却严重损害了经济的分配效率，导致分配效率和产出效率之间的根本性冲突以及严重的价格扭曲。因此，为了协调产出效率和分配效率之间的矛盾，自然垄断式的市场就需要政府的干预。金融市场的垄断者往往拥有更充裕的信息和资金以及高明的投资或投机技术，操纵市场价格，获取垄断利润。金融市场主体的集中与垄断，人为操纵市场的行为，势必增加汇市的波动，酝酿金融市场的风险。[1] 另外一种垄断性质是对信息的垄断。信用评级市场是高风险市场，是金融服务的非均衡卖方市场，评级供给者处于主动地位、居强势，评级需求者处于被动地位、居弱势。美国就是以三大评级机构为媒介，通过信用评级的话语垄断与霸权控制了全球资本市场的定价权。

在中国，大型金融机构的市场垄断地位更为突出。中国的金融市场绝大部分资产是银行资产。这种现象一方面源自我国长期以来在法律层面禁止民间金融，只允许商业银行或经批准的金融机构从事吸储业务；另一方面从传统文化的角度，民众对于个人财富的积累更偏向于存款而不是消费、投资。[2] 所以在国内银行资产占到了整个金融类资产的 7 成以上，而在发达国家这一数字可能不到 1/4。这种金融资产比例严重不均衡的情况下，一个实体经营企业如果需要融资，他首要选择是从银行贷款，而不是在证券市场发行公司股票或者是债券。同时，在证券市场实行配额制的时代，企业直接融资的成本比间接融资高很多。所以，银行借贷是最重要的融资方式，而这就意味着，由于大量企业向银行借贷，金融风险也就主要存在于银行业内。

其次，银行资产又绝大部分地掌握在四大国有银行手中，因而国家所有权深深介入到金融市场当中。虽然进入 21 世纪以来，我国股份制商业银行的规模逐渐扩大，市场份额逐步提高，但是主要银行资产仍然是四大国有银行控制的。2005 年四大国有银行占整个国内银行资产的 53.3%，到 2008 年这一数字略有下降，为 52.5%，而股份制银行只占 14%，外资银行仅为 2.3%。保险行业的情况

---

[1] 庞任平：《国际金融市场的非均衡性与金融风险分析》，载于《金融科学（中国金融学院学报）》2000 年第 4 期。

[2] 周小川：《危机后全球经济的调整和政策应当》，引自吴敬琏：《比较》，中信出版社 2009 年版，第 2 页。

有过之而无不及，国有资本占据国内保险资产的主导地位，所占比重甚至超过了国有银行在银行业的比重，国有保险公司的资产占国内保险资产总额的7成以上。这种金融资产高度集中的状况一方面是由历史原因造成的，另一方面与金融市场开放程度较低也有很大关系，而垄断性国有资本对整个金融市场的控制，势必给市场竞争带来严重阻碍。

再者，国有资本占据金融资产领导地位，造成企业之间竞争失衡，尤其是国有企业和民营中小企业之间的竞争失衡。对于国有企业来说，由于所有权都源于国家所有，同时政府与国有企业之间的财税关系，使得国有企业在银行信贷和其他融资方式中比民营中小企业来说有着天然的便利。金融市场中大型垄断企业具有集团化倾向，使得消费者只能被迫接受垄断高价。生产经营的集团化、跨国化在形成企业大型化的同时也不断使得经营者和消费者的地位变得更加悬殊。

和处于自然垄断的大型金融集团类金融服务者相比，金融消费者分散、独立的状态导致彼此交易能力上的不平衡。金融服务者具有"公共物品"和规模经济特征，因此，消费者的"天然"弱势地位和福利损失问题难以依靠市场机制解决，根本方法还是需要法律形式或国家公权力的介入，通过对金融消费者施以特别保护，实现双方实质上的平等。①

（五）金融服务者的社会责任

企业的社会责任是股东中心主义向利益相关者主义过渡过程中产生的新兴理论，放到我国金融领域，金融服务者除金融监管机构和政策性金融机构外，大多数的商业性金融机构除了具备营利性特征外，同时也赋予了社会性特征。不能简单地把商业金融机构的利益仅仅还原为股东的利益；除此之外，商业金融机构还应对其雇员、债权人、金融消费者、供应商、所在地社会群体、自然环境和资源、社会发展和国家安全等方面承担一定责任。具体而言，金融服务者的社会责任体现在以下几个方面。

第一，履行社会责任是法律明确赋予商业金融机构的义务。

金融机构履行社会责任要靠自律，也需要政府、社会的共同推动，并由法律直接上升为法定义务。商业金融机构要高度重视行业社会责任问题，立足基本国情，从实际出发，切实采取措施履行社会责任。商业金融机构的社会责任内容大致有如下方面，如依法经营，诚实守信，维护金融消费者合法权益；维护股东合

---

① 施其武、钱震宁、郑立、张援培、张雪冰：《金融消费者权益保护的监管缺陷与改进建议》，载于《银行家》2010年第8期。

法权益，公平对待所有股东；以人为本，重视和保护员工的合法权益；反不正当竞争、反商业贿赂、反洗钱，营造良好市场竞争秩序；改善金融服务，特别是社区金融服务，促进社区发展；主动服从、服务国家经济社会发展需求，支持社会公益事业，等等。金融机构要根据经营规模、业务复杂程度和发展战略，明确社会责任目标。要参照国内外企业社会责任的良好做法，在授信及业务流程和管理程序中体现企业社会责任的管理要求。要建立适当的评估机制，定期评估企业社会责任履行情况，并采取适当方式发布社会责任报告，主动接受利益相关者和社会的监督。政府要加强运用经济手段，激励金融机构积极承担社会责任，要加强运用调控手段，督促和引导金融机构承担社会责任。

第二，履行社会责任是商业金融机构的时代要求。

随着经济全球化深入发展，社会责任越来越成为各国政府、企业和其他所有机构在全球化中实现经济社会协调发展共同认同的价值观、通行的语言和行为准则。自2000年联合国倡导全球跨国公司主动承担社会责任以来，各国企业社会责任实践活动持续高涨。我国社会主义市场经济建设，经济的可持续发展，社会的发展进步，越来越有赖于企业社会责任的增强。党的十七大强调，深入贯彻落实科学发展观，坚持以人为本和全面协调可持续发展，坚持统筹兼顾，积极构建社会主义和谐社会。要求企业和各种社会组织在发展的同时，严格履行社会责任，坚持经济效益和社会效益的统一。金融是现代经济的核心，承担着资源配置、经济调节、风险管理等诸多功能，在国际上，金融与国家发展、经济运行、社会和谐融合在一起，无处不在。因此，金融机构的社会责任具有多方面内涵，包括承担着对股东、员工、金融服务消费者、社区、社会的责任，承担着优化经济资源配置、建立和谐劳动关系和公平竞争市场、建立可持续发展环境的法律责任和道德责任。金融机构的行为要符合广大人民群众的根本利益，满足社会的需要，服务客户，造福社会。增强社会责任感是社会发展对金融机构的要求，履行社会责任则是金融机构推动社会可持续发展、构建和谐社会的基础。坚持以人为本的科学发展观，积极承担社会责任，是21世纪我国金融机构必须具备的时代品格。金融机构要转变传统观念，更新经营理念，不断增强社会责任感，提升企业文化品位，赢得社会尊重。

第三，履行社会责任是提升商业金融机构市场竞争力的必备要素。

金融机构发展不仅要关注经济指标，更要关注人文指标、资源指标和环境指标。坚持经济效益和社会效益的统一，是提升企业竞争力的有效途径，应成为金融机构实现可持续发展的核心战略。市场竞争不仅是技术、产品质量和价格的竞争，更是社会责任意识和承担社会责任能力的竞争。金融机构的社会责任，是机构价值观、发展战略和企业文化的重要内容。在追求经济利益的同时，认真履行对社会及公众应该承担的责任和义务,有利于创新发展理念、转变发展方式,有利于提升金融机构形象,构建良好的品牌优势和信誉优势。只有取得社会公信的金融机构才能被市场青睐,才具有更强的竞争力,实现健康的持续发展。国际社会高度关注企业的社会责任,履行社会责任已成为对企业评价的重要内容,是否有意愿、有能力承担更大的社会责任,正成为衡量企业竞争力的一项重要标准。履行社会责任与否涉及消费者对金融机构的信息和社会评价,消费者也乐于接受那些认真履行社会责任的金融机构所提供的金融服务。

第二节 金融消费者的法律权利

一、金融消费者权利的界定

消费者对资金融通的需求促使其从金融服务者处获取金融消费,而金融商品区别于普通商品的特殊属性又使金融消费具有专有的特征。为满足金融需求而涉及储蓄、信贷、投资、保险和其他中间业务的消费者,因消费行为的特殊属性而区别于一般普通的消费者,其应当享有的权利也具有特殊性。

自20世纪70年代新自由主义催生金融领域的金融自由化理论以来,放松管制便成了金融监管的主基调。促进金融机构混业经营、鼓励金融创新已成为世界和我国金融改革方面的基本趋势。随着市场经济的发展,我国金融市场也逐渐进入一个金融商品和服务繁荣、多元、复杂的时期。居民生活水平的提高,使得消费者在对金融商品与服务的需求方面也逐渐强烈。当个人财富水平积累到一定程度,随之而来的便是对财富的组合结构多元化的需求,从而在金融领域内作为金融消费者的社会群体也将迅速形成。而在市场高速发展的同时,如果相应的法律预先制定权利的内容和保障,那么金融消费者的实际利益受侵害的问题就在所难免。

事实上,最近几年我国金融领域的消费者问题已经呈现出迅速增长的势头。以银行业为例,根据金融分析研究机构银率网针对2000份问卷所做的《3·15银行销售规范性调查报告》,申请贷款的客户被要求存入一定的存款才能获得贷款,有此遭遇的消费者占到总贷款人数的21.22%,另外有13.04%的用户在办理贷款时被要求必须先购买理财产品。每到月末、季度末这些银行指标考核较为关键的时点,这类"想借先存"的怪现象就层出不穷。捆绑存款、捆绑销售这些

"霸王条款",都源于银行手中稀缺的信贷资源。① 一款银行理财产品,被宣传成具有高达 10%、20% 甚至 30% 的预期收益率,金融消费者前往银行办营业时,受到销售人员过度鼓舞,认购所谓高收益的理财产品。可是,到期后才发现,收益根本达不到销售人员介绍产品时所说的水平。作为银行发行理财产品的一种通病,这种现象被称作"风险的选择性忽略"。不仅销售人员闭口不谈或者少谈产品风险,而且在理财产品的宣传资料中,风险提醒也不明确。轻视、忽视风险提醒,已经是投资大忌,过度宣传,更属于欺诈行为。而在后期的理财过程中,银行操纵信息,选择性地对投资者"报喜不报忧"。按照银监会规定,银行发售理财产品前,必须对金融消费者进行风险评估,但实践中绝大多数理财产品的风险评估均流于形式。很多金融消费者在事先都不能准确考量自己的风险承受能力和金融产品的风险级别是否匹配,而在认购理财产品之后发生巨额亏损时,发生了严重的预期心理落差。如著名的高风险金融衍生品 KODA 案,当事人就是在不知情的情况下,被选定为专业投资者,不仅本金全亏而且还需另附金融机构对赌金额。②

除此之外,证券市场、保险市场、期货市场均存在着损害金融消费者的情形。据中国证监会 2009 年 8 月 25 日公布的数据显示,自 2003 年至 2009 年 7 月底,我国共立案查处资本市场各类违法违规案件 665 件。其中,做出行政处罚决定 388 件,对 1 385 名个人进行了行政处罚和相关处理,发现涉嫌犯罪移送公安机关侦查的 350 件。

消费者权利意识的觉醒及其所代表的社会价值观的进步,常常是法律改革的先兆。在经历了证券市场虚假陈述、欺诈对金融消费者的打击与戕害之后,随着消费者金融需求的增多,并伴着金融市场的不断丰富扩展,不仅仅在证券市场,而且在金融消费者涉足的银行、保险等金融市场内,损害消费者权益的情况也日益增多。随着金融创新的不断进行,金融服务领域的不断融合与扩张,消费者的金融消费行为越来越多,而与日益发达的金融市场不相称的金融消费者保护体系的不完备则成为消费者的心头之痛。在此情势下,消费者尤其是金融消费者的权利保护更显急迫。应该认识到,在金融创新频繁的现代经济大环境下,金融消费者权利作为基本人权的一种,其权项的多少并非一成不变,而是相对的以经济文化发展水平的高低为基准,随金融市场的变化而改变,其权利样态与种类、内容的变动应为常态。基于此,金融消费者权利应当是指由《消费者权益保护法》所

---

① 网易财经:《聚焦 315:细数银行的霸王条款》2012 年 3 月 15 日,http://money.163.com/12/0315/17/7SLEAMJU00253B0H.html。

② 刘燕、楼建波:《银行理财产品中的金融衍生交易法律问题研究——以"KODA 血洗大陆富豪"事件为标本》,引自郭锋主编:《金融服务法评论》(第 1 卷),法律出版社 2010 年版,186 页。

确认的、消费者在金融消费领域所能够做出或者不做出的一定行为，以及要求金融服务者相应做出或者不做出一定行为的许可和保障，它是消费者权利的重要组成部分。

二、金融消费者权利的种类

普通消费者的权利已有《消费者权益保护法》做出的明确规定，而金融消费者，目前除应当享有普通消费者的一般权利外，还应享有与金融领域相适应的一些特殊权利。在理论界，关于金融消费者的权利内容，有学者认为金融消费者对应《消费者权益保护法》中的权利规定，同样享有9项权利；[1] 也有学者认为金融消费者除了享有消费者的一般权利以外，还享有保密安全权、金融服务权等特殊权利；[2] 还有学者主张资产保密安全权、消费自由权、事先被告知应当履行之义务的权利；[3] 以及有学者提出金融消费者的八大权利，即知情权、公平交易权、享受服务权、监督权、安全权、求偿权、自主选择权、保密权等。[4]

明确金融消费者权利的具体内容，是进一步探讨金融消费者权利及相关利益并予以实施有效保护的前提与基础，对于金融消费者权利体系的研究是我国金融消费者权利法律保护的核心内容。就现阶段我国金融消费者而言，《消费者权益保护法》当中所规定的消费者权利都应当为金融消费者所享有，结合金融行业特殊性，其中金融消费者最核心的权利应为知情权、隐私权以及求偿权，其中知情权为基础，求偿权为保障。

（一）金融消费者知情权

在信息不对称的金融消费市场中，对交易商品或服务本身认识差距的客观存在，导致金融消费者与金融服务者之间的利益冲突日益凸显。其中，关于严重的信息不对称导致的双方利益失衡使更多的焦点集中于如何完善金融服务者在信息方面的义务履行，尤其是在信息披露义务的内容强化与方式强制方面。金融消费者接受金融服务或购买金融商品时，应享有基于金融服务者提供的准确信息而自主决策的权利，即金融消费者享有及时获取与金融消费相关的真实、准确、全面信息的权利，这被称为金融消费者的知情权。亦即，金融消费者的知情权是金融

---

[1] 王伟玲：《金融消费者权益及其保护初探》，载于《重庆社会科学》2002年第5期，第4页。
[2] 赵宁：《金融消费者的特殊权利》，载于《北京晚报》2001年6月19日。
[3] 韦冉、陈德敏：《论服务消费与我国消费者权益保护法的完善》，载于《河北法学》2005年第4期。
[4] 王和明：《金融消费者的八大权利》，载于《人民法院报》2004年3月21日。

消费者在从事金融消费行为过程中，享有获得与金融消费行为有关的必要的知识，包括服务内容以及相关商品信息的权利。与之对应，金融服务者负有为金融消费者提供真实、准确、全面信息的义务。例如，对于储户在银行的储蓄行为，银行服务者就要及时将国家法定存款利率标准和存取款方式等信息告知储户，让银行消费者在作出存款行为之前就清楚自己未来的存款和收益情况。对银行来说，其不得擅自隐瞒法定存款利率标准或通过不正当方式揽储或放贷；如客户在办理开立账户、跨行转账、使用汇票结算等业务时，银行有提供信息咨询的义务，金融消费者有知道这些相关内容的权利。由于影响金融消费行为最关键的就是基于所获信息所作出的判断，因此，相比较于其他权利内容，金融消费者的知情权是金融消费者权利内容中最基本、最核心的一项。具体而言，金融消费者知情权应包含以下内容：

1. 公平自由获取金融信息的权利

公平自由获取金融信息的权利是指金融消费者在进行金融消费活动时，无论身份、种族、性别、社会地位等因素的不同，均享有除法律规定之外不受限制地得到与其从事的交易相关的金融信息的权利。在信息时代的任何交易行为情境下，公平自由获取信息是由信息的性质和法律规范所赋予的，是享受其他一切信息权利的基础。在 2003 年底召开的"信息社会世界首脑会议"上，欧洲委员会部长理事会发表的一份会议声明中称："我们相信，公平获得信息是可持续发展的必要因素。在一个以信息为基础的世界，信息必然被视为人类平衡发展的一项基本资源，每个人都能够取得。……所有权利和自由越来越通过数字技术来行使。通信服务、技巧和知识有效而公平的取得正成为个人享有完整公民资源的先决条件。"①

作为金融消费行为的主体——金融消费者，无论是机构抑或个人，无论实力强与弱，均应享有公平自由获取信息的权利，这是金融消费者知情权的基础。在此前提下，金融消费者有获得必要的知识，包括金融服务以及其他相关信息的权利。例如，在享受银行所提供的金融服务时，企业与个人均应从银行获得有关服务的真实信息；在购买证券时，证券发行参与人（包括发行人、证券公司、登记结算机构、中介机构等）必须担负起如实披露信息的义务以保证消费者在决策时不受非市场因素的影响；在购买保险产品时，有权要求保险公司尽到充分的说明义务以保证对于购买产品正确的判断与预期。在选择性信息大量存在的前提下，要实现金融消费者的知情权，必须在监管部门的监管下强化金融服务者公平信息披露的义务。当然，信息权利冲突的必然性要求此项权利应在法律规范及普遍认

---

① 郑丽航：《信息权益保护初揆》，载于《图书馆》2005 年第 6 期，第 10 页。

可的习惯范围内行使而非绝对化。

2. 真实准确全面获取金融信息的权利

真实准确全面获取金融信息的权利是指金融消费者在进行金融消费活动时，享有得到能够反映交易真实性的信息的权利，即信息应真实而不虚假、准确而不被误导、全面而非断章取义。如前所述，金融消费者利益的实现基础在于对信息的把握与分析，而这里的信息应只能界定为与金融服务相关的真实的、准确的、全面的信息；否则，则属于有缺陷信息的责任追究问题。因此，正如普通消费者购买的应为质量合格的产品一样，金融消费者所获知的当然也应当是不虚假、不含糊、不片面的正确反映其金融商品质量的信息。实践中，个别银行业金融机构受利益驱动，为抢占市场份额，利用其在信息等方面的优势，在推销自营或代理新业务品种时缺乏透明度，存在片面陈述、欺骗性宣传以及回避风险等问题，误导不明消费者。以贷记卡为例，银行重点宣传的往往是诱人的免息期，但对于最低还款额的宣传却是有意无意地忽略了，未能对"最低还款额"的含义作一个具体、详细的解释，导致"利息陷阱"的出现，损害金融消费者利益，诱发纠纷或投诉。

3. 及时迅捷获取金融信息的权利

及时迅捷获取金融信息的权利是指金融消费者在进行金融消费活动时，享有迅速快捷得到与交易相关信息的权利。

在现实生活中，市场上信息传递会受到多种因素的影响，其中包含主观因素也包含客观因素。在存在传播成本和接受成本的前提下，加之其他参与者的市场噪声影响，其信息的交流与传播受到阻碍，难以在权利人需要的第一时间及时传递，导致发布者与获取者之间的供求关系难以均衡。金融市场同样如此，在存在一般信息传递的障碍的同时，因金融商品与服务的特殊性，参与者的逐利本性与金融市场巨大的获利空间，诸多的主观因素更加剧了信息的传递障碍。众所周知，金融市场的机会稍纵即逝，尤以证券市场为典型，不能及时了解行情变化，消费者的投资预期就会落空甚至血本无回。因此，在效率决定成败的金融市场上，及时迅捷获取信息显得至关重要。

实践中，损害金融消费者知情权的案件比比皆是，屡禁不止，严重地损害了金融消费者利益。以银广夏案为例，自1994年起，银广夏在信息披露环节上严重违反法律规定，对于与投资人关系极其密切的事实采取隐瞒、虚假陈述等手段进行欺诈。一方面用谎言编制出巨大的财富泡沫，另一方面又做着抽蚀股东资金的勾当，使投资人无法做出正确的判断而投资失误，导致巨大损失。为此，应当建立一个坚实的理念，即金融消费者的知情权是其进入金融市场参与金融活动的基础，只有知情权得到充分的保障，金融消费者的权利才能得以实现。

（二）金融消费者隐私权

出于反洗钱犯罪和国家安全的需要，按照法律规定，金融消费者在接受金融服务时如实提供个人信息，是消费者的法定义务。但是法律并没有赋予金融服务者滥用这些个人信息的权利，相反金融服务者应当为合理妥善保管这些客户信息履行相应义务。金融消费领域消费者隐私权的提出，就是针对个人信息在不得不对金融服务者披露时，有权利禁止金融服务者将这种信息未经许可对外公开或转让。

隐私权是指自然人享有的私人生活安宁与私人信息秘密依法受到保护，不被他人非法侵扰、知悉、收集、利用和公开的一种人格权，而且权利主体对他人在何种程度上可以介入自己的私生活，对自己是否向他人公开隐私以及公开的范围和程度等具有决定权。一般地，隐私权是自然人享有的对其个人的与公共利益无关的个人信息、私人活动和私有领域进行支配的一种人格权。[1] 金融消费者的隐私权，是指信息所有者对其与信用或交易相关的信息所享有的控制支配权。与传统的隐私权属于人格法范畴不同的是，金融隐私权是属于财产法的范畴，专指具有财产利益的信息。它是以信用信息为核心，包括信息所有人经济与财产交易状况方面的信息，如信息持有者财产状况及其财产流向的信息。[2]

目前在我国金融法律中关于隐私权的相关规定主要有：《商业银行法》规定商业银行办理个人储蓄存款业务，应当遵循存款自愿、取款自由、存款有息、为存款人保密的原则，对个人储蓄存款，商业银行有权拒绝任何单位或个人查询、冻结、扣划，但法律规定的除外；第 30 条规定，对存款单位，商业银行有权拒绝任何单位或个人查询，但法律、行政法规另有规定的除外。《证券法》规定，证券交易所、证券公司、证券登记结算机构必须依法为客户所开立的账户保密。《保险法》规定，保险人或者再保险接受人对在办理保险业务中知道的投保人、被保险人或再保险分出人的业务和财产情况，负有保密的义务。2000 年 3 月 20 日国务院颁布了《个人存款账户实名制规定》，其中规定金融机构及其工作人员负有为个人存款账户的情况保守秘密的责任。金融机构不得向任何单位或者个人提供有关个人存款账户的情况，并有权拒绝任何单位或者个人查询、冻结、扣划个人在金融机构的款项；但是，法律另有规定的除外。从理论的角度，金融消费者隐私权应包含以下内容：

1. 金融隐私保密权

为金融消费者保密是金融服务者最基本的义务，也是金融服务者商誉赖以存

---

[1] 王利明：《人格权法新论》，吉林人民出版社 1996 年版，第 34 页。
[2] 谈李荣：《金融隐私权与信用开放的博弈》，法律出版社 2008 年版，第 1 页。

在的基础。金融消费者对于自己的隐私,如银行的账户情况、资信状况、存贷款和证券信托资产的信息等有权向公众隐瞒,在无涉国家安全与公共利益的前提下,具有绝对的秘密性。对于金融消费者而言,确保存款、信用卡和股票等资产的保密安全尤为重要。近年来大量出现的如储户存款被冒领,信用卡保密信息被泄露,贷款被挪用,股票被低价卖出等都是对金融消费者隐私保密权的侵犯。

2. 金融隐私支配利用权

金融消费者对于自己的个人信息尤其是隐私有支配和利用的权利,准许或不准许他人未经许可知悉或利用,此为隐私权核心之意。如金融消费者对于自己进行交易时基于授信需要而告之金融服务者的个人信息有要求其不得泄露的权利。个人信息权的财产性质得到认可并在国际、国内经济生活中占有越来越重要的地位。[①]

现实生活中,个别银行业金融机构在交易中涉及泄露消费者个人信息,对其隐私的利用权未给予妥善保护,从而使消费者受到伤害。

3. 金融隐私维护权

即当金融消费者的隐私权被不当泄露或遭不法侵害时,有权寻求司法救济。此三项权能中,金融消费者对其隐私及其利益的利用与支配是核心。其宗旨在于:信息持有者不仅是其信用信息产生的最初来源,也是其完整性、正确性的最后核查者,与此同时还是其信用信息适用范围的参与决定者,所以必须赋予信息持有者对其信用信息主动控制支配的权利。银行、证券机构和保险公司等有义务采取一切有效措施,包括按法律规章和操作程序办事,防止泄密情况发生,保证提供安全高效优质的金融服务环境。

(三)金融消费者求偿权

在实际的生产活动中,当消费者在购买、使用商品或接受服务时,由于经营者的过失或故意,可能会使人身权和财产权受到侵害。这里的人身权包括消费者的生命健康权、姓名权、名誉权、荣誉权等;财产权包括直接的财产损失和间接的财产损失。对于商品的购买者、商品的使用者、接受服务者以及在别人购买、使用商品或接受服务的过程中受到人身或财产损害的其他人而言,只要其人身、财产损害是因购买、使用商品或接受服务而引起的,都享有向经营者请求赔偿的权利,即消费者求偿权。而商品的生产者、销售者或服务者均要承担赔偿责任,而不论其是否有过错;除非是出于受害者自己的过错,如违反使用说明造成的损

[①] 王传丽:《私生活的权利与法律保护》,引自《民商法纵论——江平教授七十华诞祝贺文集》,法律出版社 2000 年版,第 125 页。

害,则商品的制造者、经销者不承担责任。

作为金融消费者权利的救济,求偿权能起到补救的功能。金融消费者在合法权利受到侵犯时,有权依据与金融机构签订的合同和相关法律规定要求赔偿。金融消费者既可向监管部门投诉,也可向法院起诉。由于金融知识的宣传普及还不到位,消费者往往金融知识有限,掌握的信息也不对称,对自己享有的权利还不十分明确,对一些金融产品的性能、用途以及相关的服务等信息缺乏了解和认知,因此,在现实中往往会陷入"认识滞后、判断滞后、措施滞后、效应滞后"的困境,难以保证所有的投资、消费行为达到理性化。一旦合法权益受到侵害,许多金融消费者缺乏维权意识,甚至不知如何维护合法权益。实际上,金融消费者在消费活动中如果发生私人财产被侵犯的情形,是有权依据合同规定向对方要求赔偿的,如得不到补偿,金融消费者有权向金融监管部门申诉或请求法律援助,以切实维护自己的合法权益。

除此三项核心权利之外,金融消费者还因其消费行为涉及的领域而享有金融消费自由选择权,即在不违反法律规定的前提下,可以根据其意愿自主选择金融单位、证券营业部和保险公司等,消费方式、消费时间和地点均不受任何单位和个人的不合理干预;金融公平交易权,即金融消费者有权利要求金融单位、证券营业部和保险公司等在与其形成合同或形成法律关系时,应当遵循公正、平等、诚实、信用的原则,不得强行向金融消费者提供服务,不得在合同或法律关系中制定规避义务和违反公平的条款,等等。在金融消费者权利实现的过程中,作为与金融消费者并生的一类主体,金融服务者义务的履行是金融消费者权利实现的基础和依赖。因此,在讨论金融消费者权利的同时,金融服务者义务的研究必不可少,而且,对于金融服务者义务的确认也是金融消费者权利外延的划定。

三、金融消费者权利的实现

金融消费是一种对相关专业知识要求较高的消费经济活动,掌握相关的国家政策、法规和金融常识是合理进行金融消费、保障消费者权益的前提。而金融消费者权利的实现更需要预先设定金融服务者义务并确保其实际履行。但大多数普通消费者掌握的信息不充分,金融消费的合理性与维权能力都可能受到影响。特别是一些金融服务者利用信息优势在金融商品推销中误导消费者,从而损害消费者权益。本质上讲,金融服务者提供给金融消费者的金融商品应如同市场上众多的商品一样,同样经历生产设计—销售推介的环节之后供消费者选择。作为金融商品的经营者,金融服务机构应承担保证商品质量的责任,较之一般经营者,其承担的义务应当更为严格。

(一) 金融服务的变迁

"服务"是与"消费"相对的一个概念。就"服务"而言,其本身的含义是指具有无形特征却可给人带来某种利益或满足感的可供有偿转让的一种或一系列活动。于法律语境下,服务则可表述为"一方提供给另一方的任何活动与利益"。[①] 我国《消费者权益保护法》中所称服务,应指以服务形式满足消费者的生活需求。随着商品交易的发展,金融商品的出现和迅速蔓延,与金融商品相关的金融服务随之出现。传统的金融服务,主要指资金融通的中介活动,而现代金融服务则更多地提供越来越多地与信息生产、适用及传递相关的活动,更由于经济活动日益的金融化,使金融信息成为一种宝贵的资源而受到各国的重视。英国学者亚瑟·梅丹定义的金融服务为"金融机构运用货币交易手段融通有价物品向金融活动参与者和顾客提供的共同受益、获取满足的活动。"[②] 在美国1999年通过的《金融服务现代化法》中,其金融服务(Financial Services)规定的范围包括:银行、证券公司、保险公司、储蓄协会、住宅贷款协会,以及经纪人等中介服务。联合国统计署定义了"金融及相关服务"(Financial and Related Service)这一项统计口径,粗略地说,它包括:(1)金融中介服务,包括中央银行的服务、存贷业务和银行中介业务的服务;(2)投资银行服务;(3)非强制性的保险和养老基金服务、再保险服务;(4)房地产、租借、租赁等服务;(5)为以上各项服务的种种金融中介服务。[③] 依世界贸易组织文件附件的规定,金融服务应包含保险及其相关服务,还包括所有银行和其他金融服务(保险除外)。作为向金融消费者提供金融商品与服务的一方,金融机构与金融消费者的关系极为紧密,其活动通常被称为金融服务。理论上讲,金融服务者与金融消费者存在信托法上的委托与受托关系,但基于严重的信息不对称原因,仅凭消费者自身能力无法实现委托目的,反而还要承受不利后果。与金融消费者获取信息的权利相应,金融服务者作为提供信息的一方必须负担起信息传递的义务,保证消费者依法获取最接近于真实的信息。

金融活动的多样化与多变性,使提供服务的金融机构也在不断地发生变化,如业务内容的扩大、角色定位的转换、市场份额重新分配等。与此同时,金融创新的飞速发展也在不断改变和扩展着金融服务产品的类型,从20世纪60年代的可转让存单和欧洲美元,到2001年的新产品电子支票支付(ECP),金融创新的

[①] 张严芳:《消费者保护法研究》,法律出版社2006年版,127页。
[②] [英]亚瑟·梅丹:《金融服务营销学》,中国金融出版社2000年版,第99页。
[③] 何德旭、王朝阳:《金融服务业的若干理论与现实问题分析》,载于《上海金融》2003年第12期,第4页。

速度和步伐使金融服务产品的种类已远远多于从前。鲁丁（Ruding，2002）进一步指出：" 信息技术、放松管制和自由化的影响已经永远改变并在不断重新塑造着金融服务领域，而且这种趋势还将持续下去。" 因此，无论是金融服务的内涵还是金融服务业的范围都不是一成不变的，世界各国不断改变和调整的产业分类标准也证明金融服务业在产业构成上是动态变化的。因为与金融商品的伴生性，金融服务具有自己独有的特征，而与其他类型服务的区别有：（1）无形性。金融服务的形式或称为服务的产品形式是有形的，提供服务过程的内容是无形的。（2）不可分割性。金融服务的生产、销售与消费者的消费参与过程是同时进行的，生产、销售与消费在时间上不可分割，如购买股票、保险产品，到银行存款等。（3）信用保护的义务性。金融服务者都有保护其消费者利益的义务，体现为保密义务的要求，等等。①

（二）金融服务者的义务

金融服务的不可分割性要求金融交易的完成，需要由金融服务者、金融消费者同时参与，缺少任何一方的参与都不能称为金融服务交易。金融服务者是与金融消费者相对的概念，是指希望提供或正在提供金融服务的金融机构，通常是指商业银行、保险公司、证券公司、基金公司等。

金融服务交易的特殊性使金融服务者与金融消费者之间天然地存在信息掌控上的不对称，而且现代传媒通讯技术的不断发展以及金融工程的研究深入，金融服务者搜集和处理信息的能力不断提高，其市场优势地位日趋明显。为避免金融消费者基于金融服务者的权利滥用而做出非理性判断带来的损害，平衡金融领域消费者与服务者的利益，实现弱势群体保护优先的新法益思潮，②越来越多的国家法律强调金融服务者在金融服务过程中必须受到信息披露的强制要求，而且必须承担不作为所带来的不利后果。要使金融消费者的权利得到保障，必须形成一种与金融服务者抗衡的特殊法律机制。在我国《消费者权益保护法》当中，以专章的形式明确规定了经营者的义务，包括商品或服务的安全要求及警示说明义务；提供真实信息，不作虚假宣传的义务；经营者的包修、包换、包退等售后服务义务；经营者品质担保义务；经营者不当免责禁止的义务；尊重消费者人格尊严的义务。作为金融服务者，在金融商品交易领域，因金融商品及金融服务的特殊性，与金融消费者的核心权利相对应，其与一般经营者不同的、独有的义务则体现为以下几方面：

---

① 刘志梅：《金融市场服务特征的营销学研究》，载于《中国流通经济》2004 年第 7 期，第 13 页。
② 姚飞：《中国保险消费者保护法律制度研究》，中国政法大学，2006 年，第 110 页。

1. 金融信息披露义务

信息披露制度是证券市场发展到一定阶段，相互联系、相互作用的证券市场特性与上市公司特性在证券法律制度上的反映。[①] 作为现代证券市场的核心原则之一，信息披露制度要求在证券的发行、上市及交易过程中，有关主体公开的资料或信息在内容上必须符合完整性、真实性和准确性的要求，不得有虚假、误导或重大遗漏。其目的主要在于向投资公众提供公平合理的投资判断机会，使其免受证券发行与交易中不实陈述行为的危害。在金融消费者由证券投资人而成长为金融市场参与人时，金融信息披露义务便也作为金融消费者知情权实现的保障而演变成金融服务者的主要义务。

随着金融消费日益大众化而成为越来越多社会成员生活消费的组成部分，金融消费的信息交易特征更为明显。处于信息严重不对称的金融市场，某方当事人对信息的不充分掌握必然存在而且将无法克服。严重的信息不对称带来的利益失衡使更多的焦点集中于金融服务者信息披露义务的履行。于是，传统交易中"买者自负"的要求也改变了沿袭已久的习惯，开始倾向于对金融服务者信息披露义务的关注。

从经济学角度来分析，信息是有利于当事人做出更好决策相关的内容，可能仅仅是一种事实。披露信息实际上就是将信息转移给相对人一方，当合同一方将一些信息转达给相对人的时候，就意味着双方一起分享了这个信息的价值。因此，信息披露义务往往是在合同一方具有信息优势的情况下出现的。而在契约自由原则之下，当事人双方只有获得了相应重要的信息，才可以自由地订立合同并且在订立合同的过程中根据自己的知识做出最好的抉择。这就意味着在合同订立过程中，合同当事人需要获得所有重要的相关信息从而实现他的契约自由权利，同样意味着合同当事人的另一方要将重要信息完全地、真实地、及时地告知对方。

信息披露义务作为证券市场中的基本制度，它明确要求发行人与上市公司必须履行信息披露义务，其目的和宗旨很明确，就在于降低证券投资决策中的决策信息成本和决策风险，以此提高证券市场的安全水平，最终保护投资者的利益。因此，在金融商品交易过程中，金融信息披露义务同样重要而必不可少。无论是将公开原则作为最基本原则的证券市场，还是银行服务与保险市场，金融服务者信息披露义务的履行都将是实现金融市场经济功能，保护金融消费者利益的基石。"阳光是最好的警察，灯光是最好的杀虫剂"同样适用于金融市场的信息披露制度。

[①] 陈甦、吕明瑜：《论上市公司信息公开的基本原则》，载于《中国法学》1998年第1期。

信息披露义务始终是道德和法律关注的焦点,不同的法系和国家有不同的立场或制度表达方式。但是,信息披露义务并非简单的用语,而是复杂的体系。金融信息披露制度的设计就必须充分考虑如何保证和提高金融消费者对金融市场的信心。本章认为,鉴于证券、银行、保险等金融行业的不同营业特点,不宜作统一的要求,但在结构性监管的体制下,应以金融服务者所从事的金融商品交易种类为依据而做金融信息披露的要求。如针对有价证券类的交易,无论证券公司、保险公司还是商业银行,只要从事此类营业、销售此类商品,则必须负担统一的信息披露义务;再如,销售保险产品,无论是保险公司还是商业银行,都必须遵守保险产品销售的信息披露义务,等等。尤其对于目前我国的实际情况,采用此种方式可以避免监管的真空,进而切实保护金融消费者的利益。

金融消费者对消费行为的选择都取决于对金融信息的把握程度,把握的信息越多,越准确,决策也就越轻易,越准确。由此可以看到,金融市场上的成本和风险都将主要来源于对金融信息的把握程度。假如金融服务者不做信息上的公开披露,或者公司可以编造信息而不受处罚,则每一个金融消费者在消费过程中都将不得不耗费极高的决策成本和承担巨大的风险,金融消费者将最终因承受不起金融市场中的成本和风险而退出。因此,金融服务者承担金融信息披露义务就必然成为法律的明确约束,应以强制性信息披露与说明义务的要求共同进行规制。

2. 保护金融隐私义务

作为金融消费者金融隐私权的对应,金融服务者必须负担起保护金融隐私义务,而且,在网络技术极为发达的今天,此项义务的强调至关重要。金融消费者从事金融消费活动,鉴于金融服务者服务的营业要求,必须向其提供有关于自身的基本资料,如身份信息、交易信息乃至于个人隐私信息,以作为交易的钥匙。出于信任及业务的必要,金融消费者往往会如实提供相关个人信息(当然,告知义务的要求也是限制),这些信息便成为金融服务者所掌控的内容。基于交易安全及信义关系的要求,金融消费者一旦交出个人信息,便意味着金融隐私权的产生,相应的,金融服务者就要开始负担起保密的义务。非经金融消费者允许或法律授权,任何金融服务者都不得泄露该信息及利用该信息谋取利益。

3. 合规销售义务

该项义务,是由实践中广泛存在的不当销售行为而引起的。在金融消费领域,金融商品的特殊属性使得金融消费者对其难以完全识别和认知,即便是具有专业知识的少数金融消费者,在金融创新产品层出不穷、复杂多变的情形下也无法保证对金融商品的准确判断。因此,金融消费者进行交易的基础,实际上已经几乎完全依赖于金融服务者的说明与劝诱。作为一种销售手段,对金融商品的品质、组成、获益前景的介绍是金融服务者达成交易的主要途径,这本来无可厚非。但在信息严重不对称的金融交易中，基于商人逐利的本性与市场份额的竞争需求，加之金融服务者内部成员（销售人员）的业务素质参差不齐，劝诱就演变成了恶意的隐瞒甚至公然的欺诈。例如，一些商业银行为追求个人理财业务的市场份额，理财顾问人员在销售理财产品时往往片面宣传低风险、高收益以及多种货币选择空间，但未就投资可能产生的风险向客户作充分提示，打乱了客户对预期收益和最终实际收益的正确判断。前述累计认购期权的事件中，之所以导致诸多投资者重创，除商品设计本身的复杂性之外，销售人员在高额利润的驱动下对其客户隐瞒风险是不可忽视的一个原因。再如，保险公司业务员在向投保人推销投资类保险时，仅作投资收益率的介绍，而不清晰说明风险的承担及投资类产品的市场风险，等等。在我国，大面积的投连险保户退保事件、友邦重疾险涉诉案件等都从反面证明了合规销售的重要性。

第三节　各国金融消费者保护制度与评价

一般认为，可以通过金融教育来降低金融服务提供者与使用者之间的信息不对称，提升交易效率、透明度、市场竞争和金融市场可获得性，以此对金融消费者提供保护。消费者如果能充分知晓金融服务的条件和内容，便可以按照自己的意愿进行对比选择，这有利于促进市场竞争。知情的金融消费者会选择最符合其需要的产品，或者像金融服务者提供类似的建议或需求，促使金融服务者设计出更好的金融产品。当金融消费者在进入市场之前便知晓其权利会受到保护，那么更多新金融消费者会持续进入市场，从而促进市场的良性循环。

在金融危机的经验中，我们能够感受到对金融消费者的有效保护与充分金融教育对整个金融体系可持续性发展的重要性。由于金融服务者没有法律强制义务，导致未有效信息披露、存在欺诈性广告宣传，加上金融消费者对金融产品不甚了解，从而导致世界性的金融市场的崩溃。此类问题并不仅仅存在于金融市场和金融产品高度发达国家的市场，在发展中国家像印度和我国，也出现了金融消费者保护严重不足的情形。本节将从一个全球性的视角，考察世界上一些国家的政策制定者在推动金融教育项目和加强金融消费保护方面的具体措施。

一、各国金融消费者保护概况

金融市场需要金融消费者保护，就当今社会来说已经形成共识。如前提到的

"掠夺性贷款"一类的信贷交易，其基本目标是限制金融服务者发放"有害"信贷产品。从历史经验上看，通过法院豁免债务人债务、设置利率上限和禁止性规定可以有效防止信贷机构滥发贷款。但历史同样证明，这种强制性措施是因事而异、不可持续且难以执行。20世纪大萧条之后，金融法律思想观念的变化使得讨论焦点转移到是否需要赋予并扩大金融消费者权限，保障金融消费者的知情权并赋予其维权途径方面。时至今日，在绝大多数国家的法律中对金融消费者保护均有涉及，并均将公平和透明作为其核心原则。从世界范围探讨金融消费者保护的问题，或许对金融消费者保护、金融服务稳定性进行实证分析是有局限性的，但一般的，金融消费者保护立法的完备性和经济整体发展水平高度相关。

（一）各国在金融消费者权利法律保护方面的基本情况

1. 立法层面：大多数国家已有金融消费者保护立法

根据 2011 年世界银行发布的《金融可获性报告 2010》中的调查显示，超过 80% 的经济体（118 个）有金融消费者保护相关的法律法规，并且有 67 个经济体出台了专门涉及金融服务的消费者保护规定。

第一，多数金融消费者保护的规定散见于各种形式的法律中。在 118 个有消费者保护立法的经济体中，48% 既有专门的消费者保护立法又有金融部门法律框架下的相关立法。另外，由不同金融监管机构负责的支付系统、征信机构、保险、企业年金、证券相关立法中也包含金融消费者保护的内容。其突出特点是法律之间往往彼此冲突，并产生复杂的监管结构（机构型监管模式），使金融监管法律的贯彻执行面临挑战。

第二，大多数金融消费者保护立法的颁布时间只有 20 年左右。并且随着金融服务迅速发展和金融产品复杂性不断提高，金融消费者保护立法正在不断更新的过程中。在这当中由于金融危机的爆发，金融消费者保护是 2009 年一个非常时新的领域。许多国家都首次引入或准备引入消费者保护立法理念。例如，格鲁吉亚出台了包括披露规则、征信管理、存款保险在内的许多项目；摩尔多瓦修改了该国消费者保护法，在法律中增加了金融服务方面的特别规定。另有一些国家对现存框架和机制进行了强化，例如，葡萄牙、孟加拉国等国家提出对利率和费率进行限制，以此保护金融消费者。法国也将成立一个新的独立机构，负责金融服务和保险业的监管。另外值得瞩目的是，美国、英国均创建了统一的金融消费者保护机构。

从理想的角度，构建一个有效的金融消费者保护框架应该包括三个维度：一是保护消费者免受金融服务者不公正或欺诈行为的侵害，包括欺诈性广告宣传和滥用债务清收手段；二是要求金融服务者必须披露完整、清晰、充分的涉及金融产品和服务的条款、价格、内容等方面的信息，以提高信息透明度；三是建立消费者救助机制，使维权申诉和争议解决更加快捷、成本低廉。

2. 大多数国家在监管执行机制方面存在缺陷

尽管大多数国家现在均有金融消费者保护方面的基本法律法规框架，在123个国家或经济体（87%）中，至少在现行法律法规框架中有金融消费者必须获得公平对待（fair treatment）的相关规定，对侵犯客户隐私行为、欺诈性广告宣传、滥用债务清收手段、不公平或强制销售行为等进行限制。但是目前已经有第三方争议解决机制（如金融巡视员或调解机构）的国家或经济体相对较少，只有82个国家或经济体（60%）。最重要的是，在调查的99个金融监管机构中只有2/3的机构认为他们要对金融消费者保护的某些方面负责，并针对这一问题成立专门的部门。

3. 尊重公平原则但忽略金融服务业的特定问题

在各经济体已有的公平对待规定中，最普遍的是限制欺诈广告（76%）和侵犯客户隐私的条款（80%）。以上规定通常是相对宽泛的立法所规范的内容。例如，多数普通法国家均在银行保密法、合同法中规定了客户隐私保护。限制欺诈广告通常是一般商法、基本消费者保护法的内容。

但是，仅有一半的经济体有限制不公平、强制销售与滥用债务清收行为的规定。这些都是非常重要的问题，特别是当假定两者之间的联系日益加强时。因受诱惑而超出自身偿还能力进行借款的客户，就很有可能成为清收对象。报告显示，高收入、中上收入国家的立法更倾向于对上述4种不公平行为进行限制（平均为3.4种）。低收入国家限制的不公平行为平均为2种。

法律框架应该提供足够的保护，以确保金融服务消费者受到公平对待。调查显示，13%的经济体在其法律体系中并没有专门针对消费者公平对待的规定，半数以上的经济体未对欺诈性广告和客户隐私保护方面进行限制。许多经济体在重新审视并考虑修改消费者保护相关立法时，应纳入债务清收和强制销售方面的消费者公平对待规定。

4. 银行承担了更多的信息披露义务

相比其他金融机构，银行更有可能被要求进行信息披露，而大部分信息披露要求是在开户阶段提出的。信息披露旨在加强消费者一方力量，是现代消费者保护的基础。至少在理论上，知情消费者能够对服务进行比较，做出合理的消费决策，并在权益受损时寻求救助。然而，经验表明，相比于改进借款人的消费决策，信息披露要求更能改进信贷市场的透明度，此外，当金融教育程度较高、消费者能理解披露信息时（如利率如何计算），信息披露将最有效。尽管关于最有效信息披露方式的研究正在进行，但有一点是毫无疑问的，即消费者对产品/服务的内容和条款拥有知情权。

信息披露方式主要分成两大类：第一类是开户时的信息披露，即在签订合同之前，应将产品的价格、内容和条款以书面形式告知消费者；第二类是定期信息披露，即要求通过财务报表方式定期披露有关信息。第二类信息披露对于那些成本依赖于使用情况的产品来说尤为重要，如信用卡和透支业务。本次调查还涉及信息披露规定是否适用于银行、受监管金融机构以及非监管金融机构。

另外，信息披露的程度有所不同。一是大多数信息披露要求仅限于账户开立阶段。81%的经济体要求商业银行在消费者开立账户时进行信息披露，而只有50%左右的经济体要求定期信息披露。这种趋势在其他金融机构更为明显。在50%以上的经济体中，客户无权及时获知账户变化情况。金融产品销售后，是否向消费者进行信息披露以及如何完整披露则由金融服务提供者自己决定。二是相比其他金融机构，商业银行更可能被要求进行信息披露，而非监管金融机构则很少被要求信息披露。本次调查还建议监管者对现有的信息披露要求（包括中央银行和金融监管机构所要求的信息披露）进行梳理。调查对象可能并不清楚会对非监管金融机构产生影响的政策和规定。要对消费者保护进行综合评估，就需要对非监管金融机构的信息披露程度进行评估。本次调查还确认了一个事实：在一些经济体中，即使有金融监管者参与消费者保护，它们也很少关注那些非监管金融机构。

5. 开户信息披露侧重于利率和费率

开立账户时，有哪些信息必须披露呢？《金融可获性报告》显示，大多数经济体的信息披露侧重于数量型信息，如利率和费率，但不向消费者解释这些利率和费率是如何计算的。从存款业务来看，65%的经济体要求对存款产品的年收益率和利率进行披露，42%的经济体要求对如何计算年收益率和利率进行解释。从贷款业务来看，66%的经济体要求披露贷款利率和费率信息，53%的经济体要求对如何计算利率和费率进行解释。

仅仅公开利率和费率，不足以使消费者做出基于充分信息的消费决策。为了便于消费者对各金融机构提供的产品进行比较，一些经济体引入了适用于一般金融产品的信息披露标准格式，比如通过一页纸的"关键事项"（Key Facts），对产品条款和内容进行清晰而简要的说明。《金融可获性报告》显示，41%的经济体有类似的信息披露要求。最重要的是，只有35%的经济体要求披露争议解决方面的信息，这给信息披露的有效性打上了问号。

6. 定期信息披露很少要求披露有争议的信息

定期信息披露应该包括哪些信息呢？相比于开户信息披露，对定期信息披露内容进行细化规定的经济体比较少。通常要求披露的关键信息有四项：年利率

（适用于报告期内）、报告期内的利息、报告期内的费用和信贷余额。1/3 的经济体要求金融机构提供如何质疑交易准确性方面的信息。

不同的经济体定期信息披露频率也有所不同。调查显示，近一半的经济体对定期信息披露有要求，其中 64% 要求每月 1 次，20% 的经济体要求至少每年 1 次，当然，金融服务提供者的信息披露可能更为频繁。

不同类型的产品对信息披露频率的要求也不同。比如，在马来西亚，每年必须向客户提供至少 1 份信贷报告，而提供给储户的报告每季度至少 1 次。在希腊，必须向信用卡持有者提供月度报告。在挪威，有关法律强调报告必须每年提供，而对于那些持有活跃账户（无论是存款或者贷款）的消费者，则要求报告频率更高些。综上，定期信息披露的频率一般为每月 1 次。随着现代科技的发展，通过互联网披露信息成为可能，这能降低信息披露的实施成本。但更为重要的是，应确保消费者能够自主选择信息披露方式（纸质文件或电子文件）。除了要求金融机构进行信息披露，监管者自身也逐渐着手改善市场透明度。一些经济体在监管者的官方网站上定期公布存贷款产品的利率和费率。

金融消费者保护的法律框架设计并没有放之四海而皆准的普适型方案，需要充分考虑金融体系的结构和每个经济体法律框架的特点。设计一个行之有效的金融消费者保护法律框架必须对不同利益相关者进行全面了解和咨询，以确保法律法规的一致性。密切协作对于建立有效的监管结构来说同样重要。

（二）金融消费者权利保护的制度结构

1. 包括金融监管者在内的多重监管者参与消费者保护

由于消费者保护的法律框架不同，各个经济体的监管和实施结构也不同。在大多数情况下，多个政府部门会参与金融消费者保护法律的管理、监管和实施。一方面，消费者保护机构、公平竞争局、司法部或者经济部可以负责实施宽泛的消费者保护法律。另一方面，中央银行、银行监管机构、证券委员会及其他金融服务管理机构参与实施涉及各自领域的消费者保护规定。《金融可获性报告》显示，在 99 个经济体中（占 70%），中央银行或银行监管机构至少负责几个方面的金融消费者保护。

消费者保护的监管者更可能采取一种功能化的方法，重点关注产品和服务，而不管这些服务是由哪些机构提供的。功能化的方法将消费者保护适用于所有金融服务提供者而不管这些机构的性质如何（如银行类或非银行类），以确保市场的公平性。但是消费者保护机构在实施金融消费者保护时往往面临一些困难，因为这些机构对于金融部门和功能缺乏足够的了解。

另外，金融监管者虽然对金融部门相当了解，但其仅被赋予针对其所监管的机构实施消费者保护条款的权力，而不是针对广大的金融服务提供者。这种方法割裂了监管者的职能，更重要的是它排除了未纳入监管范围的机构，势必造成市场扭曲。为解决这个问题，有一些经济体特别创建了专门负责零售金融服务领域消费者保护的部门，如加拿大的金融消费者机构、南非的国家信贷管理者，由这些机构专门负责零售金融领域的消费者保护。2008年金融危机后，美国和英国也朝着这个方向努力。

无论选择哪种组织结构，法律的有效实施都要求各个部门职责明确，并且需要一个实体部门负责接收和指导消费投诉、质询。

法律的有效实施还要求按部门职责分配人员和资源，然而《金融可获性报告》发现情况并不完全如此。在有金融监管机构参与金融消费者保护的99个经济体中，有68个经济体（69%）将这项工作交给特定部门或机构，这些消费者保护机构（或部门）大部分是新成立的。调查中有60个经济体提供了消费者保护机构成立的时间，其中，65%成立于1999年后，45%成立于2005年后。

调查显示，一些经济体（31个）将消费者保护工作交给了金融监管机构。在奥地利、博茨瓦纳、肯尼亚、前南斯拉夫马其顿共和国和斯里兰卡，消费者保护作为日常监管工作的一部分，未从常规监管工作中分离出来而成立专门的机构。在菲律宾、西班牙、巴西、以色列、津巴布韦，消费者保护工作由银行监管机构中的专门团队或部门处理。有13个经济体采取了另一种可供选择的方法，即创设一个专门负责消费者保护的机构。在捷克共和国，消费者保护部直接向捷克国家银行董事会报告工作；在厄瓜多尔，由相应部门直接对银行监管机构负责；在美国，美联储有一个由120名雇员组成的"消费者和社会事务处"。

2. 消费者保护部门监管权力有限

消费者保护部门在实施消费者保护规定以及监督规定遵守情况时，如果金融机构不遵守相关规定，监管者应该采取怎样的措施？监管者如何才能检查规定的遵守情况？《金融可获性报告》显示，消费者保护部门在对相关规定遵守情况进行监管时，监管权往往是有限的。在过半数的经济体中，监管者有权警告金融机构或对违反规定的行为处以罚金和处罚。只有大约1/3的经济体，监管者有权发布违规情况的公告、要求服务提供者返还多收取的费用或者取消经营许可证。部分调查对象认为，即使有关部门有责任监督消费者保护规定的遵守情况，它们也只是在违反消费者保护条款的情形足以威胁金融稳定时才被赋予采取行动的权力，这极大地削弱了监管者介入消费者保护的能力。

可靠的威慑力对于成功实施消费者保护至关重要。最近一份对英国消费者信贷干预的评估报告认为，采取消费者保护行动和加大对违规机构公开的力度，会增加威慑效果。很少有经济体能够提供对违规机构采取行动次数方面的统计数据。在 85 个监管者有警告权的经济体中，21 个经济体提供了警告次数，但只有一半的经济体有 5 次以上警告。有罚款和处罚权的 79 个经济体中，只有 22 个提供了罚款次数的统计数据。在这些经济体中，有 3 个在 2009 年中没有采取过任何行动措施，有过半的经济体只对 7 家或者更少的机构进行过罚款。在前面提及的 21 个经济体中，大部分是高收入的经合组织（OECD）成员国，这些经济体都有一个权威机构对一次以上的行动次数进行统计，而它们所采取的行动大部分只是要求撤销广告。只有英国、意大利、日本、立陶宛、尼加拉瓜、塞拉利昂对违规行为进行过一次以上的公告——这其实是一个潜在的、非常有效的工具。

采取保护行动的次数较少，意味着不存在违反消费者保护的情况或者无有效的监控和执法机制。拥有有效监控体系的经济体所统计的投诉数据显示，发生违规的可能性是存在的，如英国的金融监管机构每年都会记录多达 300 万条的投诉。如果没有投诉和所采取行动方面的长期数据，那就不可能对存在问题的规模或者所采取行动的有效性进行评估。为了识别消费者保护缺位对经济产生的风险，监管者需要通过日常监控投诉数量、广告、秘密购买及关注消费者和产业群体等方式弥补现场检查的不足。然而，大部分金融监管者主要依靠现场检查来监控消费者保护规定的遵守情况，并将其纳入金融机构日常检查工作，很少运用其他办法。

监控消费者投诉和跟踪落实情况是改善监管效能的重要步骤。分析落实情况的发展趋势能够帮助监管者调整现有框架并改进监管，同时也可以借此识别市场风险，但目前只有少数经济体建立了这种必要的监控机制。

（三）金融消费纠纷的争议解决机制

在零售金融交易中，特别是涉及低收入人群时，金融服务提供者和消费者之间的力量不平衡现象非常严重，接受金融服务的消费者不可能拥有与金融机构对簿公堂、解决争议的资源。金融服务提供者的有效投诉处理机制和庭外第三方争议解决机制是消费者保护体系中最基本的组成部分。如果上述机制运转不良，就会限制消费者保护法律法规的实施。

金融机构是解决争议的第一道防线。投诉的解决不仅是大多数国家法律公平条款中的要求，而且研究表明解决客户的投诉有益于行业的可持续发展。《金融可获性报告》调查了一个经济体的法律法规是否制定了金融机构解决投诉的标准。结果显示，只有大约 1/3 的经济体要求金融机构建立解决消费者投诉的机制、设定答复客户时限并保障投诉渠道的畅通。即使许多经济体报告其金融机构较好地实施了自愿行为准则，但是由于缺乏必要的监控，这种自愿安排究竟在多大程度上起作用尚不明确。

如果消费者投诉没有通过金融机构内部程序解决，那么经济体有没有一个有效的第三方争议解决机制呢？如金融巡视专员或调解中心。

《金融可获性报告》调查显示，58%的经济体提供某种形式的巡视员或调解服务。30%的经济体有专门的金融巡视员，然而只有21%的经济体由巡视员处理金融案件以及其他消费者保护问题。亚洲经济体的调解服务更为普遍，有超过一半的经济体建立了调解制度，这与总体上只有1/4甚至更少的经济体设立了调解机构的情况形成鲜明对比。

金融巡视员、调解中心等机构并不互相排斥，有些经济体由一个以上的第三方机制来解决消费者投诉，例如，萨尔瓦多、巴基斯坦、波兰、南非和韩国设立了金融巡视员机构、一般巡视员机构和调解服务机构以解决金融纠纷；捷克共和国、希腊、意大利、墨西哥和秘鲁则设立了金融巡视员机构和调解服务机构。金融巡视员在高收入国家中更为普遍。57个高收入国家报告称有一个运转良好的金融巡视员机构，与此形成对比的是，低收入国家中只有5%设立了这类机构。

各个国家对第三方争议解决机制的组织安排和资金支持各不相同。在提供支持资金数据的大部分经济体中（63个经济体中有41个），巡视员机构或类似机构是由政府提供资金的，大部分是在相关政府部门年度财政预算中列支，有时是作为金融监管者财政支出的一部分，比如在以色列、尼泊尔和乌拉圭就是这种情况。在8个经济体中，巡视员机构是由政府和私人部门联合提供资金的。63个经济体中有30个，其争议解决机制是由会员（大部分是服务提供者）或行业协会提供资金的。私人资助争议解决机制可以是自愿的，比如在智利；也可以是法定的，比如在亚美尼亚。

什么是造成投诉的最常见原因呢？调查显示，过高的利率和费率是造成投诉最常见的原因。在提供数据的70个经济体中，31个将过高的利率或费率列为造成投诉的最常见原因，有48个将其列在前三位。与信用卡、抵押贷款和自动取款机等特定产品投诉基本处于同一水平。仅有2个经济体将贷款未获批列为投诉最常见原因。

一些经济体报告了造成投诉的其他原因。例如，在捷克，最常见的投诉是关于国内支付转账；在芬兰，是存款保险机制运作；在莫桑比克，则是保险投诉和拒付支票的登记。一些经济体将银行员工列为最普遍的投诉对象：在纳米比亚、挪威和匈牙利，投诉最多的是向消费者提供很差的金融建议；在叙利亚和乌干达，则是银行员工粗暴对待顾客。

具有第三方争议解决机制的82个经济体中，有53个经济体提供了第三方机构受理投诉数量的统计。这些巡视员机构或类似机构在操作范围和争议处理方式等方面有很大不同。英国金融服务局和墨西哥保护金融用户全国委员会都是负责处理涉及金融服务的消费者投诉，这两个机构在2008年都收到了大约130 000件投诉（平均每千人分别有2.52人和1.76人投诉）。而在美国，美联储的消费者援助中心收到了5 000件投诉，该中心是美国若干个争议解决机构之一。在那些刚刚建立巡视员机构或类似机构的经济体中，消费者可能并不知道如何进行投诉或者对该投诉机制心存疑虑。例如，波兰和保加利亚分别只有9件和5件投诉发生，这连百万分之一的投诉率都不到。在一个运转良好的体系中，随着公众对于争议解决机制有效性的认知和信心的提升，投诉人数很可能会从初始阶段就逐步增加。比如在英国，向金融巡视员服务局投诉的人数在2000～2009年间增长了五倍。

调查对象被要求提供其处理投诉的数量以及处理结果有利于消费者的案件数量。有30个经济体在这两方面都提供了数据。其中，有67%的经济体处理结果有利于消费者的案件不到半数。当然，各经济体之间的差异巨大。在新加坡，只有2%的投诉处理结果有利于消费者。但在委内瑞拉，处理结果有利于消费者的案件则达到了97%。

这种类型的国际比较并不能提供很多信息，因为它们可能只是反映现存体系的结构性差异。但在国家层面上，持续追踪投诉数量和由巡视员支持的投诉数量可以作为一个重要的政策工具。在英国、马来西亚、瑞典、西班牙、新加坡、巴基斯坦和加拿大，关于投诉处理的信息是公开的，并可在监管者传递政策信息时共享。例如，特定金融产品投诉数量或案件激增往往暗示着系统性问题，应采取监管措施。在一些国家，比如巴基斯坦和厄瓜多尔，监管者的职能比较宽泛，可以接收消费者对巡视员的投诉。有效的第三方争议解决机制是消费者保护框架的重要组成部分，尤其是对于那些法律体系脆弱的经济体而言。在34个经济体中，由于没有巡视员机构或类似机构，仅仅依靠法院系统解决有关争议。存在这种情况的经济体很少能够提供关于接收和解决投诉的统计数据。在一些经济体中，由于争议解决机制刚刚建立，可能并不为消费者所知，因此也很少使用。通过公告的形式，进一步为第三争议解决机制建立清晰的法律和监管框架，并提高监控能力和消费者的维权意识，将在很大程度上提高消费者保护体系的综合效能。

二、美国金融消费者权利保护法律制度

（一）《个人消费者金融保护署法案》对消费者信贷供给的影响

《个人消费者金融保护署法案》会对向特定金融消费者提供信贷的消费金融产品提供者的决策产生影响，因为他们在决定向金融消费者提供信贷时必须得考

虑对方的信用状况。此外，该法案还会对金融消费品提供者所供给的金融产品类型以及他们向金融消费者所收取的利息率及费用产生影响。

最为重要的是，《个人消费者金融保护署法案》会对涉及消费者借贷方面的消费者保护法产生重大影响。

首先，该法案针对金融机构"滥用"放贷行为设置了一种新的责任形式，并且允许执法机构对金融机构"不公平、带有欺诈性的"行业做法设置的长期限制进行与时俱进的新解释。尤其是，该法案授权新的监管机构"根据联邦法律，对任何向消费者提供金融产品或服务时存在不公平、带有欺诈性或者滥用行为者予以阻止"。① 当然，CFPA 有自己的独立权限，它完全可以不受联邦贸易委员会就不公平及带有欺诈性的行为所做的规定的限制。此外，《个人消费者金融保护署法案》本身没有对"滥用"行为进行界定，这样一来，就使新成立的监管机构可以根据自己的尺度来界定存在滥用的任何行为。法案还规定，CFPA 对金融机构的"不公平行为""欺诈性行为"以及未来新机构所禁止且没界定的"滥用行为"所做的解释不用与联邦贸易委员会的已有解释保持一致，因为法案没有具体列举这些行为的具体表现形式，所以还需要法院的判例来不断构建这些不法行为的具体界定。

其次，《个人消费者金融保护署法案》特别许可各州及自治市采取比 CFPA 本身所采纳的监管更为严格的监管措施。CFPA 这么做不是要统一全美在消费者金融产品及服务领域的监管规则，而是寄希望于为这方面的监管提供一个"平台"。美国财政部在《金融监管改革：新的基础》报告中就曾建议 CFPA 要在这方面鼓励各州加强监管执法。因为各州及自治市在借贷产品方面设置的消费者保护要求各不相同，② 按照美国法律体系，联邦法律在某些领域不必然比州法律及地方法律优先，比如在反垄断及消费者保护法方面，一直都是以地方法律为主。从历史上来看，联邦贸易委员会对各州消费者保护立法所做的司法解释都有严格的限制性规定，因此，按联邦贸易委员会的传统，它是在力推各州之间的相关立法与联邦政府保持一致。但是，鉴于在金融借贷领域各州及地方的情形不一样，《个人消费者金融保护署法案》会打破原来联邦贸易委员会的惯常限制，鼓励各州在消费者金融产品及服务方面监管的多样性和不一致。不过，对该法案在现有体制下，放松原来的限制，促进监管方式的多样性和不一致性，很多学者表示怀疑，因为这种宽严程度的不一致必然会导致未来联邦、各州及地方司法机构对涉及不公平的、带有欺诈性的以及滥用行为的解释存在不统一，必然会导致相关诉

---

① 《个人消费者金融保护署法案》第 1031 节。
② 《个人消费者金融保护署法案》第 1041 节（b）款。

讼及监管行为成本升高，这种法律结果不确定的情形可能会导致消费者借贷预期成本的增加，进而会使得这些金融机构抬高贷款利息率及相关收费。如果这种情形真的出现，很多金融产品就会退出金融市场，因为成本提高企业就会没有盈利空间了。

再次，《个人消费者金融保护署法案》专门提议设立一个新的监管机构，如果该机构如其支持者所言，得到顺利推进的话，该机构会增加放贷者的经营成本，因为放贷者在向金融消费者推广特定新产品时被强制披露相关信息，并且还要等待监管机构的审核，与其进行磋商。CFPA 在"单纯功能"金融产品方面的监管权力可能直接对相关信贷产品的成本及盈利能力产生极其重大的影响。另外，CFPA 还可能会主动设计一些标准的金融产品并且要求金融产品的供应商首先向金融消费者提供监管机构设计的这种标准金融产品；在允许放贷者向消费者提供其自己设计的金融产品之前，CFPA 甚至可能要求消费者明确选择放弃放贷者推荐的金融产品转而选择 CFPA 设计的标准产品。这样一来，CFPA 在信贷产品的设计方面就拥有非常大的自由裁量权了。这种由监管机构掌控信贷产品的做法引起了不少非议，有学者认为这种设计决策在没有经过充分认知的情况下作出，完全没有考虑信贷产品的盈利能力如何，是非理性之举。如果按法案的设计，在某些情况下，可以想象得到金融机构不敢决定推广新的金融产品，因为存在 CFPA 强制推介某种该机构自己设计的类似金融产品的风险，这样一来，金融机构所设计的新产品就会无利可图，故而只有放弃新产品的推介。在另外一些情况下，有可能会出现放贷者不会向消费者提供某种产品，因为消费者会进行比较，转而选择 CFPA 所设计的类似产品，因为 CFPA 设计的产品不仅功能单纯，而且成本低，风险还小得多。如此，金融机构的创新能力就有可能遭遇重挫，这是 CFPA 未来正式运行后需要考虑的一个非常严峻的现实问题。

最后，《个人消费者金融保护署法案》还可能存在无法保护消费者利益的可能性。如前所述，因为 CFPA 对信贷产品加强了监管，从而使得消费者获得信贷产品的代价更加昂贵，对于希望得到信贷产品的消费者来说，这种情形无疑会因为信贷机构运营成本的提高而增加其经济负担。更为甚者，消费者将来还有可能无法得到今天可以得到的信贷产品，因为 CFPA 可能会禁止这种信贷方式，从而会堵住这种产品在金融市场上的流通。还有一种可能就是因为某种金融产品在将来因为成本上升以及根据 CFPA 设计的金融产品要求提高，变得无利可图，金融企业肯定就会放弃继续推广这种金融产品。

反观过去 30 年的美国金融产品市场发展情况，我们可以发现，其实过去的那些金融工具创新使消费者得到了一些实惠，起码可供他们选择的金融产品不仅方便可得，而且种类繁多可供选择。可以说，美国过去 30 年信用市场的繁荣很大程度上得益于管制放松，因为当时政府对这些信贷产品基本上没怎么监管。20世纪70年代末期，在那个高通胀的年代里，消费者不可能得到可调整利率抵押，表面上看是因为这种信贷产品很大程度上被政府禁止，实际上当时的消费者团体及监管机构对这种可变利息率是持强烈反对态度的。在那个时候，由于各州存在各自的利息率管制，从而阻止了全国性信用卡市场的出现，在一些州，由于一些消费者信用极差，信用卡借贷对他们来说不仅无利可图，而且是一种繁重的经济负担。但是，后来时过境迁，因为金融工具屡屡创新，消费者很轻松就可以得到贷款，而且选择越来越多。如果按照《个人消费者金融保护署法案》的设计，有学者担心该法案会导致信用卡市场倒退到当初的窘境，只有极少数条件优越者才可以得到金融机构的信贷产品，对于大多数美国百姓来说，信贷产品则是可望而不可即。总而言之，这部法案的出台将从根本上改变美国消费者金融保护法及监管的现状。它会通过新的"滥用行为"概念，以及对一些不公平的、带有欺诈性的行业做法进行新的以及扩张解释，来重塑美国消费者金融保护法；并且可能会鼓励美国各州及地方政府在金融消费者保护方面采取更为严厉的措施，而并不必然要求各地制定千篇一律的消费者保护法。此外，该法案所设计的强有力的监管机构可能会自己设计信贷产品，会强行要求放贷者向消费者推介他们设计的产品。金融消费者保护的确非常重要，但是从2008年发生的金融危机来看，在某些领域金融消费者保护尚有很多地方需要完善。不过，该法案也有可能会存在一些负面影响，正如前面学者所担心的，导致金融工具创新被压抑，信贷市场萎缩情况出现，普通消费者很难得到信贷产品，从而使信贷市场发生倒退，等等。

（二）《2010年华尔街改革和消费者保护法》建立新的金融监管格局

《2010年华尔街改革和消费者保护法》又称《多德—弗兰克法案》，该法案主要围绕两大目标，即防止所谓"大而不倒"（Too Big To Fail）的超级金融机构经营失败而引发新的系统性危机，新的监管框架必须有效防范系统性金融风险；同时，保证充分的信息披露、保护消费者免受金融欺诈，将会有效防止因过度举债造成的信用风险危机的重演。围绕这两大核心，该法案主要包含七个方面内容，其中涉及金融消费者保护的有三项内容。

1. 建立消费者金融保护局

在美联储内部新设一个独立的消费者金融保护机构——个人消费者金融保护局（Consumer Financial Protection Bureau，CFPB），以确保消费者在购买抵押贷款、信用卡和其他金融产品时获得清楚、准确的信息，并保护其免遭隐藏费用、滥用条款和欺诈行为的损害。CFPB具有独立的人事权，即由总统任命并由参议院确认的独立董事负责该局。其有独立预算，由联邦储备系统支付其专用预算。

CFPB 可以自主编写消费者保护的规则，监管所有为消费者提供金融服务或产品的银行或非银行金融机构。CFPB 有权对下列机构进行检查和执法：资产超过 100 亿美元的银行和信用社、所有抵押贷款相关的公司（贷款人、服务商、抵押经纪人以及取消抵押品赎回权的诈骗者）、工资日贷款发放人、学生贷款发放人以及其他大型非银行金融公司，如讨债公司和消费者信用调查机构。资产不超过 1 亿美元的银行和信用社将由消费者保护机构调查消费者投诉事件。巩固和加强消费者保护的责任将由美国货币监理署、储蓄机构监理局、联邦储蓄保险公司、美国联邦储备局、美国信用社管理局、住房和城市发展部和联邦贸易委员会共同承担。CFPB 还将通过监督联邦法律的执行来确保个人信贷的公正、公平和非歧视性。

有了这个监督不良交易和计划的 CFPB，消费者将不必等待国会通过一项法律以保护他们免受不良商业行为的伤害。全国消费者投诉热线的创建第一次让消费者免费投诉金融产品和金融服务的问题。CFPB 明确了问责制，让一个办事处专门负责保护消费者，因为如果许多机构一起分担责任则很难分清楚谁负责什么，容易出问题。CFPB 在审查银行时与其他监管机构合作，以防止不必要的监管负担；在提出相关法规之前与监管机构进行协商，如果监管机构认为这些法规将给银行系统的安全或者金融系统的稳定带来风险，可以对法规提出反对意见。除此之外，CFPB 还明晰了监管范围，保护小企业不会受到失误监管，当然，符合特定监管标准的小企业除外。

2. 特种金融工具的透明度和问责制

第一，提高衍生产品的透明度和建立问责制。首先需要弥补监管上的缺失。其包括以下内容：授权 SEC 和美国 CFTC 监管场外衍生品交易，使不负责任的做法和过度冒险不能再逃脱监管；要求可清算的衍生品通过清算中心和外汇交易中心，并授权监管机构和清算所决定哪些合约应该清算；在清算所能够清算合约之前需要得到 SEC 和 CFTC 的预先批准。其次应提高市场透明度。应通过清算所或掉期数据库收集并公开数据以提高市场透明度并给监管机构提供重要的工具来检测和应对风险；外汇掉期也将像所有其他华尔街合约一样受到监管；外汇掉期高达 60 万亿美元的交易量，是掉期市场的第二大组成部分，必须受到监管。最后应扩大执法权限，以惩治不良行为。应赋予监管者广泛的执法权限，以惩罚故意帮助客户诈骗第三者或公众的不良行为者；制定行为准则以规范所有已登记的掉期交易商和主要掉期参与人的掉期交易。

第二，改革抵押贷款。一是建立一个简单的针对所有房屋贷款的联邦标准。相关机构必须确保借款人可以偿还其所出售的贷款。应禁止不正当的借贷行为，禁止次级贷款奖励，这种奖励会鼓励贷款人将借款人引入更高昂的贷款陷阱，包括公认的"收益差幅溢价率",是贷款人支付给抵押贷款经纪人的现金佣金回扣;禁止导致许多借款人无能力偿还贷款的预付罚金。二是处罚不负责任的贷款。不遵守新标准的贷款人和抵押贷款经纪人必须对消费者支付高达 3 年的利息、赔偿金以及律师费(如果有的话);应保护借款人不被取消抵押品赎回权,因为贷款人违反了这些新标准。三是扩大对消费者高额抵押贷款的保护。应通过降低利率和界定高额贷款的收费点扩大对符合联邦规则的高成本贷款的保护;贷款人需要对消费者披露抵押贷款的额外信息,而且必须告知消费者按照可变利率抵押贷款可以支付的最大抵押数额,警告借款人还款会根据利息的不同而不同;在美国住房和城市发展部建立一个住房咨询办公室,以促进房屋购买咨询和房屋租赁咨询。

第三,对冲基金。首先应提高监管标准以规范对冲基金。为弥补监管缺失,要求对冲基金和私募股权顾问在 SEC 注册为投资顾问以结束"影子"金融体系,并提供评估系统性风险所必需的交易和资产组合信息。系统性风险监管机构将分享这些数据,SEC 将每年向国会报告如何使用这些数据,以保护投资者和市场的完整性。其次应该加大各州的监管力度,把联邦监管的投资顾问的资产门槛从 3 000 万美元提高到 1 亿美元,此举将大大增加州监管的顾问数量。在这方面各州已被证明是强有力的监管机构,更多的投资顾问机构将接受州的监管,这样就使得 SEC 可以将监管资源集中在对冲基金方面。

3. 其他投资者保护

为保护投资者和企业,美国金融监管改革法案新规定了信用评级机构应具有更严格的透明度并实行问责制。

第一,信用评级机构的新要求和监管。在 SEC 内部创建具有专业知识并拥有自己的合规人员而且有权处罚各机构的信用评级办公室。SEC 要求至少每年审查一次国家认定的统计评级组织(NRSRO)并公开主要的审查结果;要求国家认定的统计评级组织披露其方法;要求各机构在评级当中所审核的资料不是由被评议的组织本身提供的,而是来自其他可靠的来源。

为了解决利益冲突的问题,应该禁止合规专员从事评级、制定方法或销售的工作;对 NRSRO 制定一项新要求,规定如果其员工为受该评级组织评级的债务人或一个证券/货币市场的承销商工作,则该评级组织要进行为期一年的回顾审查;当 NRSRO 的一些员工为一个实体工作,而该评级组织在过去的 12 个月中对该实体进行过评级,则该评级组织要向 SEC 写一份书面报告说明情况。

由于评级机构的故意或失误而未能合理调查事实或者未能从独立来源取得评级分析,投资者有权对其提起私人诉讼。1933 年《证券法》第 436 条(g)款豁免了有价证券申请上市登记时需要 NRSRO 评级的这一要求,但是随着这一条款的失效，NRSRO 现在必须承担"专家责任"。

取消注册权，即赋予 SEC 有权因某评级机构在过去提供过不良评级而取消其注册。评级分析师应通过资格考试，并不断进修。应废除许多要求采用国家认定的评级机构评级的法律法规，应该减少过度依赖评级，而鼓励投资者进行自己的分析；提高委员会的独立性，即要求国家认定的评级委员会中至少有一半的成员是独立的，在信用评级机构中没有金融股份。为了终止评级寻租，SEC 应建立新的机制，防止资产抵押证券发行人挑选他们认为会给予其最高评级的机构。

第二，交易费和信用记录保护。保护小企业免遭不合理收费，即要求联邦储备局颁布规则，以确保信用卡公司对客户就信用卡或者借记卡交易收取的费用是合理的，而且与处理那些交易的成本成比例。此外，通过监控个人财务评级来保护信用记录。如果消费者的记录负面影响了其金融交易或录用决定，则允许他们自由地进入其信用记录。

第三，SEC 加强投资者保护。SEC 应强制提供投资建议的经纪人履行诚信义务，经纪人所提供的建议必须是为了客户的最佳利益。此外，在 SEC 内制定一个计划，以鼓励市民举报证券违规行为，建立高达 30% 的奖励基金予以补偿。对 SEC 进行管理改革，授权一个外聘顾问对 SEC 进行全面调查，对它的内部监督控制进行年度评估，并由美国总审计局审查 SEC 的管理工作。创建投资咨询委员会，它是一个由投资者组成的委员会，对 SEC 的监管优先权和监管实践提出建议，有专门的调查员处理投资者的投诉。SEC 应提供更多资源给资金长期不足的机构，以履行其新的义务。

（三）美国金融消费者保护法律制度评价

与奥巴马政府早前公布的金融监管改革方案以及美国财政部 2009 年 6 月底公布的创建《2009 年个人消费者金融保护法案》相比，众议院通过的《华尔街改革与金融消费者保护》法案版本改革力度明显弱化，在激进的变革与固守现状间趋向折中，既设立独立的金融消费者保护署，同时也保留金融监管机构对部分金融机构的消费者保护职能。例如，规定资产规模较小的银行和信用社不在新设机构的管辖范围内，此外还删除了奥巴马政府提出的要求放贷人以平实的语言描述其产品的规定。

美国金融监管改革过程其实就是美国政府与华尔街的博弈过程，也是总统与国会、执政党与在野党以及美国现有不同监管机构之间的博弈过程。该法案的通过是奥巴马政府就任以来继 2009 年经济刺激计划和 2010 年医疗改革法案之后打下的又一场"攻坚战"。

这份厚达 2323 页的法案旨在解决在 2008 年金融危机中备受责难的监管缺失

问题，赋予监管机构广泛的权限来监管银行、限制金融公司的风险承担能力、监管以前未加管制的交易；使大型、复杂金融机构的清算变得更容易，并建立一个政府监管机构来保障成百上千万的美国消费者。其涵盖内容之广，堪称是"大萧条"以来最全面、最严厉的金融监管改革方案，几乎触及了美国最大型金融公司的方方面面。然而这部金融监管新规能否有效防范系统性风险、避免金融危机重演，目前还很难断言。

首先，新金融监管法案过渡缓冲期过长，难以影响大型金融机构的盈利。立法过程中最受争议的两大焦点即"沃尔克法则"和"林肯修正案"，前者旨在禁止银行业的所有自营交易，并完全与对冲基金和私募股权基金分业；后者要求大型金融机构剥离所有衍生品交易，退出规模为450万亿美元的金融衍生工具市场。然而，经过华尔街与政府的激烈博弈之后，法案的最终文本不但允许银行机构将核心资本的3%投资于对冲基金和私募股权基金，而且在退出现有投资的过程中得到极为宽松的过渡安排：在法案通过后，"沃尔克法则"将在15个月至2年后生效，然后银行机构将得到2年的缓冲期，其后可以再延期3次，每次1年；而在此基础上，在私募股权基金和房地产基金等所谓"流动性不强"的投资上，银行业可以再获5年的宽限期。也就是说，金融机构可以有7~12年的缓冲时间来遵守"沃尔克法则"。再以"林肯修正案"为例，美国参众两院协调的最终文本规定，银行可保留常规的利率、外汇、大宗商品等衍生产品交易，只有高风险的衍生工具（比如垃圾债券的信用违约掉期）才会被完全剥离出来；而且银行同样公布2年的过渡期。过长的过渡缓冲期足以使华尔街找到新的商业模式和赢利空间，令新金融监管法案的改革力度大打折扣。

尽管如此，美国金融监管改革法案的通过定将给美国金融体系带来变革，它将调整美国金融市场的利益关系，改变金融市场的行为方式。作为全球金融规则的主要制定者，它还会对全球的金融体系产生广泛而深远的影响，其中当然也包括中国。我们不仅要关注美国金融监管改革的基本动向，而且还应该对中国金融监管体系进行全面审视与改革，不能再盲目进行金融模仿性改革，而应该重新理解并厘清对系统性风险、金融混业与分业经营、金融创新、金融衍生工具等的认识，这样才能有助于提高我国国内金融市场的竞争力。

三、英国金融消费者权利保护法律制度

与美国相似的是，英国也是金融危机多发国家，但最近20年的发展，使英国与美国走上了不同的金融改革路径，并在新世纪形成世界首屈一指的统一监管

模式，伦敦城成为世界最重要的金融中心之一。① 1933 年英国金融危机后，英国银行机构与其他金融机构在各自机构范围内开展金融业务，金融监管也采用了分业监管模式。英格兰银行被国有化，并作为中央银行授予银行监管职能，负责商业银行和非银行金融机构的审慎监管；证券业由行业自律组织——证券和投资委员会（SIB）监管；保险业由贸易工业部与财政部保险业董事会（IDT）进行双重监管；住房基金由住房基金委员会监管；养老基金由行业自律监管；金融衍生品交易由贸易工业部负责监管等。这其中涵盖 9 个监管机构，即英格兰银行的审慎监管司（SSBE）、证券与投资委员会、私人投资监管局（PIA）、证券与期货管理局（SFA）、投资监管局（IMRO）、房屋协会委员会（BSC）、财政部保险业董事会、互助会委员会（FSC）和友好协会注册局（RFS），分别行使银行、证券、保险和房屋协会等机构的监管职能，类似美国分业监管体制。

20 世纪 70 年代以来，英国金融业混业经营的程度不断加深，英国政府也开始放松对金融业的管制，但 1973 年次级银行危机和 1984 年马西银行危机，让英国政府充分认识到分业监管体系的缺陷，从此开始探索对监管模式进行全面改革。1986 年，政府颁布《金融服务法》，进行大爆炸（Big Bang）式改革，确立金融集团的运营模式，随后的巴林银行倒闭事件反映出监管系统性金融风险的重要性。1997 年金融服务局（FSA）正式成立，它本身是一个私人公司，但行使原来 9 家金融监管机构的监管职能。2000 年，议会颁布《金融服务和市场法》（Financial Services and Markets Act 2000），确认金融服务局的法律地位，授权其统一负责全部金融活动监管。金融服务局接管了原英格兰银行对银行业监管的权力，与英国财政部签订谅解备忘录而继受原财政部行使的保险立法的职能，又从伦敦证券交易所接管了对上市公司的审核职能，从而成为英国唯一行使金融监管权利的机构。至此，英国混业经营、混业监管体制形成。改革后的英国金融监管权力高度集中在金融服务局一身，拥有监管金融业的全部法律权限，独立执法。这不仅适应金融混业发展的需要，而且促进了金融监管效率的提高。数年的实践表明，英国设立金融服务监管局，实施混业监管的改革是成功的，伦敦已成为世界公认的具有良好监管机制的金融中心。②

为了提升监管的适应性和灵活性，英国金融服务监管局于 2005 年 12 月公布了题为《改善监管行动计划》的文件，提出改善监管规范体系结构，在原有的业务原则上，进一步发挥原则监管在金融监管中的作用，广泛采用原则监管模式。2007 年 4 月，金融服务监管局又公布了题为《原则监管模式：关注重要的结果》

---

① 伦敦是世界最大的银行借贷与外汇交易中心，是世界最大的海事保险和航空保险中心，是仅次于纽约的证券交易中心，是仅次于芝加哥的期货交易中心。
② 王忠生：《我国金融监管制度变迁研究》，湖南大学，2008 年，第 43 页。

的文件，系统阐述了原则监管模式的内涵、理论基础、影响、挑战和制约因素。①

（一）法律确立监管当局保护消费者的基本职责

2001年英国《金融服务和市场法》明确规定英国金融服务管理局（FSA）负责监管各项金融服务，同时设立单一申诉专员和赔偿计划架构，为金融服务消费者提供进一步的保障。同时该法令还要求FSA负责保障消费者和推行消费者教育，加深公众对金融体系的认识，以及确保消费者获得适当保障。为实现与消费者有关的目标，FSA为消费者提供以下服务：设立"金融督查署"（Financial Ombudsman Service，FOS），以非正式方法解决消费者纠纷；设立"金融服务赔偿计划"（Financial Services Compensation Scheme），为因金融机构破产而蒙受财产损失的消费者提供赔偿；进行消费者教育，包括加深公众对金融体系的认识，为消费者提供信息和指导意见，以及订出长期计划，将传授金融知识纳入教育制度内；提供"一站式"公众咨询服务、消费者刊物和编制金融产品比较表；进行消费者调查，找出消费者最为关注的事宜；成立金融服务消费者小组，以代表消费者利益。

1. FSA对金融消费者的保护

第一，从内部架构来看，FSA将内部业务分为监管服务部、零售市场部和大宗及机构市场部三大部。目前承担金融消费者保护职责的主要是零售市场部，其监管对象为主要从事零售业务的机构，下设"零售分析处"除负责分析研究零售业务风险和制订零售业务监管策略之外，还负责对金融消费者保护的分析研究。监管服务部下设"服务、收益和信息管理处"，其中设有消费者服务中心，负责处理消费者的来信、电话和电子邮件。FSA并不直接受理消费者对金融机构的投诉，类似投诉将转给金融机构或FOS处理。同时，在FSA内部，设有消费者项目小组，其职责是：与消费者组织、智囊机构和研究机构沟通；确认消费者在金融服务和产品中面临的风险；确认其他部门是否遵守FSA保护消费者的规定，必要时提出建议或质询；为其他部门提供工作支持。

第二，从公平对待消费者的角度看，2001年6月，FSA发布了《产品销售后公平对待消费者》报告，启动了公平对待消费者（Treating Customers Fairly，TCF）项目。此后，FSA组织了80多家金融机构开展组群式工作，从产品设计、经济补偿、管理信息、投诉管理、大型金融机构和中小型金融机构实施TCF等方面进行研究，并要求英国最大的35家金融集团每年报告实施TCF的情况。

第三，为形成对FSA的制衡机制，英国成立了专门受理投诉的独立机构——

---

① 刘轶：《金融监管模式的新发展及其启示——从规则到原则》，载于《法商研究》2009年第2期。

投诉专员办（Office of the Complaints Commissioner，OCC）。根据《金融服务和市场法》规定，针对 FSA 及其工作人员未能履行职责（不包括 FSA 的法定职责）所导致的投诉①，FSA 要建立投诉安排机制；FSA 要指定一个独立的人士，获得英国财政大臣批准后，担任投诉专员，任期 3 年；FSA 为 OCC 提供资金和其他资源的支持；OCC 不受理有关 FSA 与其雇员的关系，及涉及 FSA 的合同或商业纠纷的投诉。

2. FOS 对金融消费者的保护

第一，FOS 的法律地位和职责。FOS 也是根据《金融服务和市场法》而设立的，专门处理客户对金融机构投诉纠纷。FOS 不是监管者，也不是一个消费者权益的支持保护组织，它主要是中立地解决争端纠纷，进行调解，做出裁定。FOS 的董事会由 FSA 任命，董事会成员独立于 FSA，其中董事长需征得英国财政部同意后任命。FOS 的筹资方式保证了其运作的独立性。FOS 的资金预算和资金运用严格分开，FSA 负责审批每年的预算计划，FOS 负责具体的资金运用。

FOS 仅受理个人和资产规模较小（100 万英镑以下）的企业、社团和信托组织提出的投诉。FOS 做出的裁定一般是要求金融机构给予消费者一定数额的经济补偿，以弥补消费者的经济损失，遭遇的痛苦、不便和声誉损害等，但最高限额为 10 万英镑（若超过此限额，FOS 可向金融机构建议补足超出部分）。FOS 对金融机构的管辖受到 FSA 的约束。从 FOS 的管辖性质来看，在 FOS 管辖下的金融机构分别接受两种管辖：一是"强制性管辖"，即接受该管辖的金融机构只能进行英国《受监管活动法令》（*Regulated Activities Order*）中所列明的活动；二是"自愿性管辖"，即接受该管辖的金融机构其活动不受法令限制，但为了增强公众对自身的信任，自愿接受 FOS 的管辖。有关强制性管辖和自愿性管辖的规则和权限安排由 FOS 制定，但必须经 FSA 的批准方可执行。此外，FOS 还必须与 FSA 紧密合作，向 FSA 负责。FOS 的董事会主席每季度要向 FSA 报告工作计划的执行情况，每年度要提交该年公司各项职能履行状况的报告。由于 FOS 是一个公司制组织，因此无需向国会负责，而是直接向 FSA 负责。由此可见，FOS 的运作既保持独立性，又与 FSA 紧密合作并受到后者的约束，充分体现了英国金融业"监管机构内部权力相互制衡，防止权力滥用"的立法原则。

第二，FOS 处理投诉纠纷的程序和规定。FOS 要求投诉人在向其投诉之前，首先应向金融机构投诉。只有对金融机构的处理不满意或在规定时间内未接到投诉处理结果，才可向 FOS 投诉。投诉首先由 FOS 的裁定员受理。裁定员在处理过程中，可视需要与金融机构和消费者联系，但一般不采用听证、质询或答辩等

---

① 如 FSA 工作人员出现错误、不合理的拖延、非职业行为、偏见或不公正等。

形式，而是以双方提供的书面证据作为依据，按照合理公正原则做出裁定。如果金融机构或消费者对裁定员的裁定不满意，可向调查员申请复核。调查员独立对案例进行复核，如有必要，可约金融机构或消费者面谈。调查员做出的裁定为 FOS 的最终裁定，若消费者持有异议，仍可诉诸法律诉讼，此外，若最终裁定被消费者接受，则金融机构也必须接受。

3. 金融消费者保护的自律机制

英国《银行业守则》是自愿性守则。银行业守则标准委员会（Banking Code Standards Board）负责监察银行和房屋建筑协会公会遵守该守则。委员会负责为采纳该守则的银行和房屋建筑协会公会进行登记，同时就该守则的解释，向采纳机构提供指导。英国《银行业守则》提炼了银行必须做出承诺的主要事项，这对于体现消费者权益保护有着极为重要的意义。该守则包含的"主要承诺条款"有：在与客户的一切交易中，将秉持公正、合理态度办事；确保提供的一切产品与服务符合本守则，即使这些产品与服务分别有自身的规章和条款等。在《银行业守则》的执行方面，银行业守则标准委员会通常先将违规指控转交给有关银行或房屋建筑协会采取适当行动，要求有关金融机构作出解释。"银行业守则标准委员会"通常会用发出警告或谴责等方式，警戒没有遵守该守则的机构。值得注意的是，银行业守则标准委员会仍然无权强制银行遵守该守则。

（二）次贷危机后英国金融监管新的改革

1. 英国新金融监管改革方案和监管架构

英国自 2001 年通过《金融服务和市场法》后，随着金融市场的发展和监管需要，监管部门与立法机关围绕金融机构和金融消费者两大监管目标又先后通过了多项改革方案。2007 年 10 月，英国成立对冲基金标准管理委员会，将对冲基金纳入监管范围，并于次年 1 月颁布了《对冲基金标准管理委员会标准》，在信息披露、基金资产估值管理、风险管理、健全基金治理机制方面做出了规定。针对北岩银行挤兑事件，英国又发布了《金融稳定和存款者保护：强化现有框架》征求意见稿、《金融稳定和存款者保护：进一步的咨询》及《金融稳定和存款者保护：特殊解决机制》。2009 年英国颁布了《改革金融市场白皮书》，旨在重新塑造金融监管架构，赋予英格兰银行更高的金融监管地位和监管职权，随后在 2010 年 7 月公布了《金融监管新方案：认识、焦点和稳定》、2011 年 2 月《金融监管新方案：建立更稳定的体现》、2011 年 6 月《金融监管新方案：改革蓝图》和独立银行委员会公布的《最终报告》。

在这一系列的监管改革方案中，最终关于英国金融监管改革架构，打破了以往金融服务局的权力和职责范围，将拆分 FSA 部分监管职能并入英格兰银行。

首先，将英国 FSA 的银行监管职能划入英格兰银行。按照监管改革方案，英国 FSA 将原来的审慎监管权再次交还给英格兰银行，英格兰银行成立审慎监管局（Prudential Regulation Authority，PRA）。新的 PRA 作为英格兰银行的子公司，负责对存款机构、保险公司和其他投资公司的微观审慎监管。

其次，在英格兰银行中新设一个监管机构，即金融政策委员会（Financial Policy Committee，FPC）。FPC 的主要职责，是以防范金融机构中可能出现的系统性风险，从宏观审慎监管的角度审视金融体系。FPC 将成为英格兰银行理事会内设的下属委员会，同时政府将通过法律撤销英格兰银行现存的机构——金融稳定委员会。从公布的过渡性人员构成来看，其成员包括英国央行四位高官，FSA 现任主席和首席执行官，财政部提名的四名外部成员，以及两名非投票委员。① 由此，涉及金融监管中的宏观审慎监管和微观审慎监管全部由英格兰银行负责实施。

再次，设立新的金融行为局（Financial Conduct Authority，FCA），将原 FSA 中关于金融市场行为监管的职权全部收入，并最终撤销 FSA。金融行为局的监管目标是所有金融服务行为和金融消费者保护，独立设置这一监管机构的目的是引导金融机构在其一切商业行为中须以消费者和参与者的利益为先。

2. 金融行为局的金融消费者保护职能

第一，金融行为局的监管目标是保护金融消费者和确保金融市场健康，以保证人们对金融服务与金融市场的信心。该目标将允许其在金融行为监管的各个方面采取适当监管方法，并在行使职权时建立良好的监管原则，注意协调其他监管机构的目标和公共利益的关联影响。

第二，市场行为监管的对象是一切提供金融商品和服务的金融机构，或许这样的机构本身是存款机构、保险公司、投资银行等而已经受到审慎监管局的微观审慎监管，这正是不同监管目标下的双峰监管模式的具体体现。此外，对于审慎监管之外的金融机构，金融行为局也负责针对这些金融机构制定监管框架和监管规则。

第三，金融行为局继受原金融服务局根据英国《金融服务和市场法》所确定的市场行为监管职权，FCA 有权制定在批发和零售领域金融行为的相关法规监管权，有权许可非审慎金融行为，对违反法律、FCA 制定的监管规范的，FCA 由直接处罚或强制执行权。

第四，为防止单独由 FCA 制定监管政策时影响金融机构的审慎性和市场稳健，法案要求当 FCA 制定涉及金融机构的监管规范时，应当向审慎监管局进行

---

① 黄志强：《英国金融监管改革新架构及其启示》，载于《国际金融研究》2012 年第 5 期。

咨询，确保该法规在执行时不会影响个别问题金融公司的稳健性造成负面影响；同时向金融政策委员会进行咨询，确保该法规在行使时不会对所有金融公司特别是系统性金融机构的稳健性可能造成的负面影响。

四、澳大利亚金融消费者权利保护法律制度

（一）澳大利亚金融监管体制概况

金融监管改革前的澳大利亚，也经历了长期的分业经营、分业监管阶段，以金融机构和金融市场作为监管对象，而不十分关注金融服务和金融商品，属于机构监管模式。澳大利亚储备银行（即中央银行）监管银行，保险与养老金管理委员会监管保险与养老金，金融机构管理委员会监管非银行存款类金融机构，证券委员会监管证券公司、基金公司和企业财务公司。为了应对全球化趋势，澳大利亚资本市场首先开始整合，1987年六家证券交易所合并为澳大利亚证券交易所；1990年，八家监管机构合并成为澳大利亚证券委员会。1996年，政府宣布对金融体系进行全面的调研，任命以斯坦·沃利斯先生为主席的金融体系调查委员会。经过一年多的调研，沃利斯委员会向澳大利亚政府提交了《金融系统调查最终报告》。报告认为，传统银行业、证券业、保险业的分业监管体制难以适应现代金融市场的发展，为有效防止金融危机，需要进行根本性改革。[①] 1998年，澳大利亚政府在采纳报告建议的基础上，进行大幅度金融监管改革。

按照不同监管目标，澳大利亚成立了两家监管机构，形成旗帜鲜明的"双峰监管"模式。一家监管机构为新成立的澳大利亚审慎监管局（Australian-Prudential Regulation Authority，APRA），它以实现金融系统稳健运行为目标，负责金融机构的审慎监管和风险监管；另一家监管机构为澳大利亚证券与投资委员会（The Australian Securities and Investment Commission，ASIC），其前身即证券委员会，以实现消费者保护为目标，负责金融市场秩序和消费者保护。

具体来说，APRA依据《审慎监管局法》等法案，履行银行、保险公司、养老基金、信用社、房屋协会、友好协会等金融机构的审慎监管职能；依法制定审慎经营标准，并严格实施、防范、评估、预警和处置金融风险或金融危机，确保金融稳定、金融效率和金融竞争的动态平衡，促进市场稳健规范运行。ASIC依

---

① Caner Bakir. *Who Needs a Review of the Financial System in Australia? The Case of the Wallis Inquiry* [C]. Refereed Paper Presented to Jubilee Conference of the Australian Political Studies Association, Australian National University, 2002: 2.

据《证券与投资委员会法》等法案,履行对证券交易机构、期货交易机构、金融服务机构、保险公司、养老基金公司以及储蓄机构等监管职能;负责证券公司的审慎监管;促进市场主体的参与积极性,保障信息披露,保护投资者和消费者的合法权益,增强金融主体和社会公众的市场信心。

在澳大利亚的金融监管体系中,澳大利亚储备银行的主要角色是作为中央银行,专司货币政策,维护金融系统稳定,促进支付清算体系高效运行,在危机发生时充当最后贷款人;它只保留了部分监管职能,旨在促进金融稳健运行,而不对个体银行进行审慎经营监管。值得注意的是,中央银行与双峰机构之间还建立了制度性的分工合作框架,成立监管协调委员会,通过季度会议的形式协调监管政策,加强金融信息的收集、流转与共享。

此外,澳大利亚竞争和消费者委员会(Australia Competition and Consumer Commission,ACCC)有权监管金融市场中的不正当竞争和消费者保护等问题。最后,澳大利亚联邦财政部负责金融体系和财务政策的制定和执行等。① 总的来说,澳大利亚金融监管改革的驱动力源自国内金融自由与国际金融全球化的双重助力,它吸收了功能监管理念,并打破传统机构监管模式,产生了较好的制度价值。

(二)澳大利亚金融巡视员机构对金融消费者的保护

1. 澳大利亚金融巡视员机构的产生

受英国影响,澳大利亚先后成立了银行和金融服务巡视员机构(Banking&Financial Services Ombudsman,BFSO)、金融行业申诉服务机构(Financial Industry Complaints Service,FICS)、保险巡视员服务机构(Insurance Ombudsman Service,IOS)、信托争议处理中心(The Credit Union Dispute Resolution Centre,CUDRC)和保险经纪争议处理有限公司(Insurance Brokers Disputes Limited,IBD)。而后,又受英国成立统一的金融巡视员署的影响,2008年7月1日,澳大利亚将银行和金融服务巡视员机构、金融行业申诉服务机构和保险巡视员服务机构合并为全国金融巡视员服务机构(Financial Ombudsman Service)。澳大利亚金融巡视员服务机构是一个独立的争议解决机构,由澳大利亚证券和投资委员会批准成立。2009年1月1日,澳大利亚信托争议处理中心和保险经纪争议处理有限公司分别成为金融巡视员服务机构的分支机构。

金融巡视员服务机构的独立裁判人员为不能直接与金融服务提供者解决纠纷的消费者和小企业提供免费、公平和易得的争议解决途径。外部的争议解决途径

---

① 黄辉:《金融监管现代化:英美法系的经验与教训》,载于《广东社会科学》2009年第1期。

作为一个法院程序的替代性解决方案，能通过协商和让步解决争议，而且，这种解决是建立在金融服务提供者参与的基础上的。金融巡视员服务机构帮助金融消费者提高公众意识。金融巡视员服务机构的独立争议解决程序涵盖银行、信用、贷款、财务规划、投资、股票经纪、基金管理、集合退休金信托等金融服务领域里的消费者投诉。如果消费者和金融服务机构之间有难以解决的纠纷，消费者可以使用金融巡视员服务机构所提供的免费独立的排解纠纷服务，消费者将无需诉诸法庭来解决纠纷。通过金融巡视员服务机构处理金融纠纷是消费者去法院的替代解决方式。

2. 金融巡视员服务管辖的案件范围

只有金融机构选择加入了澳大利亚证券和投资委员会批准的"外部争议解决计划"，成为"金融巡视员服务"的成员，金融消费者与该金融机构的争议才能提交金融巡视员服务机构进行处理。目前，已有将近3800家金融机构加入"外部争议解决计划"，成为"金融巡视员服务"的成员。金融巡视员服务机构的会员对任何在澳大利亚开业的金融机构开放，也就是说任何在澳大利亚开业的金融机构都可申请加入。

对于消费者与银行间的争议，只有符合下列情况，金融巡视员服务机构才受理消费者的投诉：（1）是由持有参与"外部争议解决计划"的银行和其附属机构提供的金融服务产生的；（2）消费者是个人或者小企业；（3）争议金额不超过28万澳元。

对于消费者与保险公司的争议，只有符合下列情况，金融巡视员服务机构才受理消费者的投诉：（1）持有参与"外部争议解决计划"的保险公司保单的金融消费者；（2）持有参与"外部争议解决计划"的保险公司保单的受益人；（3）特定的小企业；（4）特定的乘客。金融巡视员服务机构处理保险争议有最高金额的限制：2008年7月1日至今的金额限制为：对于人寿保险争议，最高金额为20万澳元；对于每月都从保险公司领取保险金的争议，最高金额为6万澳元；对于其他保险服务，最高金额为15万澳元。

对于消费者与信托基金之间的争议，只有符合下列情况，金融巡视员服务机构才受理消费者的投诉：（1）是由参与"外部争议解决计划"的信托公司和金融服务提供者提供的金融服务产生的；（2）消费者是个人或者小企业；（3）损失不超过28万澳元。

3. 金融巡视员服务的争议处理程序

消费者应先向金融服务提供者申诉，如果申诉不被受理，消费者可以给金融巡视员服务机构打电话，服务人员将告诉消费者争议是否在金融巡视员服务机构的管辖范围内。如果在金融巡视员服务机构的管辖范围内，金融消费者需要提交书面申请书。金融巡视员服务机构接到申请书后,将向金融服务提供者送交一份金融消费者的书面申请书,要求金融服务提供者就争议问题做出书面报告。金融服务提供者有权在21天内和金融消费者联系,以求直接解决纠纷。如果纠纷未在21天内解决,金融巡视员服务机构的案件主管(Case Manager)就会调查案件,并尽力通过协商和调解来解决争议。争议还有可能被提交给金融巡视员服务机构的调解员(conciliator),调解员会安排由金融消费者和金融服务提供者共同参加的电话会来进行调解。如果消费者对案件主管和调解员的解决结果仍不服,消费者可将争议提交给金融巡视员服务机构陪审团(panel)或裁判员(adjudicator),陪审团或裁判员将会对金融服务提供者(而不针对消费者)做出一个裁决。

各巡视员服务机构的争议处理程序略有不同,下面将以保险争议处理为例,陪审团由3人组成,裁判员由1人组成。其中,陪审团成员包括陪审团主席、行业代表、消费者代表各1位。陪审团主席的地位是中立的;行业代表与争议的当事人双方没有关系,但其是该行业的专家,将该行业的观点带给陪审团;消费者代表将消费者的观点带给陪审团。陪审团成员在裁决消费者争议方面具有较高水平和丰富的经验。裁判员地位中立,独立评估和做出裁决。裁判员处理一些简单的、一定金额(对于银行争议为3万澳元,对于保险争议为5 000澳元)以下的争议。如果该争议被认为是复杂的,也可以转为由陪审团做出裁决。裁判员的任命将根据其客观性、知识和独立性做出。在保险巡视员服务中,还有专门审理欺诈案件的审裁员(Referee)。当保险公司被认为构成欺诈时,案件将会被提交给审裁员予以处理。金融巡视员服务机构的争议处理服务是免费的服务。运用此项服务时,通常不需要聘用律师,当然,金融消费者如想聘用律师或其他法律专业人士,费用自付。

第四节 中国金融消费者权利保护的路径选择

一、金融监管模式与金融监管的目标

(一)监管的目标与双峰监管的架构

1995年,伦敦"非营利性智囊团"——金融创新研究中心的迈克尔·泰勒

（Michael Taylor），出版了名为《双峰监管：新世纪的监管架构》的著作。泰勒在提出双峰监管理念的同时，创造性地提出了"以目标为基础的监管"（objective based regulations）的理念，并且将两者结合论述。他认为，只有监管机构明确自己的监管目标，才能够明确内部控制重点，避免各监管目标之间可能的冲突。他建议，英国金融监管者可以划分为两个独立的机构，一个是金融稳定委员会，是用来保证金融系统的稳定，金融机构的资本充足，防止发生系统性金融风险；另一个机构是消费者保护委员会，是用来保证商业规则的有效执行，对金融机构的机会主义行为进行合规监管，目的是确保消费者接受公平而诚信的服务。[①]

按照泰勒的观点，审慎监管机构对监管对象的合规审查应当包括所有类型的金融机构，即除商业银行外，还包括投行、保险公司、基金管理公司，因为随着金融集团的出现这些金融机构也会导致系统性危机。这在当时被认作是过于激进的观点，遭到了前FSA主席戴维斯等人的反对。[②]反对的意见主要是认为银行和投行之间尽管存在一定程度的趋同，但在银行与其他金融机构之间，以及审慎监管方式还存在重要差异，忽视这些差异的后果将加剧市场波动和付出不必要的成本。然而到现在为止，双峰监管理论正越来越体现其前瞻性，该理论所提出的所有金融机构都具有系统意义的观点，已经被广泛认可。

尽管最终英国的监管改革没有采纳泰勒的建议，但是泰勒的某些观点仍然影响到后来FSA与英格兰银行的权力划分等改革内容。泰勒建议成立金融稳定委员会的意图，是主张将保持有金融机构财务稳健性的权力统一在单一监管者手中，而这个监管者并非英格兰银行。之所以有这样的考虑，是因为如果让英格兰银行继续负责对银行的审慎监管，在考虑设定利率时，英格兰银行会担心过高的利率水平将导致银行破产而使自己受牵连，其独立性就会下降。而如果剥离英格兰银行的审慎监管权，它在设定利率时就有更大的余地，其宏观调控能力会获得加强。英国金融监管改革后的权力划分结果是，英格兰银行将银行监管职责转交给FSA，自己专司货币政策。

此外，泰勒在监管者的构成和水平问题上，也结合双峰金融监管的优势进行讨论，提出了很有意义的观点。他认为，金融集团的产生和发展最终会把数量有限的专家们聚合起来共同工作。金融集团的混业经营模式越来越复杂，若想了解金融集团在全球的风险概况，需要增强作为监管者和规制者的专家水平，这一要求的深度和广度很可能在今后的日子里逐步提升。在重要系统性国际金融集团的

[①] Cynthia Crawford Lichtenstein. The Fed's New Model of Supervision for "Large Complex Banking Organizations"：Coordinated Risk – Based Supervision of Financial Multinationals for International Financial Stability. *Transnational Law*，Vol. 18，No. 2，2005，pp. 283 – 299.

[②] 杨勇：《金融集团法律问题研究》，北京大学出版社2004年版，第204页。

监管者中，需要那些极度专业的专家。而由于监管机构的无能和商业机构的薪酬诱惑等原因，这些专家又很可能很难找到。因此，他提出这样一个方案，将目前稀少的监管专家聚集到一起来从事监管复杂风险管理系统的工作，开发解决监管金融集团的技术性难题。同时，监管机构工作人员的背景知识和专业应当是迥然不同，金融稳定委员会的工作人员则需要具有审计和风险控制专长的技术，并且这些工作人员，至少要具有数学背景，这样才能了解和评估最激进的风险管理模式。而相比较而言，消费者保护委员会则需要工作人员具有主要从事法律和会计的专业背景，至少要包括一些具有与法律或会计相关技能的工作人员。①

（二）金融机构的审慎监管：从微观到宏观

1. 基于个别金融机构的微观审慎监管

微观审慎监管，即传统审慎监管，将监管的对象设定为单个的金融机构（主要是银行），关注单家银行机构的稳健性运行。这种监管规则是基于这样的监管逻辑：只要严格监管体系中的每家银行机构，保证它们都健康运行，那么整个银行体系乃至金融网络就会稳定健康。监管者针对银行的特性制定出了一系列银行监管指标，主要有资本充足率、不良贷款率、拨备覆盖率和大额风险暴露等，通过统计这些监管指标数据的变化，银行监管者具体评估每家银行机构存在的风险，再加上非现场监管和现场检查的方式敦促银行合规经营、完善公司治理、健全内控机制。由于在金融业发展初级阶段，金融机构很少跨地区经营，金融业又长期处于金融分业经营体制下，所以这种金融机构监管规则的不断细化，形成了"自下而上"式的监管模式。

微观审慎监管的重要性毋庸置疑，此次金融危机反映出这种传统规则亟待加强，还应当扩大监管对象的适用范围。大量无可辩驳的事实证明，金融机构贷款发放标准松弛、杠杆率过高，衍生产品发展过度、发起配售模式的资产证券化存在混乱。② 华尔街的投行们是次贷危机的始作俑者，他们作为资产庞大的金融集团，长期游离在监管之外；私募基金，包括对冲基金、创投基金和基金管理公司同样也是规模巨大的金融组织，按照以往规则，他们只需要向 SEC 注册。③ 如前所述，微观审慎监管需要高水平的监管专家，需要更多的监管人员，因此这些监

---

① Cynthia Crawford Lichtenstein. The Fed's New Model of Supervision for "Large Complex Banking Organizations": Coordinated Risk – Based Supervision of Financial Multinationals for International Financial Stability. *Transnational Law*, Vol. 18, No. 2, 2005, pp. 283 – 299.

② 周小川：《危机后全球经济的调整和政策应对》，引自吴敬琏：《比较》，中信出版社 2009 年版，第 1 页。

③ See The Department of the Treasury, Blueprint for a Modernized Financial Regulatory Structure [EB]. P. 5.

管人员应当尽可能地聚集在同一机构当中。而美国长期监管势力割据和事权斗争的情形情况，造成监管资源的错配。SEC 是一个很好的市场行为监管者，但对于审慎监管的能力明显不足。所以当扩大审慎监管对象的范围时，监管者资源需要整合。从目前美国国内的提案和学者的观点来看，美国金融监管改革的一大方向是，将 SEC 对投行的审慎监管权剥离并转移给美联储，同时，美联储对于私募基金是否应当接受审慎监管享有决定权。①

2. 基于金融系统网络的宏观审慎监管

宏观审慎监管是一个与微观审慎监管相对应的概念，在 20 世纪 70 年代，国际清算银行就曾经提出金融系统稳定与金融机构稳定是两个不同的监管任务。但是到 21 世纪初才开始得到的关注，时任国际清算银行总裁的安德鲁·克罗克特（Andrew Crockett）将宏观审慎监管的目标界定为"控制金融系统风险，保持金融系统稳定，减少由金融危机引起的宏观经济风险"。②

微观审慎监管的有效是建立在单个金融机构运用上，通过扩大审慎监管的适用范围，可以使横向的金融机构保持稳定，但它的局限性也在于此。因为即便单个金融机构实现正常运行，也不能保证纵向金融体系稳定的自我实现。微观审慎目标要求机构的偿付能力得到保障，但这不一定能够实现金融体系的稳定目标。③

次贷危机之后，这一监管概念在全面审视金融监管体制的美国、英国和其他欧盟成员国之间蔚然成风，时下讨论宏观审慎监管变为一种"时尚"。④ 这从直观的角度反映出，宏观审慎监管对于防范系统性风险的重要性，先前的金融监管研究和制度缺乏对宏观审慎监管的关注。从美国关于全面金融监管改革的《蓝图》和《新基石》两份文件来看，美国正在寻求增强宏观审慎监管的路径：通过授权美联储，强化其解决威胁整个系统的风险累积问题的能力，并将所有可能对金融稳定造成威胁的金融机构纳入监管范围。⑤ 在英国 FSA 主席特纳先生报告中，特纳认为，从宏观层面来看，全球经济、区域经济和一国经济都需要一个审慎的宏观经济框架，FSA 应当与央行紧密合作，共同分析当前经济中正在出现的系统性风险，并通过改革来转移这些风险；同时他还进一步建议，引入核心融资

---

① See The Department of the Treasury, Blueprint for a Modernized Financial Regulatory Structure [EB]. P. 37.

② Andrew Crockett. Marring the Micro – and Macro – Prudential Dimensions of Financial Stability [J]. Bank for International Settlements, Basel. 2000. At http://www.bis.org/review/rr000921b.pdf, P2.

③ 斯蒂芬·莫里斯，申铉松：《立足于整个金融体系的金融监管》，引自吴敬琏：《比较》，中信出版社 2009 年版，第 68 页。

④ 沈联涛：《宏观审慎监管"中国策"》，载于《财经》2009 年第 20 期。

⑤ See The Department of the Treasury, Blueprint for a Modernized Financial Regulatory Structure [EB]. P. 22.

比率（Core Funding Ratio）作为宏观审慎监管工具，使银行的资产增值获得固定的融资支持，比如小额存款和长期贷款等，这样不仅保障银行在资产增值过程中获得更稳定、持续性更强的融资，还为银行信用的过度使用安装了刹车板。① 而在前 IMF 主席德拉罗西埃（Jacques de Larosière）先生向欧盟提交的调查报告中，他建议欧洲中央银行应当在未来欧洲金融监管体系中担任重要职责，专门成立"欧洲系统风险委员会"（European System Risks Council），负责对宏观审慎状态作出判断，提供决策建议和风险提示。②

3. 宏观审慎监管与微观审慎监管的综合应用

宏观审慎监管与微观审慎监管由于目标不同，决定了监管机构的组成形式不同。虽然两者有时监管对象是同一的，但监管角度不同。比如，在金融体系中占据重要位置的金融机构，尤其是在金融危机中那些所谓的"太大而不能倒"的金融集团。微观审慎只能利用监测工具来评价金融集团经营问题，无法将监测的范围扩大到监管对象以外。所以将宏观审慎监管纳入监管体系中，必然存在与微观审慎监管并行的情形，两者存在综合应用问题。我们认为，这种综合应当基于这样一个原则：微观审慎监管由独立、专业的监管机构负责，而宏观审慎监管需要多个部门的协调。从现实情形来看，无论是英国式的统一监管，还是澳大利亚式的双峰监管，微观审慎监管都是独立的监管部门；而宏观审慎监管，则应当有政府财政部门和央行的参与，需要一个高效协调的机制。

从宏观审慎监管的政策工具上看，建立宏观审慎监管的有效协调机制，首先要保留传统的微观审慎监管政策，然后是加入宏观经济调控因素，如货币政策、财政政策、汇率政策等。因此这需要央行的参与。当央行发现资产泡沫有可能引发系统风险时，也可以通过提高利率来控制资产价格。现实中，正如英格兰银行和澳大利亚储备银行所做的那样，当本国房地产市场价格的迅速膨胀、家庭消费和家庭借贷水平的迅速上升时，两家中央银行都选择了迅速提高利率。此外，汇率政策在保持金融稳定方面富有积极作用，尤其针对管制热钱的流入流出、促进外需增长方面都能够支持金融体系的稳健发展。

财政部门参与宏观审慎政策的制定，如果单从处理金融危机上看，其政治意义可能大于经济意义，因为金融危机最终是由国家财政用纳税人的钱买单的，所以财政部门需要为纳税人看好国库。但是财政部门确实也有具体的调控宏观经济的手段，比如通过调整房地产交易税、证券交易印花税、利息税等税率，在减缓

---

① See Adair Turner, *The Turner Review: A Regulatory Response to the Global Banking Crisis* [EB]. pp. 68 – 70.

② See Jacques de Larosière Group, *The High-level Group on Financial Supervision in The EU: Report* [EB]. P. 44.

泡沫的程度、促进金融稳定方面发挥独特的作用。加之,财政部门作为政府在财务方面的代言人,当发生重大金融风险时,代表中央财政,牵头与央行和金融监管部门一起商讨经济对策也具有优势。因此,建立一个财政部、央行、金融监管机构之间的"铁三角"是宏观审慎监管的基本架构。

(三) 市场行为监管:以金融消费者保护为中心

1. 金融消费者:投资者概念向消费者概念的扩张

投资者保护始终是各国证券监管部门的工作宗旨,无论是 SEC、FSA、ASIC 还是中国证监会,都将自己的首要目标定位于保护投资者。投资者之于证券市场上市公司来说,是其发行的股票的购买者,是上市公司股东,保护投资者即是保护公司公众股东权益。这种特征在我国证券市场尤为明显,我们通常所说的投资者,大多指的是国内 A 股的上市公司股东。但近年来随着金融混业经营的发展,发行/销售主体已经不限于上市公司和券商,包括银行、保险公司、基金管理公司在内的金融市场参与主体,打破了过去单一的经营模式和销售品种,广义的证券交易已经不仅仅是股票、债券的买卖,许多带有投资性质的金融商品合同,如集合投资计划份额、保险合同、期权、期货以及其他金融衍生品在不断出现。可见,如果将金融产品简单地划分为银行产品、证券产品、保险产品或信托产品的做法无法正确反映现代金融实践,必然要出现法律管制脱节的现象。如银行理财产品本已具有基金的性质而非单纯的银行产品,但因发售银行理财产品引发的争议,或者因为银行理财产品交易和服务而产生的纠纷,是否适用证券法和证券投资基金法,就产生了较大争议。① 加之,普通民众的财力与金融知识水平较金融机构来说存在巨大差距,这种相对的弱势地位可能产生金融机构道德风险。因此当投资者的概念向金融消费者的概念扩张时,一个基于金融消费者保护的法律制度会随之酝酿产生。

2. 金融商品法制的变革与未来

英国是最早在法律文件中归纳金融商品种类的国家,在 2000 年《金融服务和市场法》中,首先提出了"投资商品"的概念,内容包含存款、保险合同、集合投资份额计划、期权、期货以及预付款合同等;德国在 2004 年《投资者保护改善法》中,引入金融商品概念,涵盖证券、集合投资计划份额和金融衍生品等概念;日本于 2006 年颁布的《金融商品交易法》,将本国《证券交易法》中的"有价证券"和"金融衍生商品为基础",最大幅度地横向扩大了法律适用对

---

① 叶林、郭丹:《中国证券法的未来方向——关于金融消费者的法律保护问题》,载于《河北学刊》2008 年第 6 期。

象的范围。① 与以上国家相反，美国并没有相关金融商品的和金融消费者立法，这主要是因为美国的证券法制较为发达。而英国由于证券法长期处于分散状态，制定一部统一的金融服务法，可以对众多零散的证券规范进行集中表述。② 美国1933年《证券法》和1934年《证券交易法》自通过以来始终在证券市场占有统治地位，加之美国判例传统，能够有效促进本国证券法制外延的不断扩张，因此美国证券法得以沿用至今。

在此次美国财政部《新基石》提案中可以看到，美国证券法制正在酝酿较大调整。美国SEC与CFTC自历史上就两者是否合并、是否统一证券法制进行过多次激烈的辩论，尽管对于目前证券和期货市场存在的差别问题，美国国内还有争论，但对于这两个市场的监管是否还存在差异的问题，各方意见较为统一。尤其是随着衍生品市场的发展和引入新的衍生工具，越发突出地表明需要解决SEC和CFTC在对这类产品的监管方面存在的衔接不紧密和步调不一致的缺陷。因此现在形势逐渐明朗：提案要求上述两家监管机构编写一份报告，厘清两家的差异并提出实现一体化的办法。如果这两家监管机构不能达成一致，将交由新组建的金融服务监管委员会决定。③ 如果该提案最终获得通过，那么美国期货和证券的法律和监管机制将实现一体化，为金融商品法制的出台做好下一步的准备。同时提案还建议成立"消费者金融保护局"（CFPA），旨在保护金融领域的消费者免受不公平、欺诈和违规行为所造成的损害。CFPA将对按揭贷款、信用卡、储蓄和支票账户等消费信贷产品实施更加严格的监管，保护消费者权益为提供消费金融产品和服务的机构（无论其是否为银行的一部分）建立公平竞争环境并提出更高标准。

根据澳大利亚2001年通过的《金融服务改革法案》，目前澳大利亚证券与投资委员会全权对市场行为负责监管，其中除一般的监管证券、期货市场和上市公司职能外，在金融法治方面，负责对所有金融产品实行统一监管，统一审批金融服务提供商的市场准入；制定金融服务提供商在与消费者交往过程中的基本行为准则，对向消费者提供的所有金融产品实行严格的信息披露要求。④ 一者，注重帮助消费者在面对不断增多的金融产品时，能够既方便又审慎、明智地做出选择；二者，同样关注金融机构的创新能力，为其能够开发新金融产品，参与金融市场有效竞争提供制度保障。

---

① 杨东：《论金融法制的横向规制趋势》，载于《法学家》2009年第2期。
② 叶林、郭丹：《中国证券法的未来方向——关于金融消费者的法律保护问题》，载于《河北学刊》2008年第6期。
③ See The Department of the Treasury, Blueprint for a Modernized Financial Regulatory Structure [EB]. P. 49.
④ See Financial Services Reform Act 2001, 766A.

二、反思中国金融消费者权利保护现状与困境

（一）我国金融消费者保护的制度性缺陷

1. 消费者保护监管缺失的主要表现

（1）金融消费者身份没有法律依据。在具体制度上，"金融消费者保护"的概念还没有进入相关金融法律制度，无论是信息披露要求还是实质监管都比较匮乏金融产品消费者的保护在十多年前就被提及，但是争论一直存在。实践中，银行业和保险业监管部门都基本认同消费者概念，而证券业则倾向于认同投资者概念。现行的金融法律法规对于金融消费者的保护规范有局限性，对金融消费者保护方面鲜有直接涉及，或只做原则规定，操作性不强。如《商业银行法》第一条仅指出"保护存款人和其他客户的合法利益"，具体纠纷如何处理并没有法条跟进，并且将其同商业银行的利益保护并列一起，没有强调处于相对弱势地位的金融消费者利益保护的特殊性，从法理上看也就没有将存款人等作为消费者而区别看待。

此外，随着金融创新的不断推进，各种金融创新产品包括金融衍生品也开始在普通家庭中流行，跨境金融产品也已出现。但是，由于现行法律对金融机构信息披露义务及法律责任规定可操作性差，这些复杂的金融产品并没有得到金融机构充分的信息披露，一些金融机构从业人员向消费者推荐产品时往往片面鼓吹其收益，对产品风险等或是没有披露或只是口头模糊地进行了披露，误导消费者盲目购买。

根据前面的论述，我国金融监管部门、金融机构的一些规范性文件或公告中已经认定了金融消费者的存在，并开始提出对这一类群体的保护。"金融消费者"未被金融立法所采用，金融消费者保护的法律规定只是零星分散在某些金融法律中，尚无关于金融消费者保护的专门立法，保护金融消费者利益作为金融监管目标未正式写入法律之中。由于长久以来，对于投资和消费的区分始终坚持对不同主体的统一判断标准，导致个人投资者为将来生活需求的目的而运用资金的行为一律被看作是"买者自负"的投资行为。

我国银行、证券、保险领域的法律相关规范性文件涉及金融消费者问题的法律数量少且原则性强，缺乏可操作性。在立法指导思想上，金融立法往往侧重于金融机构安全与效益，而忽视消费者权益，还没有将金融安全与金融消费者保护联系起来一方面，目前《消费者权益保护法》对金融消费者保护的适用性并不强，没有回应金融消费者所具有非常明显的专业性和特殊性。另一方面，金融法

律如《商业银行法》等，出发点在于维护金融机构的安全与效益，忽视金融消费者保护与金融风险的关系，对金融消费者在接受金融产品和服务过程中应当享有的各种权利还缺乏明确细致规定，权利的实现与救济机制也存在渠道不畅问题。

《商业银行法》第三章只有5条规定了对存款人的保护。《银行业监督管理法》第1条立法目的中有保护存款人和其他客户的合法权益的规定，但是在第三章"监督管理职责"中却没有任何关于金融消费者保护的特别规定。保护金融消费者的法律法规，主要是金融宏观调控部门和监管机构的行政规章或其他规范性文件，相关的法律规定效率层级较低，影响了金融消费者合法权益的行使，对政府机构执法也造成了影响。目前消费者与银行之间的投诉纠纷，例如，消费者保护的具体问题主要依靠银监会2007年下发的《关于加强银行业客户投诉处理工作的通知》进行协调处理。在现有监管体制和行业自律体制都没有对金融消费者给予足够关注时，金融消费者的投诉往往直接诉诸司法途径或者一般性行业的消费者保护机制。这种做法容易激化金融机构与消费者之间的对抗，导致金融机构的声誉受到严重损害。实际上对金融消费者的保护还没有引起立法层面的重视，在实践中金融消费者保护问题无法可依，出现纠纷主要是按照合同法来解决。相关法律法规的协调性不够，有的下位法与上位法存在冲突，或者是同等效力的法律法规相互重叠交叉，法律间的衔接不当造成了法律真空，使金融消费者无所适从。

（2）没有专门的金融消费者权利保护监管机构。在机构设立上，目前还没有任何一家监管机构明确承担和履行金融消费者保护职责，受理消费者投诉，其主要原因有：

第一，消费者协会侧重于消费者非金融性商品消费和劳务消费的保护。由于金融产品和金融服务相对复杂，具有很强专业性和风险性，消费者协会对保护金融消费者权益往往有心无力。同时，如前所述，较之一般消费者保护的特殊性，金融保护消费者更加复杂，还涉及防范系统性金融风险问题，这明显超出了目前消费者协会的职能范围。

第二，监管机构在金融消费者保护问题上的职责规范不够明确。例如，《银行业监督管理法》将"维护公众对银行业的信心"写入"总则"一章的监管目标，但在第三章"监督管理职责"中并没有任何条文明确银行监管机构的消费者保护职责。

第三，监管机构虽然在正式制度安排外不同程度的介入到消费者保护，如各个监管机构的信访部门可以受理消费者投诉，但是信访并不是一类正常的维权途径，这种安排缺乏透明的、规范的制度保障，带有较强的政治关怀色彩，不是严格意义上的处理投诉、调查和纠纷的应对程序和长效制度安排。

2. 消费者维权缺失的主要表现

（1）金融机构自律监管功能对消费者维权的作用有限。在自律管理上，依靠金融机构自身的投诉渠道作用有限，相关协会的消费者保护功能也尚待改进。西方发达国家对消费者保护一般分三个层次进行，一是将其列为监管目标，成为监管者的责任之一；二是通过行业自律进行规范和监督；三是金融机构内部加强治理，严格执行相关金融消费者保护法。在我国，除了监管机构消费者保护职责缺失外，金融机构自身对消费者保护也存在认识不足、投诉处理机制也有待该进等问题。此外，我国各金融行业协会自律机构虽已成立多年，但是受制于制度、机制等方面的原因，其在金融消费者保护问题上的作为也非常有限，更多的注意力是集中在行业利益上。

（2）没有专门的救济程序或制度。我国在消费纠纷处理机制方面仍欠缺。我国的金融消费者权益保护机制，基本上只能算是英国机制的"反向单一纠纷解决机制"（诉讼）。现实是，我国法院基本上不受理专门的金融消费者保护案件，即便受理也是以普通的合同关系对待，没有相应的规范机制针对金融消费者权益侵害的投诉。金融机构内部的投诉渠道因为其自身的垄断性质，往往导致案件无疾而终，因此作用不大。尽管 2007 年 12 月上海成立了金融仲裁院，建立了消费者金融服务投诉联动处理机制，但现有这些尝试性 ADR 机制的运行尚未在国内推广。我国投诉处理平台也尚不完善。相关协会的消费者保护功能，如各级消费者协会也忽略了对金融消费者的保护。目前，只有中国银行业协会的投诉热线和上海银监会牵头的金融消费者投诉处理工作联动机制，除此之外，基本没有比较成熟、高效的投诉处理平台。一旦消费者与商业银行间发生利益冲突，对于如何进行调整，如何处理争议，由哪个机构处理，处理程序如何，怎样保证程序的公平公正等具体问题，仍没有一个权威的认可方案。

（二）构建金融消费者保护制度的必要性

20 世纪 70 年代新自由主义催生金融领域的金融自由化理论以来，放松管制便成了金融监管的主基调。但是 40 年过去了，放松监管不仅没有淡化金融监管，反而使更多的国家更加关注这一经济干预方式。在大多数国家里，金融行业发生了一些重大变化，金融自由和放松管制给予了金融创新以极大的推动力，各种金融中介机构能够提供丰富的金融产品和服务，传统银行、证券和保险之间开始相互渗透，银、证、保三行业经营业务之间及金融产品之间的界线日益模糊。金融集团规模的庞大，以至于太大而不能倒，而金融危机又像挥之不去的阴影一般，随时可能降临，这都使得人们对目前金融监管水平的担忧油然而生。在金融全球化的进程中，如何对金融行业既控制监管的尺度，审慎的把握金融风险，以实现金融稳定，又能提供更好的金融服务，保护消费者的权益，以实现金融行业的利益。这已经不仅仅是停留在那些罗列成山的监管标准和审核工具等操作层面上的问题，而发展成金融全球体系与各国金融制度层面的哲学命题。各国金融监管模式的变革，就是这一命题最直观的注脚。

此次爆发的金融危机让金融界经历了一番动荡。投资银行倒台、信贷系统瘫痪、实体经济重创等问题接踵而来，作为金融体系基本组成部分的金融消费者承受了危机下不能承受之重。有许多消费者因为次贷危机而被银行没收了房屋；保值性投资因银行对产品的不当销售而沦为负资产；信贷消费者因金融机构的欺诈行为失去了原有收益，等等。此次金融危机充分地暴露出金融业界的金融欺诈和滥用对公众利益造成的损害，也因此暴露出监管当局在保护消费者权益方面存在的缺陷。后金融危机时代如何修补创伤、恢复经济的发展是近期争论的焦点，而如何做好金融消费者权益的保护工作，让消费者有更稳定的消费环境和重建消费信心才是复苏经济的根本。

无论是在危机爆发的过程中，还是在其所带来的一系列后果中，金融消费者都付出了巨大的代价。而对于消费者不负责任的信用透支又是本次危机的关键诱因。本次危机让各国监管当局普遍意识到，只关注金融机构的利益诉求而忽视对消费者权益的保护，势必会破坏金融业赖以生存及发展的基础，影响金融体系的稳定性。因此，加强金融消费者权益的保护，成为后金融危机时期各国金融监管当局反思和改革的主要内容。危机让人们清醒地意识到，保护金融消费者权益不仅关乎金融消费者的微观利益，更关乎金融体系的安全与稳定，应成为现代金融监管所秉持首要的价值取向。

时至今日，中国的金融市场正日新月异地成长着，金融消费者也逐渐登上了中国金融市场的主要舞台。金融市场的发展离不开消费者的积极参与，而保护金融消费者的合法权益就是维护市场秩序，保障金融改革的开放和深化，促进金融市场的健康发展。金融市场监管的立法过程是一个市场参与各方之间不断博弈的过程，只有妥善处理好了公众消费者与监管当局以及经营者之间的激烈冲突，形成他们之间的激励相容机制，才能真正提高金融市场监管的效率。以保护金融消费者为根本利益完善消费者保护等相关金融法律制度，构建相应的危机处理机制，促使证券市场交易平稳有序地进行，从而保障我国金融市场的健康发展。

（三）金融消费者保护法律制度的完善途径

1. 我国金融消费者保护的立法完善

对金融消费者的保护，根本上要通过立法来解决，即从法律上确立金融消费者的法律主体地位，赋予其法定的权利和义务。因此，首先应当明晰金融消费者权益保障的法律支点。我国现有立法对金融消费者这一群体缺乏明确定位。作为现阶段金融消费者保护实践的法律依据,《消费者权益保护法》在诸多方面有待完善。金融消费者保护的法律理念要贯穿金融法律体系全局,部门法之间对这一概念形成体系、彼此间有衔接。同时,立法过程中要始终贯穿着对大型金融机构的监控。

其次,要加强金融消费者保护的相关立法。现有立法对金融消费者这一群体整体疏于保护。因此,在一些专门性金融法律法规中如《银行业监督管理法》《商业银行法》《证券法》《保险法》等需明确加入对金融消费者保护的原则性规定,并在具体规则的修改完善中,注意贯彻保护消费权益的精神。同时,立法过程中要始终贯穿着对掌控金融业话语权的大型金融机构的监控,通过明确的规则指引,防止这些机构利用垄断地位侵害消费者的权益。我国的《消费者权益保护法》在现阶段仍然是实践中金融消费者实施保护的法律依据,时至今日,该法有诸多亟待完善之处。其中包括对金融消费者概念的清晰界定,可以考虑专设章节或增加新条款突出对金融服务关系和金融消费者权益的调整。可喜的是,保险业和银行业事实上已经开始采取行动。2011年,中国保监会和中国银监会联合制定了《商业银行代理保险业务监管指引》(以下简称《监管指引》)。《监管指引》明确"为了规范商业银行代理保险市场秩序,保护金融保险消费者权益,促进商业银行代理保险业务健康发展",正式提出"保护金融保险消费者权益"。在具体规则制定层面也需要更多体现对消费者的保护。如制定《个人信息保密法》和《征信法》,明确个人信息特别是金融信息的收集和使用范围,加大对违法使用个人信息的惩罚力度,禁止个人金融信息被用于法律规定以外的其他目的,加快建立对个人隐私权的保护,重视授信平等立法,细化金融机构诚信、告知、保密、提示等义务,建立存款保险制度,通过立法明确存款保险机构的性质和法律地位,合理确定存款保险机构的法定职责,以及存款保险基金的来源和运用原则,防止引发金融机构道德风险,等等。

从立法技术上,可以采取普通消费者保护和金融消费者保护分开进行的方法,其他国家基本上也是对金融消费者单独立法保护。现代金融消费的专业性和复杂性已经与普通意义上的消费大不相同,需要更多的监管和适度的政策倾斜才能维护市场的有效运行,同时让消费者的利益得到很好的保护。在时机恰当之时,我国还可以借鉴英国的《金融服务现代化法》,专门以金融消费者权益保障为立法起点,系统全面地建立一套规范金融业务,完善消费者保障体系的专项法律。立法模式上可以采取在地方消费者权益保护立法中增加相关规定作为试点,节约立法成本,对所有金融行业的金融消费者进行专章规定;在金融消费者法律概念上可以先模糊处理,只要明确是购买金融产品和接受金融服务即可;以加强金融服务为重点,这是金融监管部门相对薄弱的领域,又是各地情况差异化较大的领域;金融发达城市如上海已经明确了国际金融中心的定位,其在金融业服务水平上的要求和对金融消费者保护的需求更高,应当积极探索,先行先试。

2. 我国金融消费者保护的监管完善

(1) 以监管目标构建"双峰"监管架构。对消费者最好的保护莫过于从根源上防范危机的产生和扩散。随着我国金融市场的发展,金融消费者问题会越来越突出,消费者维权意识会越来越强烈,客观上要求我们在金融监管和金融改革中更加重视消费者的权益保障。我国现在仍然实行分业监管,虽然一系列法律的制定已经为经营预留了制度接口,但要从立法层面上完全转变为功能性监管并非短时间内能够完成。加之中国金融市场独有的特性,直接引入国外的制度实难发挥应有的作用。现阶段,我国工商行政管理部门仍是作为政府部门实行保护消费者权益的主要职能单位。提高执法的准确性,切实地以行政手段维护金融消费者的权益,是加强消费者保障力度的有效途径。我国需要在监管层面进行系统的梳理和重塑,以迎合时代发展的需求。

我国目前还坚持着世界上最大的金融分业体制下的机构监管模式,所以,针对未来金融监管改革,也就形成了两种观点:一种是建议顺应金融混业发展和世界金融监管改革的趋势,建立适合我国的金融统一监管法治;另一种则是坚持现有监管的机构和模式,以功能监管的形式增强混业监管的能力。后一种观点多为国内金融监管部门公职人员的意愿。① 从现实角度看,我国目前对分业监管最大的问题主要集中于如何监管日益众多的金融集团,以及如何监管不断创新的金融服务商品等问题上。那么未来中国金融监管改革在既有机构监管模式基础上,是贯彻功能监管的原则;还是接受统一监管模式,直接整合监管资源;还是有第三条道路可以选择?

诚然,通过确立功能监管原则,并辅以各监管部门协调合作,或许可以在一定程度上解决混业经营的金融集团和金融商品监管问题,美国在 21 世纪伊始就是这样做的。然而如本章所述,这种监管模式已经失败。我们承认中国金融业的发展会走发达国家曾走过的道路,但并不意味着需要再重新试错,亲身经历发达国家经历的监管失败。在一个以机构监管模式为基础上发展起来的监管制度下,若以功能监管进行系统升级,得到的结果更多的是让监管部门在经济繁荣时争夺监管权力,而在金融危机时推诿责任。我国金融市场虽然起步晚,但早已过了初成阶段,现实中超越实业、投资功能的金融集团比比皆是,国有银行和保险公司

---

① 来自中国银监会多位研究人员的报告都认为,自银监会从人民银行分离后,人员编制、监管权力已经形成规模,再进行大的变动会造成更大成本。

也在通过便利条件，在香港或境外等地发展自己的金融集团；除股票、债券外，由银行、保险公司发行的理财金融产品越来越多地进入消费者视野。金融集体内部机构的界限越来越模糊，分业监管模式下积累的专业监管机构的专业知识、技能和经验，如果不能介入金融集团的监管，而仅停留在普通分业监管，会造成更大的监管真空。或许现在整合金融监管体制的成本是巨大的，但与未来可能发生的风险相比，这种成本的付出是值得的。

现在世界上多数国家开始走向统一监管的道路，其中的多数国家选择了单一监管模式。应当说，统一监管模式是目前监管模式最高级别的形式，也是一国监管改革的最理想目标，但本章认为，我国目前并不适于更不应急于建立单一监管体制，原因有以下几个方面：

第一，我国金融市场开放程度不高，金融行业混业程度还没有达到发达国家的水平。就现有情况看，我国金融各行业之间的差异性明显，个性大于共性，各种金融机构之间的性质区分清晰，所经营的业务由于管制严格也没有充分的交叉，所以中国金融机构自身还没有成熟到需要权力集中的单一机构进行监管的程度。现阶段各类金融监管机构人员的专业知识、技能和经验与金融行业特征相匹配，能够有效发挥监管的作用。

第二，从银监会成立到现在，我国现行机构监管模式的最终确立只有6年多的时间，相关机构监管效率的统计数据较少，更没有混业监管效率相关的数据统计，因而没有足够证据证明混业监管模式就一定会具有更大优势。金融监管改革是一个需要大胆设想、小心论证的过程，监管模式改革的成本与收益、优势和弊端，监管整合带来的机构和人员调整会产生的影响，都应当经过反复论证，而现在的情况并不支持这种根本性变革调整。

第三，统一监管的基本要求，不仅是机构统一，监管立法和监管规则也需要统一。仅仅整合机构，还沿用过去的监管法律，那实质上只是变换了机构的行政编制和名称，与未整合之前区别不大，这与统一监管的要求相差甚远。就现在情况看，我国三大监管机构均已经是国务院直属的正部级单位，是国内行政体制中最高的实务性行政机关，进行大部制的调整或者更高行政级别的调整都将意味着巨大的变革成本。而且我国立法和法律修订的时间较长，立法程序上的限制，使得实现金融监管法律快速变革的愿望也不现实，所以真正的统一监管离中国实情还有较大差距。

第四，中国资本市场和保险市场相对于以四大国有商业银行占主导地位的银行市场，规模和影响力还远远不足；同时，直接融资和间接融资比例不平衡情况仍然突出，银行信贷资产在社会融资总量中占绝对比重，所以我国金融市场仍然是以银行业为主导的市场。这与美国、英国等国家的情况不尽相同，发达国家采用统一监管模式的原因之一是为了应对日益严重的"脱媒"现象。然而我国资本市场的融资能力实在有限,"脱媒"现象并不常见。所以,中国金融监管体系中最具有事权的其实是银行监管者。那么如果建立统一监管模式,由于行业实力上不均等,可能银行监管者在单一监管机构中取得压倒性优势,原本是机构之间的合并演变为机构吞并。紧随而来的问题就会是,由于一方实力占优,而监管资源分配或监管政策都会向该监管行业倾斜,从而影响其他行业的发展。

最后,我国金融业中国家所有权成分比重较大,监管部门同被监管金融机构之间的关系比较复杂,所以对于监管独立性尚存质疑。这种情形下推进统一监管模式,可能造成行政干预更加垄断性,也为利益集团的监管俘获创造了条件,暂时保留多头监管一段时期,形成监管机构之间的权利制衡和竞争态势,反而在信息披露等方面存在有益之处。此外,我国目前处于经济转型的重要阶段,因此需要一个相对稳定的金融监管体系。贸然整合单一机构的风险性较大,又没有法律作为指导,只会造成长时间的监管混乱,引发系统性风险。

因此,就我国现实情况考虑,目前单一监管模式尚没有实施的条件。甚至就短时间来说,保持和完善现有的机构监管模式,加强体制机构间监管协调机制,更具有经济意义。那么是否意味着就金融监管问题无需作出调整?由于我国较长时间内并没有经历什么规模巨大的金融危机,金融监管体制缺少危机这样的重大考验,所以机构监管模式得以保留并被看做完全符合实际情况。但应当看到,随着市场经济转型的深入,金融危机正在成为一个不可回避的频繁发生的事件,而依靠机构监管模式试图防范或应对金融危机已经被域外证明是失败的监管方式。所以仅从防范下一场危机这一出发点,中国的金融监管就迫切需要进行改革研讨和相关实践。

本章认为,我国金融监管所面临的目标,即宏观审慎监管与市场行为监管将是未来监管模式改革的指引方向,因而一个本土化的"双峰"监管模式应是现实的选择。双峰监管模式中,审慎监管者以防范系统性风险为首要任务,监管普通金融机构以及那些"太大而不能倒"的金融集团;市场行为监管者以投资者和金融消费者权益保护为首要任务,加强和完善信息披露制度,消除金融机构与消费者之间的信息不对称,减少欺诈行为,维护市场公平交易。双峰监管涵盖货币市场和资本市场,再加上中央银行与其他财政部门的统筹合作,才能做到真正意义上的风险全覆盖。

(2)监管改革的具体路径。金融混业经营的趋势呼唤重构金融监管体系。本章认为,我国目前"分业经营,分业监管"的模式已经在美国被证明存在着监管重叠与监管真空。重构金融监管体系,可以不急于立刻统一监管,而是走"混业经营、分业监管"向"混业经营、统一监管"过渡的道路。从这个步骤上讲,在金融业继续发展的同时，可以防止大规模体制改革造成的负面影响，防止短时间内带给市场参与主体较高的合规成本；同时，渐进式的改革，可以给市场调研取证更充分的时间，探索我国实施金融监管改革的效果与可操作性；此外，监管立法方面所需要的时间也使得改革不是一件很快能够完成的工作。因此，这种转变方式可能更容易被金融市场接受。总的来说，这种渐进式的改革可以按照时间长短，分为具体两大步骤。

短期：建立监管者之间的协调机制。

从美国和英国两种监管模式对比上看，伞形的机构监管模式与统一的单一监管模式，在金融监管体系中都存在着一个对金融机构进行整体监督和控制的监管机构，美国是美联储，英国是 FSA。并不相同的两种监管模式出现某种共性的特征绝非偶然，这反映出在任何监管模式下，总会存在监管机构或者监管部门之间的对立关系，而处理这种对立关系的方式，应当通过建立监管者之间或监管者内部各部门之间的协调机制，才能为金融监管体系的良好执行打下根基。

我国在 2003 年通过《银行业监督管理法》以及修订《中国人民银行法》。但就金融监管协调机制方面，法律只给出了原则性的规定。《银行业监督管理法》第 6 条、《中国人民银行法》第 35 条规定了银监会和人民银行之间，以及两者与其他金融监管机构之间协商建立监管信息共享机制。《中国人民银行法》第 9 条授权责成国务院建立金融监管协调机制。在 2007 年第三次全国金融工作会议上，有关领导也提出了通过加强各监管机构之间的协调机制以促进有效监管的理念。但是直到 2008 年之前，上述法律和会议精神所描述的监管协调机制事实上根本没有建立起来。由于法律没能明确创设这样一个统筹各方监管机构的监管主体，甚至也没有提供推定出这样一个总体监管者的余地，所以难以形成真正有效的监管协调。[①]

从我国现实国情出发，虽然暂时不适合采用单一监管模式，但并不意味着金融监管者之间协调机制的功能可以忽略。按照现有的组织体制，参与协调机制的主体应当是所有具有金融监管职能的行政机关，即除了"一行三会"之外，还包括财政部、国家发展和改革委员会等多个行政机关。有如此多的监管部门，如果想保证监管协调的有效，那必须通过改进激励和约束机制，使得各部门之间在有关法律或政策的指导下，积极开展议事协调工作。从以往的经验看，在一些涉及跨行业金融产品的审批过程中，存在着个别监管部门单独审批不通知其他部门，或者是需要其他监管部门联合审批却迟迟不给答复的情形。这正是缺乏监管者之

---

① 廖凡：《竞争、冲突与协调——金融混业经营监管模式的选择》，载于《北京大学学报（哲学社会科学版）》2008 年第 3 期。

间约束机制的表现,而解决的路径之一,就是各部门之间通过正式协议的方式约定在联合审批情况下,各部作出行政决定的最长时限,以及超过时限的认定规则。具体来说,"一行三会"作为监管体系的核心,人民银行可以通过修订《人民银行法》的方式,授权作为整个协调机制的领导者、主要监管信息的发布者和监管交流的推动者。而其他专业机构监管部门在人民银行的统筹协调下,通过签订部门之间合作备忘录等形式,加强监管合作与沟通,共同应对金融市场不断深化所带来的金融集团和金融业务等方面的监管问题。

中长期:统一金融法制和监管机构。

在美国金融监管改革方案公布后,有学者认为,美国在渐进式改革的道路上,可以先统一监管法律,让各个机构依法执行,再将相同职能的机构合并,来防止直接整合可能造成的混乱。[①] 无独有偶,在2008年国务院新《中国人民银行主要职责、内设机构和人员编制规定》的"三定"方案公布后,这种"混业经营、分业监管"的暂行机制也已开始确立。"一行三会"的协调机制,是监管现有中国金融行业总的结构安排。应当说,这种选择结合了中国国情下金融市场的发展趋势,但这只是趋势的前半段,所以协调机制并非监管改革的最终选择。如前所述,我国金融监管所面临的问题,监管法治的目标,就是一者保持金融系统稳定,其方法是审慎监管系统中的重要金融机构;二者保护金融消费者不受到金融服务者的欺诈。所对应的监管部门,一个是审慎监管机构,另一个是市场行为监管机构,两家机构各自独立地行驶监管职权。从这个目标基础上看,"一行三会"协调机制可能在短期内弥补机构监管模式带来的监管真空问题,但是想真正做到充分的信息沟通仍存在较大障碍。因为没有适当的激励方式,让各机构之间开展积极信息互换。更多情况下由单个机构收集的信息仍旧在机构内部交流。因而信息通畅的最佳方式,是将行使同样监管职权,处理同类监管机构,获取一类监管信息的机构整合为一家监管机关。

因此在未来中国金融监管部门的格局上,我们可以借鉴澳大利亚的双峰监管模式。在中长期监管改革中按照以下几个步骤逐步进行改革。

第一,从法制的层面上,通过修改监管立法,如《银行业监督管理法》《证券法》《保险法》等法律,将有关金融机构审慎性监管的内容合并为一部统一的"金融机构审慎监管法",各监管机构依照该法的规定,对各自管辖范围内的银行、证券公司、基金、信托公司、保险公司等金融机构进行审慎监管,防止系统性风险;通过修改《证券法》及相关金融商品与服务法律法规,形成一部统一的

---

① Howell E. Jackson. *A Pragmatic Approach to the Phased Consolidation of Financial Regulation in the United States* [J/OL]. Harvard Law School, Public Law & Legal Theory Working Paper Series, 2009, Paper No. 09-19: pA-13, http://ssrn.com/abstract=1300431.

"金融商品和服务法",各监管机构依照该法规定,各自负责其管辖金融机构所提供的金融商品与服务,保护金融消费者和投资者的权益,防止市场欺诈和不公平竞争。

第二,在两部法律实行一段时间后,对监管机构进行调整。保留银监会的审慎监管职能,将证监会与保监会的审慎监管部门合并到银监会之中;同时将银监会、保监会中监管市场行为、公平竞争、金融商品服务的职能和编制,统一归入证监会之中。形成"双峰"监管架构,以此作为中国金融监管的核心部门。

第三,在双峰监管之外,仍然联合人民银行和财政部等其他机构,在新监管结构的外部形成宏观审慎监管协调机制。监管的对象包括金融体系的稳健运行状况、金融集团的风险状况、金融衍生工具的结构和风险状况,市场参与各方的资产负债状况,以及国外经济环境引发国内风险的状况等内容。通过建立信息互通、风险预警的综合协作机制,最终形成一个基于风险全覆盖的中国金融监管模式。

三、金融消费纠纷解决机制的构建

由于历史和文化上的传统影响,在现代金融消费纠纷中,尽管金融消费者的利益正在遭受侵害,但考虑到诉讼成本高且程序繁琐,消费者的厌讼情绪十分强烈。在民事诉讼中,往往需要耗费大量时间成本、精神成本以及与诉讼相关的其他物质成本;此外,根据我国"谁主张谁举证"的举证责任一般原则,消费者还需要承担举证费用,进一步加大金融消费者的诉讼成本,从而降低了金融消费者的预期诉讼收益,不利于形成鼓励维权的激励机制。[1] 与美国等少数诉讼机制发达的国家相比,我国缺少像集团诉讼程序一类的有助于激励消费者通过诉讼方式维护权益的方式,因此一种可援引的非诉讼救济方式可以成为重要的金融消费者保护方式。目前,我国现有的处理金融消费纠纷的途径主要有媒体监督途径、政治途径、信访途径、诉讼途径等,因为这些途径往往也需要耗费一定维权成本,所以并非是能够广泛使用的纠纷解决方式。除此之外,像金融机构系统内部,要求金融机构通过自律的方式来为消费者维权提供适当的途径也十分少见,总体呈现出非诉讼的纠纷解决机制非常缺乏的特征。而在英国、加拿大、澳大利亚等国,金融消费纠纷解决途径是多元并存的,而且非诉讼途径争议解决这种方式具有重要地位。随着金融消费者权利保护的延伸与兴起,我国有必要将保护金融消费者利益作为金融监管的目标之一,并作为我国金融改革和法律制度设计的指导

---

[1] 李建伟:《金融消费纠纷处理机制的博弈分析及启示》,载于《华北金融》2011年第4期。

原则之一，实现消费者维权途径的立体式架构，建立多元化的金融消费纠纷处理机制。

（一）金融消费纠纷非诉讼救济的主要方式

1. 仲裁机构的非诉讼救济方式

仲裁是最典型和传统解决民事纠纷的非诉讼救济方式，其与诉讼的根本性区别在于，纠纷各方根据仲裁协议自愿选择非官方机构和仲裁员对他们的法律实体权利作出裁决。在消费者权益纠纷领域，美国是最早尝试通过仲裁方式解决争议的国家。美国仲裁协会在福特基金会资助下，于1968年设立了"全国解决纠纷中心"。在欧洲，各国也普遍设有消费者仲裁和调解服务机构，从而确立了仲裁解决消费者纠纷的地位。瑞士设有由行业团体代表和消费者团体代表组成的仲裁机构；荷兰"消费纠纷仲裁委员会"是专门受理消费纠纷的民间机构；另外，西班牙、葡萄牙、法国、比利时等国家都设有类似消费者权益仲裁机构。这些仲裁机构在发达国家建立消费者保护法律程序上提供了很好的社会条件。

在仲裁机构的设置上，由于各国的国情和历史原因，设置方式也各有不同。例如，美国的仲裁机构设在法院，是其组成部分；西班牙的消费者仲裁机构设在行政部门，由行政性质的机关设立并管理；还有像美国的仲裁联合会（American Arbitration Association，AAA），是在仲裁委员会中设立专门的消费仲裁机构；商业促进会（Better Business Bureau，BBB），是设在行业协会性质的民间组织；葡萄牙由消费者协会与行业协会或商人联盟共同推动设立。

2. 金融监管部门行政执法的非诉讼救济方式

（1）投诉监督。投诉监督，主要是指政府金融监管机构或行业自律组织对金融消费者对金融服务者投诉的情形做出的监督管理，可分为投诉披露、投诉复审和投诉指导等方式。

（2）年检监督。在一些国家，金融机构和金融同业公会是处理投诉的主体，而监管机构通过年检监督投诉的处理来维护消费者的权利。年检监督运用比较广泛，很多是和其他监管手段同时使用，如加拿大的金融消费者监管局，运用年检和"微服私访"金融机构和金融同业公会来处理。但也有国家主要依赖于明确的法规和保险公司的自律，仅以年检作为监督手段来促进金融纠纷的解决。如在日本，保险行业自律组织承担相应的自律监管工作，金融监督厅原则上不处理保险投诉，但仍有些消费者因对保险公司处理投诉结果不满意而投诉至金融监督厅。日本处理这类投诉的方法是：金融监督厅直接向保险公司发出处理指令，有些根据情况要求保险公司提交处理报告，并在对保险公司年检时询问有关情况。

（3）金融监管机构直接调解。监管机构直接调解消费者纠纷是一站式解决消费者问题的途径。以美国为例，其各监管机构根据不同的监管对象调解消费者与金融机构之间的纠纷。韩国则依据 1997 年《设立金融监督机构的条例》，于 1999 年 1 月将银行、证券、保险、基金等四个监管机构合并成立金融监督院，在金融监督院专门设立了保护消费者利益、调解金融保险争议的部门——消费者保护室、争议调解局以及金融争议调解委员会，专门处理消费者投诉，调解金融保险争议。

（4）金融监管机构的再调解。监管机构再调解形式是指当消费者对投诉结果不满意时，仍然可以向监管机构投诉。比较典型的是马来西亚。马来西亚于 2005 年设立金融协调局，将保险协调局和银行协调局并入其中。金融协调局是一个独立的机构，是处理与保险及银行业相关的索赔事务的中心。在金融协调局受理金融消费纠纷案前，消费者必须先向有关金融机构投诉。如果消费者的投诉、纠纷或索赔问题无法解决，或消费者对有关金融机构所作出的决定感到不满，那么可以向金融协调局投诉。但消费者必须在接到金融机构最后决定通知后的 6 个月内向金融协调局投诉。金融协调局将客观地根据消费者所提供的实情进行调查。该局单独或与金融机构的代表一起面谈，通过调解方式来解决消费者的个案，并依据本身的评审并按照法律和行业惯例来作出处理决定。金融协调局的决定对消费者没有约束力，但金融机构却有义务遵从其有关决定。如果消费者拒绝，有关决定将视为被撤销，消费者有权依法采取任何行动，包括通过法律途径来解决纠纷、投诉或索赔。然而，消费者若接受金融协调局的决定，则将失去向金融机构采取法律行动的权利。金融协调局的处理过程被视为是一个"毫无偏见的诉讼"，该局所作出的决定或是任何一部分相关的调查结果或真相，以及所提供的意见或观点，皆不能在事后的任何仲裁或诉讼中透露。再调解实质上是增加消费者保护的一个机制，当消费者满意再调解的结果，则决定生效。而且再调解是免费的，减少了消费者的维权费用。

3. 专门的金融消费者非诉讼救济方式

（1）金融巡视员制度。金融巡视员制度是一种特别的非诉讼救济制度，从 20 世纪 80 年代开始，这一制度受到广泛推崇。英国根据《金融服务和市场法》对金融领域的巡视员制度进行整合，成立了金融巡视员机构（FOS），对 11 个领域的消费者纠纷进行处理；FOS 是一个公司制组织，因此无需向国会负责，而是直接向 FSA 负责。由此可见，FOS 的运作既保持独立性，又与 FSA 紧密合作并受到后者的约束，充分体现了英国金融业"监管机构内部权力相互制衡，防止权力滥用"的立法原则。FOS 设立后，每年都要解决很多的消费者纠纷，每年接受 100 万次的咨询并解决 15 万个金融纠纷，对保护金融消费者发挥了重要作用。受其影响，澳大利亚、爱尔兰、南非等国家也采用了金融巡视员制度。

金融巡视员制度分为分散型和集中型。分散型是指在各个不同领域，分别设置巡视员机构，如加拿大分别设有人寿保险的巡视员机构、普通保险的巡视员机构和银行业务的巡视员机构；在比利时分别设有银行证券巡视员机构和养老金巡视员机构。由于金融领域的复杂性，所以当巡视员制度向金融领域延伸时，通常会采用分散的方式，例如，英国在 FOS 产生以前，曾经出现过 9 个不同领域的金融巡视员制度。① 集中型的金融巡视员制度是指统一设立一个机构处理各个不同领域的纠纷。一些国家经过金融改革后，金融巡视员机构设置也随之改变，从分散型变为集中型，例如，英国 1981 年保险业巡视员组织产生；1983 年在全国消费者委员会的建议下，银行业巡视员组织成立，并于 1986 年开始运作；1986 年，英国颁布金融服务法案，要求金融业成立巡视员组织以作为本行业自律监管的一部分；至 20 世纪 80 年代末，英国已经拥有银行巡视员组织、房屋互助协会巡视员组织、投资巡视员组织等 8 个组织，专门处理金融消费者与金融机构的争议。2001 年 FSA 成为英国金融市场的统一监管者，FSA 按照要求，整合原有的金融业巡视员组织，并成立统一的金融巡视员组织——金融巡视员服务机构（FOS），成为集中型的金融巡视员机构。2008 年 7 月 1 日，澳大利亚银行和金融服务巡视员机构、金融行业申诉服务机构和保险巡视员服务机构被合并为全国金融巡视员机构。

此外，加拿大还有以下金融行业的金融巡视员服务：与银行业务有关的投诉由"诉的制委员会银行巡视员办公室"负责；与投资业务有关的投诉由"银行服务与投资巡视员"负责；与人身、健康和旅行保险业务有关的投诉由"人身、健康保险服务巡视员服务机构"负责；与家庭及汽车保险业务有关的投诉由"一般保险巡视员服务机构"负责。加拿大有关监管机构设有专门的处理特定投诉的部门，加拿大联邦政府和省政府都有相关的机构可以联系。其中，加拿大金融消费者监管局（FCAC）是其最大的特色。FCAC 监管所有的由联邦法律管辖的金融机构，确保其遵守联邦消费者保护法。FCAC 的"合规与执行部"负责调处消费者与金融机构之间的纠纷。如果投诉处理官员认为金融机构违反了消费者保护法，FCAC 将向金融机构下发警告信或者违法通知单，并作出相应的罚款。FCAC 也会公布金融机构的违法细节，包括金融机构的名称以及罚款数额。金融机构如对 FCAC 的处罚不服，可向法院起诉。

（2）金融调解中心。越来越多的监管机构将非诉讼救济功能剥离出去，成立专门解决金融消费者争议的机构。比如，新加坡在 2005 年 8 月设立了金融业争

---

① 徐慧娟：《浅述英国金融巡视员与消费者权益保护——兼论对我国金融监管的借鉴》，载于《金融论坛》2005 年第 1 期。

议调解中心，专门处理消费者和金融机构的纠纷。调解在解决金融纠纷中起了很大的作用，根据新加坡金融业争议调解中心的 2008 年报，该中心共处理了 1482 起与雷曼相关产品有关的个案，目前已有 72% 获得解决、完成听审过程或正在等待双方签署和解协议，另外有 415 起个案仍有待仲裁、听审或调解。调解一般只限于小额的纠纷，新加坡的金融业争议调解中心只处理投保人和保险公司 10 万新元以下的纠纷以及消费者和其他金融机构 5 万新元以下的纠纷。另外，其调解的范围不与诉讼和仲裁相冲突，例如，韩国金融监督院受理保险投诉和争议的范围是，投诉人与保险利益有直接关系，未经法院、检察院和公安机关立案，主要处理民事方面的问题，如果涉及刑事方面问题则要移交司法部门。

（二）金融消费者非诉讼救济方式的比较

1. 对金融消费者非诉讼救济方式的评价

仲裁机构不仅向金融消费者，而且也向其他消费者提供非诉讼救济，这是一种传统的救济方式。所不足的是没有处理金融消费纠纷的特别措施，由于金融消费纠纷的特殊性，与普通消费者纳入同一救济方式不能够体现金融消费者保护的特殊性，为此，消费者往往也不会自动选择该途径。但在特别时期，金融监管机构会积极利用消费者仲裁，在接受投诉后，根据不同的情况引导消费者选择不同的解决途径，包括消费者仲裁。例如，在雷曼案中，为减少投资者与银行因对簿公堂，承担高昂诉讼费用及冗长时间，中国香港地区金管局于 2009 年 10 月 31 日宣布推出调解及仲裁服务，协助雷曼相关产品的投资者与分销银行商讨赔偿事宜，服务由香港国际仲裁中心负责执行。

很多国家的金融监管机构承担了金融消费者保护的职能，为此监管机构提供的非诉讼救济具有常规性和强制性的特点，能够起到保护消费者的效果。但是由于金融监管机构所面临的目标往往具有多重性，而且各目标之间有矛盾甚至冲突，例如，消费者保护和审慎监管这两个目标在一些原则是上就是相悖的，审慎原则要求的是金融机构停止客户取款，而这显然阻挡了客户的基本利益，为此，实践中一些国家金融监管机构选择剥离自己的金融消费者非诉讼救济职能，即使接到投诉也会转给其他机构处理，从而减少目标冲突，更好地保护消费者利益。由此，专门的金融消费者非诉讼救济方式便由此产生。在专门的金融消费者非诉讼救济中，金融调解中心虽然做到了专业化，但仅局限于监管机构的职能剥离。金融巡视员制度则是一个比较成熟的非诉讼救济方式，使得金融消费者非诉讼救济走向成熟。

2. 金融巡视员制度的优势

金融巡视制度是最早的专项金融消费者保护措施，该制度的实施推动了金融消费者保护的发展。例如，有学者认为，在20世纪80年代，金融领域的巡视员制度和金融监管改革、消费者运动共同营造了英国最有利于消费者的金融环境。为此，金融巡视员制度的优势表现在对消费者保护的实效上，它直接促进了对金融消费者权益的保护。

（1）对消费者有利的单边约束力。大多数非诉讼救济方式无拘束力或非终局性，即不具有可强制执行效力，当事人在纠纷解决的合意未达成时可直接转入诉讼程序，或在达成协议后的一定期限内仍可以提起诉讼，通常经过特定程序，如法院的确认或公证后，即可获得拘束力。但在金融巡视员制度中，一般国家都规定消费者接受裁决就生效，具有单边的拘束力决定。这是一种完全向单边倾斜的制度，而且一般都是免费的，以消费者是否接受调解或审裁结果作为程序是否有效力的依据。其目的是在程序上救济金融消费者，给消费者增加一次有利的维权机会，改变消费者在诉讼中的不利地位和厌诉情绪。

（2）提高金融消费者的金融行为能力。巡视员制度指的是由专家专任巡视员，处理金融纠纷。同时，巡视员制度的组织架构还具有提供各类咨询和消费者教育的职能，如澳大利亚的金融巡视员组织（BFSO）雇用了一批擅长法律、会计、金融市场和信息技术的专家以提高 BFSO 的服务能力。

（3）对金融机构的半强制性。金融巡视员机构对于其所辖范围内的金融机构的申诉，根据金融消费者的申请即可进行纠纷处理，但一般并不是诉讼的必经阶段，当事人可直接提起诉讼。然而，只有当金融机构选择加入了澳大利亚证券和投资委员会批准的"外部争议解决计划"，成为金融巡视员服务机构的会员时，金融消费者与该金融机构的争议才能提交金融巡视员机构处理。目前，已有将近3 800家金融机构加入"外部争议解决计划"，成为金融巡视员机构的会员。金融巡视员机构的会员对任何在澳大利亚开业的金融机构开放，任何在澳大利亚开业的金融机构都可申请加入。英国 FOS 管辖下的金融机构分别接受两种管辖：一是"强制性管辖"，即接受该管辖的金融机构只能进行英国《受监管活动法令》（Regulated Activities Order）中所列明的活动；二是"自愿性管辖"，即接受该管辖的金融机构其活动不受法令限制，但为了增强公众对其的信任，自愿接受 FOS 的管辖。有关强制性管辖和自愿性管辖的规则和权限安排由 FOS 制定，但必须经 FSA 的批准方可执行。

（4）符合金融消费者纠纷的调解和审裁结合。各个国家的金融巡视员制度大致相似，一般要穷尽调解机制后才做出裁决。例如，在澳大利亚，为穷尽调解机制，争议还有可能被提交给金融巡视员机构的调解员（conciliator），调解员会安排由消费者和金融服务提供者共同参加的电话会来进行调解。在英国，2008 年度 FOS 处理了 127 471 个案子，其中 117 273 个案件是通过调解解决的，占 90%

以上，仅有10 198个案例最后通过裁决解决。在澳大利亚，2008年度不足2%的案例是通过审裁结案的。

一些国家的金融巡视员制度还引进了陪审员制度。如果消费者对案件主管和调解员的解决结果仍不服，那么消费者可将争议提交给金融巡视员机构陪审团（panel）或裁判员（adjudicator），陪审团或裁判员将会对金融服务提供者（而不针对消费者）作出一个裁决。陪审团由3人组成，裁判员由1人组成。陪审团包括3名成员：一位陪审团主席；一位行业代表；一位消费者代表。陪审团主席的地位是中立的；行业代表与争议的当事人双方没有关系，但他/她是该行业的专家，将该行业的观点带给陪审团；消费者代表将消费者的观点带给陪审团。陪审团成员在裁决消费者争议方面具有较高水平和丰富经验。裁判员地位中立，独立评估和作出裁决。裁判员处理一些简单的、一定金额（对于银行争议为3万澳元，对于保险争议为5 000澳元）以下的争议。如果该争议被认为是复杂的，也可以转为陪审团作出裁决。

（三）金融消费者保护的多层级保护机制

1. 金融消费者多层次保护机制的构建思路

多层次保护机制的构建，以发挥仲裁机构的调解和仲裁为特色。但是，力图构筑一个立体的、多元的金融消费纠纷解决体系则是其共同之处。这一多元化的金融消费纠纷解决机制的层次体系如下：首选途径是金融企业内部的纠纷处理机制。无论是对于金融消费者，还是对于金融企业，内部客户投诉处理都是最便捷、速度最快、成本最小的处理方式。正因为此，在外部处理程序之前，各国都鼓励先使用内部处理程序。

其次是社会组织的纠纷处理机制，包括调解、仲裁、FOS等。调解是一项保密的、自愿的解决争议的过程，通过一位中立人士（调解员）协助当事人协商以达致解决方案。和解协议如同一份合约，具有法律效力，并对各方具有约束力，但不能强制执行。若通过调解达成和解，该和解应该是最终的解决，当事人不能再就和解条款涵盖的事项寻求诉讼。若调解无法达成和解，则仍可选择进行仲裁和诉讼。如一方违反协议条款，无过错方可根据协议起诉对方。

仲裁的专业性、私密性、快捷性、灵活性的优势，是其成为金融消费纠纷解决的重要渠道的原因之一。尤其是私密性的特点，使得对于一些富豪的委托理财类"金融消费纠纷"，仲裁是一个不错的选择。这一传统的纠纷解决方式在大力提倡ADR的当下，更是得到了各方前所未有的关注。

再次是行政处理机制，它是对金融企业内部的纠纷处理机制和社会的纠纷处理机制的监督和辅助。加拿大尽管有金融消费者管理局，但其在处理纠纷之前，通常是各种金融巡视员服务的处理。

最后途径是法院诉讼。法院是解决社会纠纷的最后一道闸门。"法院的判决为社会提供了纠纷解决的交易基础，而绝大多数的纠纷应交由当事人或其他团体组织根据这一基础，通过多种方式解决。"①

2. 金融消费者多层级保护途径的构建途径

（1）在内部处理机制方面，我国应建立健全金融机构的投诉处理机制。具体的做法是，《商业银行法》《证券法》《保险法》上应有金融机构建立内部投诉处理制度的要求；中国银监会、中国证监会和中国保监会应将金融机构内部投诉机制作为其日常监管的重要内容，并发布相关的监管指引，对金融机构内部纠纷处理程序要点做出规定；中国银行业协会、中国证券业协会和中国保险业协会的有关规定中应包括金融机构建立内部投诉处理制度的内容，通过行业自律，加强对金融消费者的保护。

（2）在金融巡视员服务机制方面，为构建和谐的金融消费关系，我国应建立金融服务巡视员机构（FOS）。它在地位上是民间机构，接受"一行三会"的指导和监督；在组织形式上，可采用公司制，并依据《公司法》建立其治理结构，并以专业、中立、透明和公正为目标。金融机构需加入 FOS 计划，缴纳一定的费用（年费），FOS 才处理消费者对该金融机构的投诉。此外，金融机构还需要根据 FOS 裁决的案件数量缴纳案件处理费。消费者的纠纷首先应由金融机构先行处理，只有对金融机构的处理不服时，FOS 才会处理。FOS 在处理纠纷的过程中应注重调解，鼓励当事人尽量通过和解结案；如果实在调解不成功，才进入裁决程序。裁决是否生效，取决于消费者是否接受：如果消费者接受裁决，则金融机构必须接受；如果消费者不接受，可寻求其他救济途径。金融机构无权决定是否接受裁决。

（3）在金融调解和仲裁方面，我国的各仲裁委（尤其是上海、北京和深圳的仲裁委）应该根据自己所在地的实际情况，制定自己的调解规则。同时，还应该加大对调解的宣传，进一步发挥金融调解在促进金融消费纠纷解决方面的功能和作用。此外，要继续发挥仲裁在金融消费争议解决中的独特作用。

（4）在金融消费纠纷的行政处理方面，我国应成立一个专门的行政机构，统一负责各个金融领域的消费者保护工作。即设立我国的"金融消费者监管局"，其地位与"审慎监管局"并列为宜，其职责主要是专门负责金融消费者行政保护工作：监督金融机构遵守与消费者保护有关的法律；提升金融机构实施消费者保护法律的政策和程序；进行金融消费者教育，帮助消费者加深对金融服务和产品

---

① 范愉：《纠纷解决的理论与实践》，清华大学出版社2007年版，第168页。

的了解；受理金融消费者的投诉，对违法金融机构进行行政处罚。同时借鉴加拿大的做法，完善行政处理的程序，同时还原信访途径的"反映情况的言路"。

（5）以私人诉讼作为金融消费者权利的最根本和最后的权利救济路径，将一般性反欺诈条款引入金融服务法领域作为司法裁判的理念，同时辅之以金融消费者补偿制度的完善。现有金融法律体系中关于金融服务者强制信息公开义务要求、强化说明义务、规制不当销售行为都已有较明确的规定，法院应当形成具体认定方案和审判方式，当金融机构违反这些强制义务，或者对金融消费者存在一般性欺诈、隐瞒重要信息的行为，应确认金融服务者违法，并以金融消费者的损失为限实现对其权利的补偿。

参考文献

中文著作

1. [美] 奥利维尔·布兰查德、大卫·约翰逊：《高级宏观经济学》，经济科学出版社 1998 年版。
2. [美] 戴维·罗默：《高级宏观经济学》（第 3 版），上海财经大学出版社 2009 年版。
3. [美] 赖特·米尔斯：《白领——美国的中产阶级》，南京大学出版社 2006 年版。
4. [美] 鲁迪格·多恩布什、斯坦利·费希尔：《宏观经济学》（第 6 版），中国人民大学出版社 1997 年版。
5. [美] 索尔斯坦·凡勃伦：《有闲阶级论》，中央编译出版社 2012 年版。
6. [美] R. 吉尔森、C. 米约普：《监管改革的选择：以日本公司治理为例》，引自吴敬琏：《比较》（第 16 辑），中信出版社 2005 年版。
7. [美] R. 科斯、A. 阿尔钦、D. 诺斯：《财产权利与制度变迁》，陈昕等译，上海三联书店 1994 年版。
8. [美] Saul Levmove：《金融衍生品和其他金融创新的作用及其对规制的挑战》，引自刘俊海：《中国资本市场法制评论》（第二卷），法律出版社 2009 年版。
9. [美] 安德烈·施莱弗：《理解监管》，引自吴敬琏：《比较》（第 16 辑），中信出版社 2005 年版。
10. [美] 安德烈·施莱弗：《证券法中什么在起作用》，引自吴敬琏：《比较》（第 23 辑），中信出版社 2006 年版。
11. [美] 保罗·克鲁格曼：《克鲁格曼的预言——美国经济迷失的背后》，张碧琼译，机械工业出版社 2008 年版。
12. [美] 保罗·克鲁格曼：《美国怎么了？一个自由主义者的良知》，刘波译，中信出版社 2008 年版。

13. ［美］保罗·克鲁格曼：《萧条经济学的回归和2008年经济危机》，刘波译，中信出版社2009年版。

14. ［美］布莱恩·柴芬斯：《公司法：理论，结构与运作》，林希伟、魏旻译，法律出版社2001年版。

15. ［美］德沃特里庞、泰勒尔：《银行监管》，石磊、王永钦译，复旦大学出版社2002年版。

16. ［美］迪特尔·赫尔姆：《监管改革、监管俘获和监管负担》，引自吴敬琏：《比较》（第35辑），中信出版社2008年版。

17. ［美］蒂尔曼：《金融进化论》，刘寅龙译，机械工业出版社2009年版。

18. ［美］蒂米奇·威塔斯：《金融规管——变化中的游戏规则》，曹国琪译，上海财经大学出版社2000年版。

19. ［美］弗雷德里克·米什金：《金融全球化真的有益吗？》，引自吴敬琏：《比较》（第27辑），中信出版社2006年版。

20. ［美］富兰克林·艾伦等：《欧盟25国的金融体系》，引自吴敬琏：《比较》（第43辑），中信出版社2006年版。

21. ［美］哈威尔·E. 杰克逊、小爱德华·L. 西蒙斯：《金融监管》，吴志攀等译，中国政法大学出版社2003年版。

22. ［美］赫威尔·E. 杰克逊：《论金融控股公司的监管》，蔡奕译，载于《证券市场导报》2003年第5期。

23. ［美］卡塔琳娜·皮斯托、［英］许成钢：《不完备的法律（上、下）——一种概念性分析框架及其在在金融市场监管发展中的应用》，引自吴敬琏：《比较》，中信出版社2002年版。

24. ［美］卡塔琳娜·皮斯托、［英］许成钢：《执法之外的机制：中俄金融市场的治理》，引自吴敬琏：《比较》（第6辑），中信出版社2003年版。

25. ［美］卡塔琳娜·皮斯托、［英］许成钢：《转轨经济中证券市场的治理：来自中国的经验》，引自吴敬琏：《比较》（第19辑），中信出版社2005年版。

26. ［美］莱纳·克拉克曼等：《公司法剖析：比较与功能的视角》，刘俊海等译，北京大学出版社2007年版。

27. ［美］莉莎·布鲁姆、杰里·马卡姆：《银行金融服务业务的管制：案例与材料》（第二版），李杏杏等译，何美欢审校，法律出版社2006年版。

28. ［美］路易斯·罗思、乔尔·赛里格曼：《美国证券监管法基础》（第五版），张路等译，法律出版社2008年版。

29. ［美］马克·罗：《法律起源与现代证券市场》，引自吴敬琏：《比较》

（第29辑），中信出版社2007年版。

30. ［美］迈克尔·斯宾塞等：《中国经济中长期发展和转型：国际视角的思考与建议》，余江等译，中信出版社2011年版。

31. ［美］美国法律研究院：《公司治理原则：分析与建议》（上下卷），楼建波等译，法律出版社2006年版。

32. ［美］乔尔·赛里格曼：《华尔街变迁史——证券交易委员会及现代公司融资制度的演化进程》，田风辉译，经济科学出版社2006年版。

33. ［美］斯蒂芬·崔：《法律、金融和路径依赖：发展强大的证券市场》，引自吴敬琏：《比较》（第8辑），中信出版社2003年版。

34. ［美］斯蒂芬·莫里斯、申铉松：《立足于整个金融体系的金融监管》，引自吴敬琏：《比较》（第2辑），中信出版社2009年版。

35. ［美］塔玛·弗兰科：《证券化：美国结构融资的法律制度》，潘攀译，法律出版社2009年版。

36. ［美］托马斯·李·哈森：《证券法》，张学安等译，中国政法大学出版社2003年版。

37. ［美］小约翰·科菲、希拉里·塞尔：《重构美国证监会：财政部有更好的主意吗?》，引自吴敬琏：《比较》（第40辑），中信出版社2009年版。

38. ［美］小约翰·科菲：《美欧公司丑闻差异的股权解释》，引自吴敬琏：《比较》（第21辑），中信出版社2005年版。

39. ［日］奥村洋彦：《日本的"泡沫经济"与金融改革》，余熳宁译，中国金融出版社2000年版。

40. ［日］滨田道代：《日本上市公司的监察》，引自刘俊海：《中国资本市场法制评论》（第二卷），法律出版社2008年版。

41. ［日］鹿野嘉昭：《日本的金融制度》，余熳宁译，中国金融出版社2003年版。

42. ［日］松尾直彦、冈田大、尾崎辉宏：《金融商品交易法制解说——金融商品交易法制概要》，引自刘俊海：《中国资本市场法制评论》（第二卷），法律出版社2009年版。

43. ［英］安格斯·迪顿：《理解消费》，上海财经大学出版社2003年版。

44. ［英］约翰·梅纳德·凯恩斯：《就业利息和货币通论》，徐毓译，商务印书馆1997年第2版。

45. ［英］I. 巴特雷等：《监管国家：英德金融监管体制比较》，引自吴敬琏：《比较》（第19辑），中信出版社2004年版。

46. ［英］安德鲁·霍尔丹：《反思金融网络》，引自吴敬琏：《比较》（第

42辑），中信出版社2009年版。

47．［英］保罗·威尔曼等：《监管关系的演进：私有化行业中的监管制度与公司行为》，引自吴敬琏：《比较》（第8辑），中信出版社2003年版。

48．［英］迪特尔·赫尔姆：《监管改革、监管俘获与监管负担》，引自吴敬琏：《比较》（第35辑），中信出版社2007年版。

49．［英］霍华德·戴维斯、大卫·格林：《全球金融监管》，中国银行监督管理委员会国际部译，中国金融出版社2009年版。

50．［英］霍华德·戴维斯：《中国的金融改革》，引自吴敬琏：《比较》（第17辑），中信出版社2005年版。

51．［英］理查德·德尔：《全球证券市场风险与监管》，王建梅等译，科文出版有限公司1999年版。

52．［英］许成钢：《金融危机的新框架阐释与中国的政策建议》，引自吴敬琏：《比较》（第39辑），中信出版社2008年版。

53．［英］许成钢：《用中国体制破解"中国之谜"》，引自吴敬琏：《比较》（第36辑），中信出版社2008年版。

54．艾春荣、汪伟：《习惯偏好下的中国居民消费的过度敏感性——基于1995~2005年省际动态面板数据的分析》，载于《数量经济技术经济研究》2008年第11期。

55．巴曙松：《次贷危机中的中国宏观金融政策选择》，载于《武汉金融》2009年第1期。

56．白万钢：《从AIG派红事件谈高管薪酬管理》，载于《董事会》2009年第3期。

57．白维军：《"金砖国家"反贫困合作机制研究》，载于《经济体制改革》2013年第1期。

58．白重恩、钱震杰：《国民收入的要素分配：统计数据背后的故事》，载于《经济研究》2009年第3期。

59．包玉香、李子君：《人口老龄化对山东省消费的影响研究》，载于《消费经济》2012年第2期。

60．滨田道代、吴志攀：《公司治理与资本市场监管：比较与借鉴》，北京大学出版社2003年版。

61．蔡春林、刘畅、黄学军：《金砖国家在世界经济中的地位和作用》，载于《经济社会体制比较》2013年第1期。

62．蔡昉、王美艳：《"未富先老"对经济增长可持续性的挑战》，载于《宏观经济研究》2006年第6期。

63. 蔡浩仪、徐忠：《消费信贷、信用分配与中国经济发展》，载于《金融研究》2005年第2期。

64. 曹琛：《我国天然气定价机制研究》，中国石油大学，2007年。

65. 曹凤岐、贾春新：《金融市场与金融机构》，北京大学出版社2002年版。

66. 曹凤岐：《经济发展与资本市场管理》，北京大学出版社2003年版。

67. 曹毅：《金融控股公司的整合研究》，复旦大学，2005年。

68. 曾康霖、范俏燕：《论财产性收入与扩大内需》，载于《经济学动态》2009年第9期。

69. 曾筱清：《金融全球化与金融监管立法研究》，北京大学出版社2005年版。

70. 查奇芬、周星星：《人口老龄化对消费结构的影响——基于江苏省数据的实证分析》，载于《中国统计》2012年第12期。

71. 柴国俊、尹志超：《住房增值对异质性家庭的消费影响》，载于《中国经济问题》2013年第6期。

72. 柴国俊：《房屋拆迁能够提高家庭消费水平吗？——基于中国家庭金融调查数据的实证分析》，载于《经济评论》2014年第2期。

73. 常亚青：《中国中等收入者的收入流动性研究》，上海社会科学院，2011年。

74. 陈斌开、陈琳、谭安邦：《理解中国消费不足：基于文献的评述》，载于《世界经济》2014年第7期。

75. 陈斌开、李涛：《中国城镇居民家庭资产——负债现状与成因研究》，载于《经济研究》2011年第S1期。

76. 陈斌开：《收入分配与中国居民消费——理论和基于中国的实证研究》，载于《南开经济研究》2012年第1期。

77. 陈岱松：《证券上市监管——法律制度国际比较研究》，法律出版社2009年版。

78. 陈栋生：《西部地区经济现状与大开发的对策》，载于《中国工业经济》2001年第3期。

79. 陈红、田农：《中国服饰财富效应：理论与实证》，载于《广东金融学院学报》2007年第4期。

80. 陈佳瑛：《中国改革三十年人口年龄结构变化与总消费关系研究》，载于《人口与发展》2009年第2期。

81. 陈建宝、杜小敏、董海龙：《基于分位数回归的中国居民收入和消费的实证分析》，载于《统计与信息论坛》2009年第7期。

82. 陈建东、罗涛、赵艾凤：《收入分布函数在收入不平等研究领域的应用》,载于《统计研究》2013年第9期。

83. 陈健、陈杰、高波:《信贷约束、房价与居民消费率——基于面板门槛模型的研究》,载于《金融研究》2012年第4期。

84. 陈健、高波:《非线性视角下的中国房地产财富效应的测度研究——基于1996~2008年省际面板数据的分析》,载于《广东金融学院学报》2010年第5期。

85. 陈健、高波:《住房保障与财富效应逆转——基于平滑转换回归方法的实证分析》,载于《经济评论》2012年第1期。

86. 陈杰、张卫涛:《资产的财富效应:最新理论文献综述》,载于《经济前沿》2009年第9期。

87. 陈杰:《中国住宅价格的收入弹性估计及其区域性差异》,载于《世界经济文汇》2010年第3期。

88. 陈进国、陈创练:《我国股市财富效应的非对称性研究》,载于《统计与决策》2009年第13期。

89. 陈娟:《基于收入分布的基尼系数非参数估算》,载于《数理统计与管理》2013年第4期。

90. 陈娟:《我国城镇贫困变动及影响因素研究——基于收入分布拟合及分解模型研究》,载于《数学的实践与认识》2010年第19期。

91. 陈乐一、李春风、李玉双:《中国收入等级不同的城镇居民预防性储蓄动机研究》,载于《财经理论与实践》2013年第4期。

92. 陈磊、伏玉林、苏畅:《我国公共基础设施的规模效应及结构效应分析——基于1996~2010的制造业行业数据》,载于《上海经济研究》2012年第5期。

93. 陈明艺、赵聪聪:《适度调整城镇消费品增值税率结构探讨——基于主要消费品供求弹性的测度》,载于《现代财经》2012年第12期。

94. 陈启斐、楚明钦:《扩大内需、工资上涨与对外出口——来自中国228个城市的面板数据》,载于《经济理论与经济管理》2013年第11期。

95. 陈启杰、曹泽洲、孟慧霞:《中国后工业社会消费结构研究》,上海财经大学出版社2011年版。

96. 陈强:《高级计量经济学及Stata应用》,高等教育出版社2010年版。

97. 陈诗一、张军:《中国地方政府财政支出效率研究:1978~2005》,载于《中国社会科学》2008年第4期。

98. 陈训波、周伟:《家庭财富与中国城镇居民消费:来自微观层面的证据》,载于《中国经济问题》2013年第2期。

99. 陈彦斌、邱哲圣：《高房价如何影响居民储蓄率和财产不平等》，载于《经济研究》2011年第10期。

100. 陈燕武：《消费经济学——基于经济计量学视角》，社会科学文献出版社2008年版。

101. 陈友华、苗国：《全球化背景下的中国海外购物及其形成机制——以外部性因素视角反思扩大内需何以在境外成为现实》，载于《国际经济评论》2013年第5期。

102. 陈雨露、马勇：《金融业组织形式变迁与金融监管体系选择：全球视角与比较分析》，载于《货币金融评论》2008年第6期。

103. 陈云、王浩：《核密度估计下的二分递归算法构建及应用——测算特定收入群体规模的非参数方法拓展》，载于《统计与信息论坛》2011年第9期。

104. 陈璋、徐宪鹏、陈淑霞：《中国转型期收入分配结构调整与扩大消费的实证研究——基于投入产出两部门分析框架》，载于《经济理论与经济管理》2013年第5期。

105. 陈钊、陈杰、刘晓峰：《安得广厦千万间：中国城镇住房体制市场化改革的回顾与展望》，载于《世界经济文汇》2008年第1期。

106. 陈宗胜、沈扬扬、周云波：《中国农村贫困状况的绝对与相对变动——兼论相对贫困线的设定》，载于《管理世界》2013年第1期。

107. 程宝军：《全球化视角下的西部大开发》，载于《上海经济研究》2002年第9期。

108. 程华、宝贡敏：《网上购物意向决定因素的实证研究》，载于《数量经济技术经济研究》2003年第11期。

109. 程磊：《收入差距扩大与中国内需不足：理论机制与实证检验》，载于《经济科学》2011年第2期。

110. 程永宏：《改革以来全国总体基尼系数的演变及其城乡分解》，载于《中国社会科学》2007年第4期。

111. 储德银、闫伟：《初次分配对居民消费的影响机理及实证研究》，载于《财政研究》2011年第3期。

112. 楚尔鸣、鲁旭、杨光：《农村公共物品供给消费效应的实证分析》，载于《消费经济》2007年第6期。

113. 丛明、朱乃肖：《2009年经济形势与2010年宏观调控政策取向分析》，载于《财贸经济》2009年第12期。

114. 戴丽娜：《习惯形成、不确定性、流动性约束与居民消费——基于省际动态面板数据的实证分析》，载于《商业经济与管理》2010年第3期。

115. 戴颖杰、周奎省：《房价变动对居民消费行为影响的实证分析》，载于《宏观经济研究》2012 年第 3 期。

116. 邓健、张玉新：《房价波动对居民消费的影响机制》，载于《管理世界》2011 年第 4 期。

117. 邓聚龙：《灰色系统理论教程》，华中理工大学出版社 1990 年版。

118. 邓可斌、丁菊红：《转型中的分权与公共品供给：基于中国经验的实证研究》，载于《财经研究》2009 年第 3 期。

119. 邓良、刘英骥：《金融危机条件下扩大内需与建设和谐社会的思考——基于"富裕中的贫穷"之经济学诠释的视角》，载于《经济与管理研究》2009 年第 6 期。

120. 狄煌：《合理界定中等收入者》，载于《经济参考报》2003 年 2 月 12 日。

121. 丁菊红、邓可斌：《政府偏好、公共品供给与转型中的财政分权》，载于《经济研究》2008 年第 7 期。

122. 丁学东：《关于扩大内需的几点思考》，载于《管理世界》2009 年第 12 期。

123. 董炯、彭冰：《公法视野下的中国证券管制体制的演进》，载于《行政法论丛》2002 年第 5 期。

124. 董志凯：《我国农村基础设施投资的变迁（1950~2006 年）》，载于《中国经济史研究》2008 年第 3 期。

125. 杜冰：《城市商品住宅价格变化对居民消费行为的影响》，载于《沈阳建筑大学学报（社科版）》2010 年第 4 期。

126. 杜凤华：《我国扩大内需效果管窥与未来政策取向》，载于《现代财经》2010 年第 6 期。

127. 杜海韬、邓翔：《流动性约束和不确定性状态下的预防性储蓄研究——中国城乡居民的消费特征分析》，载于《经济学（季刊）》2005 年第 2 期。

128. 杜莉、潘春阳、张苏予、蔡江南：《房价上升促进还是抑制了居民消费——基于我国 172 个地级城市面板数据的实证研究》，载于《浙江社会科学》2010 年第 8 期。

129. 杜莉、沈建光、潘春阳：《房价上升对城镇居民平均消费倾向的影响》，载于《金融研究》2013 年第 3 期。

130. 杜启尧：《中国金融控股公司立法研究》，中国政法大学，2004 年。

131. 段景辉、陈建宝：《基于家庭收入分布的地区基尼系数的测算及其城乡分解》，载于《世界经济》2010 年第 1 期。

132. 段景辉、黄丙志:《我国社会保障支出对居民消费需求的影响研究》,载于《财经论丛》2011年第3期。

133. 段先盛:《收入分配对总消费影响的结构分析——兼对中国城镇家庭的实证检验》,载于《数量经济技术经济研究》2009年第2期。

134. 段银弟:《中国金融制度变迁的路径分析》,华中科技大学,2004年。

135. 段忠东、朱孟楠:《扩大内需政策下的房价冲击与居民消费增长——厦门的实证研究》,载于《中央财经大学学报》2011年第5期。

136. 樊纲、王小鲁:《消费条件模型和各地区消费条件指数》,载于《经济研究》2004年第5期。

137. 樊纲、魏强、刘鹏:《中国经济的内外均衡与财税改革》,载于《经济研究》2009年第8期。

138. 樊向前、戴国海:《影响居民消费行为的信贷条件分析——基于2002~2009年我国城镇居民消费的实证研究》,载于《财经理论与实践》2010年第6期。

139. 樊潇彦、邱茵茵、袁志刚:《上海居民消费的财富效应研究》,载于《复旦学报(社会科学版)》2009年第5期。

140. 樊潇彦、袁志刚、万广华:《收入风险对居民耐用品消费的影响》,载于《经济研究》2007年第4期。

141. 范九利、白暴力、潘泉:《基础设施资本与经济增长关系的研究文献综述》,载于《上海经济研究》2004年第1期。

142. 范愉:《集团诉讼问题研究》,北京大学出版社2005年版。

143. 范子英:《转移支付基础设施投资与腐败》,载于《经济社会体制比较》2013年第2期。

144. 方福前:《中国居民消费需求不足原因研究——基于中国城乡分省数据》,载于《中国社会科学》2009年第2期。

145. 方流芳:《从法律视角看中国事业单位改革——事业单位"法人化"批判》,载于《比较法研究》2007年第3期。

146. 方流芳:《独立董事在中国:假定与现实》,载于《政法论坛》2008年第5期。

147. 方流芳:《证券交易所的法律地位——反思"与国际惯例接轨"》,载于《政法论坛》2007年第1期。

148. 方显仓、王昱坤:《社会保障、预防性储蓄与上海居民消费》,载于《上海经济研究》2013年第10期。

149. 房震:《金融集团:制度创新与监管研究》,上海社会科学院,2006年。

150. 冯立天：《中国人口政策的过去、现在与未来》，载于《人口研究》2000年第4期。

151. 冯涛、王宗道、赵会玉：《资产价格波动的财富效应与居民消费行为》，载于《经济社会体制比较》2010年第4期。

152. 冯婷婷、张淼：《城镇居民不同收入阶层的基本需求及边际消费倾向研究》，载于《中国人口·资源与环境》2012年第8期。

153. 冯燮刚、李子奈：《当前形势下化解中国经济金融困境的对策——兼论扩大内需应从房地产入手》，载于《经济学动态》2009年第2期。

154. 傅穹、于永宁：《高管薪酬的法律迷思》，载于《法律科学》（西北政法大学学报）2009年第6期。

155. 傅穹、于永宁：《金融监管的变局与路径：以金融危机为背景的法律观察》，载于《社会科学研究》2009年第6期。

156. 傅穹：《重思公司资本制原理》，法律出版社2004年版。

157. 傅勇、张晏：《中国式分权与财政支出结构偏向：为增长而竞争的代价》，载于《管理世界》2007年第3期。

158. 傅勇：《财政分权、政府治理与非经济性公共物品供给》，载于《经济研究》2010年第8期。

159. 傅勇：《分权治理与地方政府合意性：新政治经济学能告诉我们什么？》，载于《经济社会体制比较（双月刊）》2010年第4期。

160. 盖艳梅：《金融控股公司模式论》，中共中央党校，2005年。

161. 甘犁、尹志超、贾男、徐舒、马双：《中国家庭资产状况及住房需求分析》，载于《金融研究》2013年第4期。

162. 高春亮、周晓艳：《34个城市的住宅财富效应：基于panel data的实证研究》，载于《南开经济研究》2007年第1期。

163. 高梦滔、毕岚岚、师慧丽：《流动性约束、持久收入与农户消费——基于中国农村微观面板数据的经验研究》，载于《统计研究》2008年第6期。

164. 高铁梅：《计量经济分析方法与建模》，清华大学出版社2009年版。

165. 葛敏、席月民：《我国金融衍生品市场统一监管模式选择》，载于《法学杂志》2005年第2期。

166. 葛敏、郑人玮：《金融衍生品市场统一监管法律制度的构建》，载于《环球法律评论》2005年第6期。

167. 葛威：《马克思主义消费理论对我国现阶段消费模式的启示》，西南石油大学，2012年。

168. 龚刚、林毅夫：《过度反应：中国经济"缩长"之解释》，载于《经济研究》2007年第4期。

169. 龚晓菊：《扩大消费需求的长效机制分析》，载于《财贸经济》2012年第8期。

170. 顾功耘：《金融衍生工具的法律规制》，北京大学出版社2007年版。

171. 顾功耘：《金融衍生工具与法律规制的创新》，载于《法学》2006年第3期。

172. 管强：《城市化进程中的公共物品引致供需分析》，载于《中央财经大学学报》2003年第7期。

173. 郭春丽：《我国内需率下降的成因及建立扩大内需长效机制的思路》，载于《经济理论与经济管理》2012年第9期。

174. 郭丹：《保险服务者说明义务的边界兼评〈中华人民共和国保险法〉第17条》，载于《北方法学》2009年第6期。

175. 郭丹：《金融消费者权利法律保护研究》，吉林大学，2009年。

176. 郭丹：《金融消费者之法律界定》，载于《学术交流》2010年第8期。

177. 郭峰：《虚假陈述证券侵权赔偿》，法律出版社2003年版。

178. 郭峰：《证券法律评论》（第四卷），法律出版社2005年版。

179. 郭峰：《中国资本市场若干重大法律问题研究》，法律出版社2008年版。

180. 郭雳：《美国证券私募发行法律问题研究》，北京大学出版社2004年版。

181. 郭雳：《中国银行业创新与发展的法律思考》，北京大学出版社2006年版。

182. 郭庆旺：《消费函数的收入阶层假说》，载于《经济理论与经济管理》2013年第1期。

183. 郭纹延：《转轨时期中国金融监管体制变迁与金融效率研究》，西北大学，2006年。

184. 国家发改委社会发展研究所课题组：《扩大中等收入者比重的实证分析和政策建议》，载于《经济学动态》2012年第5期。

185. 国家统计局城调总队课题组：《6万-50万元：中国城市中等收入群体探究》，载于《数据》2005年第6期。

186. 国家统计局国民经济核算司：《中国非经济普查年度国内生产总值核算方法》（修订版），中国统计出版社2010年版。

187. 国务院发展研究中心课题组，刘世锦、陈昌盛、许召元、崔小勇：《农民工市民化对扩大内需和经济增长的影响》，载于《经济研究》2010年第6期。

188. 韩海燕、何炼成：《中国城镇居民收入结构与消费问题实证研究》，载于《消费经济》2010 年第 3 期。

189. 韩华为、苗艳青：《地方政府卫生支出效率核算及影响因素实证研究——以中国 31 个省份面板数据为依据 DEA – Tobit 分析》，载于《财经研究》2010 年第 36 卷第 5 期。

190. 韩立岩、杜春越：《城镇家庭消费金融效应的地区差异研究》，载于《经济研究》2011 年第 S1 期。

191. 韩良：《金融衍生品交易市场的制度设计和监管》，载于《政法论坛》2008 年第 4 期。

192. 韩龙：《规制与监管：美国金融改革方案对金融法品行的再证明——解读美国金融改革方案之法学理念与基础》，载于《河北法学》2009 年第 11 期。

193. 韩鹏云、刘祖云：《村级公益事业"一事一议"：历程，特征及路径创新——基于制度变迁的分析范式》，载于《经济体制改革》2011 年第 5 期。

194. 韩松、杨春雷：《我国城镇居民非预期收入对消费影响的实证分析》，载于《经济理论与经济管理》2009 年第 6 期。

195. 杭斌：《城镇居民的平均消费倾向为何持续下降——基于消费习惯形成的实证分析》，载于《数量经济技术经济研究》2010 年第 6 期。

196. 杭斌：《基于财富目标的居民储蓄行为》，载于《统计研究》2008 年第 2 期。

197. 杭斌：《流动性约束、不确定性与消费过度敏感》，载于《数量经济技术经济研究》2001 年第 12 期。

198. 杭斌、郭香俊：《基于习惯形成的预防性储蓄——中国城镇居民消费行为的实证分析》，载于《统计研究》2009 年第 3 期。

199. 杭斌、申春兰：《潜在流动性约束与预防性储蓄行为——理论框架及实证研究》，载于《管理世界》2005 年第 9 期。

200. 杭斌、王永亮：《流动性约束与居民消费》，载于《数量经济技术经济研究》2001 年第 8 期。

201. 杭斌：《城镇居民的平均消费倾向为何持续下降——基于消费习惯形成的实证分析》，载于《数量经济技术经济研究》2010 年第 6 期。

202. 浩春杏：《阶层视野中的城市居民住房梯度消费——以南京为个案的社会学研究》，载于《南京社会科学》2007 年第 3 期。

203. 何广文：《从农村居民资金借贷行为看农村金融抑制与金融深化》，载于《中国农村经济》1999 年第 10 期。

204. 何明升：《网络消费方式的内在结构及存在机理》，载于《哈尔滨工业大学学报（社会科学版）》2002年第3期。

205. 何小松：《财富效应：理论与现实》，载于《经济问题》2003年第2期。

206. 何孝星、邱杨茜：《关于当前我国内需刺激政策的可持续性及其改进问题》，载于《经济学动态》2009年第11期。

207. 何颖：《金融消费者刍议》，载于《金融法苑》2008年第75期。

208. 贺红兵：《金融监管协调机制或建立：银证保"三会合并"一场虚惊》，载于《华夏时报》2007年第12期。

209. 贺京同、侯文杰：《边际消费倾向的非对称性与消费增长——一个基于前景理论的消费需求模型》，载于《中南财经政法大学学报》2010年第3期。

210. 贺菊煌：《消费函数分析》，社会科学文献出版社2000年版。

211. 贺菊煌：《人口变动对经济的影响》，载于《人口与经济》2004年第2期。

212. 贺小勇：《金融全球化趋势下金融监管法律问题》，法律出版社2002年版。

213. 宏观经济研究院经济和社会发展研究所课题组：《中等收入者的概念和划分标准》，载于《宏观经济研究》2004年第5期。

214. 洪兴建：《基尼系数合意值和警戒线的探讨》，载于《统计研究》2007年第8期。

215. 洪艳蓉：《美国证券交易委员会行政执法机制研究："独立"、"高效"与"负责"》，载于《比较法研究》2009年第1期。

216. 洪艳蓉：《资产证券化法律问题研究》，北京大学出版社2004年版。

217. 洪银兴：《依靠扩大内需实现经济持续增长——学习党的十八大精神》，载于《南京大学学报》2013年第1期。

218. 胡建生、纪明：《中国经济增长的需求分析及其政策含义》，载于《中央财经大学学报》2013年第2期。

219. 胡启忠，高晋康：《金融领域法律规制新视域》，法律出版社2008年版。

220. 胡永刚、郭长林：《股票财富、信号传递与中国城镇居民消费》，载于《经济研究》2012年第3期。

221. 胡永刚、刘方：《劳动调整成本、流动性约束与中国经济波动》，载于《经济研究》2007年第10期。

222. 胡志军：《基于分组数据的基尼系数估计与社会福利：1985～2009年》，载于《数量经济技术经济研究》2012年第9期。

223. 胡志平：《中国式内需的"三维"困境及治理》，载于《经济学家》

2013年第2期。

224. 胡宗义、李鹏：《农村正规与非正规金融对城乡收入差距影响的空间计量分析——基于我国31省市面板数据的实证分析》，载于《当代经济科学》2013年第2期。

225. 黄昊：《住房改革、流动性约束与城镇居民消费不足的实证研究》，东北财经大学，2010年。

226. 黄恒君、刘黎明：《一种收入分布函数序列的拟合方法及扩展应用》，载于《统计与信息论坛》2011年第12期。

227. 黄辉：《〈巴塞尔协议〉的演变：银行监管的新问题与新对策》，载于《环球法律评论》2006年第1期。

228. 黄辉：《大型金融和市场机构中的中国墙制度——英美法系的经验与教训》，载于《清华法学》2007年第1期。

229. 黄辉：《金融监管体制改革：国际比较与分析》，法律出版社2006年版。

230. 黄辉：《金融监管现代化：英美法系的经验与教训》，载于《广东社会科学》2009年第1期。

231. 黄金川、黄武强、张煜：《中国地级以上城市基础设施评价研究》，载于《经济地理》2011年第1期。

232. 黄静、崔光灿：《住房分配货币化、房价上涨与城镇居民住房财产差距分化——基于家庭微观调查数据的分析》，载于《当代经济研究》2013年第5期。

233. 黄静、屠梅曾：《房地产财富与消费：来自于家庭微观调查数据的证据》，载于《管理世界》2009年第7期。

234. 黄静：《中国房地产价格上涨的广义财富效应研究》，上海交通大学，2010年。

235. 黄凌云、黄秀霞：《"金砖五国"金融合作对五国及全球经济的影响研究——基于GTAP模型的实证模拟》，载于《经济学家》2012年第4期。

236. 黄茂兴：《扩大内需：从权宜之计到战略基点》，载于《经济学家》2012年第10期。

237. 黄明：《全球金融危机的启示与应对》，中信出版社2008年版。

238. 黄平：《我国房地产"财富效应"与货币政策关系的实证检验》，载于《上海金融》2006年第6期。

239. 黄寿峰、王艺明：《我国交通基础设施发展与经济增长的关系研究——基于非线性Granger因果检验》，载于《经济学家》2012年第6期。

240. 黄维德、陈欣:《上海中等收入群体的消费状况研究》,载于《上海经济研究》2004年第10期。

241. 黄毅:《银行监管法律研究》,法律出版社2009年版。

242. 黄赜琳、傅冬绵:《居民消费演变特征事实及其对经济增长的影响》,载于《上海财经大学学报》2012年第4期。

243. 黄赜琳:《中国经济周期特征与财政政策效应——一个基于三部门RBC模型的实证分析》,载于《经济研究》2005年第6期。

244. 黄祖辉、刘西川、程恩江:《中国农户的信贷需求:生产型抑或消费性——方法比较与实证分析》,载于《管理世界》2007年第3期。

245. 黄祖辉、王鑫鑫:《人口结构变迁背景下的中国经济增长》,载于《浙江大学学报(人文社会科学版)》2014年第44期。

246. 纪宏、陈云:《我国中等收入者比重及其变动的测度研究》,载于《经济学动态》2009年第6期。

247. 纪琼骁:《中国金融监管制度的变迁》,武汉大学,2005年。

248. 贾俊雪、余芽芳、刘静:《地方政府支出规模、支出结构与区域经济收敛》,载于《中国人民大学学报》2011年第3期。

249. 贾男、张亮亮:《城镇居民消费的"习惯形成"效应》,载于《统计研究》2011年第8期。

250. 江曙霞:《银行监督管理与资本充足性管制》,中国发展出版社1994年版。

251. 江小涓:《大国双引擎增长模式——中国经济增长中的内需和外需》,载于《管理世界》2010年第6期。

252. 江秀平:《公共财政与提高公共物品供给效率》,载于《财贸经济》2000年第2期。

253. 姜百臣、马少华、孙明华:《社会保障对农村居民消费行为的影响机制分析》,载于《中国农村经济》2010年第11期。

254. 姜立文、刘长才:《美国金融衍生品的异化与监管》,载于《河南金融管理干部学院学报》2009年第1期。

255. 姜立文:《金融控股公司法律问题研究》,华东政法学院,2005年。

256. 姜涛:《转型时期中国居民消费升级的产业结构效应研究》,山东大学,2009年。

257. 蒋冠宏、蒋殿春:《基础设施,基础设施依赖与产业增长——基于中国省区行业数据检验》,载于《南方经济》2012年第11期。

258. 焦津洪:《德国稳定金融市场的立法及启示》,中信出版社2008年版。

259. 焦鹏：《城镇居民收入群体消费函数分析》，载于《商业研究》2009年第6期。

260. 解垩：《房产和金融资产对家庭消费的影响：中国的微观证据》，载于《财贸研究》2012年第4期。

261. 金戈：《中国基础设施资本存量估算》，载于《经济研究》2012年第4期。

262. 金晓彤、杨晓东：《中国城镇居民消费行为变异的四个假说及其理论分析》，载于《管理世界》2004年第11期。

263. 金烨、李宏彬、吴斌珍：《收入差距与社会地位寻求：一个高储蓄率的原因》，载于《经济学（季刊）》2011年第10期。

264. 金烨、李宏彬：《非正规金融与农户借贷行为》，载于《金融研究》2009年第4期。

265. 金泽刚：《证券市场监管与司法介入》，山东人民出版社2004年版。

266. 靳涛、丁飞：《消费与房价关系研究新进展》，载于《经济学动态》2010年第3期。

267. 井涛：《内幕交易规制论》，北京大学出版社2007年版。

268. 凯恩斯：《就业利息和货币通论》，徐毓译，商务印书馆1997年版。

269. 康建英：《人口年龄结构变化对我国消费的影响》，载于《人口与经济》2009年第2期。

270. 孔东民：《前景理论、流动性约束与消费行为的不对称——以我国城镇居民为例》，载于《数量经济技术与经济研究》2005年第4期。

271. 况伟大：《房价变动与中国城市居民消费》，载于《世界经济》2011年第10期。

272. 赖英照：《股市游戏规则：最新证券交易法解析》，中国政法大学出版社2006年版。

273. 蓝庆新，金刚杰：《韩国金融监管体制改革及对我国的启示》，载于《上海金融》2003年第2期。

274. 乐长根、辜宏强：《我国居民不同资产财富效应的协整检验与比较》，载于《商业时代》2011年第27期。

275. 雷钦礼：《财富积累、习惯、偏好改变、不确定性与家庭消费决策》，载于《经济学（季刊）》2009年第3期。

276. 雷震、张安全：《预防性储蓄的重要性研究：基于中国的经验分析》，载于《世界经济》2013年第6期。

277. 黎四奇：《金融监管法律问题研究》，法律出版社2007年版。

278. 黎四奇：《金融企业集团法律监管研究》，武汉大学出版社 2005 年版。

279. 黎志成、刘枚莲：《电子商务环境下的消费者行为研究》，载于《中国管理科学》2002 年第 12 期。

280. 李成武：《中国房地产财富效应地区差异分析》，载于《财经问题研究》2010 年第 2 期。

281. 李承政、邱俊杰：《中国农村人口结构与居民消费研究》，载于《人口与经济》2012 年第 1 期。

282. 李春风、陈乐一、李玉双：《我国收入等级不同城镇居民的消费敏感性》，载于《湖南大学学报（社会科学版）》2012 年第 6 期。

283. 李春风、陈乐一、刘建江：《房价波动对我国城镇居民消费的影响研究》，载于《统计研究》2013 年第 2 期。

284. 李春玲：《比较视野下的中产阶级形成过程、影响以及社会经济后果》，社会科学文献出版社 2009 年版。

285. 李春玲：《断裂与碎片：当代中国社会阶层分化实证分析》，社会科学文献出版社 2005 年版。

286. 李春玲：《中国中产阶级的增长及其现状》，载于《江苏社会科学》2008 年第 5 期。

287. 李春琦、张杰平：《中国人口结构变动对农村居民消费的影响研究》，载于《中国人口科学》2009 年第 4 期。

288. 李稻葵、徐翔：《中国经济结构调整及其动力研究》，载于《新金融》2013 年第 6 期。

289. 李东方：《证券监管法律制度研究》，北京大学出版社 2002 年版。

290. 李广众：《政府支出与居民消费：替代还是互补》，载于《世界经济》2005 年第 5 期。

291. 李晗：《法经济学视野下的金融监管法正义性分析》，载于《法制与社会发展》2006 年第 5 期。

292. 李晗：《论我国金融控股公司风险防范法律制度》，湖南大学，2007 年。

293. 李洪心、高威：《中国人口老龄化对消费结构影响的灰色关联分析》，载于《人口与发展》2008 年第 6 期。

294. 李建民：《老年人消费需求影响因素分析及我国老年人消费需求增长预测》，载于《人口与经济》2001 年第 5 期。

295. 李建伟：《金融控股公司的法律规制：台湾地区样本分析》，载于《求索》2005 年第 12 期。

296. 李剑、臧旭恒：《住房价格波动与中国城镇居民消费行为——基于 2004～

2011 年省际动态面板数据的分析》，载于《南开经济研究》2015 年第 1 期。

297. 李金泽、梅明华：《美国政府应对金融危机的监管改革方案及其启示》，载于《河北法学》2009 年第 11 期。

298. 李军：《收入差距对消费需求影响的定量分析》，载于《数量经济技术技术经济研究》2003 年第 9 期。

299. 李骏罡、朱晓琳：《欧盟各成员国金融监管一体化趋势分析》，载于《南方金融》2008 年第 2 期。

300. 李魁：《人口年龄结构变动与经济增长》，载于《武汉大学博士论文集》2010 年第 41 期。

301. 李亮：《房地产财富与消费关系研究新进展》，载于《经济学动态》2010 年第 11 期。

302. 李亮：《房地产市场对消费支出传导效应的文献综述》，载于《经济理论与经济管理》2010 年第 11 期。

303. 李玲玲：《收入差距、有效需求不足与经济增长放缓》，暨南大学，2013 年。

304. 李凌、王翔：《中国城乡居民消费过度敏感性的理论分析和实证检验》，载于《经济科学》2009 年第 6 期。

305. 李培林、张翼：《消费分层：启动经济的一个重要视点》，载于《中国社会科学》2000 年第 1 期。

306. 李培林、张翼：《中国中产阶级的规模、认同和社会态度》，载于《社会》2008 年第 2 期。

307. 李沛：《金融消费者保护制度研究》，复旦大学，2010 年。

308. 李平、王春辉、于国才：《基础设施与经济发展的文献综述》，载于《世界经济》2011 年第 5 期。

309. 李强、罗仁福、刘承芳，等：《新农村建设中农民最需要什么样的公共服务——农民对农村公共物品投资的意愿分析》，载于《农业经济问题》2006 年第 10 期。

310. 李强：《关于中产阶级的理论与现状》，载于《社会》2005 年第 1 期。

311. 李强：《为什么农民工"有技术无地位"——技术工人转向中间阶层社会结构的战略探索》，载于《江苏社会科学》2010 年第 6 期。

312. 李强：《郑江淮. 基础设施投资真的能促进经济增长吗？——基于基础设施投资"挤出效应"的实证分析》，载于《农业经济研究（双月刊）》2012 年第 3 期。

313. 李强：《中国中等收入阶层的构成》，载于《湖南师范大学社会科学学报》2003 年第 4 期。

314. 李琴、李大胜、熊启泉：《我国农村基础设施供给的优先序——基于广东英德、鹤山的实证分析》，载于《上海经济研究》2009 年第 6 期。

315. 李锐、李宁军：《农户借贷行为及其福利效果分析》，载于《经济研究》2004 年第 12 期。

316. 李闰哲：《消费者保护法律制度比较研究》，西南政法大学，2007 年。

317. 李若谷：《当前应重视对金融控股公司立法问题的研究》，载于《经济导刊》2004 年第 9 期。

318. 李实、罗楚亮：《中国收入差距究竟有多大？实、对修正样本结构偏差的尝试》，载于《经济研究》2011 年第 4 期。

319. 李实、魏众、丁赛：《中国居民财产不均等及其原因的经验分析》，载于《经济研究》2005 年第 6 期。

320. 李实、张平、魏众、仲济垠：《中国居民收入分配实证研究》，社会科学文献出版社 2000 年版。

321. 李树培、白战伟：《减税和扩大政府支出对经济增长和扩大内需的效率与效力比较——基于 SVAR 模型的分析》，载于《财经论丛》2009 年第 9 期。

322. 李涛、陈斌开：《家庭固定资产、财富效应与居民消费：来自中国城镇家庭的经验证据》，载于《经济研究》2014 年第 3 期。

323. 李通屏、郭继远：《中国人口转变与人口政策的演变》，载于《市场与人口分析》2007 年第 13 期。

324. 李通屏、郭熙保：《扩大内需的人口经济学：理论与实证》，载于《经济理论与经济管理》2011 年第 6 期。

325. 李通屏：《人口经济学》，清华大学出版社 2008 年版。

326. 李伟群、程世勇：《我国城乡居民消费差异和拉动内需的制度选择》，载于《经济学动态》2009 年第 2 期。

327. 李文泓：《国际金融监管理念与监管方式的转变及其对我国的启示》，载于《国际金融研究》2001 年第 6 期。

328. 李文龙：《美国金融监管改革述评》，载于《银行家》2008 年第 9 期。

329. 李文星、徐长生、艾春荣：《中国人口年龄结构和居民消费：1989～2004》，载于《经济研究》2008 年第 7 期。

330. 李焰：《关于利率与我国居民储蓄关系的探讨》，载于《经济研究》1999 年第 11 期。

331. 李燕凌、李立清：《农村公共品供给对农民消费支出的影响》，载于《四川大学学报：哲学社会科学版》2005 年第 5 期。

332. 李燕桥：《消费信贷与中国城镇居民消费行为分析》，山东大学，2012年。

333. 李扬、殷剑峰：《中国高储蓄率问题探究——1992～2003年中国资金流量表的分析》，载于《经济研究》2007年第6期。

334. 李一花、骆永民：《财政分权、地方基础设施建设与经济增长》，载于《当代经济科学》2009年第31期。

335. 李义平：《论注重内需拉动的经济发展》，载于《经济学动态》2009年第4期。

336. 李永友、丛树海：《居民消费与中国财政政策的有效性：基于居民最优消费决策行为的经验分析》，载于《世界经济》2006年第5期。

337. 李永友：《我国财政支出结构演进及其效率》，载于《经济学（季刊）》2009年第9期。

338. 李勇辉、温娇秀：《我国城镇居民预防性储蓄行为与支出的不确定性关系》，载于《管理世界》2005年第5期。

339. 李郁芳：《政府公共品供给行为的外部性探析》，载于《南方经济》2005年第6期。

340. 李真男：《政府支出结构与税收分配比例的经济增长效应研究》，载于《财政研究》2009年第9期。

341. 李中明：《我国现阶段居民消费分层研究》，西南财经大学，2010年。

342. 李子联：《收入分配如何影响经济增长——一个基于需求视角的分析框架》，载于《财经科学》2011年第5期。

343. 理查德·比特纳：《贪婪、欺诈和无知：美国次贷危机真相》，中信出版社2008年版。

344. 厉以宁：《经济学理论问题》，生活、读书、新知三联书店1999年版。

345. 厉以宁：《资本主义的起源：比较经济史研究》，商务印书馆2003年版。

346. 梁定邦：《中国资本市场前瞻》，北京大学出版社2001年版。

347. 梁慧星：《消费者权益保护法第49条的解释与适用》，载于《人民法院报》2001年第29期。

348. 梁俊娇：《政府公共支出绩效低下的成因分析》，载于《中央财经大学学报》2007年第5期。

349. 梁琪、郭娜、郝项超：《房地产市场财富效应及其影响因素研究基于我国省际面板数据的分析》，载于《经济纵横》2011年第5期。

350. 梁上上：《论股东表决权——以公司控制权争夺为中心展开》，法律出版社2005年版。

351. 梁云芳、高铁梅：《我国商品住宅销售价格波动成因的实证分析》，载于《管理世界》2006年第8期。

352. 梁云芳、高铁梅：《中国房地产价格波动区域差异的实证分析》，载于《经济研究》2007年第8期。

353. 梁运文、霍震、刘凯：《中国城乡居民财产分布的实证研究》，载于《经济研究》2009年第10期。

354. 廖大颖：《证券市场与股份制度论》，中国政法大学出版社2002年版。

355. 廖凡：《竞争、冲突与协调——金融混业经营监管模式的选择》，载于《北京大学学报（哲学社会科学版）》2008年第3期。

356. 廖理、黄诺楠、张金宝：《中国消费金融调研报告》，经济科学出版社2010年版。

357. 廖珉：《全球金融监管热点问题与思考》，中信出版社2008年版。

358. 林白鹏：《消费经济辞典》，经济科学出版社1991年版。

359. 林木西、曾祥炎：《扩大内需的产权制度分析》，载于《经济学动态》2010年第9期。

360. 林霞、姜洋：《居民资产具有财富效应吗？——来自京、津、沪、渝面板数据的验证》，载于《中央财经大学学报》2010年第10期。

361. 林晓楠：《消费信贷对消费需求的影响效应分析》，载于《财贸经济》2006年第11期。

362. 林毅夫、陈斌开：《发展战略、产业结构与收入分配》，载于《经济学（季刊）》2013年第4期。

363. 凌涛、张红梅：《金融控股公司监管模式国际比较研究》，上海三联书店2008年版。

364. 刘旦：《中国城镇住宅价格与消费关系的实证研究——基于生命周期假说的宏观消费函数》，载于《上海财经大学学报》2008年第1期。

365. 刘东皇、沈坤荣：《要素分配、居民收入差距与消费增长》，载于《经济学动态》2012年第10期。

366. 刘东平：《金融控股公司法律制度研究》，西南政法大学，2006年。

367. 刘盾、施祖麟、袁伦渠：《论提高劳动收入份额对我国经济增长的影响——基于巴杜里-马格林模型的实证研究》，载于《中国经济问题》2014年第2期。

368. 刘惯超：《出口型企业扩大国内市场：问题、原因与对策》，载于《国际贸易》2012年第1期。

369. 刘惯超：《中国消费不足的原因：一个综述》，载于《当代经济科学》2010年第6期。

370. 刘国光：《新兴经济体发展之路新探索——新兴经济体蓝皮书：金砖国家发展报告（2012）评述》，载于《经济学动态》2012年第12期。

371. 刘红：《中国资产价格财富效应的比较与检验》，载于《改革与战略》2009年第7期。

372. 刘建江、杨玉娟、袁冬梅：《从消费函数理论看房地产财富效应的作用机制》，载于《消费经济》2005年第2期。

373. 刘建江、杨玉娟：《房地产市场财富效应及其传导机制》，载于《中国房地产金融》2005年第7期。

374. 刘靖、张车伟、毛学峰：《中国1991～2006年收入分布的动态变化：基于核密度函数的分解分析》，载于《世界经济》2009年第10期。

375. 刘钜强、赵永亮：《交通基础设施、市场获得与制造业区位——来自中国的经验数据》，载于《南开经济研究》2010年第4期。

376. 刘俊、金震华：《2008年次贷萧条应对与中国金融法制变革》，法律出版社2009年版。

377. 刘俊海：《中国资本市场法治评论》（第一、二卷），法律出版社2009年版。

378. 刘伦武：《农村基础设施发展与农村消费增长的相互关系——一个省际面板数据的实证分析》，载于《江西财经大学学报》2010年第1期。

379. 刘晴、张燕：《贸易成本、异质性企业与扩大内需：理论框架与中国经验》，载于《国际贸易问题》2013年第2期。

380. 刘溶沧、马栓友：《赤字、国债与经济增长关系的实证分析——兼评积极财政政策是否具有挤出效应》，载于《经济研究》2001年第1期。

381. 刘生龙、胡鞍钢：《基础设施的外部性在中国的检验：1988～2007》，载于《经济研究》2010年第3期。

382. 刘生龙、胡鞍钢：《交通基础设施与经济增长：中国区域差距的视角》，载于《中国工业经济》2010年第4期。

383. 刘思峰、谢乃明：《灰色系统理论及其应用》，科学出版社2013年版。

384. 刘雯：《湖南人口年龄结构对居民消费率的影响——基于1988～2007年省内数据的实证研究》，载于《消费经济》2009年第3期。

385. 刘小鲁：《区域性公共品的最优供给：应用中国省际面板数据的分析》，载于《世界经济》2008年第4期。

386. 刘晓昀、辛贤：《贫困地区农村基础设施投资对农户收入和支出的影响》，载于《中国农村观察》2003年第1期。

387. 刘欣：《中国城市的阶层结构与中产阶层的定位》，载于《社会学研究》

2007 年第 6 期。

388. 刘燕：《我国消费信贷发展对策研究》，载于《财经理论与实践》2004 年第 128 期。

389. 刘扬、赵春雨、邹伟：《我国城镇低收入群体问题研究——基于北京市城镇住户调查数据的思考》，载于《经济学动态》2010 年第 1 期。

390. 刘阳、秦凤鸣：《基础设施规模与经济增长：基于需求角度的分析》，载于《世界经济》2009 年第 5 期。

391. 刘轶：《金融监管模式的新发展及其启示——从规则到原则》，载于《法商研究》2009 年第 2 期。

392. 刘毅：《社会转型期我国中产阶层消费倾向研究——基于珠江三角洲城镇住户调查数据的实证》，载于《学术研究》2008 年第 9 期。

393. 刘毅：《中产阶层的界定方法及实证测度——以珠江三角洲为例》，载于《开放时代》2006 年第 4 期。

394. 刘勇政，冯海波：《腐败公共支出效率与长期经济增长》，载于《经济研究》2011 年第 9 期。

395. 刘源、刘壮：《人口老龄化对居民消费的实证分析》，载于《经济研究导论》2013 年第 33 期。

396. 刘征兵：《中国城市污水处理设施建设与运营市场化研究》，中南大学，2006 年。

397. 刘铮：《人口理论教程》，中国人民大学出版社 1985 年版。

398. 刘志彪：《基于内需的经济全球化：中国分享第二波全球化红利的战略选择》，载于《南京大学学报：哲学·人文科学·社会科学》2012 年第 2 期。

399. 刘忠、牛文涛、廖冰玲：《我国"西部大开发战略"研究综述及反思》，载于《经济学动态》2012 年第 6 期。

400. 龙海明、黄卫：《消费信贷的供给与需求分析》，载于《消费经济》2005 年第 5 期。

401. 龙莹：《中等收入群体比重的测算及比较分析——基于北京市城镇居民住户调查微观数据》，载于《云南财经大学学报》2012 年第 5 期。

402. 龙志和、周浩明：《西方预防性储蓄假说评述》，载于《经济学动态》2000 年第 3 期。

403. 龙志和、周浩明：《中国城镇居民预防性储蓄实证研究》，载于《经济研究》2000 年第 11 期。

404. 龙志和：《我国城镇居民消费行为研究》，载于《经济研究》1994 年第 4 期。

405. 卢劲松：《金融法热点问题研究》，知识产权出版社 2008 年版。

406. 鲁耀斌、周涛：《BZC 环境下影响消费者网上初始信任因素的实证分析》，载于《电子商务》2005 年第 8 期。

407. 陆学艺：《当代中国社会结构》，社会科学文献出版社 2010 年版。

408. 逯进：《寻租、权力腐败与社会福利——基于公共品供给的视角》，载于《财经研究》2008 年第 34 期。

409. 罗楚亮：《经济转轨、不确定性与城镇居民消费行为》，载于《经济研究》2004 年第 4 期。

410. 罗党：《灰色决策问题分析方法》，黄河水利出版社 2005 年版。

411. 罗富政、罗能生：《城镇化扩大内需的路径及区域效应研究》，载于《现代财经》2013 年第 6 期。

412. 罗培新：《公司法的法律经济学研究》，北京大学出版社 2008 年版。

413. 罗培新：《公司法的合同解释》，北京大学出版社 2004 年版。

414. 罗培新：《科学化与非政治化：美国公司治理规则研究述评——以对〈萨班尼斯-奥克斯莱法案〉的反思为视角》，载于《中国社会科学》2008 年第 6 期。

415. 罗培新：《美国金融监管的法律与政策困局之反思——兼及对我国金融监管之启示》，载于《中国法学》2009 年第 3 期。

416. 罗培新：《政治、法律与现实之逻辑断裂——美国金融风暴之反思》，载于《华东政法大学学报》2009 年第 2 期。

417. 骆永民：《城乡基础设施均等化供给研究》，山东大学，2009 年。

418. 骆永民：《公共物品、分工演进与经济增长》，载于《财经研究》2008 年第 5 期。

419. 骆祚炎：《城镇居民金融资产与不动产财富效应的比较分析》，载于《数量经济技术经济研究》2007 年第 11 期。

420. 骆祚炎：《城镇居民收入结构、收入初次分配格局与消费过度敏感性：1985~2008 年的经验数据》，载于《财贸经济》2010 年第 2 期。

421. 骆祚炎：《基于流动性的城镇居民住房资产财富效应分析——兼论房地产市场的平稳发展》，载于《当代经济科学》2007 年第 4 期。

422. 骆祚炎：《居民金融资产结构性财富效应分析：一种模型的改进》，载于《数量经济技术经济研究》2008 年第 12 期。

423. 骆祚炎：《住房支出、住房价格、财富效应与居民消费增长——兼论货币政策对资产价格波动的关注》，载于《财经科学》2010 年第 5 期。

424. 吕立新：《财富效应论》，中国工商出版社 2005 年版。

425. 马伯钧：《消费结构优化是衡量产业结构优化的标准》，载于《消费经济》2003 年第 6 期。

426. 马海龙、黄永杰、孔丽艳：《我国中产阶层的形成与发展》，载于《行政与法》2004 年第 7 期。

427. 马其家：《美国证券法案例选评》，对外经济贸易大学出版社 2007 年版。

428. 马晓河、方松海：《我国农村公共品的供给现状、问题与对策》，载于《农业经济问题》2005 年第 4 期。

429. 马晓君：《中国人口老龄化对消费结构的影响初探》，载于《辽宁经济》2006 年第 6 期。

430. 毛定祥：《我国股票市场财富效应的实证分析》，载于《上海大学学报》2004 年第 4 期。

431. 毛玲玲：《麦道夫欺诈案对完善金融监管制度的启示》，载于《南方金融》2009 年第 3 期。

432. 毛中根、洪涛：《中国服务业发展与城镇居民消费关系的实证分析》，载于《财贸经济》2012 年第 12 期。

433. 倪建伟、胡彩娟：《基于扩大内需背景的城市化发展战略研究——城乡一体化的视角》，载于《农业经济问题》2010 年第 11 期。

434. 倪鹏飞：《中国城市竞争力与基础设施关系的实证研究》，载于《中国工业经济》2002 年第 5 期。

435. 农村消费问题研究课题组：《关于农村消费的现状及政策建议》，载于《财贸经济》2007 年第 2 期。

436. 努特、韦林克：《金融监管安排：危机中的教训》，载于《中国金融》2009 年第 5 期。

437. 欧阳俊、刘建民、秦宛顺：《居民消费流动性约束的实证分析》，载于《经济科学》2003 年第 5 期。

438. 潘蹦蹦：《河南省人口年龄结构与消费结构的关联性研究》，载于《知识经济》2013 年第 14 期。

439. 庞任平：《国际金融市场的非均衡性与金融风险分析》，载于《金融科学（中国金融学院学报）》2000 年第 4 期。

440. 裴春霞、孙世重：《流动性约束条件下的中国居民预防性储蓄行为分析》，载于《金融研究》2004 年第 10 期。

441. 裴春霞、臧旭恒：《中国居民预防性储蓄行为研究》，经济科学出版社 2009 年版。

442. 彭冰：《商业银行的定义》，载于《北京大学学报（哲社版）》2007 年第 1 期。

443. 彭冰：《资产证券化的法律解释》，北京大学出版社 2001 年版。

444. 彭代彦：《农村基础设施投资与农业解困》，载于《经济学家》2002 年第 5 期。

445. 彭虹：《综合金融监管更优越辨析——以各国金融综合监管评述为视角》，载于《现代经济探讨》2009 年第 1 期。

446. 彭金隆：《金融控股公司：法治监理与经营策略》，中国人民大学出版社 2005 年版。

447. 皮建才：《转型时期地方政府公共物品供给机制分析》，载于《财贸经济》2010 年第 9 期。

448. 平新乔、白洁：《中国财政分权与地方公共品的供给》，载于《财贸经济》2006 年第 2 期。

449. 齐斌：《证券市场信息披露法律监管》，法律出版社 2000 年版。

450. 齐美东：《关于中国金融监管大部制的构想》，载于《中国管理学 2008 年会论文集》2008 年。

451. 齐天翔、李文华：《消费信贷与居民储蓄》，载于《金融研究》2000 年第 2 期。

452. 祁飞、李慧中：《扩大内需与中国制造业出口结构优化：基于"母市场效应"理论的研究》，载于《国际贸易问题》2012 年第 10 期。

453. 钱津：《关于扩大内需的经济学思考》，载于《经济学动态》2011 年第 1 期。

454. 邱晓华、郑京平、万东华，等：《居民消费增长因素分析》，载于《金融与经济》2005 年第 11 期。

455. 阙波：《国际金融衍生产品法律制度研究》，华东政法学院，2000 年。

456. 任自力：《证券集团诉讼：国际经验与中国道路》，法律出版社 2008 年版。

457. 荣昭、盛来运、姚洋：《中国农村耐用消费品需求研究》，载于《经济学（季刊）》2002 年第 2 期。

458. 阮小莉、仲泽丹：《城乡居民消费信贷影响因素的差异化研究——基于四川省调研数据的分析》，载于《财经科学》2013 年第 6 期。

459. 邵东亚：《金融业的分与合：金融演进与中国实践》，北京大学出版社 2003 年版。

460. 申朴、刘康兵：《中国城镇居民消费行为过度敏感性的经验分析：兼论不确定性、流动性约束与利率》，载于《世界经济》2003 年第 1 期。

461. 沈坤、谢勇：《不确定性与中国城镇居民储蓄率的实证研究》，载于《金融研究》2012年第3期。

462. 沈坤荣、滕永乐：《结构性减速下的中国经济增长》，载于《经济学家》2013年第8期。

463. 沈联涛：《这场危机的本质》，载于《财经》2008年第26期。

464. 沈凌、田国强：《贫富差别、城市化与经济增长——一个基于需求因素的经济学分析》，载于《经济研究》2009年第1期。

465. 沈满洪、谢慧明：《公共物品问题及其解决思路——公共物品理论文献综述》，载于《浙江大学学报（人文社会科学版）》2009年第10期。

466. 沈四宝、丁丁：《公司法与证券法论丛》（第一、二卷），对外经济贸易大学出版社2006年版。

467. 施建淮、朱海婷：《中国城市居民预防性储蓄及预防性动机强度：1999~2003》，载于《经济研究》2004年第10期。

468. 施其武、钱震宁、郑立等：《金融消费者权益保护的监管缺陷与改进建议》，载于《银行家》2010年第8期。

469. 石刚、韦利媛：《我国中等收入者比重研究评析》，载于《经济学动态》2008年第11期。

470. 石奇、尹敬东、吕磷：《消费升级对中国产业结构的影响》，载于《产业经济研究》2009年第6期。

471. 石腾超：《经济学财富定义的发展过程与影响》，载于《商业经济》2010年第11期。

472. 史纪良：《银行监管比较研究》，中国金融出版社2005年版。

473. 史晋川、黄良浩：《总需求结构调整与经济发展方式转变》，载于《经济理论与经济管理》2011年第1期。

474. 世界银行：《全球发展地平线——2011多极化：新的全球经济》，王晖等译，中国财政经济出版社2011年版。

475. 舒尔茨：《人口结构和储蓄：亚洲的经验证据及其对中国的启示》，载于《经济学（季刊）》2005年第7期。

476. 司增绰：《古老话题与现代功能：基础设施概念梳理》，载于《铁道经济研究》2009年第2期。

477. 宋勃：《房地产市场财富效应的理论分析和中国经验的实证检验：1998~2006》，载于《经济科学》2007年第5期。

478. 宋冬林、金晓彤、刘金叶：《我国城镇居民消费过度敏感性的实证检验与经验分析》，载于《管理世界》2005年第5期。

479. 宋海鹰：《〈金融服务与市场法〉对英国金融监管的变革》，载于《环球金融》2001 年第 5 期。

480. 宋茜：《基于消费模式变迁的营销战略研究》，青岛大学，2007 年。

481. 宋晓燕：《论美国金融消费者保护的联邦化及其改革》，载于《河北法学》2009 年第 11 期。

482. 宋晓燕：《证券法律制度的经济分析》，法律出版社 2009 年版。

483. 宋铮：《中国居民储蓄行为研究》，载于《金融研究》1999 年第 6 期。

484. 苏海南：《努力扩大我国的中等收入者比重》，载于《宏观经济研究》2003 年第 4 期。

485. 孙凤：《预防性储蓄理论与中国居民消费行为》，载于《南开经济研究》2001 年第 1 期。

486. 孙凤：《消费者行为数量研究》，上海三联书店、上海人民出版社 2002 年版。

487. 孙工声：《进一步完善金融监管协调机制》，载于《中国金融》2009 年第 6 期。

488. 孙皓、胡鞍钢：《城乡居民消费结构升级的消费增长效应分析》，载于《财政研究》2013 年第 7 期。

489. 孙辉：《公共物品供给中的第三部门参与》，载于《财政研究》2006 年第 9 期。

490. 孙锴：《我国人口政策的演变、问题与对策研究》，山东大学，2013 年。

491. 孙祁祥、肖志光：《社会保障制度改革与中国经济内外再平衡》，载于《金融研究》2013 年第 6 期。

492. 孙祁祥、朱俊生：《人口转变、老龄化及其对中国养老保险制度的挑战》，载于《财贸经济》2008 年第 4 期。

493. 孙天琦、张晓东：《美国次贷危机：法律诱因、立法解危及其对我国的启示》，载于《法商研究》2009 年第 2 期。

494. 孙巍、苏鹏：《中国城镇居民收入分布的变迁研究》，载于《吉林大学社会科学学报》2013 年第 3 期。

495. 孙炜红、张冲：《中国人口 10 年来受教育状况的变动情况》，载于《人口与社会》2014 年第 1 期。

496. 谭政勋：《我国住宅业泡沫及其影响居民消费的理论与实证研究》，载于《经济学家》2010 年第 3 期。

497. 汤欣：《私人诉讼与证券执法》，载于《清华法学》2007 年第 3 期。

498. 汤玉刚、陈强：《分权、土地财政与城市基础设施》，载于《经济社会体制比较》2012年第6期。

499. 唐绍祥、汪浩瀚、徐建军:《流动性约束下我国居民消费行为的二元结构与地区差异》,载于《数量经济技术经济研究》2010年第3期。

500. 陶开宇:《财政拉动消费的几点思考》,载于《财政研究》2011年第6期。

501. 陶冶:《扩大中等收入群体比重的有效途径——对市场经济条件下"扩中"的探讨》,载于《上海经济研究》2006年第9期。

502. 田岗:《不确定性、融资约束与我国农村高储蓄现象的实证分析——一个包含融资约束的预防性储蓄模型及检验》,载于《经济科学》2005年第1期。

503. 田岗:《我国农村居民高储蓄行为的实证分析——一个包含流动性约束的预防性储蓄模型及检验》,载于《南开经济研究》2004年第4期。

504. 田光伟:《金融监管中的市场约束研究》,中央民族大学,2005年。

505. 田晖:《消费经济学》,同济大学出版社2002年版。

506. 田检:《中国消费函数模型的实证研究及讨论》,载于《广州大学学报:自然科学版》2008年第7期。

507. 田青、高铁梅:《转轨时期我国城镇不同收入群体消费行为影响因素分析——兼谈居民消费过度敏感性和不确定性》,载于《南开经济研究》2009年第5期。

508. 田青:《低、中、高收入群体消费与收入关系的比较》,载于《社会科学辑刊》2010年第2期。

509. 田青:《收入分配和不确定性对城镇居民消费的影响——基于动态面板模型的检验》,载于《财经问题研究》2011年第5期。

510. 田青:《资产变动对居民消费的财富效应分析》,载于《宏观经济研究》2011年第5期。

511. 田田:《中国金融控股公司立法体例选择的探讨》,载于《法学论坛》2004年第4期。

512. 屠俊明:《流动性约束、政府消费替代与中国居民消费波动》,载于《经济理论与经济管理》2012年第2期。

513. 万广华、张茵、牛建高:《流动性约束、不确定性与中国居民消费》,载于《经济研究》2001年第11期。

514. 汪伟:《中国居民储蓄率的决定因素——基于1995~2005年省际动态面板数据的分析》,载于《财经研究》2008年第2期。

515. 汪红驹、张慧莲:《不确定性和流动性约束对我国居民消费行为的影响》,载于《经济科学》2002年第6期。

516. 汪前元、周勇:《以外需促进内需之发展:民生问题解决视角》,载于《现代财经》2011年第10期。

517. 汪伟:《经济增长,人口结构变化与中国高储蓄》,载于《经济学(季刊)》2009年第9期。

518. 汪伟:《中国居民储蓄率的决定因素——基于1995~2005年省际动态面板数据的分析》,载于《财经研究》2008年第2期。

519. 王柏杰、何炼成、郭立宏:《房地产价格、财富与居民消费效应——来自中国省际面板数据的证据》,载于《经济学家》2011年第5期。

520. 王保树:《金融法二元规范结构的协调与发展趋势——完善金融法体系的一个视点》,载于《广东社会科学》2009年第1期。

521. 王保树:《商法的改革与变动的经济法》,法律出版社2004年版。

522. 王保树:《商法总论》,清华大学出版社2007年版。

523. 王曾:《房地产正向财富效应形成的条件分析》,载于《经济与管理》2011年第1期。

524. 王超:《基于动态面板协整的河南人口结构对消费的影响分析》,载于《经济研究导刊》2013年第34期。

525. 王道勇、郎彦辉:《西方居住隔离理论:发展历程与现实启示》,载于《城市观察》2014年第1期。

526. 王德文、蔡昉、张学辉:《人口转变的储蓄效应和增长效应——论中国增长可持续性的人口因素》,载于《人口研究》2004年第5期。

527. 王冬、王新:《预防性储蓄动机对消费的影响及其强度估计——基于1992~2012年城镇居民的实证研究》,载于《南方经济》2014年第6期。

528. 王芳:《城镇居民消费过度敏感性的统计分析》,载于《数量经济技术经济研究》2007年第3期。

529. 王国刚:《深化体制改革推进股市健康发展》,载于《经济学动态》2008年第8期。

530. 王海港:《我国居民收入分配的格局——帕雷托分布方法》,载于《南方经济》2006年第5期。

531. 王和明:《金融消费者的八大权利》,载于《人民法院报》2004年3月21日。

532. 王红一:《银行公司治理研究——中国国有银行改革的法律路径》,法律出版社2008年版。

533. 王辉、张东辉:《中国居民预防性储蓄比例研究(2001~2008)》,载于《求索》2010年第5期。

534. 王金营、付秀彬：《考虑人口年龄结构变动的中国消费函数计量分析》，载于《人口研究》2006 年第 30 期。

535. 王金营、杨磊：《中国人口转变、人口红利与经济增长的实证》，载于《人口学刊》2010 年第 5 期。

536. 王津港：《动态面板数据模型估计及其内生结构突变检验理论与应用》，华中科技大学，2009 年。

537. 王京、滕必焱：《证券法比较研究》，中国人民公安大学出版社 2004 年版。

538. 王晶晶、陈启斐：《扩大内需、人力资本积累与 FDI 结构性转变》，载于《财经研究》2013 年第 9 期。

539. 王军：《中国消费函数的实证分析及其思考》，载于《财经研究》2001 年第 27 期。

540. 王军礼、徐德举：《基础设施投资结构与产业结构模型研究——以北京为例》，载于《经济问题》2012 年第 7 期。

541. 王俊：《我国城镇居民消费结构演进与产业结构转换——基于 VAR 模型的实证研究》，载于《山西财经大学学报》2007 年第 7 期。

542. 王开玉：《中国中等收入者研究》，社会科学文献出版社 2006 年版。

543. 王凯：《住房：中国中产阶级的身份建构与符号区隔》，中南大学，2010 年。

544. 王磊、刘希勤：《交易费用、政府边界与财政体制改革》，载于《中央财经大学学报》2006 年第 2 期。

545. 王利明：《消费者的概念及消费者权益保护法的调整范围》，载于《政治与法律》2002 年第 2 期。

546. 王林清：《证券法理论与司法适用》，法律出版社 2008 年版。

547. 王洛林、魏后凯：《我国西部大开发的进展及效果评价》，载于《财贸经济》2003 年第 10 期。

548. 王敏、马树才：《基于动态面板模型的中国城镇居民消费的研究》，载于《数理统计与管理》2010 年第 3 期。

549. 王培辉、袁薇：《中国房地产市场财富效应研究——基于省际面板数据的实证分析》，载于《当代财经》2010 年第 6 期。

550. 王青锋：《中国金融业综合经营模式研究》，西北农林科技大学，2006 年。

551. 王森：《中国人口老龄化与居民消费之间关系的实证分析——基于 1978～2007 年的数据》，载于《西北人口》2010 年第 1 期。

552. 王石：《中国金融衍生品研究与中国期货市场实践》，吉林大学，2006 年。

553. 王世磊、张军：《中国地方官员为什么要改善基础设施？——一个关于官员激励机制的模型》，载于《经济学（季刊）》2008 年第 2 期。

554. 王天义、王睿：《发展战略转型与扩大内需》，载于《当代经济研究》2011 年第 11 期。

555. 王伟玲：《金融消费者权益及其保护初探》，载于《重庆社会科学》2002 年第 5 期。

556. 王文剑：《中国的财政分权与地方政府规模及其结构——基于经验的假说与解释》，载于《世界经济文汇》2010 年第 5 期。

557. 王文宇：《公司法论》，中国政法大学出版社 2004 年版。

558. 王文宇：《控股公司与金融控股公司法》，中国政法大学出版社 2003 年版。

559. 王文宇：《论金融机构跨业经营模式——以台湾金控公司法制为例》，法律出版社 2009 年版。

560. 王文宇：《新金融法》，中国政法大学出版社 2003 年版。

561. 王希希：《消费者网上购物行为的影响因素研究》，浙江大学，2001 年。

562. 王霞：《人口年龄结构，经济增长与中国居民消费》，载于《浙江社会科学》2011 年第 10 期。

563. 王霞：《中国各地区人口年龄结构变动的消费效应分析》，载于《西北人口》2011 年第 6 期。

564. 王湘红、任继球：《相对收入对经济行为影响研究进展》，载于《经济学动态》2012 年第 4 期。

565. 王小鲁：《我国国民收入分配现状、问题及对策》，载于《国家行政学院学报》2010 年第 3 期。

566. 王秀美：《基础设施对我国农村居民消费需求的影响》，浙江工商大学，2008 年。

567. 王亚峰：《中国 1985～2009 年城乡居民收入分布的估计》，载于《数量经济技术经济研究》2012 年第 6 期。

568. 王旸：《衍生金融工具法律问题研究》，中国政法大学，2006 年。

569. 王一萱、王晓津：《日本〈金融商品交易法〉实施后的证券市场——野村综合研究所大崎贞和讲座观点综述》，载于《深交所》2009 年第 4 期。

570. 王银锋：《输电线路的种类及保护》，载于《中国科技博览》2011 年第 33 期。

571. 王宇、干春晖、汪伟：《产业结构演进的需求动因分析——基于非竞争投入产出模型的研究》，载于《财经研究》2013 年第 10 期。

572. 王宇鹏：《人口老龄化对中国城镇居民消费行为的影响研究》，载于《中国人口科学》2011年第1期。

573. 王政霞：《中国居民消费需求不足的现状及成因研究综述》，载于《经济学动态》2003年第4期。

574. 王忠生：《我国金融监管制度变迁研究》，湖南大学，2008年。

575. 王子龙、许萧迪、徐浩然：《房地产市场财富效应理论与实证研究》，载于《财贸经济》2008年第12期。

576. 王子龙、许萧迪：《房地产市场广义虚拟财富效应测度研究》，载于《中国工业经济》2011年第3期。

577. 韦冉、陈德敏：《论服务消费与我国消费者权益保护法的完善》，载于《河北法学》2005年第4期。

578. 尉高师、雷明国：《求解中国消费之谜——熊彼特可能是对的》，载于《管理世界》2003年第3期。

579. 魏杰：《关于我国目前保经济增长的几个争议问题》，载于《经济学动态》2009年第5期。

580. 温家宝：《全面深化金融改革促进金融业持续健康安全发展》，载于《求是》2007年第5期。

581. 温铁军：《农户信用与民间借贷研究》，农户信用与民间借贷课题组报告，http: //www.usc.cuhk.edu.hk/PaperCollection/Details.aspx? id=430。

582. 文贯中：《结构性失衡、内需不振、过时的土地制度和走出困局之路》，载于《南开经济研究》2010年第4期。

583. 文启湘、冉净斐：《消费结构与产业结构的和谐：和谐性及其测度》，载于《中国工业经济》2005年第8期。

584. 邬丽萍：《房地产价格上涨的财富效应分析》，载于《求索》2006年第1期。

585. 吴弘：《金融消费者保护制度亟待建立》，载于《上海金融报》2009年8月（04）版。

586. 吴敬琏：《改革：我们正在过大关》，生活·读书·新知三联书店2001年版。

587. 吴敬琏：《呼唤法制的市场经济》，生活·读书·新知三联书店2007年版。

588. 吴晓灵：《金融混业经营和监管现实》，载于《金融与保险》2005年第4期。

589. 吴晓明、吴栋：《我国城镇居民平均消费倾向与收入分配状况关系的实证研究》，载于《数量经济技术经济研究》2007 年第 5 期。

590. 吴一平：《财政分权、腐败与治理》，载于《经济学（季刊）》2008 年第 7 期。

591. 吴志攀、白建军：《金融法路径》，北京大学出版社 2004 年版。

592. 吴志攀：《华尔街金融危机中的法律问题》，载于《法学》2008 年第 12 期。

593. 吴志攀：《金融法的"四色定理"》，法律出版社 2003 年版。

594. 吴志攀：《金融法制十年》，载于《中国金融》2005 年第 13 期。

595. 伍丽君：《网上消费者行为分析》，载于《湖北社会科学》2001 年第 12 期。

596. 夏斌等：《金融控股公司研究》，中国金融出版社 2001 年版。

597. 夏斌等：《以金融创新推动金融业发展》，中信出版社 2005 年版。

598. 夏杰长：《大力发展服务业是扩大内需的重要途径》，载于《经济学动态》2009 年第 2 期。

599. 项松林：《内需扩大、消费习惯与贸易顺差》，载于《当代财经》2011 年第 9 期。

600. 项卫星、李宏谨：《当前各国金融监管体制安排及其变革》，载于《世界经济》2004 年第 9 期。

601. 项卫星、王刚、李宏瑾：《金融全球化：目标、途径以及发展中国家的政策选择》，载于《国际金融研究》2003 年第 2 期。

602. 肖文涛：《中国中间阶层的现状与未来发展》，载于《社会学研究》2001 年第 3 期。

603. 谢伏瞻：《金融监管与金融改革》，中国发展出版社 2002 年版。

604. 谢杰玉、吴斌珍、李宏斌、郑思琦：《中国城市房价与居民消费》，载于《金融研究》2012 年第 6 期。

605. 谢平：《金融控股公司的发展与监管》，中信出版社 2004 年版。

606. 谢平：《金融控股公司的风险、监管与前景》，载于《经济导刊》2003 年第 10 期。

607. 谢平：《突围 2009：中国金融四十人纵论金融危机》，中国经济出版社 2009 年版。

608. 谢瑞巧：《居民预期与消费行为的实证分析》，福建师范大学，2003 年。

609. 谢宇：《中国民生发展报告 2014》，北京大学出版社 2014 年版。

610. 邢福俊：《试论城市财政对城市公共物品的适度供给》，载于《财经论从》2000 年第 6 期。

611. 邢戬：《住房价格决定机制与住房供给制度研究》，吉林大学，2013 年。

612. 邢玉升、褚良子：《基于马克思消费理论视角的我国扩大内需分析》，载于《求是学刊》2010 年第 11 期。

613. 熊剑庆、王少锟：《金融资产财富效应的形成机理研究》，载于《南方金融》2011 年第 3 期。

614. 熊玉莲：《金融衍生工具法律监管问题研究》，华东政法学院，2006 年。

615. 徐建华、陈承明、安翔：《对中等收入的界定研究》，载于《上海统计》2003 年第 8 期。

616. 徐木荣：《网络消费时代新兴消费群体的消费特征》，载于《消费经济》2003 年第 1 期。

617. 徐索菲：《中国城镇居民消费需求变动及影响因素研究》，吉林大学，2011 年。

618. 许冰：《浙江省居民消费与收入关系的分布滞后模型分析》，载于《统计与决策》2006 年第 14 期。

619. 许成钢：《解释金融危机的新框架和中国的应对建议》，中信出版社 2008 年版。

620. 许多奇：《从"分业"到"混业"：日本金融业的法律转变及其借鉴》，载于《法学评论》2003 年第 4 期。

621. 许水源：《金融控股公司之监察制度》，中国政法大学，2006 年。

622. 许宪春：《准确理解中国的收入、消费和投资》，载于《中国社会科学》2013 年第 2 期。

623. 薛林：《权证风险控制与监管法律问题研究》，法律出版社 2008 年版。

624. 薛永刚：《我国股票市场财富效应对消费影响的实证分析》，载于《宏观经济研究》2012 年第 12 期。

625. 亚当·斯密：《国富论》，陕西师范大学出版社 2006 年版。

626. 颜银根：《中国全行业本地市场效应实证研究——从新经济地理角度诠释扩大内需》，载于《上海财经大学学报》2010 年第 6 期。

627. 杨灿明、郭慧芳、赵颖：《论经济发展方式与收入分配秩序》，载于《财贸经济》2010 年第 5 期。

628. 杨灿明、赵福军：《行政腐败的宏观经济学分析》，载于《经济研究》2004 年第 9 期。

629. 杨东：《论金融法制的横向规制趋势》，载于《法学家》2009 年第 2 期。

630. 杨峰：《证券民事责任制度比较研究》，法律出版社 2006 年版。

631. 杨蕙馨、吴炜峰：《居住消费升级与产业发展的相关性分析》，载于

《经济学动态》2009年第4期。

632. 杨继瑞：《扩大消费与内需的理论选择——兼论发放购物券刺激消费的局限性》，载于《经济学动态》2009年第5期。

633. 杨亮：《内幕交易论》，北京大学出版社2001年版。

634. 杨明媚：《消费结构、产业结构与经济增长的VAR模型分析——基于湖北省的实证研究》，载于《统计与信息论坛》2009年第4期。

635. 杨琦：《农村基础设施建设对农村居民消费的影响研究》，西南财经大学，2011年。

636. 杨汝岱、朱诗娥：《公平与效率不可兼得吗？汝岱基于居民边际消费倾向的研究》，载于《经济研究》2007年第12期。

637. 杨文辉：《利益格局与居民消费》，载于《经济研究》2012年第S1期。

638. 杨新松：《货币政策是否影响股票市场：基于中国股市的实证分析》，载于《中央财经大学学报》2006年第3期。

639. 杨新松：《基于VAR模型的中国股市财富效应实证研究》，载于《上海立信会计学院学报》2006年第5期。

640. 杨勇：《金融集团法律问题研究》，北京大学出版社2004年版。

641. 杨子辉：《政府规模、政府支出增长与经济增长关系的非线性研究》，载于《数量经济技术经济研究》2011年第6期。

642. 姚飞：《中国保险消费者保护法律制度研究》，中国政法大学，2006年。

643. 姚玲珍、丁彦皓：《房价变动对不同收入阶层消费的挤出效应——基于上海市的经验论证》，载于《现代财经》2013年第5期。

644. 叶德珠、连玉君、黄有光、李东辉：《消费文化、认知偏差与消费行为偏差》，载于《经济研究》2012年第2期。

645. 叶辅靖：《全能银行比较研究》，中国金融出版社2001年版。

646. 叶海云：《试论流动性约束、短视行为与我国消费需求疲软的关系》，载于《经济研究》2000年第11期。

647. 叶敬忠、张楠、杨照：《不同角色对新农村建设的需求差异》，载于《农业经济问题》2006年第10期。

648. 叶林、郭丹：《中国证券法的未来方向——关于金融消费者的法律保护问题》，载于《河北学刊》2008年第6期。

649. 叶秀：《浅谈中国电力市场化改革》，复旦大学，2010年。

650. 叶耀明、王胜：《关于金融市场化减少消费流动性约束的实证分析》，载于《财贸经济》2007年第1期。

651. 易行健、王俊海、易君健：《预防性储蓄动机强度的时序变化与地区差异》，载于《经济研究》2008年第2期。

652. 易行健、张波：《中国城镇居民消费倾向波动的实证检验——基于不同收入阶层视角》，载于《上海财经大学学报》2011年第1期。

653. 尹世杰：《消费经济学》，高等教育出版社2003年版。

654. 尹世杰：《中国消费模式研究》，中国商业出版社1993年版。

655. 尹志超、甘犁：《中国住房改革对家庭耐用品消费的影响》，载于《经济学（季刊）》2010年第1期。

656. 游劝荣：《金融法比较研究》，人民法院出版社2008年版。

657. 于潇、孙猛：《中国人口老龄化对消费的影响研究》，载于《吉林大学社会科学学报》2012年第1期。

658. 于绪刚：《交易所非互助化及其对自律的影响》，北京大学出版社2001年版。

659. 于学军：《中国人口转变与"战略机遇期"》，载于《中国人口科学》2003年第1期。

660. 于莹：《证券法中的民事责任》，中国法制出版社2004年版。

661. 于永宁：《澳大利亚金融监管法律述评及其借鉴》，载于《法制与社会》2010年第2期。

662. 余永定、李军：《中国居民消费函数的理论与验证》，载于《中国社会科学》2000年第1期。

663. 俞静、徐斌：《中国股票市场财富效应的实证检验》，载于《中央财经大学学报》2009年第6期。

664. 宇宙、李玉柱：《城镇住房市场的分化和变动——20世纪90年代住房消费提升的主要因素》，载于《中国人口科学》2006年第5期。

665. 袁冬梅、李春风、刘建江：《城镇居民预防性储蓄动机的异质性及强度研究》，载于《管理科学学报》2014年第7期。

666. 袁冬梅、刘建江：《房价上涨对居民消费的挤出效应研究》，载于《消费经济》2009年第3期。

667. 袁小霞：《浅析扩大消费需求的重要性及政策建议》，载于《财政研究》2011年第10期。

668. 袁志刚、宋铮：《城镇居民消费行为变异与我国经济增长》，载于《经济研究》1999年第11期。

669. 约翰·伊特维尔等：《新帕尔格雷夫经济学词典》，经济科学出版社1992年版。

670. 岳爱、杨矗、常芳、田新、史耀疆、罗仁福、易红梅：《新型农村社会养老保险对家庭日常费用支出的影响》，载于《管理世界》2013 年第 8 期。

671. 臧慧萍：《美国金融监管制度的历史演进》，吉林大学，2007 年。

672. 臧旭恒、李燕桥：《消费信贷、流动性约束与中国城镇居民消费行为——基于 2004~2009 年省际面板数据的经验分析》，载于《经济学动态》2012 年第 2 期。

673. 臧旭恒、刘国亮：《新经济增长路径——消费需求扩张理论与政策研究》，商务印书馆 2010 年版。

674. 臧旭恒、裴春霞：《流动性约束理论与转轨时期的中国居民储蓄》，载于《经济学动态》2002 年第 2 期。

675. 臧旭恒、裴春霞：《预防性储蓄、流动性约束与中国居民消费计量分析》，载于《经济学动态》2004 年第 12 期。

676. 臧旭恒、裴春霞：《转轨时期中国城乡居民消费行为比较研究》，载于《数量经济技术经济研究》2007 年第 1 期。

677. 臧旭恒、曲创：《公共物品供给不足对我国消费需求的制约》，载于《经济理论与经济管理》2002 年第 6 期。

678. 臧旭恒、张继海：《收入分配对中国城镇居民消费需求影响的实证分析》，载于《经济理论与经济管理》2005 年第 6 期。

679. 臧旭恒：《居民跨时预算约束与消费函数假定及验证》，载于《经济研究》1994 年第 9 期。

680. 臧旭恒：《中国消费函数研究》，上海三联书店、上海人民出版社 1994 年版。

681. 臧旭恒等：《居民资产与消费选择行为分析》，上海三联书店、上海人民出版社 2001 年版。

682. 臧旭恒等：《转型时期消费需求升级与产业发展研究》，经济科学出版社 2012 年版。

683. 张超、鲁旭：《城镇居民预防性储蓄动机强度的分区跨期测度》，载于《山西财经大学学报》2011 年第 12 期。

684. 张车伟、张士斌：《中国初次收入分配格局的变动与问题——以劳动报酬占 GDP 份额为视角》，载于《中国人口科学》2010 年第 5 期。

685. 张春子：《金融控股集团的组建与运营》，机械工业出版社 2005 年版。

686. 张大永、曹红：《家庭财富与消费：基于微观调查数据的分析》，载于《经济研究》2012 年第 S1 期。

687. 张光南、陈广汉：《基础设施投入的决定因素研究：基于多国面板数据的分析》，载于《世界经济》2009 年第 3 期。

688. 张红梅：《美英金融控股公司监管比较及对我国的启示》，载于《中国金融》2008 年第 7 期。

689. 张慧芳、王晔：《中国居民位置消费行为的实证分析》，载于《当代经济科学》2004 年第 1 期。

690. 张继海、臧旭恒：《寿命不确定与流动性约束下的居民消费和储蓄行为研究》，载于《经济学动态》2008 年第 2 期。

691. 张继海：《社会保障养老金财富对城镇居民消费支出影响的实证研究》，载于《山东大学学报》（哲学社会科学版）2008 年第 3 期。

692. 张建明、洪大用、郑路、吴善辉：《中国城市中间阶层的现状及其未来发展》，载于《中国人民大学学报》1998 年第 5 期。

693. 张军、高远、傅勇，等：《中国为什么拥有了良好的基础设施？》，载于《经济研究》2007 年第 3 期。

694. 张军：《中国的基础设施投资——现状与评价》，载于《CMRC 中国经济观察》2012 年总第 28 期。

695. 张恺悌、郭平：《中国人口老龄化与老年人状况蓝皮书》，中国社会出版社 2010 年版。

696. 张琼：《中国"中产阶级"：认识误区与成长因素》，载于《统计与决策》2006 年第 16 期。

697. 张全红：《中国低消费率问题探究——1992～2005 年中国资金流量表的分析》，载于《当代财经》2009 年第 8 期。

698. 张世伟、郝东阳：《城镇居民不同收入群体消费行为分析》，载于《财经科学》2010 年第 9 期。

699. 张世伟、郝东阳：《分位数上城镇居民消费支出的决定》，载于《财经问题研究》2011 年第 9 期。

700. 张书云、周凌瑶：《公共物品供给对农村居民消费影响的实证分析——基于农村面板数据》，载于《北京理工大学学报（社会科学版）》2011 年第 6 期。

701. 张曙霄、张磊：《中国对外贸易结构转型升级研究——基于内需与外需的视角》，载于《当代经济研究》2013 年第 2 期。

702. 张涛：《经济增长、收入分配与竞争力研究》，复旦大学出版社 2010 年版。

703. 张维迎：《产权、激励与公司治理》，经济科学出版社 2005 年版。

704. 张维迎：《信息、信任与法律》，生活·读书·新知三联书店 2006 年版。

705. 张文泉、高玉君：《电力改革三十年回眸与展望》，载于《华北电力大学学报》（社会科学版）2009 年第 1 期。

706. 张五六、赵昕东：《金融资产与实物资产对城镇居民消费影响的差异性研究》，载于《经济评论》2012年第3期。

707. 张先轸：《流通促进消费最新研究进展：微观基础综论》，载于《商业经济与管理》2013年第1期。

708. 张宪初：《近期西方证券监管理念论争及对中国的一些启示》，法律出版社2008年版。

709. 张秀莲、王凯：《我国农村基础设施投入的地区不平衡性研究》，载于《经济体制改革》2012年第6期。

710. 张秀莲、王凯：《我国农村基础设施投入区域差异分析》，载于《财经科学》2012年第3期。

711. 张学良：《中国交通基础设施与经济增长的区域比较分析》，载于《财经研究》2007年第33期。

712. 张学敏、何西宁：《受教育程度对居民消费影响研究》，载于《教育与经济》2006年第3期。

713. 张雪：《以推进城乡基本公共服务均等化为突破扩大内需》，载于《财政研究》2009年第8期。

714. 张亚博：《金融控股公司发展论》，中共中央党校，2008年。

715. 张亚丽、梁云芳、高铁梅：《预期收入、收益率和房价波动》，载于《财贸经济》2011年第1期。

716. 张晏、龚六堂：《分税制改革、财政分权与中国经济增长》，载于《经济学（季刊）》2005年第1期。

717. 张屹山、陈默：《泰尔（Theil）指数及其在中国的适用性检验——兼论收入分配与扩大内需》，载于《经济与管理研究》2012年第12期。

718. 张永丽、章忠明：《风险与不确定性对农户劳动力资源配置的影响——基于西部地区8个样本村的实证分析》，载于《华南农业大学学报》（社会科学版）2010年第4期。

719. 张玉周：《基于Dynan模型的农村居民预防性储蓄动机研究——以河南为例》，载于《数理统计与管理》2013年第3期。

720. 张忠军：《金融业务融合与监管制度创新》，北京大学出版社2007年版。

721. 章上峰、许冰、胡祖光：《中国城乡收入分布动态演进及经验检验》，载于《统计研究》2009年第12期。

722. 赵霞、刘彦平：《居民消费、流动性约束和居民个人消费信贷的实证研究》，载于《财贸经济》2006年第11期。

723. 赵吉林：《当前提高"扩大居民消费需求"成效的几个问题》，载于

《经济学动态》2009年第1期。

724. 赵坚毅、徐丽艳、戴李元：《中国的消费率持续下降的原因与影响分析》，载于《经济学家》2011年第9期。

725. 赵建国、李佳：《财政社会保障支出的非线性经济增长效应研究》，载于《财政研究》2012年第9期。

726. 赵锦春、谢建国：《收入分配不平等、有效需求与创新研发投入——基于中国省际面板数据的实证分析》，载于《山西财经大学学报》2013年第11期。

727. 赵静梅：《美国金融监管结构的转型及对我国的启示》，载于《国际金融研究》2007年第12期。

728. 赵宁：《金融消费者的特殊权利》，载于《北京晚报》2001年6月19日。

729. 赵万一：《证券交易中的民事责任制度研究》，法律出版社2008年版。

730. 赵霞、刘彦平：《居民消费、流动性约束和居民个人消费信贷的实证研究》，载于《财贸经济》2006年第11期。

731. 赵杨：《中国房地产市场财富效应研究》，吉林大学，2012年。

732. 赵永亮、张捷：《工业与服务业非均衡发展研究——服务业会走向Baumol陷阱吗？》，载于《财贸经济》2011年第6期。

733. 赵永亮：《中国内外需求的市场潜力研究——基于工资方程的边界效应分析》，载于《管理世界》2011年第1期。

734. 赵振华、尹依灵：《关于扩大消费需求的若干思考》，载于《当代经济研究》2012年第11期。

735. 郑君豪：《金融混业与金融监管》，苏州大学，2006年。

736. 郑磊：《财政分权，政府竞争与公共支出结构——政府教育支出比重的影响因素分析》，载于《经济科学》2008年第1期。

737. 郑丽航：《信息权益保护初探》，载于《图书馆》2005年第6期。

738. 郑书耀：《现实政府供给公共物品的困惑——从公共物品供给效率的考察》，载于《财经理论与实践（双月刊）》2009年第30期。

739. 郑顺炎：《证券内幕交易规制的本土化研究》，北京大学出版社2002年版。

740. 郑思齐、刘洪玉、余秋梅：《中国地级及以上城市的住房消费特征》，载于《城市与区域规划研究》2009年第2期。

741. 中国金融40人论坛课题组，蔡洪滨、李波、林赞、伍戈、徐林、席钰、袁力、周诚君：《土地制度改革与新型城镇化》，载于《金融研究》2013年第5期。

742. 中国人民银行：《2010 年第 4 季度储户问卷调查报告》，http：//www.pbc.gov.cn/publish/goutongjiaoliu/524/2012/20121218095702441181929/20121218-095702441181929_.html。

743. 中国人民银行农村金融服务研究小组：《中国农村金融服务报告（2010）》，中国金融出版社 2011 年版。

744. 中国银行伦敦分行：《现代金融混业监管的最新模式——英国的金融监管实行重大改革》，载于《国际金融研究》2002 年第 1 期。

745. 中国证监会：《中国证券监督管理委员会年报（2007）》，中国财政经济出版社 2008 年版。

746. 中国证监会：《中国资本市场发展报告》，中国金融出版社 2008 年版。

747. 钟水映、李魁：《劳动力抚养负担对居民储蓄率的影响研究》，载于《中国人口科学》2009 年第 1 期。

748. 钟小娜：《网站特性和消费者个体特征对网络购物接受度的影响》，浙江大学，2005 年。

749. 仲云云、仲伟周：《我国消费需求不足的差异化诱因及政策建议——对不同阶层消费行为的实证分析》，载于《现代经济探讨》2010 年第 5 期。

750. 周学：《消费信贷：一个比政府投资更能启动内需的宏观调控手段》，载于《经济学动态》2002 年第 5 期。

751. 周道许：《现代金融监管体制研究》，中国金融出版社 2000 年版。

752. 周德才：《股市非对称财富效应的检验——基于股市的金融状况指数视角》，载于《价格理论与实践》2012 年第 10 期。

753. 周好文、潘朝顺：《不确定性、流动性约束与中国居民的消费行为》，载于《财经研究》2002 年第 10 期。

754. 周浩、郑筱婷：《交通基础设施质量与经济增长：来自中国铁路提速的证据》，载于《世界经济》2012 年第 1 期。

755. 周辉：《消费结构、产业结构与经济增长——基于上海市的实证研究》，载于《中南财经政法大学学报》2012 年第 2 期。

756. 周建、杨秀祯：《我国农村消费行为变迁及城乡联动机制研究》，载于《经济研究》2009 年第 1 期。

757. 周建军、鞠方：《中国房地产价格波动财富效应的理论与实证研究》，载于《财经理论与实践》2009 年第 5 期。

758. 周建军、欧阳立鹏：《现阶段房地产价格与消费的相互关系研究——基于中国数据的理论与实证分析》，载于《消费经济》2008 年第 3 期。

759. 周建元：《论调控型公共财政——财政政策对扩大内需的效应分析》，

载于《经济学动态》2009 年第 8 期。

760. 周其仁：《产权与制度变迁：中国改革的经验研究》，北京大学出版社 2004 年版。

761. 周叔莲：《正确处理生产和消费的关系——兼论中国式的社会主义消费模式》，载于《经济问题》1981 年第 7 期。

762. 周卫江：《美国金融监管改革计划的原因分析及其影响》，载于《财经理论与实践》2008 年第 6 期。

763. 周小川：《危机后全球经济的调整和政策应对》，中信出版社 2009 年版。

764. 周晓虹：《扩大中等收入者的比重是保证社会和谐发展的不二法则》，载于《学习与探索》2005 年第 6 期。

765. 周晓虹：《中国中产阶级：现实抑或幻象》，载于《天津社会科学》2006 年第 2 期。

766. 周学：《经济大循环理论——破解中等收入陷阱和内需不足的对策》，载于《经济学动态》2010 年第 3 期。

767. 周友苏、廖笑非：《金融危机背景下中国金融监管模式的选择与完善》，载于《清华法学》2009 年第 2 期。

768. 周子衡：《金融管制的确立及其变革》，上海三联书店 2005 年版。

769. 周自强：《公共物品概念的延伸及其政策含义》，载于《经济学动态》2005 年第 9 期。

770. 朱琛：《城乡居民收入与消费差距的动态相关性——基于 1992 年城乡居民收入年经验数据的考察》，载于《财经科学》2012 年第 8 期。

771. 朱国林、范建勇、严燕：《中国的消费不振与收入分配：理论和数据》，载于《经济研究》2002 年第 5 期。

772. 朱红恒：《我国农村居民边际消费倾向的收入门槛效应》，载于《宏观经济研究》2009 年第 10 期。

773. 朱建平、朱万闯：《中国居民消费的特征分析——中基于两阶段面板分位回归》，载于《数理统计与管理》2012 年第 4 期。

774. 朱丽娜：《消费者网上购物意向模型研究》，广西大学，2006 年。

775. 朱孟晓、胡小玲：《我国居民消费升级与消费倾向变动关系研究——基于升级、支出与收入的动态关系》，载于《当代财经》2009 年第 4 期。

776. 朱锐：《我国竞争性售电市场构建研究》，西南财经大学，2010 年。

777. 朱伟一：《高管薪酬问题的美国经验》，载于《决策探索》2009 年第 5 期。

778. 朱伟一：《美国证券法判例解析》，中国法制出版社 2006 年版。

779. 朱伟一：《一剑霜寒？证券法的两种实践》，中国法制出版社 2003 年版。

780. 朱晓林：《中国自来水业规制体系改革研究》，辽宁大学，2008 年。

781. 朱旭强、张忠涛：《资产性收入与非资产性收入的财富效应研究》，载于《宏观经济研究》2013 年第 7 期。

782. 朱妍：《新韦伯主义的阶层分类框架适用于中国吗？——戈德索普的阶层理论述评》，载于《社会学》2011 年第 2 期。

783. 朱长存：《城镇中等收入群体测度与分解——基于非参数估计的收入分布方法》，载于《云南财经大学学报》2012 年第 2 期。

784. 祝合良、李晓慧：《扩大内需与我国流通结构调整的基本思路》，载于《商业经济与管理》2011 年第 11 期。

785. 庄健、张永光：《基尼系数和中等收入群体比重的关联性分析》，载于《数量经济技术经济研究》2007 年第 4 期。

786. 庄玉友：《日本金融商品交易法述评》，载于《证券市场导报》2008 年第 5 期。

787. 装春霞、孙世重：《流动性约束条件下的中国居民预防性储蓄行为分析》，载于《金融研究》2004 年第 10 期。

788. 邹红、喻开志：《城镇家庭消费不平等的度量和分解——基于广东省城镇住户调查数据的实证研究》，载于《经济评论》2013 年第 5 期。

789. 邹蓉：《税收政策促进居民消费需求的路径选择》，载于《财经问题研究》2012 年第 2 期。

790. Afonso, A. Fernandes, S. Assessing and Explaining the Relative Efficiency of Local Government ［J］. *The Journal of Socio－Economics*, 2008, 37 （5）: pp. 1946 － 1979.

791. Ajzen, I. Fishbein M. Understanding Attitudes and Predicting Social Behavior, 1980, Prentice－Hall, Englewood Cliffs, New Jersey.

792. Ajzen, I. From Intentions to Actions: A Theory of Planned Behavior, in J. Kuhland andJ. Beckman （eds.）, *Action-control: From Cognitionsto Behavior* （Springer, Heidelberg）, 1985: pp. 11 － 39.

793. Ajzen, I. The Theory of Planned Behavior, *Organizational Behavior & Human Decision Processes*, 1991: pp. 179 － 211.

794. Akerlof, G. A. Social Distance and Social Decisions. *Econometrica: Journal of the Econometric Society*, 1997: pp. 1005 － 1027.

795. Alessie, R. and Kapteyn, A. Habit Formation, Interdependent Preferences

and Demographic Effects in the Almost Ideal Demand System. *The Economic Journal*, 1991: pp. 404 – 419.

796. Alessie, R. and Lusardi, A. Consumption, Saving and Habit Formation, *Economics Letters* [J]. 1997, 55: pp. 103 – 108.

797. Allen, D. S. and Ndikumana, L. Income Inequality and Minimum Consumption: Implications for Growth. *Federal Reserve Bank of St. Louis Working Paper Series*, 1999 (1999 – 013).

798. Alpizar, F., Carlsson, F. and Johansson – Stenman, O. How Much Do We Care About Absolute Versus Relative Income and Consumption?. *Journal of Economic Behavior & Organization*, 2005, 56 (3): pp. 405 – 421.

799. Anderson, T. W., Hsiao, C. Estimation of Dynamic Models With Error Components [J]. *Journal of the American Statistical Association*, 1981, 76 (375): pp. 598 – 606.

800. Ando, A. Modigliani, F. The "Life Cycle" Hypothesis of Saving: Aggregate Implications and Tests [J]. *The American Economic Review*, 1963: pp. 55 – 84.

801. Antzoulatos, A. A., Consumer Credit and Consumption Forecasts [J]. *International Journal of Forecasting*, 1996, 12: pp. 439 – 453.

802. Aoki, K., Proudman, J., and Vlieghe, G. Houses as Collateral: Has the Link between House Prices and Consumption in the UK Changed?, *Federal Reserve Bank of New York Economic Policy Review*, 2002 (8): pp. 163 – 77.

803. Aoki, K., Proudman, J., and Vlieghe, G., House Prices, Consumption, and Monetary Policy: A Financial Accelerator Approach, *Journal of Financial Intermediation*, 2004 (13): pp. 414 – 435.

804. Arellano, M., Bond, S. Some Tests of Specification for Panel Data: Monte Carlo Evidence and an Application to Employment Equations. *The Review of Economic Studies*, 1991, 58 (2): pp. 277 – 297.

805. Arellano, M., and Bover, O. Another Look at the Instrumental Variable Estimation of Error – Components Models. *Journal of Econometrics*, 1995, 68 (1): pp. 29 – 51.

806. Aschauer, D. A. Fiscal Policy and Aggregate Demand [J]. *The American Economic Review*, 1985: pp. 117 – 127.

807. Aschauer, D. A. Is Public Expenditure Productive? [J]. *Journal of Monetary Economics*, 1989, 23 (2): 177 – 200.

808. Athanassopoulos, A. D., Triantis, K. P. Assessing Aggregate Cost Efficien-

cy and the Related Policy Implications for Greek Local Municipalities [J]. Infor, 1998, 36 (3): pp. 66.

809. Attanasio, O. P. and Weber, G., Consumption Growth, the Interest Rate, and Aggregation [J]. *Review of Economic Studies*, 1993, 60 (3): 631-649.

810. Aziz, J., Cui, L. Explaining China's Low Consumption: The Neglected Role of Household Income [R]. *IMF Working Papers*, 2007: pp. 1-36.

811. Bacchetta, P. and Gerlach, S., Consumption and Credit Constraints: International Evidence [J]. *Journal of Monetary Economics*, 1997, 40: pp. 207-238.

812. Bagwell, L. S., and Bernheim, B. D. Veblen Effects in a Theory of Conspicuous Consumption [J]. *The American Economic Review*, 1996: pp. 349-373.

813. Bailey, B. Report of the Royal Commission into HIH Insurance [J]. *Research Note*, 2002, 3: pp. 2-3.

814. Bakir, C. Who Needs a Review of the Financial System in Australia? The Case of the Wallis Inquiry [J]. *Australian Journal of Political Science*, 2003, 38 (3): pp. 511-534.

815. Banerjee, A. V., and Duflo, E. What is Middle Class about the Middle Classes around the World? [J]. *The Journal of Economic Perspectives*, 2008, 22 (2): pp. 3-28.

816. Banks, J., R. Blundell, Smith, J. Wealth Portfolios in the UK and the US, *NBER Working Paper*, 2002, No. 9128.

817. Banzhaf, H. S., Walsh, R. P. Do People Vote with Their Feet? An Empirical Test of Tiebout's Mechanism [J]. *The American Economic Review*, 2008: pp. 843-863.

818. Bardhan, P. Decentralization of Governance and Development [J]. *Journal of Economic Perspectives*, 2002: pp. 185-205.

819. Barris, L. J. The Overcompensation Problem: A Collective Approach to Controlling Executive Pay, [J]. *Indiana Law Journal*, 1992: pp. 59-68.

820. Barro, R. J. Economic Growth in a Cross Section of Countries [R]. *National Bureau of Economic Research*, 1989.

821. Beaton, K., Credit Constraints and Consumer Spending [J]. *Bank of Canada Working Paper*, 2009.

822. Bebchuk, L. A., Fried, J. M. Pay without Performance: Overview of the Issues [J]. *Journal of Applied Corporate Finance*, 2005, 17 (4): pp. 8-23.

823. Becker, D. S. Less Can Be More: Recent Examples of Cooperation Between

the United States and European Union on Securities Regulation [J]. *Washington University Global Studies Law Review*, 2009, 8 (1): pp. 139 – 163.

824. Becker, G. S. Human Capital: A Theoretical and Empirical Analysis, with Special Reference to Education [M]. *University of Chicago Press*, 2009.

825. Belsky, E., and Prakken, J. Housing's Impact on Wealth Accumulation, Wealth Distribution and Consumer Spending, *The Joint Center for Housing Studies Working Paper*, 2004, No. 201435.

826. Benito, A. Housing Equity as a Buffer: Evidence from UK Households, *Bank of England Working Paper*, 2007, No. 324.

827. Benito, A., Thompsom, J., Waldron, M. and Wood, R. House Prices and Consumer Spending, *Bank of England Quarterly Bulletin*, 2006.

828. Benjamin, J. D., Chinloy, P., and Donald, J. G. Real Estate versus Financial Wealth in Consumption, *Journal of Real Estate Finance and Economics*, 2004, 29 (3): pp. 341 – 354.

829. Berban, R. P., Bernoth, K., and Mastrogiacomo, Households'Response to Wealth Change: Do Gains or Losses Make a Difference?, *De Nederlandsche Bank NV Working Paper*, 2006, No. 090.

830. Bernanke, B. S., Gertler, M., and Gilchrist, S. The Financial Accelerator in a Quantitative Business Cycle Framework. *C. V. Starr Center for Applied Economics*, New York University, 1999.

831. Bertola, G., Disney, R. and Grant, C., The Economics of Consumer Credit [M]. London: The MIT Press, 2006.

832. Besley, T, Coate, S. Centralized versus Decentralized Provision of Local Public Goods: a Political Economy Approach [J]. *Journal of Public Economics*, 2003, 87 (12): pp. 2611 – 2637.

833. Bhalla, S. The Middle Class Kingdoms of India and China. *Peterson Institute for International Economics*, Washington, DC, 2009.

834. Bhatia, K. B., Capital gains and the aggregate consumption function, *The American Economic Review*, 1972 (62): pp. 866 – 879.

835. Bhatnagar, A., Miser, S. and Rao, H. R., On Risk Convenience and Internet Shopping Behavior – Why Some Consumers Are Online Shopper While Others Are Not. *Communications of the ACM*, 2000, 43 (11): pp. 32 – 38.

836. Bhattacharyay, B. Estimating Demand for Infrastructure in Energy, Transport, Telecommunications, Water, and Sanitation in Asia and the Pacific: 2010 –

2020 [J]. 2010.

837. Biehl, D. The Role of Infrastructure in Regional Development [M]. 1991.

838. Bin, X., Renjing, X. An Emprical Analysis on the Consumption Structure of Town Residents, Jiangxi Province – Based on the Extended Linear Expenditure [C] //International Conference on Applied Physics and Industrial Engineering. 2012: pp. 660 – 666.

839. Birdsall, N. A Note on the Middle Class in Latin America. *Inequality in Asia and the Pacific (Manila: Asian Development Bank*, 2013), Forthcoming, 2012.

840. Birdsall, N., Graham, C., and Pettinato, S. Stuck in Tunnel: Is Globalization Muddling the Middle?, *Center on Social and Economic Dynamics Working Paper*, 2000, No. 14.

841. Black J, Hopper M, Band C. Making aSuccess of Principles – Based Regulation [J]. *Law and Financial Markets Review*, 2007, 1 (3): pp. 191 – 206.

842. Black, J. Managing Regulatory Risks and Defining the Parameters of Blame: A Focus on the Australian Prudential Regulation Authority [J]. *Law & Policy*, 2006, 28 (1): pp. 1 – 30.

843. Blanchard, O., Fischer, S. *Lectures on Macroeconomics*, Cambridge: The MIT Press, 1989.

844. Blinder, A. S. Distribution Effects and the Aggregate Consumption Function [J]. *The Journal of Political Economy*, 1975: pp. 447 – 475.

845. Bloom, D. E., Canning, D., Malaney, P. N. Demographic Change and Economic Growth in Asia [M]. *Center for International Development*, Harvard University, 1999.

846. Blundell, R., and Bond, S. Initial Conditions and Moment Restrictions in Dynamic Panel Data Models [J]. *Journal of Econometrics*, 1998, 87 (1): pp. 115 – 143.

847. Boix, C. Democracy, Development, and the Public Sector [J]. *American Journal of Political Science*, 2001: pp. 1 – 17.

848. Boldt, J. K. The Wealth Effect in Equity and Fixed Income [J]. *Undergraduate Economic Review*, 2011 (7): pp. 1 – 29.

849. Bond, S. R. Dynamic Panel Data Models: A Guide to Micro Data Methods and Practice [J]. *Portuguese Economic Journal*, 2002, 1 (2): pp. 141 – 162.

850. Boone, L., and Girouard, N. The Stock Market, the Housing Market and Consumer Behaviour [J]. *OECD Economic Studies*, 2002, pp. 175 – 200.

851. Borooah, V. K., and Sharpe, D. R. Aggregate Consumption and the Distribution of Income in the United Kingdom: An Econometric Analysis [J]. *The Economic Journal*, 1986: pp. 449 – 466.

852. Bostic, R., Gabriel, S., and Painter, G. Housing Wealth, Financial Wealth, and Consumption: New Evidence From Micro Data [J]. *Regional Science and Urban Economics*, 2009 (39), pp. 79 – 89.

853. Bowles, P. Rebalancing China's Growth: Some Unsettled Questions [J]. *Canadian Journal of Development Studies*, 2012, 33 (1): pp. 1 – 13.

854. Bradley, C. M. Information Society Challenges to Financial Regulation [J]. *University of Toledo Law Review*, 2006, 37.

855. Brady, R. R. and Stimel, D. S. How the Housing and Financial Wealth Effects Have Changed over Time [J]. *The B. E. Journal of Macroeconomics*, 2011 (28).

856. Bridges, S., Disney, R. and Gathergood, J. Housing Collateral and Household Indebtedness: Is There a Household Financial Accelerator", *Paper Presented at the Consumption, Credit and the Business Cycle Workshop*, 17 – 18 March, 2006.

857. Brodin, P. A., Nymoen, R. Wealth Effects and Exogeneity – The Norwegian Consumption Fuction: 1966 (1) – 1989 (4), *Oxford Bulletin of Economics and Statistics*, 1992 (54): pp. 431 – 454.

858. Brown, C. Does Income Distribution Matter for Effective Demand? Evidence From the United States [J]. *Review of Political Economy*, 2004, 16 (3): pp. 291 – 307.

859. Brown, P. H., Bulte, E., Zhang, X. Positional Spending and Status Seeking in Rural China [J]. *Journal of Development Economics*, 2011, 96 (1): pp. 139 – 149.

860. Browning, M., Lusardi A. Household Saving: Micro Theories and Micro Facts [J]. *Journal of Economic Literature*, 1996, 34 (4): pp. 1797 – 1855.

861. Buchanan, J. M. The Theory of Public Finance. *Southern Economic Journal*, 1960: pp. 234 – 238.

862. Buiter, W. Housing Wealth Isn't Wealth [J]. *Economics*, 2010 (4): pp. 1 – 29.

863. Bunting, D. Keynes'Law and Its Critics [J]. *Journal of Post Keynesian Economics*, 2001: pp. 149 – 163.

864. Caballero, R. J. Consumption Puzzles and Precautionary Savings [J]. *Journal of Monetary Economics*, 1990, 25 (1): pp. 113 – 136.

865. Caballero, R. J. Earnings Uncertainty and Aggregate Wealth Accumulation [J]. *American Economic Review*, 1991, 81 (4): pp. 859 – 871.

866. Cadot, O., Röller, L. H., Stephan, A. Contribution to Productivity or Pork Barrel? the Two Faces of Infrastructure Investment [J]. *Journal of Public Economics*, 2006, 90 (6): pp. 1133 – 1153.

867. Cai, H., Treisman, D. Does Competition for Capital Discipline Governments? Decentralization, Globalization, and Public Policy [J]. *American Economic Review*, 2005, 95 (3): pp. 817 – 830.

868. Calcagno, R., Fornero, E. and Rossi, M. C. The Effect of House Prices on Household Consumption in Italy, *Journal of Real Estate Finance and Economics*, 2009 (39): pp. 284 – 300.

869. Calderon, C., Moral – Benito, E., Servén, L. Is Infrastructure Capital Productive? A Dynamic Heterogeneous Approach. *The World Bank*, 2011.

870. Calomiris, C., Longhofer, D. and Miles, W. The (Mythical?) Housing Wealth Effect, *NBER Working Paper*, 2009, No. 15075.

871. Campbell, J. Y., Mankiw, N. G. The Response of Consumption to Income: A Cross – Country Investigation [J]. *European Economic Review*, 1991, 35 (4): pp. 723 – 756.

872. Campbell J Y. The New Palgrave Dictionary of Money and Finance [J]. *Journal of Economic Literature*, 1994: pp. 667 – 673.

873. Campbell, J. Y., Cocco, J. How Do House Prices Affect Consumption? Evidence From Micro Data, *Journal of Monetary Economics*, 2007 (54): pp. 591 – 621.

874. Campbell, J. Y., Mankiw, N. G. *Consumption, Income and Interest Rates: Reinterpreting the Time Series Evidence*, *Macroeconomics Annuals*, Cambridge: The MIT Press, 1989.

875. Campbell, J. Y. and Mankiw N. G., Permanent Income, Current Income, and Consumption [J]. *Journal of Business and Economic Statistics*, 1990 (8): pp. 265 – 279.

876. Caner, M., Hansen, B. E. Threshold Autoregression with a Unit Root [J]. *Econometrica*, 2001 (69): pp. 1555 – 1596.

877. Carroll, C. D., Summers, L. H. Consumption Growth Parallels Income Growth: Some New Evidence [M] //National Saving and Economic Performance. University of Chicago Press, 1991: pp. 305 – 348.

878. Carroll, C. D., A Theory of the Consumption Function, With and Without Liquidity Constraints [J]. *The Journal of Economic Perspectives*, 2001 (15): pp. 23 – 45.

879. Carroll, C. D., and Kimball, M. S. Liquidity Constraints and Precautionary Saving [R]. *NBER Working Paper*, 2001, No. 8496.

880. Carroll, C. D., Dynan, K. E., and Krane, S. D. Unemployment Risk and Precautional Wealth: Evidence from Households Balance Sheets [J]. *Review of Economics and Statistics*, 2003 (85): pp. 586 – 604.

881. Carroll, C. D., Hall, R. E., and Zeldes, S. P. The Buffer – Stock Theory of Saving: Some Macroeconomic Evidence. *Brookings Papers on Economic Activity*, 1992: pp. 61 – 156.

882. Carroll, C. D., Otsuka, M., Slacalek, J. How Large Are Housing and Financial Wealth Effects? A New Approach [J]. *Journal of Money Credit and Banking*, 2011 (43): pp. 55 – 79.

883. Carroll, C. D., Overland, J., and Weil, D. N. Saving and Growth with Habit Formation [J]. *American Economic Review*, 2000: pp. 341 – 355.

884. Carroll, C. D., Slacalek, J. Sticky Expectations and Consumption Dynamics, *Johns Hopkins University*, 2006.

885. Carroll, C. D., Slacalek, J., Tokuoka, K. The Distribution of Wealth and the MPC: Implications of New European Data. *ECB Working Paper Series*, 2014, No. 1648.

886. Carroll, C. D., Slacalek, J., Tokuoka, K. The Distribution of Wealth and the Marginal Propensity to Consume. *ECB Working Paper Series*, 2014, No. 1655.

887. Carroll, C. D., Buffer – Stock Saving and the Life Cycle/Permanent Income Hypothesis [J]. *Quarterly Journal of Economics*, 1997 (112): pp. 1 – 55.

888. Carroll, C. D., Slacalek J., and Sommer, M. International Evidence on Sticky Consumption Growth, *NBER Working Paper*, 2008, No. 13876.

889. Carroll, C. D. How Does Future Income Affect Current Consumption? [J]. *The Quarterly Journal of Economics*, 1994, 109 (1): pp. 111 – 147.

890. Carroll, C. D., Samwick, How Important is Precautionary Saving? [J]. *The Review of Economics and Statistics*, 1998, 80 (3): pp. 410 – 419.

891. Carroll. C. D, The Buffer – Stock Theory of Saving: Some Macroeconomic Evidence [J]. *Brookings Papers on Economic Activity*, 1992 (2): pp. 61 – 135.

892. Case, K. E., and Quigley, J. M. How Housing Booms Unwind: Income

Effects, Wealth Effects, and Feedbacks Through Financial Markets [J]. *European Journal of Housing Policy*, 2008 (8): pp. 161 – 180.

893. Case, K. E., Quigley, J. M., and Shiller, R. J. Comparing Wealth Effects: The Stock Market Versus the Housing Market, *Advances in Macroeconomics*, 2005 (5): pp. 1 – 32.

894. Case, K. E., Quigley, J. M., and Shiller, R. J. Wealth Effects Revisited: 1975 – 2012. *NBER Working Paper*, 2013, No. 18667.

895. Cass, A. O., Fench, T. Web Retailing Adoption: Exploring The Nature of Internet Users Web Retailing Behavior [J]. *Journal of Retailing and Consumer Services*, 2003 (10): pp. 81 – 93.

896. Castellani, F., Parent, G. *Being "Middle – Class" in Latin America*. OECD Publishing, 2011.

897. Castro, G. L. Consumption, Disposable Income and Liquidity Constraints. *Economic Bulletin and Financial Stability Report Articles*, 2006.

898. Catte, P., Girouard, N., Price, R. and Andre, C. Housing Markets, Wealth and the Business Cycle, *OECD Economics Department Working Papers*, 2004, No. 394.

899. Chah, E. Y., Ramey, V. A. and Starr, R. M. Liquidity Constraints and Intertemporal Consumer Optimization: Theory and Evidence form Durable Goods [J]. *Journal of Money, Credit and Banking*, 1995, 27 (1): pp. 272 – 287.

900. Chakraborty, S., Baksi, A., Verma, A. K. Rural Infrastructure Availability and Wellbeing [J]. *Journal of Regional Development and Planning*, 2012, 1 (2): pp. 169 – 179.

901. Chamon, M. D., Prasad, E. S. Why Are Saving Rates of Urban Households in China Rising? [J]. *American Economic Journal: Macroeconomics*, 2010: pp. 93 – 130.

902. Chan, V. L., Hu, S. C. Financial Liberalization and Aggregate Consumption: The Evidence from Taiwan [J]. *Applied Economics*, 1997, 29 (11): pp. 1525 – 1535.

903. Chen, B., Yao, Y. The Cursed Virtue: Government Infrastructural Investment and Household Consumption in Chinese Provinces [J]. *Oxford Bulletin of Economics and Statistics*, 2011, 73 (6): pp. 856 – 877.

904. Chen, G., Mark, L., Daniel, S. Enticing Online Consumer: An Extended Technology Acceptance Perspective [J]. *Information & Management*, 2002, 39

(8): pp. 705 – 719.

905. Chen, N. K., Chen, S. S., and Chou Y. H. House Prices, Collateral Constraint, and the Asymmetric Effect on Consumption [J]. *Journal of Housing Economics*, 2010 (19): pp. 26 – 37.

906. Chen, J. Re – Evaluating the Association Between Housing Wealth and Aggregate Consumption: New Evidence from Sweden, *Journal of Housing Economics*, 2006 (15): pp. 321 – 348.

907. Cheng, A., Fung, M. Financial Market and Housing Wealth Effects on Consumption: A Permanent Income Approach [J]. *Applied Economics*, 2008 (40): pp. 3029 – 3038.

908. Cho, S. Housing Wealth Effect on Consumption: Evidence from Household Level Data [J]. *Economics Letters*, 2011 (113): pp. 192 – 194.

909. Chun, N., Hasan, R., and Ulubasoglu, M. The Role of the Middle Class in Economic Development: What Do Cross – Country Data Show? *Asian Development Bank*, 2011.

910. Ciarlone, A. Housing Wealth Effect In Emerging Economies [J]. *Emerging Markets Review*, 2011 (12): pp. 399 – 417.

911. Clark, A. E., Frijters, P., and Shields, M. A. Relative Income, Happiness, and Utility: An Explanation for the Easterlin Paradox and Other Puzzles [J]. *Journal of Economic Literature*, 2008: pp. 95 – 144.

912. Clark, A. E., and Oswald, A. J. Comparison – Concave Utility and Following Behaviour in Social and Economic Settings [J]. *Journal of Public Economics*, 1998, 70 (1): pp. 133 – 155.

913. Cochrane, J. H., A Simple Test of Consumption Insurance [J]. *Journal of Political Economy*, 1991, 99: pp. 957 – 976.

914. Coffee, Jr. John, C. Accountability and Competition in Securities Class Actions: Why Exit Works Better Than Voice [J]. *Cardozo Law Review*, 2008, 30: pp. 407 – 444.

915. Coffee, Jr. John, C. Gatekeeper Failure and Reform: The Challenge of Fashioning Relevant Reforms [J]. *BUL Rev.*, 2004, 84: P. 301.

916. Coffee, Jr. John, C. Law and the Market: The Impact of Enforcement [J]. *University Of Pennsylvania Law Review*, 2007: pp. 229 – 311.

917. Coffee, Jr. John, C. Privatization and Corporate Governance: The Lessons from Securities Market Failure [J]. *J. Corp. L.*, 1999, 25: P. 1.

918. Coffee, Jr. John, C. Racing Towards the Top?: The Impact of Cross-Listings and Stock Market Competition on International Corporate Governance [J]. *Columbia Law Review*, 2002: pp.1757-1831.

919. Cohen, J. P., Paul, C. J. M. Public Infrastructure Investment, Interstate Spatial Spillovers, and Manufacturing Costs [J]. *Review of Economics and Statistics*, 2004, 86 (2): pp.551-560.

920. Cowan, R., Cowan, W., and Swann, P. A Model of Demand with Interactions among Consumers. *International Journal of Industrial Organization*, 1997, 15 (6): pp.711-732.

921. Cox, J. D., Greene, E. F. Financial Regulation In a Global Market Place: Report of the Duke Global Capital Markets Roundtable [J]. *Duke Journal of Comparative & International Law*, 2007, 18 (1): pp.239-250.

922. Cox, D. and Jappelli, T. The Effect of Borrowing Constraints on Consumer Liabilities [J]. *Journal of Monetary, Credit and Banking*, 1993, 25 (2): pp.197-213.

923. Craig, P. A New Framework for EU Administration: The Financial Regulation 2002 [J]. *Law and Contemporary Problems*, 2004: pp.107-133.

924. Creedy, J., Guest, R. Population Ageing and Intertemporal Consumption: Representative Agent Versus Social Planner [J]. *Economic Modelling*, 2008, 25 (3): pp.485-498.

925. Crihfield, J. B., Panggabean, M. P. H. Is Public Infrastructure Productive? A Metropolitan Perspective Using New Capital Stock Estimates [J]. *Regional Science And Urban Economics*, 1995, 25 (5): pp.607-630.

926. Crook, J., The Demand for Household Debt in the USA: Evidence from the 1995 Survey of Consumer Finance [J]. *Applied Financial Economics*, 2001, 11: pp.83-91.

927. Cuomo, A. M. No Rhyme or Reason: The 'Heads I Win, Tails You Lose' bank Bonus Culture [J]. New York: The Attorney General of the State of New York Report, 2009.

928. Curtis, C. C., Lugauer, S., Mark, N. C. Demographic Patterns and Household Saving in China [R]. *National Bureau of Economic Research*, 2011.

929. Cutler, D. M., Poterba, J. M., Sheiner, L. M., et al. An Aging Society: Opportunity or Challenge? [J]. *Brookings Papers on Economic Activity*, 1990: pp.1-73.

930. Davidoff, S. M. Paradigm Shift: Federal Securities Regulation in the New Millennium [J]. *Brook. J. Corp. Fin. & Com. L.*, 2007, 2: pp. 339-368.

931. Davis, F. D. Perceived Usefulness, Perceived Ease of Use, and User Acceptance of Information Technology [J]. *MIS Quarterly*, 1989, 13 (3): pp. 318-340.

932. Davis, M. A., and Palumbo M. G. A Primer on the Economics and Time Series Econometrics of Wealth Effects, *Divisions of Research & Statistics and Monetary Affairs*, Federal Reserve Board, 2001.

933. DeBrouwer G. Consumption And Liquidity Constraints In Australia And East Asia: Does Financial Integration Matter? *Reserve Bank of Australia*, 1996.

934. Deaton, A. Saving and Liquidity Constraints [R]. *National Bureau of Economic Research*, 1989.

935. Deaton, A., *Understanding Consumption*, Oxford: Oxford University Press, 1992.

936. Deaton, A. S., Saving and Liquidity Constraints [J]. *Econometrica*, 1991 (59): pp. 1221-1248.

937. Degeratu, A. M., Rangaswamy, A. and Wu, J. Consumer Choice Behavior in Online and Traditional Supermarkets: The Effects of Brand Name, Price, and Other Search Attributes [J]. *International Journal of Research in Marketing.* 2000, 17 (1): pp. 55-78.

938. Dellaert, B. G. and Kahn, B. E. How to Lerable Is Delay: Consumers' Evaluations of Internet Web Sites After Waiting [J]. *Journal of Interactive Marketing*, 1999, 13 (1): pp. 41-54.

939. Del-Rio, A. and Young, G. The Determinant of Unsecured Borrowing: Evidence from the British Household Panel Survey, *Bank of England Working Paper*, 2005.

940. Demery, D., Duck, N. W. Savings-Age Profiles in the UK [J]. *Journal of Population Economics*, 2006, 19 (3): pp. 521-541.

941. Di Giorgio, G., Di Noia, C. Financial Regulation and Supervision in the Euro Area: A Four-Peak Proposal. *Wharton School Center for Financial Institutions*, *University of Pennsylvania*, 2001.

942. Di Palma, M., Mazziotta, C., Rosa, G. Infrastrutture E Sviluppo: Primi Risultati, Indicatori Quantitativi A Confronto. 1998.

943. Diamond, D. Infrastructure and Economic Development [C]. Anales De Es-

tudios EconÓMicos Y Empresariales. Servicio De Publicaciones, 1990（5）: pp. 25 – 32.

944. Dolgoplov, S. Insider Trading, Chinese Walls, and Brokerage Commissions: The Origins of Modern Regulation of Information Flows in Securities Markets [J]. *JL Econ. & Pol'y*, 2007, 4: P. 311.

945. Langevoort, D. C. U. S. Securities Regulation and Global Competition [J]. *Virginia Law & Business Review*, 2008.

946. Donihue, M., Avramenko, A. Decomposing Consumer Wealth Effects: Evidence on the Role of Real Estate Assets Following the Wealth Cycle of 1990 – 2002, *Federal Reserve Bank of Boston Working Paper*, 2007, No. 0615.

947. Donna, L., and Novak, H. T. P. A New Marketing Paradigm for Electronic Commerce [J]. *The Information Society*, 1997, 13（1）: pp. 43 – 54.

948. Dreger, C. and Reimer, s H. Consumption and Disposable Income in the EU Countries: The Role of Wealth Effects [J]. *Empirica*, 2006（33）: pp. 245 – 254.

949. Duca, J. V. and Rosenthal, S. S. Borrowing Constraints, Household Debt and Racial Discrimination in the Loan Market [J]. *Journal of Financial Intermediation*, 1993（3）: pp. 77 – 103.

950. Duesenberry, J. S. Income, Saving, and the Theory of Consumer Behavior [J]. 1949.

951. Duesenberry, J. *Income, Saving and the Theory of Consumer Behavior*, Harvard University Press, 1949.

952. Dvornak, N., and Kohler, M. Housing Wealth, Stock Market Wealth and Consumption: A Panel Analysis for Australia [J]. *The Economic Record*, 2007（261）: pp. 117 – 130.

953. Dynan, K. E. How Prudent Are Consumers? [J]. *Journal of Political Economy*, 1993: pp. 1104 – 1113.

954. Dynan, K. E. Habit Formation in Consumer Preferences: Evidence from Panel Data [J]. *American Economic Review*, 2000（90）: pp. 391 – 406.

955. Easterly, W., Rebelo, S. Fiscal Policy and Economic Growth [J]. *Journal of Monetary Economics*, 1993, 32（3）: pp. 417 – 458.

956. Easterly, W. The Middle Class Consensus and Economic Development [J]. *Journal of Economic Growth*, 2001, 6（4）: pp. 317 – 335.

957. Edelstein, R. H., and Lum, S. K. House Prices, Wealth Effects, and the Singapore Macroeconomy [J]. *Journal of Housing Economics*, 2004（13）: pp. 342 –

367.

958. Edison, H., and Slok, T. Wealth Effects and the New Economy, *International Monetary Fund*, 2001.

959. Elliot, J. W. Wealth and Wealth Proxies in a Permanent Income Model [J]. *The Quarterly Journal of Economics*, 1980 (95): pp. 509 – 535.

960. Engelhardt, G. V. House Prices and Home Owner Saving Behavior [J]. *Regional Science and Urban Economics*, 1996 (26): pp. 313 – 336.

961. Engelhardt, G. V., Consumption, Down Payments, and Liquidity Constraints [J]. *Journal of Money, Credit And Banking*, 1996 (28): pp. 255 – 271.

962. Estache, A. Infrastructure Finance in Developing Countries: An Overview [J]. *EIB Papers*, 2010, 15 (2): pp. 60 – 88.

963. Ezcurra, R., Gil, C., Pascual, P., et al. Public Capital, Regional Productivity and Spatial Spillovers [J]. *The Annals of Regional Science*, 2005, 39 (3): pp. 471 – 494.

964. Faguet, J. P. Does Decentralization Increase Government Responsiveness to Local Needs?: Evidence from Bolivia [J]. *Journal of Public Economics*, 2004, 88 (3): pp. 867 – 893.

965. Fair, R. C., Dominguez, K. M. Effects of the Changing US Age Distribution on Macroeconomic Equations [J]. *The American Economic Review*, 1991, 81 (5): pp. 1276 – 1294.

966. Fanto, J. A. The Role of Financial Regulation in Private Financial Firms: Risk Management and the Limitations of the Market Model [J]. *Brooklyn Journal of Corporate, Financial & Commercial Law*, 2008, 3: pp. 29.

967. Fay, M., Morrison, M. Infrastructure in Latin America and the Caribbean: Recent Developments and Key Challenges [M]. *World Bank Publications*, 2007.

968. Fernald, J. G. Roads to Prosperity? Assessing the Link Between Public Capital and Productivity [J]. *American Economic Review*, 1999: pp. 619 – 638.

969. Ferran, E. Examining the United Kingdom's Experience in Adopting the Single Financial Regulator Model [J]. *Brook. J. Int'l L.*, 2002, 28: P. 257.

970. Ferson, W. E., Constantinides, G. M. Habit Persistence and Durability in Aggregate Consumption: Empirical Tests [J]. *Journal of Financial Economics*, 1991, 29 (2): pp. 199 – 240.

971. Flavin, M. A. The Adjustment of Consumption to Changing Expectations About Future Income [J]. *The Journal of Political Economy*, 1981: pp. 974 – 1009.

972. Flavin, M. A. Excess Sensitivity of Consumption to Current Income: Liquidity Constraints or Myopia? [J]. *Canadian Journal of Economics*, 1985 (18): pp. 117 – 136.

973. Foellmi R., and Zweim ÜLler J. Income Distribution and Demand – Induced Innovations. *The Review of Economic Studies*, 2006, 73 (4): pp. 941 – 960.

974. Fölster, S., Henrekson, M. Growth Effects of Government Expenditure and Taxation in Rich Countries [J]. *European Economic Review*, 2001, 45 (8): pp. 1501 – 1520.

975. Foot, D. K., Gomez, R. Population Ageing and Sectoral Growth: The Case of the UK, 2006 – 2026 [J]. *Oxford Journal*, 2007, 6 (1).

976. Ford, C. L. New Governance, Compliance, and Principles – Based Securities Regulation [J]. *American Business Law Journal*, 2008, 45 (1): pp. 1 – 60.

977. Forrester, J. P. Fannie Mae/Freddie Mac Uniform Mortgage Instruments: The Forgotten Benefit to Homeowners [J]. *Mo. L. Rev.*, 2007, 72: P. 1077.

978. Forsythe, S. M. and Shi, B. Consumer Patronage and Risk Perceptions in Internet Shopping [J]. *Journal of Business Research*, 2003, 56 (11): pp. 867 – 875.

979. FougÈRe M., MÉRette M. Population Ageing and Economic Growth in Seven OECD Countries [J]. *Economic Modelling*, 1999, 16 (3): pp. 411 – 427.

980. Fredrik, W. and Andersson. Consumption Theory with Reference Dependent Utility [J]. *The Journal of Socio – Economics*, 2009 (38): pp. 415 – 420.

981. Friedman, M., *A Theory of the Consumption Function*, Princeton: Princeton University Press, 1957.

982. Fuhrer, J. C. Habit Formation in Consumption and Its Implication for Monetary – Policy Models, *American Economic Review*, 2000 (90): pp. 367 – 390.

983. Fuhrer, J. C., and Klein, M. W. Risky Habits: On Risk Sharing, Habit Formation, and the Interpretation of International Consumption Correlations, *National Bureau of Economic Research*, 1998.

984. Furceri, D., Sousa, R. M. The Impact of Government Spending on the Private Sector: Crowding – Out Versus Crowding – In Effects [J]. *Kyklos*, 2011, 64 (4): pp. 516 – 533.

985. Gadinis, S. The Politics of Competition in International Financial Regulation [J]. *Harvard International Law Journal*, 2008, 49 (2).

986. Gaertner, W. A Dynamic Model of Interdependent Consumer Behavior. *Journal of Economics*, 1974, 34 (3): pp. 327 – 344.

987. Gallin, J. The Long-Run Relationship between House Prices and Rents [J]. *Real Estate Economics*, 2010 (36): pp. 635-658.

988. Galor, O. The Demographic Transition and the Emergence of Sustained Economic Growth [J]. *Journal of the European Economic Association*, 2005, 3 (2-3): pp. 494-504.

989. Gan, J. Housing Wealth and Consumption Growth: Evidence from a Large Panel of Households [J]. *The Review of Financial Studies*, 2010 (23): pp. 2229-2267.

990. GarcÍA-Lizana, A., and PÉRez-Moreno, S. Consumption and Income Distribution: A Proposal for a New Reading of Keynes' Thinking. *The European Journal of the History of Economic Thought*, 2012, 19 (1): pp. 45-65.

991. Gard, W. R. George Bailey in the Twenty-First Century: Are We Moving to the Postmodern Era in International Financial Regulation With Basel II [J]. *Transactions: Tenn. J. Bus. L.*, 2006, 8 (1): P. 161.

992. Gerding, E. F. Laws Against Bubbles: An Experimental-Asset-Market Approach to Analyzing Financial Regulation [J]. *Wisconsin Law Review*, 2007, 2007 (5).

993. Ghali, K. H. Government Size and Economic Growth: Evidence from a Multivariate Cointegration Analysis [J]. *Applied Economics*, 1999, 31 (8): pp. 975-987.

994. Gilreath, E. M. Entrance of Banks into Subprime Lending: First Union and the Money Store [J]. *The. NC Banking Inst.*, 1999, 3: P. 149.

995. Gilson, R. J., Gordon, J. N. Controlling Shareholders [J]. *University of Pennsylvania Law Review*, 2003: pp. 785-843.

996. Gilson, R. J., Milhaupt, C. J. Choice as Regulatory Reform: The Case of Japanese Corporate Governance [J]. *The American Journal of Comparative Law*, 2005: pp. 343-377.

997. Gilson, R. J., Milhaupt, C. J. Sovereign Wealth Funds and Corporate Governance: A Minimalist Response to the New Mercantilism [J]. *Stan. L. Rev.*, 2007, 60: P. 1345.

998. Gilson, R. J., Whitehead, C. K. Deconstructing Equity: Public Ownership, Agency Costs, and Complete Capital Markets [J]. *Columbia Law Review*, 2008: pp. 231-264.

999. Girouard, N., and Blöndal, S. *House Prices and Economic Activity*, OECD

Economics Department, 2001.

1000. Golden, M. A., Picci, L. Proposal for a New Measure of Corruption, Illustrated With Italian Data [J]. *Economics & Politics*, 2005, 17 (1): pp. 37 – 75.

1001. Gomes, F., and Paz, L. Consumption in South America: Myopia or Liquidity Constraint? [J]. *Economia Aplicada*, 2010 (14): pp. 129 – 145.

1002. Goodhart, C. A. E. *Financial Regulation: Why, How, and Where Now?* [M]. Psychology Press, 1998.

1003. Haber, S. H., Kieff, F. S., Paredes, T. A. On the Importance to Economic Success of Property Rights in Finance and Innovation [J]. *Washington University Journal of Law and Policy*, 2008.

1004. Habibullah, M. S., Smith, P., and Azman – Saini, N. W. Testing Liquidity Constraints in 10 Asian Developing Countries: An Error – Correction Model Approach [J]. *Applied Economics*, 2006, 38 (21): pp. 2535 – 2543.

1005. Hall, R. E. Stochastic Implications of the Life Cycle – Permanent Income Hypothesis: Theory and Evidence [J]. *Journal of Political Economy*, 1978 (12): pp. 971 – 987.

1006. Hansen, B. E. Sample Splitting and Threshold Estimation [J]. *Econometrica*, 2000 (68): pp. 575 – 603.

1007. Hansen, B. E. Threshold Effects in Non – Dynamic Panels: Estimation, Testing, and Inference [J]. *Journal of Econometrics*, 1999 (93): pp. 345 – 368.

1008. Hansen, N. M. The Structure and Determinants of Local Public Investment Expenditures [J]. *The Review of Economics and Statistics*, 1965, 47 (2): pp. 150 – 162.

1009. Hauner, D, Kyobe, A. Determinants of Government Efficiency [J]. *World Development*, 2010, 38 (11): pp. 1527 – 1542.

1010. Haurin, D. R., and Rosenthal S. S. The Impact of House Price Appreciation on Portfolio Consumption and Savings, *U. S. Department of Housing and Urban Development, Office of Policy Development & Research*, 2004.

1011. Havard, C. 'Goin'Round in Circles' ⋯and Letting the Bad Loans Win – When Subprime Lending Fails Borrowers: The Need for Uniform Broker Regulation [J]. *Nebraska Law Review*, 2008, 86 (4): P. 737.

1012. Heaton, J. An Empirical Investigation of Asset Pricing with Temporally Dependent Preference Specifications [J]. *Econometrica: Journal of the Econometric Society*, 1995: pp. 681 – 717.

1013. Hein, E., and Vogel, L. Distribution and Growth Reconsidered: Empirical Results for Six OECD Countries [J]. *Cambridge Journal of Economics*, 2008, 32 (3): pp. 479–511.

1014. Heintz, J., Pollin, R., Garrett-Peltier, H. How Infrastructure Investments Support the US Economy: Employment, Productivity and Growth [J]. *Political Economy Research Institute (PERI)*, University of Massachussetts Amberst, 2009.

1015. Henisz, W. J. The Institutional Environment for Infrastructure Investment [J]. Industrial and Corporate Change, 2002, 11 (2): pp. 355–389.

1016. HernÁNdez, B., JimÉNez, J., and MartÍN, M. J. Age, Gender and Income: Do They Really Moderate Online Shopping Behaviour? [J]. *Online Information Review*, 2011, 35 (1): pp. 113–133.

1017. Ho, T. The Government Spending and Private Consumption: A Panel Cointegration Analysis [J]. *International Review of Economics & Finance*, 2002, 10 (1): pp. 95–108.

1018. Hock, H., Weil, D. N. On the Dynamics of the Age Structure, Dependency, and Consumption [J]. *Journal of Population Economics*, 2012, 25 (3): pp. 1019–1043.

1019. Holzwarth, M., Janiszewski, C., and Neumann, M. M. The Influence of Avatars on Online Consumer Shopping Behavior [J]. *Journal of Marketing*, 2006, 70 (4): pp. 19–36.

1020. Horioka, C. Y. and Wan J., The Determinants of Household Saving in China: A Dynamic Panel Analysis of Provincial Data [J]. *Journal of Money, Credit and Banking*, 39 (8), 2007: pp. 2077–2096.

1021. Hryshko, D., and Luengo-Prado, M. J. House Prices and Risk Sharing [J]. *Journal of Monetary Economics*, 2010 (57): pp. 975–987.

1022. Hui, T. and Wang, D. Who Are the Online Grocers? [J]. *The Service Industries Journal*, 2009, 29 (11): pp. 1479–1489.

1023. Hui, Y. U., and Hong, Z. Principles of Cross-Selling Page Design Based on Consumer Online Purchasing Behaviors-Take C to C E-Commerce Website as an Example [J]. *Operation Research*, 2006, 54 (5): pp. 893–913.

1024. Huntley, J., and Michelangeli, V. Can Tax Rebates Stimulate Consumption Spending in a Life-Cycle Model [J]. *American Economic Journal: Macroeconomics*, 2014, 1 (6): pp. 162–189.

1025. Hurst, E. and Stafford, F. Home Is Where the Equity Is: Mortgage Refinancing and Household Consumption [J]. *Journal of Money, Credit, and Banking*, 2004 (36): pp. 985 – 1014.

1026. Iacoviello, M. Consumption, House Prices, and Collateral Constraints: A Structural Econometric Analysis [J]. *Journal of Housing Economics*, 2004 (13): pp. 304 – 320.

1027. Iacoviello, M. House Prices, Borrowing Constraints, and Monetary Policy in the Business Cycle [J]. *The American Economic Review*, 2005 (95): pp. 739 – 764.

1028. Iacoviello, M. Housing Wealth and Consumption, *Federal Reserve Board International Finance Discussion*, 2011.

1029. Iyer, G. and Pazgal, A. Internet Shopping Agents: Virtual Co – Location and Competition [J]. *Marketing Science*, 2003, 22 (1): pp. 85 – 106.

1030. Jackson, H. E. , Pan, E. J. Regulatory Competition in International Securities Markets: Evidence from Europe in 1999 – Part I [J]. *The Business Lawyer*, 2001: pp. 653 – 695.

1031. Jackson, H. E. A Pragmatic Approach to the Phased Consolidation of Financial Regulation in the United States. 2008.

1032. Jackson, H. E. Centralization, Competition, and Privatization in Financial Regulation [J]. *Theoretical Inquiries in Law*, 2001, 2 (2).

1033. Jackson, H. E. Impact of Enforcement: A Reflection [J]. *The. U. Pa. L. Rev. Pennumbra*, 2007, 156: P. 400.

1034. Jackson, H. E. Variation in the Intensity of Financial Regulation: Preliminary Evidence and Potential Implications [J]. *Yale J. On Reg.* , 2007, 24: P. 253.

1035. Jackson, H. E. Learning from Eddy: A Meditation upon Organizational Reform of Financial Supervision in Europe. 2009.

1036. Jackson, H. E. Regulation in a Multi – Sectored Financial Services Industry: An Exploratory Essay [R]. *Harvard Law School Discussion Paper*, 1999 (258).

1037. Jakob, M. and Michael, M. Direct Test of the Permanent Income Hypothesis Under Uncertainty, Inflationary Expectations and Liquidity Constraints [J]. *Journal of Macroeconomics*, 2000 (22): pp. 229 – 252.

1038. Jappelli, T. , and Pagano, M. Saving, Growth, and Liquidity Constraints [J]. *The Quarterly Journal of Economics*, 1994, 109 (1): pp. 83 – 109.

1039. Jappelli, T. , Pistaferri, L. Fiscal Policy and MPC Heterogeneity [J]. *Ameracan Economic Journal: Macroeconomics*, 2014, 4 (6): pp. 107 – 136.

1040. Jappelli, T. and Pagano M., Consumption and Capital Market Imperfections: An International Comparison [J]. *American Economic Review*, 1989 (79): pp. 1088 – 1105.

1041. Johnson, D. S., Parker, J. A., and Souleles, N. S. Household Expenditure and the Income Tax Rebates of 2001 [J]. *American Economic Review*, 2006, 96 (5): pp. 1589 – 1610.

1042. Johnson, H. G. A Note on the Effect of Income Redistribution on Aggregate Consumption with Interdependent Consumer Preferences [J]. *Economica*, 1951: pp. 295 – 297.

1043. Johnso, K. W., and Li, G. The Debt – Payment – To – Income Ratio as an Indicator of Borrowing Constraints: Evidence from Two Household Surveys [J]. *Journal of Money, Credit and Banking*, 2010, 42 (7): pp. 1373 – 1390.

1044. Johnston, K. C., Greer, J. B., Biermacher, J. K., et al. Subprime Morass: Past, Present, and Future [J]. *The. NC Banking Inst.*, 2008, 12: pp. 125.

1045. Juster, F. T., Lupton, J. P., Smith, J. P., and Stafford, F. The Decline in Household Saving and the Wealth Effect [J]. *Review of Economics and Statistics*, 2006 (88): pp. 20 – 27.

1046. Kaplan, G., and Violante, G. L. A Model of the Consumption Response to Fiscal Stimulus Payments [J]. *Econometrica*. 2014, 82 (4): pp. 1199 – 1555.

1047. Kaplan, G., Violante, G. L., and Weidner, J. The Wealthy Hand – To – Mouth. *NBER Working Paper*, 2014, No. 20073.

1048. Kaplow, L. Rules Versus Standards: An Economic Analysis [J]. *Duke Law Journal*, 1992: pp. 557 – 629.

1049. Kapteyn, A., Van De Geer, S., Van De Stadt, H., and Wansbeek, T. Interdependent Preferences: An Econometric Analysis [J]. *Journal of Applied Econometrics*, 1997, 12 (6): pp. 665 – 686.

1050. Karmel, R. S. Regulation by Exemption: The Changing Definition of an Accredited Investor [J]. *Rutgers LJ*, 2007, 39: P. 681.

1051. Karras, G. Government Spending and Private Consumption: Some International Evidence [J]. *Journal of Money, Credit and Banking*, 1994: pp. 9 – 22.

1052. Katz, R. Japanese Phoenix: The Long Road To Economic Revival [M]. ME Sharpe, 2002.

1053. Keynes, J. M. General Theory of Employment, Interest and Money [M]. Atlantic Publishers & Dist, 2006.

1054. Khalifa, S., Seck, O., and Tobing, E. Financial Wealth Effect: The Evidence from Threshold Estimation [J]. Applied Economics Letter, 2011 (18): pp. 1303–1305.

1055. Khalifa, S., Seck, O., and Tobing, E. Housing Wealth Effect: Evidence from Threshold Estimation [J]. Journal of Housing Economics, 2013 (22): pp. 25–35.

1056. Khalife, M. and Limayem, M. Drivers of Internet Shopping [J]. Communications of the ACM – Mobile Computing Opportunities and Challenges, 2003, 46 (12): pp. 233–239.

1057. Kharas, H, and Gertz, G. The New Global Middle Class: A Cross–Over from West to East. China's Emerging Middle Class: Beyond Economic Transformation, Brookings Institution Press, Washington, DC, 2010.

1058. Kharas, H. The Emerging Middle Class in Developing Countries. Paris: OECD Development Centre, 2010.

1059. Kimball, M. S. Precautionary Saving in the Small and in the Large [J]. Econometrica: Journal of The Econometric Society, 1990: pp. 53–73.

1060. Kimball, M. S., Precautionary Saving and the Marginal Propensity to Consume, NBER Working Paper, 1990, No. 3403.

1061. Knell, M. Social Comparisons, Inequality, and Growth. Journal of Institutional and Theoretical Economics (JITE)/Zeitschrift FÜR Die Gesamte Staatswissenschaft, 1999: pp. 664–695.

1062. Kohara, M., and Horioka, C. Y. Do Borrowing Constraints Matter? An Analysis of Why the Permanent Income Hypothesis Does Not Apply in Japan [J]. Japan and the World Economy, 2006, 18 (4): pp. 358–377.

1063. Korgaonkar, P. K., and Wolin, L. D. A Multivariate Analysis of Web Usage [J]. Journal of Advertising Research, 1999 (39): pp. 53–68.

1064. Koufaris, M., and Hampton–Sosa, W. Customer Trust Online: Examining the Role of the Experience with the Web–Site [J]. Information Systems Journal, 2002 (5): pp. 1–22.

1065. Kraay, A., Household Saving in China [J]. World Bank Economic Review, 2000, 14 (3): pp. 545–570.

1066. Kroszner, R. S. Legislative Proposals on Reforming Mortgage Practices [J]. Testimony before the Committee on Financial Services, US House of Representatives (October 24), 2007.

1067. Kumar, N., De P. East Asian Infrastructure Development in A Comparative Global Perspective: An Analysis of RIS Infrastructure Index [M]. Research and Information System for Developing Countires, 2008.

1068. Langemeier, M. R., and Patrick, G. F. Farm Consumption and Liquidity Constraints [J]. *American Journal of Agricultural Economics*, 1993, 75 (2): pp. 479 – 484.

1069. Lastra, R. M. Governance Structure for Financial Regulation and Supervision in Europe [J]. *The. Colum. J. Eur. L.*, 2003, 10: P. 49.

1070. Law, R. and Bai, B. How Do the Preferences of Online Buyers and Browsers Differ on the Design and Content of Travel Websites? [J]. *International Journal of Contemporary Hospitality Management*, 2008, 20 (4): pp. 388 – 400.

1071. Lee, J. J., Sawada, Y. Precautionary Saving Under Liquidity Constraints: Evidence from Rural Pakistan [J]. *Journal of Development Economics*, 2010, 91 (1): pp. 77 – 86.

1072. Leff, N. H. Dependency Rates and Savings Rates: Reply [J]. *The American Economic Review*, 1971: pp. 476 – 480.

1073. Leff, N. H. Dependency Rates and Savings Rates [J]. *The American Economic Review*, 1969: pp. 886 – 896.

1074. Leff, N. H. Dependency Rates and Savings: Another Look [J]. *The American Economic Review*, 1984: pp. 231 – 233.

1075. Lehnert, A. Housing, Consumption and Credit Constraints, *Divisions of Research & Statistics and Monetary Affairs*, Federal Reserve Board, 2004.

1076. Leiken, R S. Controlling the Global Corruption Epidemic [J]. *Foreign Policy*, 1996: pp. 55 – 73.

1077. Leland, H. Saving and Uncertainty. The Precautionary Demand for Saving [J]. *Quarterly Journal of Economics*, 1968 (82): pp. 465 – 473.

1078. Leonard, J. A. The Impact of the Housing Market Boom and Bust on Consumption Spending [J]. *Business Economics*, 2010 (45): pp. 83 – 93.

1079. Leth – Petersen, S. Intertemporal Consumption and Credit Constraints: Does Total Expenditure Respond to an Exogenous Shock to Credit? [J]. *The American Economic Review*, 2010: pp. 1080 – 1103.

1080. Lettau, M., Ludigson, S. C. Consumption, Aggregate Wealth and Stock Returns [J]. *Journal of Finance*, 2001 (56): pp. 815 – 849.

1081. Lettau, M., Ludvigson, S. C. Understanding Trend and Cycle in Asset

Values: Reevaluating the Wealth Effect on Consumption [J]. *American Economic Review*, 2004 (94): pp. 276 – 299.

1082. Lettau, M., Ludvigson, S. C., and Barczi, N. A Primer on the Economics and Time Series Econometrics of Wealth Effects: A Comment, Federal Reserve Bank of New York, 2001.

1083. Levin, L. Are Assets Fungible? Testing the Behavioral Theory of Life – Cycle Savings [J]. *Journal of Economic Behavior & Organization*, 1998 (36): pp. 59 – 83.

1084. Li, H., Kuo, C. and Rusell, M. G. The Impact of Perceived Channel Utilities, Shopping Orientations and Demographics on the Consumer's Online Buying Behavior [J]. *Journal of Computer – Mediated Communication*, 1999, 5 (2): pp. 353 – 369.

1085. Li, W. and Yao, R. The Life – Cycle Effects of House Price Changes [J]. *Journal of Money, Credit, and Banking*, 2007 (39): pp. 1375 – 1409.

1086. Li, H, Zhang, J. Effects of Longevity and Dependency Rates on Saving and Growth: Evidence from a Panel of Cross Countries [J]. *Journal of Development Economics*, 2007 (84): pp. 138 – 154.

1087. Lichtenstein, C. C. Fed's New Model of Supervision for Large Complex Banking Organizations: Coordinated Risk – Based Supervision of Financial Multinationals for International Financial Stability [J]. *The. Transnat'l Law.*, 2004, 18: P. 283.

1088. Liu, C. and Arnett, K. P. Exploring the Factors Associated with Web Site Success in the Context of Electronic Commerce [J]. *Information & Management*, 2000 (38): pp. 23 – 34.

1089. Loayza, N., K. Schmidt – Hebbel, and L. Serven, What Drives Private Saving across the World? [J]. *Review of Economics and Statistics*, 82 (2), 2000: pp. 165 – 181.

1090. Loikkanen, H. A., Susiluoto, I. Cost Efficiency of Finnish Municipalities in Basic Service Provision 1994 – 2002 [J]. *Urban Public Economics Review*, 2005, 4: pp. 39 – 64.

1091. López – Calva, L. F, Rigolini, J., and Torche, F. Is There Such Thing as Middle Class Values? Class Differences, Values and Political Orientations in Latin America. *Discussion Paper Series, Forschungsinstitut Zur Zukunft Der Arbeit*, 2012.

1092. Ludvigson, S. Consumption and Credit: A Model of Time – Varying Liquidity Constraints [J]. *Review of Economics and Statistics*, 1999, 81 (3): pp. 434 –

447.

1093. Ludwig, A., Slok T. The Relationship Between Stock Prices and Consumption in OECD Countries, *Berkeley Electronic Press*, 2004, 4(1): 1114-1114.

1094. Luengo-Prado, M. J. Durables, Nondurables, Down Payments and Consumption Excesses [J]. *Journal of Monetary Economics*, 2006(53): pp.1509-1539.

1095. Lusardi, On The Importance of the Precautionary Saving Motive [J]. *American Economic Review*, 1998, 88: pp.449-453.

1096. Lustig, H. and Nieuwerburg, S. V. How Much Does Household Collateral Constraint Regional Risk Sharing? *University of Chicago Working Paper*, 2008.

1097. Lustig, H., and Nieuwerburg, S. V. Housing Collateral, Consumption Insurance and Risk Premia: An Empirical Perspective [J]. *Journal of Finance*, 2005(60): pp.1167-219.

1098. Macey, J. R, Miller, G P. Nondeposit Deposits and the Future of Bank Regulation [J]. *Michigan Law Review*, 1992: pp.237-273.

1099. Fair, R. C., Domínguez, K. M. Effects of the Changing US Age Distribution on Macroeconomic Equations [J]. *The American Economic Review*, 1991, 81(5): pp.1276-1294.

1100. Magri, S. Italian Households' Debt: The Participation to the Debt Market and the Size of the Loan [J]. *Empirical Economics*, 2007, 33(3): pp.401-426.

1101. Maki, D., and Palumbo, M. Disentangling the Wealth Effect: A Cohort Analysis of Household Saving in the 1990s, *Board of Governors of the Federal Reserve System Research Paper Series*, 2001.

1102. Mankiw, N. G., Romer, D., and Weil, D. N. A Contribution to the Empirics of Economic Growth. *National Bureau of Economic Research*, 1992.

1103. Martin, S. Habit Formation and Aggregate Consumption Dynamics [J]. *B. E. Journal of Macroeconomics*, 2007(7).

1104. Mason, A. Saving Economic Growth and Demographic Change [J]. *Population and Development Review*, 1988, 14(1): pp.113-144.

1105. Mehra, Y. P. The Wealth Effect in Empirical Life-Cycle Aggregate Consumption Equations [J]. *Economic Quarterly - Federal Reserve Bank of Richmond*, 2001(87): pp.45-68.

1106. Menon, S., and Kahn, B. Cross-Category Effects of Induced Arousal and Pleasure on the Internet Shopping Experience [J]. *Journal of Retailing*, 2002, 78

(1): pp. 31 -40.

1107. Merton, R. C. A Functional Perspective of Financial Intermediation [J]. *Financial Management*, 1995: pp. 23 -41.

1108. Michener, R. Permanent Income in General Equilibrium [J]. *Journal of Monetary Economics*, 1984 (13): pp. 297 -305.

1109. Milanovic, B., and Yitzhaki, S. Decomposing World Income Distribution: Does the World Have a Middle Class? [J]. *Review of Income and Wealth*, 2002, 48 (2): pp. 155 -178.

1110. Miles, D. Modelling the Impact of Demographic Change upon the Economy [J]. *The Economic Journal*, 1999, 109 (452): pp. 1 -36.

1111. Miller, B. The Effect on Optimal Consumption of Increased Uncertainty in Labor Income in The Multi - Period [J]. *Journal of Economics Theory*, 1976 (13): pp. 154 -167.

1112. Miller, N., Peng, L., and Sklarz, M. House Prices and Economic Growth [J]. *Journal of Real Estate Finance and Economics*, 2011 (42): pp. 522 -541.

1113. Misra, K., and Surico, P. Consumption, Income Changes, and Heterogeneity: Evidence from Two Fiscal Stimulus Programs [J]. *American Economic Journal: Macroeconomics.* 2014, 6 (4): pp. 84 -106.

1114. Modigliani, F., Brumberg, R. Utility Analysis and the Consumption Function: An Interpretation of Cross - Section Data [J]. *Franco Modigliani*, 1954, 1.

1115. Modigliani, F., Cao, S. L. The Chinese Saving Puzzle and the Life - Cycle Hypothesis [J]. *Journal of Economic Literature*, 2004 (42): pp. 145 -170.

1116. Modigliani, F., and Brumberg, R. Utility Analysis and the Consumption Function: An Interpretation of Cross - Section Data [J]. *Journal of Economic Survey*, 1954 (23): pp. 947 -973.

1117. Moriizumi, Y., Targeted Saving by Renters for Housing Purchase in Japan [J]. *Journal of Urban Economics*, 2003, 53: pp. 494 -509.

1118. Morris, E. D. *Examining the Wealth Effect from Home Price Appreciation*, University of Michigan, 2006.

1119. Muellbauer, J. Habits, Rationality and Myopia in the Life Cycle Consumption Function [J]. *Annales d'Economie et de Statistique*, 1988: pp. 47 -70.

1120. Muellbauer, J. N. Housing, Credit and Consumer Expenditure. *Proceedings - Economic Policy Symposium - Jackson Hole.* Federal Reserve Bank of Kansas City, 2007.

1121. Munnell, A. H. Why Has Productivity Growth Declined? Productivity and Public Investment [J]. *New England Economic Review*, 1990, 30: pp. 3 – 22.

1122. Murphy, K. M, Shleifer, A, and Vishny, R. Income Distribution, Market Size, and Industrialization [J]. *The Quarterly Journal of Economics*, 1989, 104 (3): pp. 537 – 564.

1123. Musgrove, P. Income Distribution and the Aggregate Consumption Function [J]. *The Journal of Political Economy*, 1980: pp. 504 – 525.

1124. Naastepad, C. W. M. Technology, Demand and Distribution: A Cumulative Growth Model With an Application to the Dutch Productivity Growth Slowdown [J]. *Cambridge Journal of Economics*, 2006, 30 (3): pp. 403 – 434.

1125. Norton, J. J. Perceived Trend in Modern International Financial Regulation: Increasing Reliance on A Public – Private Partnership, A [C] //Int'l L. 2003, 37: P. 43.

1126. Oates, W. E. Fiscal Federalism [J]. *Books*, 1972.

1127. Onaran, Ö., and Galanis, G. Income Distribution and Aggregate Demand: A Global Post – Keynesian Model, *University of Greenwich Working Paper Series*, 2013, No: WERU2.

1128. Onaran, Ö., Stockhammer, E., and Grafl, L. Financialisation, Income Distribution and Aggregate Demand in the USA [J]. *Cambridge Journal of Economics*, 2011, 35 (4): pp. 637 – 661.

1129. Oseni, G., and Winters, P. Rural Nonfarm Activities and Agricultural Crop Production in Nigeria [J]. *Agricultural Economics*, 2009, 40 (2): pp. 189 – 201.

1130. Paiella, M. Does Wealth Affect Consumption? Evidence for Italy [J]. *Journal of Macroeconomics*, 2007 (29): pp. 189 – 205.

1131. Paiella, M. The Stock Mark, Housing and Consumer Spending: A Survey of the Evidence on Wealth Effects [J]. *Journal of Economic Surveys*, 2009 (23): pp. 947 – 973.

1132. Palley, T. I. The Relative Permanent Income Theory of Consumption: A Synthetic Keynes – Duesenberry – Friedman Model [J]. *Review of Political Economy*, 2010, 22 (1): pp. 41 – 56.

1133. Pan, E. J., Jackson, H. E. Regulatory Competition in International Securities Markets: Evidence from Europe – Part II. *Cardozo Legal Studies Research Paper*, 2008 (247): P. 207.

1134. Paredes, T. Importance of Corporate Law: Some Thoughts on Developing Equity Markets in Developing Economies [J]. *The. Pac. Mcgeorge Global Bus. & Dev. LJ*, 2006, 19: P. 401.

1135. Park, C., and Lim, P. F. Excess Sensitivity of Consumption, Liquidity Constraints, and Mandatory Saving [J]. *Applied Economics Letters*, 2004, 11 (12): pp. 771 - 774.

1136. Paz, L. S. Consumption in Brazil: Myopia or Liquidity Constraints? A Simple Test Using Quarterly Data [J]. *Applied Economics Letters*, 2006, 13 (15): pp. 961 - 964.

1137. Peltonen, T. A., Sousa, R. M., and Vansteenkiste, I. S. Wealth Effects in Emerging Market Economies [J]. *International Review of Economics and Finance*, 2012 (24): pp. 155 - 166.

1138. Pereira, A. M., Oriol, R. S. Public Infrastructure and Regional Asymmetries in Spain [J]. *Revue D'ÉConomie RÉGionale & Urbaine*, 2007 (3): pp. 503 - 519.

1139. Phang, S. Y. House Prices and Aggregate Consumption: Do They Move Together? Evidence from Singapore [J]. *Journal of Housing Economics*, 2004 (13): pp. 101 - 119.

1140. Piazzesi, M., Schneider, M., and Tuzel, S. Housing, Consumption and Asset Pricing [J]. *Journal of Financial Economics*, 2007 (83): pp. 531 - 569.

1141. Pigou, A. C. The Classical Stationary State [J]. *The Economic Journal*, 1943, 53 (212): pp. 343 - 351.

1142. Pissarides, C. Liquidity Considerations in the Theory of Consumption [J]. *Quarterly Journal of Economics*, 1978, 92 (2): pp. 279 - 296.

1143. Pistor, K., Keinan, Y., Kleinheisterkamp, J. et al. Evolution of Corporate Law: A Cross - Country Comparison [J]. *University of Pennsylvania Journal of International Economic Law*, 2002, 23 (4): pp. 791 - 871.

1144. Pistor, K., Xu, C. Governing Stock Markets in Transition Economies: Lessons From China [J]. *American Law and Economics Review*, 2005, 7 (1): pp. 184 - 210.

1145. Pistor, K., Xu, C. Incomplete Law [J]. *New York University Journal of International Law and Politics*, 2003, 35 (4): pp. 931 - 1013.

1146. Pistor, K. The Standardization of Law and Its Effect on Developing Economies [J]. *The American Journal of Comparative Law*, 2002: P. 97 - 130.

1147. Pistor, K. Who Tolls The Bells for Firms – Tales from Transition Economies [J]. *Columbia Journal of Transnational Law*, 2007, 46: P. 612.

1148. Pollak, R. A. Interdependent Preferences [J]. *The American Economic Review*, 1976: pp. 309 – 320.

1149. Poterba, J. M. Stock Market Wealth and Consumption [J]. *The Journal of Economic Perspectives*, 2000 (14): pp. 99 – 118.

1150. Poterba, J. M., Weil, D. N., and Shiller, R. House Price Dynamics: The Role of Tax Policy and Demography, *Brookings Papers on Economic Activity*, 1991, 143 – 203.

1151. Poterba, J. Stock Market Wealth and Consumption [J]. *Journal of Economic Perspective*, 2000, 14 (2): pp. 99 – 118.

1152. Pressman, S. The Decline of the Middle Class: An International Perspective [J]. *Journal of Economic Issues*, 2007: pp. 181 – 200.

1153. Prieto, A. M., Zofio, J. L. Evaluating Effectiveness in Public Provision of Infrastructure and Equipment: The Case of Spanish Municipalities [J]. *Journal of Productivity Analysis*, 2001, 15 (1): pp. 41 – 58.

1154. Ram, R. Dependency Rates and Aggregate Savings: A New International Cross – Section Study [J]. *American Economic Review*, 1982 (72): pp. 537 – 544.

1155. Ram, R. Dependency Rates and Savings: Reply [J]. *American Economic Review*, 1984 (74): pp. 234 – 237.

1156. Ram, R. Government Size and Economic Growth: A New Framework and Some Evidence from Cross – Section and Time – Series Data [J]. *American Economic Review*, 1986, 76: pp. 191 – 203.

1157. Ranganathan, C., Ganapathy, S. Key Dimensions of Business – to – Consumer Web Sites [J]. *Information & Management*, 2002, 39 (6): pp. 457 – 465.

1158. Ravallion, M. The Developing World's Bulging (But Vulnerable) Middle Class [J]. *World Development*, 2010, 38 (4): pp. 445 – 454.

1159. Rice, M. What Makes Users Revisit a Web Site [J]. *Marketing News*, 1997, 31 (6): pp. 12 – 13.

1160. Roe, M. J. Delaware's Politics [J]. *Harvard Law Review*, 2005, 118: pp. 2491 – 2543.

1161. Roe, M. J. German Codetermination and German Securities Markets [J]. *Colum. J. Eur. L.*, 1998, 5: P. 199.

1162. Roe, M. J. Legal Origins, Politics, and Modern Stock Markets [J].

Harv. L. Rev., 2006, 120: P. 460.

1163. Romp, W., De Haan, J. Public Capital and Economic Growth: A Critical Survey [J]. *Perspektiven Der Wirtschaftspolitik*, 2007, 8 (S1): pp. 6 – 52.

1164. Roodman, D. How to Do Xtabond2: An Introduction to Difference and System GMM in Stata [J]. *Stata Journal*, 2009, 9 (1): P. 86.

1165. Roy, A. G. Evidence on Economic Growth and Government Size [J]. *Applied Economics*, 2009, 41 (5): pp. 607 – 614.

1166. Salotti, S. An Appraisal of the Wealth Effect in the US Evidence from Pseudo – Panel Data, *MPRA Paper*, 2010, No. 27351.

1167. Sami, G. Comparative Analysis of Hedge Fund Regulation in the United States and Europe [J]. *Northwestern Journal of International Law & Business*, 2009, 29 (1): pp. 275 – 307.

1168. Samuelson, P. A. The Pure Theory of Public Expenditure [[J]. *The Review of Economics and Statistics*, 1954: pp. 387 – 389.

1169. Sarantis, N. and Stewart, C. Liquidity Constraints, Precautionary Saving and Aggregate Consumption: An International Comparison [J]. *Economic Modelling*, 2002, 20: pp. 1151 – 1173.

1170. Schrooten, M. and Stephan, S., Private Savings and Transition: Dynamic Panel Data Evidence From Accession Countries [J]. *Economics of Transetion*, 2005, 13: pp. 287 – 309.

1171. Schultz, T. W. Investment in Human Capital [J]. *The American Economic Review*, 1961, 51 (1): pp. 1 – 17.

1172. Schundeln, F., Precautionary Savings and Self – Selection Evidence from the German Reunification Accession C, *Quarterly Journal of Economics*, 2005, 120 (3): pp. 1085 – 1120.

1173. Fuchs – Schündeln, N., Schündeln, M. Precautionary Savings and Self – Selection: Evidence from the German Reunification "Experiment" [J]. *The Quarterly Journal of Economics*, 2005, 120 (3): pp. 1085 – 1120.

1174. Seckin, A. Consumption with Liquidity Constraints and Habit Formation. CIRANO, 2000.

1175. Seligman, J. Cautious Evolution or Perennial Irresolution: Stock Market Self – Regulation During the First Seventy Years of the Securities and Exchange Commission [J]. *The Business Lawyer*, 2004: pp. 1347 – 1387.

1176. Seligman, J. The Changing Nature of Federal Regulation [J]. *Washington*

University Journal of Law & Policy, 2001, 6 (1): pp. 205 – 222.

1177. Seligman, J. Rethinking Securities Markets: The SEC Advisory Committee on Market Information and the Future of the National Market System [J]. *The Business Lawyer*, 2002: pp. 637 – 680.

1178. Shapiro, M. D. , and Slemrod, J. Consumer Response to Tax Rebates [J]. *American Economic Review*. 2003, 93 (1): pp. 381 – 396.

1179. Shea, J. Myopia, Liquidity Constraints, and Aggregate Consumption: A Simple Test [J]. *Journal of Money, Credit and Banking*, 1995, 27 (3): pp. 798 – 805.

1180. Shefrin, H. , and Thaler, R. The Behavioral Life – Cycle Hypothesis [J]. *Economics Inquiry*, 1988, 26 (4): pp. 609 – 643.

1181. Sherwin, E. Cost – Benefit Analysis of Financial Regulation: Lessons from the SEC's Stalled Mutual Fund Reform Effort [J]. *Stanford Journal of Law, Business & Finance*, 2006, 12: P. 1.

1182. Shih, H. P. An Empirical Study on Predicting User Acceptance of E – Shopping On the Web [J]. *Information & Management*, 2004, 41 (3): pp. 351 – 368.

1183. Shiller, R. J. Household Reaction to Changes in Housing Wealth, *Cowles Foundation for Research in Economics*, Yale University, 2004.

1184. Shuman, T. The Aging of The Worlds Population [J]. *Ambio*, 1984, 13 (3): pp. 175 – 181.

1185. Sierminska, E. , and Takhtamanova, Y. Wealth Effects out of Financial and Housing Wealth: Cross Country and Age Group Comparisons, *Federal Reserve Bank of San Francisco*, 2007.

1186. Silvia, J. Efficiency and Effectiveness in Securities Regulation: Comparative Analysis of the United State's Competitive Regulatory Structure and the United Kingdom's Single – Regulator Model [J]. *DePaul Business and Commercial Law Journal*, 2008, 6 (2): pp. 247 – 263.

1187. Simmel, G. Fashion [J]. *American Journal of Sociology*, 1957, 62 (6): pp. 541 – 558.

1188. Sinai, T. , Souleles, N. S. Owner Occupied Housing as a Hedge Against Risk [J]. *Quarterly Journal of Economics*, 2005, 120 (2): pp. 763 – 789.

1189. Skinner, J. Housing Wealth and Aggregate Saving [J]. *Regional Science and Urban Economics*, 1989, 19 (2): pp. 305 – 324.

1190. Skinner, J. S. Is Housing Wealth a Sideshow? *Advances in the Economics of*

Aging. University of Chicago Press, 1996. pp. 241 – 272.

1191. Slacalek, J. What Drives Personal Consumption? The Role of Housing and Financial Wealth [J]. *The BE Journal of Macroeconomics*, 2009 (9): pp. 1 – 37.

1192. Smith, P. and Song, L. L. Response of Consumption to Income, Credit and Interest Rate Changes in Australia [R]. *Melbourne Institute Working Paper Series*, 2005.

1193. Solimano, A. *The Middle Class and the Development Process*. ECLAC, 2008.

1194. Solow, R. M. A Contribution to the Theory of Economic Growth [J]. *The Quarterly Journal of Economics*, 1956, 70 (1): pp. 65 – 94.

1195. Sousa, R. M. Financial Wealth, Housing Wealth, and Consumption [J]. *International Research Journal of Finance and Economics*, 2008 (19): pp. 167 – 191.

1196. Sousa, R. M. Property of Stocks and Wealth Effects on Consumption, *University of Minho*, NIPE Working Paper, 2003.

1197. Sousa, R. M. Wealth Effects on Consumption: Evidence from the Euro Area [J]. *Banks and Bank Systems*, 2010, 5 (2): pp. 78 – 87.

1198. Stiglitz, J. E. and Weiss, A. Credit Rationing in Markets with Imperfect [J]. *American Economic Review*, 1981 (71): pp. 393 – 410.

1199. Stockhammer, E., Onaran, Ö, and Ederer, S. Functional Income Distribution and Aggregate Demand in the Euro Area [J]. *Cambridge Journal of Economics*, 2009, 33 (1): pp. 139 – 159.

1200. Straub, S., Terada – Hagiwara, A. Infrastructure and Growth in Developing Asia [R]. *Asian Development Bank Economics Working Paper Series*, 2010 (231).

1201. Straub, S. Infrastructure and Growth in Developing Countries [M]. World Bank Publications, 2008.

1202. Sturm, J. E., Jacobs, J., Groote, P. Productivity Impacts of Infrastructure Investment in the Netherlands 1853 – 1913 [M]. Graduate School/Research Institute Systems, Organization and Management, University of Groningen, 1995.

1203. Su, C. W., Chang, H. L., and Zhu, M. N. A Non – Linear Model of Causality Between the Stock and Real Estate Markets of European Countries [J]. *Journal of Economic Forecasting*, 2011, 14 (1): pp. 41 – 53.

1204. Swamy, P. A. V. B.. Efficient Inference in A Random Coefficient Regression Model [J]. *Econometrica*, 1970, 38 (2): pp. 311 – 323.

1205. Tagkalakis, A. The Effects of Fiscal Policy on Consumption in Recessions and Expansions [J]. *Journal of Public Economics*, 2008, 92 (5): pp. 1486 – 1508.

1206. Tang, K. K. The Wealth Effect of Housing on Aggregate Consumption [J]. *Applied Economics Letters*, 2006 (13): pp. 189 – 193.

1207. Taylor, M. "Twin Peaks": A Regulatory Structure for the New Century [M]. London: Centre for the Study of Financial Innovation, 1995.

1208. Terry, L. C., Christopher, L., Cart, J. P. and Carson, S. Hedonic and Utilitarian Motivations for Online Retail Shopping Behavior [J]. *Journal of Retailing*, 2001, 77 (4): pp. 511 – 535.

1209. Thurow, L. C. A Surge in Inequality [J]. *Scientific American*, 1987, 256 (5): pp. 30 – 37.

1210. Tiebout, C. M. A Pure Theory of Local Expenditures [J]. *The Journal of Political Economy*, 1956: pp. 416 – 424.

1211. Torrisi, G. Public Infrastructure: Definition, Classification and Measurement Issues [J]. *Economics, Management, and Financial Markets*, 2009 (3): pp. 100 – 124.

1212. Tuttle, M., and Gauger, J. Wealth Effects and Consumption: A Multivariate Evaluation, *Mimeo*, 2003.

1213. Valle, D. and Oguchi, N. Distribution, the Aggregate Consumption Function, and the Level of Economic Development: Some Cross – Country Results [J]. *The Journal of Political Economy*, 1976: pp. 1325 – 1334.

1214. Veirman, D. E., and Dunstan, A. Does Wealth Variation Matter for Consumption? *Reserve Bank of New Zealand, Discussion Paper*, 2010.

1215. Venkatesh, V., Davis, F. D. A Theoretical Extension of the Technology Acceptance Model: Four Longitudinal Field Studies [J]. *Management Science*, 2000, 46 (2): pp. 186 – 204.

1216. Walker, D. A Review of Corporate Governance in UK Banks and Other Financial Industry Entities. *The Quoted Companies Alliance*, 2009.

1217. Walsh, G., Groth, M., and Wiedmann, K. P. An Examination of Consumers'Motives to Switch Energy Suppliers [J]. *Journal of Marketing Management*, 2005, 21 (3 – 4): pp. 421 – 440.

1218. Walsh, J. H. Institution – Based Financial Regulation: A Third Paradigm [J]. *Harvard International Law Journal*, 2008, 49 (2): pp. 381 – 412.

1219. Wang, X., and Wen, Y. Can Rising Housing Prices Explain China's High Household Saving Rate?, *Federal Reserve Bank of St. Louis*, 2010.

1220. Wang, Z., and Chern, W. S. Effects of Rationing on the Consumption Behavior of Chinese Urban Households During 1981 – 1987 [J]. *Journal of Comparative*

Economics, 1992, 16 (1): pp. 1 – 26.

1221. Weber, R. H. , Arner, D. W. Toward a New Design for International Financial Regulation. *University of Pennsylvania Journal of International Economic Law*, 2007, 29: pp. 391 – 453.

1222. Wicks, J. H. , Reardon, J. , and Mccorkle, D. E. An Examination of the Antecedents of the Consumer Make – or – Buy Decision [J]. *Journal of Marketing Theory and Practice*, 2005: pp. 26 – 39.

1223. Wirjanto, T. S. , Aggregate Consumption Behavior and Liquidity Constraints: The Canadian Evidence [J]. *Canadian Journal of Economics*, 1995, 28: pp. 1135 – 1152.

1224. Witschel, G. Completing the Work of the Preparatory Commission: Financial Regulations and Rules of the Court [J]. *Fordham International Law Journal*, 2002.

1225. Wolfinbarger, M. , and Gilly, M. C. eTailQ. Dimensionalizing, Measuring and Predicting Etail Quality [J]. *Journal of Retailing*, 2003, 79 (3): pp. 183 – 198.

1226. Working, H. , Note of the Correlation of First Differences of Averages in a Random Chain [J]. *Econometrica*, 1960, 28: pp. 916 – 918.

1227. World Bank. *Global Economic Prospects* 2007: *Managing the Next Wave of Globalization*, *Global Economic Prospects and the Developing Countries* (*GEP*). Washington, DC, 2006.

1228. Worthington, A. C. Cost Efficiency in Australian Local Government: A Comparative Analysis of Mathematical Programming and Econometrical Approaches [J]. *Financial Accountability & Management*, 2000, 16 (3): pp. 201 – 223.

1229. Wunder, T. A. Income Distribution and Consumption Driven Growth: How Consumption Behaviors of the Top Two Income Quintiles Help to Explain the Economy [J]. *Journal of Economic Issues*, 2012, 46 (1): pp. 173 – 192.

1230. Wymeersch, E. The Structure of Financial Supervision in Europe: About Single Financial Supervisors, Twin Peaks and Multiple Financial Supervisors [J]. *European Business Organization Law Review*, 2007, 8 (2): pp. 237 – 306.

1231. Xing, H. , Yu, W. , Chen, S. Study on Consumption Level and Consumption Structure of Migrant Workers in Zhejiang Province [J]. *Asian Agricultural Research*, 2012, 4 (12): pp. 201 – 233.

1232. Yoshikawa, H. and Ohtake, F. An Analysis of Female Labor Supply,

Housing Demand, and the Saving Rate in Japan [J]. *European Economic Review*, 1989, 33 (5): pp. 997 – 1023.

1233. Yuan, Z., Wan, G., and Khor, N. The Rise of Middle Class in Rural China [J]. *China Agricultural Economic Review*, 2012, 4 (1): pp. 36 – 51.

1234. Zeldes, S. Consumption and Liquidity Constraints: An Empirical Investigation [J]. *The Journal of Political Economy*, 1989, 97 (2): pp. 305 – 346.

1235. Zeldes, S. Optimal Consumption with Stochastic Income: Deviations from Certainty Equivalence [J]. *Quarterly Journal of Economics*, 1989, 104 (2): pp. 275 – 298.

1236. Zhang, J. Infrastructure, Industrial Productivity and Regional Specialization in China [R]. Keio/Kyoto Joint Global COE Program, 2013.

1237. Zhao, Y., Strauss, J., Yang, G., Giles, J., Hu, P., Hu, Y., Lei, X., Park, A., Smith, J. P., Wang, Y. China Health and Retirement Longitudinal Study, 2011 – 2012 National Baseline Users' Guide, *National School of Development, Peking University*, 2013.

1238. Zhou, X., and Carroll, C. D. Dynamics of Wealth and Consumption: New and Improved Measures for US States [J]. *The B. E. Journal of Macroeconomics*, 2012: pp. 1 – 40.

1239. Zhuravskaya, E. V. Incentives to Provide Local Public Goods: Fiscal Federalism, Russian Style [J]. *Journal of Public Economics*, 2000, 76 (3): pp. 337 – 368.

后　记

2011 年立项以来，课题组全体成员按照预期研究计划有序开展了各子课题相关研究。到目前为止，本课题不仅顺利完成了研究计划的内容，而且在研究过程中形成了更加完善全面的体系。具体工作为：首先，对国内外现有的经典及前沿理论进行了全面系统的梳理。从现代消费理论、有关我国扩大消费需求长效机制和居民消费影响因素视角系统梳理了国内外相关代表性研究成果，并进行了相关归纳总结，整理出目前该领域研究中的前沿问题、前沿方法及主要研究趋势，对相关问题的研究提供有益的参考。第二，深刻把握我国居民消费现状。分别从消费率、消费行为、消费环境等角度分析我国消费的历史发展趋势及现状，总结出了我国消费现状的几个典型特征，并且对影响居民消费的几个主要因素进行了初步的定性分析。第三，分别从居民收入、流动性约束及预防性储蓄、消费信贷、家庭资产、网络消费、公共品供给、人口年龄结构、消费者权利保护等角度出发，进行理论构建及实证检验，分析他们与居民消费的关系，形成扩大消费需求的理论体系，并且提出切合实际的政策建议。

主要研究成果的基本内容、创新性及其转化应用、社会影响。

（1）消费信贷、流动性约束与居民消费。

基本内容：通过对消费信贷与我国居民消费行为的研究发现，城镇居民消费行为对收入变动和信贷条件变动同时呈现出"过度敏感性"，并且尽管消费信贷对拉动内需具有一定的效果，但仍然受到诸多因素制约，应采取多种措施努力打破消费信贷发展的限制。

创新性：在一个扩展的 C-M 消费函数框架内，利用 2004~2009 年中国省际面板数据对消费信贷与我国城镇居民消费行为的关系进行了实证检验。

社会影响：本研究的成果《消费信贷、流动性约束与中国城镇居民消费行为——基于 2004~2009 年省际面板数据的经验分析》已于 2012 年 2 月正式发表，截止到 2016 年，在 CNKI 上被下载 1 771 次，被引用 36 次，得到了学术界广泛的关注和认可,为相关领域研究的开展奠定了坚固的基石。

(2) 农村居民消费政策影响机制及政策效力分析。

基本内容:本研究旨在分析农村居民消费政策对农村家庭消费的影响机制、影响程度及政策效力随时间的变化趋势。

创新性:本研究以"家电下乡"政策为例,通过构造四组准实验,运用匹配双差法和中国健康与营养调查(CHNS)2006年和2009年的数据,评估该类政策对农村居民消费的影响。

社会影响:本研究的成果《农村居民消费政策影响机制及政策效力分析》已于2014年5月正式发表,截止到2016年,在CNKI上被下载233次,引起了学术界的广泛关注。

(3) 收入分配格局与消费潜力。

基本内容:对初次分配格局调整与消费潜力释放的分析发现,现阶段初次分配中劳动份额的提升能够有效促进消费潜力的释放,而且不会对经济增长产生负面影响。合理配置初次分配格局调整与消费、投资领域相关改革政策的推行时机和推行力度,有助于经济实现向消费驱动型增长的平稳转型。

创新性:本研究基于 Bhaduri – Marglin 模型,结合中国经济所存在的劳动力过剩和信贷约束的特点,构建了一个分析中国初次分配格局调整与消费潜力释放的理论模型,并使用宏观数据进行了相关检验。

社会影响:本研究的成果《初次分配格局调整与消费潜力释放》已于2015年1月正式发表,截止到2016年,在CNKI上被下载165次,被引用1次,引起了学术界的广泛关注。

所取得的成绩和存在的问题。

取得的成绩:到目前为止,本研究产生了20项左右相关研究成果,发表在了国内权威、核心期刊上,得到了专家学者的一致好评,在完善已有研究的同时,为后续研究提供了有益的参照,产生了较为广泛的影响。

存在的问题:(1)由于时间限制和研究的可行性,我们无法将居民消费、流动性约束与家庭资产放置在一个包含了消费环节、生产环节,容纳了多个宏观经济变量的更一般的均衡分析框架里来进行研究,得出更为客观、准确的结论。(2)本书在实证中所采用的数据多数为总量加总数据。它的明显的缺陷是不能区分具体消费者的个体差异。如果能够利用微观统计数据对消费者的住房持有数量进行区分,同时对消费者的个体特征加以控制,那么对消费者行为的分析将会更加科学和准确。而可获得的微观数据多为横截面数据,难以进行动态分析。同时,家庭资产相关的微观数据在样本容量上仍难以满足研究的需要。随着我国微观数据库的逐步完善,有望进一步对本研究做相关拓展分析。

先后参与本课题研究的主要人员有：

首席专家：臧旭恒。

课题组主要成员：杨蕙馨、刘国亮、曲创、王立平、盖骁敏、尹莉、于永宁、宋明月、贺洋、李剑、李燕桥、宋健、尚昀等。

教育部哲学社会科学研究重大课题攻关项目成果出版列表

序号	书　名	首席专家
1	《马克思主义基础理论若干重大问题研究》	陈先达
2	《马克思主义理论学科体系建构与建设研究》	张雷声
3	《马克思主义整体性研究》	逄锦聚
4	《改革开放以来马克思主义在中国的发展》	顾钰民
5	《新时期　新探索　新征程——当代资本主义国家共产党的理论与实践研究》	聂运麟
6	《坚持马克思主义在意识形态领域指导地位研究》	陈先达
7	《当代资本主义新变化的批判性解读》	唐正东
8	《当代中国人精神生活研究》	童世骏
9	《弘扬与培育民族精神研究》	杨叔子
10	《当代科学哲学的发展趋势》	郭贵春
11	《服务型政府建设规律研究》	朱光磊
12	《地方政府改革与深化行政管理体制改革研究》	沈荣华
13	《面向知识表示与推理的自然语言逻辑》	鞠实儿
14	《当代宗教冲突与对话研究》	张志刚
15	《马克思主义文艺理论中国化研究》	朱立元
16	《历史题材文学创作重大问题研究》	童庆炳
17	《现代中西高校公共艺术教育比较研究》	曾繁仁
18	《西方文论中国化与中国文论建设》	王一川
19	《中华民族音乐文化的国际传播与推广》	王耀华
20	《楚地出土戰國簡册［十四種］》	陈　伟
21	《近代中国的知识与制度转型》	桑　兵
22	《中国抗战在世界反法西斯战争中的历史地位》	胡德坤
23	《近代以来日本对华认识及其行动选择研究》	杨栋梁
24	《京津冀都市圈的崛起与中国经济发展》	周立群
25	《金融市场全球化下的中国监管体系研究》	曹凤岐
26	《中国市场经济发展研究》	刘　伟
27	《全球经济调整中的中国经济增长与宏观调控体系研究》	黄　达
28	《中国特大都市圈与世界制造业中心研究》	李廉水

序号	书　名	首席专家
29	《中国产业竞争力研究》	赵彦云
30	《东北老工业基地资源型城市发展可持续产业问题研究》	宋冬林
31	《转型时期消费需求升级与产业发展研究》	臧旭恒
32	《中国金融国际化中的风险防范与金融安全研究》	刘锡良
33	《全球新型金融危机与中国的外汇储备战略》	陈雨露
34	《全球金融危机与新常态下的中国产业发展》	段文斌
35	《中国民营经济制度创新与发展》	李维安
36	《中国现代服务经济理论与发展战略研究》	陈　宪
37	《中国转型期的社会风险及公共危机管理研究》	丁烈云
38	《人文社会科学研究成果评价体系研究》	刘大椿
39	《中国工业化、城镇化进程中的农村土地问题研究》	曲福田
40	《中国农村社区建设研究》	项继权
41	《东北老工业基地改造与振兴研究》	程　伟
42	《全面建设小康社会进程中的我国就业发展战略研究》	曾湘泉
43	《自主创新战略与国际竞争力研究》	吴贵生
44	《转轨经济中的反行政性垄断与促进竞争政策研究》	于良春
45	《面向公共服务的电子政务管理体系研究》	孙宝文
46	《产权理论比较与中国产权制度变革》	黄少安
47	《中国企业集团成长与重组研究》	蓝海林
48	《我国资源、环境、人口与经济承载能力研究》	邱　东
49	《"病有所医"——目标、路径与战略选择》	高建民
50	《税收对国民收入分配调控作用研究》	郭庆旺
51	《多党合作与中国共产党执政能力建设研究》	周淑真
52	《规范收入分配秩序研究》	杨灿明
53	《中国社会转型中的政府治理模式研究》	娄成武
54	《中国加入区域经济一体化研究》	黄卫平
55	《金融体制改革和货币问题研究》	王广谦
56	《人民币均衡汇率问题研究》	姜波克
57	《我国土地制度与社会经济协调发展研究》	黄祖辉
58	《南水北调工程与中部地区经济社会可持续发展研究》	杨云彦
59	《产业集聚与区域经济协调发展研究》	王　珺

序号	书　名	首席专家
60	《我国货币政策体系与传导机制研究》	刘　伟
61	《我国民法典体系问题研究》	王利明
62	《中国司法制度的基础理论问题研究》	陈光中
63	《多元化纠纷解决机制与和谐社会的构建》	范　愉
64	《中国和平发展的重大前沿国际法律问题研究》	曾令良
65	《中国法制现代化的理论与实践》	徐显明
66	《农村土地问题立法研究》	陈小君
67	《知识产权制度变革与发展研究》	吴汉东
68	《中国能源安全若干法律与政策问题研究》	黄　进
69	《城乡统筹视角下我国城乡双向商贸流通体系研究》	任保平
70	《产权强度、土地流转与农民权益保护》	罗必良
71	《我国建设用地总量控制与差别化管理政策研究》	欧名豪
72	《矿产资源有偿使用制度与生态补偿机制》	李国平
73	《巨灾风险管理制度创新研究》	卓　志
74	《国有资产法律保护机制研究》	李曙光
75	《中国与全球油气资源重点区域合作研究》	王　震
76	《可持续发展的中国新型农村社会养老保险制度研究》	邓大松
77	《农民工权益保护理论与实践研究》	刘林平
78	《大学生就业创业教育研究》	杨晓慧
79	《新能源与可再生能源法律与政策研究》	李艳芳
80	《中国海外投资的风险防范与管控体系研究》	陈菲琼
81	《生活质量的指标构建与现状评价》	周长城
82	《中国公民人文素质研究》	石亚军
83	《城市化进程中的重大社会问题及其对策研究》	李　强
84	《中国农村与农民问题前沿研究》	徐　勇
85	《西部开发中的人口流动与族际交往研究》	马　戎
86	《现代农业发展战略研究》	周应恒
87	《综合交通运输体系研究——认知与建构》	荣朝和
88	《中国独生子女问题研究》	风笑天
89	《我国粮食安全保障体系研究》	胡小平
90	《我国食品安全风险防控研究》	王　硕

序号	书名	首席专家
91	《城市新移民问题及其对策研究》	周大鸣
92	《新农村建设与城镇化推进中农村教育布局调整研究》	史宁中
93	《农村公共产品供给与农村和谐社会建设》	王国华
94	《中国大城市户籍制度改革研究》	彭希哲
95	《国家惠农政策的成效评价与完善研究》	邓大才
96	《以民主促进和谐——和谐社会构建中的基层民主政治建设研究》	徐 勇
97	《城市文化与国家治理——当代中国城市建设理论内涵与发展模式建构》	皇甫晓涛
98	《中国边疆治理研究》	周 平
99	《边疆多民族地区构建社会主义和谐社会研究》	张先亮
100	《新疆民族文化、民族心理与社会长治久安》	高静文
101	《中国大众媒介的传播效果与公信力研究》	喻国明
102	《媒介素养：理念、认知、参与》	陆 晔
103	《创新型国家的知识信息服务体系研究》	胡昌平
104	《数字信息资源规划、管理与利用研究》	马费成
105	《新闻传媒发展与建构和谐社会关系研究》	罗以澄
106	《数字传播技术与媒体产业发展研究》	黄升民
107	《互联网等新媒体对社会舆论影响与利用研究》	谢新洲
108	《网络舆论监测与安全研究》	黄永林
109	《中国文化产业发展战略论》	胡惠林
110	《20世纪中国古代文化经典在域外的传播与影响研究》	张西平
111	《国际传播的理论、现状和发展趋势研究》	吴 飞
112	《教育投入、资源配置与人力资本收益》	闵维方
113	《创新人才与教育创新研究》	林崇德
114	《中国农村教育发展指标体系研究》	袁桂林
115	《高校思想政治理论课程建设研究》	顾海良
116	《网络思想政治教育研究》	张再兴
117	《高校招生考试制度改革研究》	刘海峰
118	《基础教育改革与中国教育学理论重建研究》	叶 澜
119	《我国研究生教育结构调整问题研究》	袁本涛 王传毅
120	《公共财政框架下公共教育财政制度研究》	王善迈

序号	书名	首席专家
121	《农民工子女问题研究》	袁振国
122	《当代大学生诚信制度建设及加强大学生思想政治工作研究》	黄蓉生
123	《从失衡走向平衡：素质教育课程评价体系研究》	钟启泉 崔允漷
124	《构建城乡一体化的教育体制机制研究》	李 玲
125	《高校思想政治理论课教育教学质量监测体系研究》	张耀灿
126	《处境不利儿童的心理发展现状与教育对策研究》	申继亮
127	《学习过程与机制研究》	莫 雷
128	《青少年心理健康素质调查研究》	沈德立
129	《灾后中小学生心理疏导研究》	林崇德
130	《民族地区教育优先发展研究》	张诗亚
131	《WTO主要成员贸易政策体系与对策研究》	张汉林
132	《中国和平发展的国际环境分析》	叶自成
133	《冷战时期美国重大外交政策案例研究》	沈志华
134	《新时期中非合作关系研究》	刘鸿武
135	《我国的地缘政治及其战略研究》	倪世雄
136	《中国海洋发展战略研究》	徐祥民
137	《深化医药卫生体制改革研究》	孟庆跃
138	《华侨华人在中国软实力建设中的作用研究》	黄 平
139	《我国地方法制建设理论与实践研究》	葛洪义
140	《城市化理论重构与城市化战略研究》	张鸿雁
141	《境外宗教渗透论》	段德智
142	《中部崛起过程中的新型工业化研究》	陈晓红
143	《农村社会保障制度研究》	赵 曼
144	《中国艺术学学科体系建设研究》	黄会林
145	《人工耳蜗术后儿童康复教育的原理与方法》	黄昭鸣
146	《我国少数民族音乐资源的保护与开发研究》	樊祖荫
147	《中国道德文化的传统理念与现代践行研究》	李建华
148	《低碳经济转型下的中国排放权交易体系》	齐绍洲
149	《中国东北亚战略与政策研究》	刘清才
150	《促进经济发展方式转变的地方财税体制改革研究》	钟晓敏
151	《中国—东盟区域经济一体化》	范祚军

序号	书名	首席专家
152	《非传统安全合作与中俄关系》	冯绍雷
153	《外资并购与我国产业安全研究》	李善民
154	《近代汉字术语的生成演变与中西日文化互动研究》	冯天瑜
155	《新时期加强社会组织建设研究》	李友梅
156	《民办学校分类管理政策研究》	周海涛
157	《我国城市住房制度改革研究》	高 波
158	《新媒体环境下的危机传播及舆论引导研究》	喻国明
159	《法治国家建设中的司法判例制度研究》	何家弘
160	《中国女性高层次人才发展规律及发展对策研究》	佟 新
161	《国际金融中心法制环境研究》	周仲飞
162	《居民收入占国民收入比重统计指标体系研究》	刘 扬
163	《中国历代边疆治理研究》	程妮娜
164	《性别视角下的中国文学与文化》	乔以钢
165	《我国公共财政风险评估及其防范对策研究》	吴俊培
166	《中国历代民歌史论》	陈书录
167	《大学生村官成长成才机制研究》	马抗美
168	《完善学校突发事件应急管理机制研究》	马怀德
169	《秦简牍整理与研究》	陈 伟
170	《出土简帛与古史再建》	李学勤
171	《民间借贷与非法集资风险防范的法律机制研究》	岳彩申
172	《新时期社会治安防控体系建设研究》	宫志刚
173	《加快发展我国生产服务业研究》	李江帆
174	《基本公共服务均等化研究》	张贤明
175	《职业教育质量评价体系研究》	周志刚
176	《中国大学校长管理专业化研究》	宣 勇
177	《"两型社会"建设标准及指标体系研究》	陈晓红
178	《中国与中亚地区国家关系研究》	潘志平
179	《保障我国海上通道安全研究》	吕 靖
180	《世界主要国家安全体制机制研究》	刘胜湘
181	《中国流动人口的城市逐梦》	杨菊华
182	《建设人口均衡型社会研究》	刘渝琳
183	《农产品流通体系建设的机制创新与政策体系研究》	夏春玉

序号	书名	首席专家
184	《区域经济一体化中府际合作的法律问题研究》	石佑启
185	《城乡劳动力平等就业研究》	姚先国
186	《20世纪朱子学研究精华集成——从学术思想史的视角》	乐爱国
187	《拔尖创新人才成长规律与培养模式研究》	林崇德
188	《生态文明制度建设研究》	陈晓红
189	《我国城镇住房保障体系及运行机制研究》	虞晓芬
190	《中国战略性新兴产业国际化战略研究》	汪 涛
191	《证据科学论纲》	张保生
192	《要素成本上升背景下我国外贸中长期发展趋势研究》	黄建忠
193	《中国历代长城研究》	段清波
194	《当代技术哲学的发展趋势研究》	吴国林
195	《20世纪中国社会思潮研究》	高瑞泉
196	《中国社会保障制度整合与体系完善重大问题研究》	丁建定
197	《民族地区特殊类型贫困与反贫困研究》	李俊杰
198	《扩大消费需求的长效机制研究》	臧旭恒
	……	